제 2 판

CATIA V5 CAM

응용과 실무

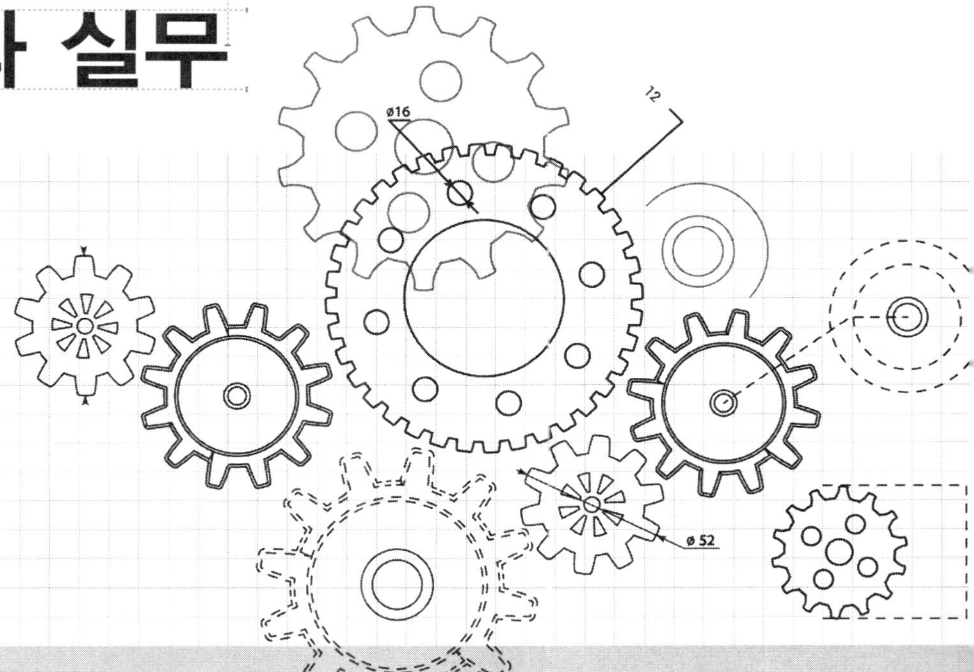

내 용
기능장 및 산업기사
기능사 활용서

공 저
장덕인 · 기우태
신순욱 · 이진택

B.C.Info

머리말

현대 산업은 디지털의 도입으로 생산과 고객의 충족을 위하여 양질의 엄청난 변화를 가져왔다. 제품 설계에 있어서 현재에도 많은 중소기업이 2차원 CAD를 사용하고 있지만, 제조공정 단축과 원가 절감을 위하여 3차원 CAD/CAM으로 변환되어 가고 있는 추세이다. 2차원 CAD에서 3차원 CAD로의 전환 도입에 있어 여러 가지 고려해야 할 요소가 있지만, 이 중에서도 핵심적인 일 중의 하나는 이를 적절히 활용할 수 있는 능력을 가진 인력을 양성하는 일일 것이다.

이를 위해 3차원 CAD 중 최근 산업현장에서 많이 사용하고 있는 CATIA 프로그램을 선택하여 설계를 위한 Modeling과 생산, 가공을 위한 CAM에 맞도록 이 책을 편찬하였다. CATIA는 국내의 자동차, 선박, 비행기 등의 설계에 사용하는 프로그램이지만 학생들은 그 내용이 어려워 쉽게 배울 수 없었다. 지난 20여 년 동안 여러 CAD/CAM Solution을 강의하면서 가장 강력한 Software라고 생각한 CATIA를 이제 배우려는 학생들을 대상으로 모델링과 가공 작업을 손쉽게 따라할 수 있도록 편집에 중점을 두었다.

처음 교재를 편찬하게 된 동기는 산업기사 실기시험에 대비한 학생 및 기업체에 재직 중인 기능장 실기 시험을 준비하는 수검자들의 요구에 맞게 하나하나 쉽게 따라서 할 수 있도록 구성하게 된 것이다. 이번 교재는 학생들 및 재직자들의 의견을 최대한 반영하여, 혼자서도 공부할 수 있도록 간단한 설명과 그림을 많이 추가하였으며, 특히 과년도 예제를 중심으로 수검자들이 교재를 통해서도 쉽게 이해할 수 있도록 구성하였다.

끝으로 이 책을 통하여 산업기사 및 기능장 시험에 응시하는 분들이 도움이 될 수 있기를 소망하며, 이 책의 출판에 도움을 주신 모든 분들께 감사를 드린다.

저자 씀

차 례

Part 1

CATIA 시작하기

따라하면서 배우는
Sketch + Part Design 환경

1. CATIA 실행
2. 스케치 작업 공간
3. Part Design 작업공간
4. 자동 프로그램(CAM) 초기 화면 구성 및 환경설정

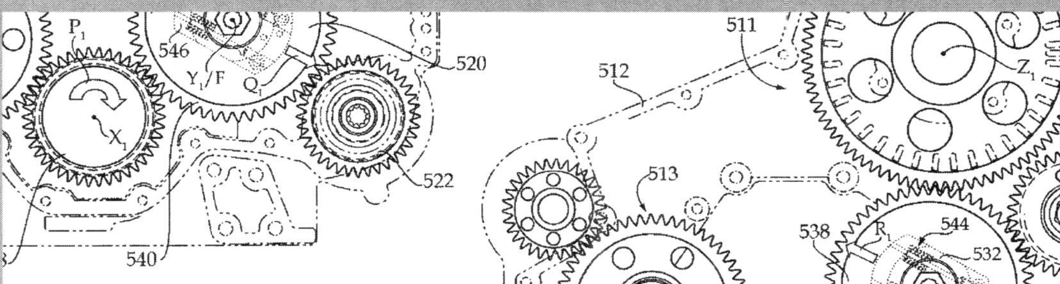

1 CATIA 실행

01 바탕화면에 있는 CATIA 아이콘( )을 더블클릭한다.

02 아래와 같은 초기화면이 나타난다.

03 시작 〉 기계 디자인 〉 Part Design을 클릭한다.

04 새 파트 창에서 작업할 파트 이름을 입력하고 확인을 누른다.

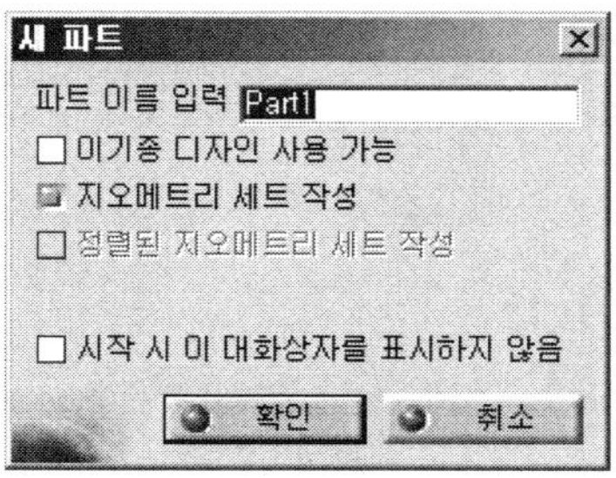

2 스케치( ) 작업 공간

(1) 스케치 아이콘을 클릭하고, 작업트리의 평면을 클릭하여 스케치 작업공간으로 들어간다.
(2) 또는 화면 가운데 있는 평면을 클릭하여 스케치 작업공간으로 들어간다.

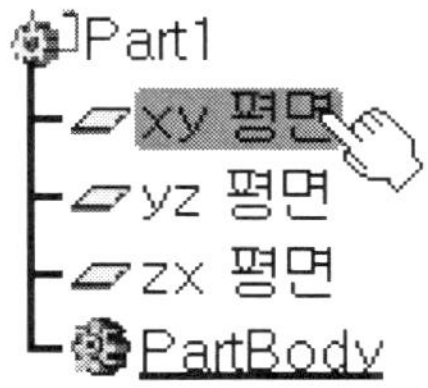

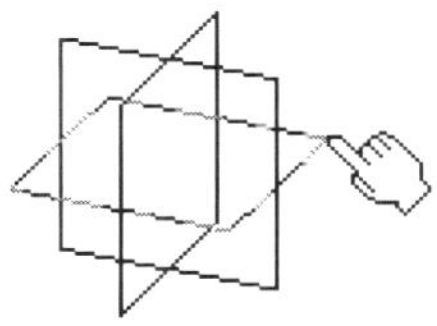

2-1 스케치 도구

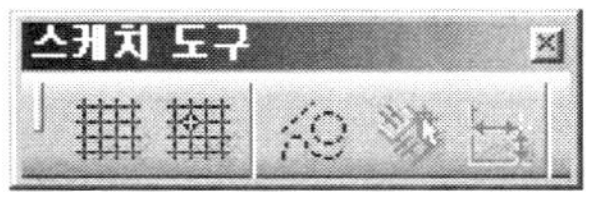

(1) 격자( ) : 화면에 격자모양을 On/Off하는 기능이다.

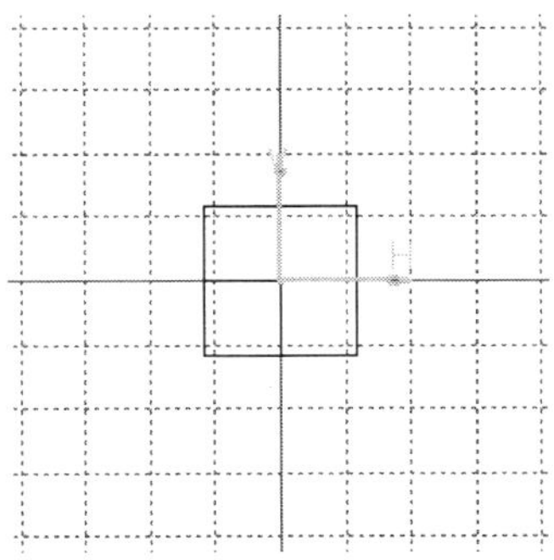

<ON 상태>

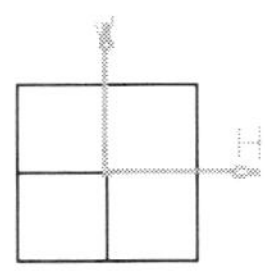

<OFF 상태>

(2) 스냅(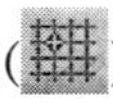) : 격자 간격으로 점을 찍을 수 있게 하는 기능이다.

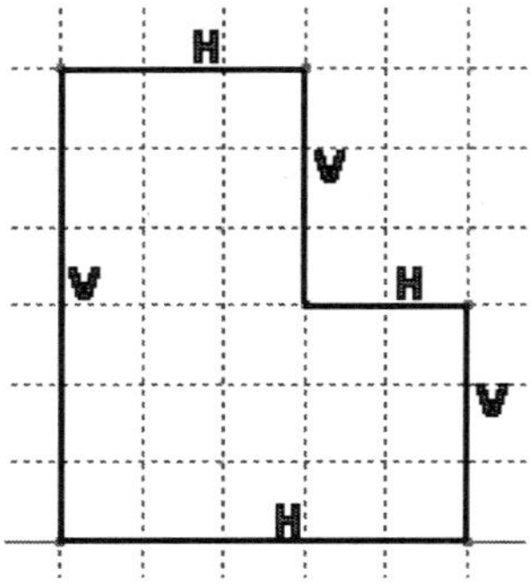

<ON 상태>

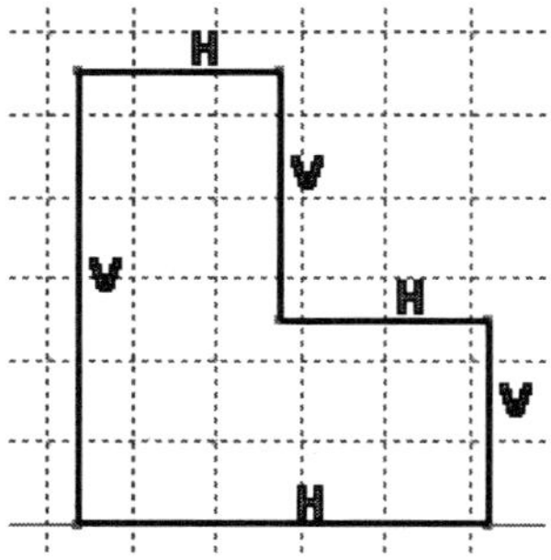

<OFF 상태>

(3) 구성/표준 요소(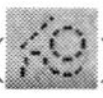) : 참조선(보조선)으로 변환시켜주는 기능이다.

<ON 상태 : 실선>

<OFF 상태 : 구성선(보조선)>

(4) 지오메트리 제약조건(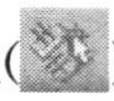) : 형상 구속을 자동으로 적용하는 기능이다. 이 기능은 항상 켜져 있어야 한다.

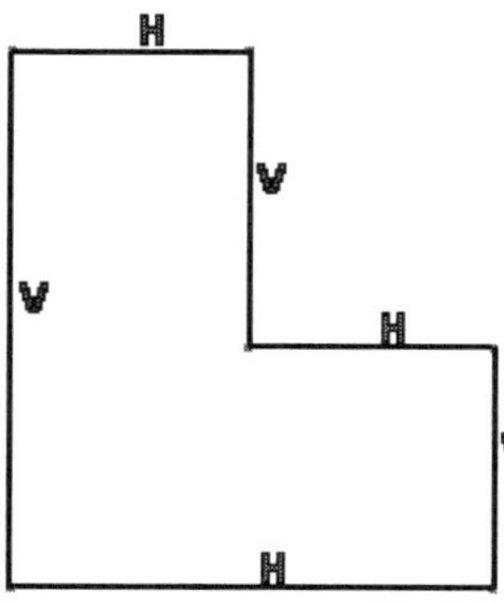

<ON 상태>

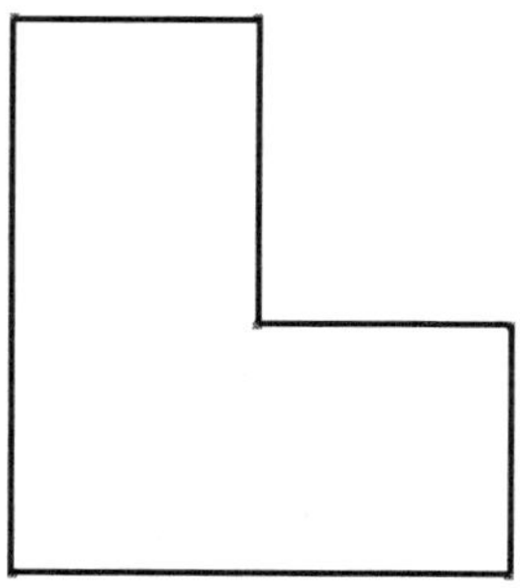

<OFF 상태>

(5) 치수 제약조건( ) : 치수 기입이 되도록 설정하는 기능이다. 이 기능은 항상 켜져 있어야 한다.

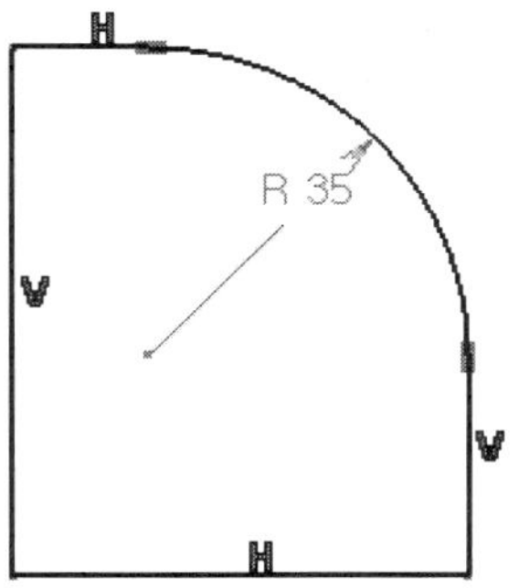

<ON 상태>

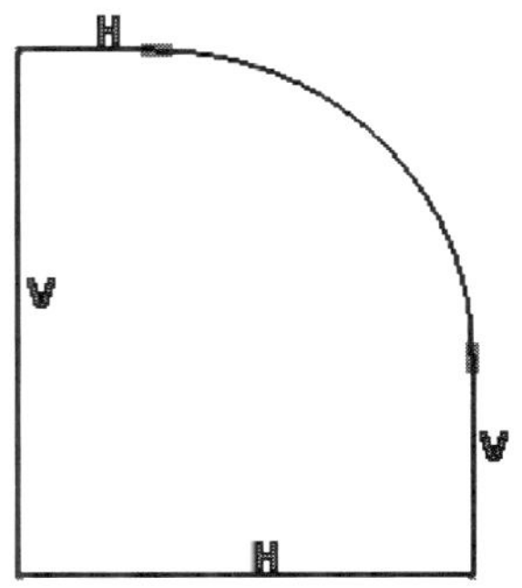

<OFF 상태>

2-2 프로파일 도구바

▌프로파일( )

연속된 직선과 호를 그릴 수 있다.

연속된 호를 작성할 때는 마우스를 드래그(Drag)하여 원하는 위치에서 놓으면(Drop) 된다.

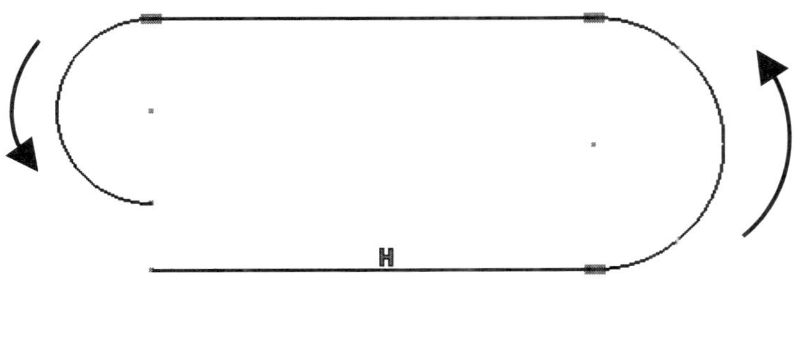

■ 직사각형( )

사각형을 생성하는 기능이다.

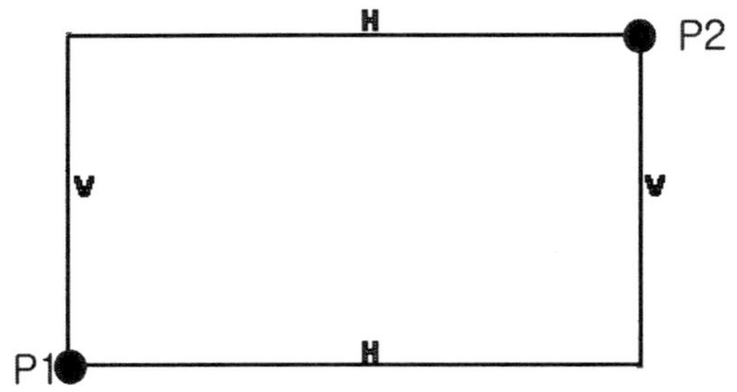

■ 오리엔티드 직사각형( )

기울어진 사각형을 생성하는 기능이다.

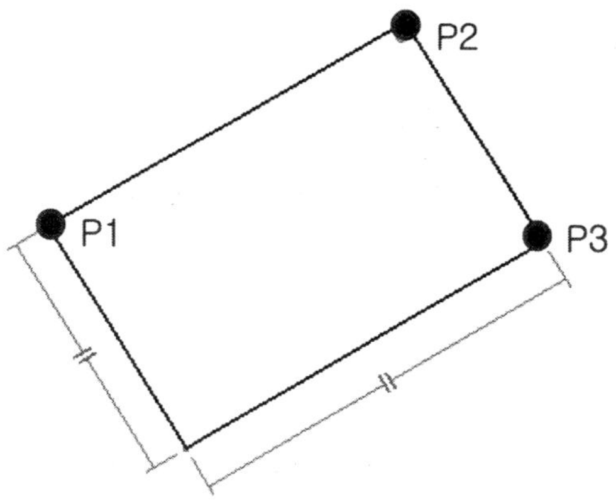

■ 평행사변형( )

평행사변형을 생성하는 기능이다.

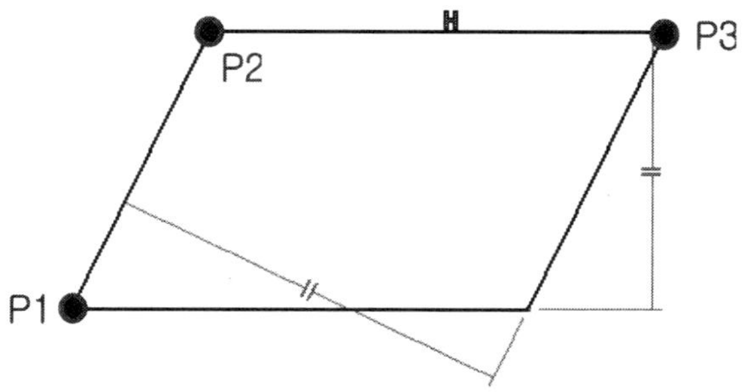

▮ 연장된 홀( )

두 개의 반지름을 가지는 직선형태의 사각형을 생성하는 기능이다.

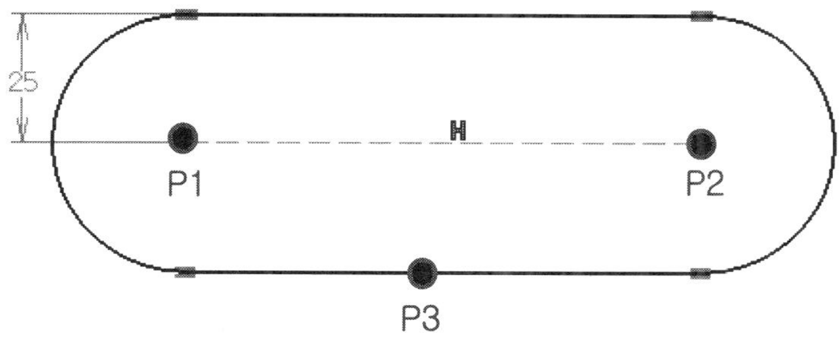

▮ 원통 모양의 연장된 홀( )

두 개의 반지름을 가지는 곡선형태의 타원형을 생성하는 기능이다.

▮ 키 홀( )

키 홀 형상을 생성한다.

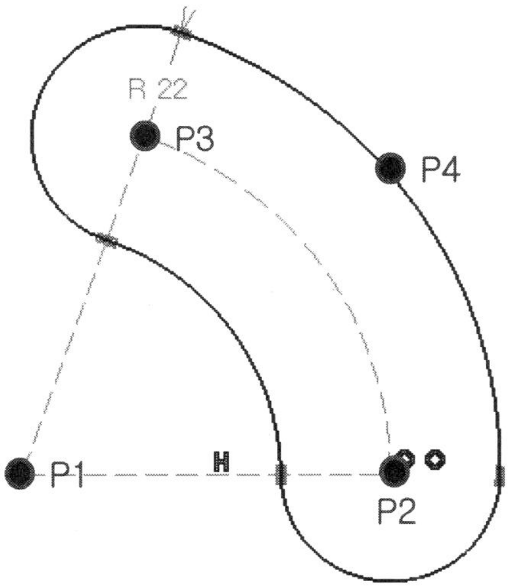

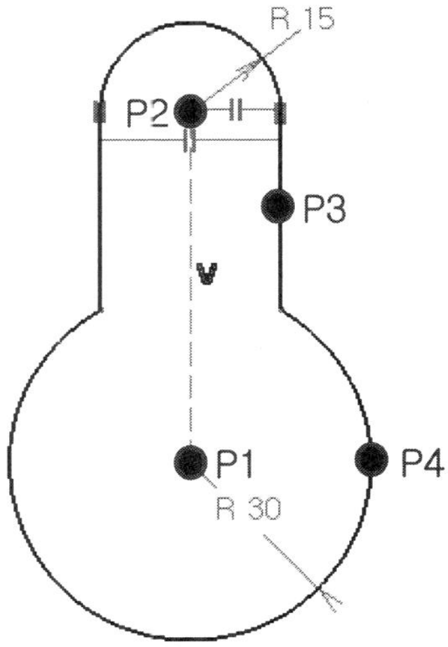

▮ 육각형( )

정육각형을 생성하는 기능이다.

▮ 원( )

원을 생성하는 기능이다.

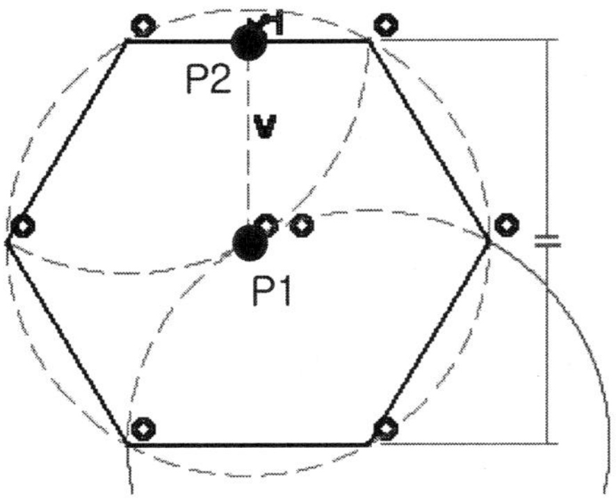

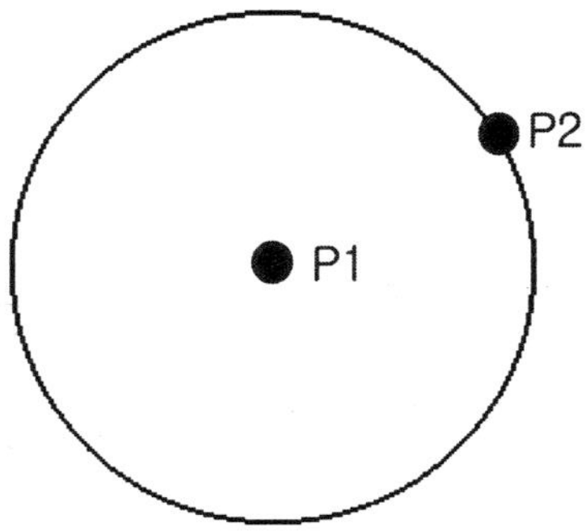

▮ 세 점 호( )

세 점을 연결하는 호를 작성하는 기능이다.

▮ 타원( )

중심점, 장반경, 단반경을 선택하여 타원을 생성하는 기능이다.

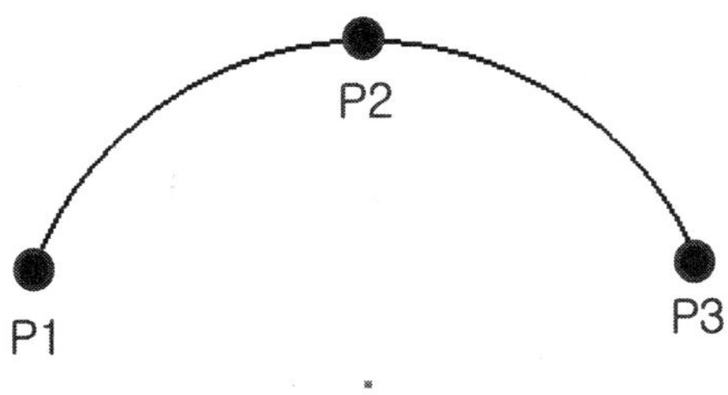

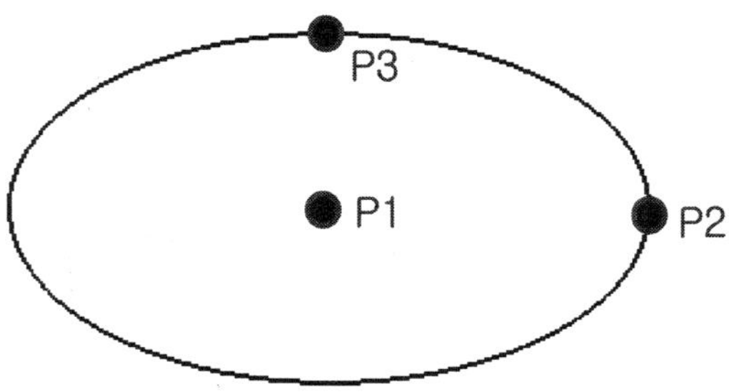

▮ 선( )

선을 작성하는 기능이다.

■ 축( )

축을 생성하는 기능이다. (회전형상을 만들 때 회전축으로 사용된다)

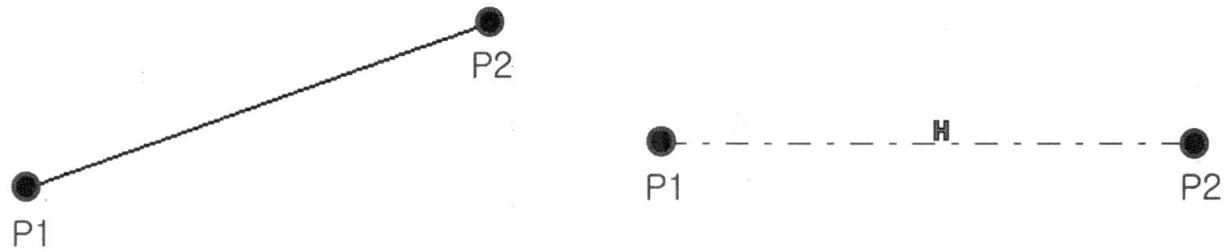

■ 누르기로 작성된 점( )

임의의 점을 생성한다.

2-3 작업 도구바

■ 코너( )

두 선분을 라운딩 처리해 주는 기능이다.

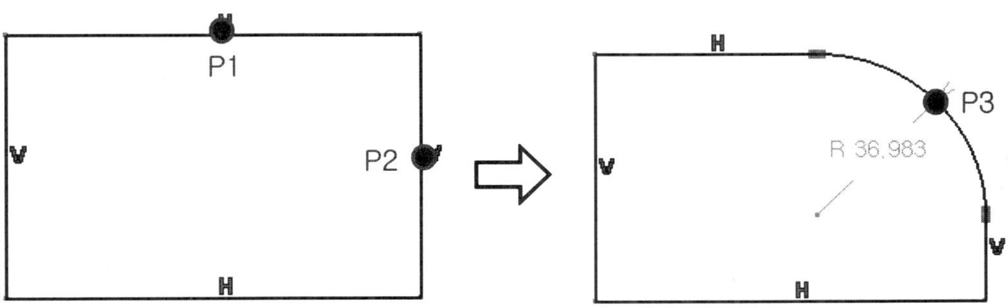

■ 챔퍼( )

두 선분을 사선으로 모따기 처리해 주는 기능이다.

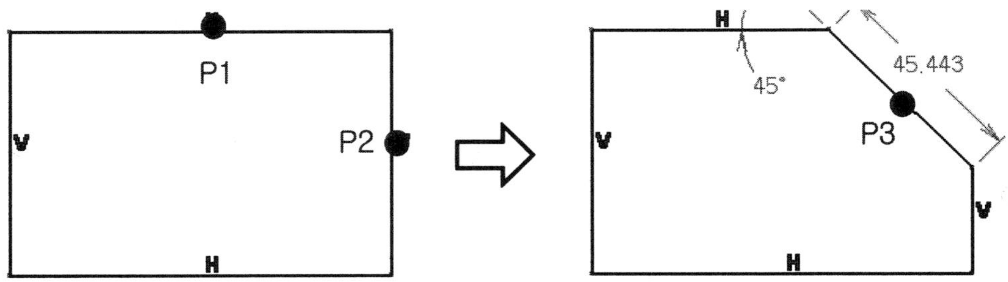

■ 즉시 자르기( )

교차점을 기준으로 선택한 요소의 일부분을 제거하는 기능이다.

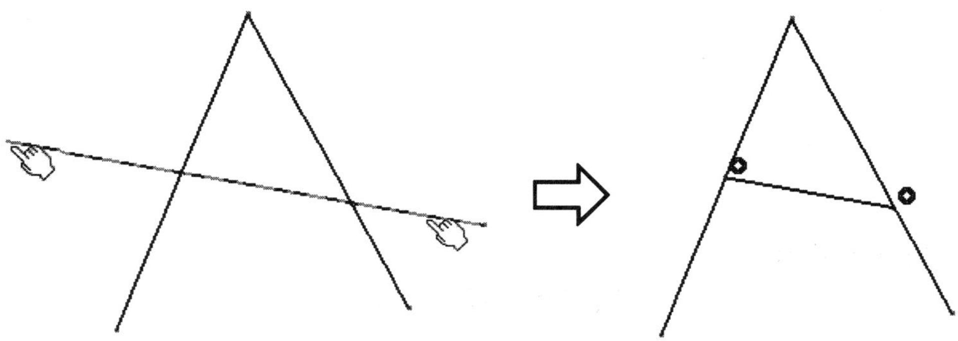

■ 미러( )

선택한 요소를 축을 기준으로 대칭 복사하는 기능이다.
(형상 P1 선택 → 미러 실행 → 기준축 P2 선택)

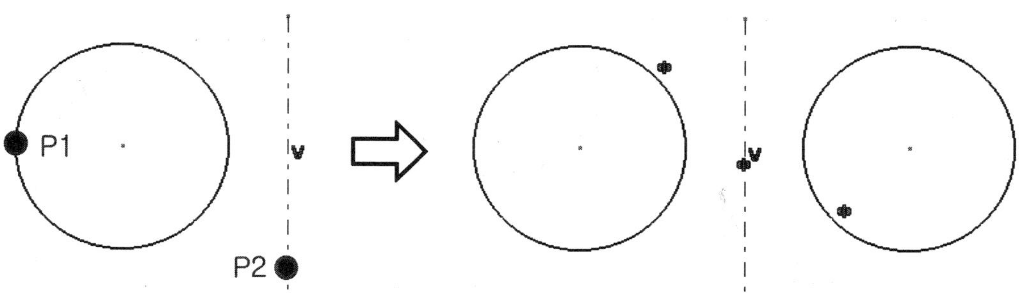

대칭()

선택한 요소를 축을 기준으로 대칭 이동하는 기능이다.
(형상 P1 선택 → 미러 실행 → 기준축 P2 선택)

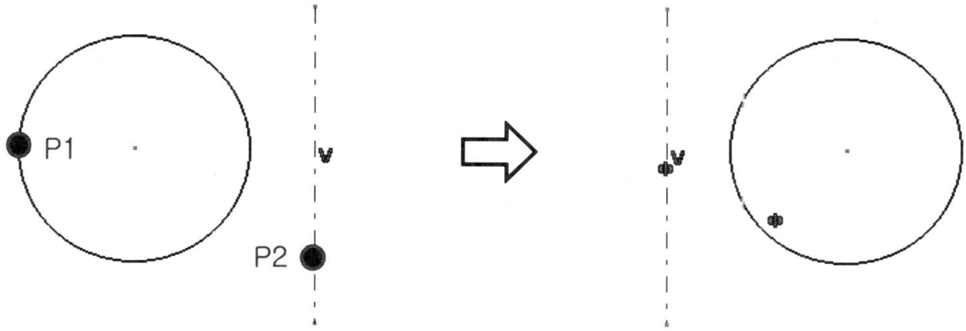

이동()

선택한 요소를 직선방향으로 이동 및 복사하는 기능이다.
(이동할 형상 P1 선택 → 이동 실행 → 인스턴스(개수),값(간격) 입력 → 기준점 P2 클릭)

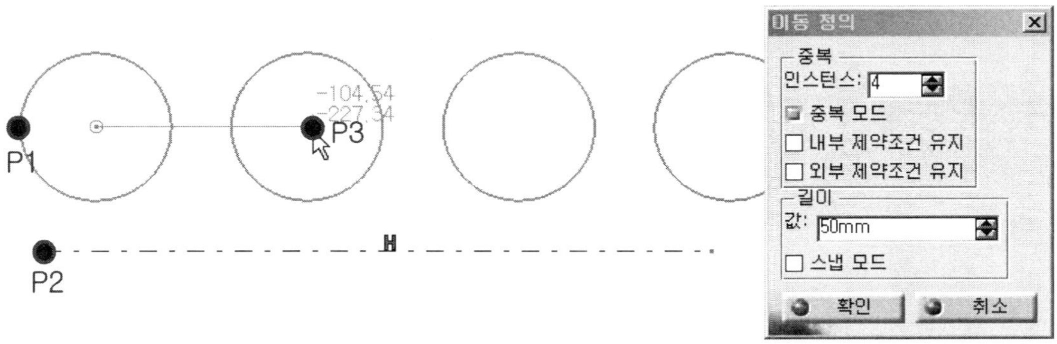

회전()

선택한 요소를 회전이동 및 회전복사하는 기능이다.
(회전할 형상 P1 선택 → 회전 실행 → 인스턴스(개수),값(간격) 입력 → 기준점 P2 클릭)

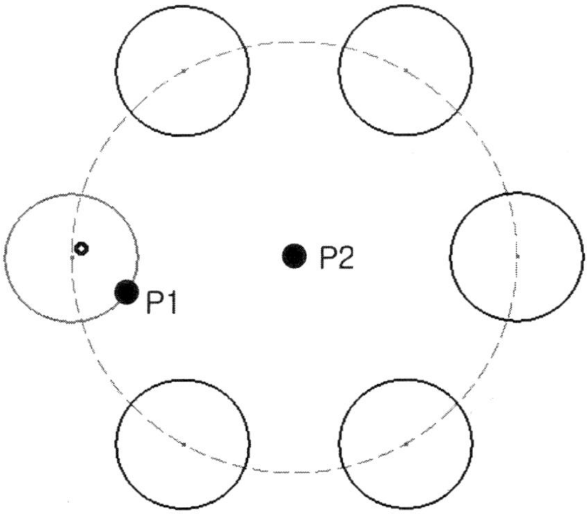

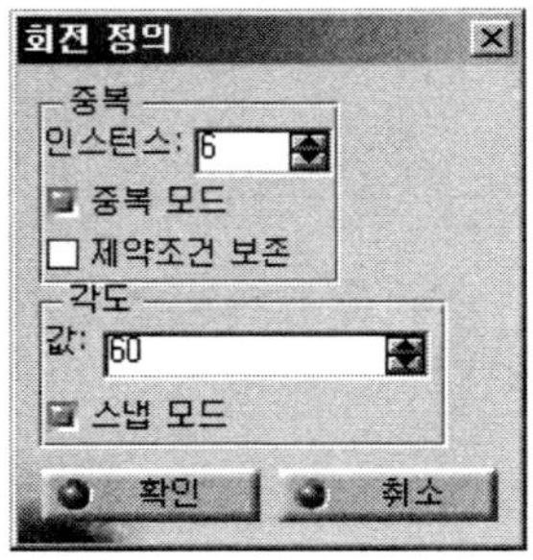

■ 오프셋()

선택한 요소(P1)를 Normal 방향으로 원하는 거리만큼 복사하는 기능이다.

(1) 전파없음(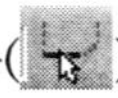) : 선택한 부분만 오프셋 된다.

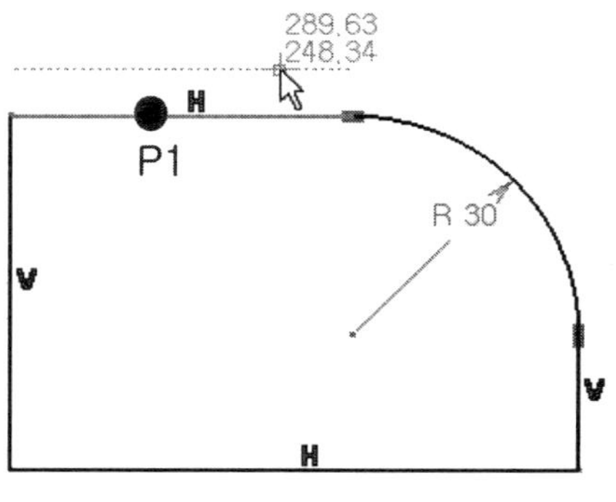

(2) 접점 전파() : 탄젠트하게 접하는 부분까지 오프셋 된다.

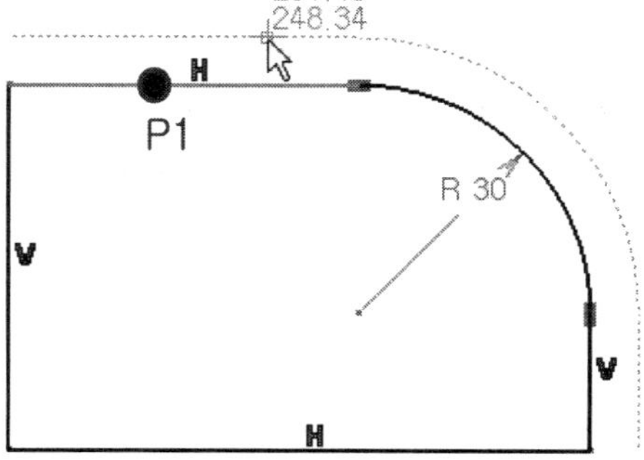

(3) 점 전파( ) : 연결된 모든 부분까지 오프셋 된다.

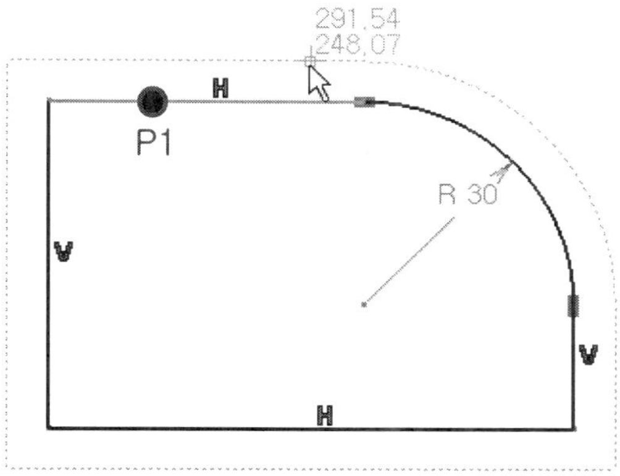

(4) 양측 오프셋( ) : 안쪽과 바깥쪽 모두 옵셋을 하는 기능이다.

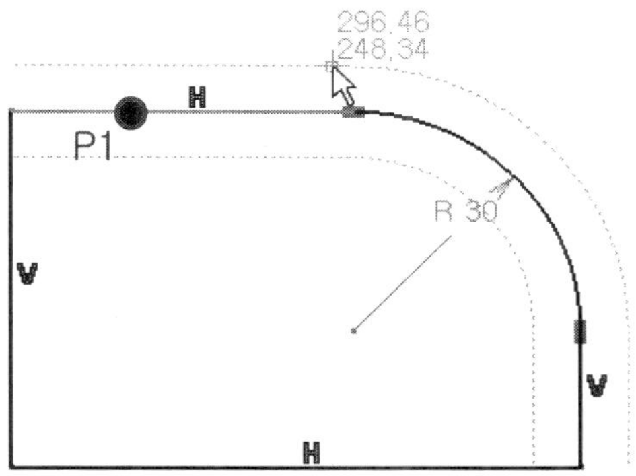

■ 3D 요소 프로젝트( )

3D 객체의 선택부분을 현재 스케치 면으로 투영 복사하는 기능이다.

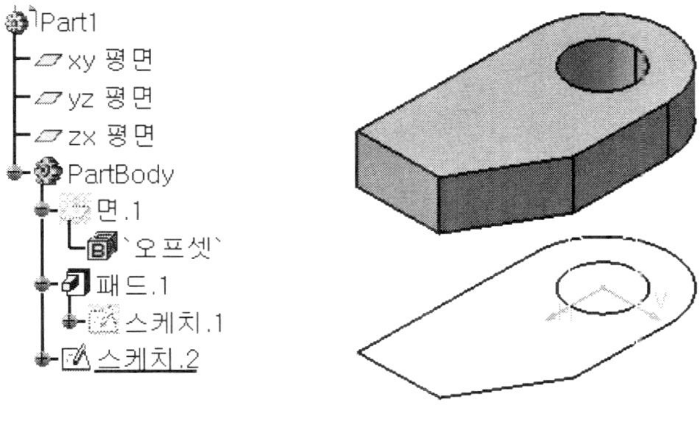

■ 3D 요소 교차( )

스케치 면과 교차하는 부분을 투영시키는 기능이다.

■ 3D 요소 실루엣 모서리 프로젝트( )

원, 구 등의 회전체로 구성된 부분을 투영시키는 기능이다.

2-4 제약조건 도구바

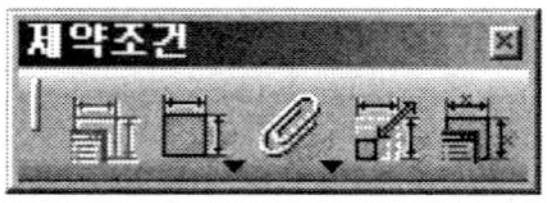

■ 대화상자에 정의된 제약조건( )

먼저 구속을 적용할 요소를 선택하면 아이콘이 활성화되며, 선택요소에 적용 가능한 조건이 활성화되어 원하는 구속조건을 활용할 수 있다.

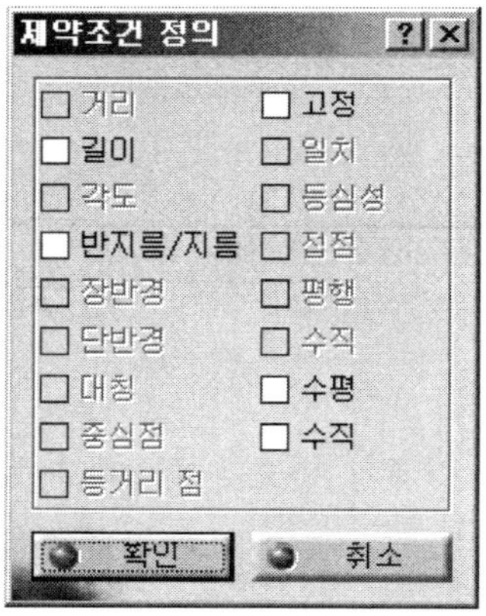

① 거리(Distance) : 두 개의 요소를 선택하여 거리 치수를 표시한다.

② 길이(Length) : 요소의 길이 치수를 표시한다.

③ 각도(Angle) : 각도 치수를 표시한다.

④ 반지름(Radius)/지름(Diameter) : 반지름이나 지름 치수를 표시한다.

⑤ 장반경(Semimajor axis) / 단반경(Semiminor axis) : 타원의 장축과 단축 치수를 표시한다.

⑥ 대칭(Symmetry) : 두 개의 선택된 요소를 마지막에 선택한 선을 중심으로 대칭으로 설정한

다.
⑦ 중심점(Midpoint) : 선(Line)의 이등분점에 위치하도록 설정한다.
⑧ 등거리 점(Equidistant point) : 등거리 점을 생성한다.
⑨ 고정(Fix) : 선택한 요소를 현 위치에 고정시킨다.
⑩ 일치(Coincidence) : 선택한 두 요소가 일치되도록 한다.
⑪ 등심성(Concentricity) : 선택한 두 원이나 호의 중심을 일치시킨다. (동심원)
⑫ 접점(Tangency) : 두 개의 요소를 접하게 구속시킨다.
⑬ 평행(Parallelism) : 두 개의 직선이 평행하도록 구속시킨다.
⑭ 수직(Perpendicular) : 두 개의 요소가 서로 직교되도록 구속시킨다.
⑮ 수평(Horizontal) / 수직(Vertical) : 직선을 수평 또는 수직으로 구속한다.

▮ 제약조건( )

치수구속과 형상구속을 부여하는 제약조건과 접촉조건이 포함되어 있다. 제약조건을 실행하고, 요소를 선택한 후, ① 마우스 왼쪽 버튼으로 치수구속을, ② 마우스 오른쪽 버튼으로 형상구속을 부여한다.

치수의 형태	설 명	치수의 형태	설 명
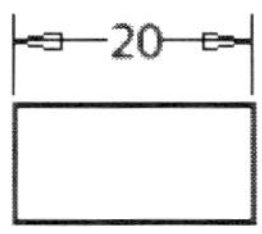	두 요소간의 선형치수	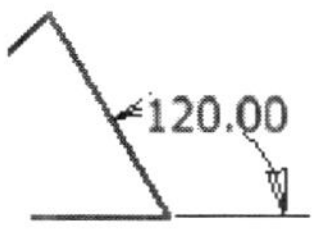	외부 각도의 각도치수
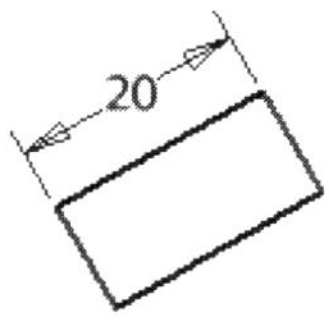	두 요소 간에 정렬된 치수	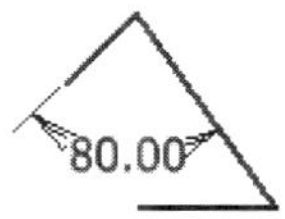	내부 각도의 각도치수
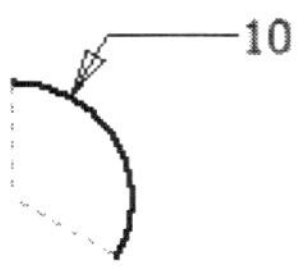	반지름 치수	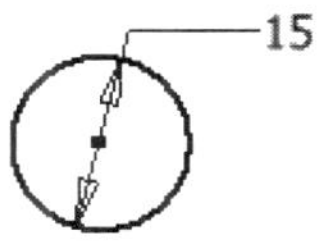	지름 치수

3 Part Design 작업 공간

스케치에서 작업한 프로파일을 이용하여 솔리드로 생성하는 환경이다.

3-1 Sketch-Based Feature 도구바

▮ Pad()

스케치에서 작성한 프로파일을 거리와 방향을 정의하여 돌출시키는 기능이다.

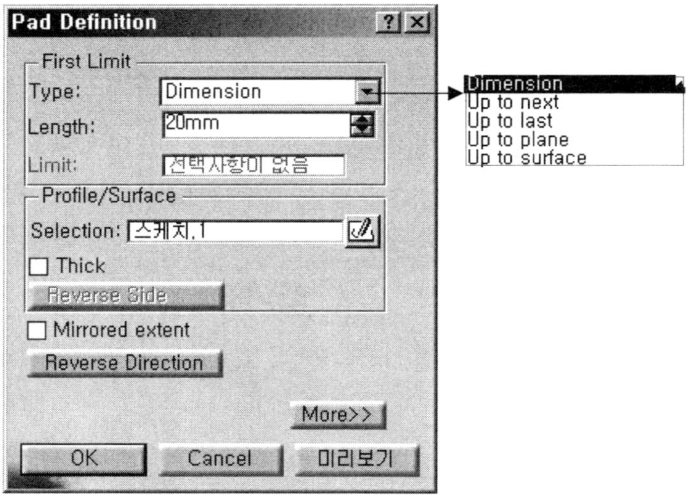

(1) Type : Pad의 시작 및 끝의 한계를 정의한다.

① Dimension : 지정한 치수만큼 Pad한다.

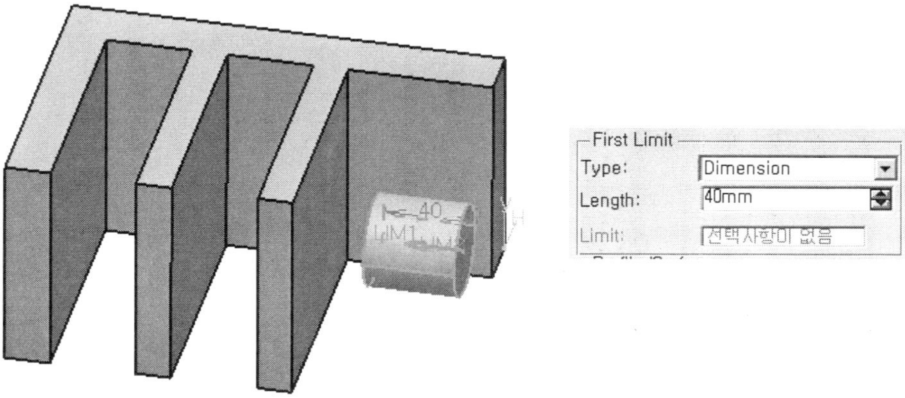

② Up to next : Pad 되는 방향으로 가장 가까운 면까지 형상을 생성한다.

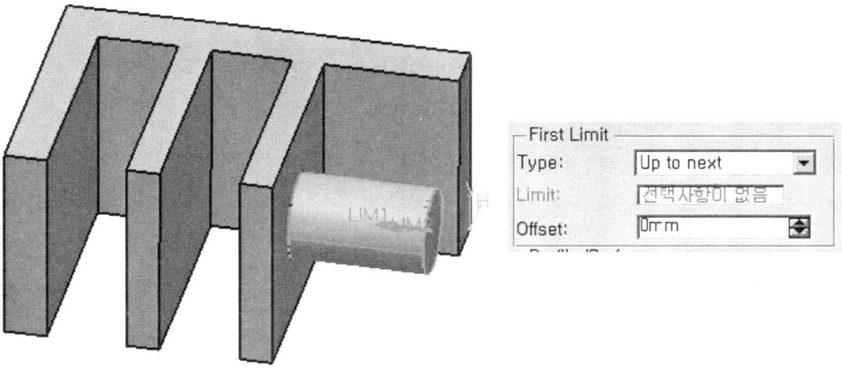

③ Up to last : 선택 가능한 모든 형상에 대하여 Pad 형상을 생성한다.

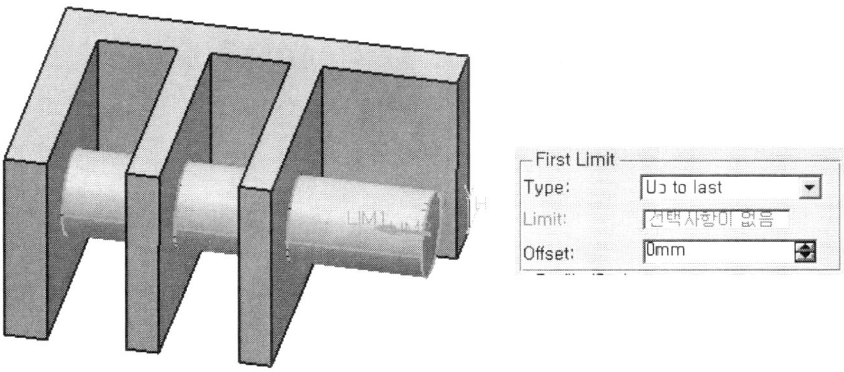

④ Up to plane : 사용자가 선택한 면까지 Pad 형상을 생성한다.

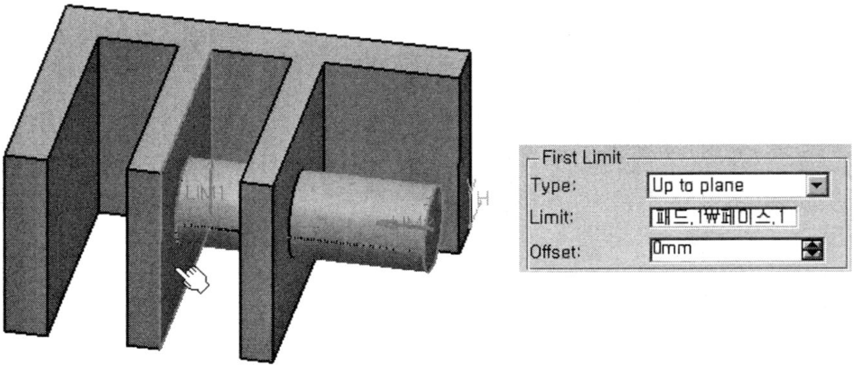

⑤ Up to surface : 사용자가 선택한 곡면까지 Pad 형상을 생성한다.

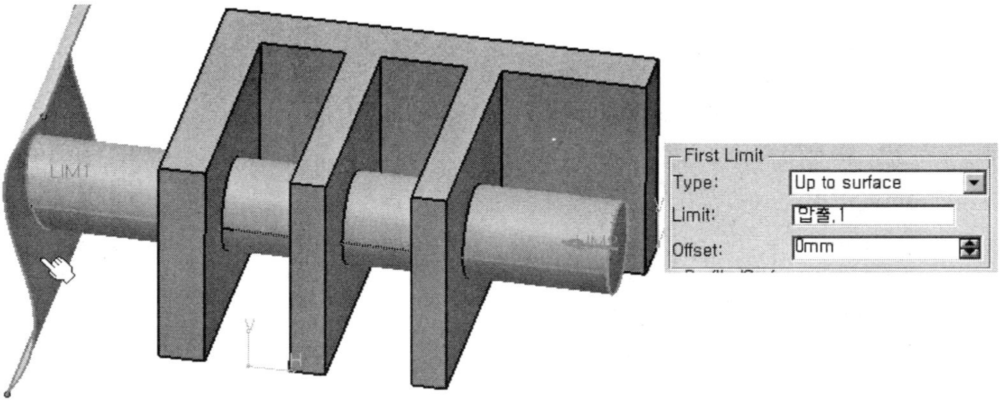

(2) Profile/Surface : Pad시킬 프로파일을 선택한다.

(3) Mirrored extend : 스케치 면을 기준으로 양쪽 대칭되게 Pad시키는 기능이다. 길이에 20을 입력하면, 전체길이는 40이 된다.

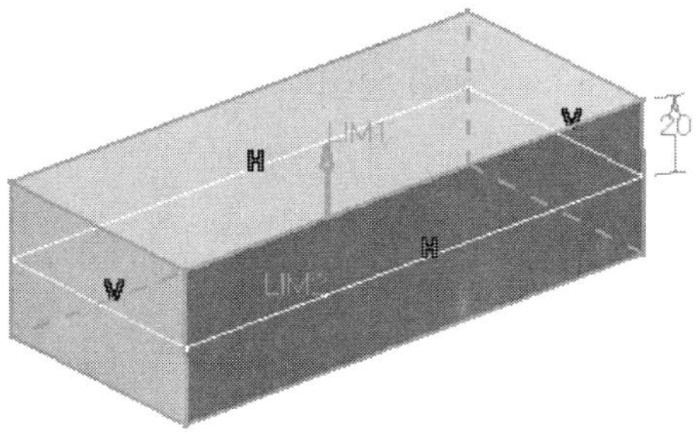

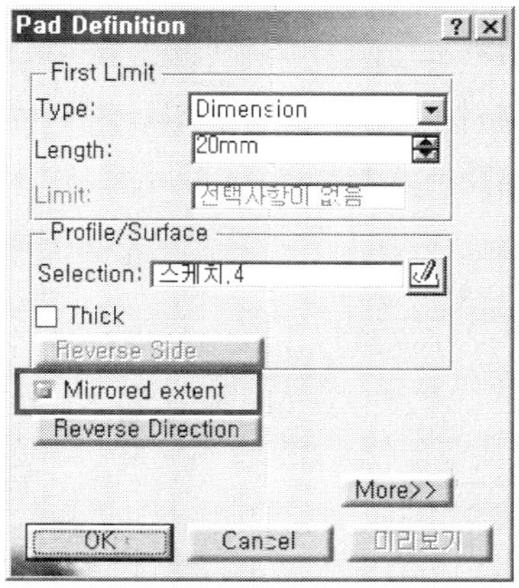

(4) Reverse Direction : Pad 방향을 "+", "-"로 전환한다.

Pocket( )

스케치 형상대로 솔리드를 제거해 주는 기능이다.

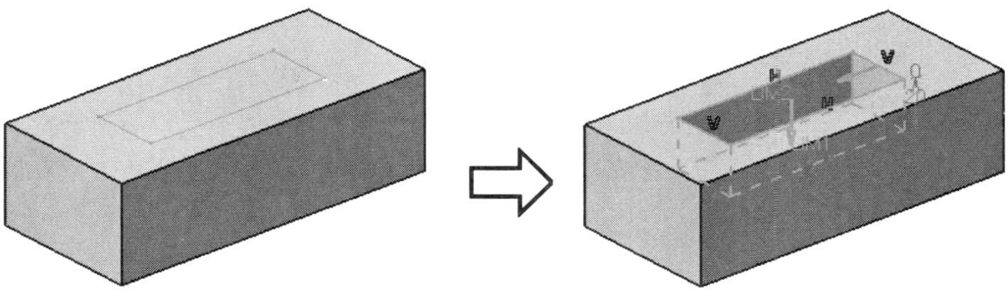

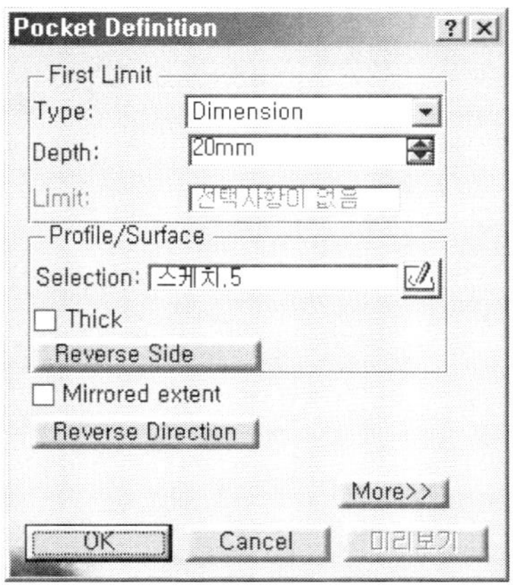

Type, Profile, Mirrored extend, Reverse Direction 옵션은 Pad 기능과 동일하다.

■ Shaft( )

중심축을 기준으로 회전체 형상을 만드는 기능이다. 스케치 작업을 할 때 회전형상의 스케치와 축을 같이 그린다.

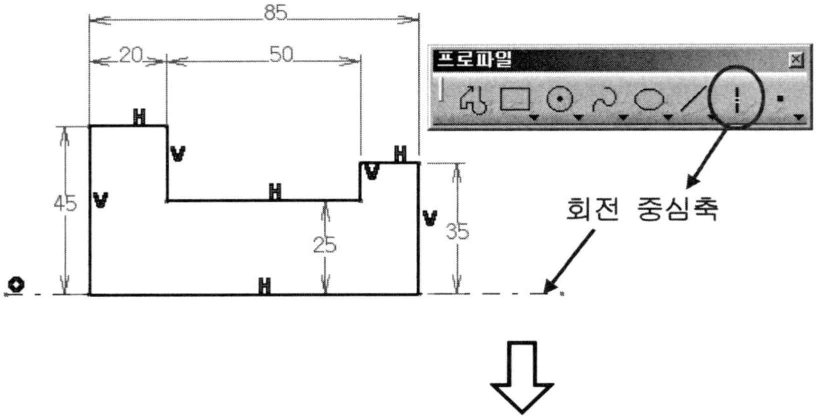

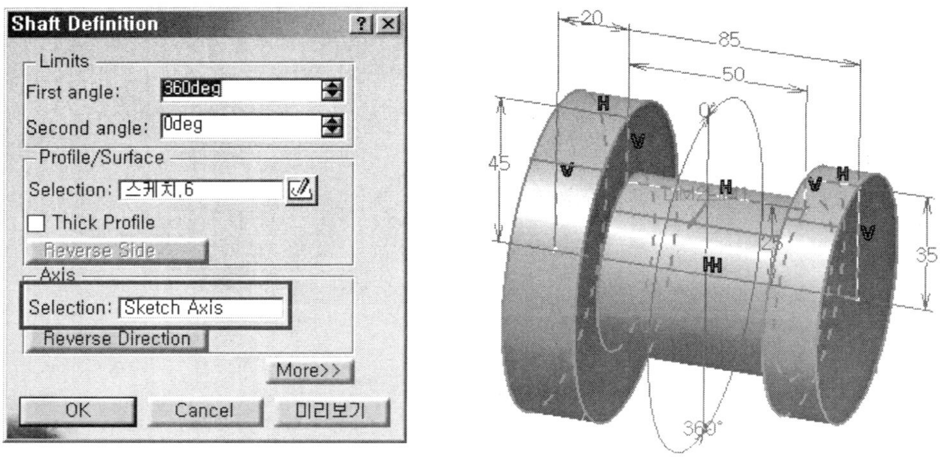

▮ Groove( )

중심축을 기준으로 회전체 솔리드를 제거하는 기능이다. 스케치 작업을 할 때 회전형상의 스케치와 축을 같이 그린다.

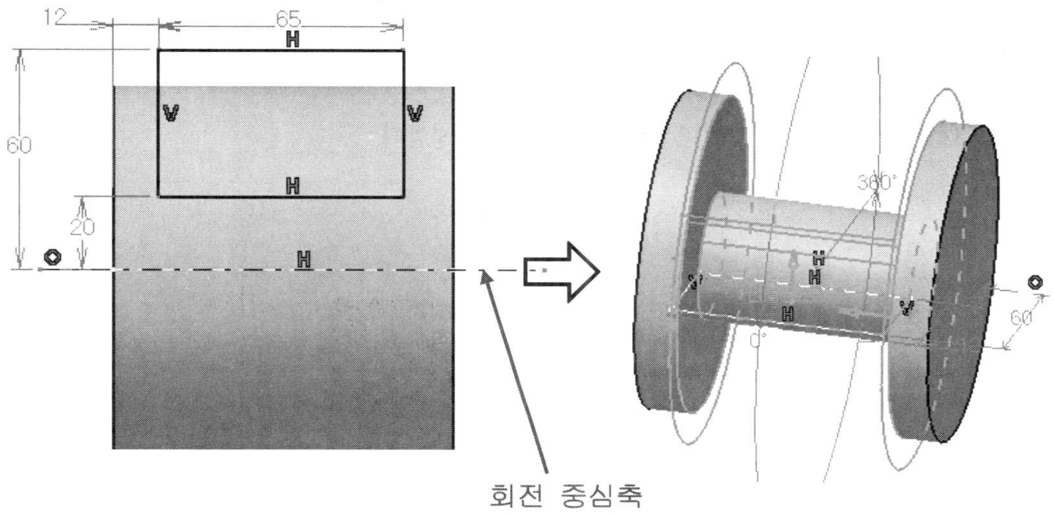

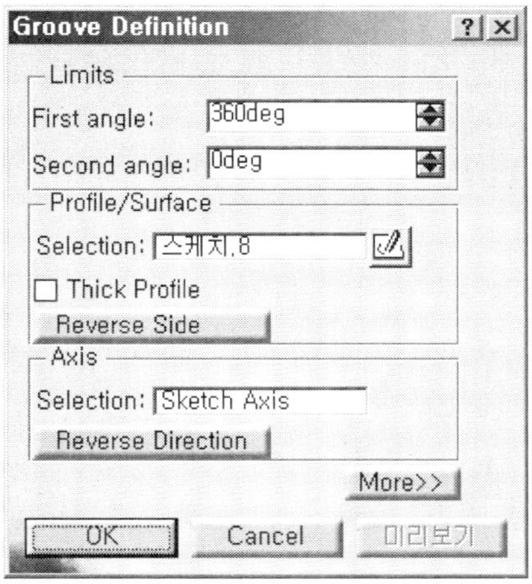

▮ Hole( )

구멍을 생성하는 기능이다.

생성방법 : Hole 기능 실행 → 구멍이 생성된 면 클릭 → Positioning Sketch( ) 아이콘 클릭 → 스케치 점( ) 실행 → 점 생성 → 제약조건( )으로 구멍 위치 치수 입력 → 워크벤치 종료( )

(1) Extension 탭 : 단순 구멍의 크기와 위치를 결정한다.

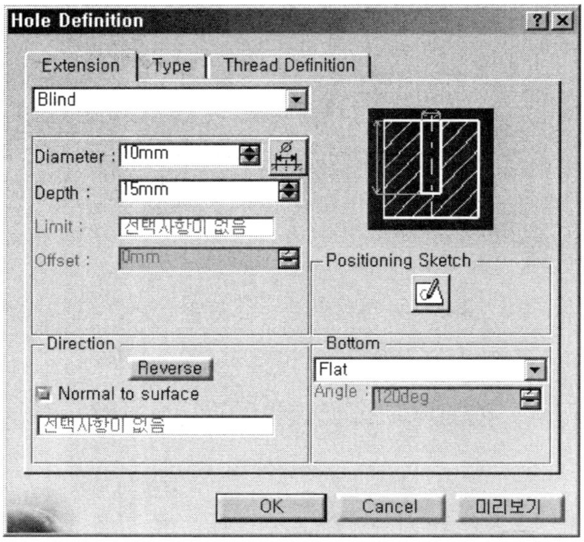

- 구멍 종료 형태

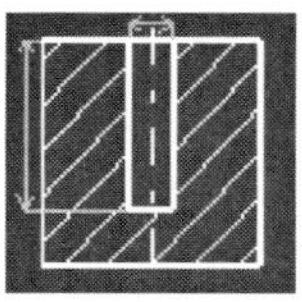

<Blind>

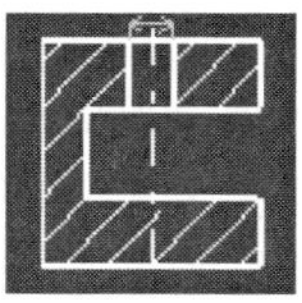

<Up to next>

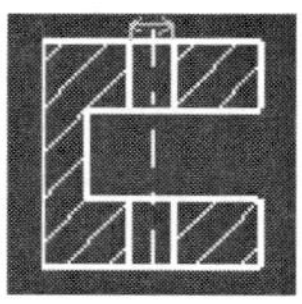

<Up to last>

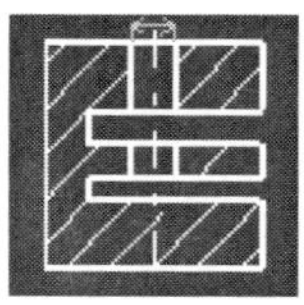

<Up to plane>
<Up to surface>

- Diameter & Depth : 구멍의 지름과 깊이 값 입력
- Direction : 구멍 생성 방향 반전
- Bottom : 구멍의 끝 모양 결정

(2) Type 탭 : 생성되는 구멍의 형태를 지정한다.

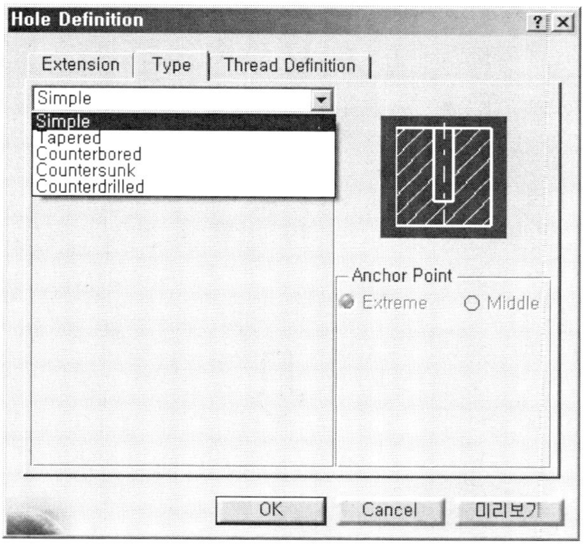

<Simple>

<Tapered>

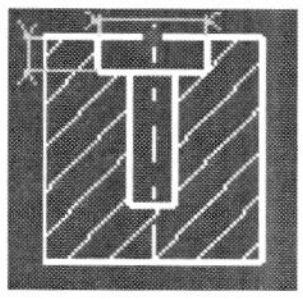
<Counterbored>

Countersunk>

<Counterdrilled>

(3) Thread Definition 탭 : 구멍에 탭 가공 작업을 하는 기능이다.

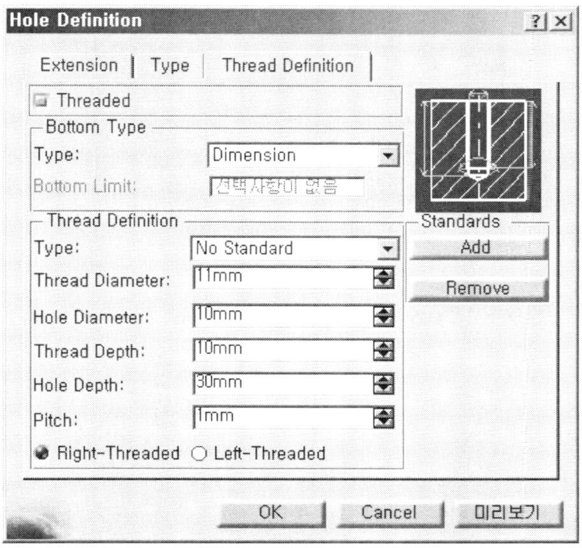

■ Rib( )

단면 스케치가 경로 스케치를 따라 Sweep하여 형상을 만드는 기능이다.

단면스케치 : Profile / 경로스케치 : Center Curve

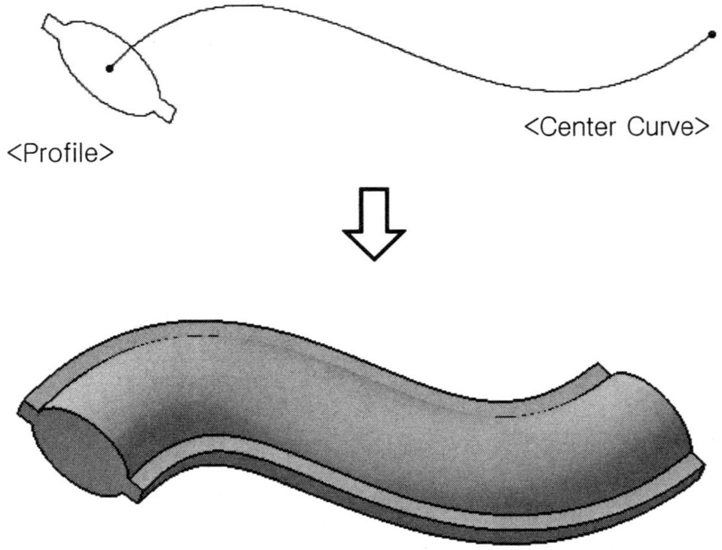

- 기능 실행 방법은 먼저 Profile를 먼저 선택하고, Center curve를 선택한다.
- Profile은 Center curve의 끝부분에 수직 방향으로 그려져야 한다.
- 그러기 위해서는 “커브에 수직”인 plane을 정의해야 한다.

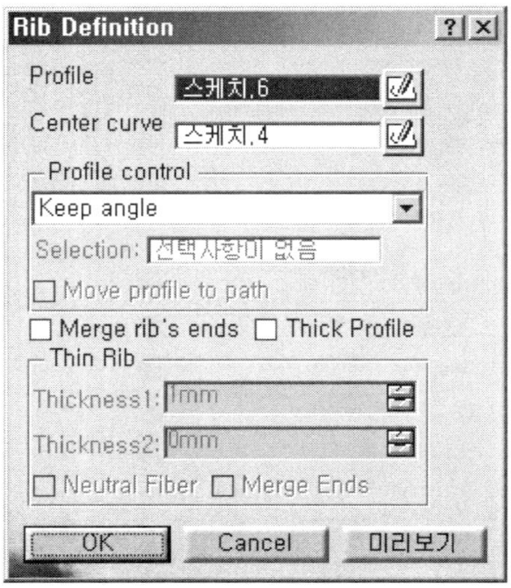

▮ Slot( )

단면 스케치가 경로 스케치를 따라 Sweep하여 형상을 제거하는 기능이다.

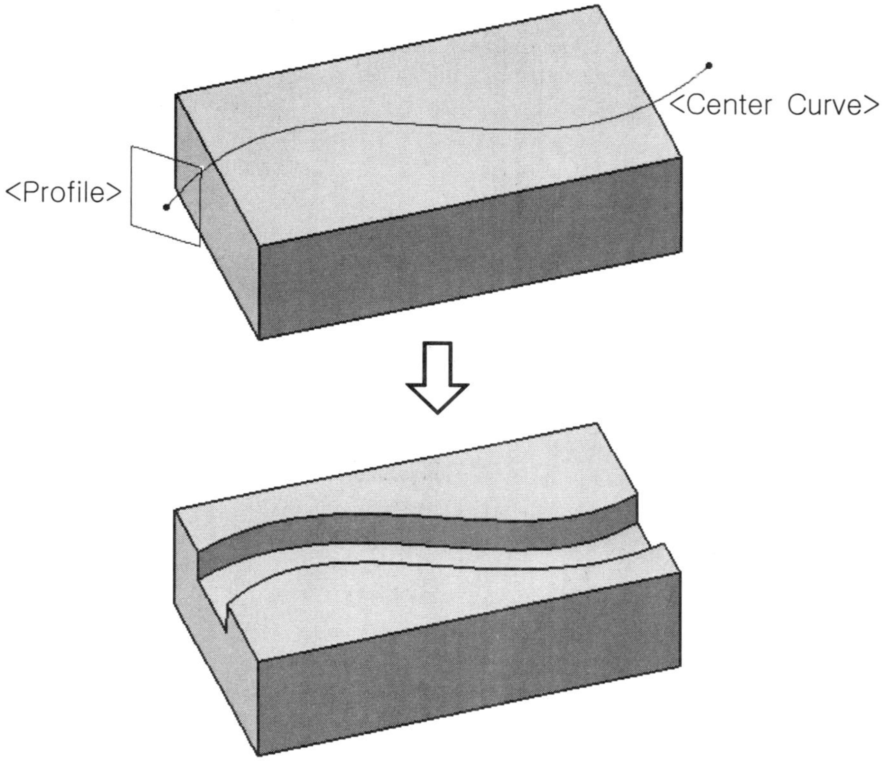

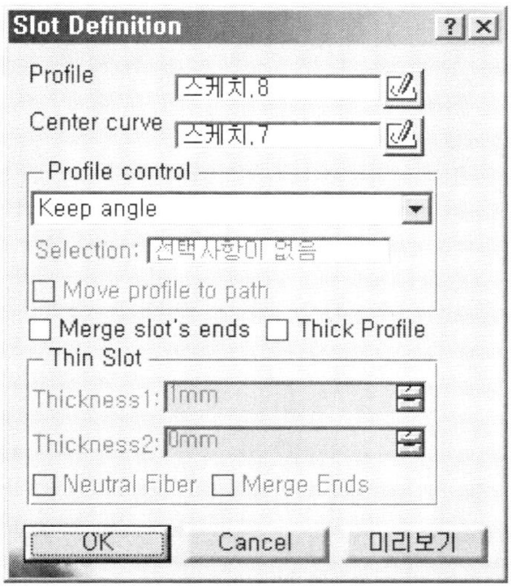

▮ Stiffener( )

보강재를 생성하는 기능이다.

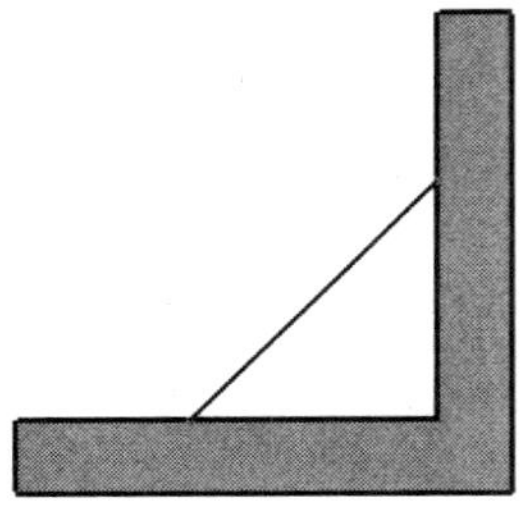

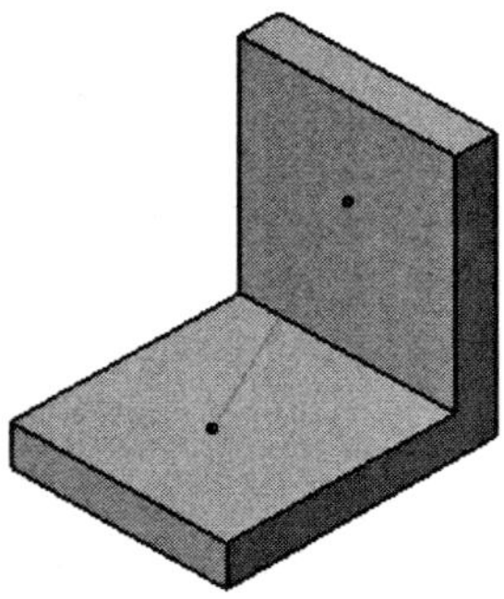

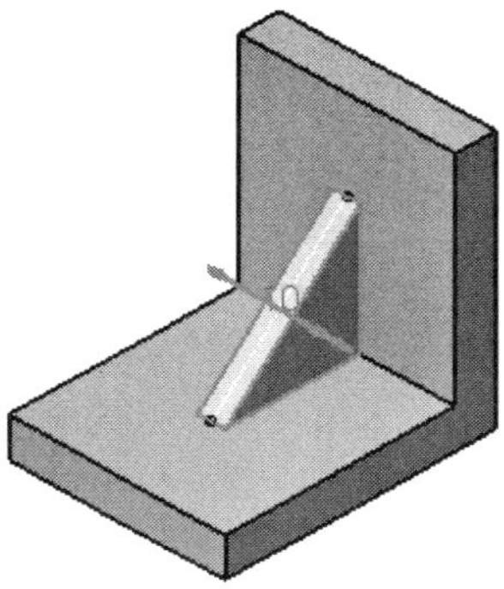

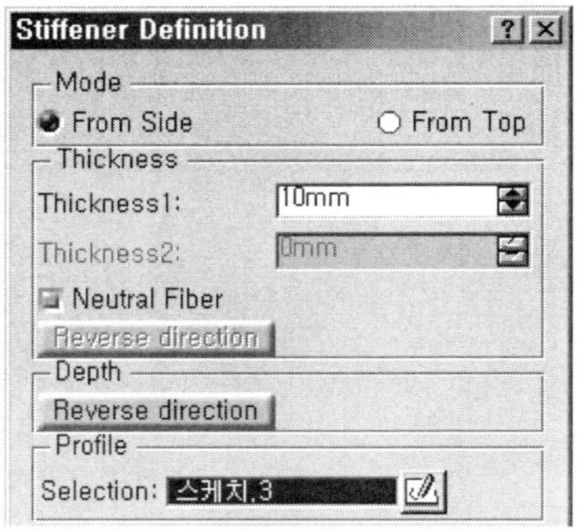

- Mode :

  From Side : 두께 방향으로 보강재 생성

  From Top : 높이 방향으로 보강재 생성
- Thickness 1,2 : 보강재의 두께 지정
- Depth : Reverse direction : 보강재의 생성 방향을 반대로 전환

▌Multi-sections Solid( )

2개 이상의 서로 다른 단면 Profile을 연결하여 솔리드를 생성하는 기능이다.

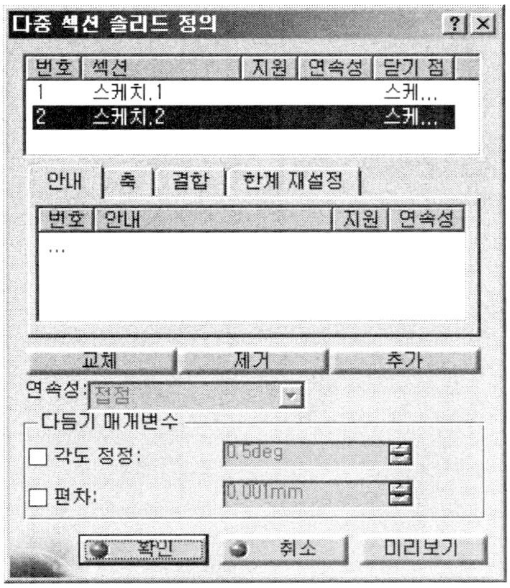

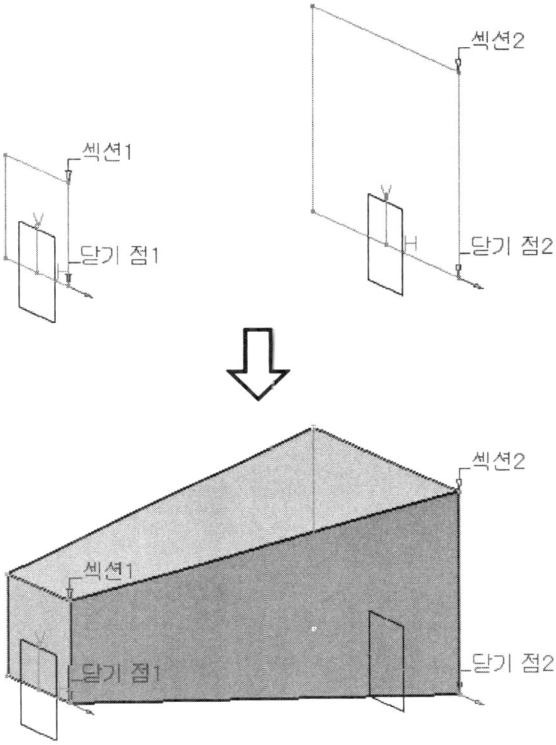

- 일정 거리만큼 떨어진 다른 형상의 profile을 생성한다.
- 각 profile을 선택한 후, "닫기 점"의 위치와 화살표의 방향을 확인한다.
- "닫기 점"의 위치를 변경하기 위해서는, 닫기 점에서 마우스 오른쪽 버튼을 눌러 "교체"를 선택하고, 옮길 위치를 클릭한다.
- "닫기 점"의 위치를 다르게 할 경우, 꼬여있는 형상을 만들 수 있다.

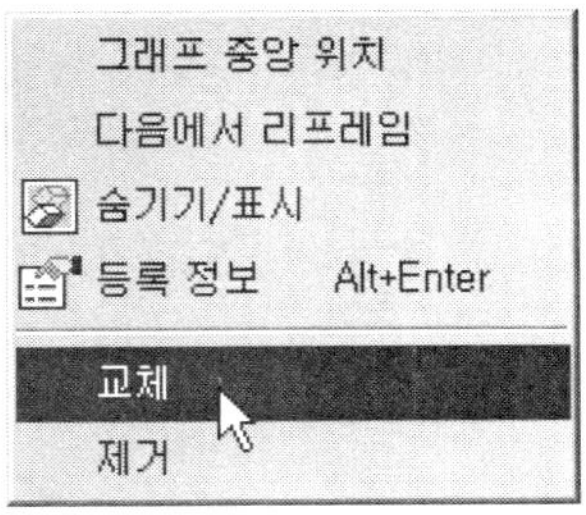

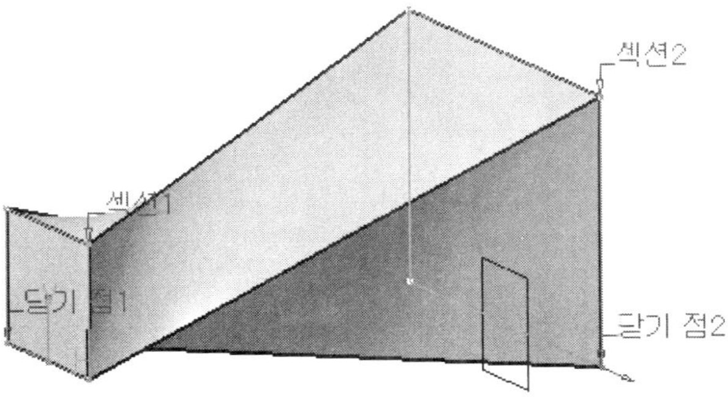

▮ Removed Multi-sections Solid( )

2개 이상의 서로 다른 단면 Profile을 연결하여 솔리드를 제거하는 기능이다.

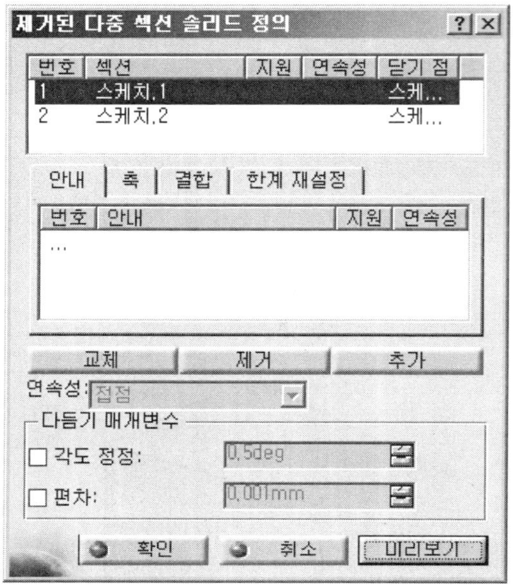

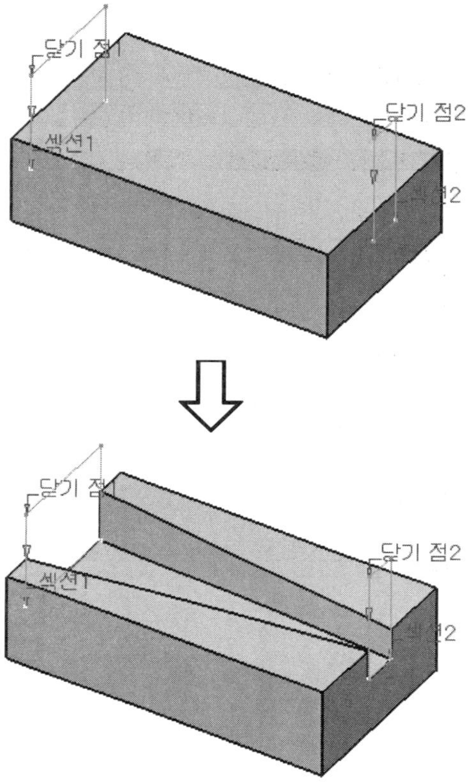

3-2 Dress up Feature 도구바

▮ Edge Fillet( )

모서리 부분을 부드럽게 처리하는 라운드 작업을 수행하는 기능이다.

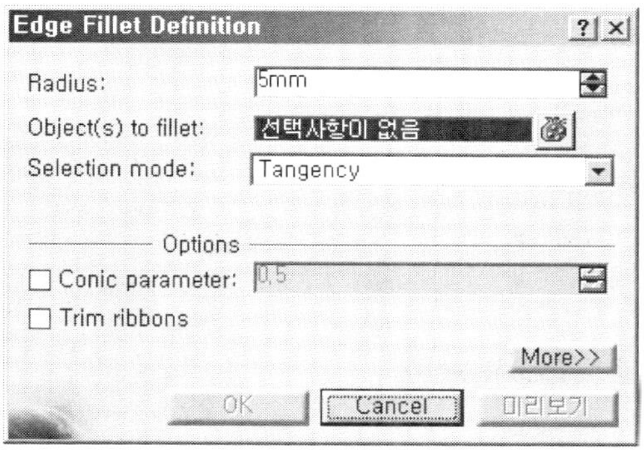

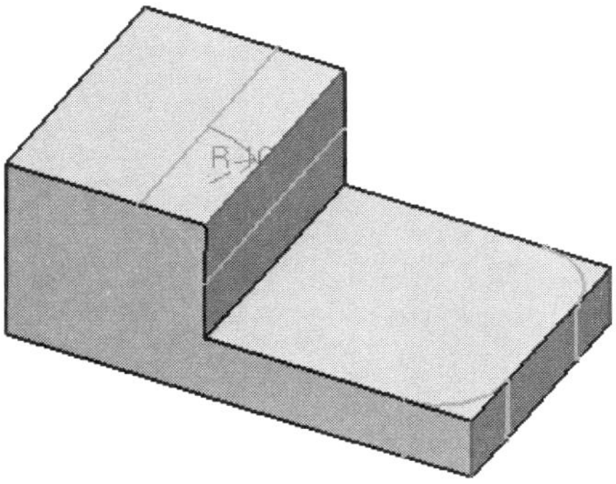

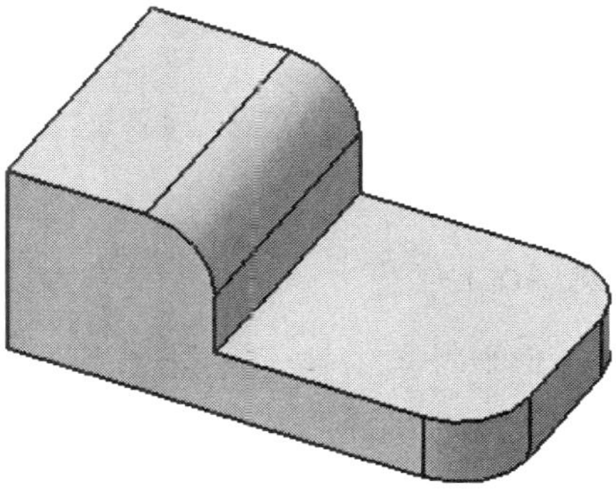

• Radius : 라운드 값을 입력한다.
• Object(s) to fillet : 라운드를 적용할 모서리를 선택한다.

▌Chamfer( )

모서리에 모따기를 수행하는 기능이다.

• Length1 / Angel : Length1값과 각도 값을 입력하여 모따기를 하는 기능이다.

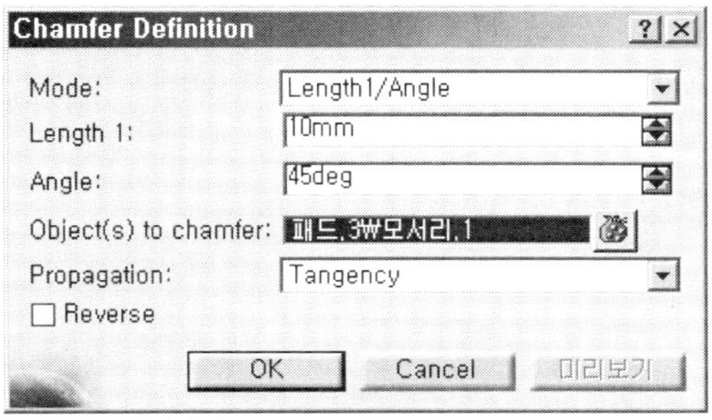

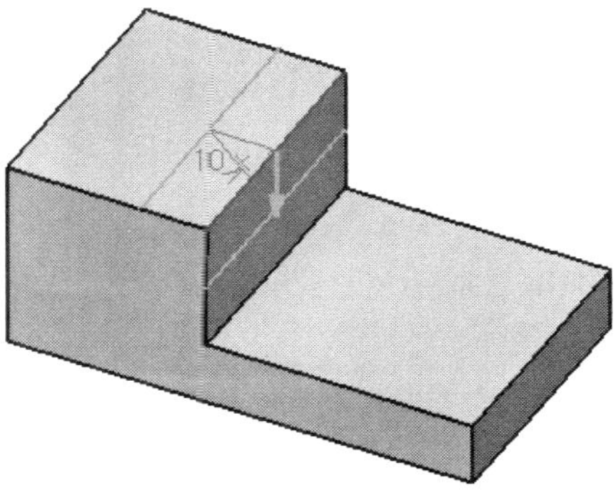

• Length1 / Length2 : Length1, 2값을 입력하여 모따기를 하는 기능이다.

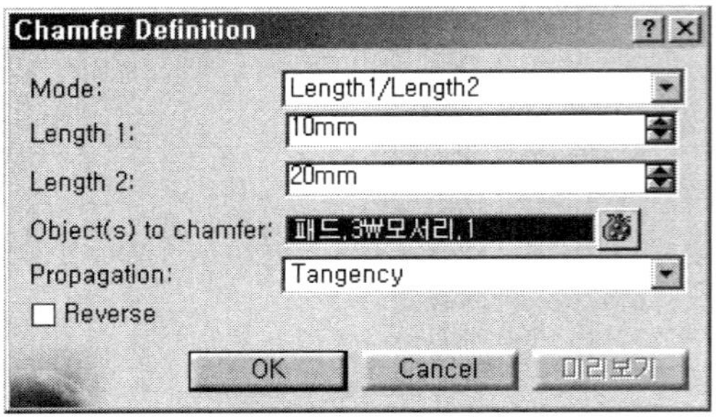

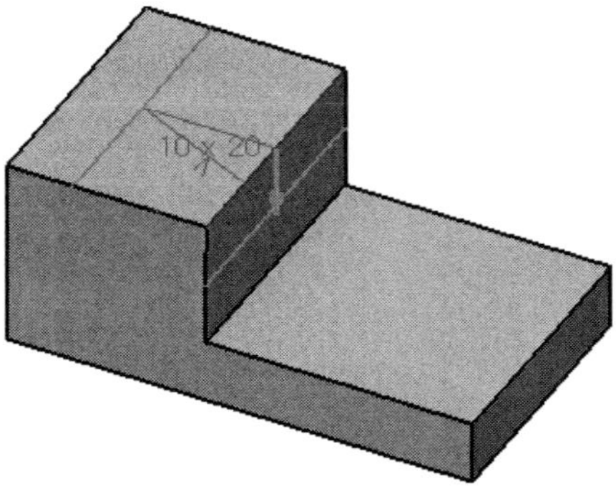

• Reverse : 모따기 방향을 전환한다.

▮ Draft Angle( )

면에 구배(기울기)를 적용하는 기능이다.

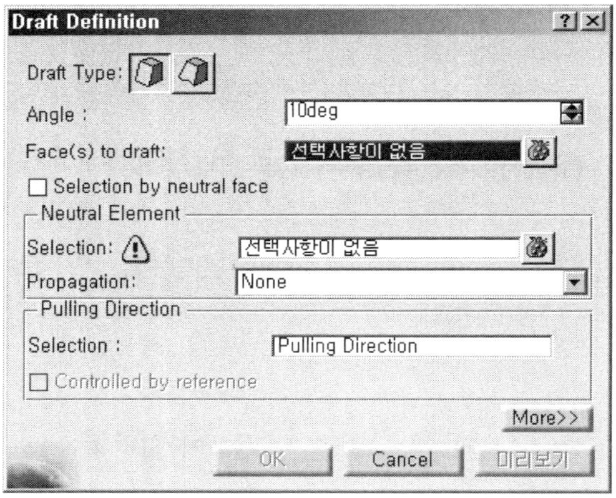

• Angle : 구배(기울기) 값을 입력한다.
• Face(s) to draft : Draft가 적용될 면을 선택한다.
• Neutral Element - Selection : Draft를 생성하기 위한 기준면을 설정한다.
• Pulling Direction - Selection : Draft가 생성될 방향을 설정한다.

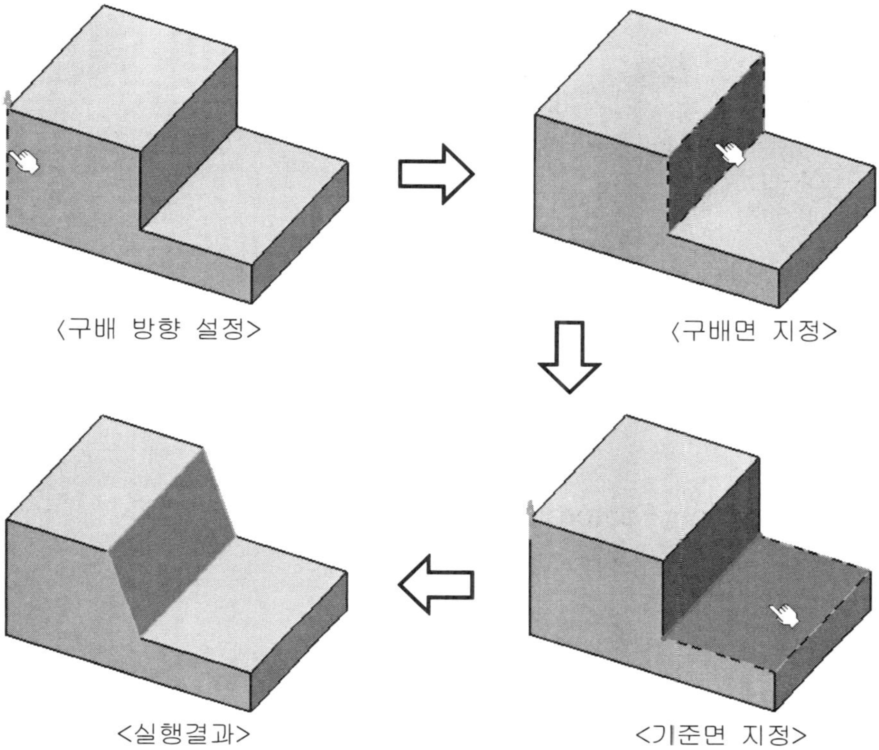

Shell( )

형상의 내부를 일정한 두께만 남기고 속 내부를 제거하는 기능이다.

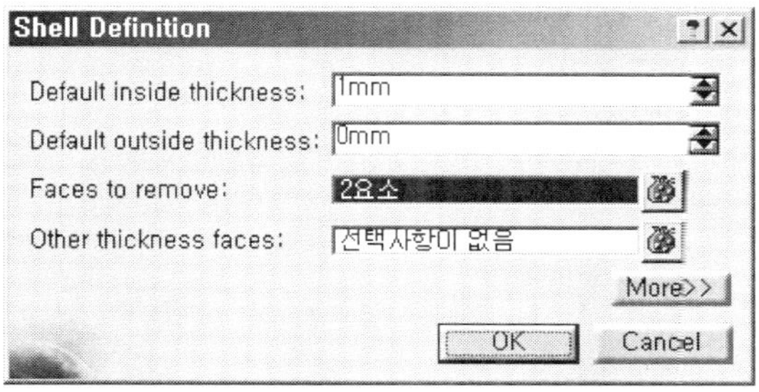

- Default inside thickness : 형상 안쪽으로 적용될 두께 값을 입력한다.
- Default outside thickness : 형상 바깥쪽으로 적용될 두께 값을 입력한다.
- Faces to remove : 제거할 면을 선택한다.
- Other thickness faces : 선택한 면에 대하여 다른 두께 값을 적용한다.

<제거할 면 선택>

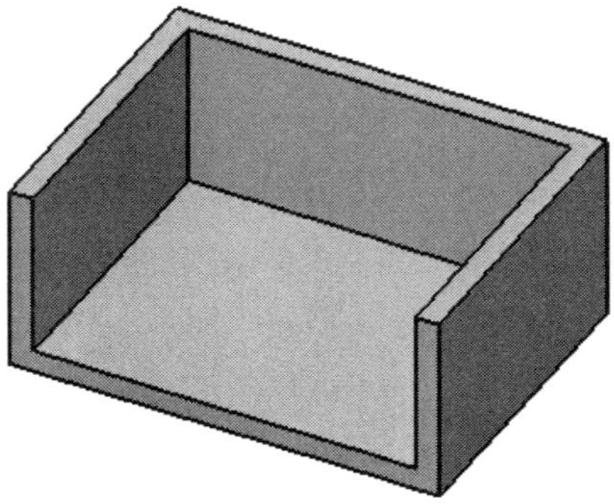

<실행 결과>

3-3 Transformation Features 도구바

▮ Split( )

솔리드 형상을 곡면을 기준으로 한쪽을 잘라 없애는 기능이다.

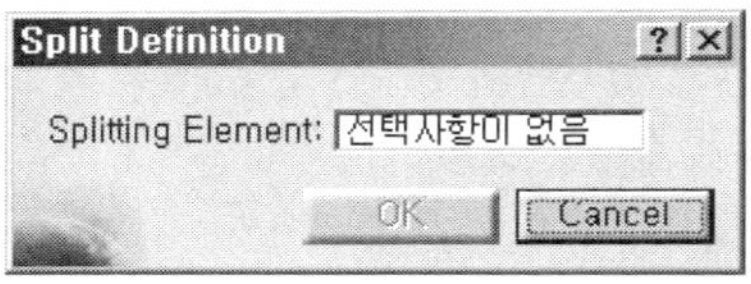

Splitting Element : Split(분할)하기 위한 곡면을 선택한다.
화살표 방향이 Split 후에 남아있는 부분이며, 화살표를 클릭하면 방향이 전환된다.

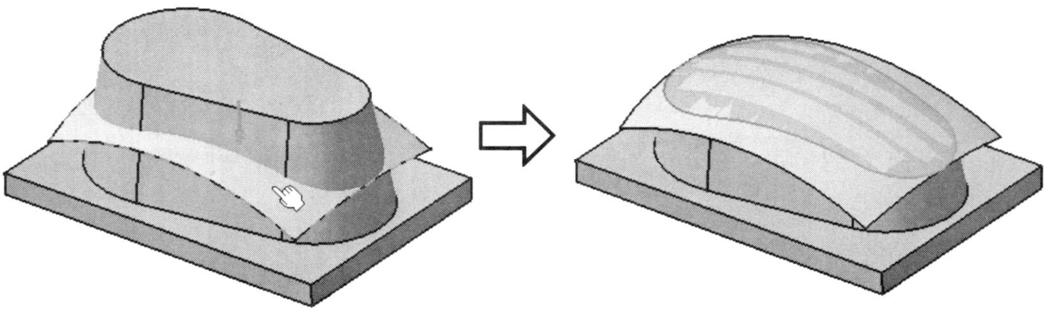

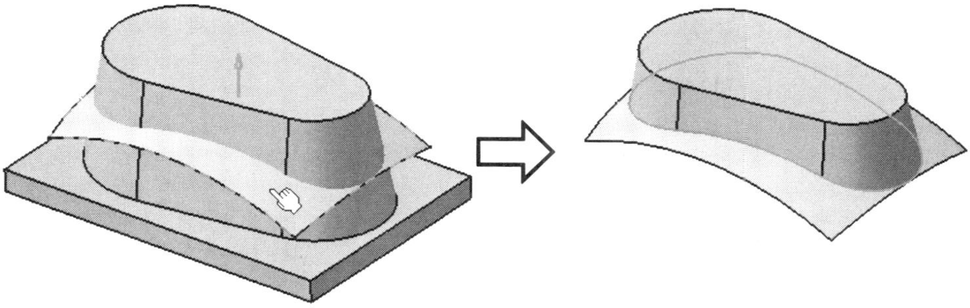

3-4 Transformation Features 도구바

■ Mirror()

면을 기준으로 선택한 형상을 대칭 복사시키는 기능이다.

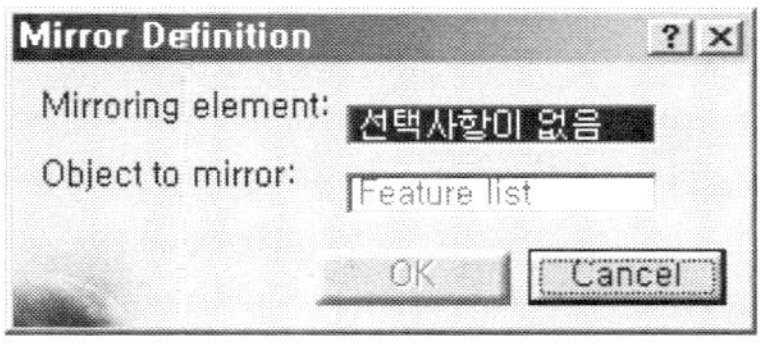

• Mirroring element : 대칭복사 할 plane(평면)을 선택한다.

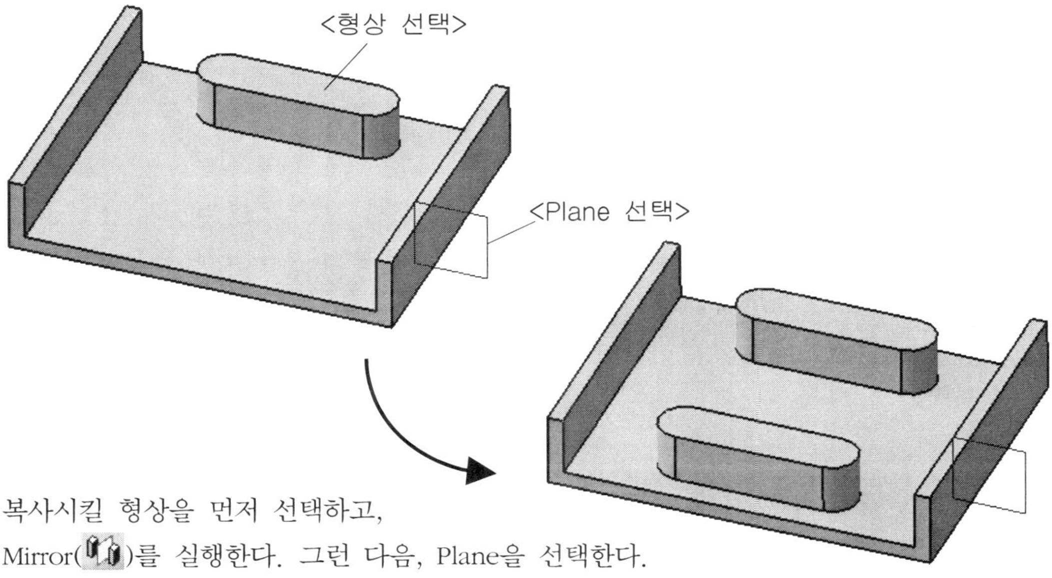

복사시킬 형상을 먼저 선택하고,
Mirror()를 실행한다. 그런 다음, Plane을 선택한다.

▌Rectangular Pattern(▦)

선택한 형상을 직사각형 형태로 배열시키는 기능이다.

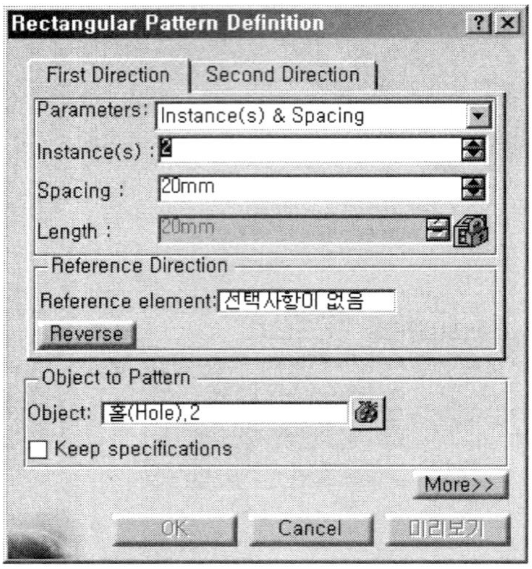

- First Direction & Second Direction : 첫 번째 및 두 번째 패턴 방향을 정하는 탭이다.
- Instance(s) : 복사되어지는 수량을 정의한다.
- Spacing : 객체 사이의 간격 값을 지정한다.
- Reference element : 패턴 방향을 지정한다.

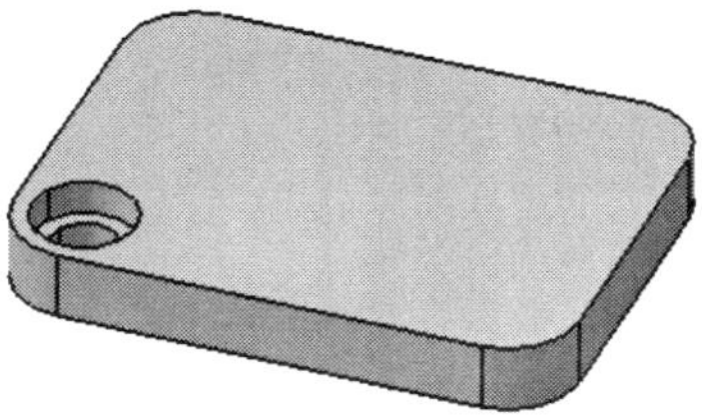

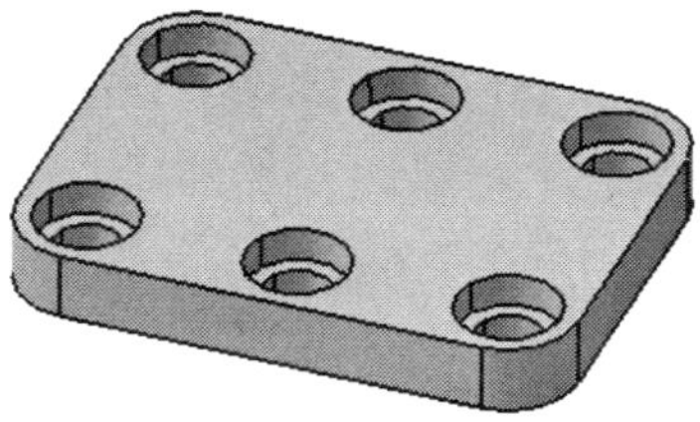

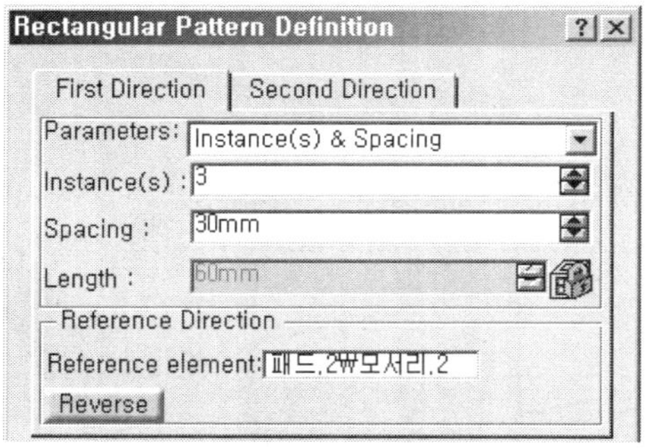

<First Direction>

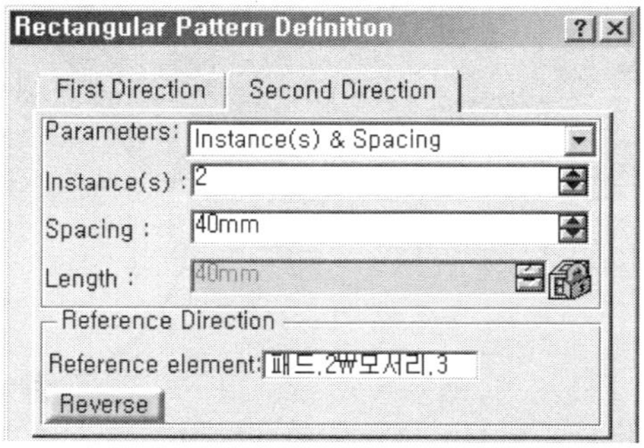

<Second Direction>

Circular Pattern( )

선택한 형상을 원형 형태로 배열시키는 기능이다.

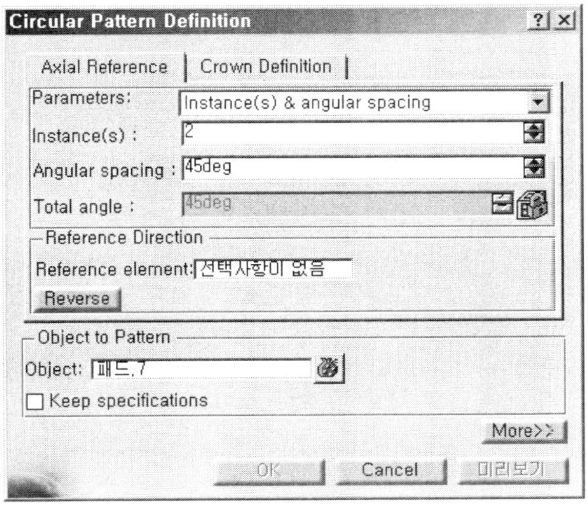

- Instance(s) : 복사되어지는 수량을 정의한다.
- Spacing : 객체 사이의 각도 값을 지정한다.
- Reference element : 패턴을 하기 위한 중심축을 지정한다. (원통면 선택)

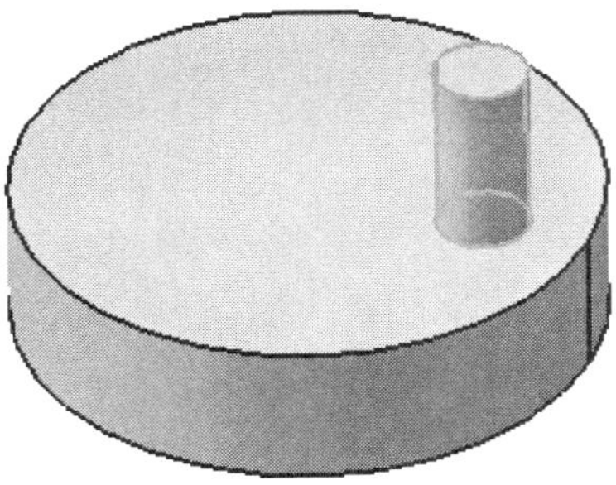

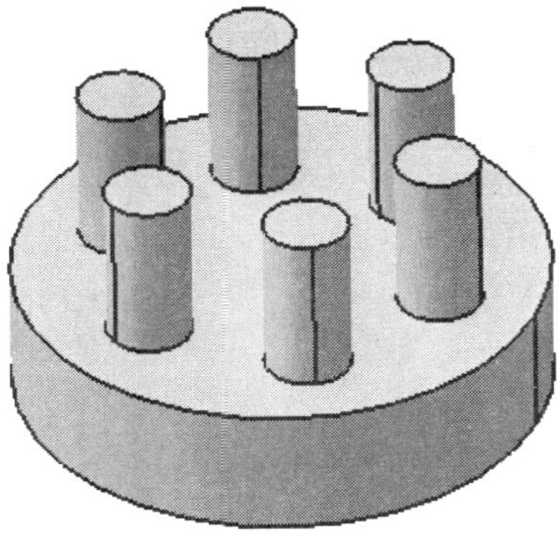

4 CATIA 자동 프로그램(CAM) 초기 화면구성 및 환경설정

01 CATIA를 실행하고, "도구" ⇒ "옵션"을 실행한다.

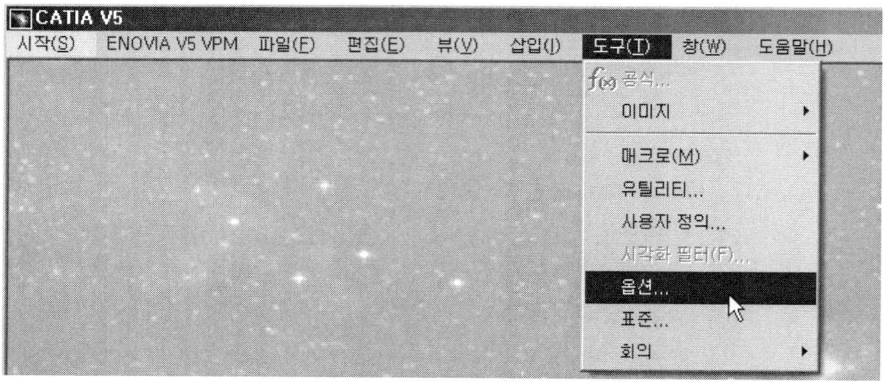

02 "기본구조" ⇒ "파트 인프라스트럭처"에서 "표시" 탭을 다음과 같이 설정한다.

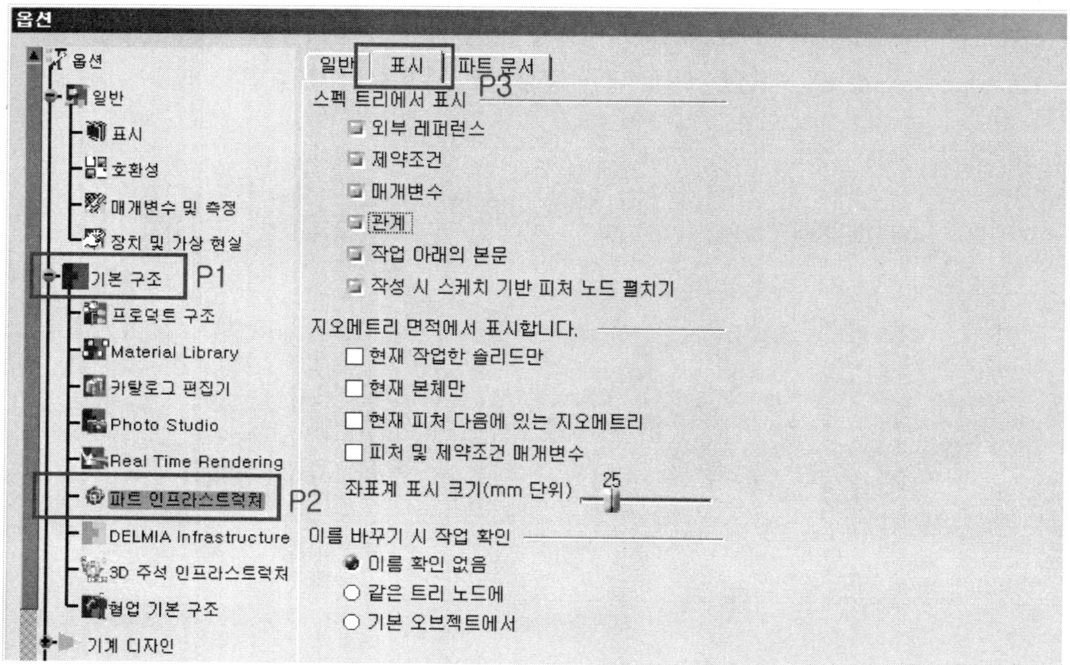

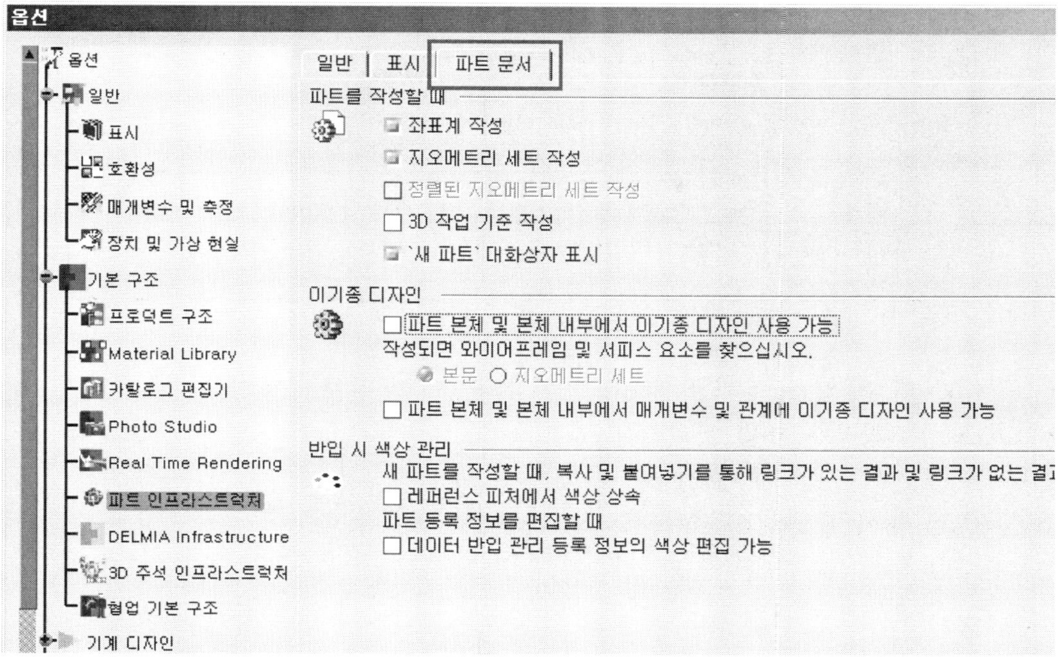

04 “기계” ⟹ "Output" 탭을 다음과 같이 설정한다.

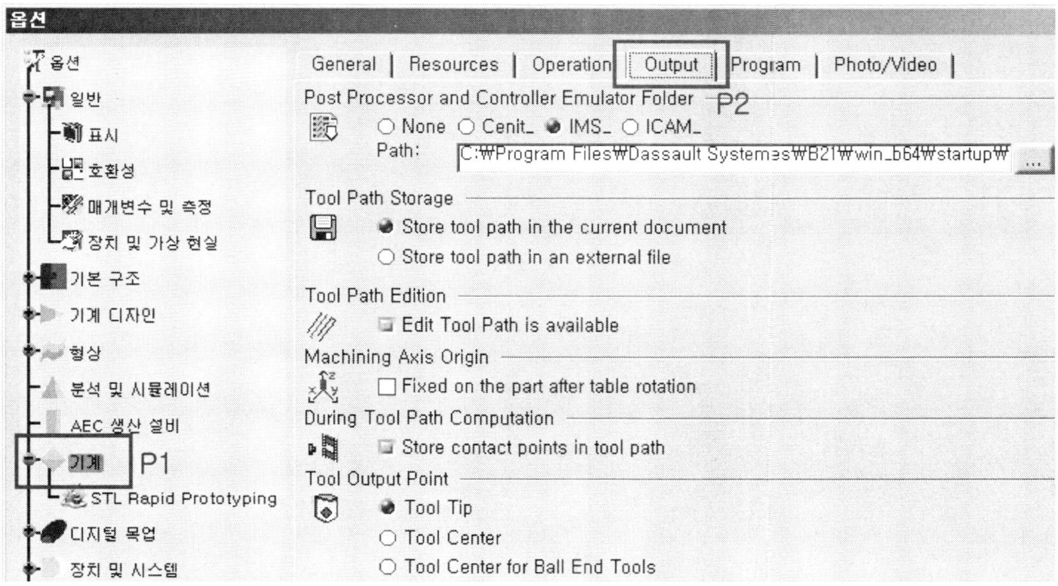

05 “Output” 탭의 아랫 부분도 다음과 같이 설정한다.

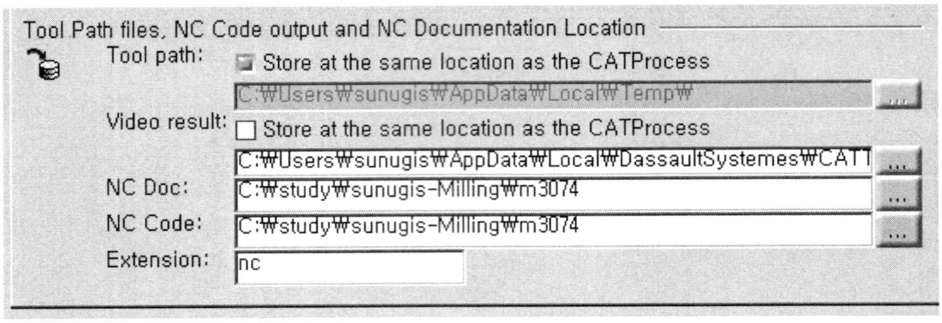

- NC Doc 및 NC Code : 가공 데이터가 저장되는 폴더 위치 지정
- Extension : 확장자 지정

06 확인을 눌러 설정을 완료한다.

Part 2

3차원 CAD/CAM 실기도면

따라하면서 배우는 Modeling

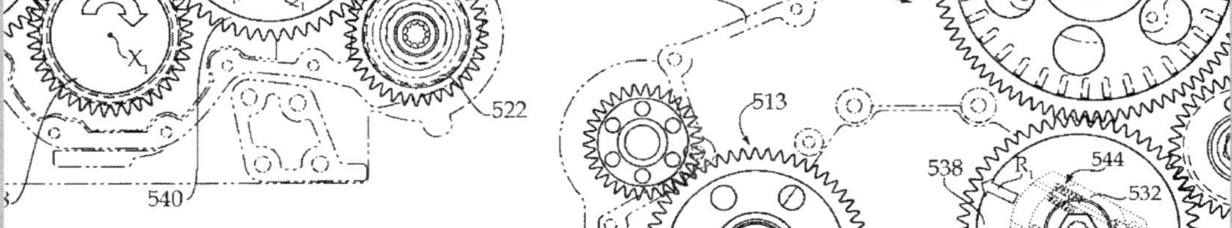

1 다음의 도면을 참고로 형상을 모델링한다

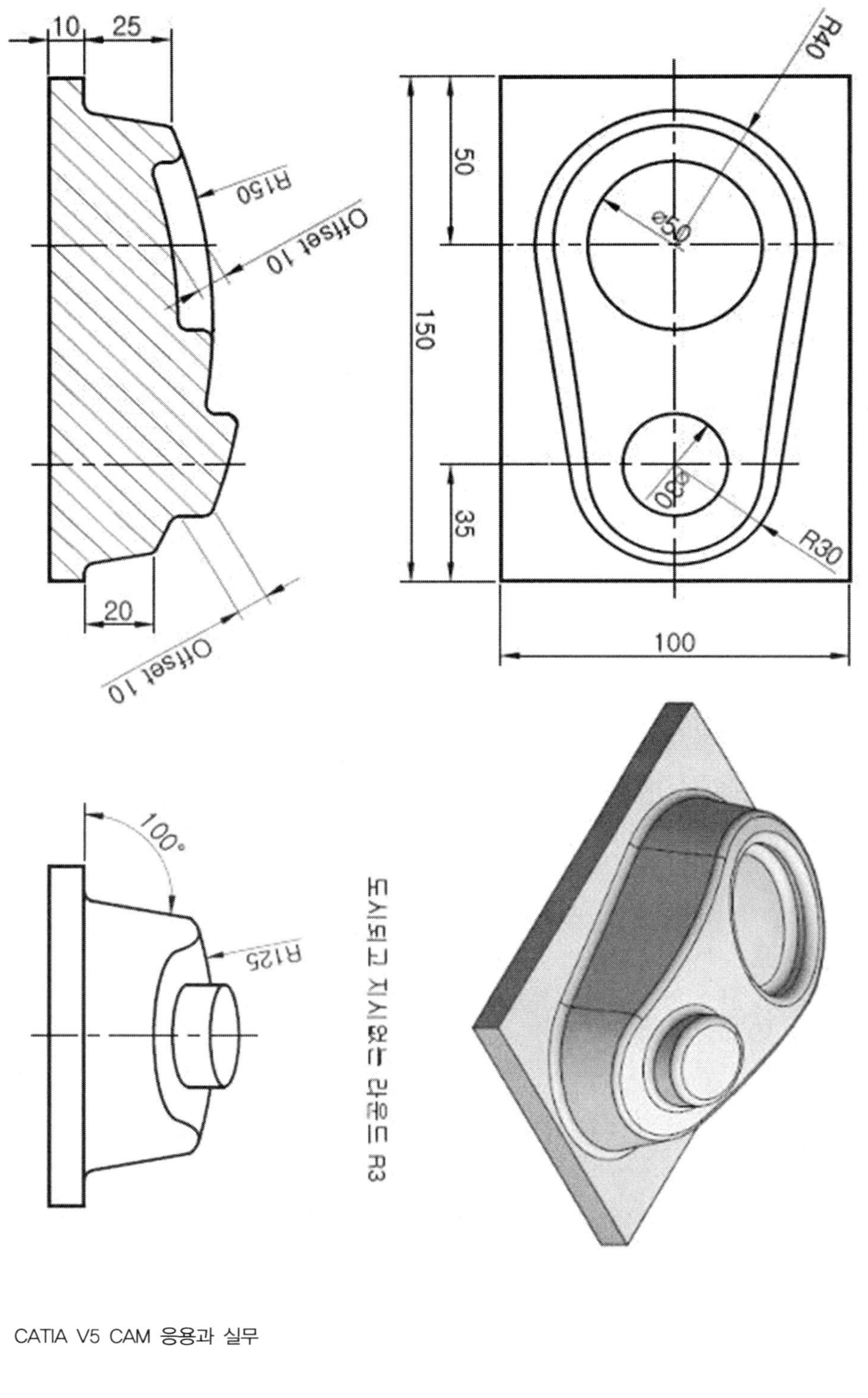

01 카티아를 처음 실행하면 조립창이 나타나므로 닫기(☒) 버튼을 누른다.

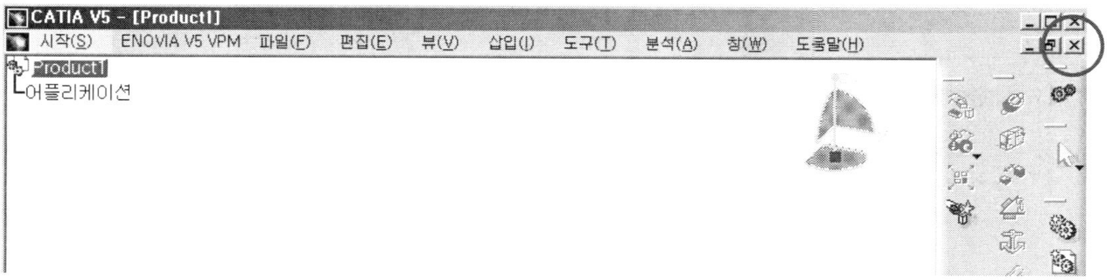

02 시작 〉 기계 디자인 〉 Part Design을 누른다. (모델링 작업을 위해)

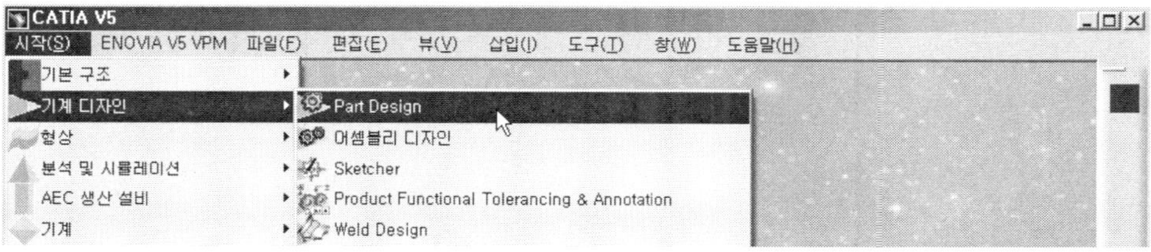

03 작업할 파트의 이름을 입력하고 확인을 누른다.

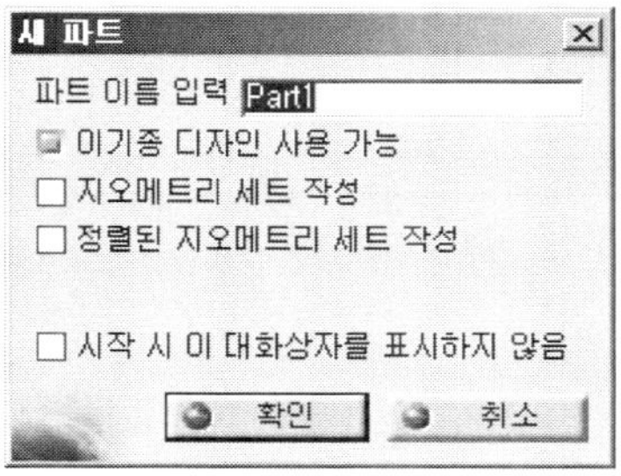

04 작업할 수 있는 화면이 나타난다.

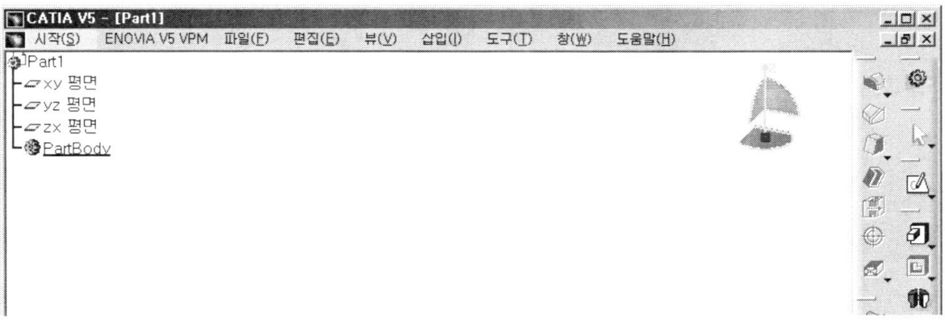

O5 스케치( ) 버튼을 눌러 실행하고, xy 평면을 지정한다.

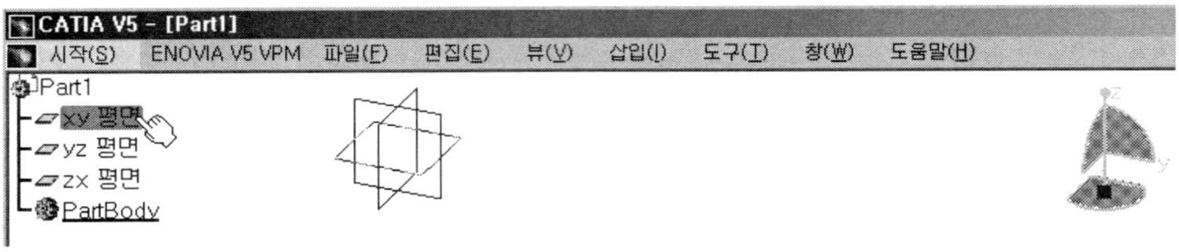

O6 직사각형( ) 버튼으로 대각선 방향의 두 점을 클릭하여 사각형을 작성한다.

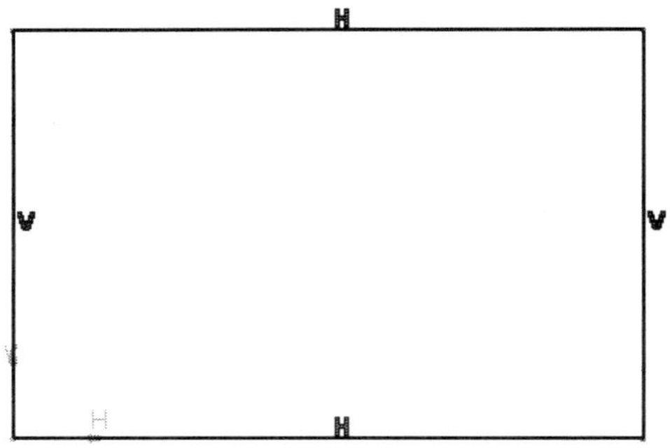

O7 제약조건( )으로 사각형의 가로, 세로치수를 입력한다.

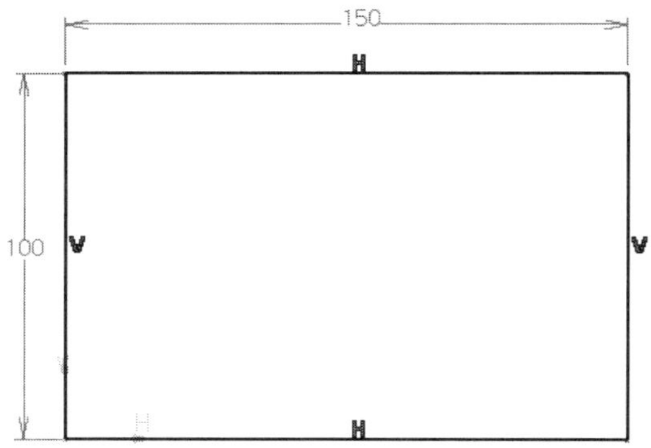

Tip : 입력한 치수를 더블클릭하면 치수 변경을 할 수 있다.

08 워크벤치 종료( )를 눌러 스케치를 마무리한다.

스케치가 작성되었다. 화면이 3차원 모델링을 할 수 있는 환경을 바뀌었다.

09 Pad( ) 버튼을 눌러 실행한다.

10 Length 값을 입력하고, Reverse Direction 버튼 클릭하여 패드방향을 아래로 한다.

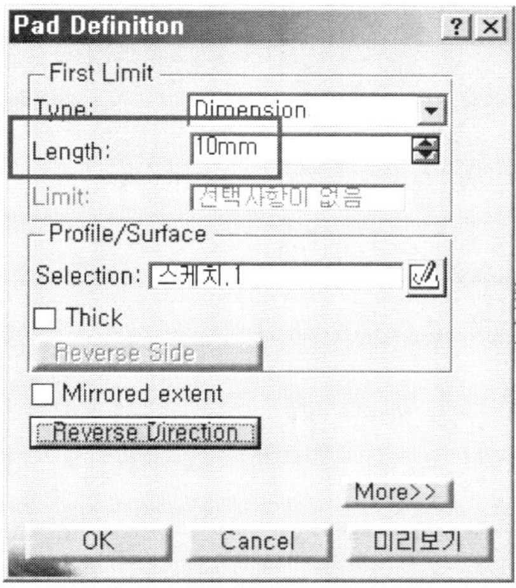

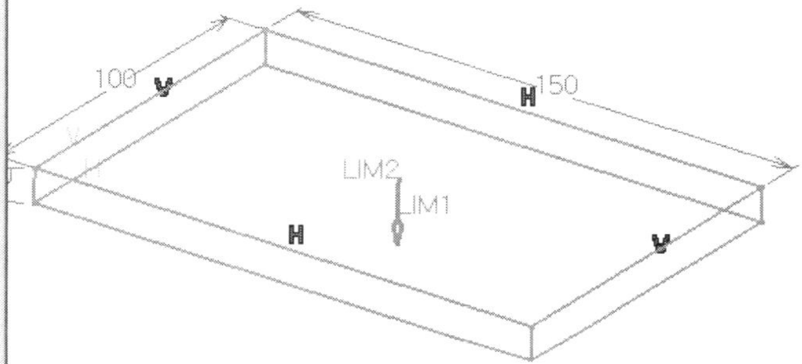

11 미리보기 및 OK를 누른다.

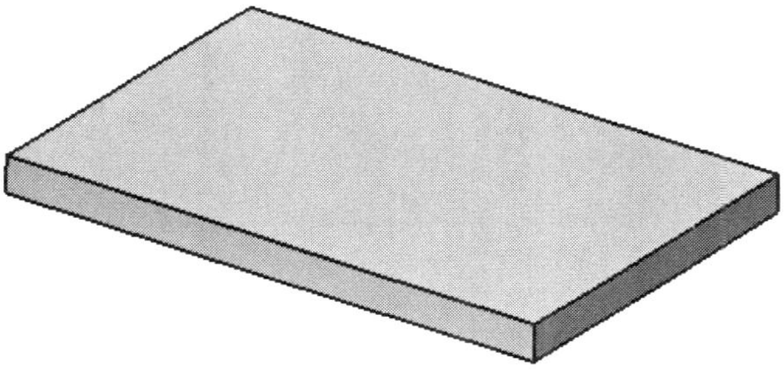

12 스케치( )를 실행하고, 형상 윗면을 클릭하여 지정한다.

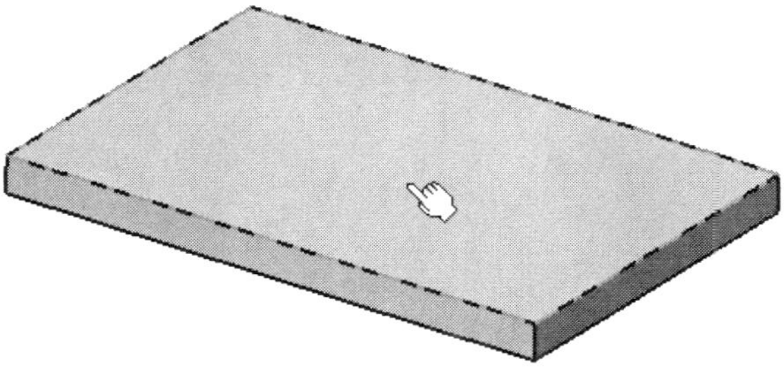

13 원( )을 그리고, 제약조건( )으로 치수를 입력한다.

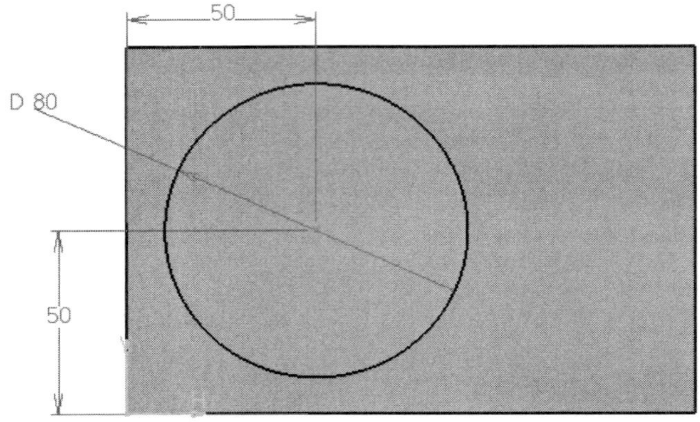

14 오른쪽에도 원( )을 그리고, 제약조건( )으로 치수를 입력한다.

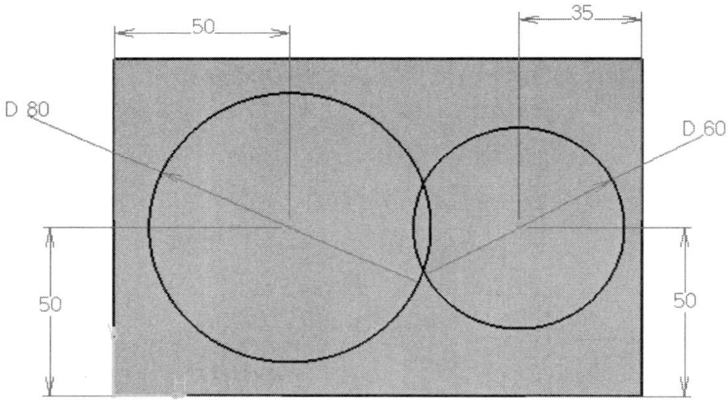

15 선( )을 실행하고, 다음과 같이 대략적인 위치에 대각선(P1, P2)을 작성한다.

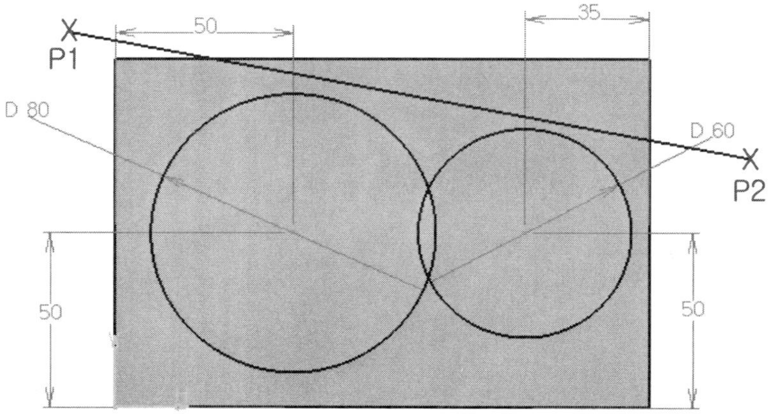

16 제약조건( )을 실행하고, 선(P1)과 원(P2)을 차례로 클릭한다.

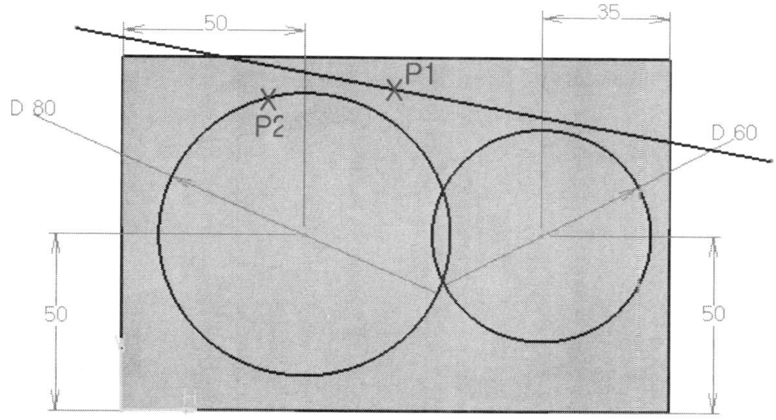

17 마우스 오른쪽 버튼을 클릭하여 "접점'을 선택한다.

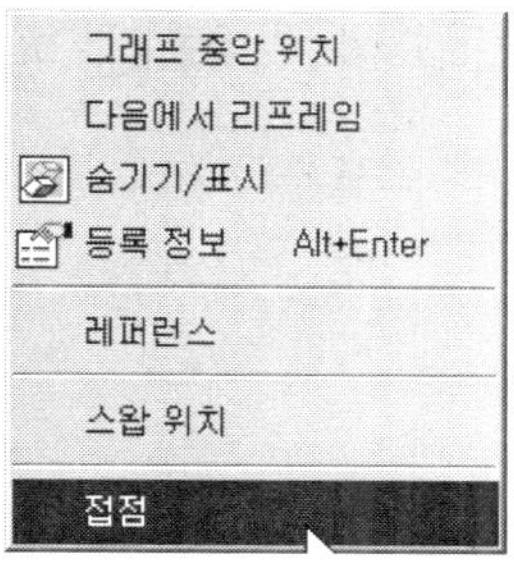

18 제약조건( )을 실행하고, 선(P1)과 원(P2)을 차례로 클릭한다.

19 마우스 오른쪽 버튼을 클릭하여 "접점'을 선택한다.

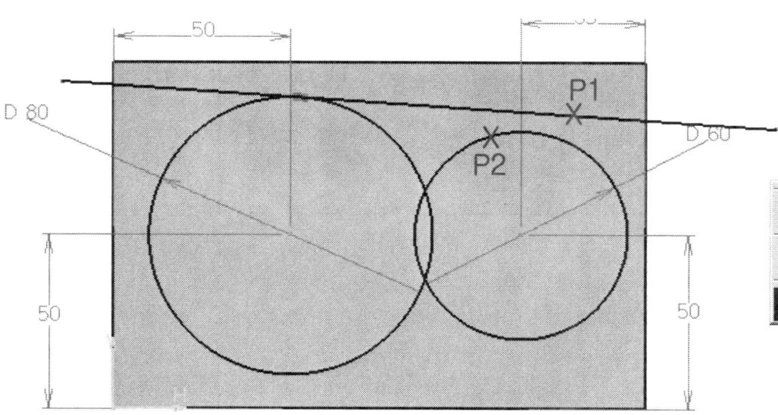

20 그림과 같이 아래에도 선(／)을 작성하고, 제약조건(□)으로 "접점"시킨다.

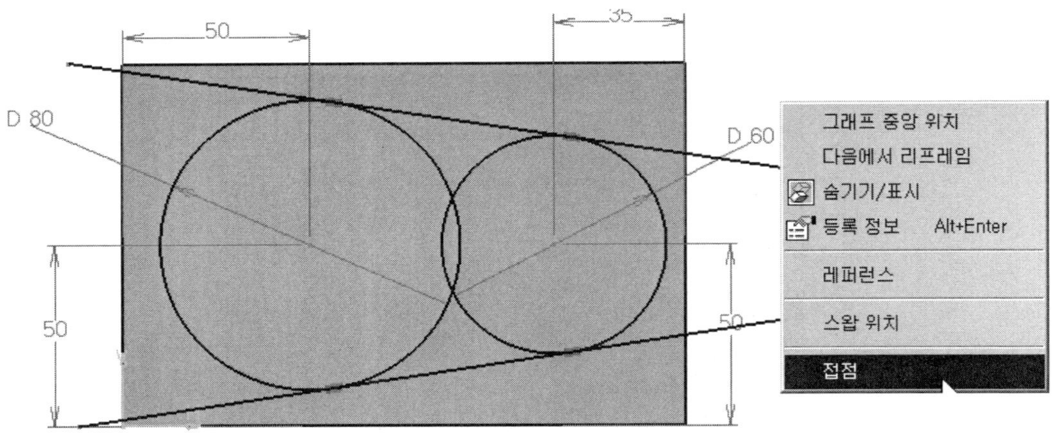

21 즉시 자르기(⌀)를 실행한다.

22 필요없는 부분을 클릭하여 잘라낸다.

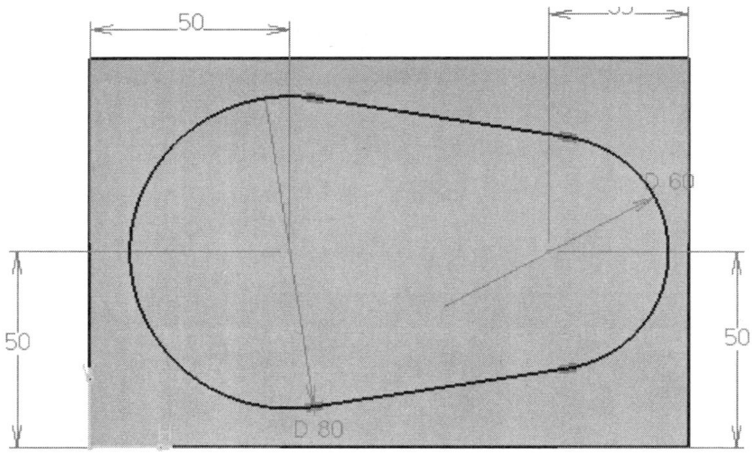

23 워크벤치 종료(⏏)를 눌러 스케치를 마무리한다.

24 Pad( )를 실행한다.

25 Length 값을 입력하고, 미리보기 및 OK를 누른다.

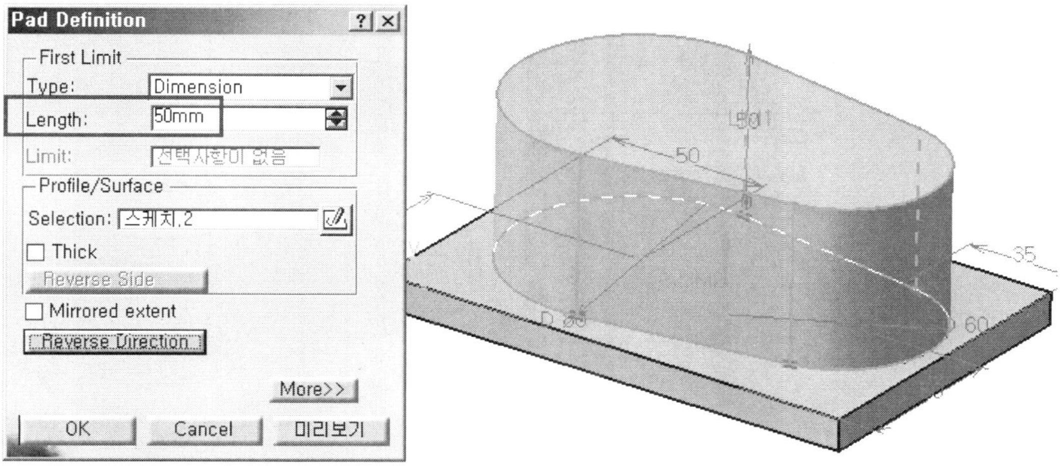

26 Draft Angle( )을 실행한다. (측면에 기울기를 적용하기 위해)

27 "Pulling Direction" 항목을 클릭하고, 수직방향의 모서리를 선택한다.
(기울기 방향을 정하기 위해)

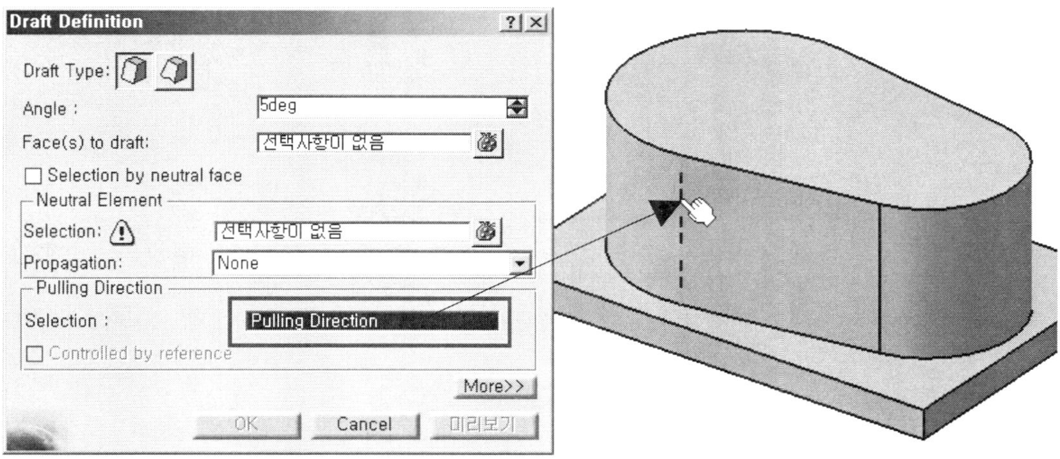

28 Angle 값을 입력한다.
Face(s) to draft의 "선택사항이 없음" 항목을 클릭하고, 형상 측면을 선택한다.
(기울기 각도 및 기울기 면을 지정하기 위해)

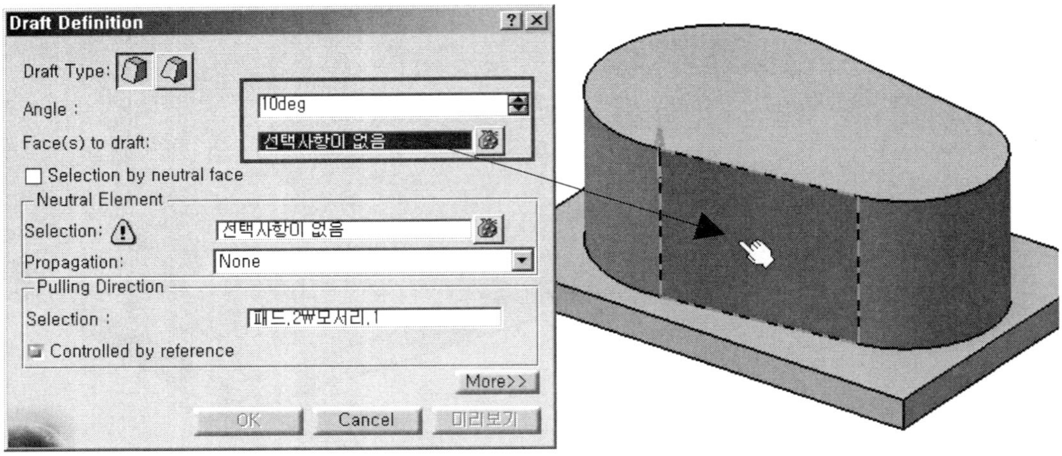

29 Selection의 "선택사항이 없음" 항목을 클릭하고, 형상 윗면을 선택한다.
(기울기의 기준면을 지정하기 위해)

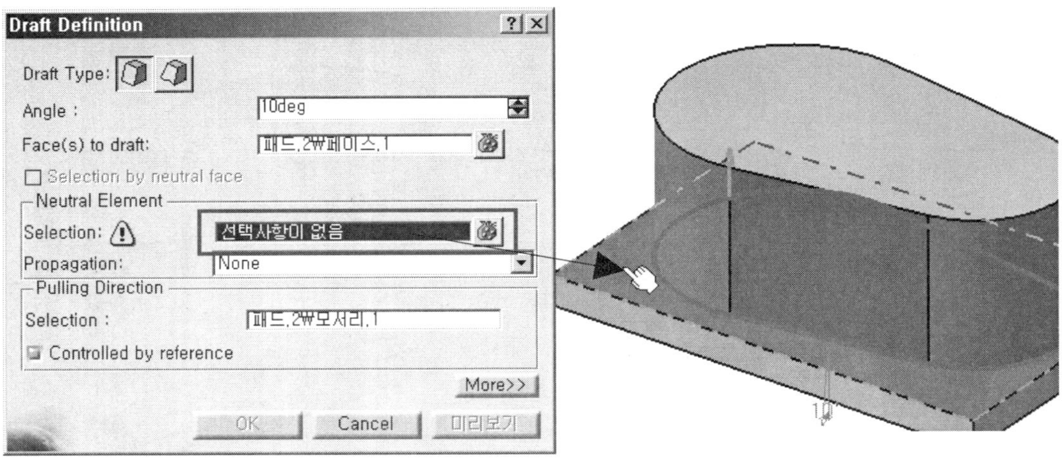

30 미리보기 버튼을 누른다.

만약 Draft가 오른쪽 그림처럼 나오면 Angle에 [-]값을 입력한다.

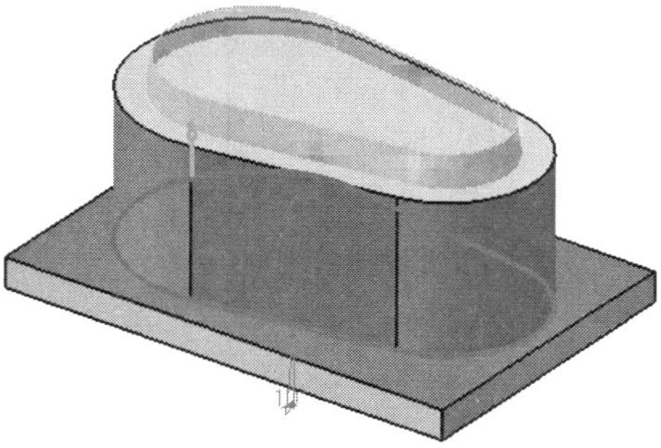

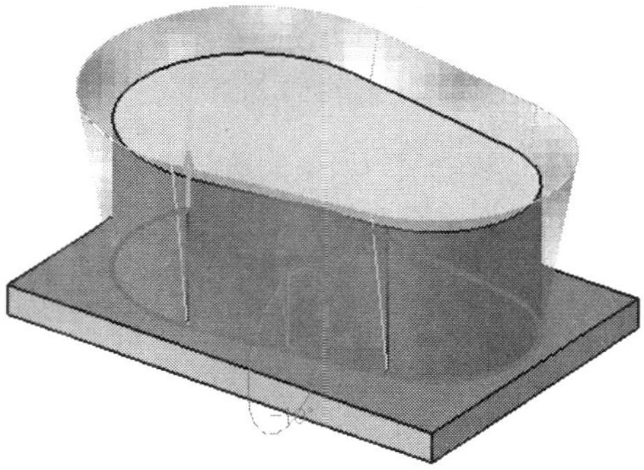

31 OK를 눌러 Draft Angle을 완성한다.

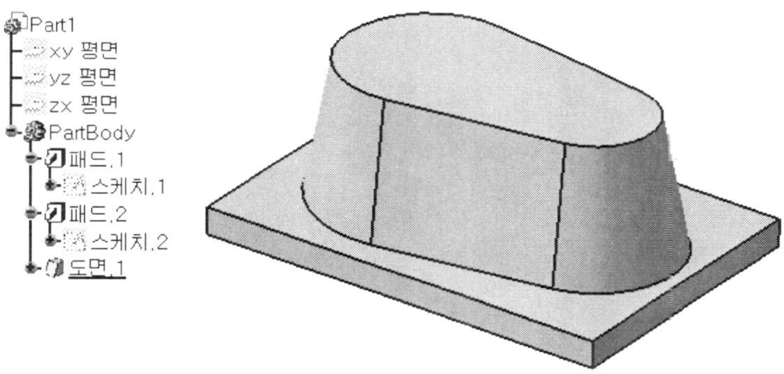

32 Plane( )을 실행한다.

① 평면에서 오프셋으로 설정하고, ② 레퍼런스는 앞면을 선택한다. ③ 오프셋 값을 입력한다.

④ 반대방향 버튼을 누른 후, ⑤ 미리보기 및 확인을 한다.

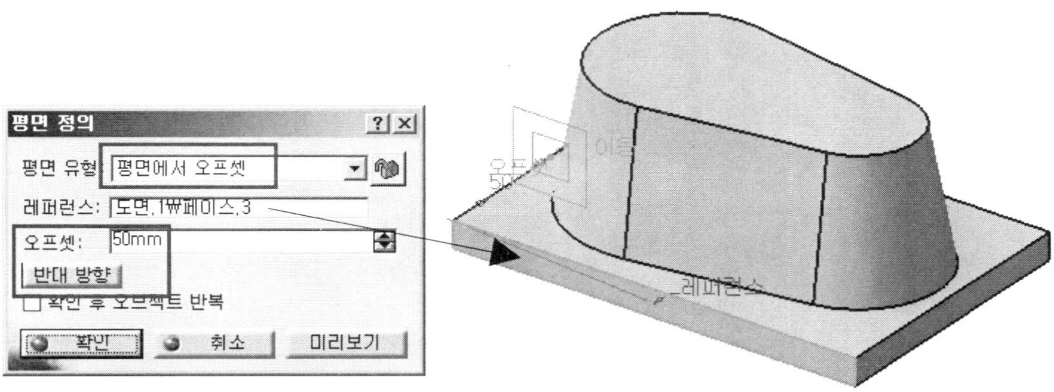

33 시작 〉 기계 디자인 〉 Wireframe and surface Design을 누른다. (곡면 작업을 위해)

34 교차( )를 실행한다.

35 생성한 Plane(P1)을 선택하고, 형상(P2)을 선택한다.

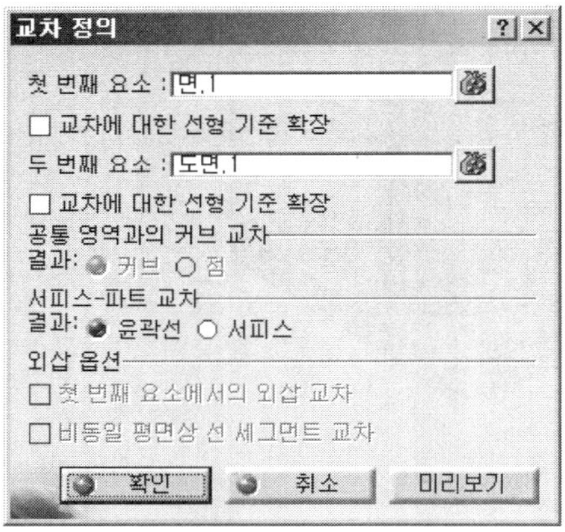

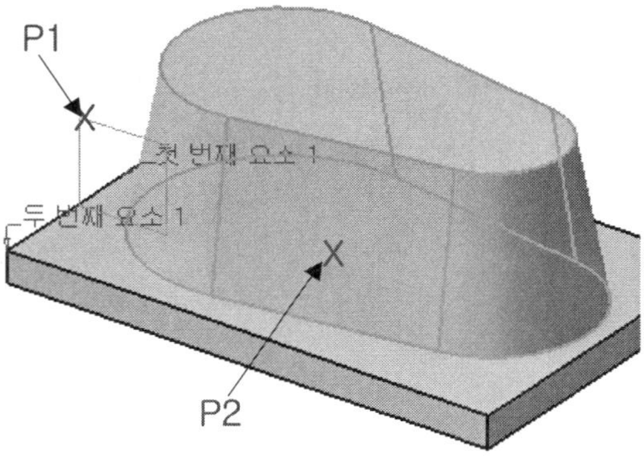

36 미리보기 및 확인을 누른다. 교차선이 생성되었다.

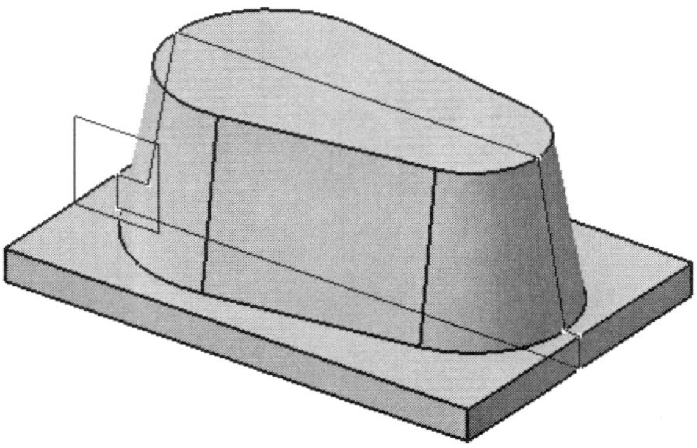

37 위치 지정 스케치( )를 실행하고, 생성한 Plane을 지정한다.
리버스 H에 체크하고, 확인을 누른다. (H(x)와 V(y)방향을 스키치 방향과 맞추기 위해)

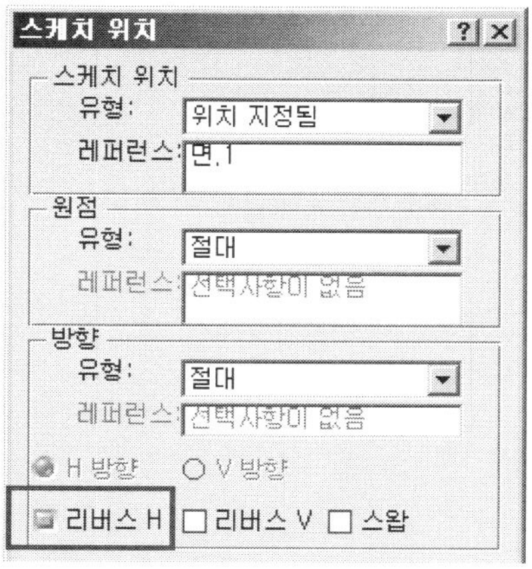

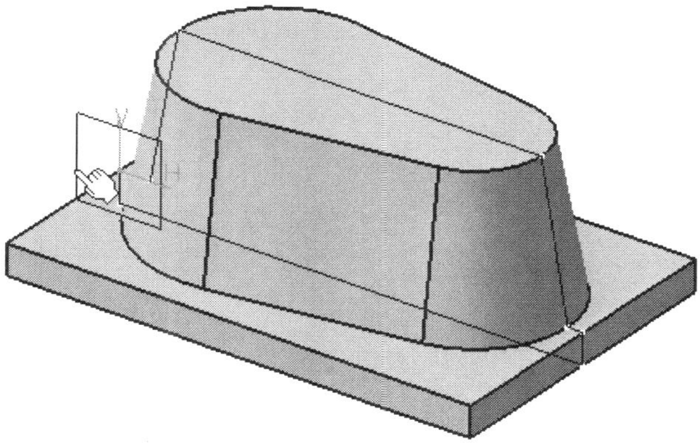

38 세 점 호( )를 이용하여 호를 작성한다.

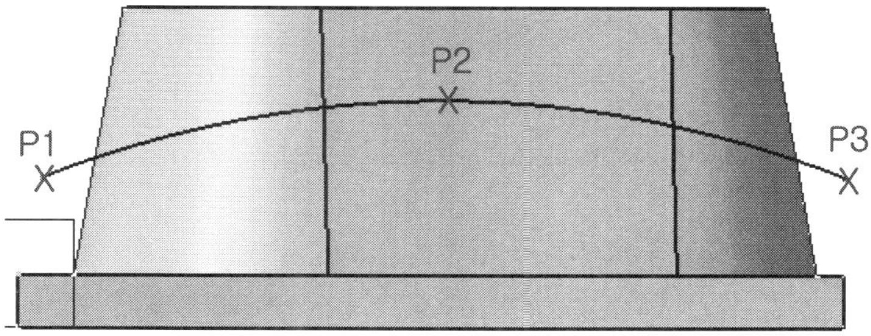

39 제약조건( )으로 점(P1)과 모서리(P2)를 선택하고, 마우스 오른 버튼을 눌러 “일치”시킨다.

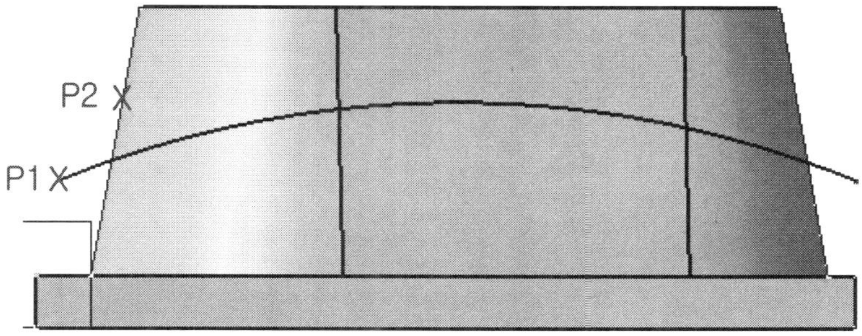

40 오른쪽에도 제약조건( )으로 점(P1)과 모서리(P2)를 선택하고, 마우스 오른 버튼을 눌러 "일치"시킨다.

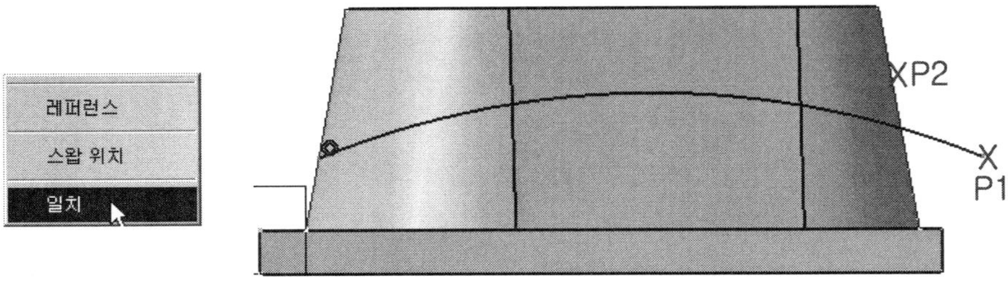

41 제약조건( )으로 치수를 입력하고, 워크벤치 종료( )를 한다.

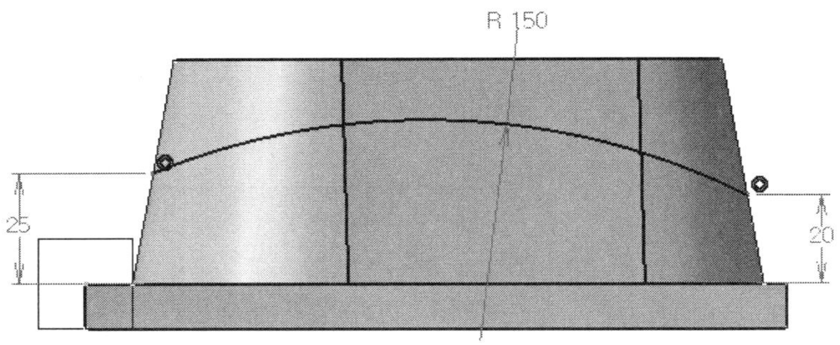

42 Plane( )을 실행한다.

① 커브에 수직으로 설정하고, ② 커브는 세 점 호를 선택한다. ③ 점은 끝점을 선택한다. ④ 미리보기 및 확인을 한다.

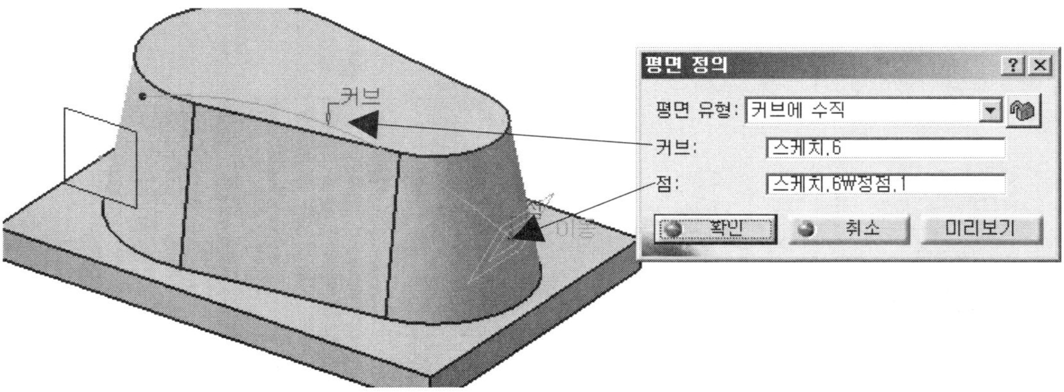

43 위치 지정 스케치( )를 실행하고, 생성한 Plane을 지정한다.
리버스 H에 체크하고, 확인을 누른다.

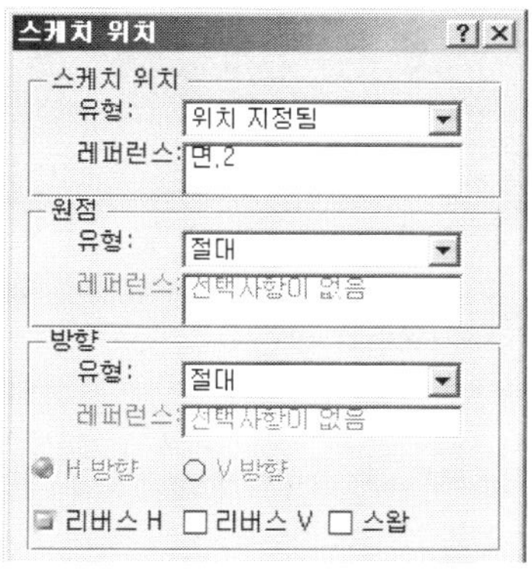

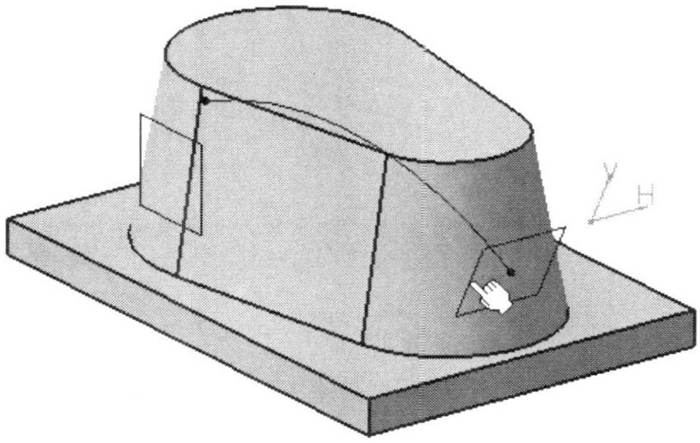

44 세 점 호( )를 이용하여 호를 작성한다.

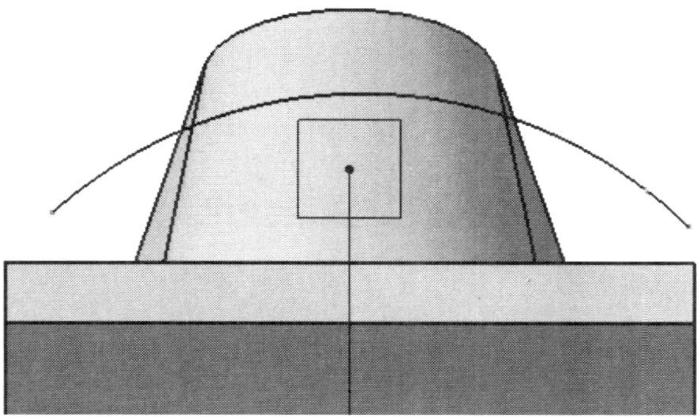

45 제약조건( )으로 호(P1)와 점(P2)을 선택하고, 마우스 오른 버튼을 눌러 "일치"시킨다.

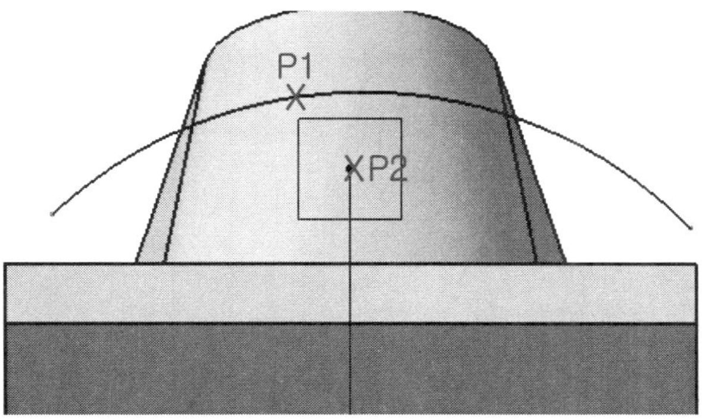

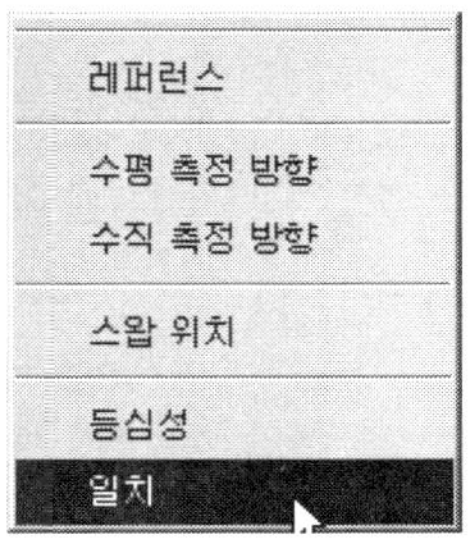

46 제약조건( )으로 호의 반지름 치수를 입력한다.

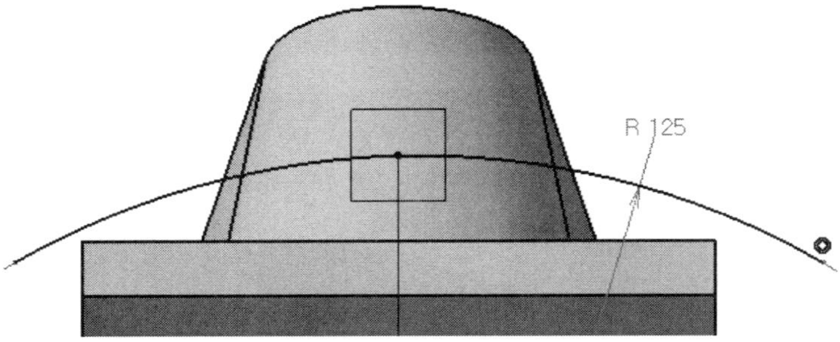

47 제약조건( )으로 형상의 측면부터 호의 중심점까지 치수를 입력한다.

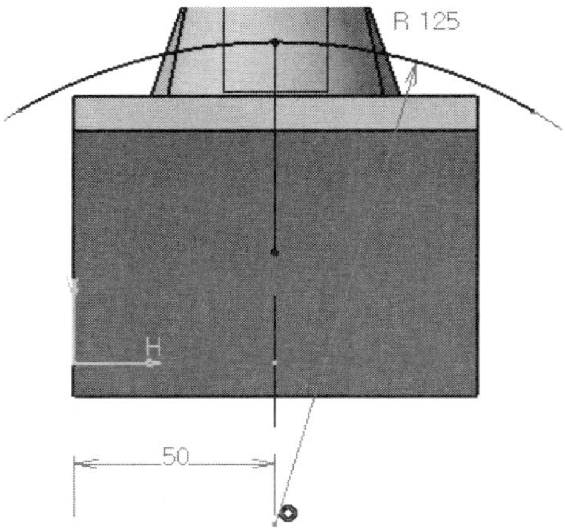

48 호의 양 끝점을 마우스로 드래그(Drag)하여 길이를 적당히 조정한다.
(호의 길이는 형상보다 조금 크게 작성하면 된다.)

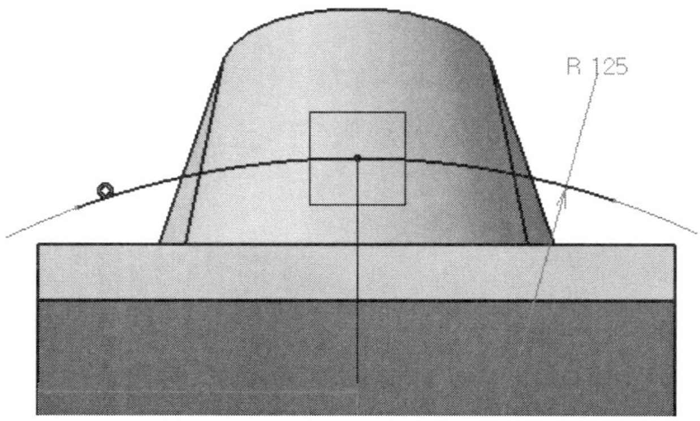

49 워크벤치 종료( )를 한다.

50 Sweep( )을 실행한다.

51 프로파일(P1)과 가이드 커브(P2)를 차례로 선택한다.

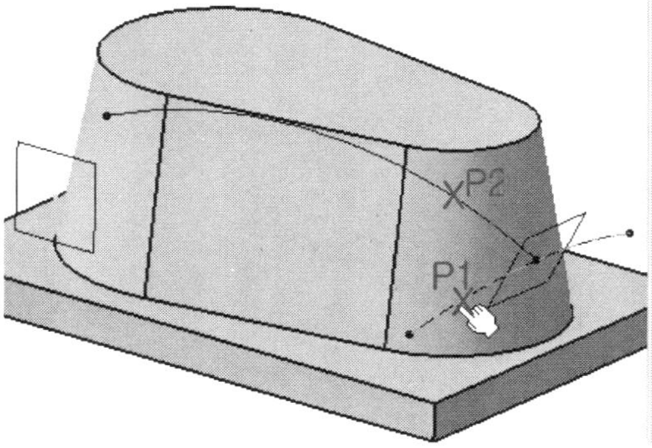

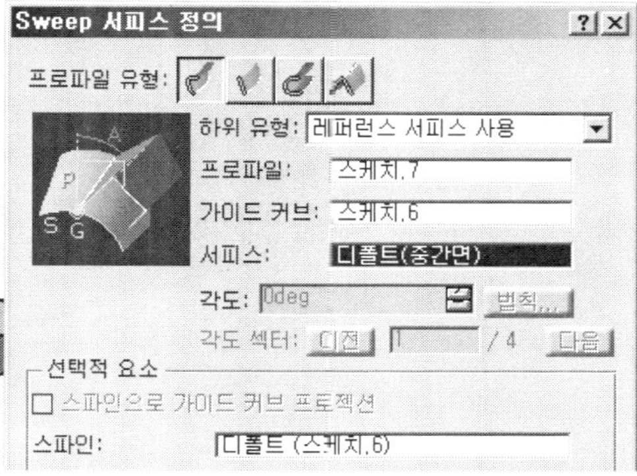

52 미리보기 및 확인을 누른다.

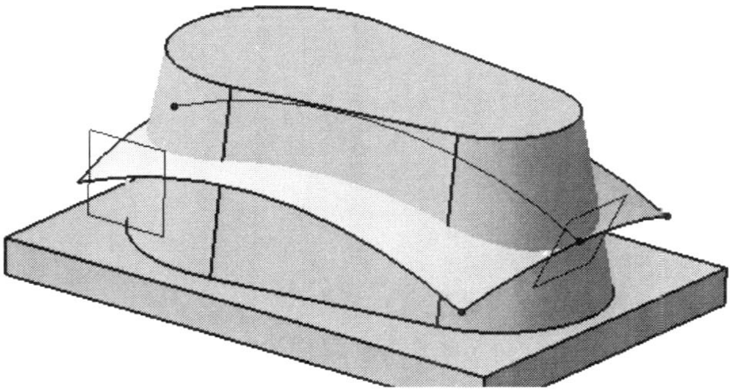

53 외삽( )을 실행한다.

길이 값을 입력하고, 경계모서리(P1)와 곡면(P2)을 차례로 선택한다.

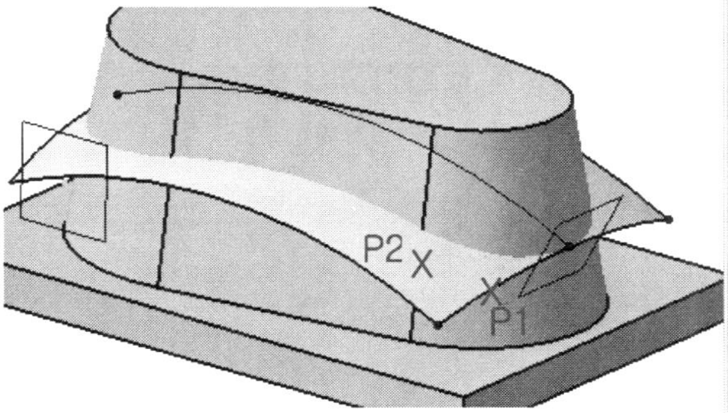

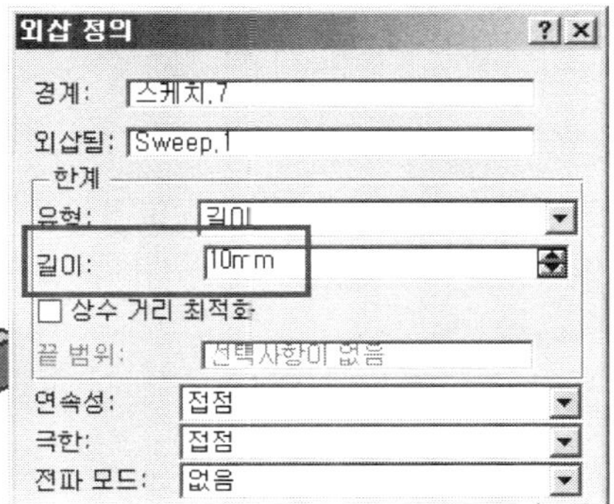

54 미리보기 및 확인을 누른다.

55 반대쪽에도 외삽( )을 한다.

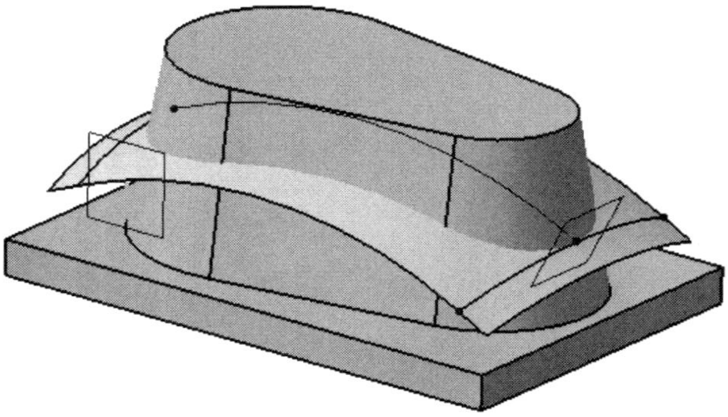

56 시작 〉 기계 디자인 〉 Part Design을 누른다. (모델링 작업을 위해)

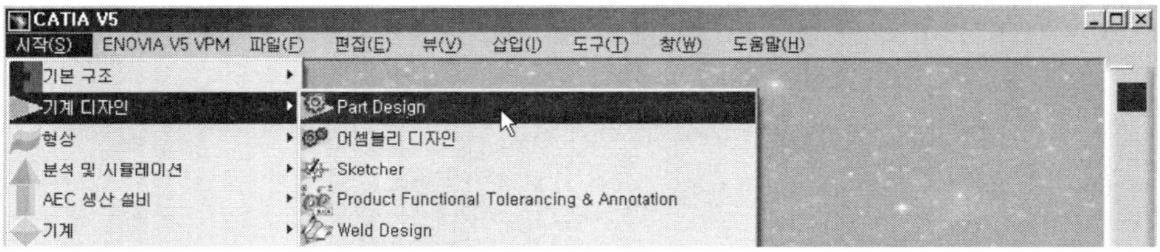

57 Split( )을 실행한다.

58 곡면을 선택하고, 화살표 방향을 아래로 한다.
(화살표 방향이 남아있는 부분이며, 화살표를 클릭하면 방향이 전환된다.)

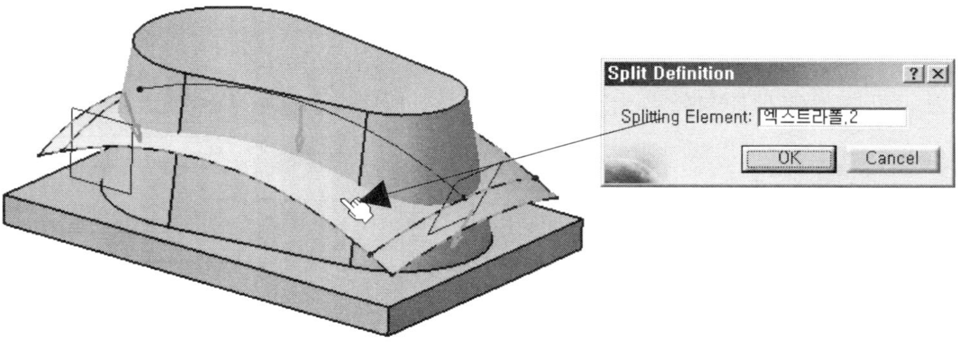

59 OK를 누른다.

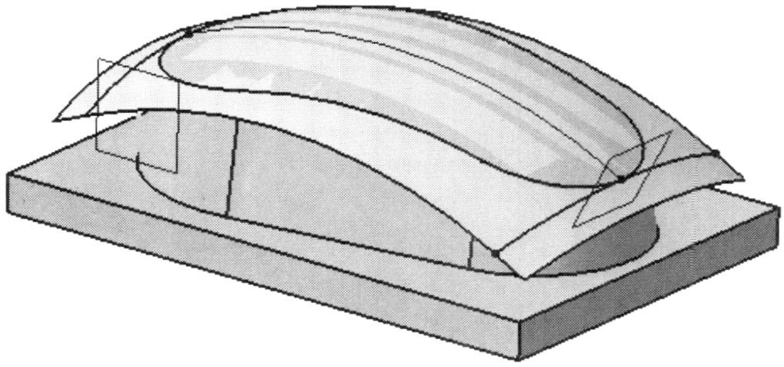

60 시작 〉 기계 디자인 〉 Wireframe and surface Design을 누른다.

61 오프셋( )을 실행하고, 오프셋 할 곡면을 선택한다.

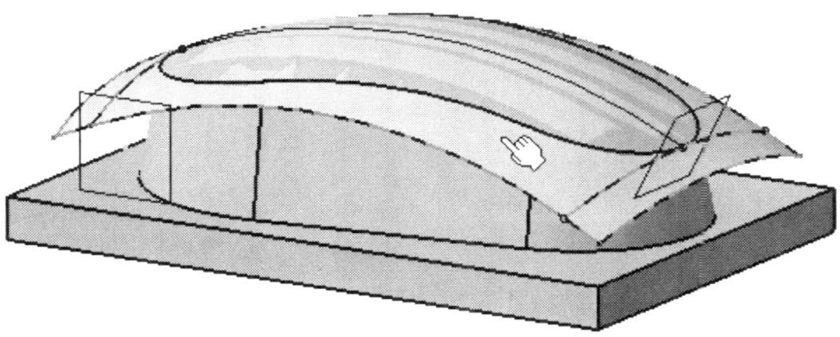

62 오프셋 값을 입력하고, 방향을 위쪽으로 설정한다. 반대 방향 버튼으로 방향을 전환할 수 있다.

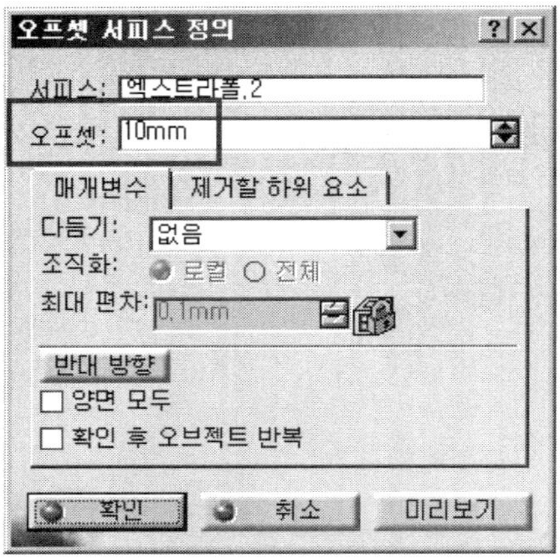

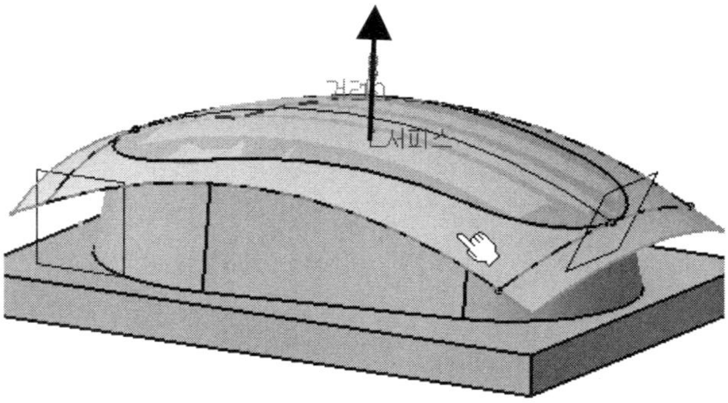

63 미리보기 및 확인을 누른다.

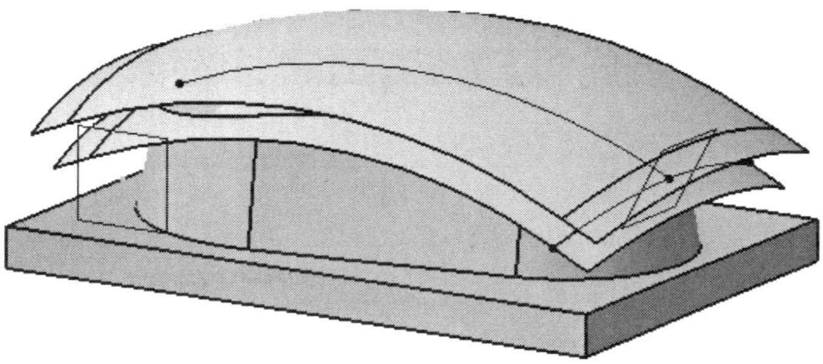

64 시작 〉 기계 디자인 〉 Part Design을 누른다.

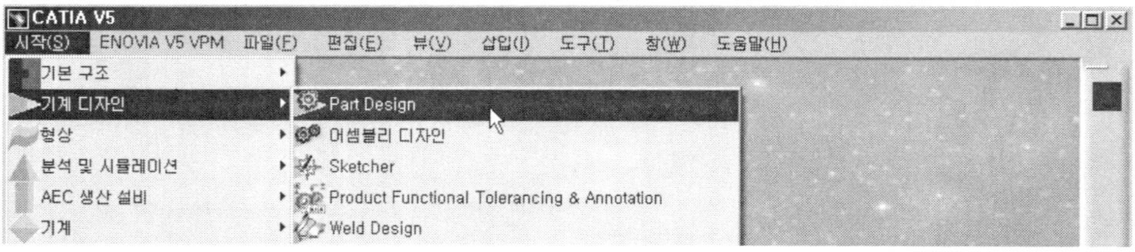

65 스케치( )를 실행하고, 형상 윗면을 클릭한다.

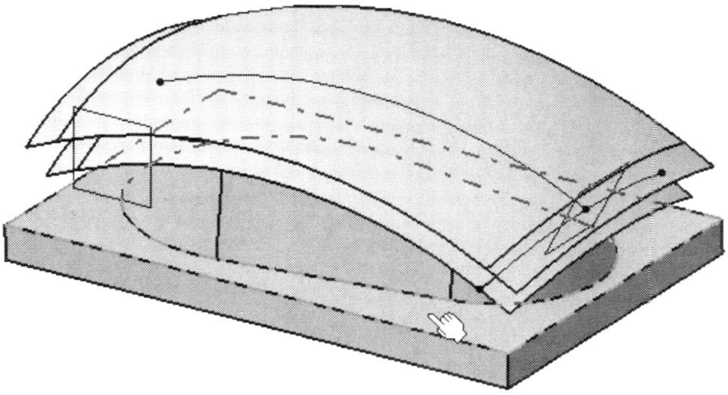

66 원( )을 그리고, 제약조건( )으로 치수를 입력한다. 워크벤치 종료( )를 한다.

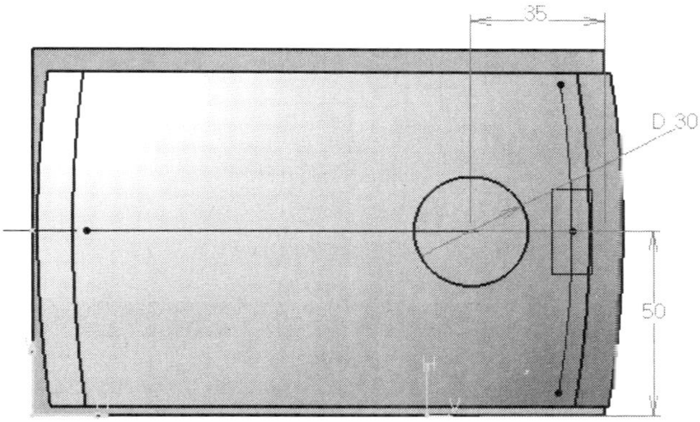

67 Pad( )를 실행한다. Type을 Up to surface로 설정하고, 오프셋 곡면을 선택한다.

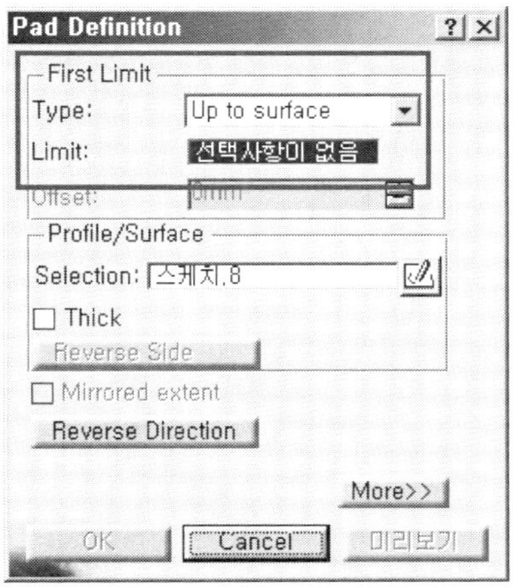

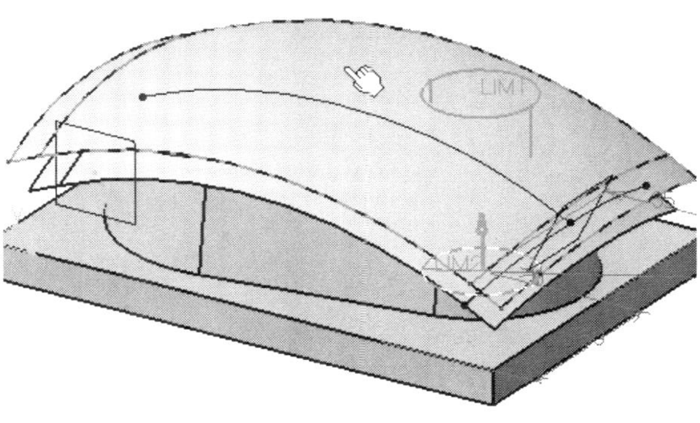

68 미리보기 및 OK를 누른다.

69 오프셋 곡면에서 마우스 오른쪽 버튼을 눌러 "숨기기"를 선택한다.

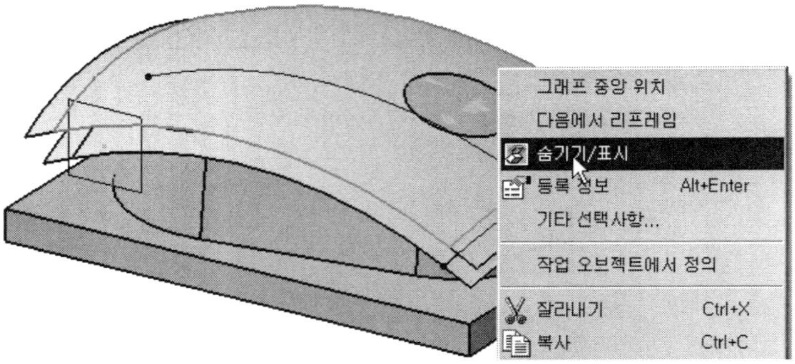

70 시작 〉 기계 디자인 〉 Wireframe and surface Design을 누른다.

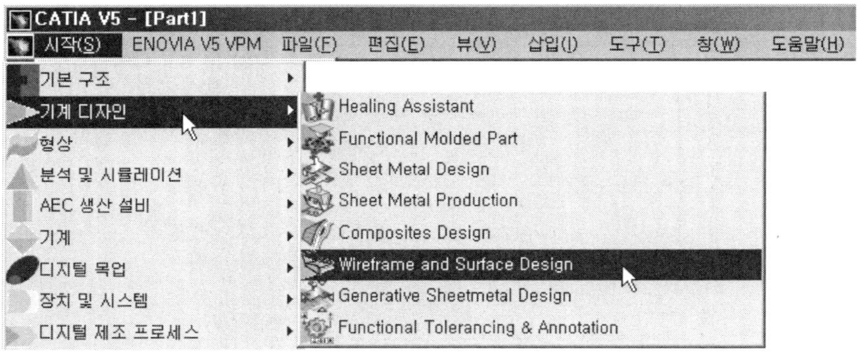

71 오프셋( )을 실행하고, 오프셋 할 곡면을 선택한다.

72 오프셋 값을 입력하고, 방향을 아래로 설정한다.

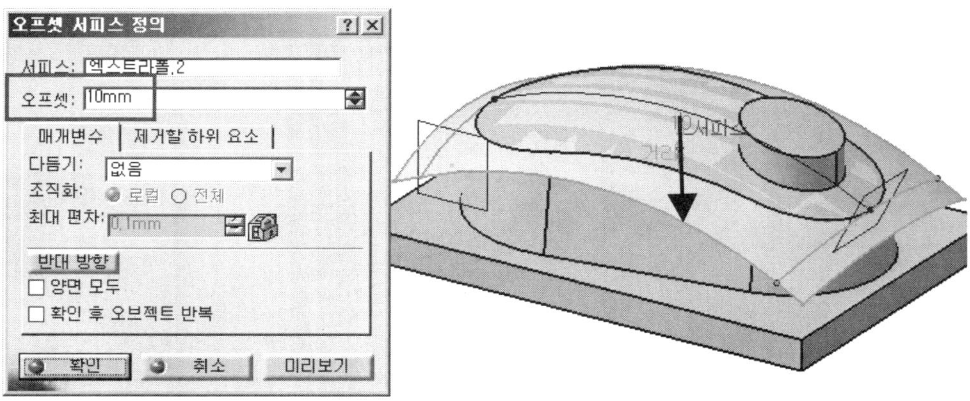

73 시작 〉 기계 디자인 〉 Part Design을 누른다.

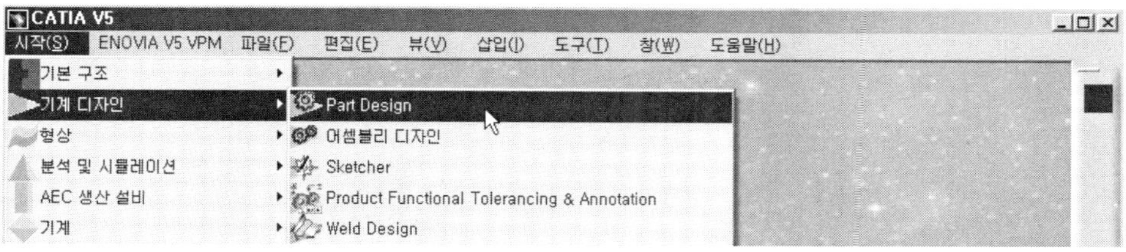

74 Plane( )을 실행한다.
① 평면에서 오프셋으로 설정하고, ② 레퍼런스는 윗면을 선택한다. ③ 오프셋 값을 입력한다.
④ 미리보기 및 확인을 한다.

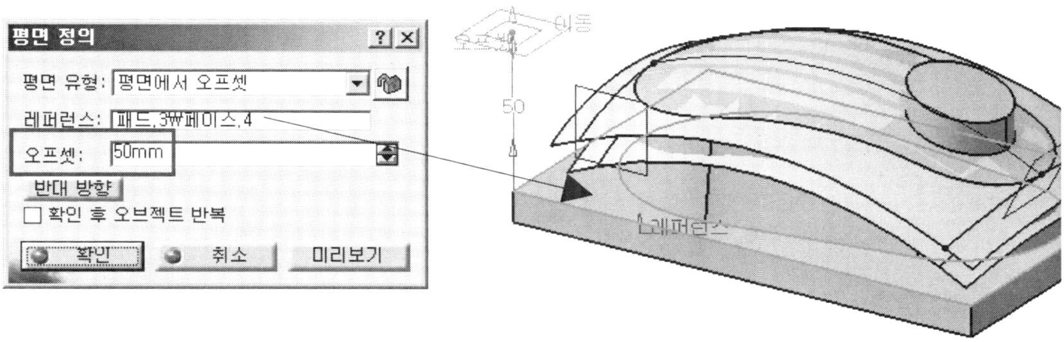

75 위치 지정 스케치( )를 실행하고, 생성한 Plane을 지정한다.
리버스 V에 체크하고, 확인을 누른다.

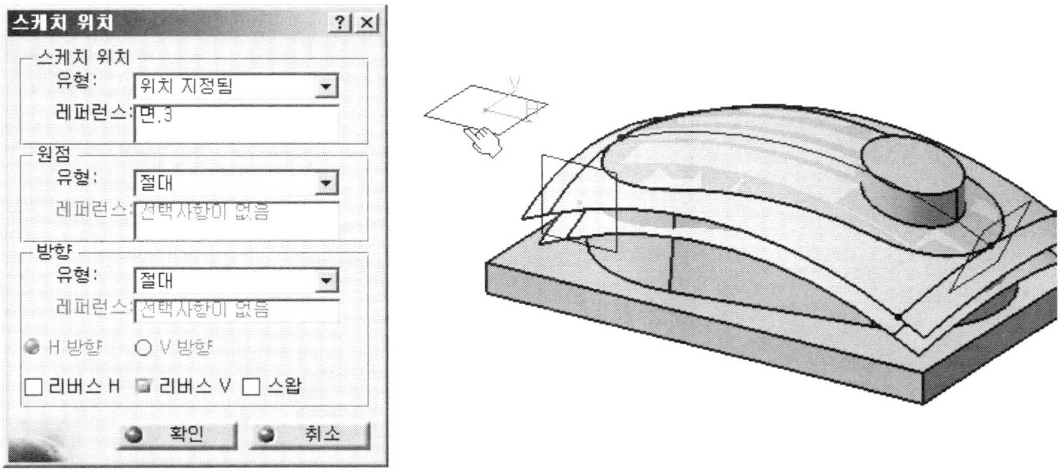

76 원(◉)을 그리고, 제약조건(□)으로 치수를 입력한다. 워크벤치 종료(⇧)를 한다.

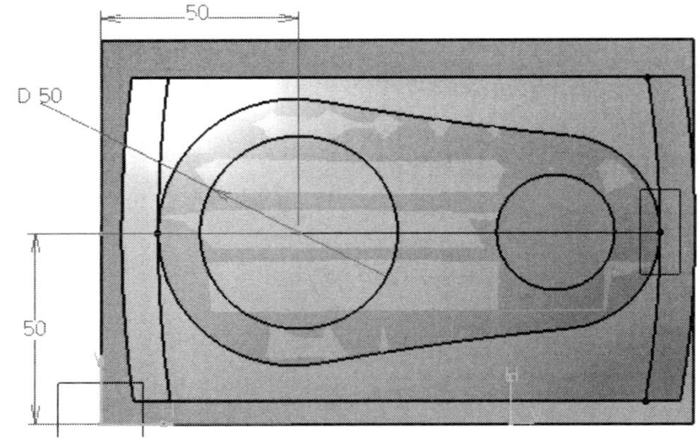

77 Pocket(▣)을 실행한다. Type을 Up to surface로 설정하고, 오프셋 곡면을 선택한다.

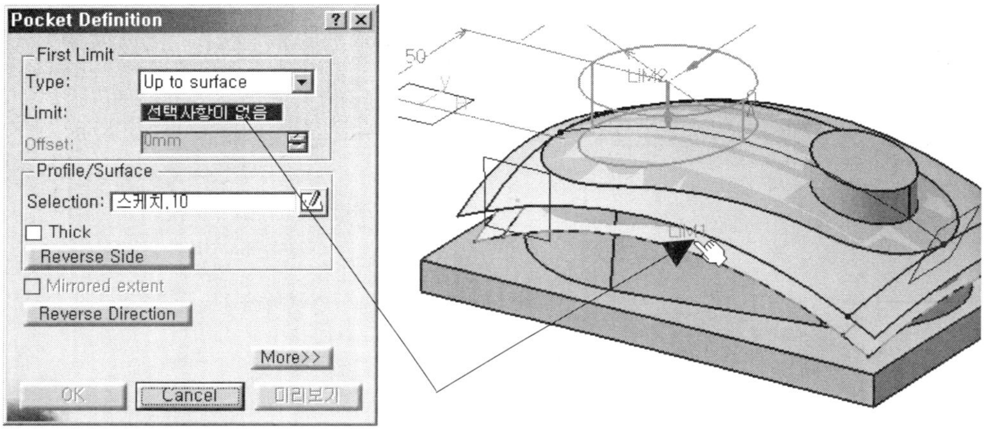

78 미리보기 및 OK를 누른다.

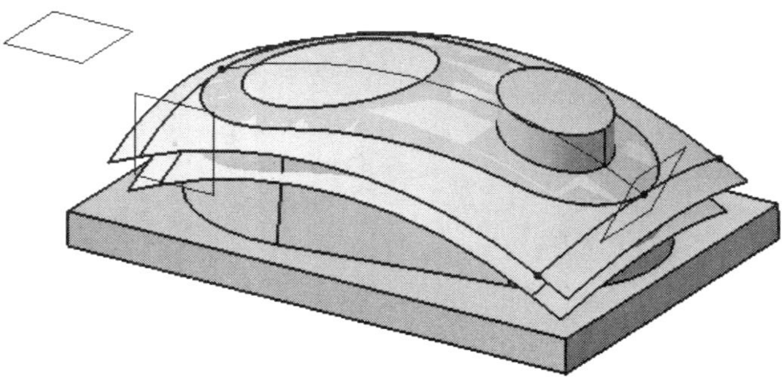

79 Sweep 곡면에서 마우스 오른쪽 버튼을 이용하여 “숨기기”를 한다.

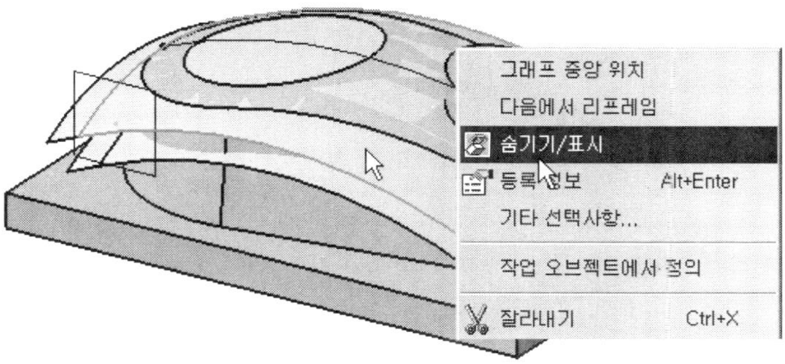

80 오프셋 곡면도 “숨기기”를 한다.

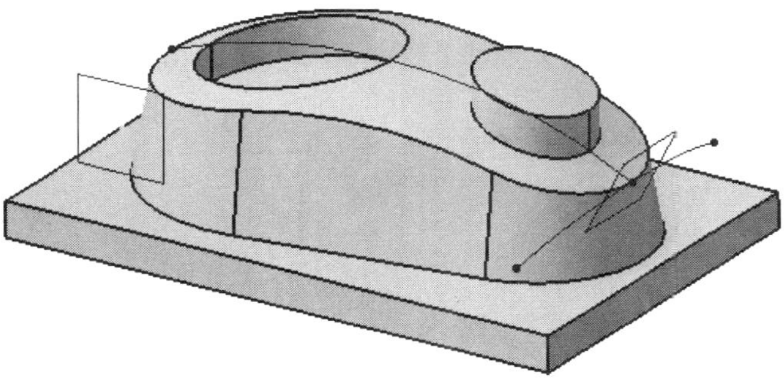

81 Edge Fillet(아이콘)을 실행한다.

82 Radius에 반지름 값을 입력하고, 모서리를 선택한다. 미리보기 및 OK를 누른다.

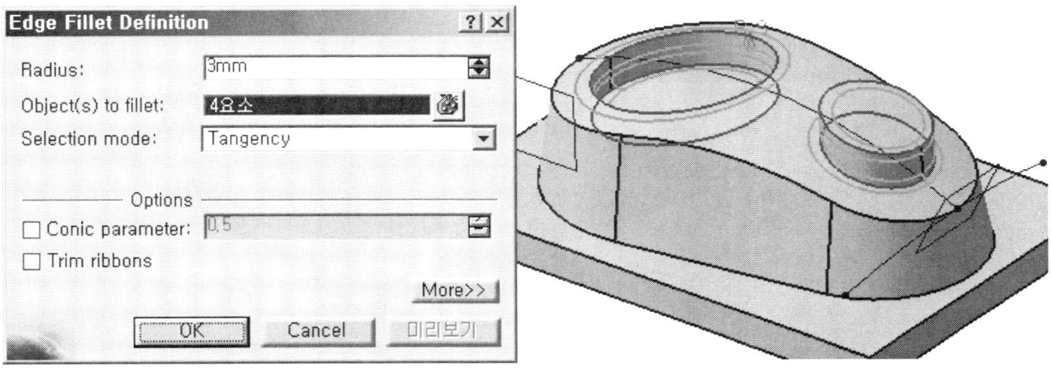

83 Edge Fillet( )을 실행한다. Radius에 반지름 값을 입력하고, 모서리를 선택한다. 미리보기 및 OK를 누른다.

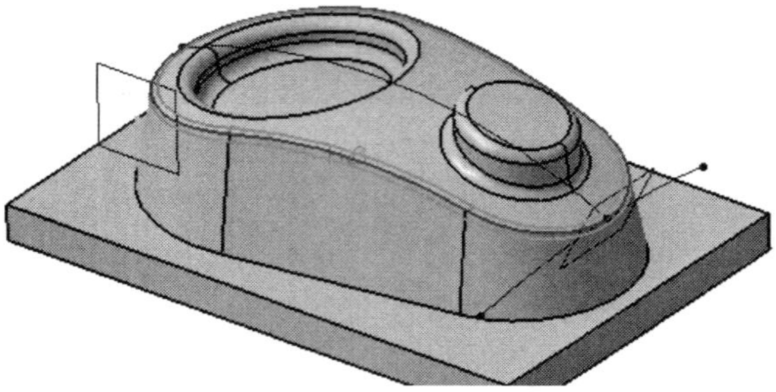

84 Edge Fillet( )을 실행한다. Radius에 반지름 값을 입력하고, 모서리를 선택한다. 미리보기 및 OK를 누른다.

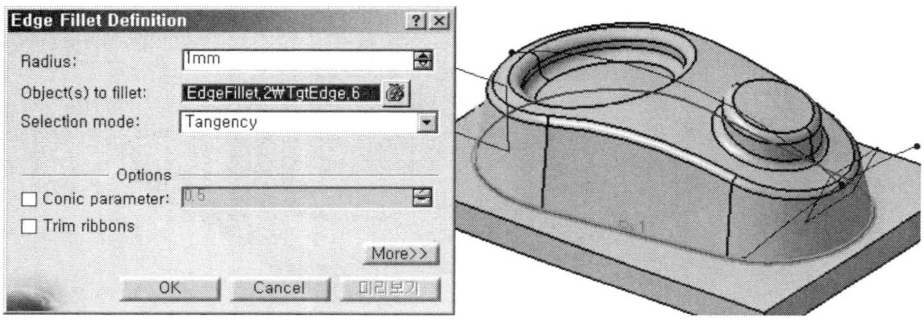

85 형상이 완성되었다.

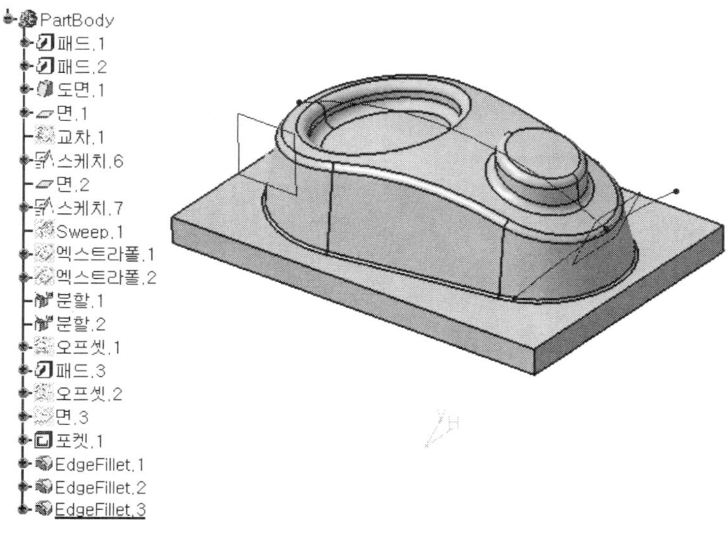

2 다음의 도면을 참고로 형상을 모델링한다

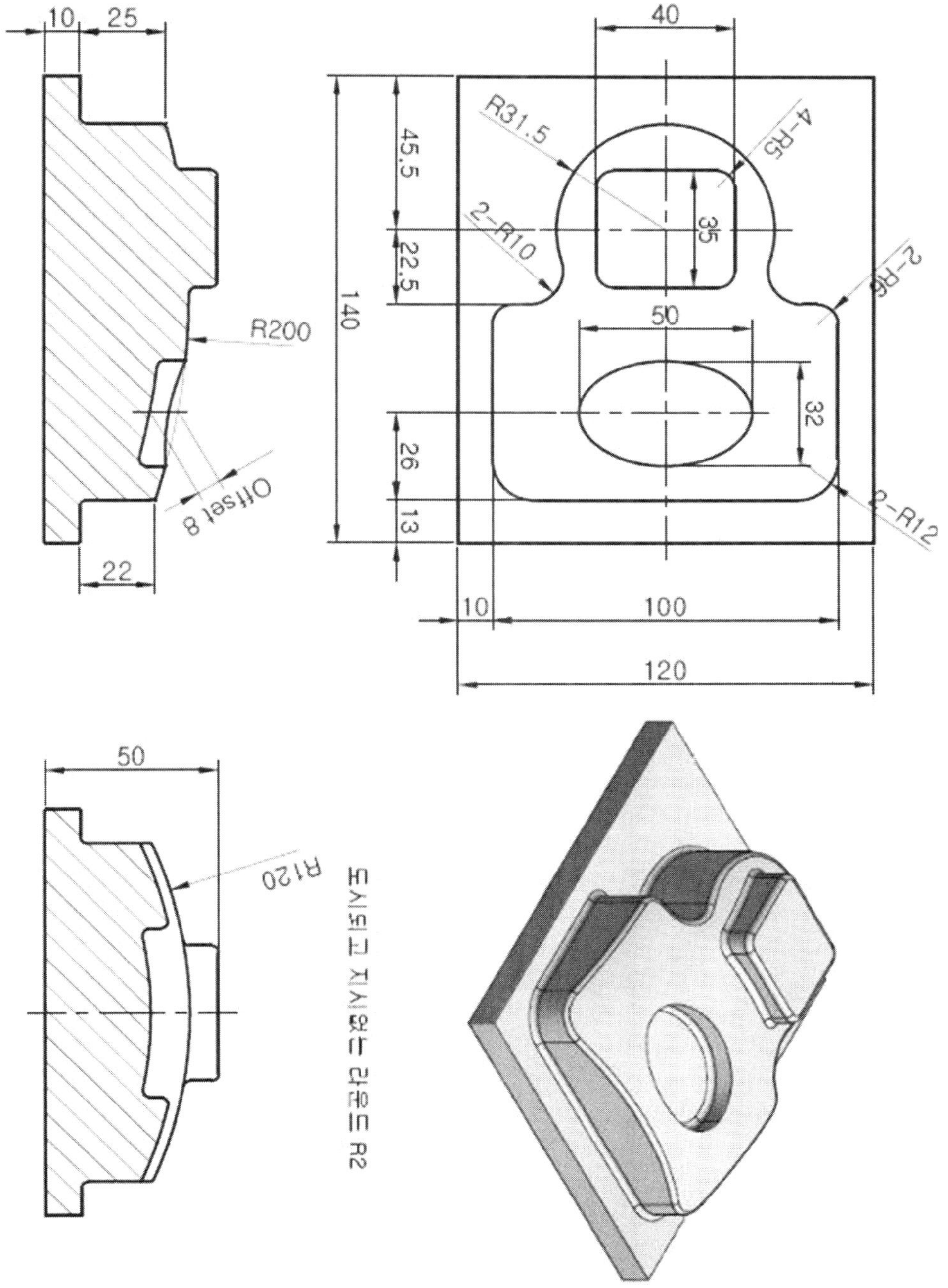

O1 시작 〉 기계 디자인 〉 Part Design을 누른다.

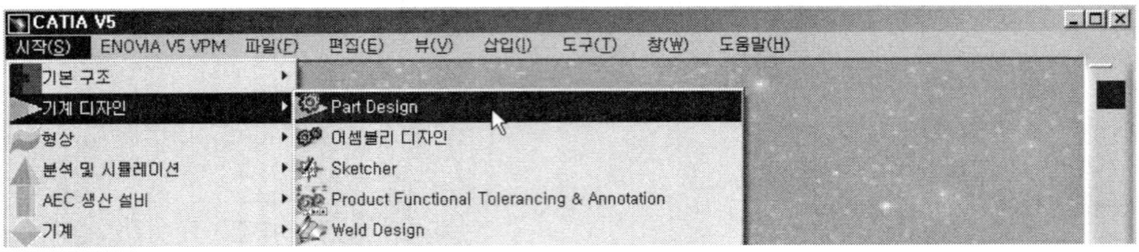

O2 작업할 파트의 이름을 입력하고 확인을 누른다.

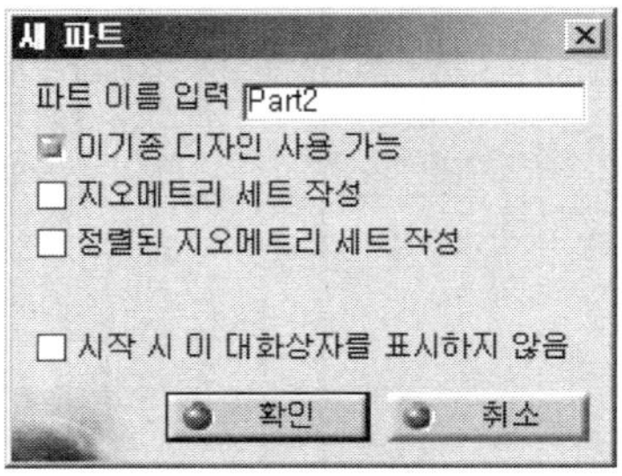

O3 스케치( ) 버튼을 눌러 실행하고, xy 평면을 지정한다.

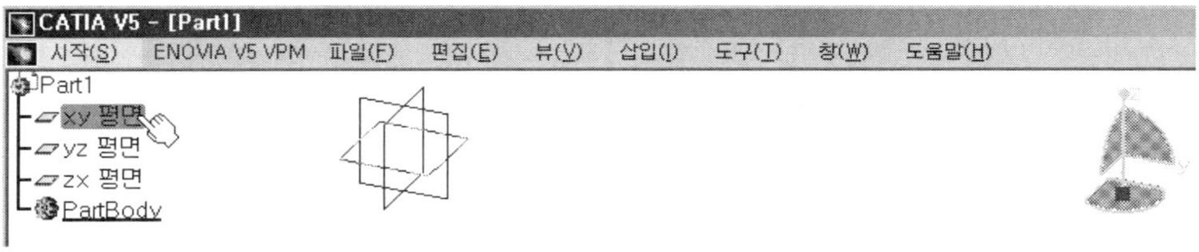

O4 직사각형( )으로 사각형을 작성하고, 제약조건( )으로 치수를 입력한다.

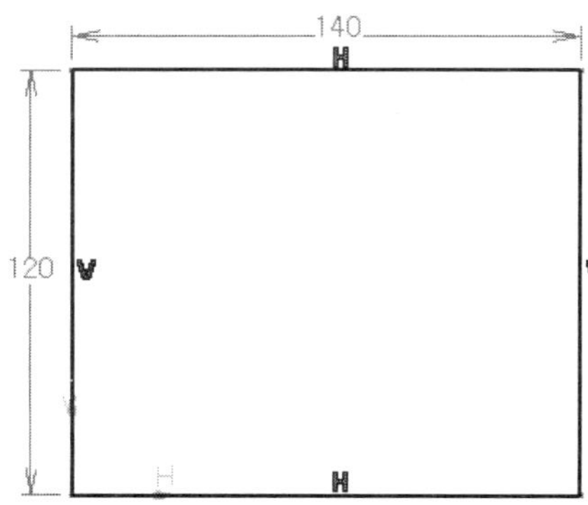

05 워크벤치 종료( )를 누른다.

06 Pad( )를 실행한다.

07 Length 값을 입력하고, Reverse Direction 버튼으로 방향을 아래로 한다.
미리보기 및 OK를 누른다.

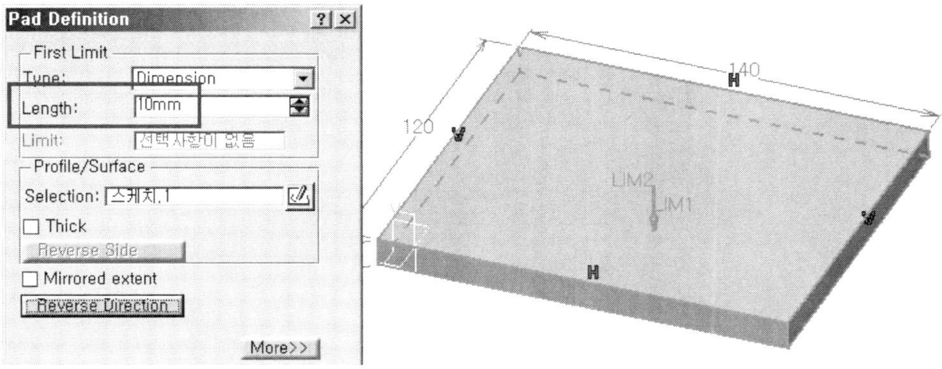

08 스케치( )를 실행하고, 형상 윗면을 클릭하여 지정한다.

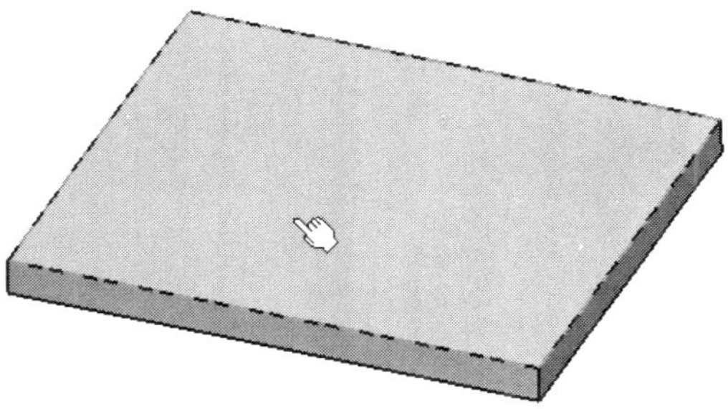

09 원( )을 그리고, 제약조건( )으로 치수를 입력한다.

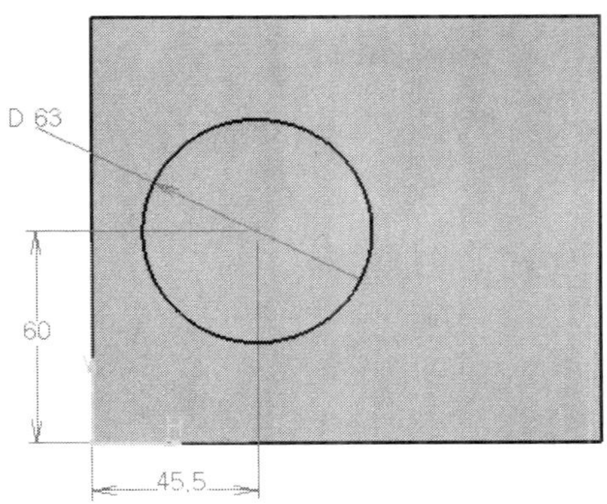

10 직사각형(□)을 작성하고, 제약조건(□)으로 치수를 입력한다.

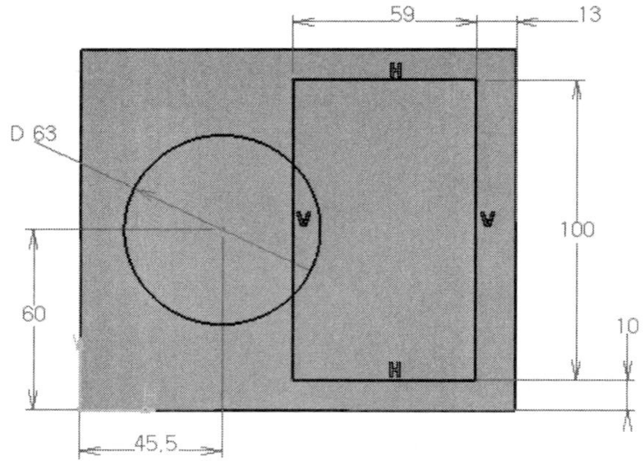

11 즉시 자르기(□)로 필요가 없는 부분을 잘라낸다. 워크벤치 종료(□)를 누른다.

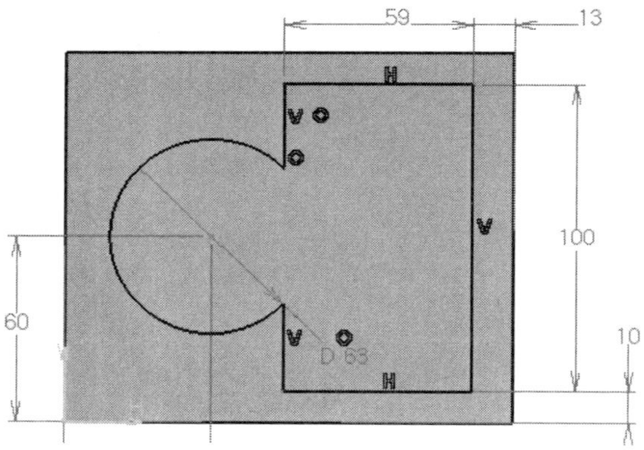

12 Pad(□)를 실행한다. Length 값을 입력하고, 미리보기 및 OK를 누른다.

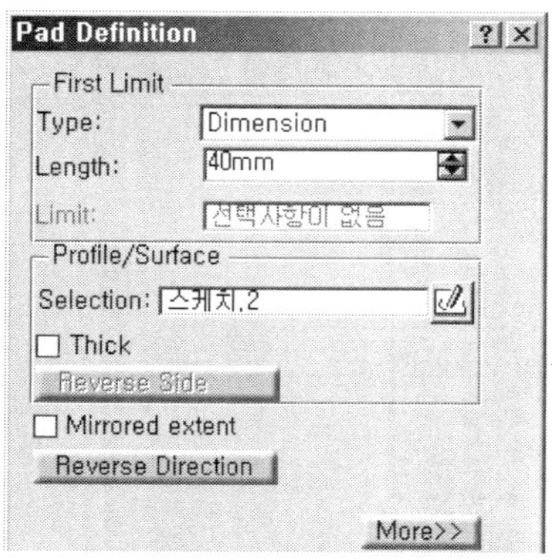

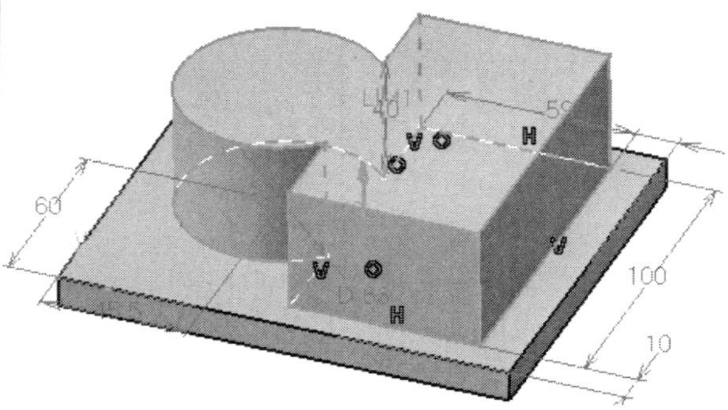

13 Draft Angle( )을 실행한다.

14 Pulling Direction 항목을 클릭하고, 수직방향 모서리를 선택한다.

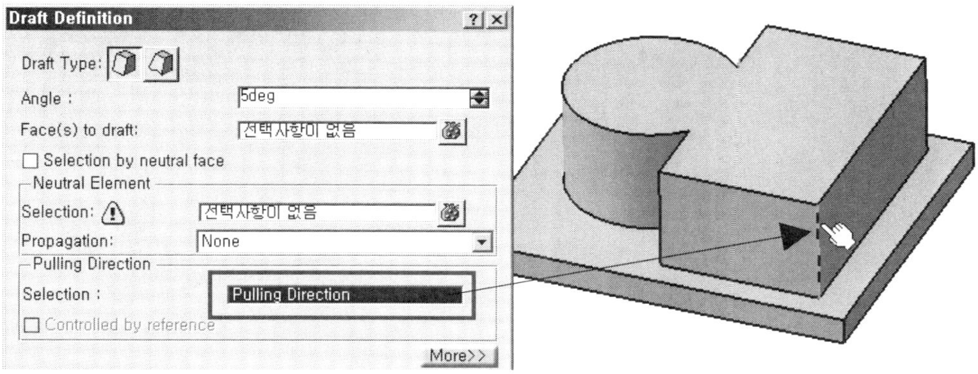

15 Angle 값을 입력한다.

Face(s) to draft의 "선택사항이 없음" 항목을 클릭하고, 형상의 모든 측면을 선택한다.

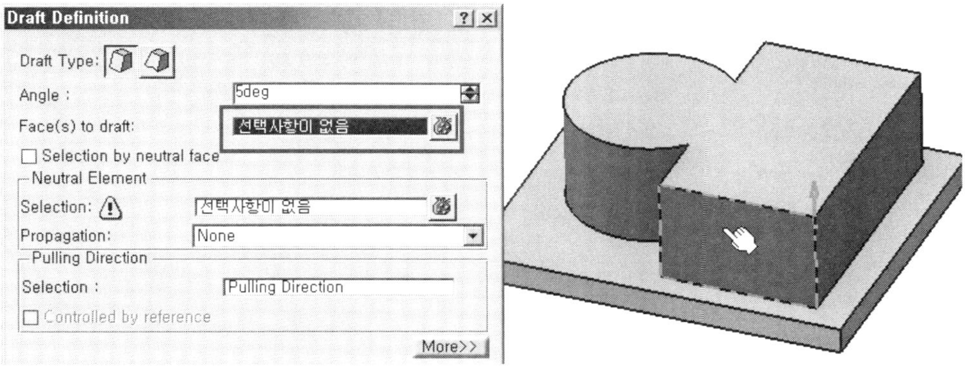

16 Selection의 "선택사항이 없음" 항목을 클릭하고, 형상 윗면을 선택한다.

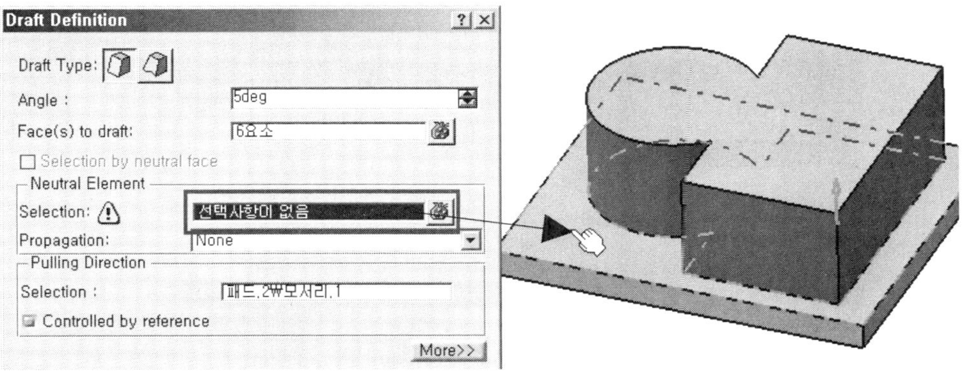

17 미리보기 및 OK를 누른다.

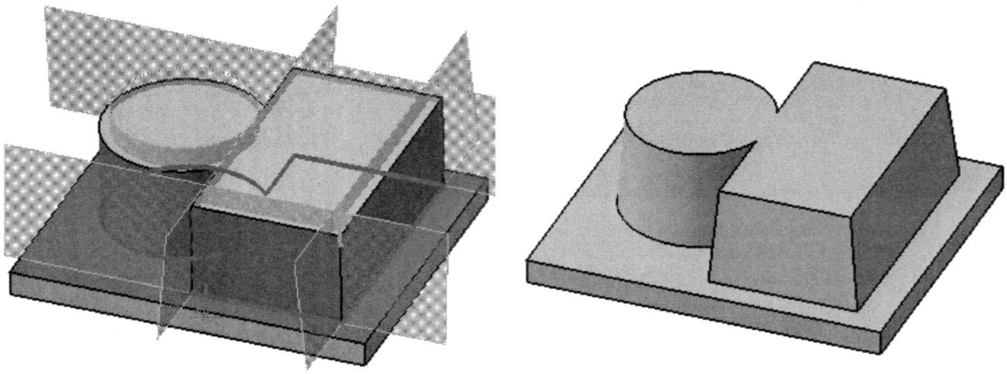

✚ Tip : Angle에 [-]값을 입력하면 Draft 방향을 바꿀 수 있다.

18 Plane( )을 실행한다.

① 평면에서 오프셋으로 설정하고, ② 레퍼런스는 앞면을 선택한다. ③ 오프셋 값을 입력한다. ④ 반대방향 버튼을 누른 후, ⑤ 미리보기 및 확인을 한다.

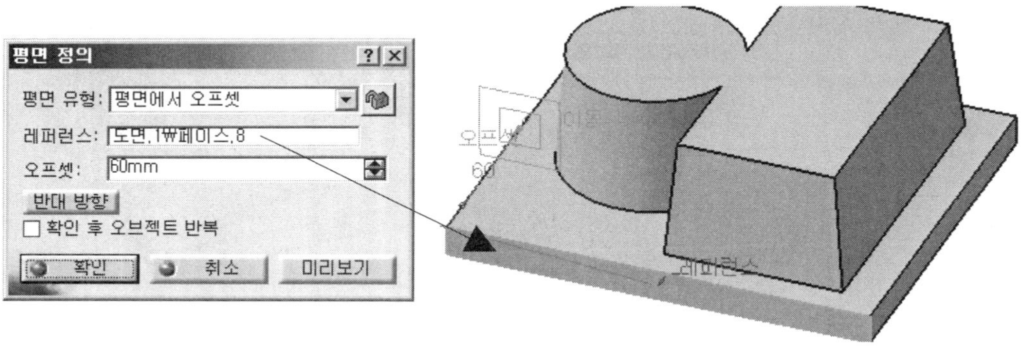

19 시작 〉 기계 디자인 〉 Wireframe and surface Design을 누른다.

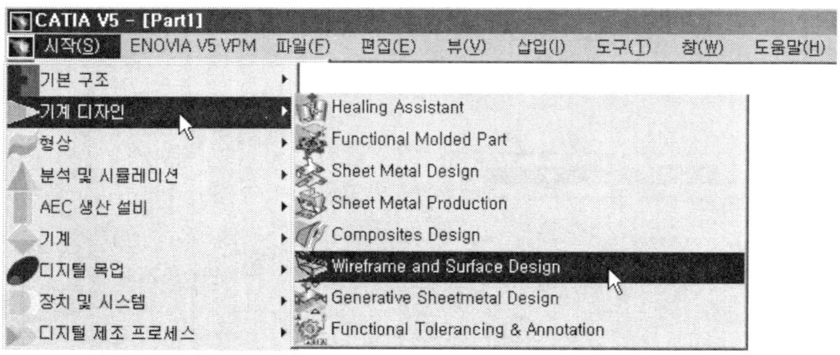

20 교차()를 실행한다. 생성한 Plane(P1)을 선택하고, 형상(P2)을 선택한다.

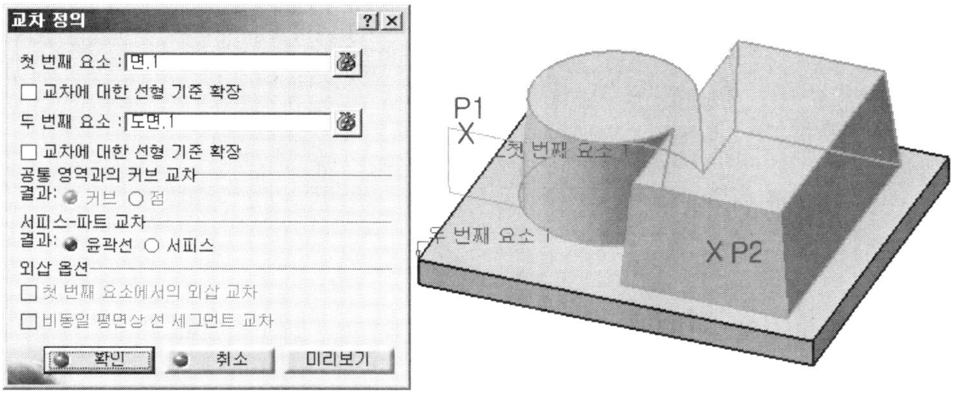

21 미리보기 및 확인을 누른다. 교차선이 생성되었다.

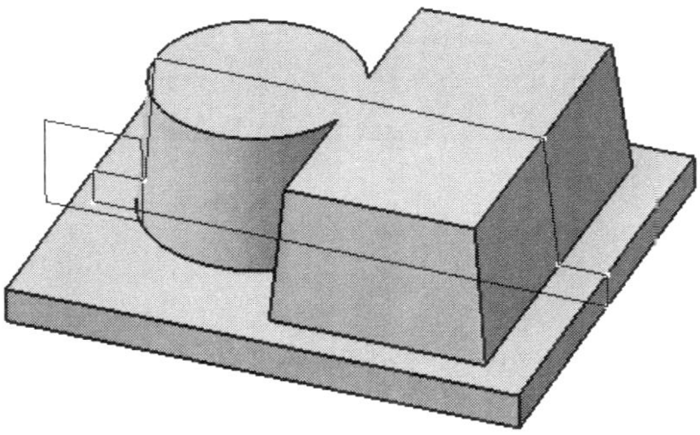

22 위치 지정 스케치()를 실행하고, 생성한 Plane을 지정한다.
H(x)방향와 V(y)방향을 체크하고, 확인을 누른다.

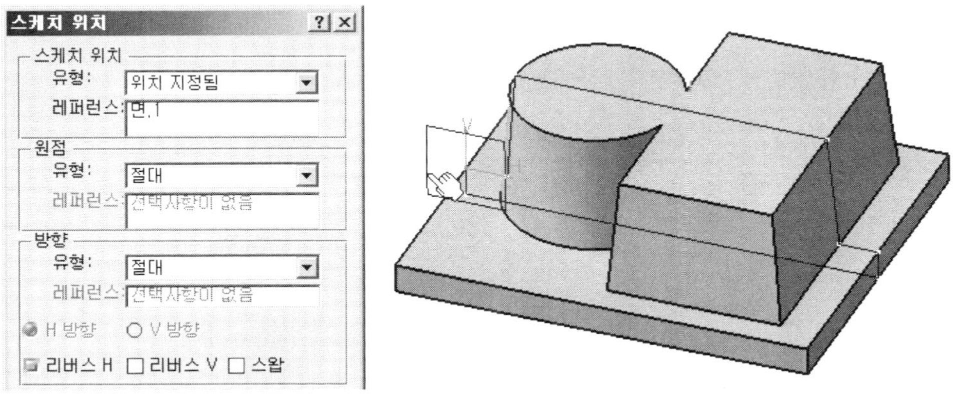

23 세 점 호( )를 이용하여 호를 작성한다.

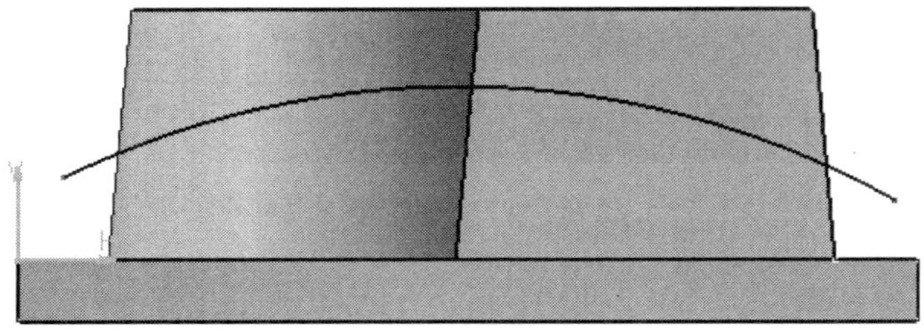

24 제약조건( )으로 점(P1)과 모서리(P2)를 선택하고, “일치”시킨다.

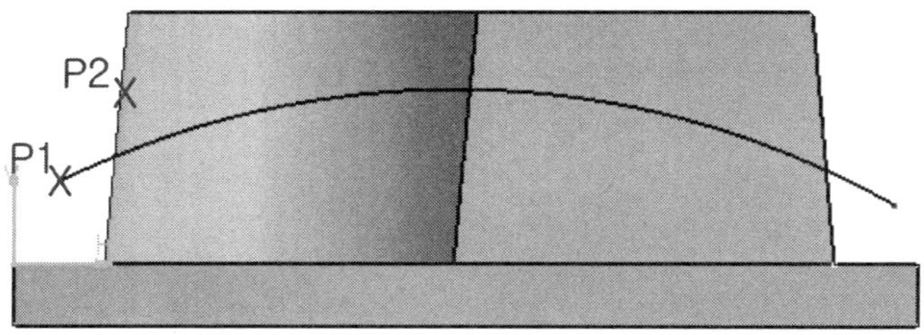

25 오른쪽에도 제약조건( )으로 점(P1)과 모서리(P2)를 선택하고, “일치”시킨다.

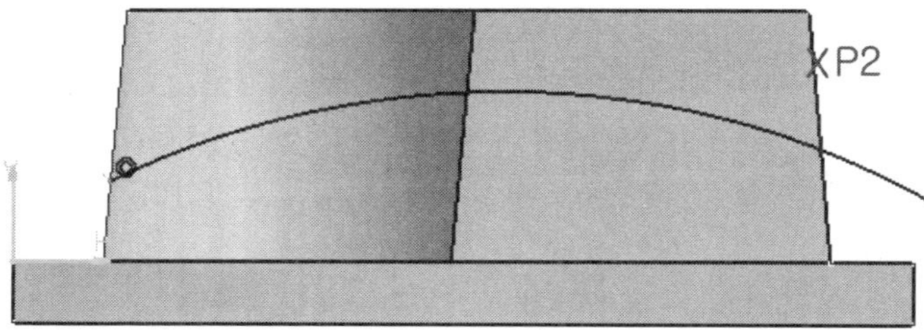

26 제약조건( )으로 치수를 입력하고, 워크벤치 종료( )를 한다.

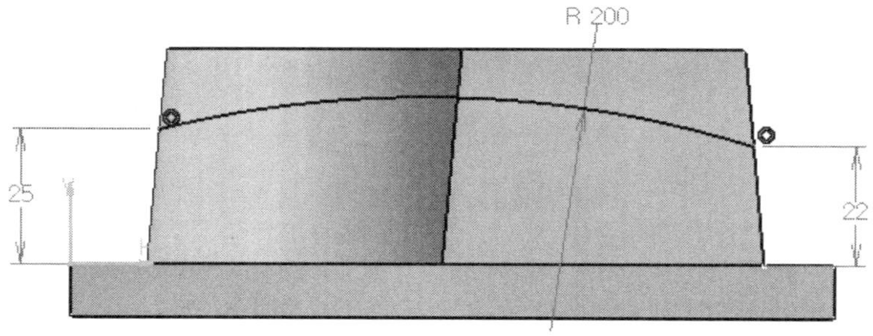

27 Plane( )을 실행한다.

① 커브에 수직으로 설정하고, ② 커브는 호를 선택한다. ③ 점은 끝점을 선택한다.
④ 미리보기 및 확인을 한다.

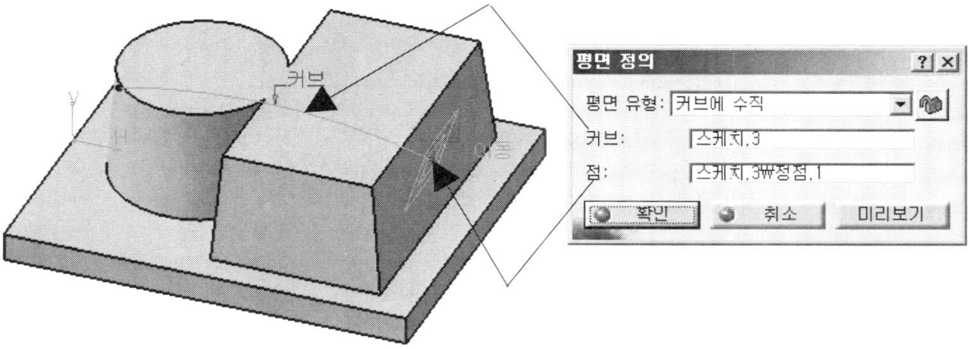

28 위치 지정 스케치( )를 실행하고, 생성한 Plane을 지정한다.
H(x)방향와 V(y)방향을 체크하고, 확인을 누른다.

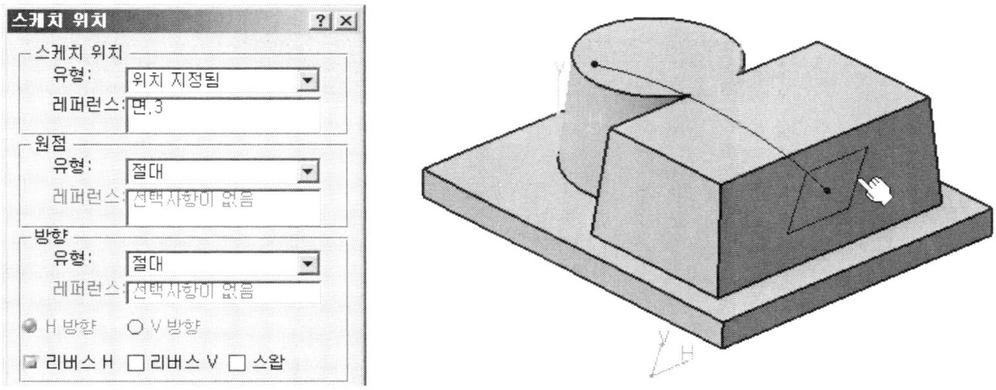

29. 세 점 호( )를 이용하여 호를 작성한다.

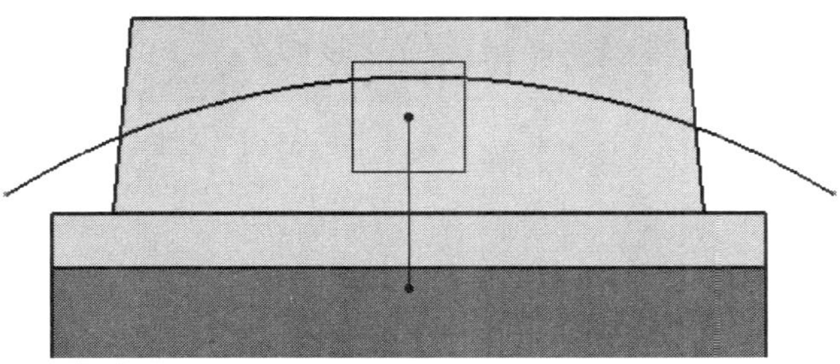

30 제약조건( )으로 호(P1)와 점(P2)을 선택하고, “일치”시킨다.

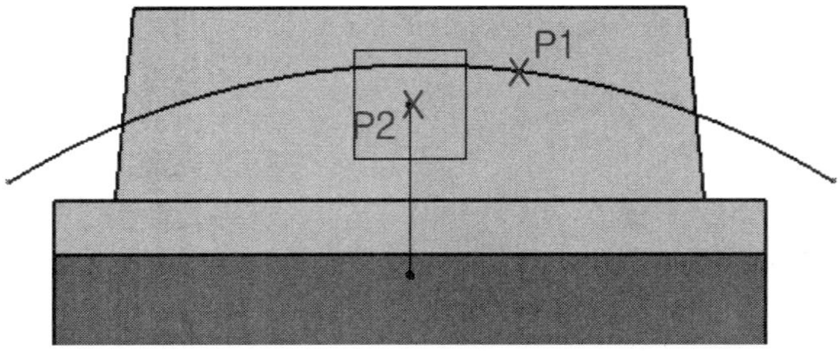

31 제약조건( )으로 호의 반지름 치수를 입력한다.

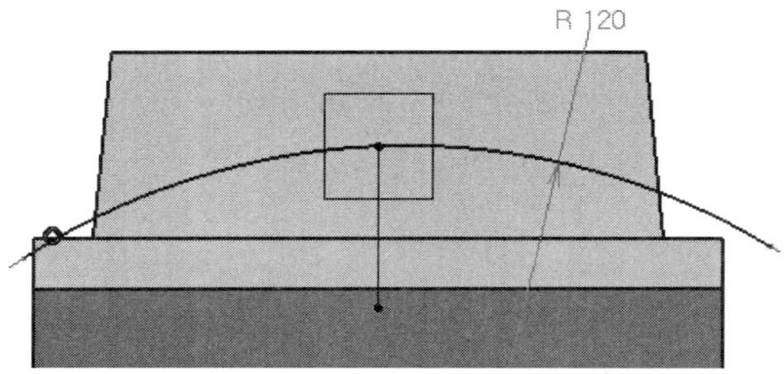

32. 제약조건( )으로 형상의 측면부터 호의 중심점까지 치수를 입력한다.

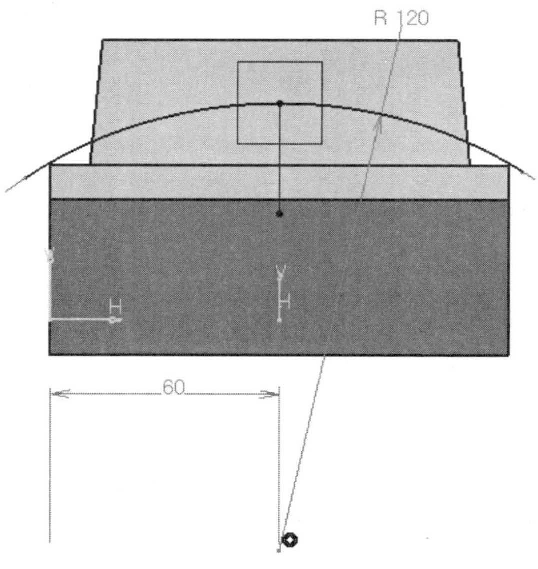

33 호의 양 끝점을 마우스로 드래그(Drag)하여 길이를 적당히 조정한다.
(호의 길이는 형상보다 조금 크게 작성하면 된다.)

34 워크벤치 종료(![icon])를 한다.

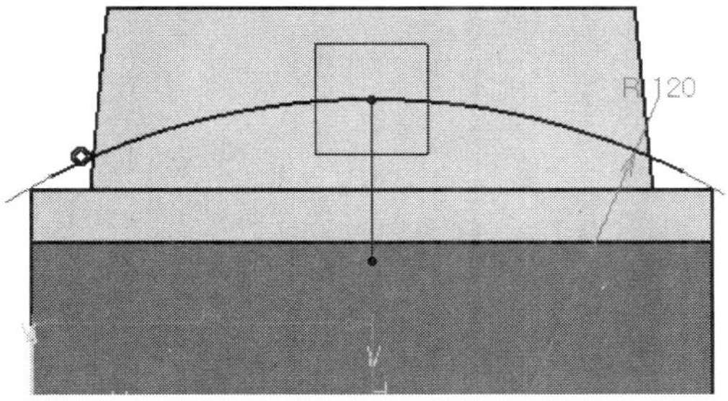

35 Sweep(![icon])을 실행한다. 프로파일(P1)과 가이드 커브(P2)를 차례로 선택한다.

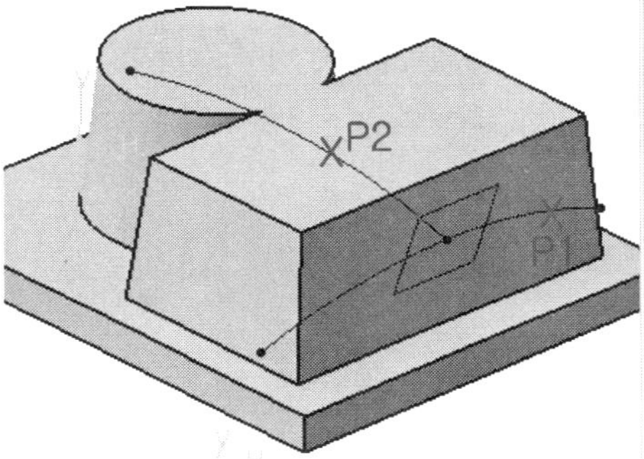

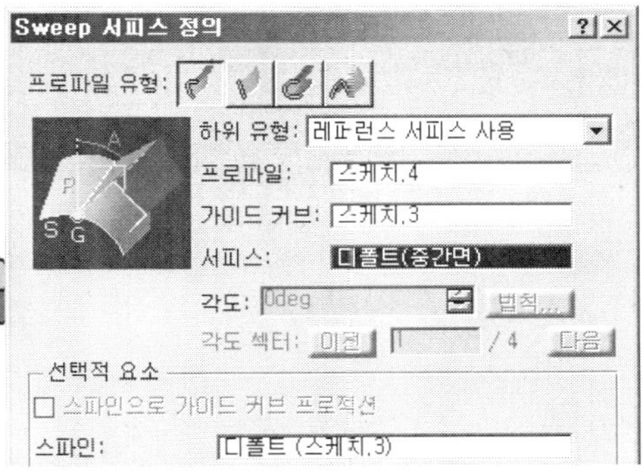

37 미리보기 및 확인을 누른다.

38 외삽(![icon])을 실행한다.
길이 값을 입력하고, 경계모서리(P1)와 곡면(P2)을 차례로 선택한다.

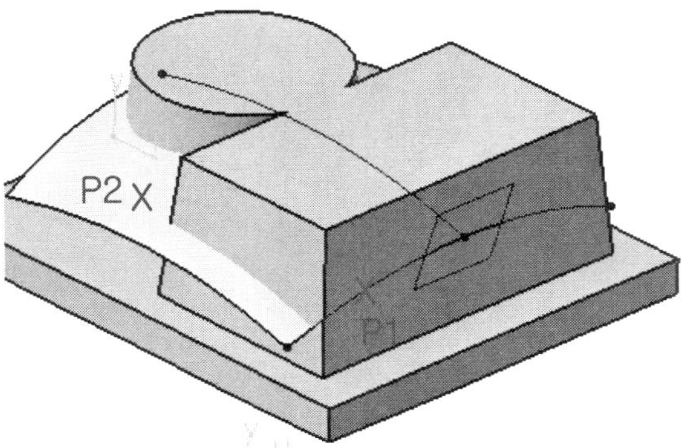

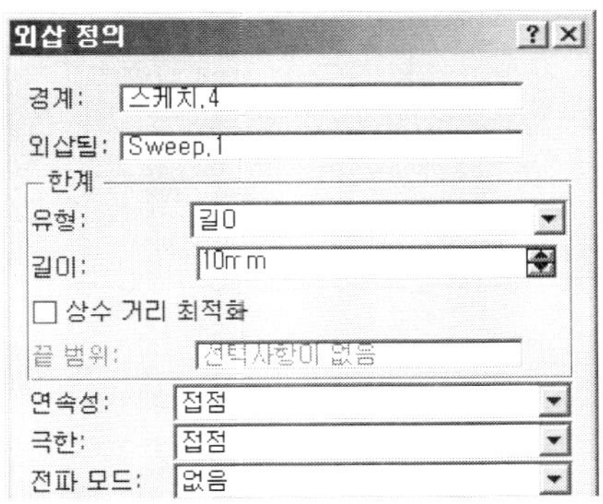

39 미리보기 및 확인을 누른다.

40 반대쪽에도 외삽( )을 한다.

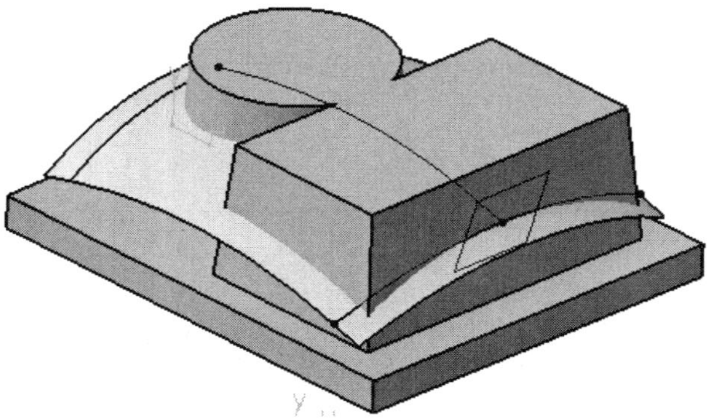

41 시작 〉 기계 디자인 〉 Part Design을 누른다.

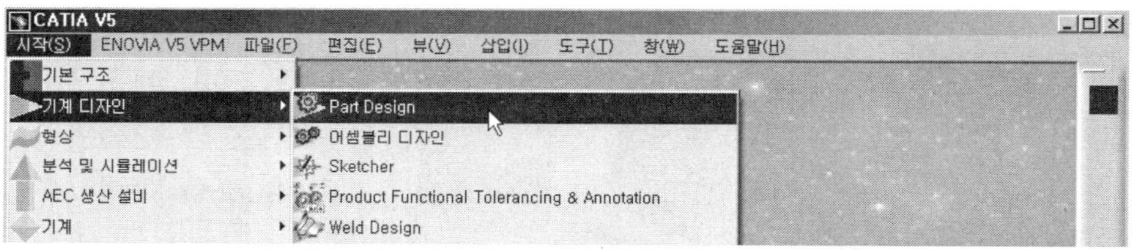

42 Split( )을 실행한다.

43 곡면을 선택하고, 화살표 방향을 아래로 한다.
(화살표 방향이 남아있는 부분이며, 화살표를 클릭하면 방향이 전환된다.)

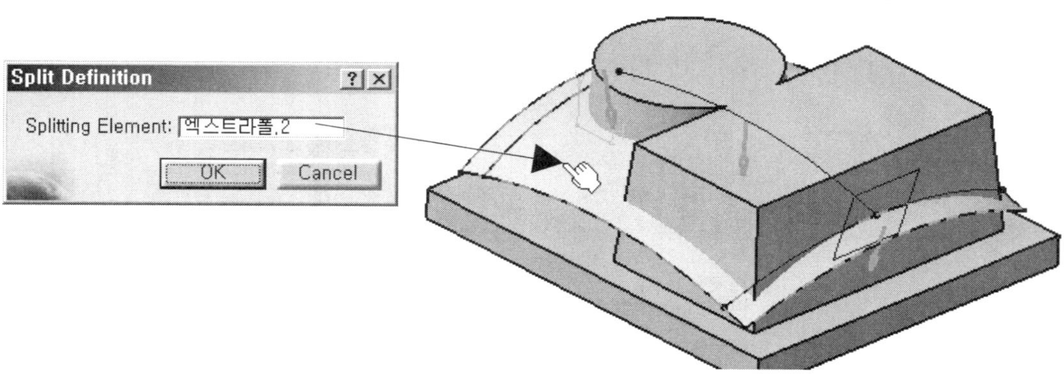

44 OK를 누른다.

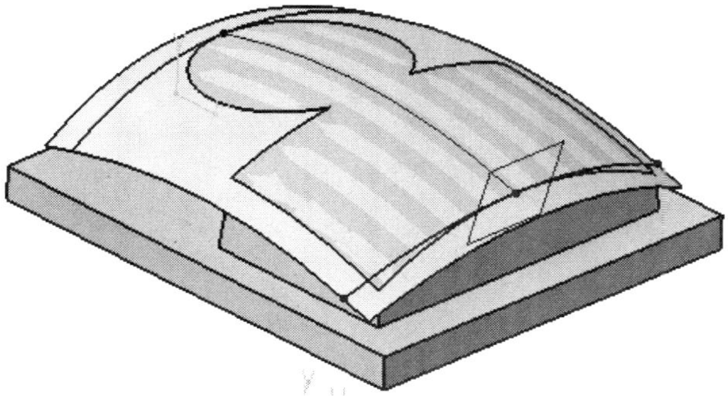

45 시작 〉 기계 디자인 〉 Wireframe and surface Design을 누른다.

46 오프셋( )을 실행하고, 오프셋 할 곡면을 선택한다. 오프셋 값을 입력하고, 방향을 아래로 설정한다.

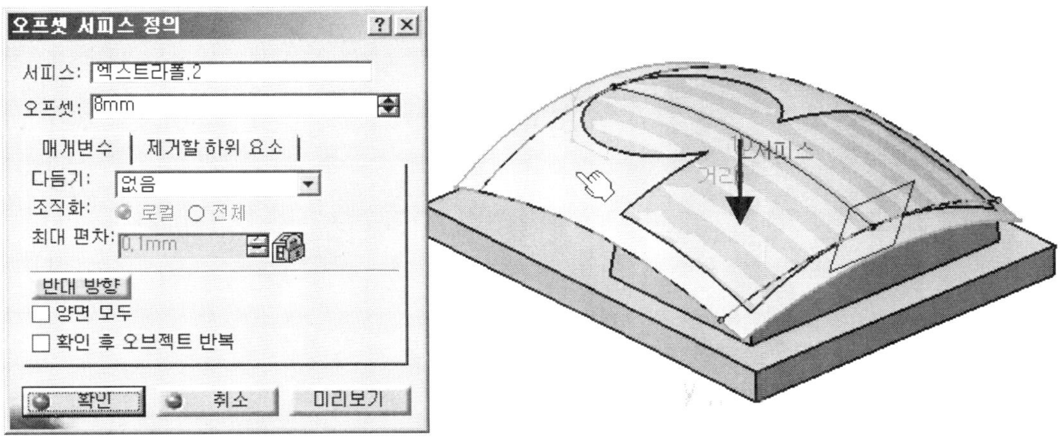

47 미리보기 및 확인을 누른다.

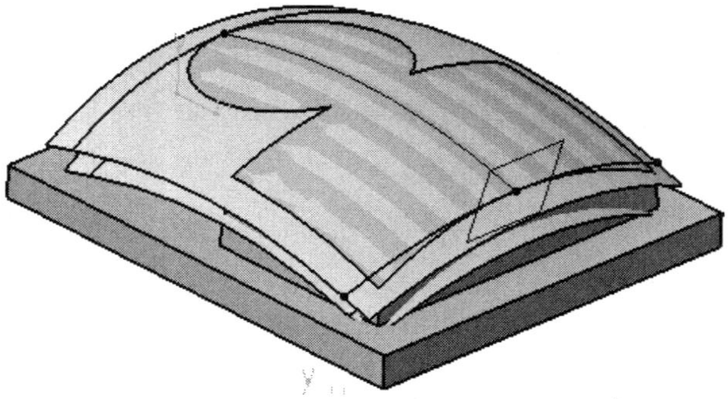

48 시작 〉 기계 디자인 〉 Part Design을 누른다.

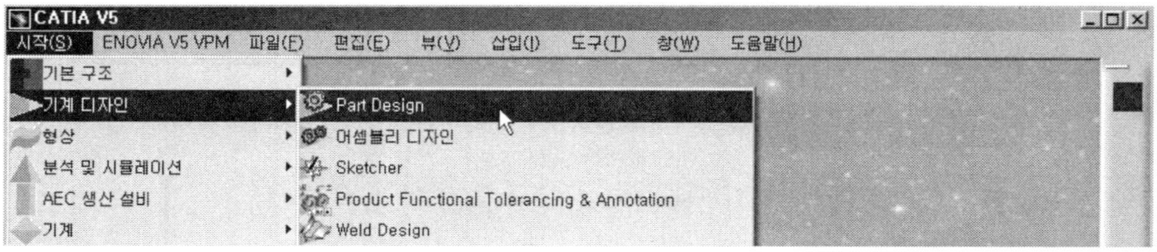

49 Plane( )을 실행한다.

① 평면에서 오프셋으로 설정하고, ② 레퍼런스는 윗면을 선택한다. ③ 오프셋 값을 입력한다.
④ 미리보기 및 확인을 한다.

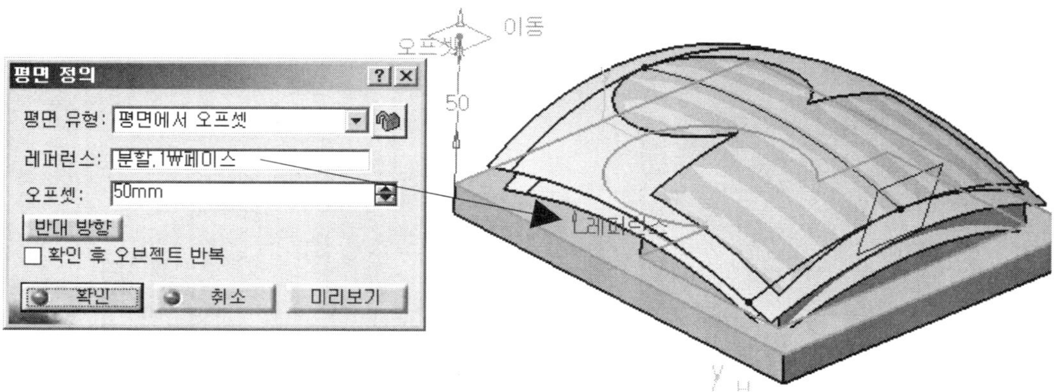

50 위치 지정 스케치( )를 실행하고, 생성한 Plane을 지정한다.
H(x)방향와 V(y)방향을 체크하고, 확인을 누른다.

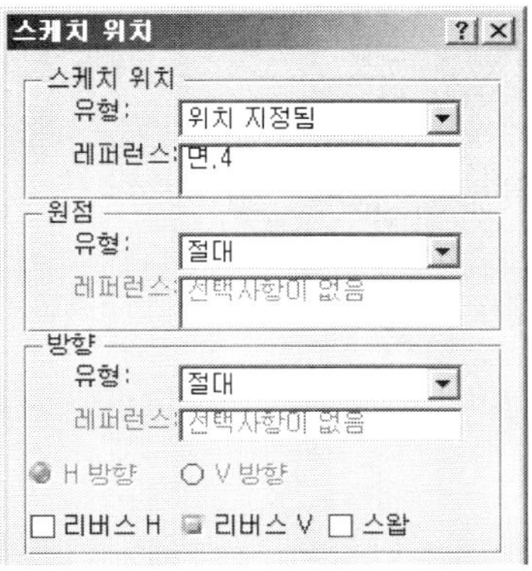

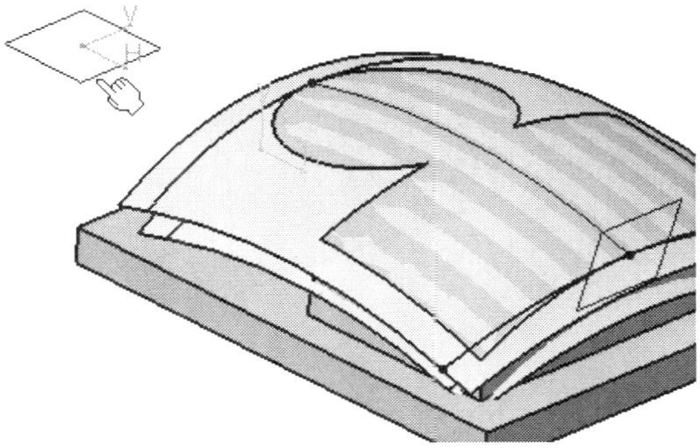

51 타원( )을 작성하고, 제약조건( )으로 치수를 입력한다. 워크벤치 종료( )를 한다.
타원의 치수는 마우스 오른쪽 버튼을 눌러 "장반경", "단반경"으로 입력이 가능하다.

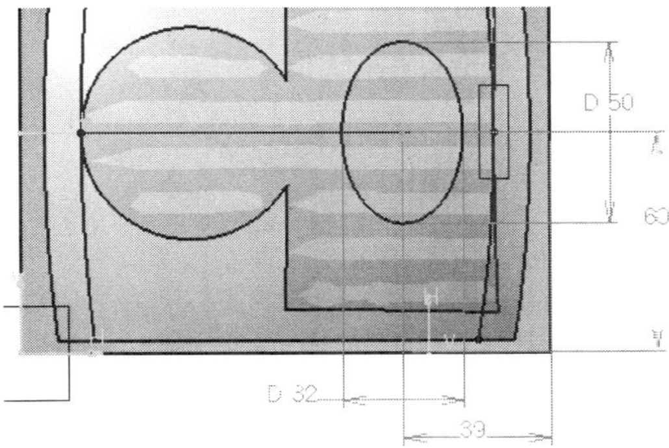

52 워크벤치 종료( )를 한다.

53 Pocket( )을 실행한다. Type을 Up to surface로 설정하고, 오프셋 곡면을 선택한다.

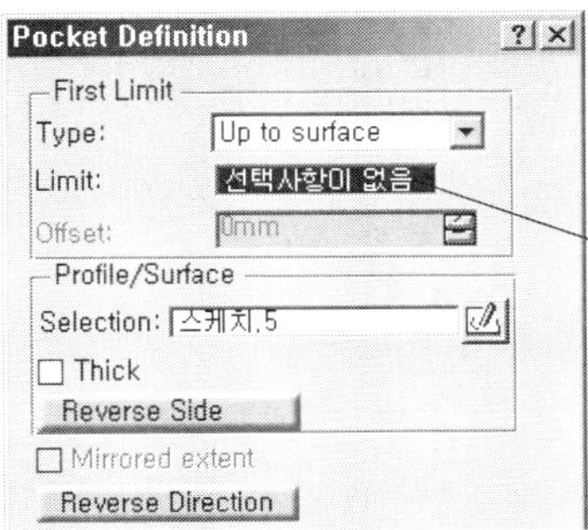

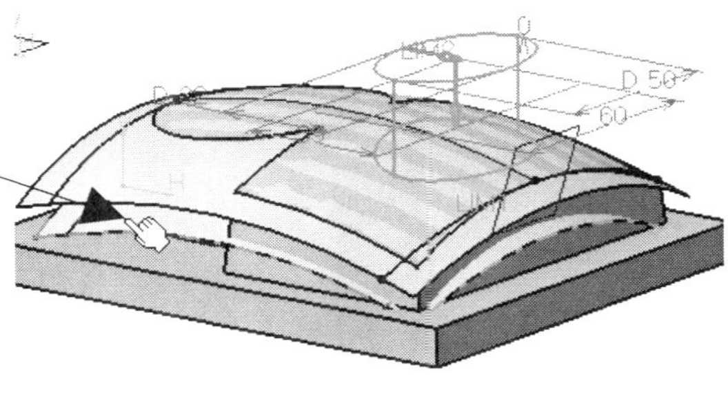

54 미리보기 및 OK를 누른다.

55 Sweep 곡면과 오프셋 곡면을 "숨기기" 한다.

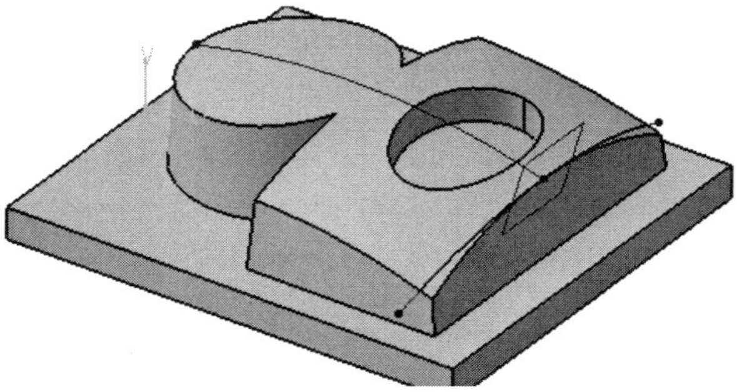

56 스케치()를 실행하고, 형상 윗면을 클릭하여 지정한다.

57 직사각형(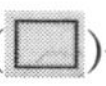)을 작성하고, 제약조건(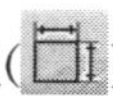)으로 치수를 입력한다. 워크벤치 종료()를 한다.

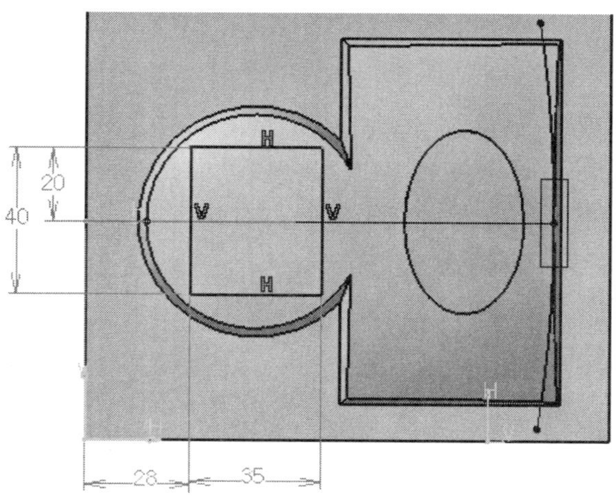

58 Pad()를 실행한다. Length 값을 입력하고, 미리보기 및 OK를 누른다.

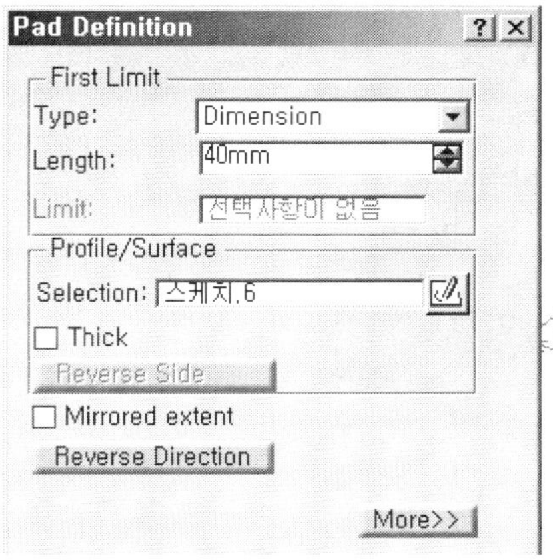

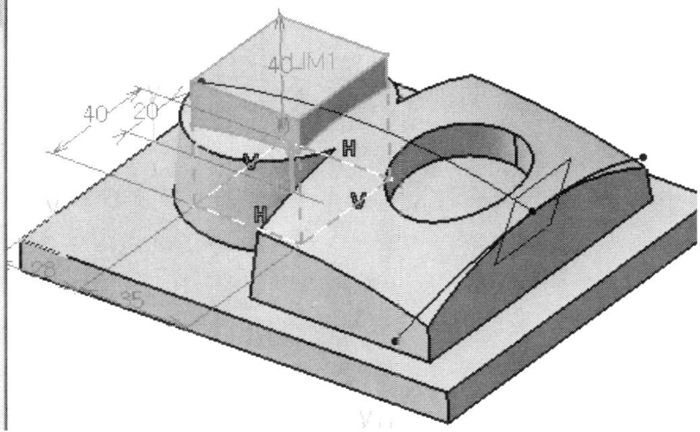

59 Edge Fillet()으로 반지름 12로 라운드를 한다.

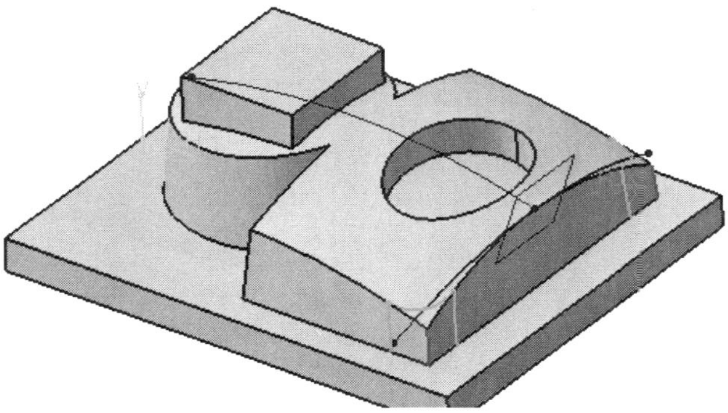

60 Edge Fillet()으로 반지름 6으로 라운드를 한다.

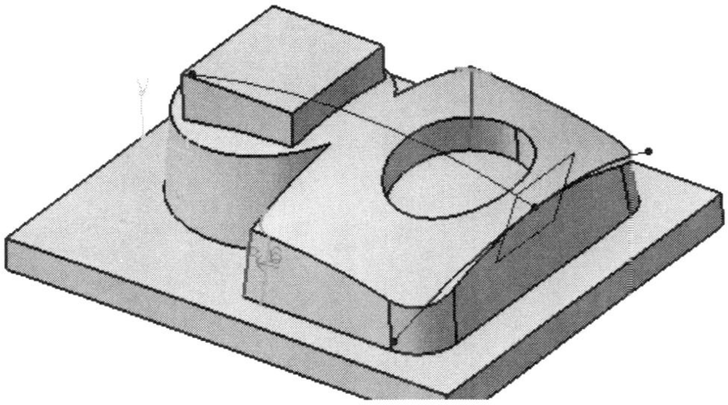

61 Edge Fillet( )으로 반지름 10으로 라운드를 한다.

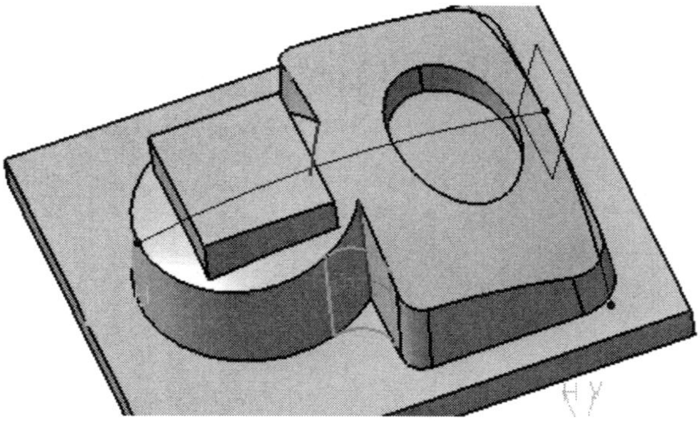

62 Edge Fillet( )으로 반지름 5로 라운드를 한다.

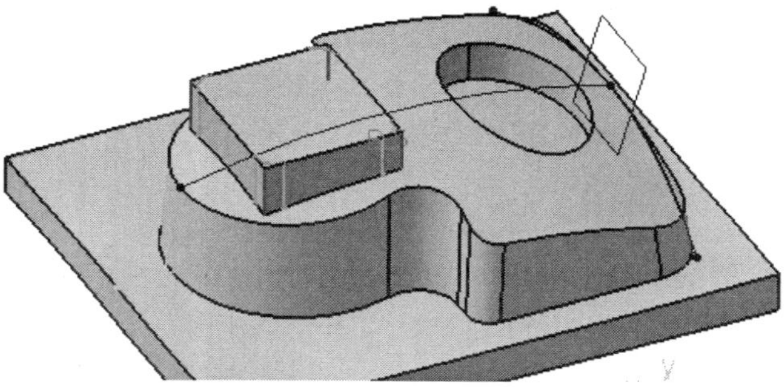

63 Edge Fillet( )으로 반지름 2로 라운드를 한다.

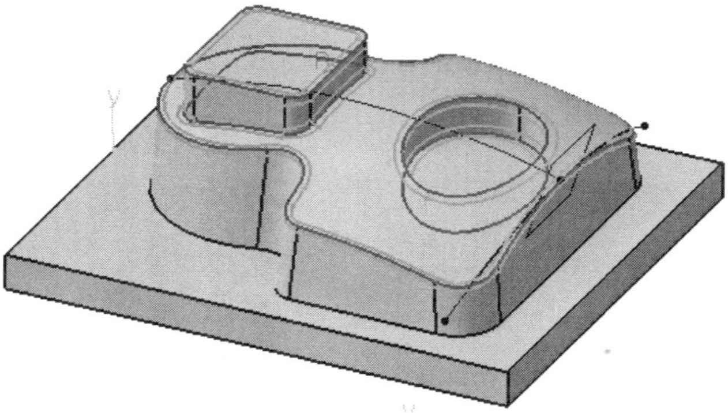

64 Edge Fillet( )으로 반지름 1로 라운드를 한다.

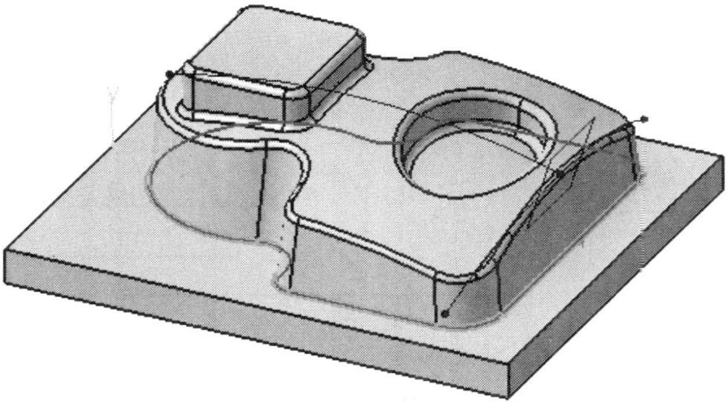

65 형상이 완성되었다.

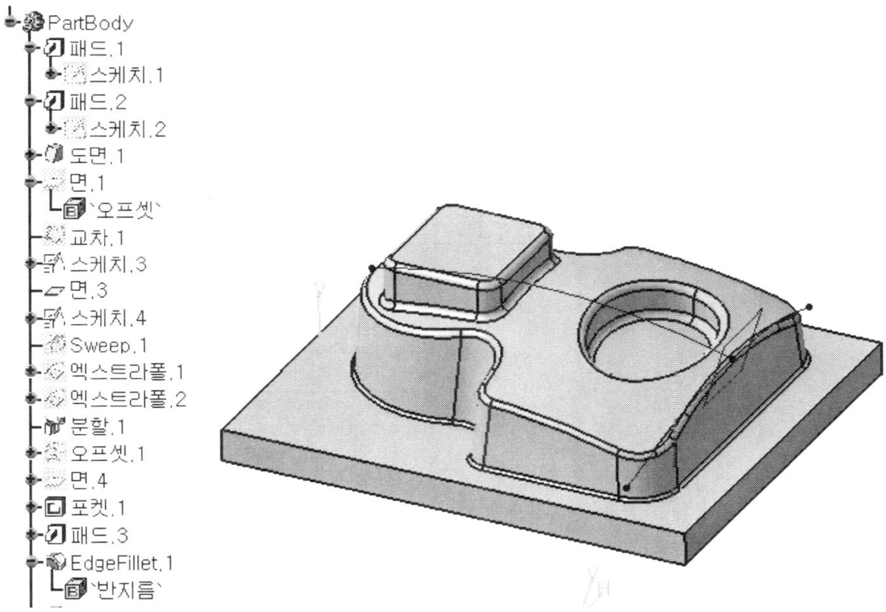

3 다음의 도면을 참고로 형상을 모델링한다

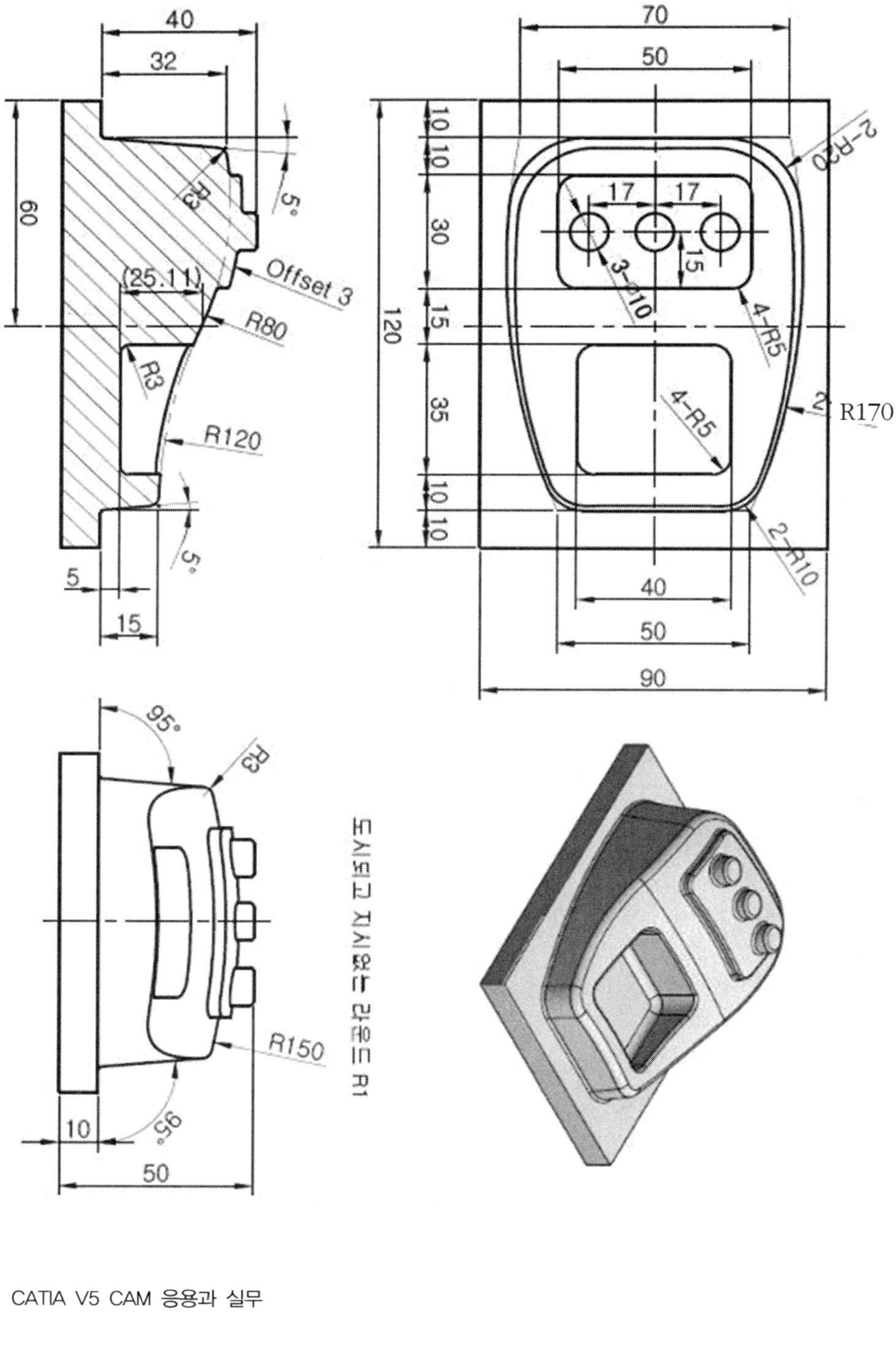

01 시작 〉 기계 디자인 〉 Part Design을 누른다.

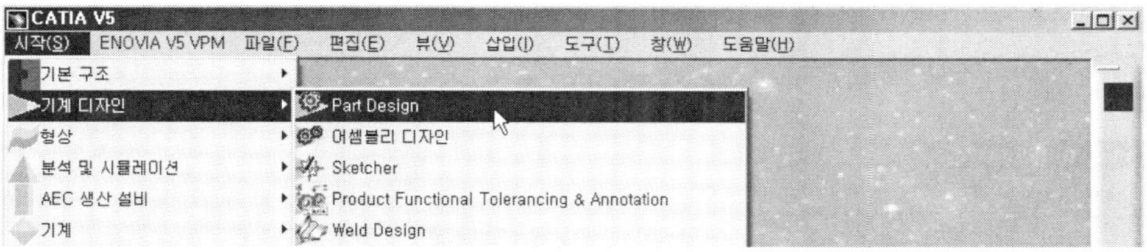

02 작업할 파트의 이름을 입력하고 확인을 누른다.

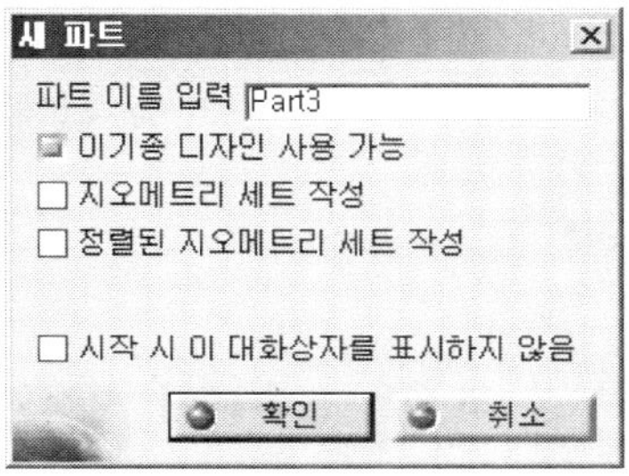

03 스케치( ) 버튼을 눌러 실행하고, xy 평면을 지정한다.

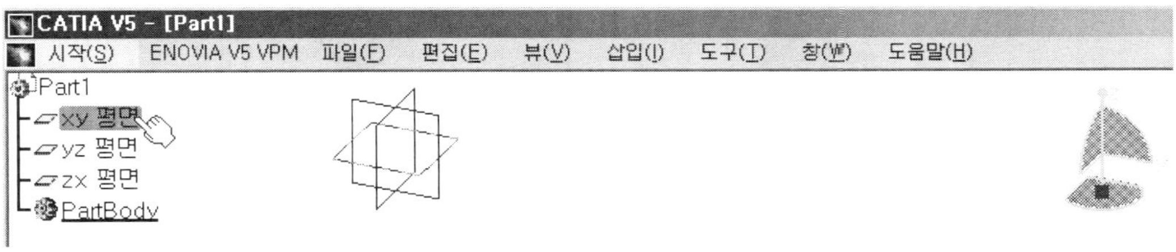

04 직사각형( )으로 사각형을 작성하고, 제약조건( )으로 치수를 입력한다.

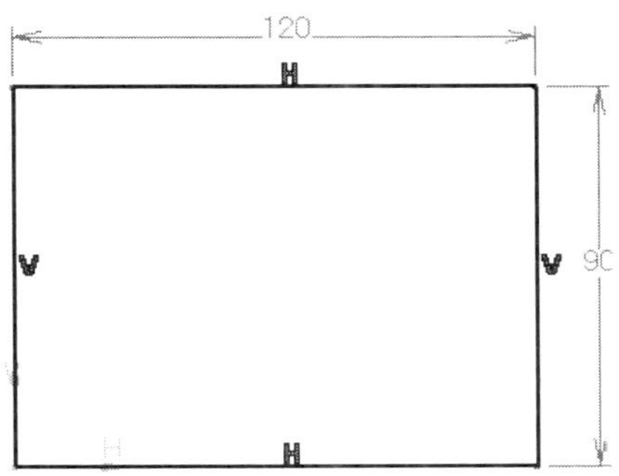

05 워크벤치 종료( )를 누른다.

06 Pad( )를 실행하고, Length 값을 입력하고, 방향을 아래로 한다.
미리보기 및 OK를 누른다.

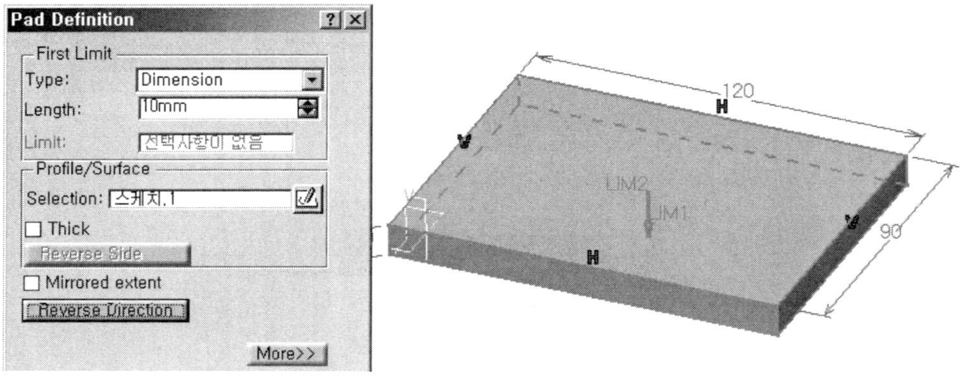

07 스케치( )를 실행하고, 형상 윗면을 클릭하여 지정한다.

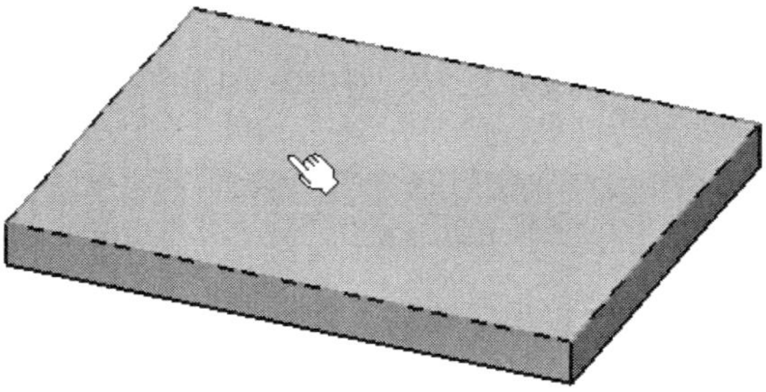

08 선( )을 그리고, 제약조건( )으로 치수를 입력한다.

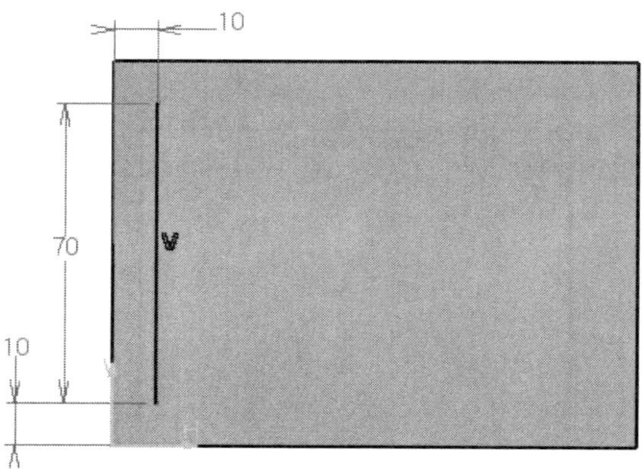

09 계속해서 오른쪽에도 선()을 그리고, 제약조건()으로 치수를 입력한다.

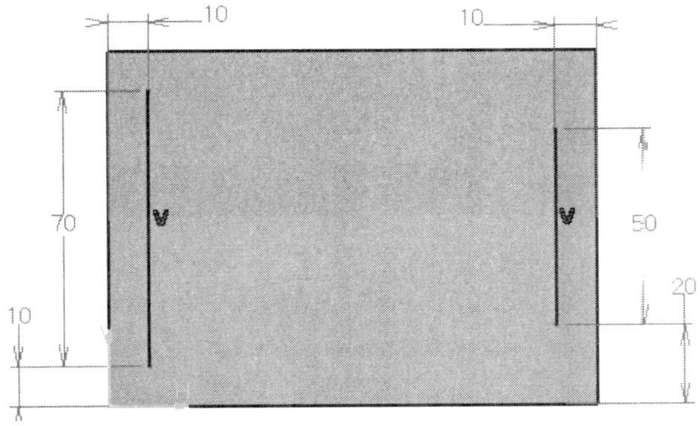

10 세 점 호(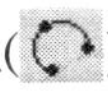)를 이용하여 호를 작성하고, 제약조건(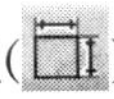)으르 치수를 입력한다.

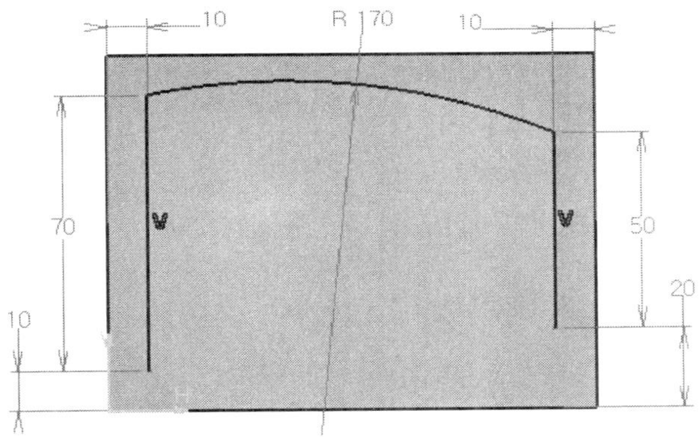

11 아래에도 호를 작성하고, 치수를 입력한다.

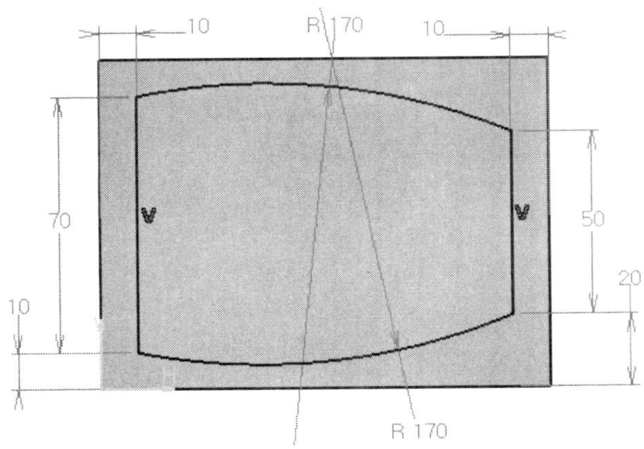

12 워크벤치 종료( )를 한다.

13 Pad( )를 실행한다. Length 값을 입력하고, 미리보기 및 OK를 누른다.

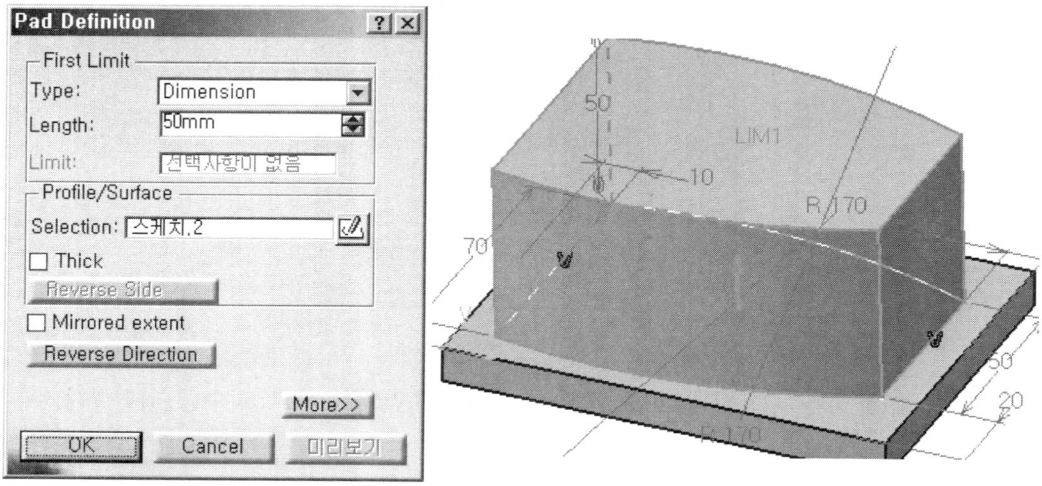

14 Draft Angle( )을 실행한다.

① Draft 방향을 확인한다. ② Angle 값을 입력한다.

③ Face(s) to draft 항목을 클릭하고, 모든 측면을 선택한다.

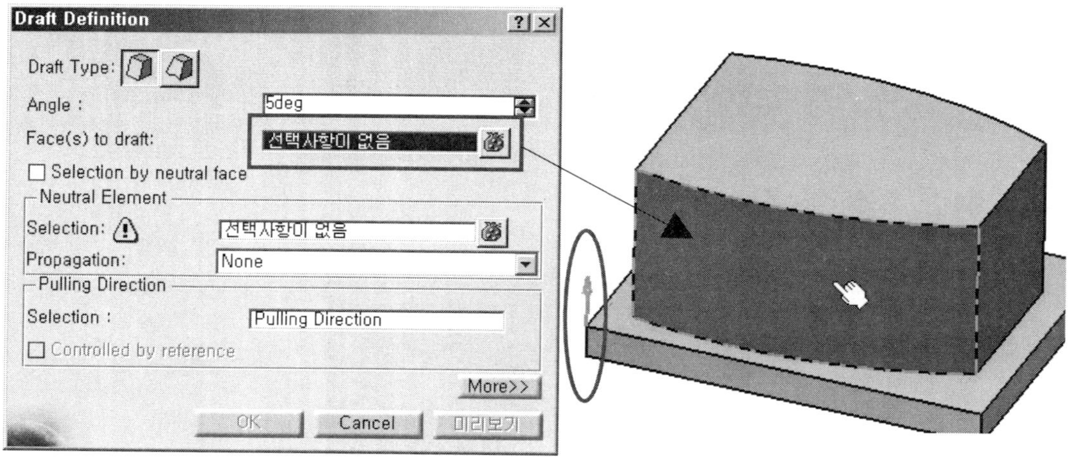

15 Selection 항목을 클릭하고, 형상 윗면을 지정한다.

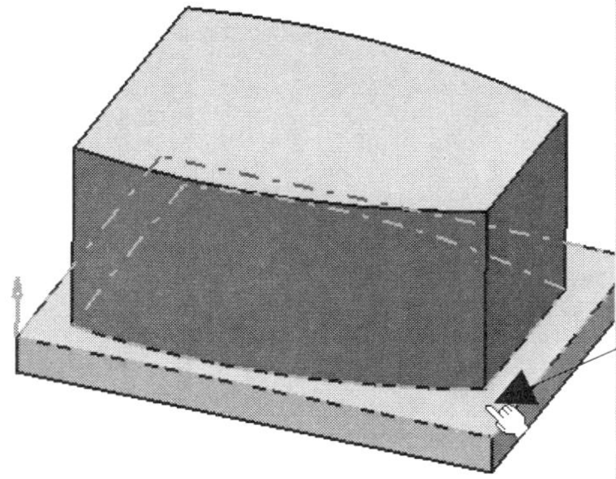

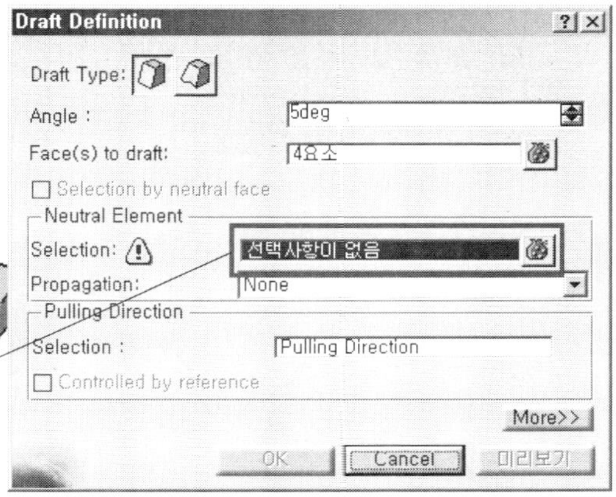

16 미리보기 및 OK를 누른다.

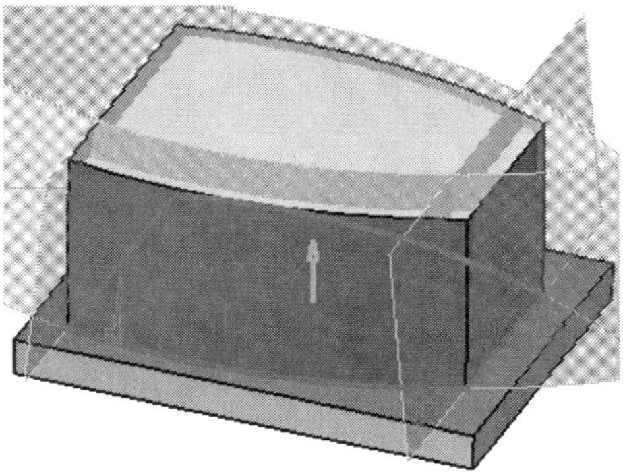

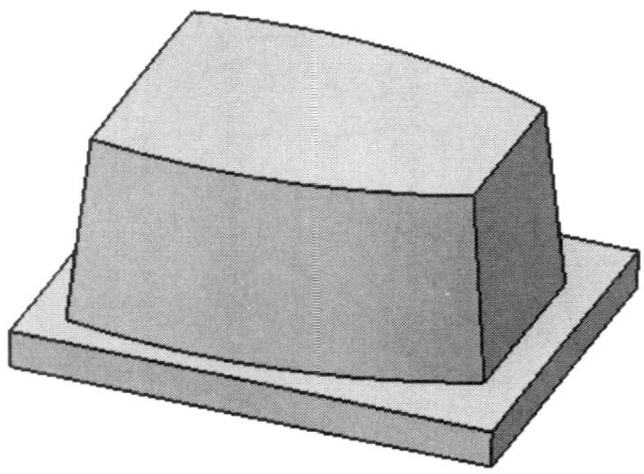

17 Plane( )을 실행한다.

① 평면에서 오프셋으로 설정하고, ② 레퍼런스는 앞면을 선택한다. ③ 오프셋 값을 입력한다.
④ 반대방향 버튼을 누른 후, ⑤ 미리보기 및 확인을 한다.

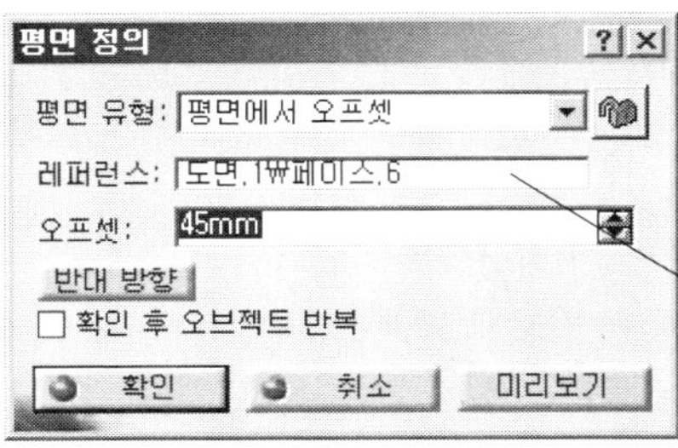

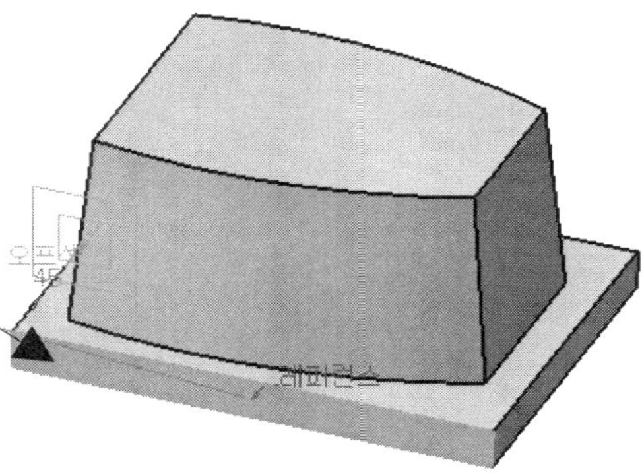

18 시작 〉 기계 디자인 〉 Wireframe and surface Design을 누른다.

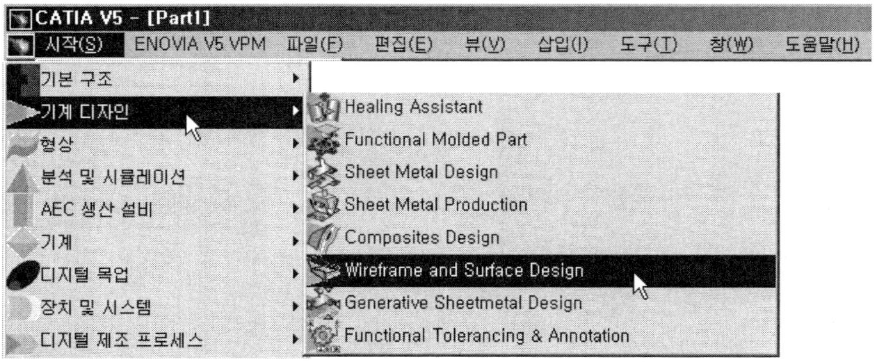

19 교차( )를 실행한다. 생성한 Plane(P1)을 선택하고, 형상(P2)을 선택한다.

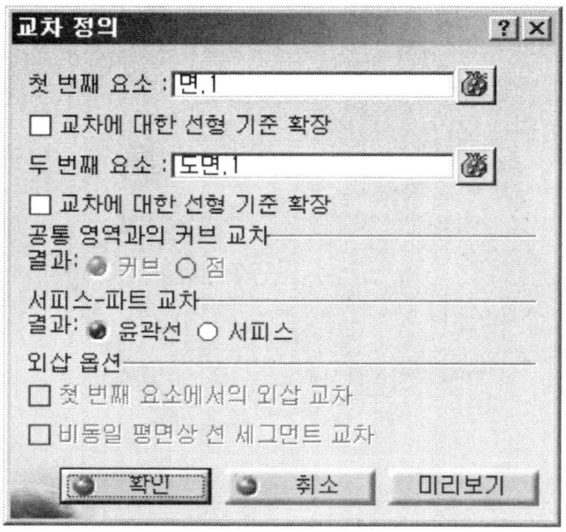

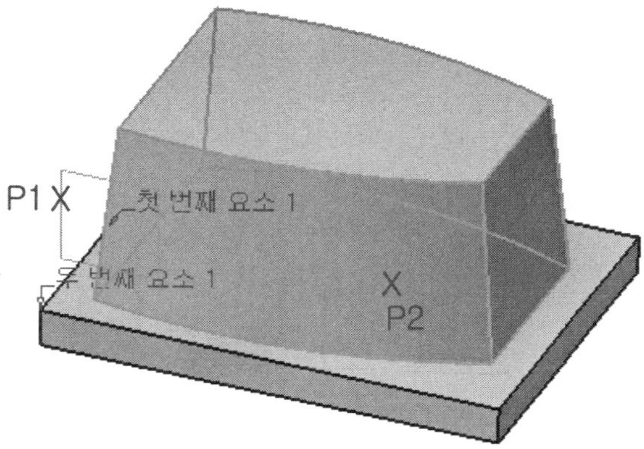

20 미리보기 및 확인을 누른다. 교차선이 생성되었다.

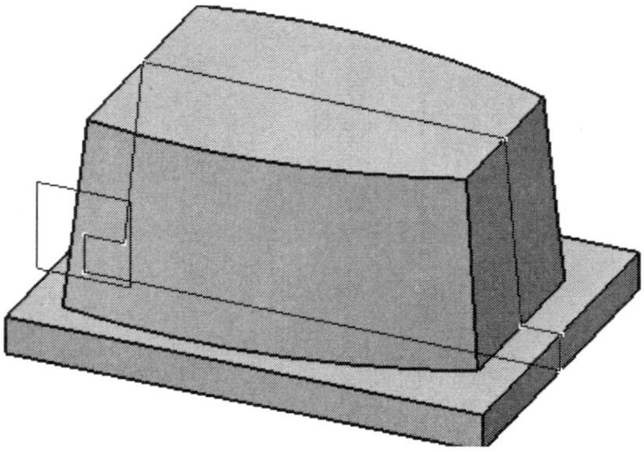

21 위치 지정 스케치( )를 실행하고, 생성한 Plane을 지정한다.
H(x)방향와 V(y)방향을 체크하고, 확인을 누른다.

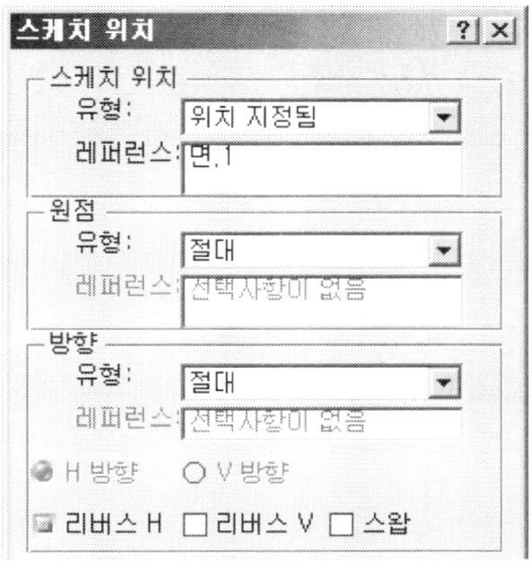

22 세 점 호( )를 이용하여 호를 작성한다.

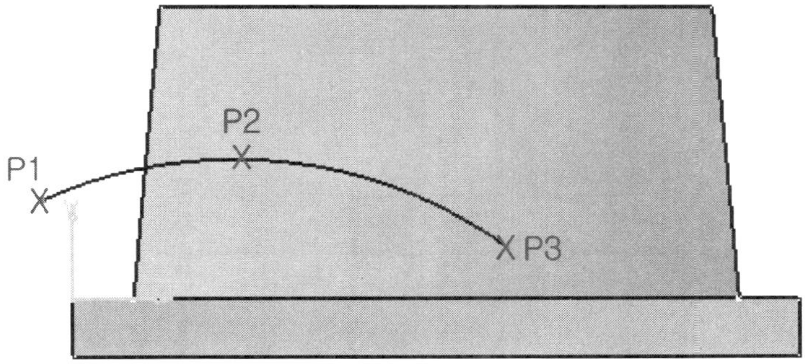

23 오른쪽에도 세 점 호( )를 이용하여 호를 작성한다.

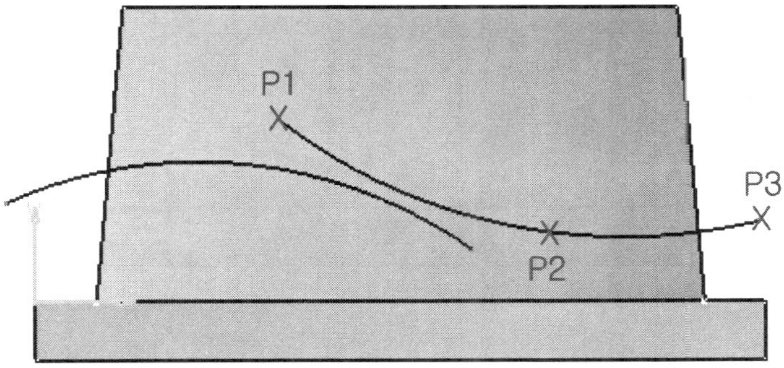

24 제약조건( )으로 호(P1)와 호(P2)를 선택하고, "접점"시킨다.

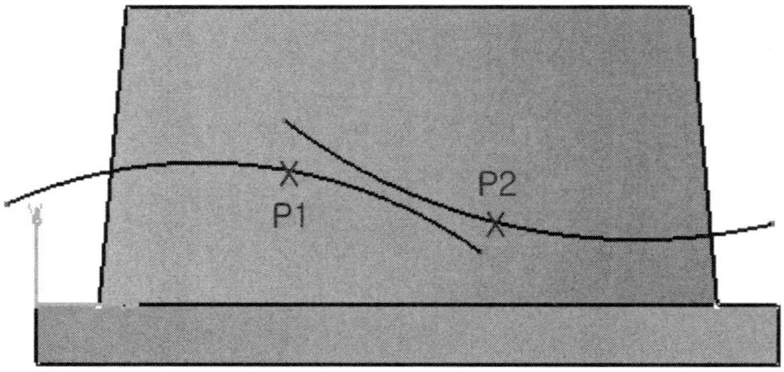

25 제약조건( )으로 점(P1)과 모서리(P2)를 선택하고, "일치"시킨다.

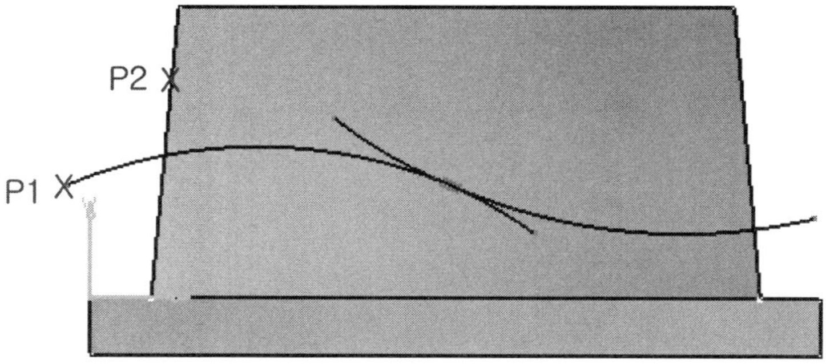

26 오른쪽에도 제약조건( )으로 점(P1)과 모서리(P2)를 선택하고, "일치"시킨다.

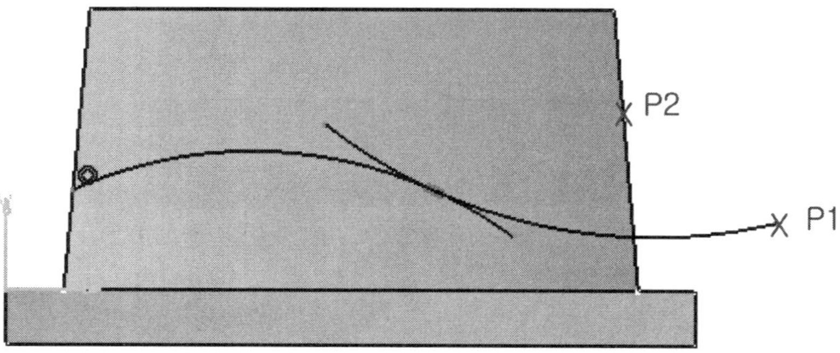

27 즉시 자르기( )로 필요가 없는 부분을 잘라낸다.

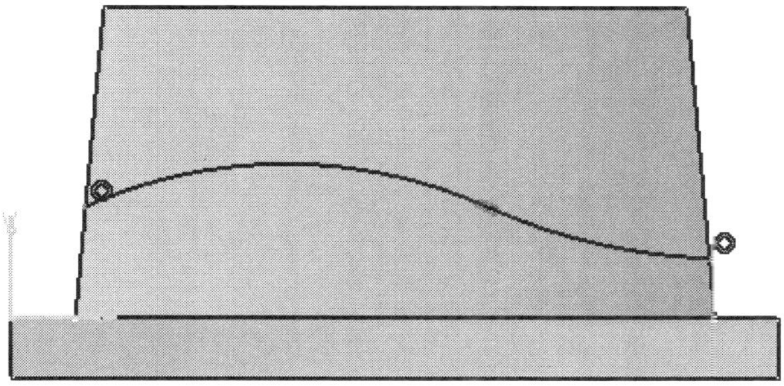

28 제약조건( )으로 형상 측면에서 호의 끝점까지 치수를 입력한다.

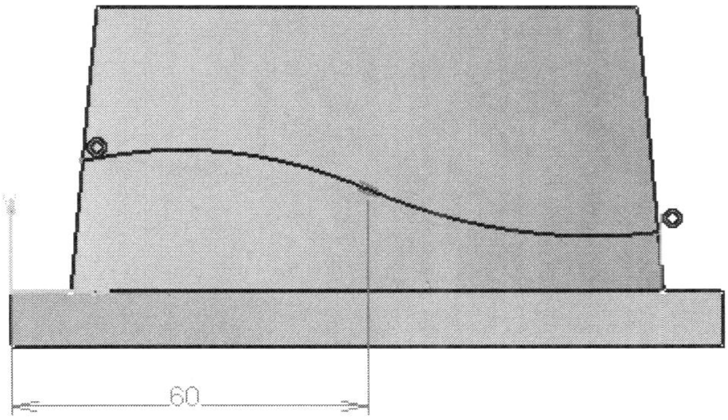

29 제약조건( )으로 치수를 입력한다. 워크벤치 종료( )를 누른다.

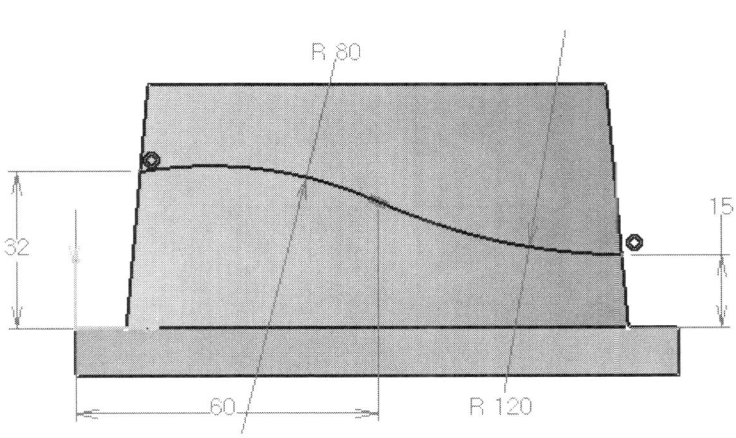

30 Plane()을 실행한다.

① 커브에 수직으로 설정하고, ② 커브는 호를 선택한다. ③ 점은 끝점을 선택한다.
④ 미리보기 및 확인을 한다.

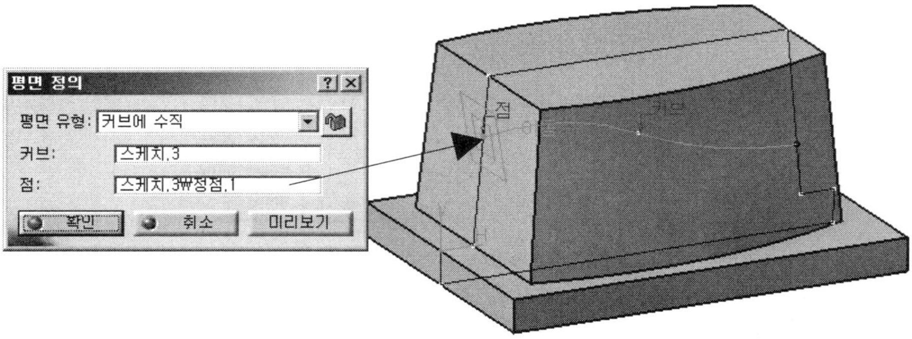

31 위치 지정 스케치()를 실행하고, 생성한 Plane을 지정한다.
H(x)방향와 V(y)방향을 체크하고, 확인을 누른다.

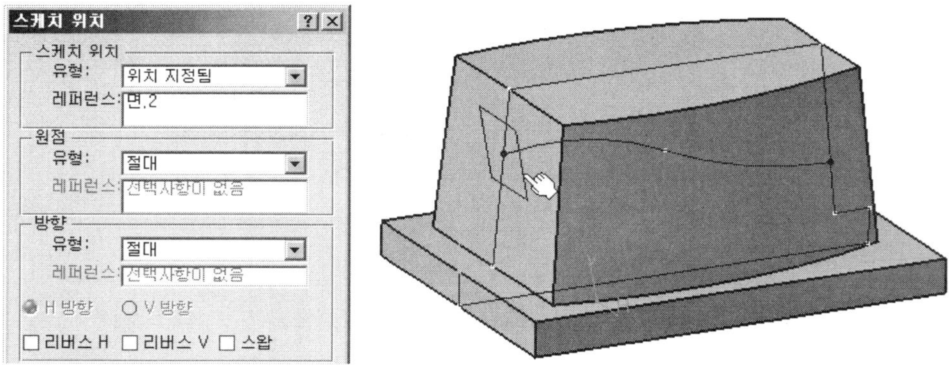

32 세 점 호()를 이용하여 호를 작성한다.

33 제약조건()으로 호(P1)와 점(P2)을 선택하고, "일치"시킨다.

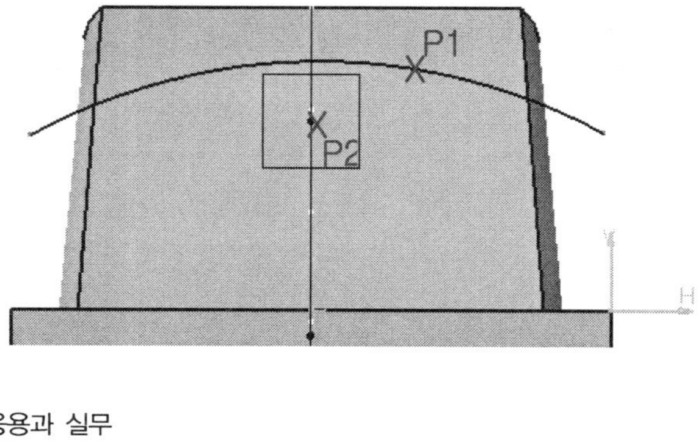

34 제약조건()으로 호의 반지름 치수와 측면부터 호의 중심점까지 치수를 입력한다.

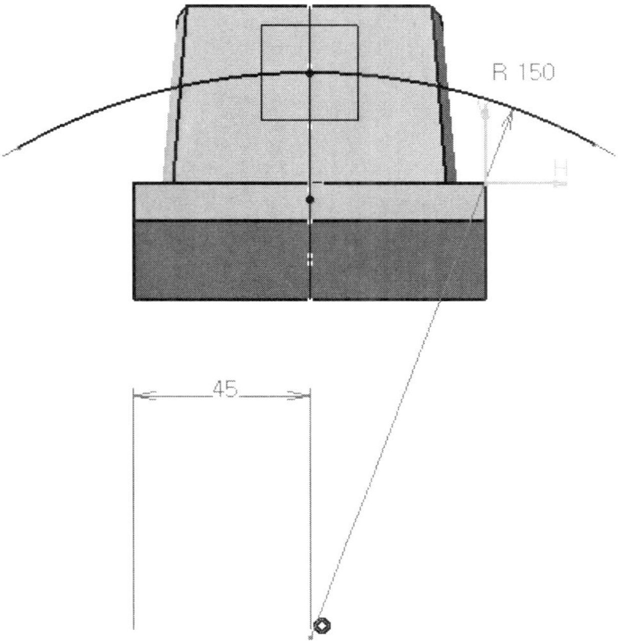

35 호의 양 끝점을 마우스로 드래그(Drag)하여 길이를 적당히 조정한다.

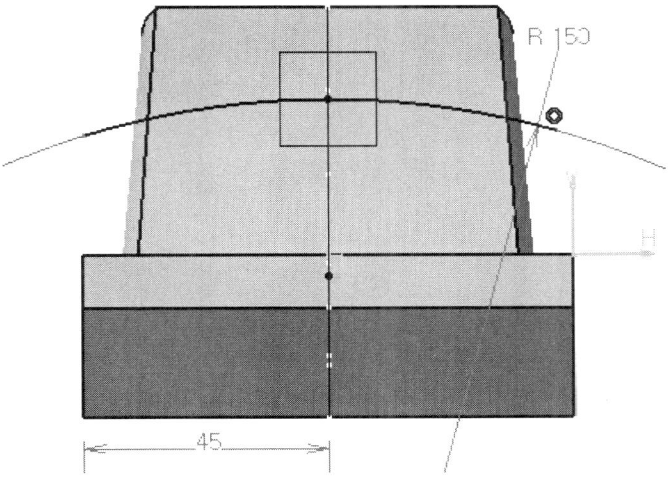

36 워크벤치 종료()를 한다.

37 Sweep()을 실행한다. 프로파일(P1)과 가이드 커브(P2)를 차례로 선택한다. 미리보기 및 확인을 누른다.

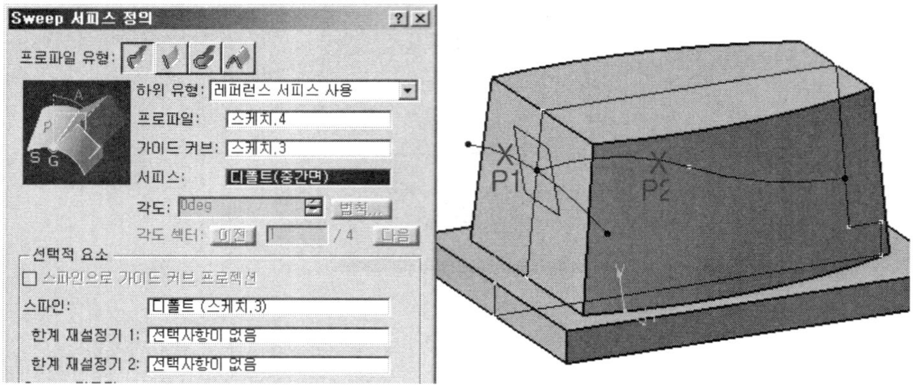

38 외삽()을 실행한다. 길이 값을 입력하고, 경계모서리와 곡면을 차례로 선택한다.

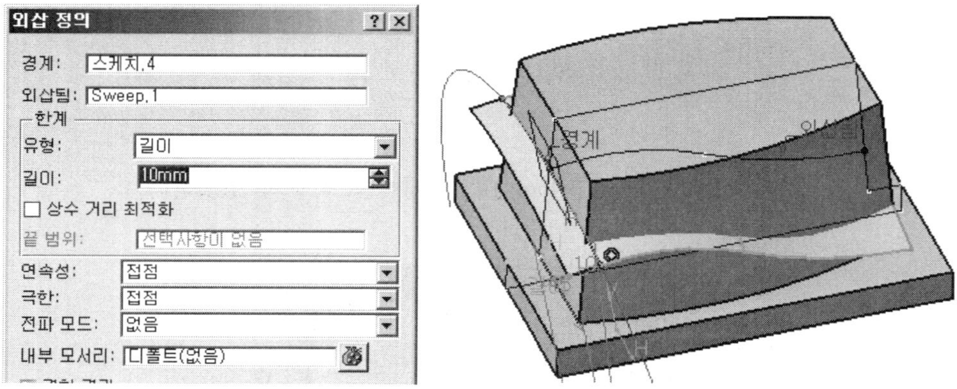

39 반대쪽에도 외삽()을 한다.

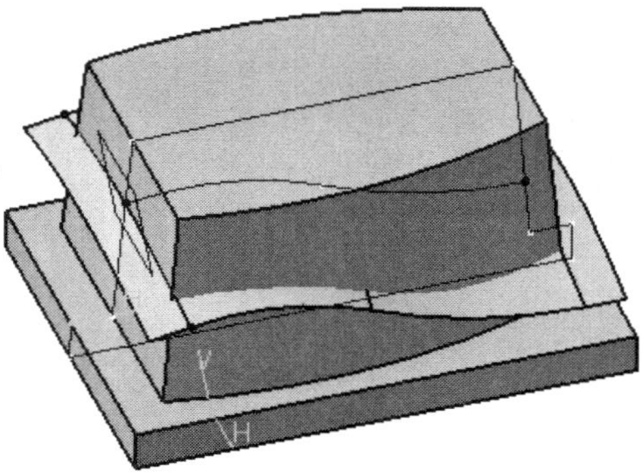

40 시작 〉 기계 디자인 〉 Part Design을 누른다.

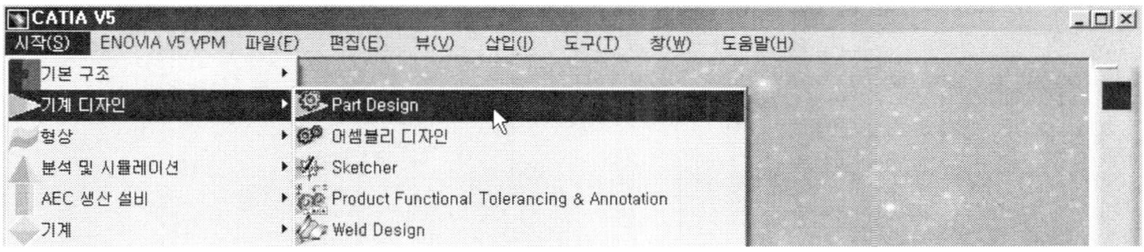

41 Split( )을 실행한다. 곡면을 선택하고, 화살표 방향을 아래로 한다.

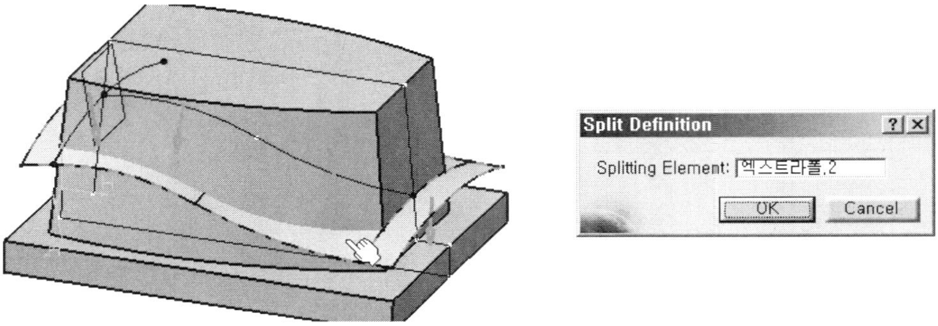

42 OK를 누른다.

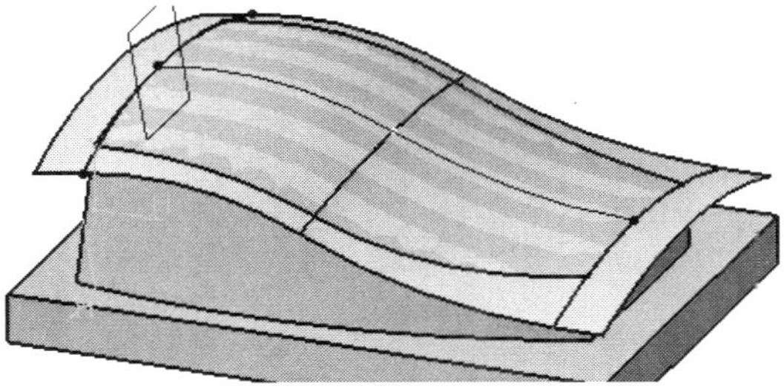

43 시작 〉 기계 디자인 〉 Wireframe and surface Design을 누른다.

44 오프셋( )을 실행하고, 오프셋 할 곡면을 선택한다. 오프셋 값을 입력하고, 방향을 위쪽으로 설정한다.

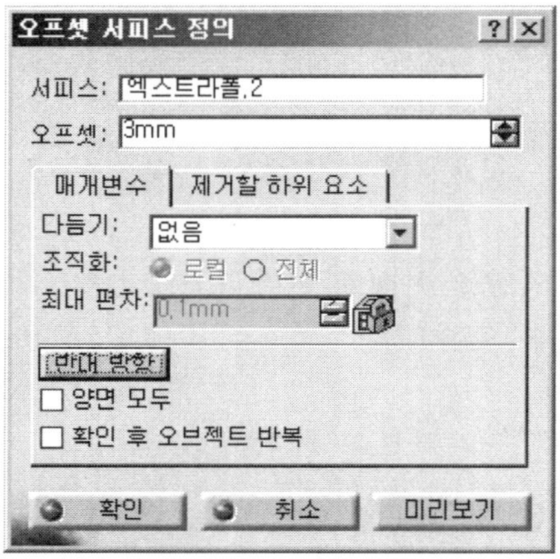

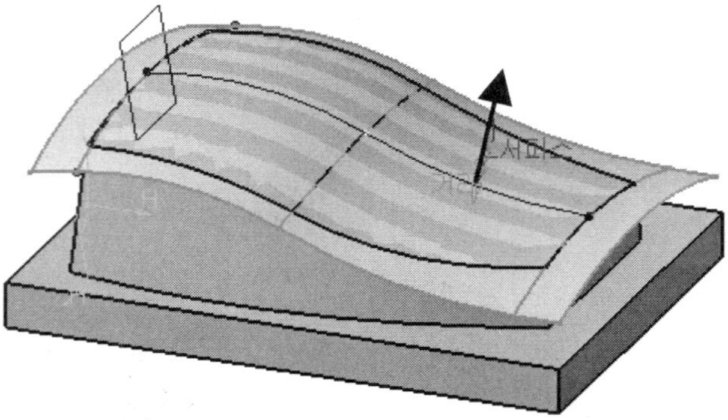

45 미리보기 및 확인을 누른다.

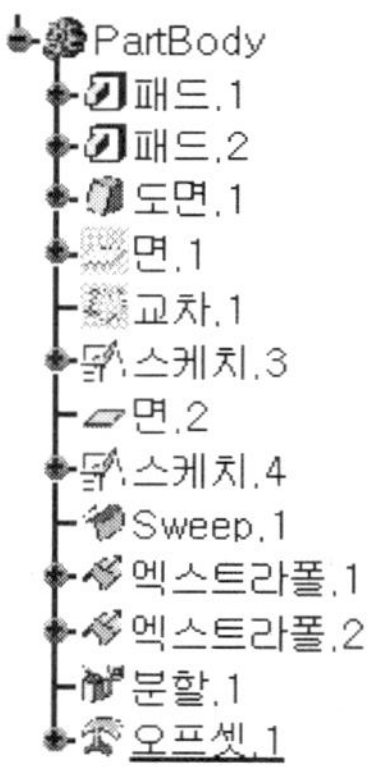

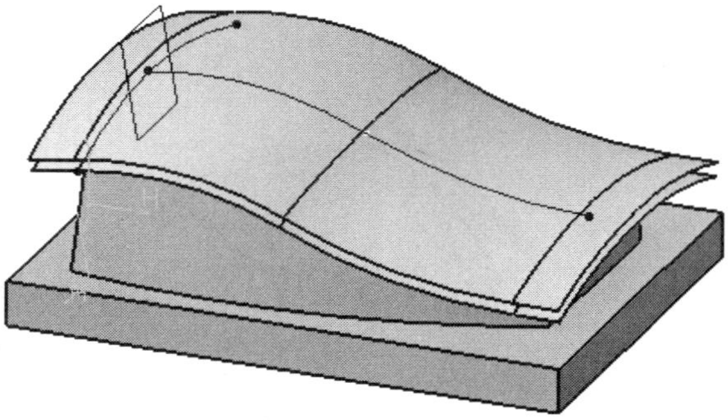

46 시작 〉 기계 디자인 〉 Part Design을 누른다.

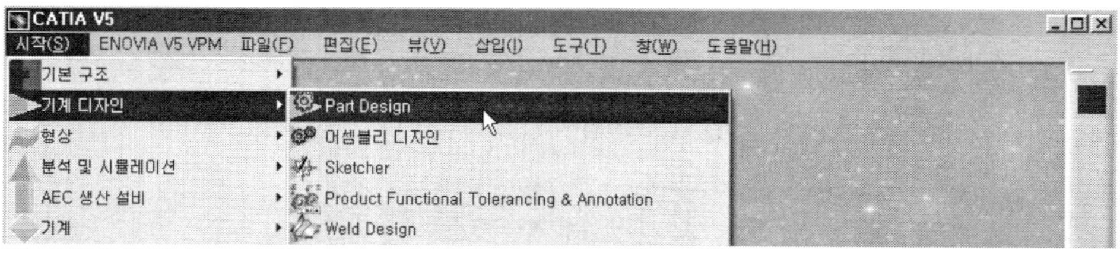

47 스케치( )를 실행하고, 형상 윗면을 클릭하여 지정한다.

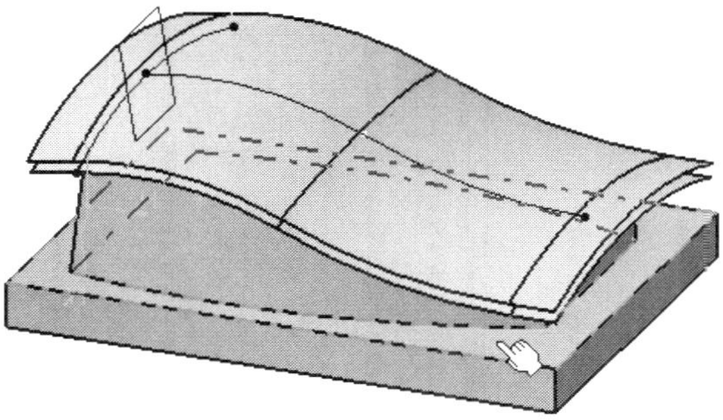

48 직사각형( )을 작성하고, 제약조건( )으로 치수를 입력한다. 워크벤치 종료( )를 한다.

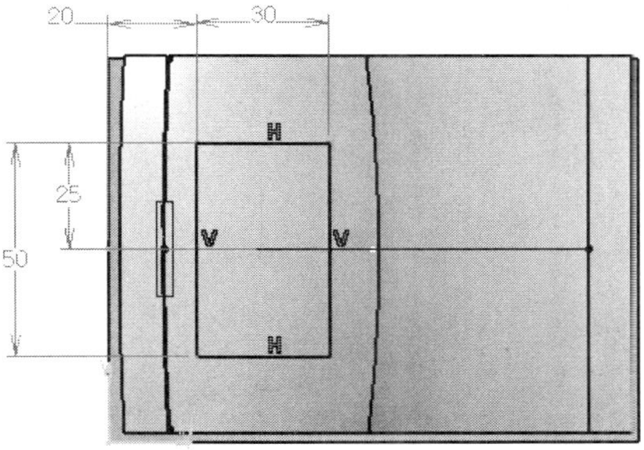

49 Pad( )를 실행한다. Type을 [Up to surface]로 설정하고, 오프셋 곡면을 선택한다.

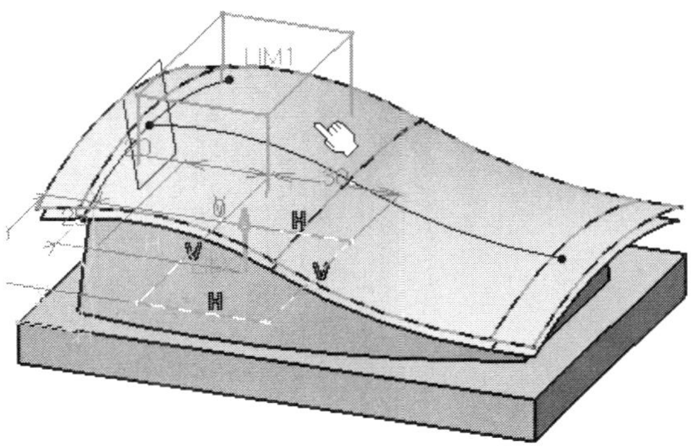

50 오프셋 곡면과 Sweep 곡면을 "숨기기"한다.

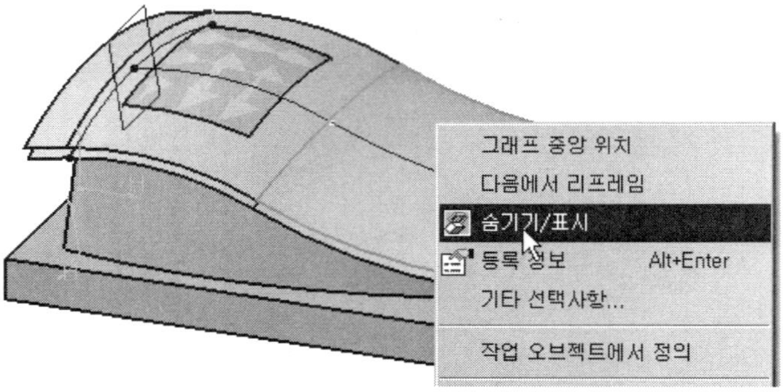

51 스케치( )를 실행하고, 형상 윗면을 클릭하여 지정한다.

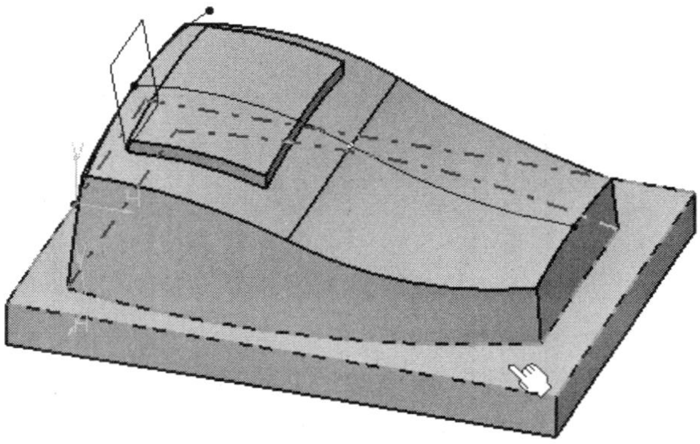

52 원( )을 그리고, 제약조건( )으로 치수를 입력한다. 워크벤치 종료( )를 누른다.

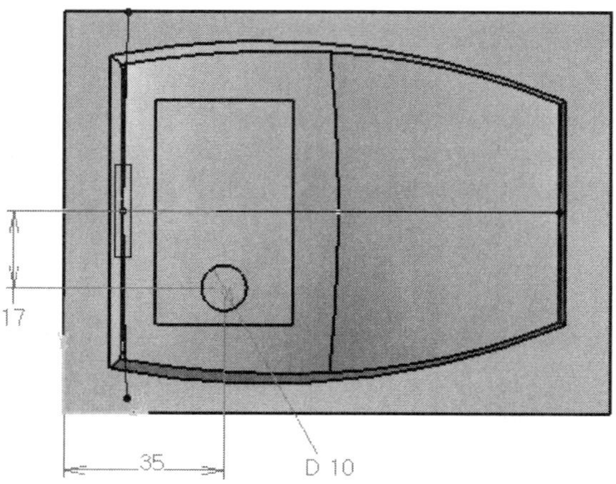

53 Pad(⍰)를 실행한다. Length 값을 입력하고, 미리보기 및 OK를 누른다.

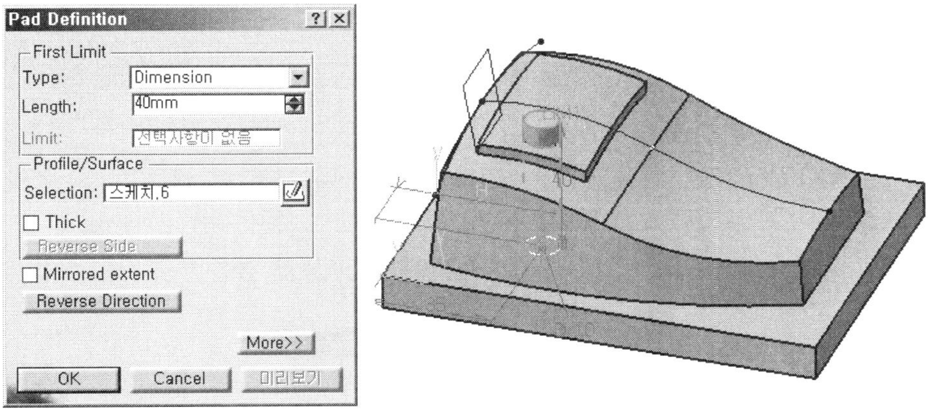

54 화면 왼쪽 작업트리에서 방금 작업한 “패드.4”를 선택한다. (복사하기 위해)

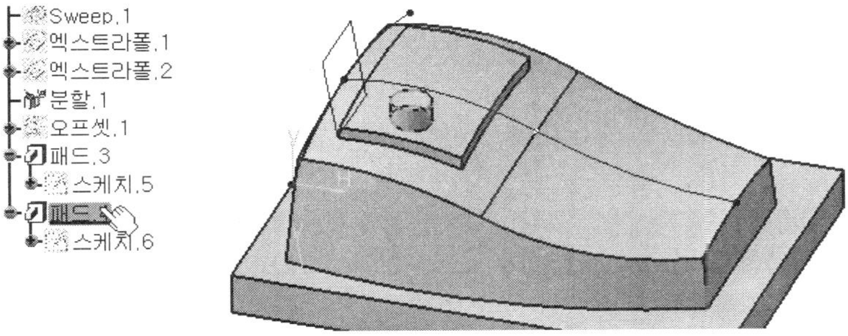

55 Rectangular Pattern(⍰)을 실행한다.

56 First Direction 탭에서 ① Instance(s)(개수):3입력. ② Spacing(간격):17입력.
③ Reference element 항목을 클릭하고, 패턴방향의 모서리 선택

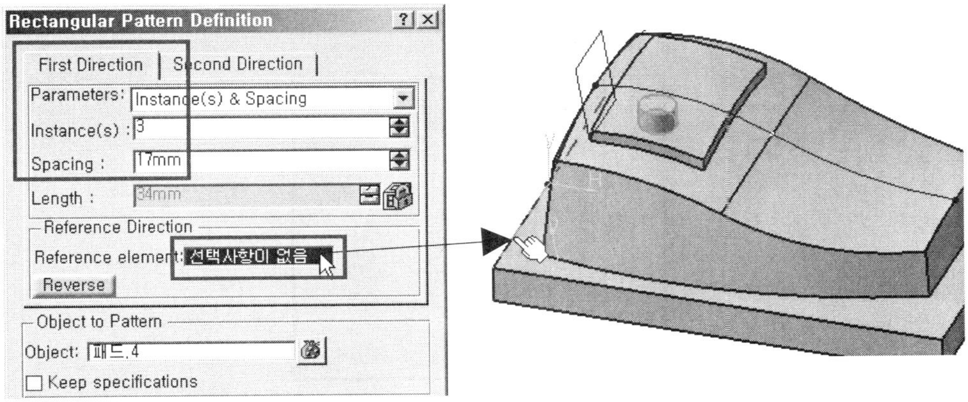

57 미리보기 및 OK를 누른다. Reverse로 패턴 방향을 바꿀 수 있다.

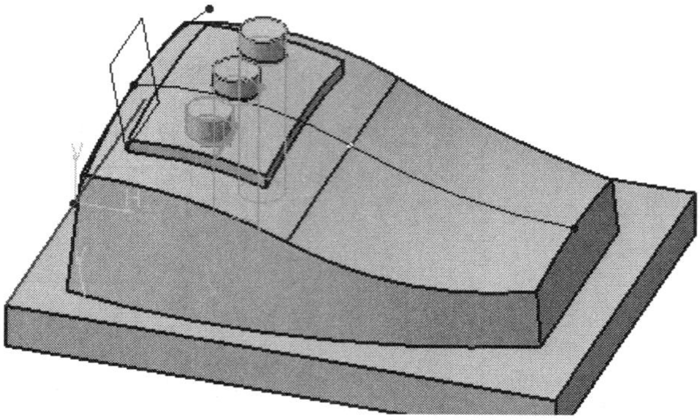

58 Plane( )을 실행한다.

① 평면에서 오프셋으로 설정하고, ② 레퍼런스는 윗면을 선택한다. ③ 오프셋 값을 입력한다.
④ 미리보기 및 확인을 한다.

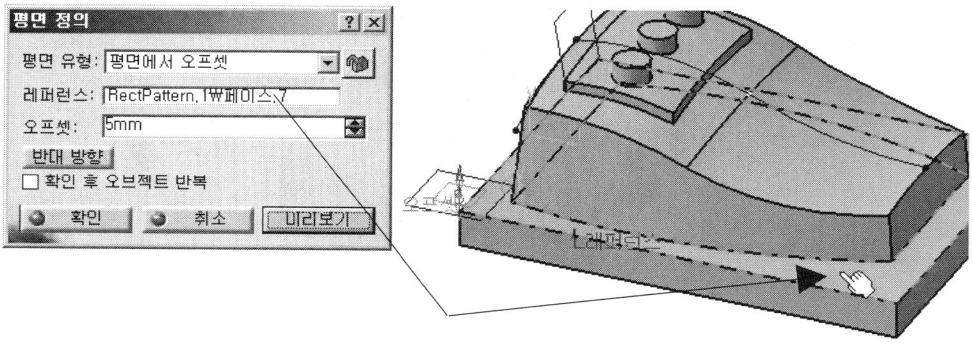

59 스케치( )를 실행하고, 생성시킨 plane을 클릭하여 지정한다.

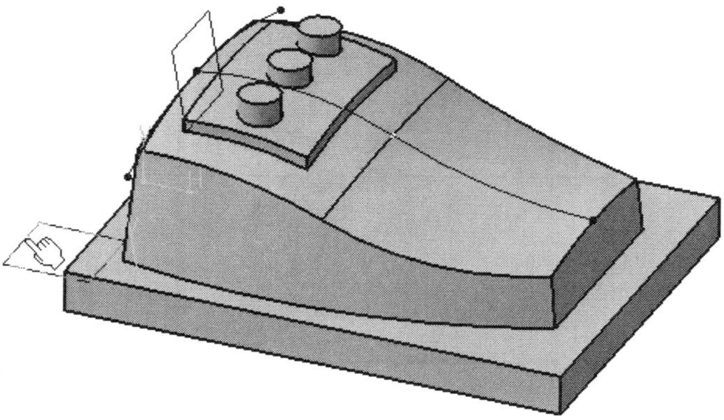

60 직사각형( )을 작성하고, 제약조건( )으로 치수를 입력한다. 워크벤치 종료( )를 한다.

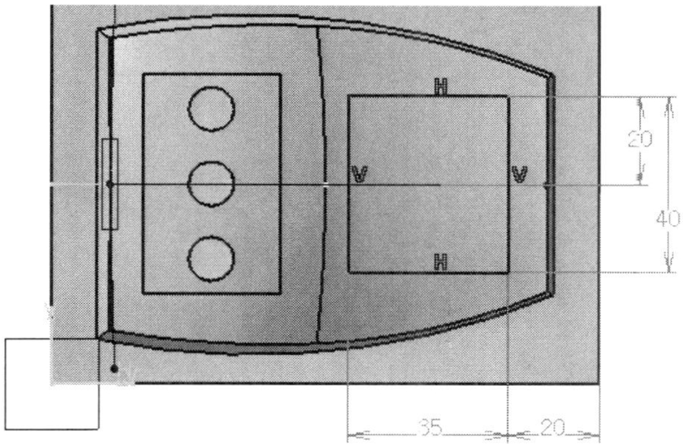

61 Pocket( )을 실행한다. Type을 [Up to last]로 설정하고, 방향으로 위로 한다.

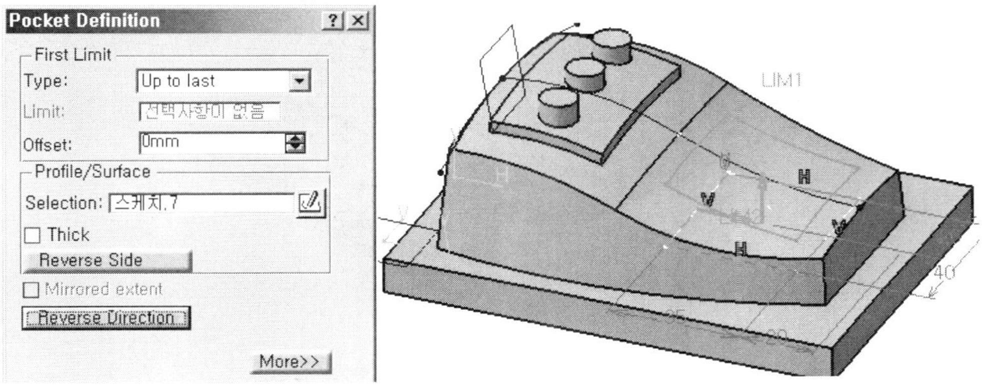

62 미리보기 및 OK를 누른다.

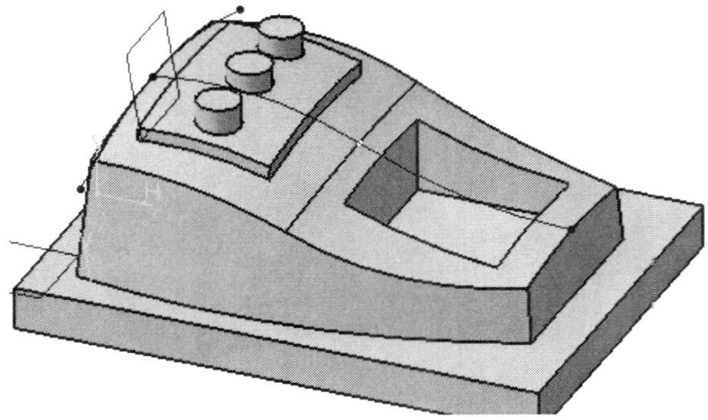

63 Edge Fillet( )으로 반지름 20으로 라운드를 한다.

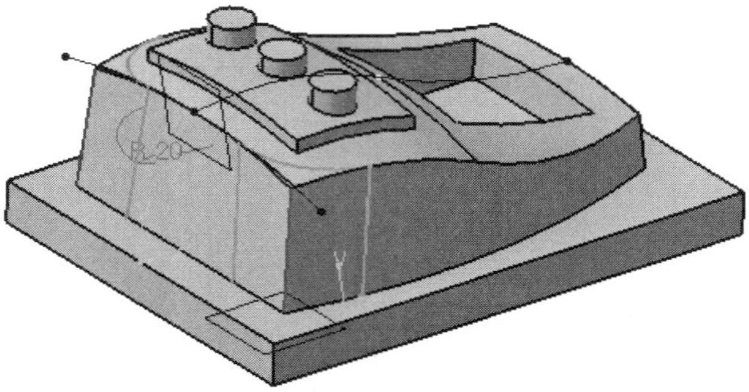

64 Edge Fillet( )으로 반지름 10으로 라운드를 한다.

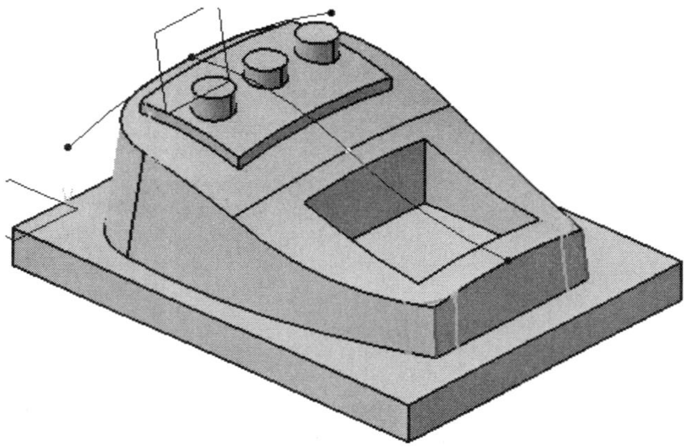

65 Edge Fillet( )으로 반지름 5로 라운드를 한다.

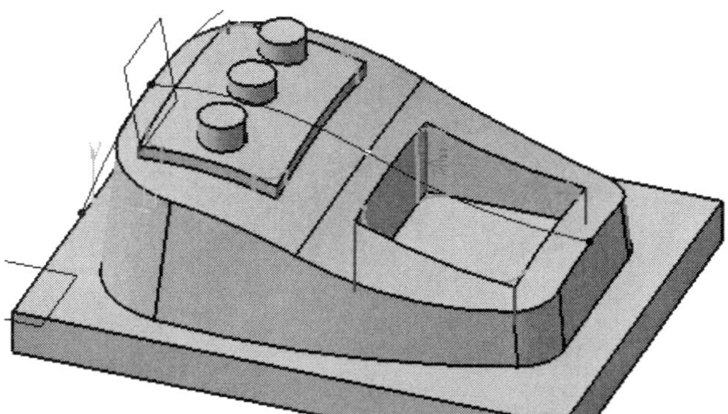

66 Edge Fillet( )으로 반지름 3으로 라운드를 한다.

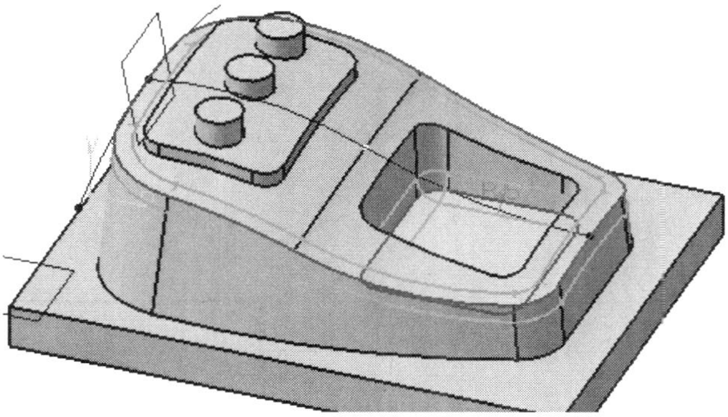

67 Edge Fillet( )으로 반지름 1로 라운드를 한다. 형상이 완성되었다.

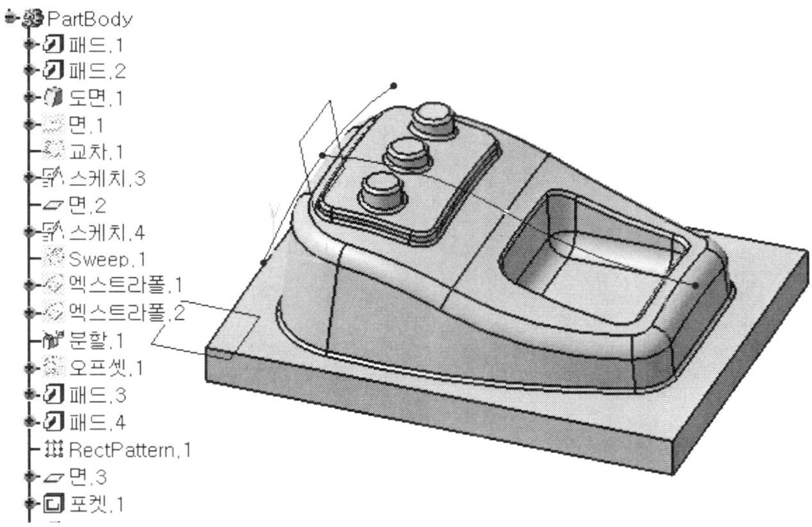

4 다음의 도면을 참고로 형상을 모델링한다

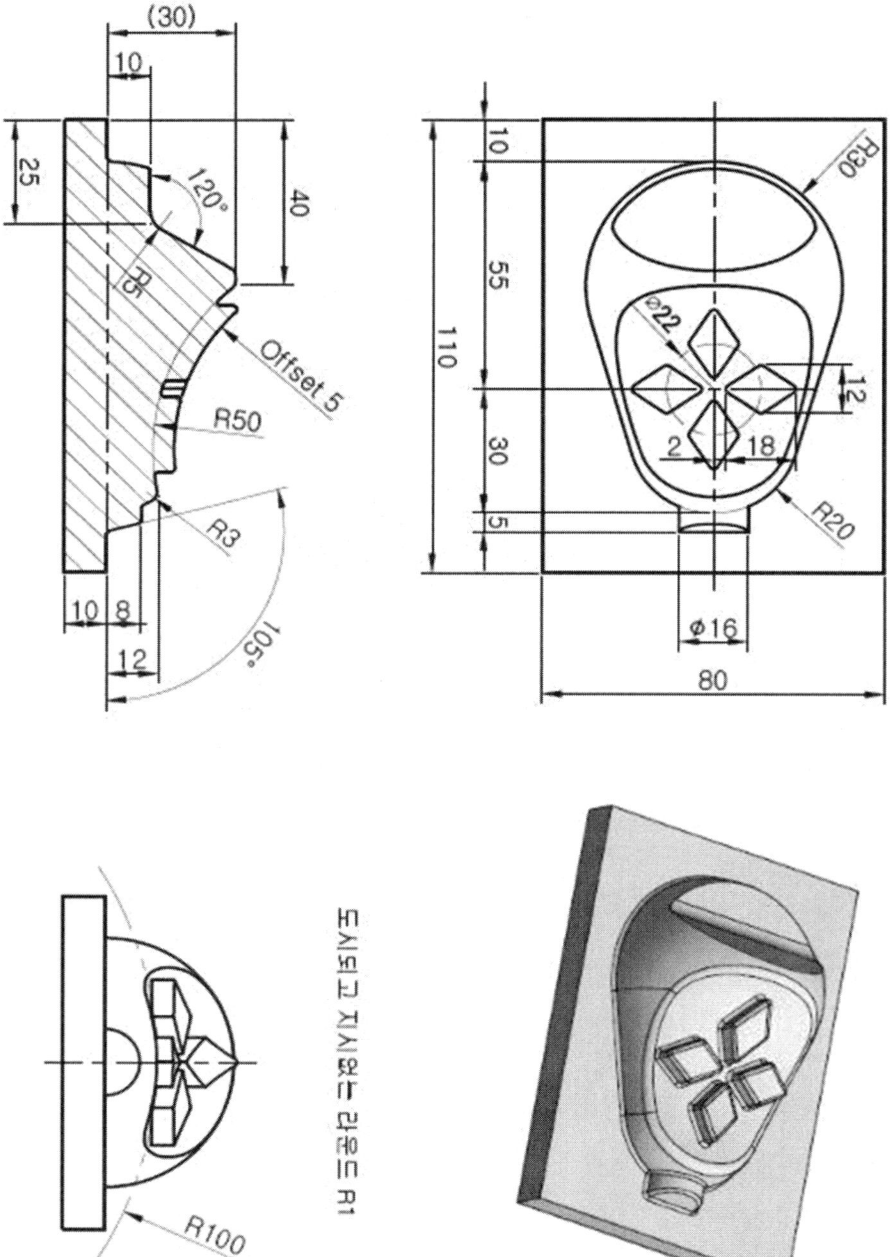

O1 시작 〉 기계 디자인 〉 Part Design을 누른다.

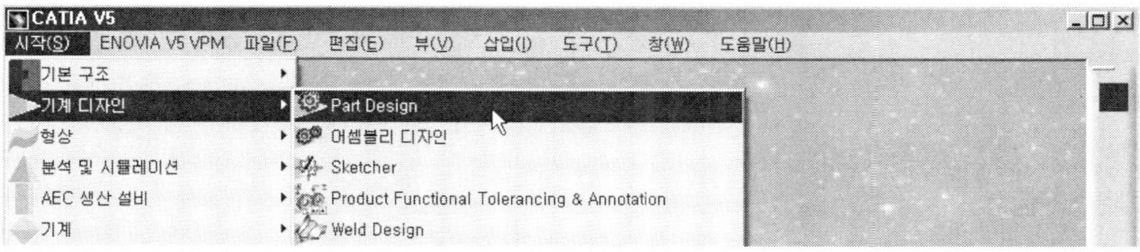

O2 작업할 파트의 이름을 입력하고 확인을 누른다.

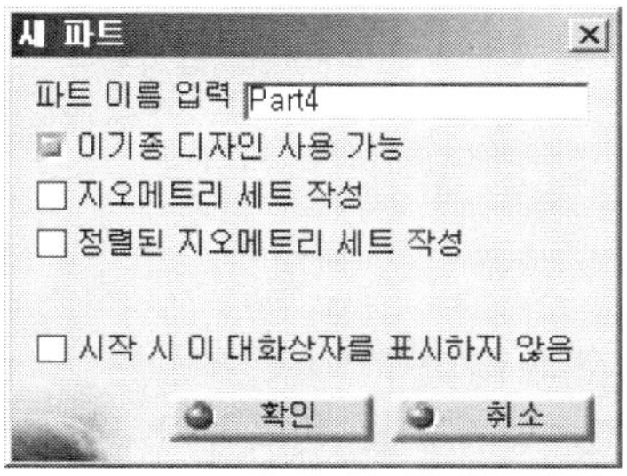

O3 스케치( ) 버튼을 눌러 실행하고, xy 평면을 지정한다.

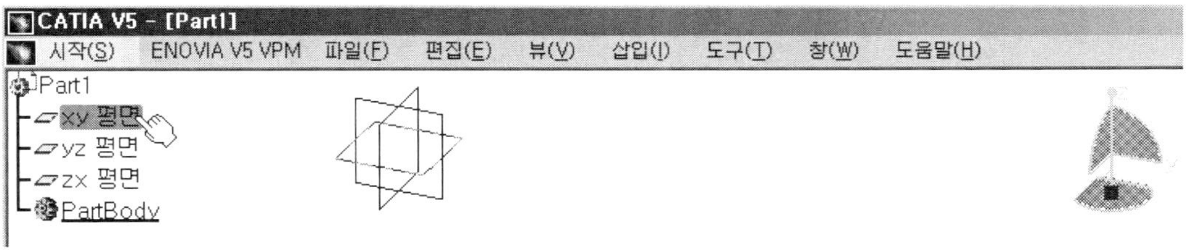

O4 직사각형( )으로 사각형을 작성하고, 제약조건( )으로 치수를 입력한다.

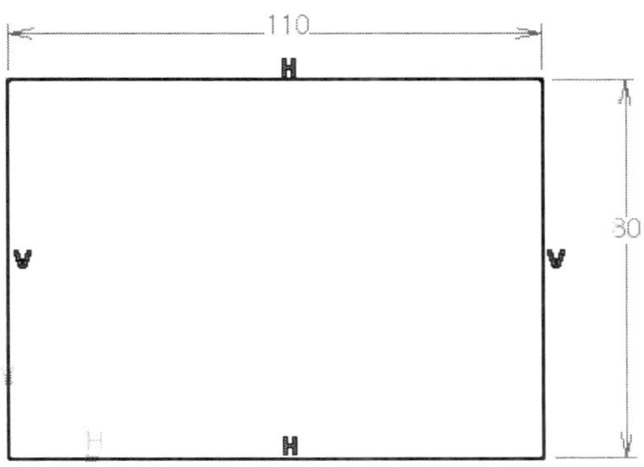

O5 워크벤치 종료( )를 누른다.

O6 Pad( )를 실행하고, Length 값을 입력하고, 방향을 아래로 한다.
미리보기 및 OK를 누른다.

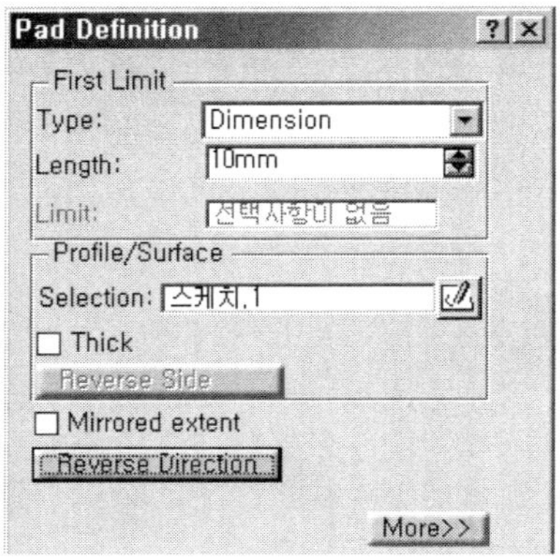

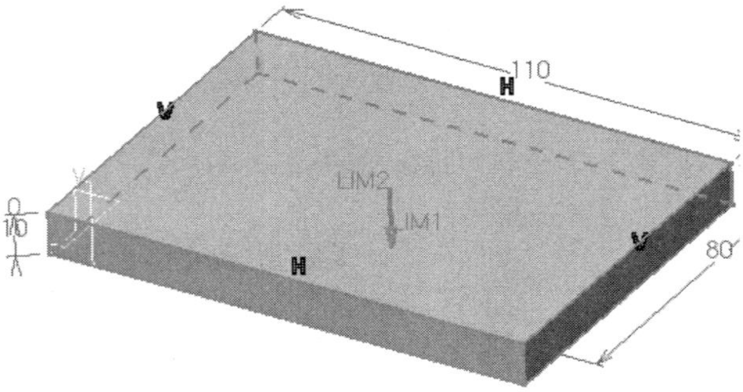

O7 스케치( )를 실행하고, 형상 윗면을 클릭하여 지정한다.

O8 선( )을 그리고, 제약조건( )으로 치수를 입력한다.

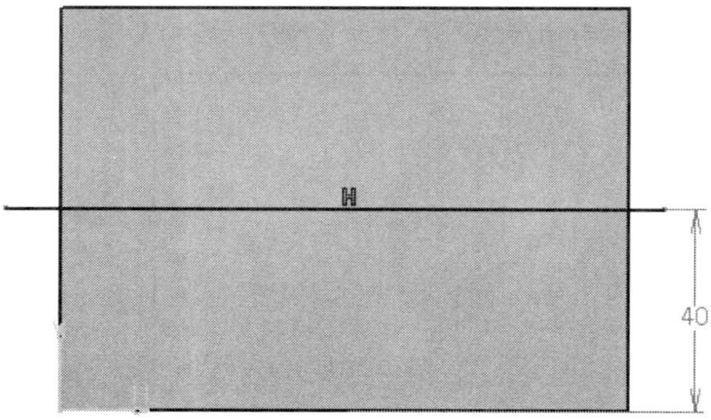

09 작성한 선 위에 원( )을 그리고, 제약조건( )으로 치수를 입력한다.

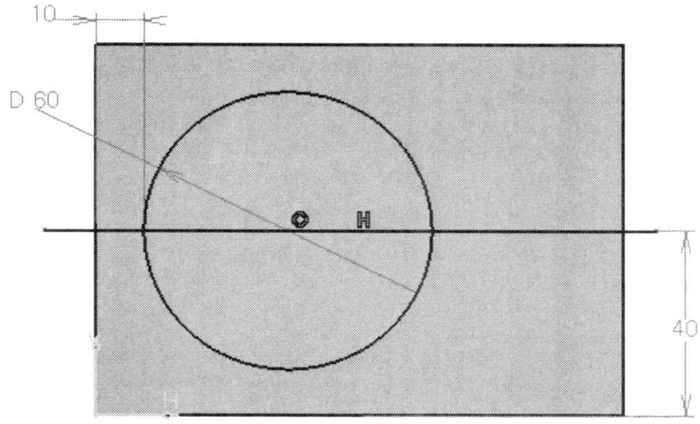

10 오른쪽에도 선 위에 원( )을 그리고, 제약조건( )으로 치수를 입력한다.

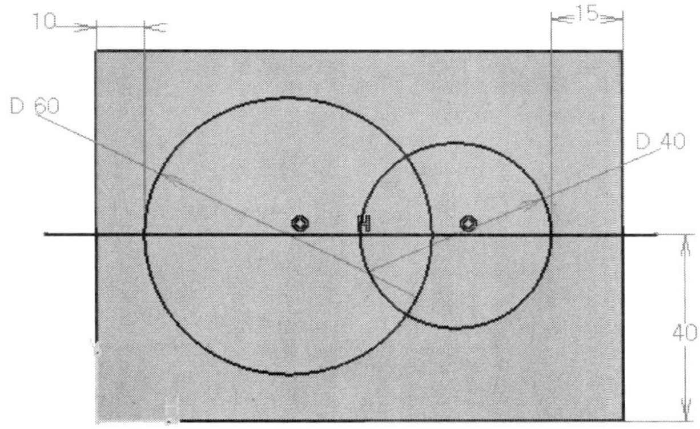

11 선( )을 그리고, 제약조건( )으로 선(P1)과 원(P2)을 선택하고, "접점"시킨다.

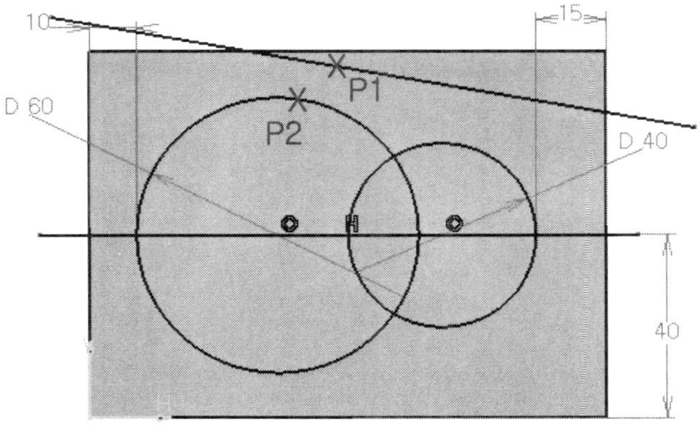

12 오른쪽에도 제약조건( )으로 선(P1)과 원(P2)을 선택하고, "접점"시킨다.

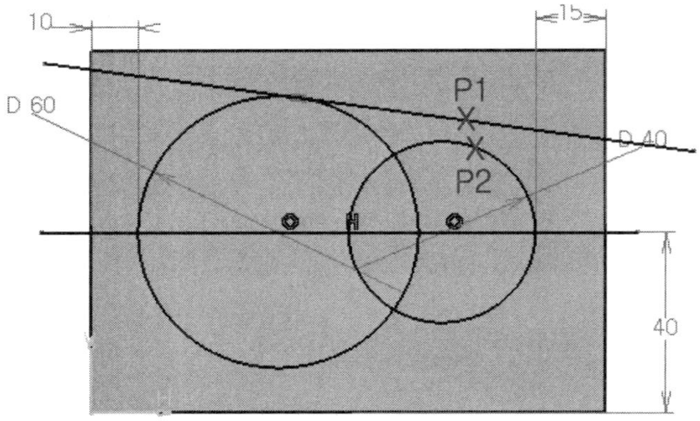

13 즉시 자르기( )로 필요가 없는 부분을 잘라낸다.

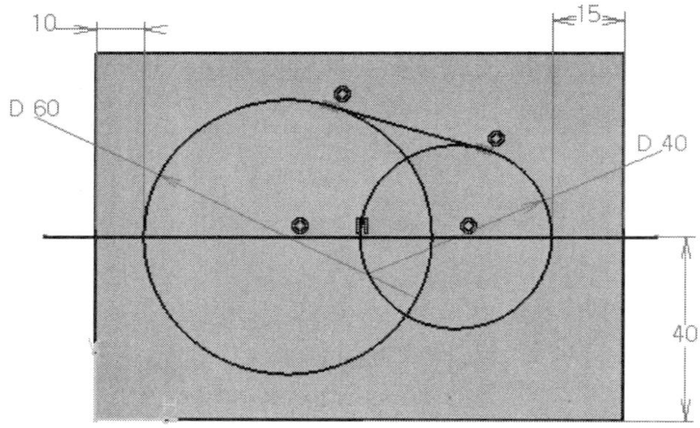

14 즉시 자르기( )로 나머지 필요가 없는 부분을 잘라낸다.

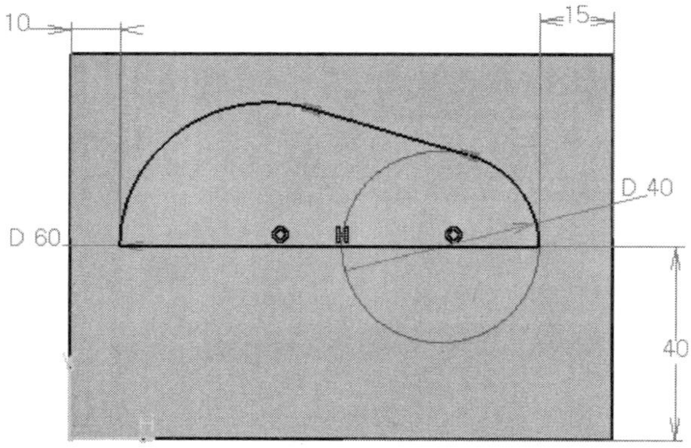

15 축(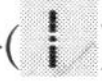)을 실행한다. P1→P2를 클릭하여 축을 생성한다. 워크벤치 종료()를 누른다.

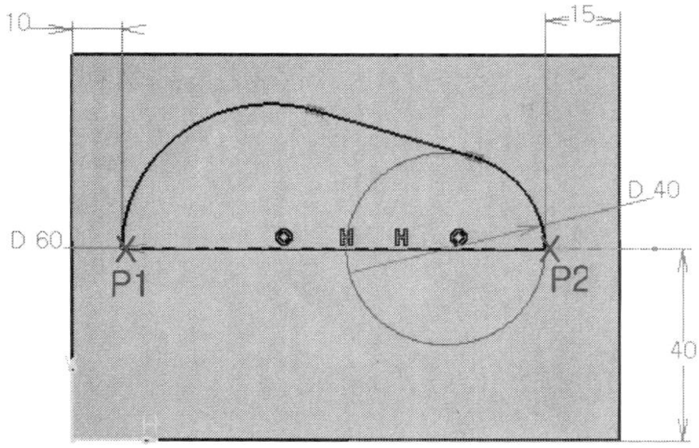

16 Shaft()를 실행한다. 회전각도를 입력하고, 미리보기 및 OK를 누른다.
Reverse Direction 버튼으로 회전방향을 바꿀 수 있다.

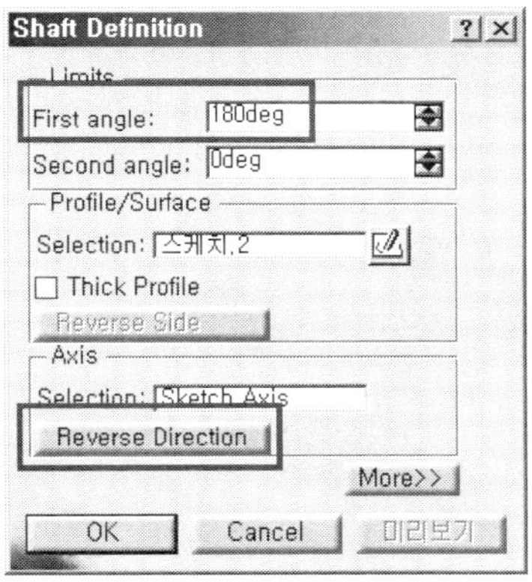

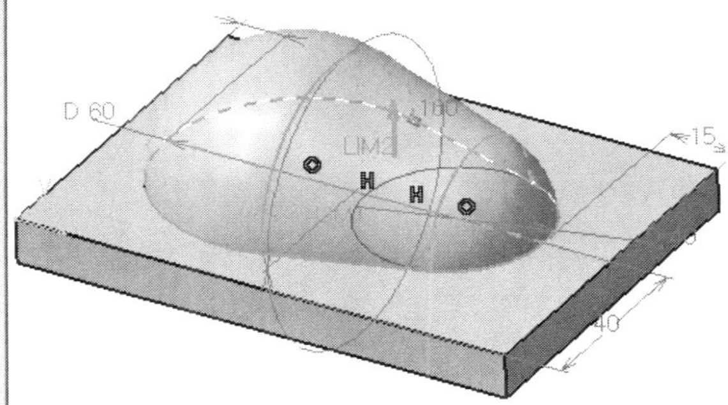

17 Plane(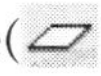)을 실행한다.

① 평면에서 오프셋으로 설정하고, ② 레퍼런스는 앞면을 선택한다. ③ 오프셋 값을 입력한다. ④ 반대방향 버튼을 누른 후, ⑤ 미리보기 및 확인을 한다.

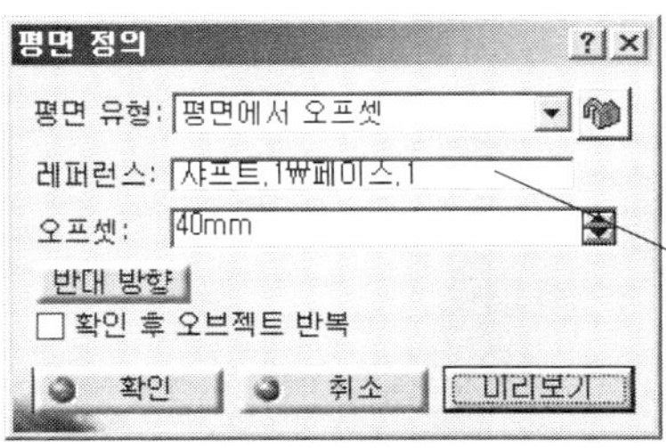

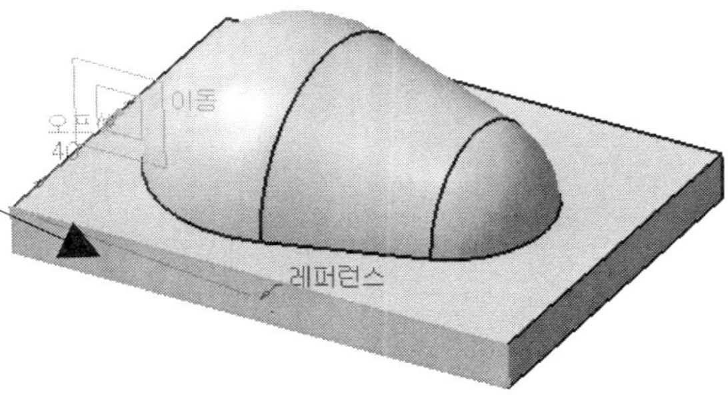

18 시작 〉 기계 디자인 〉 Wireframe and surface Design을 누른다.

19 교차( )를 실행한다. 첫 번째는 Plane을 선택하고, 두 번째는 형상을 선택한다.

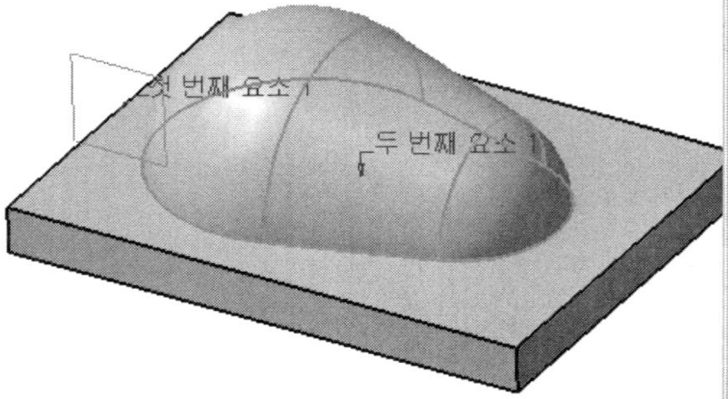

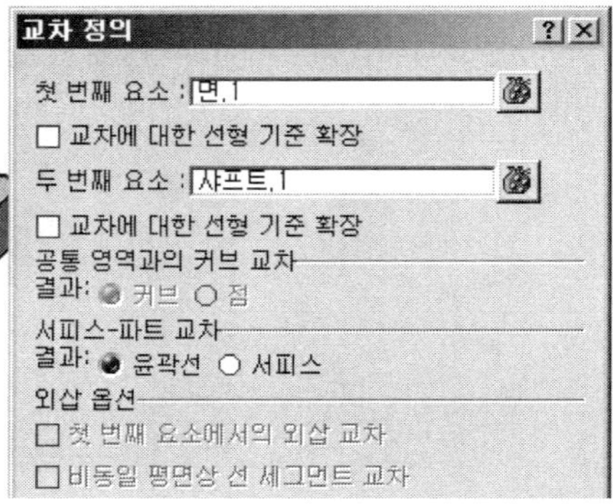

20 미리보기 및 확인을 누른다. 교차선이 생성되었다.

21 위치 지정 스케치( )를 실행하고, 생성한 Plane을 지정한다.
H(x)방향와 V(y)방향을 체크하고, 확인을 누른다.

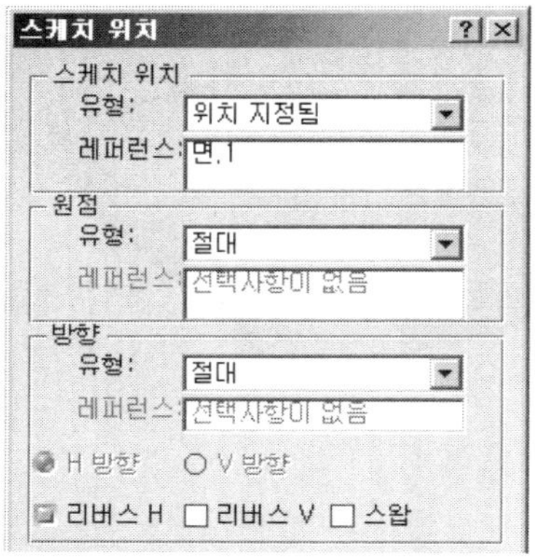

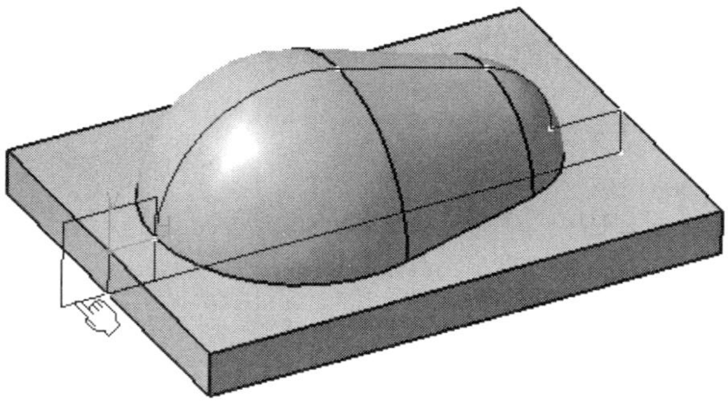

22 세 점 호( )를 이용하여 호를 작성한다.

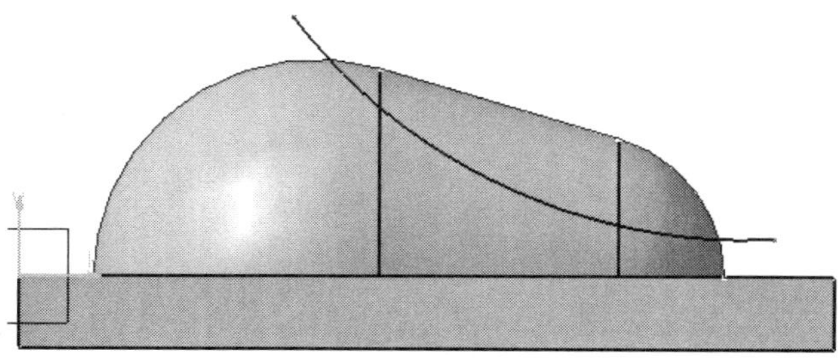

23 제약조건( )으로 점(P1)과 모서리(P2)를 선택하고, “일치”시킨다.

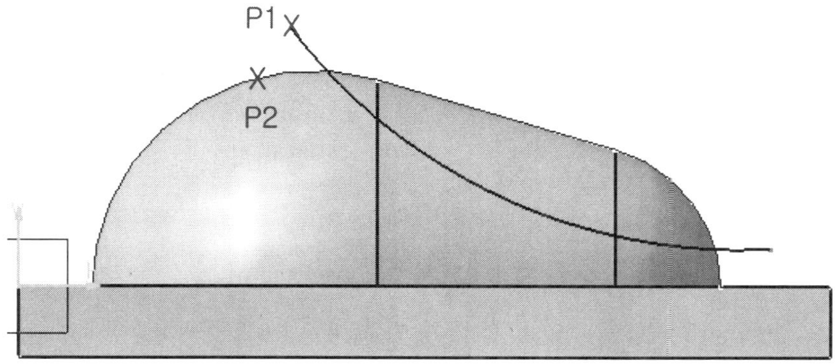

24 제약조건( )으로 점(P1)과 모서리(P2)를 선택하고, “일치”시킨다.

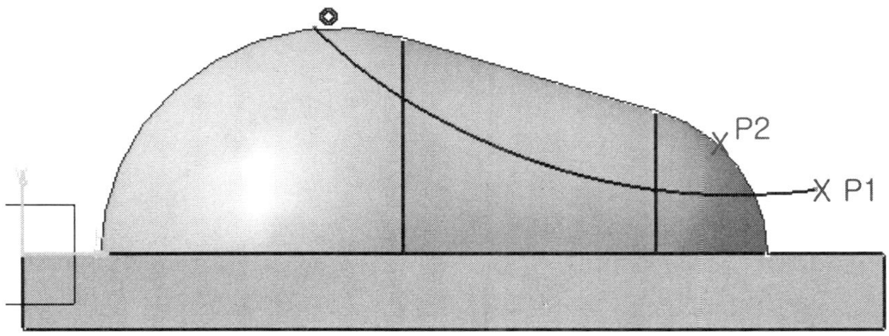

25 제약조건( )으로 치수를 입력한다. 워크벤치 종료( )를 누른다.

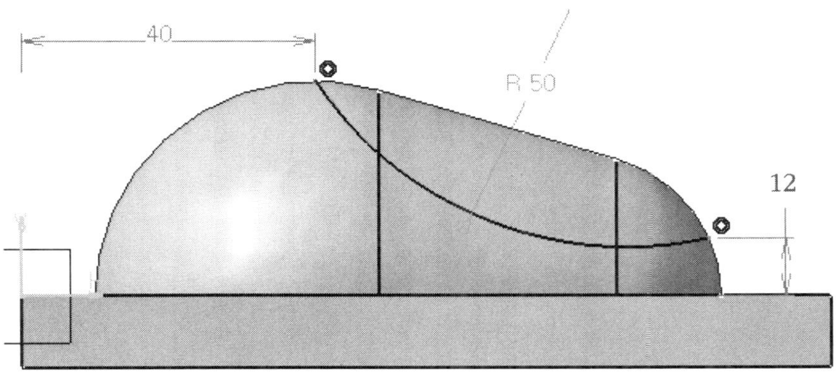

26 Plane( )을 실행한다.

① 커브에 수직으로 설정하고, ② 커브는 호를 선택한다. ③ 점은 끝점을 선택한다.
④ 미리보기 및 확인을 한다.

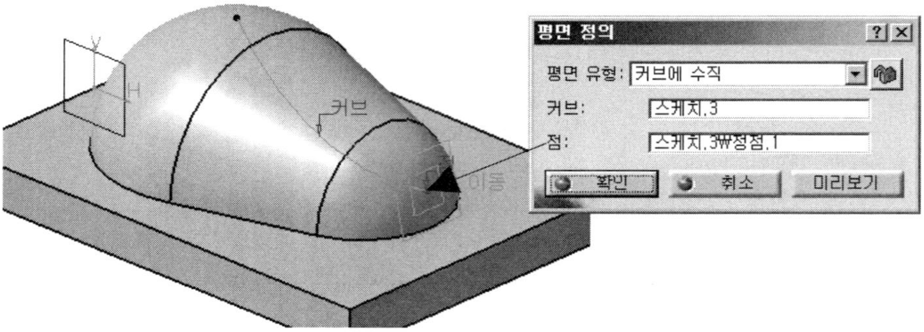

27 위치 지정 스케치( )를 실행하고, 생성한 Plane을 지정한다.
H(x)방향와 V(y)방향을 체크하고, 확인을 누른다.

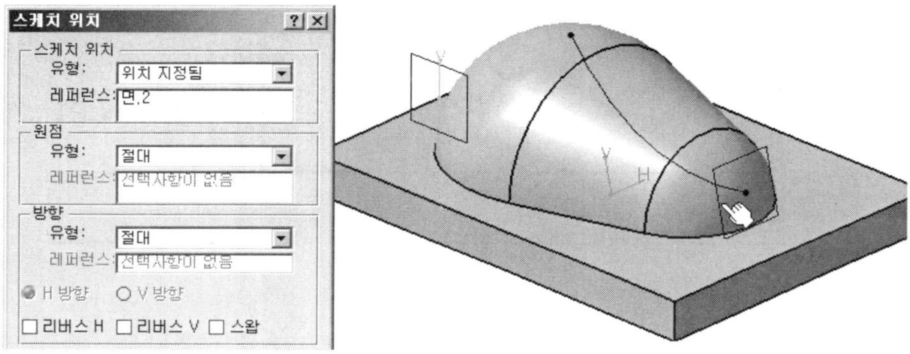

28 세 점 호( )를 작성하고, 제약조건( )으로 호(P1)와 점(P2)을 "일치"시킨다.

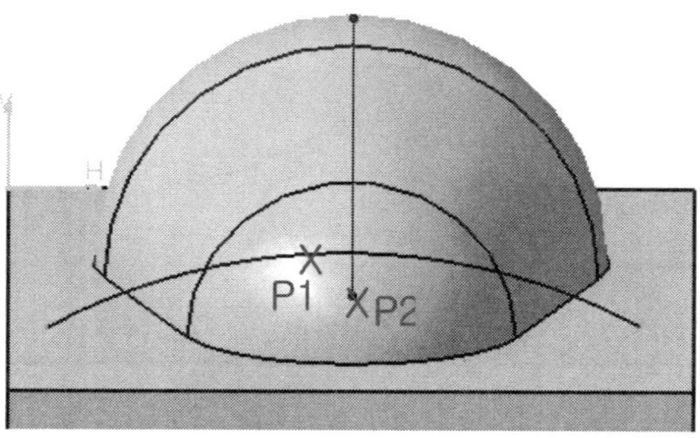

29 제약조건()으로 호의 반지름 치수와 측면부터 호의 중심점까지 치수를 입력한다.

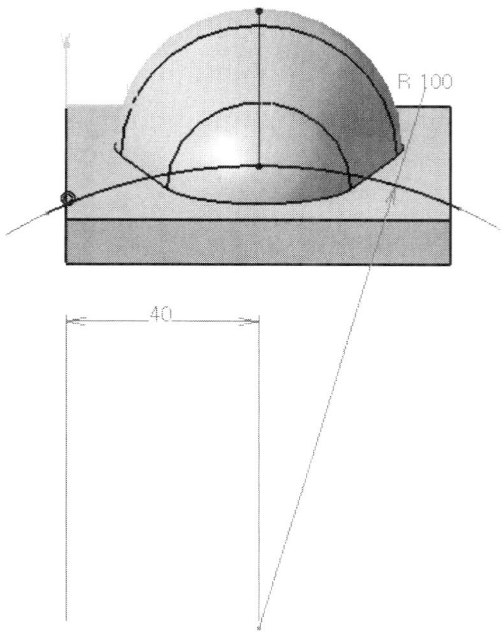

30 호의 양 끝점을 마우스로 드래그(Drag)하여 길이를 적당히 조정한다.

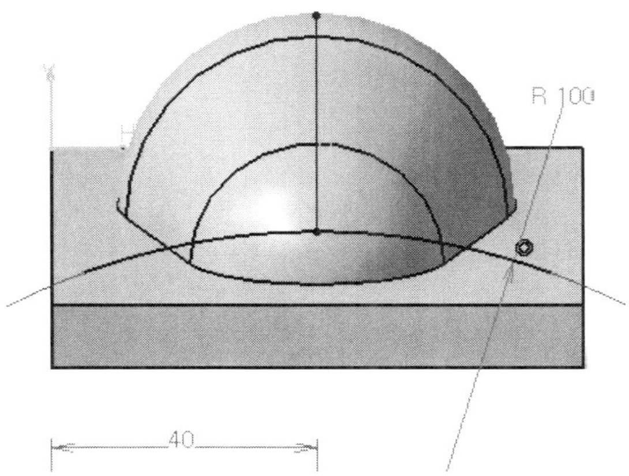

31 워크벤치 종료()를 한다.

32 Sweep( )을 실행한다. 프로파일(P1)과 가이드 커브(P2)를 차례로 선택한다. 미리보기 및 확인을 누른다.

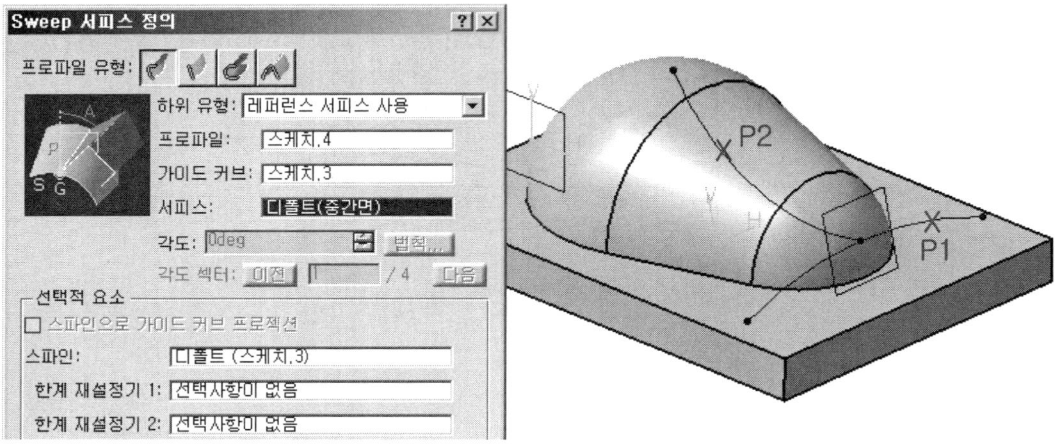

33 외삽( )을 실행한다. 길이 값을 입력하고, 경계모서리와 곡면을 차례로 선택한다.

34 반대쪽에도 외삽( )을 한다.

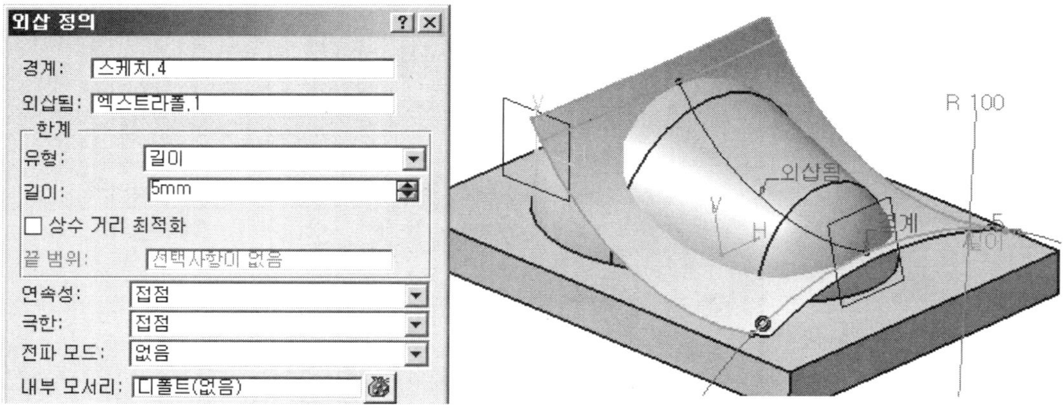

35 시작 〉 기계 디자인 〉 Part Design을 누른다.

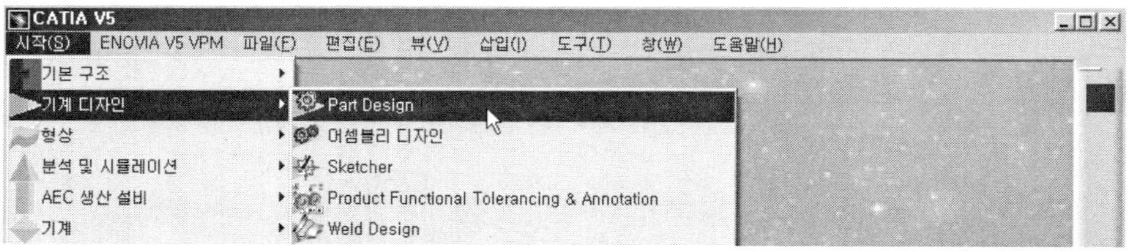

36 Split()을 실행한다. 곡면을 선택하고, 화살표 방향을 아래로 한다.

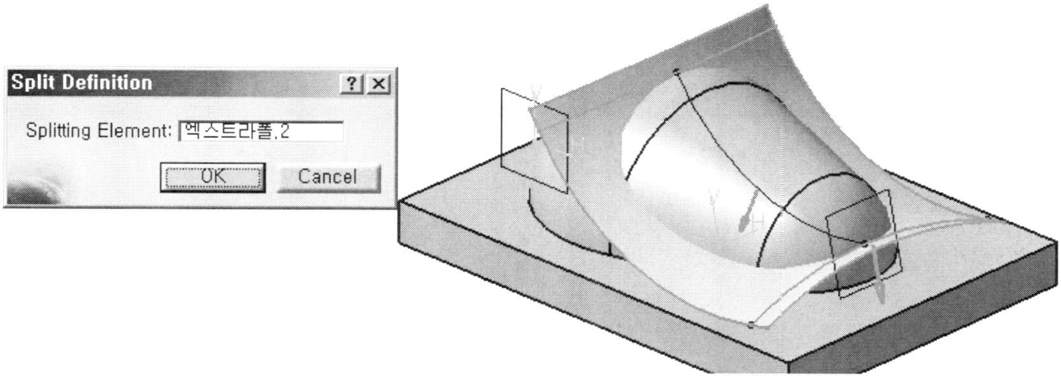

37 OK를 누른다.

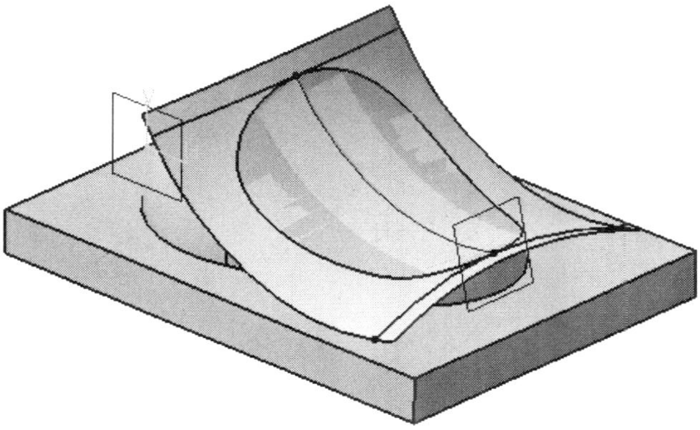

38 시작 〉 기계 디자인 〉 Wireframe and surface Design을 누른다.

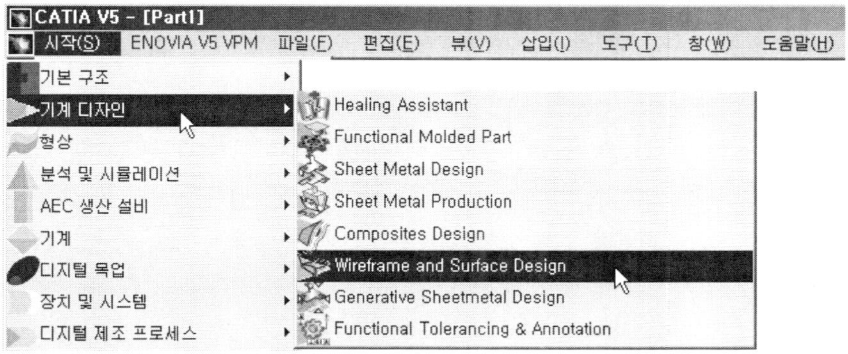

39 오프셋( )을 실행하고, 오프셋 할 곡면을 선택한다. 오프셋 값을 입력하고, 방향을 위쪽으로 설정한다.

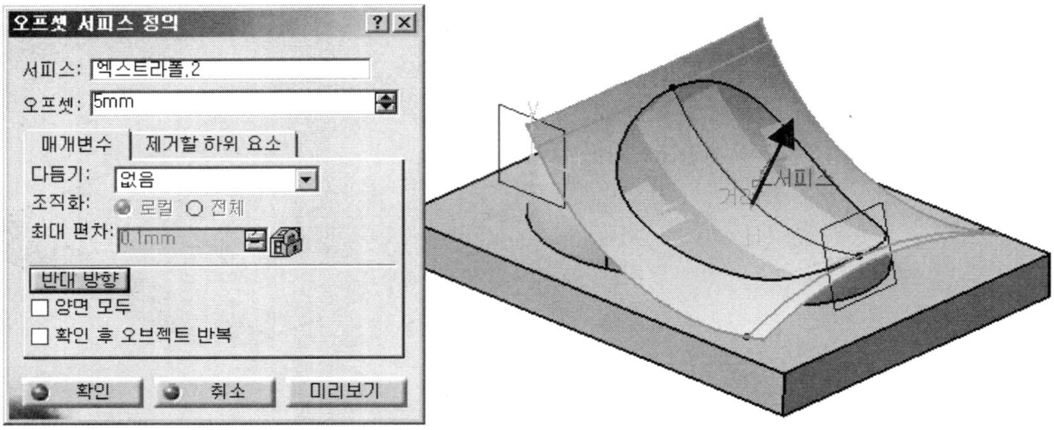

40 미리보기 및 확인을 누른다.

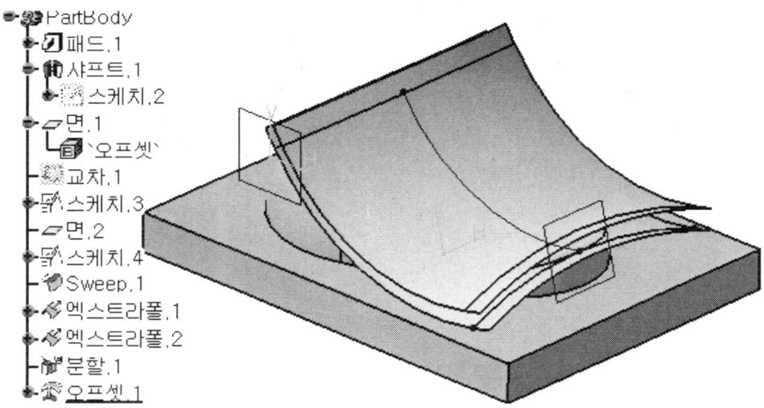

41 시작 〉 기계 디자인 〉 Part Design을 누른다.

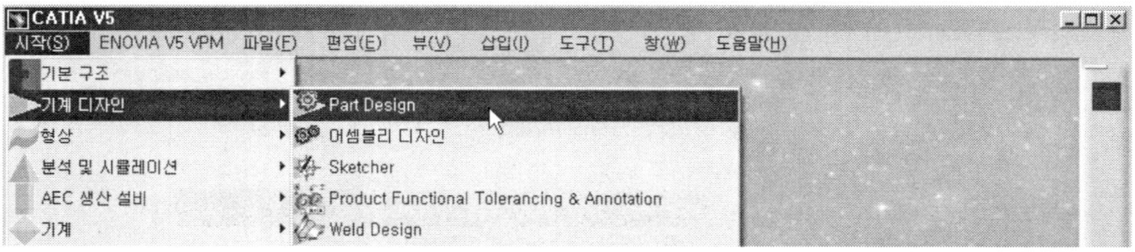

42 스케치()를 실행하고, 형상 윗면을 클릭하여 지정한다.

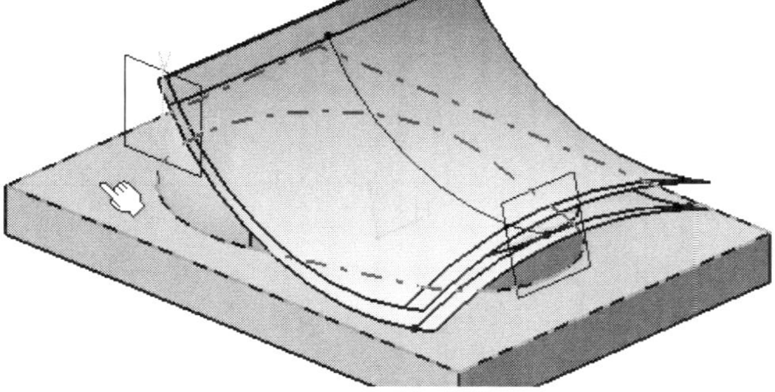

43 원()을 그리고, 제약조건(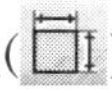)으로 치수를 입력한다.

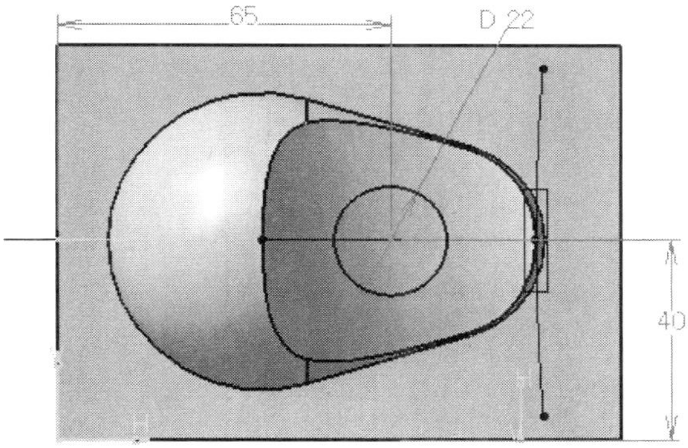

44 작성한 원을 더블클릭한다. 원 정의 창에서 "구성요소"에 체크하고 확인을 누른다. 원이 구성요소(참조)로 변환되었다.

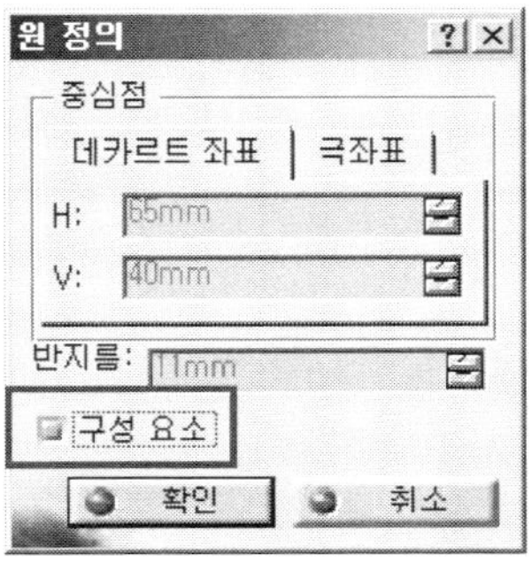

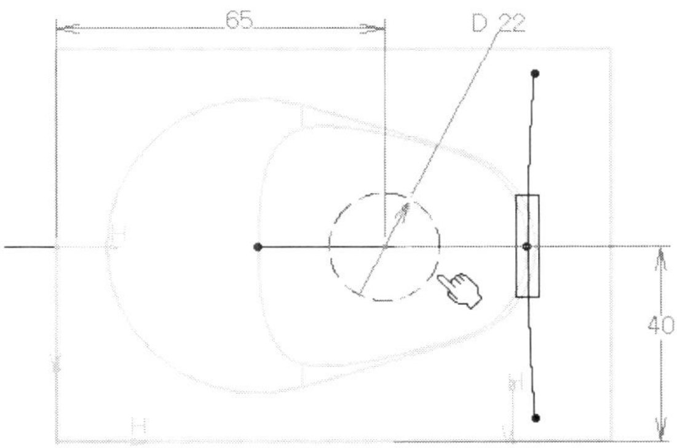

45 선( )을 그리고, 제약조건( )으로 선(P1)과 중심점(P2)을 "일치"시킨다.

46 선( )으로 수평선을 그린다.

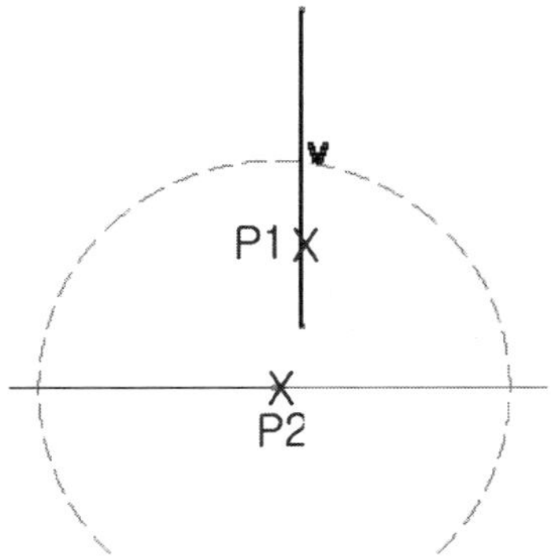

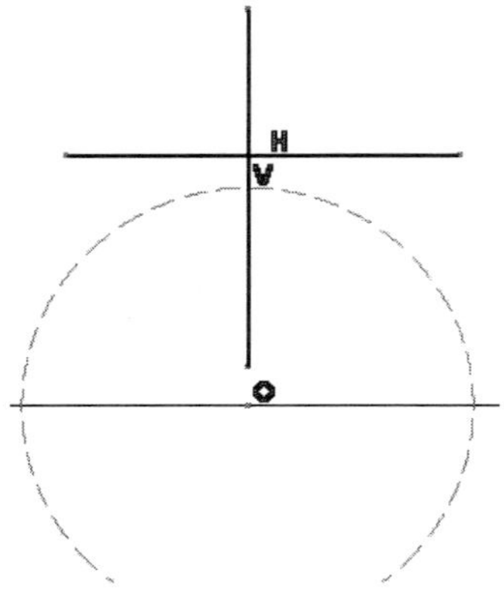

47 작성한 수평선과 수직선을 더블클릭하여 "구성요소"로 변환시킨다.

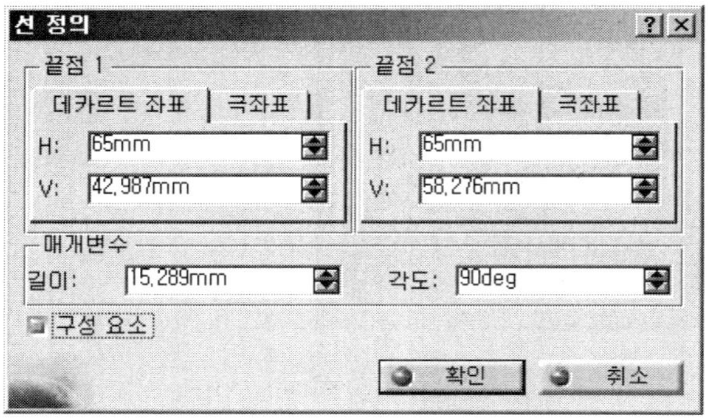

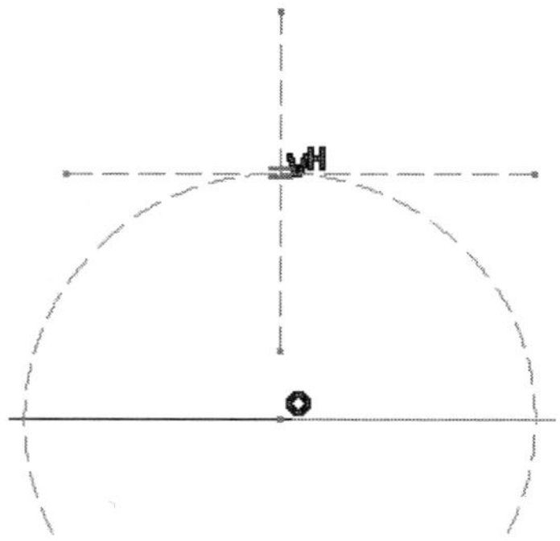

48 제약조건( )으로 치수를 입력한다.

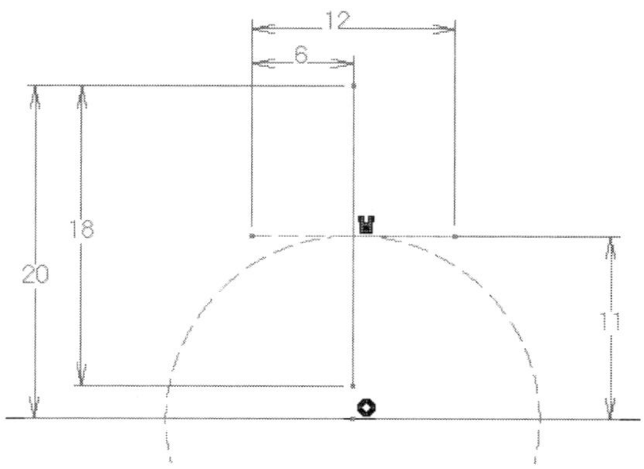

49 프로파일( )로 각 끝점을 연결하는 선을 작성한다.

50 만약 평행( )구속조건이 나타나면 삭제를 한다. 워크벤치 종료( )를 한다.

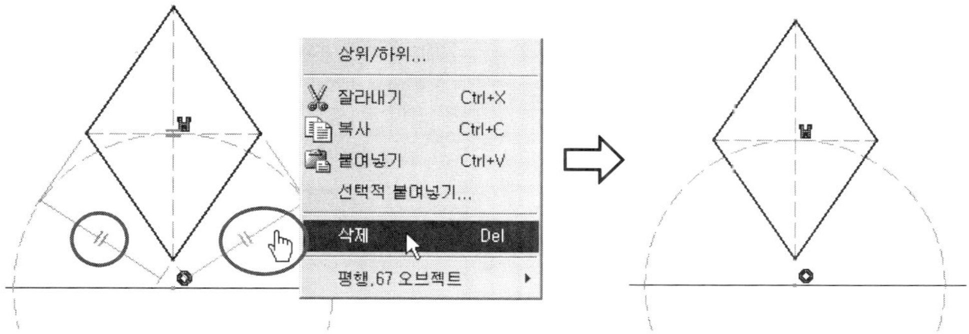

52 Pad( )를 실행한다. Length 값을 입력하고, 미리보기 및 OK를 누른다.

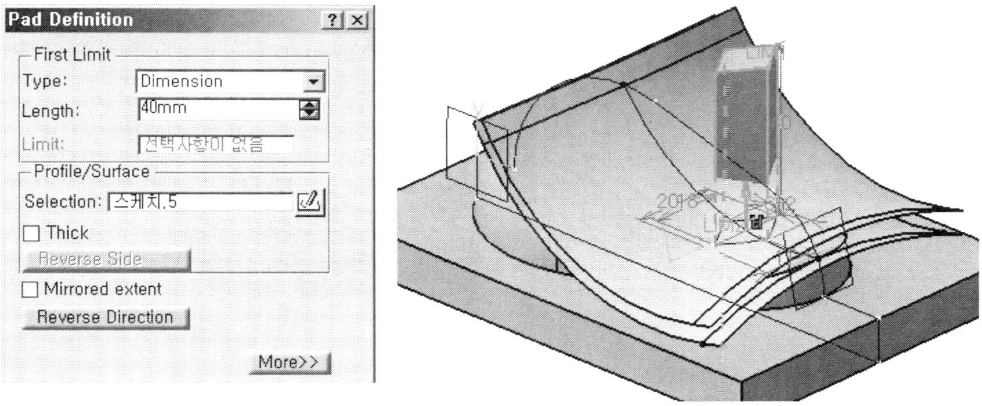

53 스케치( )를 실행하고, plane을 클릭하여 지정한다.

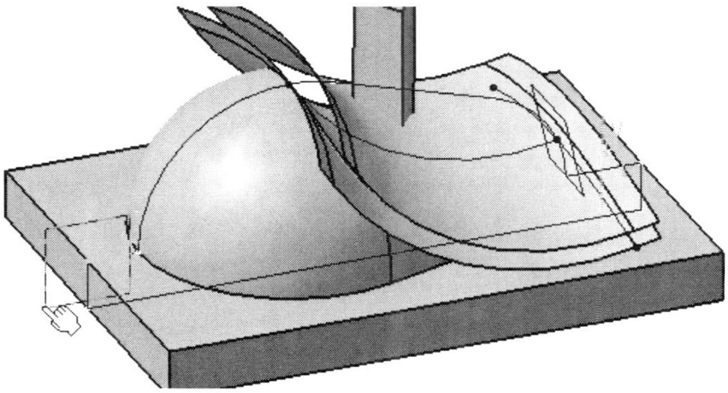

54 임의의 선( )을 작성하고, 제약조건( )으로 치수를 입력한다. (패턴 축으로 활용)

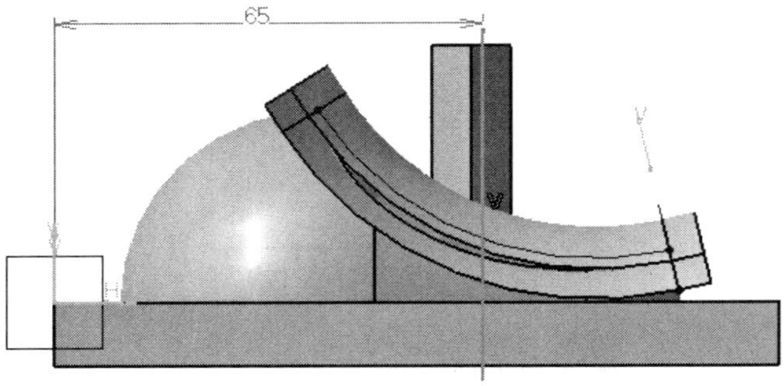

55 워크벤치 종료( )를 한다.

56 복사(원형패턴) 하기 위해 방금 생성한 패드.2 기둥을 미리 선택한다.

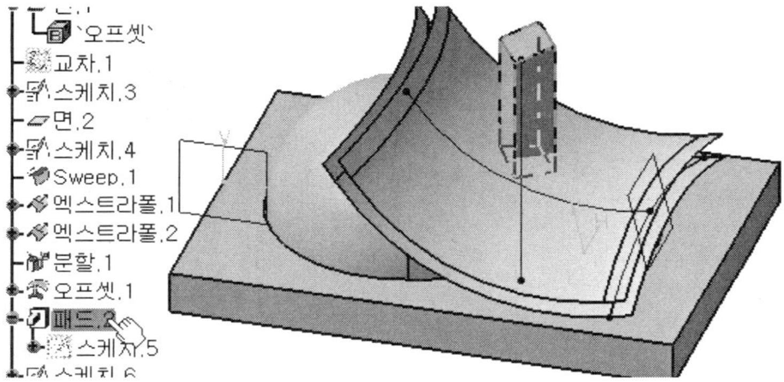

57 Circular Pattern( )을 실행한다.

58 ① Instance(개수) : 4 입력. ② Angular spacing(간격) : 90 입력.
③ Reference element 항목을 클릭하고, 54번에서 생성한 선을 선택한다.

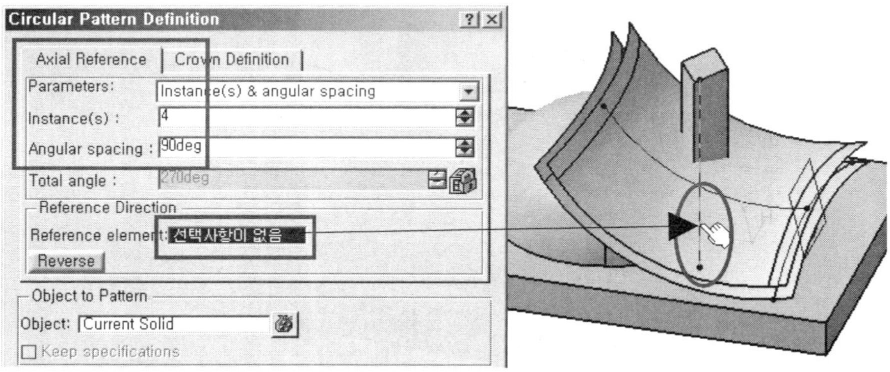

59 미리보기 및 OK를 누른다.

60 Split( )을 실행한다. 오프셋 곡면을 선택하고, 화살표 방향을 아래로 한다.

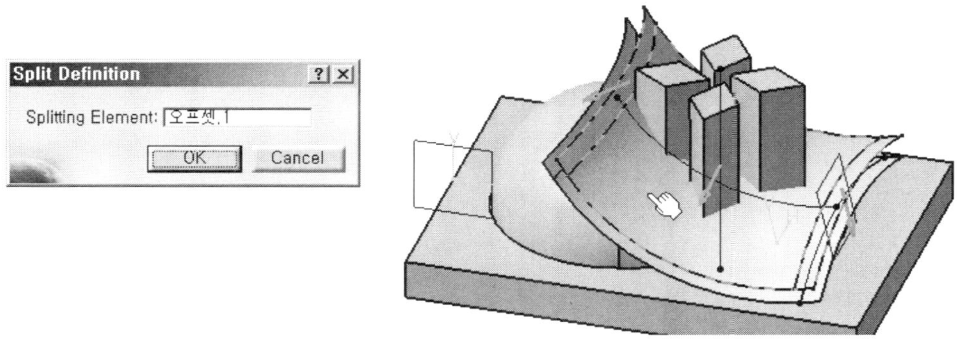

61 OK를 누른다.

62 오프셋 곡면과 Sweep 곡면은 "숨기기"를 한다.

63 스케치( )를 실행하고, 형상 측면을 클릭하여 지정한다.

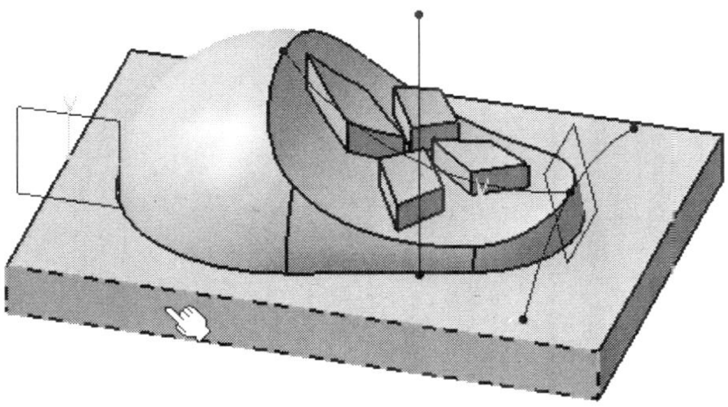

64 프로파일( )로 다음과 같이 스케치하고, 제약조건( )으로 치수를 입력한다. 워크벤치 종료( )를 한다.

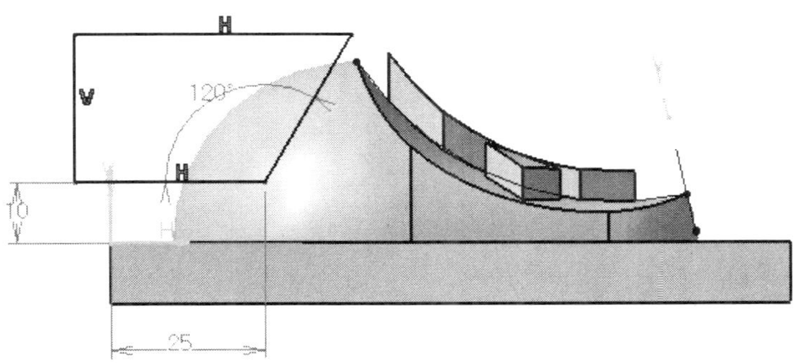

65 Pocket( )을 실행한다. Type을 [Up to last]로 설정하고, 방향은 뒤로 한다.

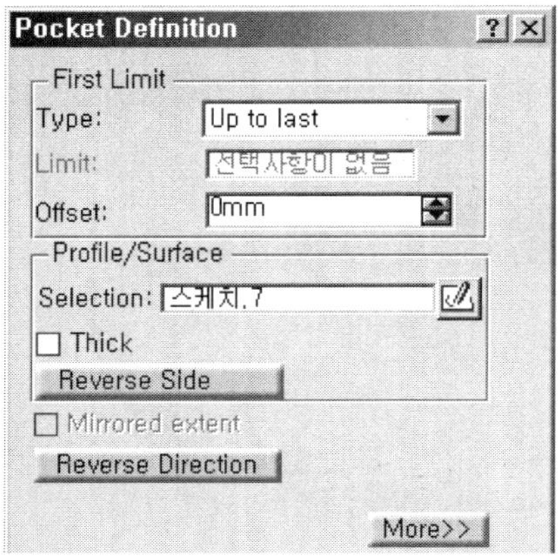

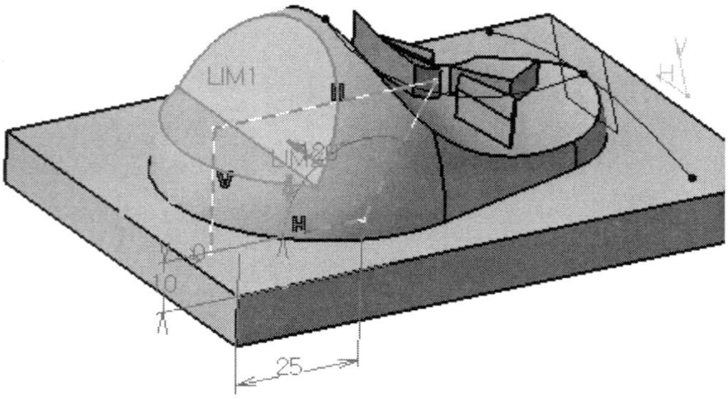

66 스케치( )를 실행하고, 형상 윗면을 클릭하여 지정한다.

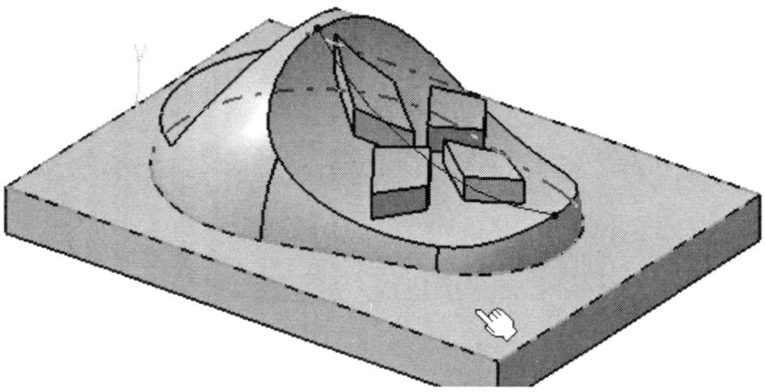

67 직사각형( )을 작성하고, 제약조건( )으로 치수를 입력한다.

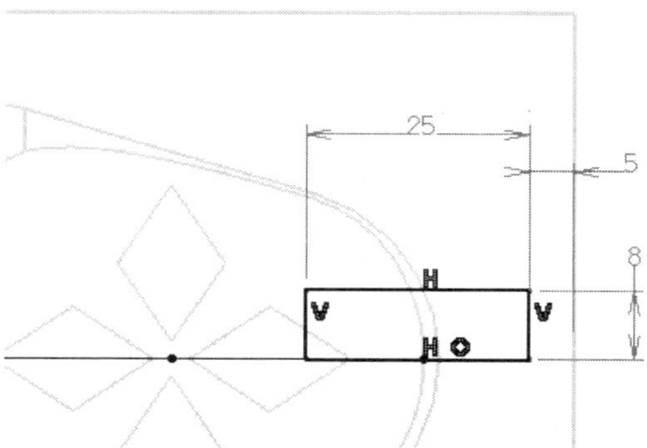

68 축( )을 실행하고, 다음 위치에 축을 작성한다. 워크벤치 종료( )를 한다.

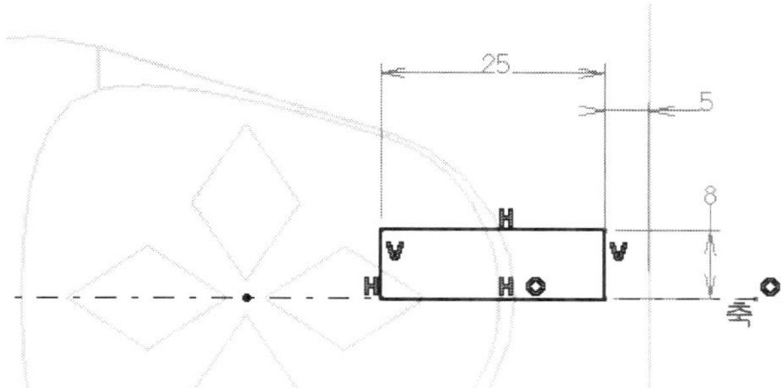

69 Shaft( )를 실행한다. 회전각도를 입력하고, 미리보기 및 CK를 누른다.
Reverse Direction 버튼으로 회전방향을 바꿀 수 있다.

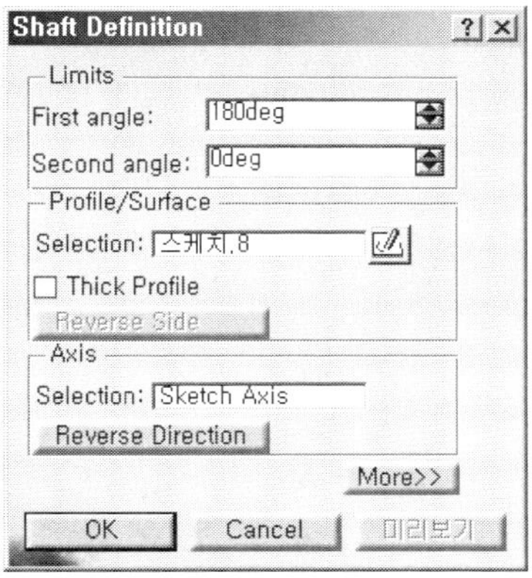

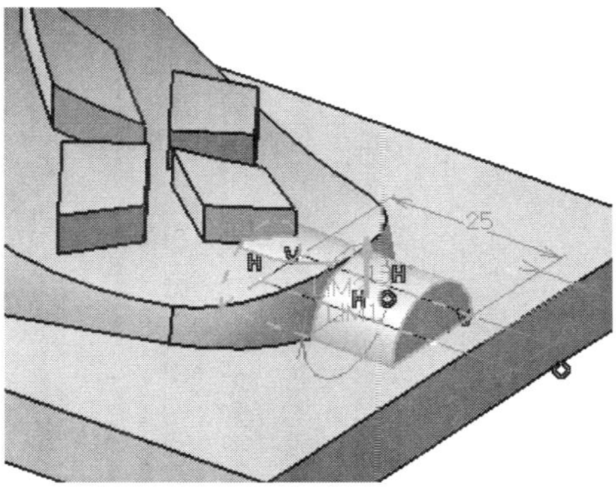

70 Draft Angle( )을 실행한다.

① Draft 방향을 확인한다. ② Angle 값을 입력한다.

③ Face(s) to draft 항목을 클릭하고, 측면을 선택한다.

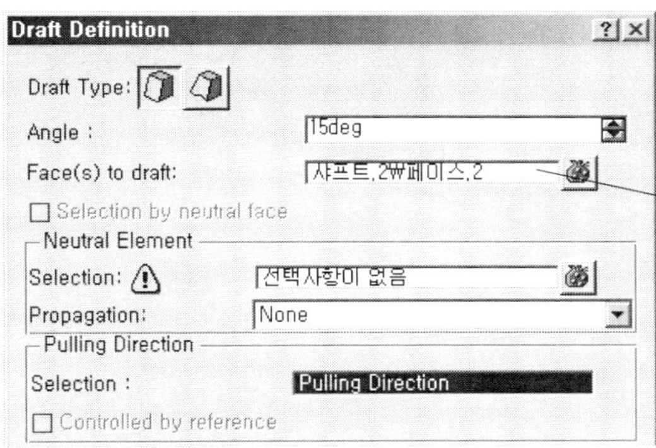

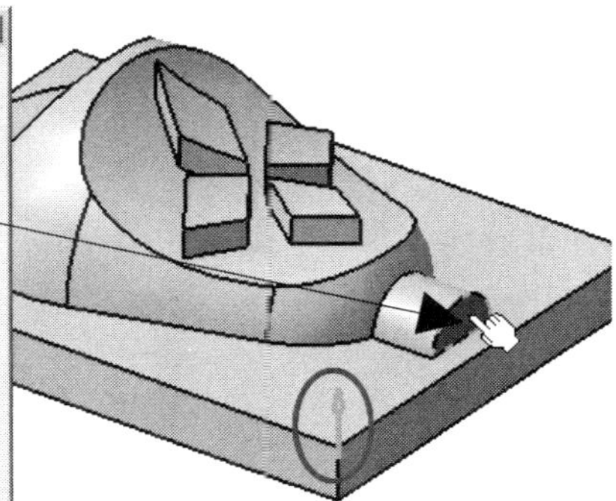

71 Selection 항목을 클릭하고, 형상 윗면을 지정한다.

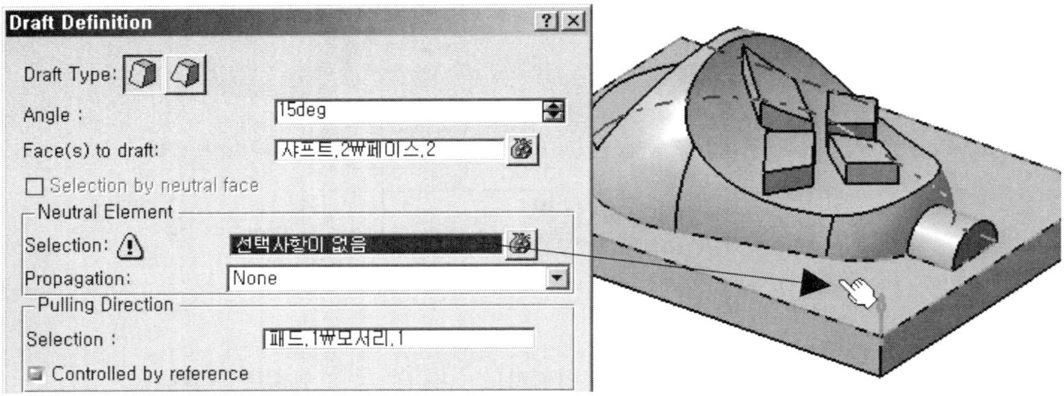

72 미리보기 및 OK를 누른다.

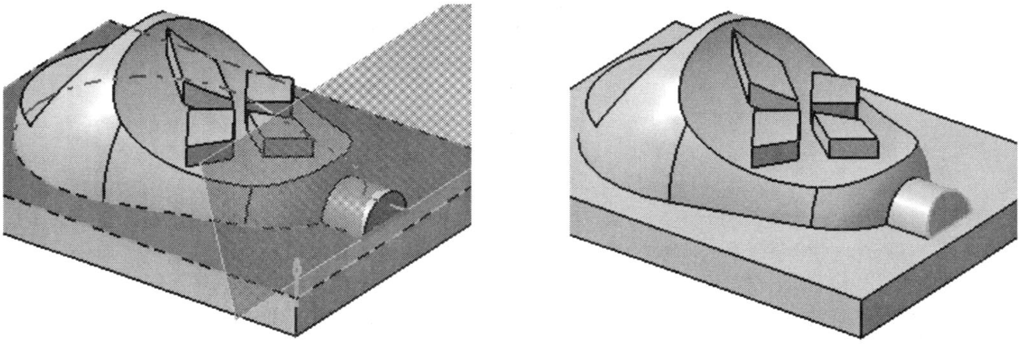

73 Edge Fillet( )으로 반지름 5만큼 라운드를 한다.

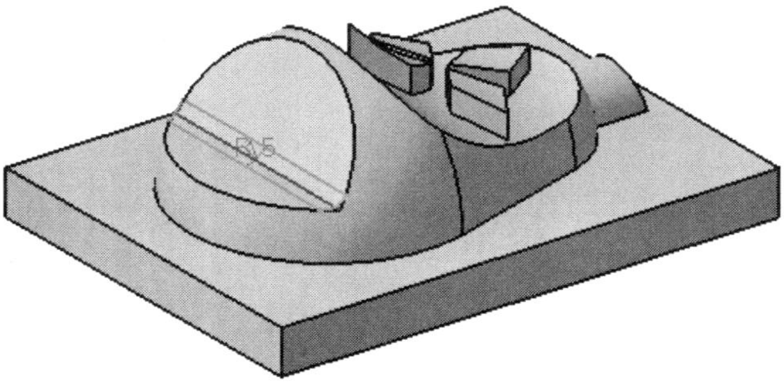

74 Edge Fillet( )으로 반지름 3만큼 라운드를 한다.

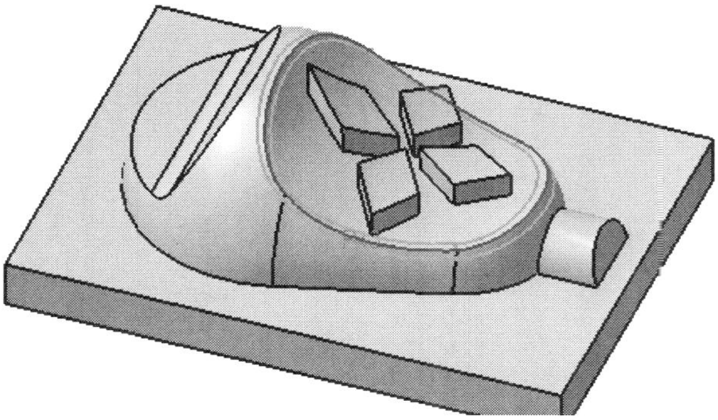

75 Edge Fillet( )으로 반지름 1만큼 라운드를 한다.

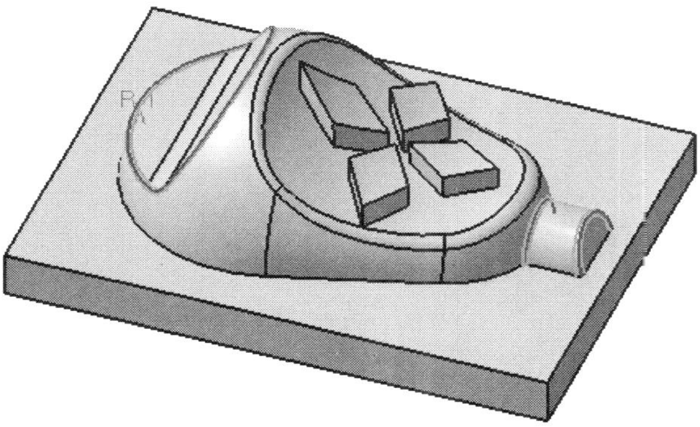

76 나머지 부분도 Edge Fillet( )으로 반지름 1만큼 라운드를 한다.

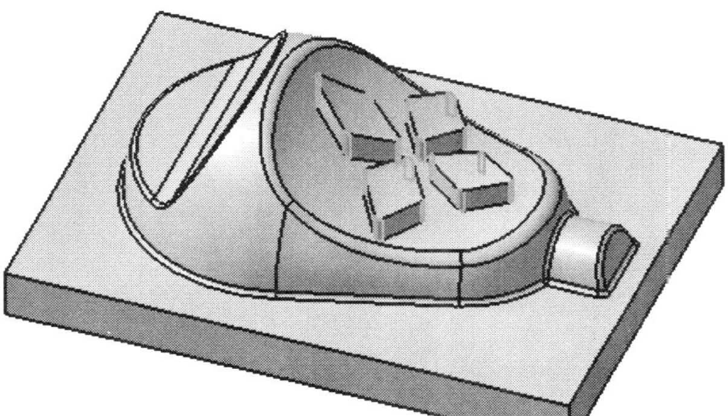

77 나머지 부분도 Edge Fillet( )으로 반지름 1만큼 라운드를 한다.
형상이 완성되었다.

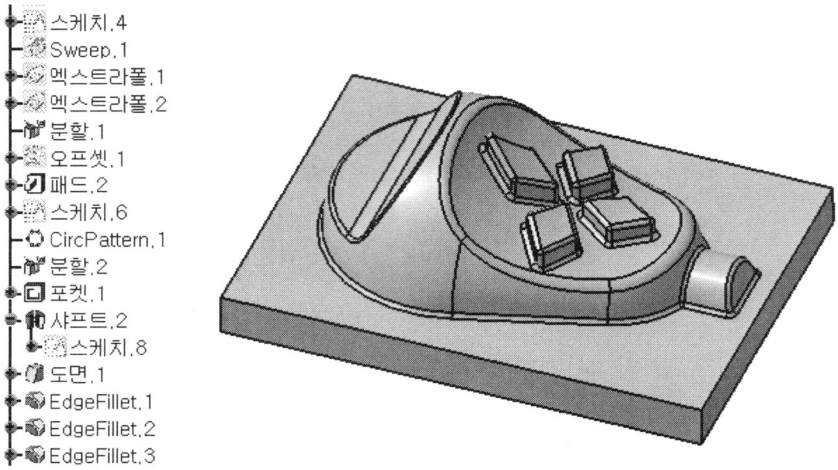

5 다음의 도면을 참고로 형상을 모델링한다

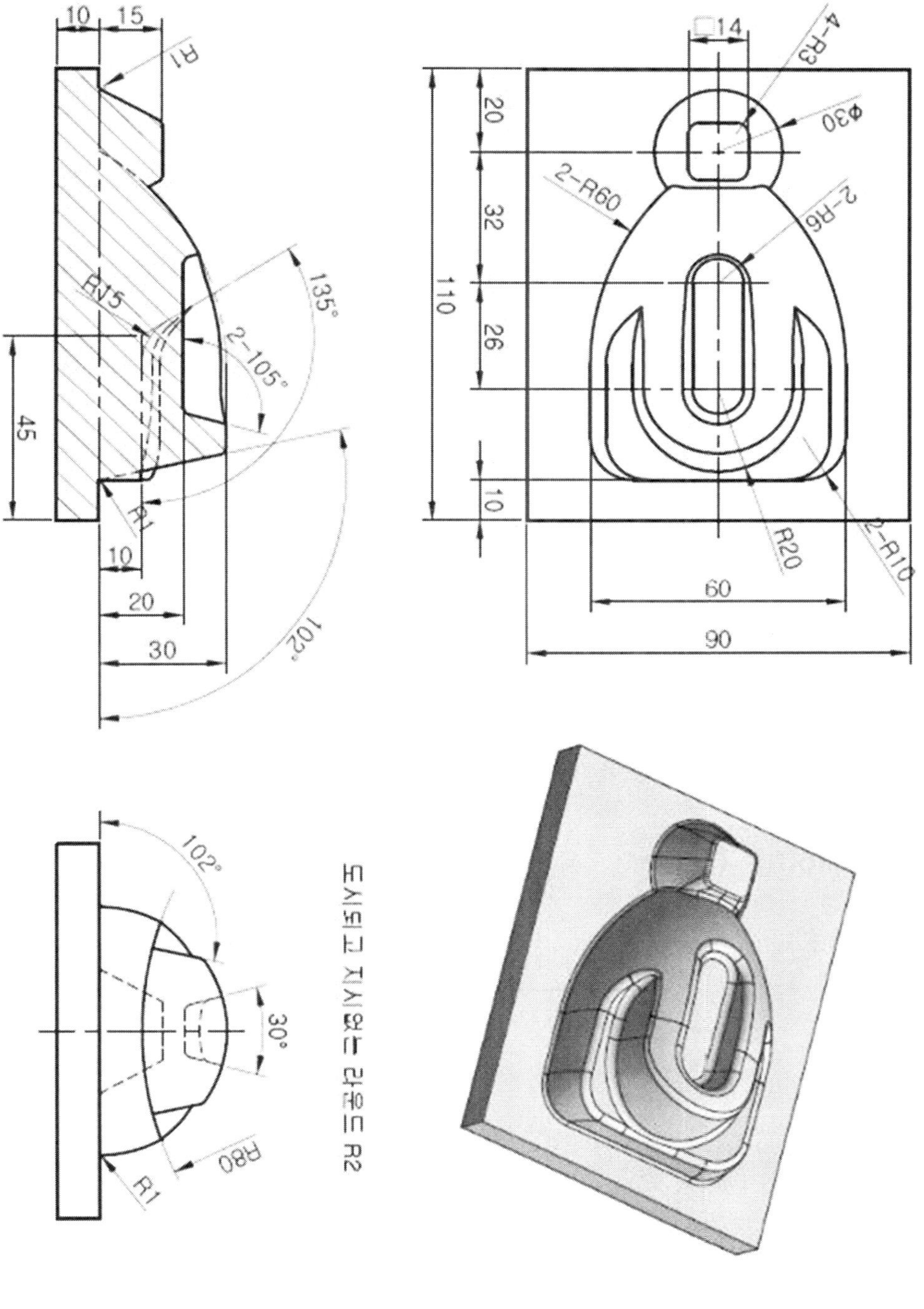

01 시작 〉 기계 디자인 〉 Part Design을 누른다.

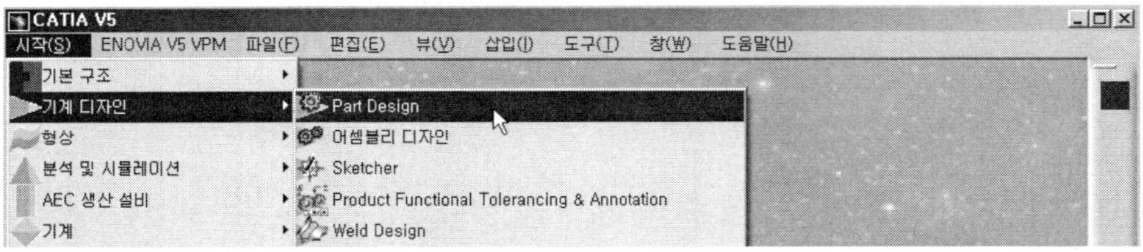

02 작업할 파트의 이름을 입력하고 확인을 누른다.

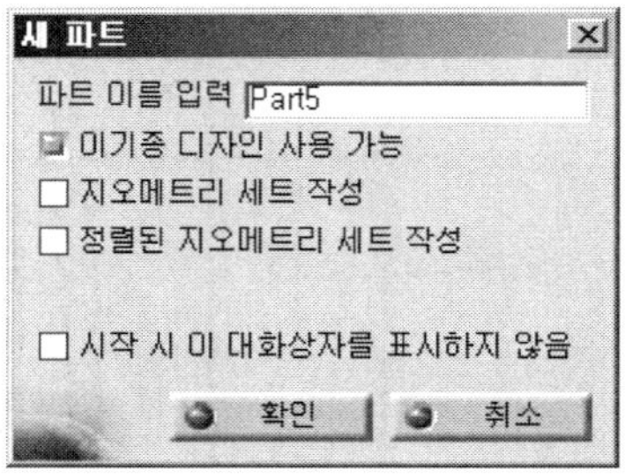

03 스케치( ) 버튼을 눌러 실행하고, xy 평면을 지정한다.

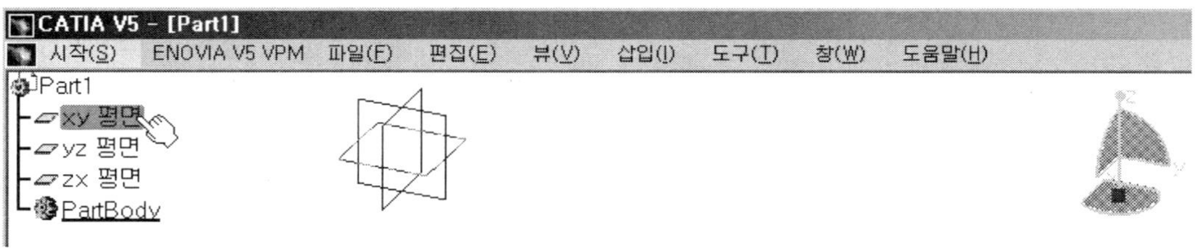

04 직사각형( )으로 사각형을 작성하고, 제약조건( )으로 치수를 입력한다.

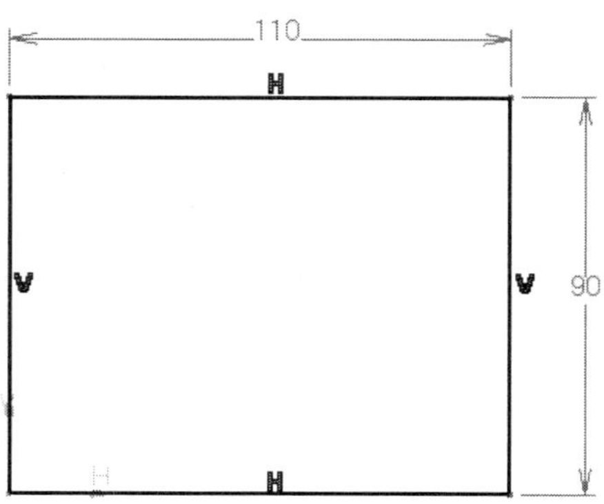

05 워크벤치 종료( )를 누른다.

06 Pad( )를 실행하고, Length 값을 입력하고, 방향을 아래로 한다.

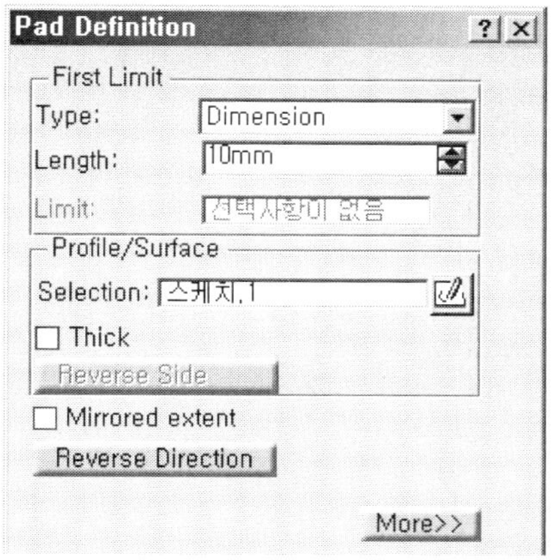

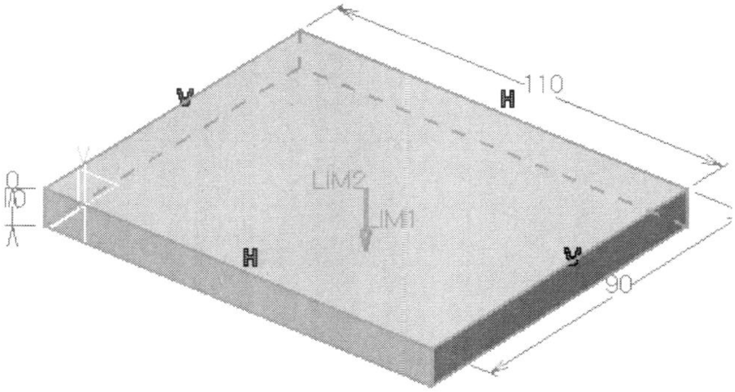

07 스케치( )를 실행하고, 형상 윗면을 클릭하여 지정한다.

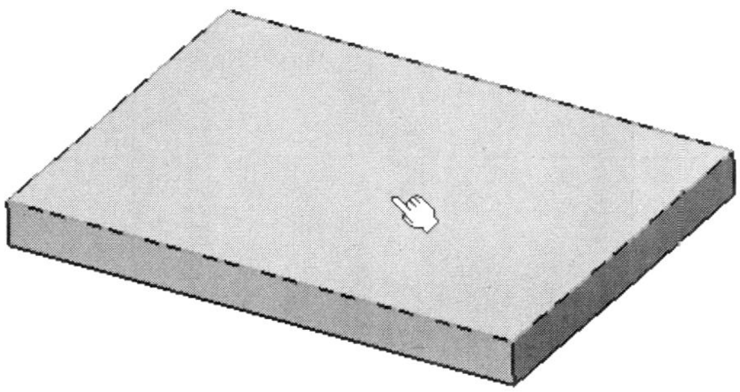

08 선( )을 그리고, 제약조건( )으로 치수를 입력한다.

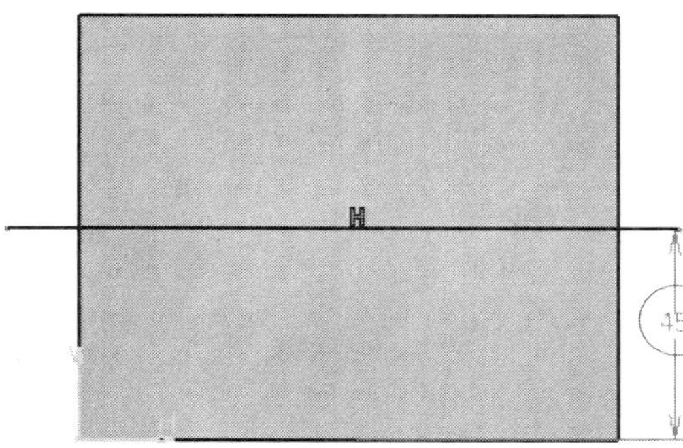

09 선( )을 그리고, 제약조건( )으로 치수를 입력한다.

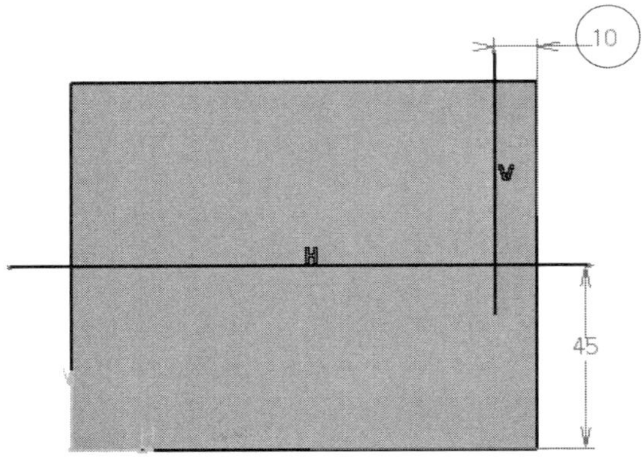

10 선( )을 그리고, 제약조건( )으로 치수를 입력한다.

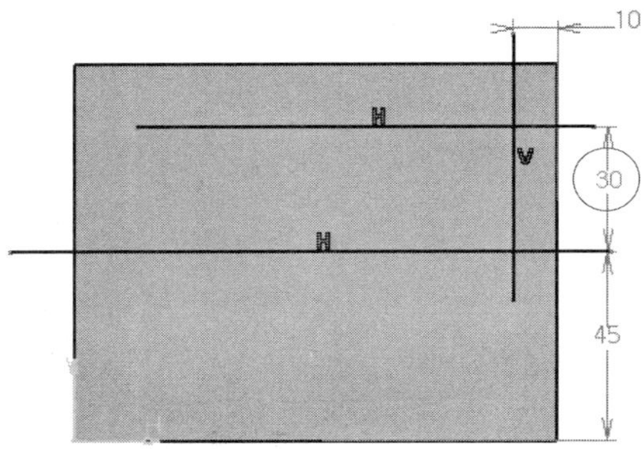

11 세 점 호( )를 작성하고, 제약조건( )으로 치수를 입력한다.

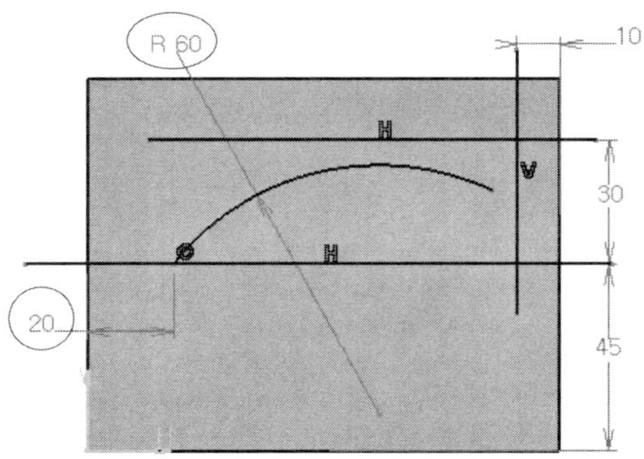

12 제약조건( )으로 호(P1)와 선(P2)을 "접점"시킨다.

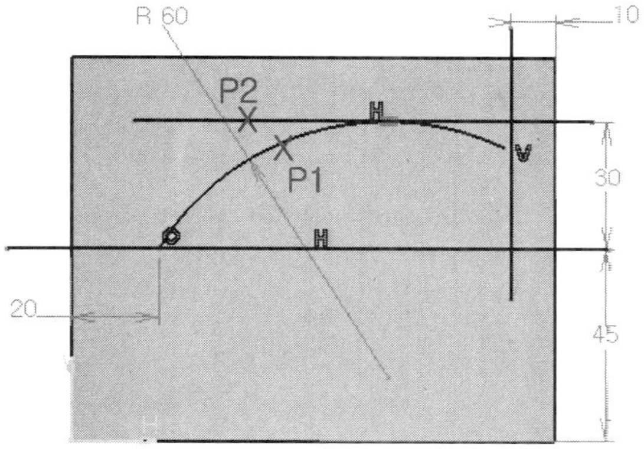

13 즉시 자르기( )로 필요가 없는 부분을 잘라낸다.

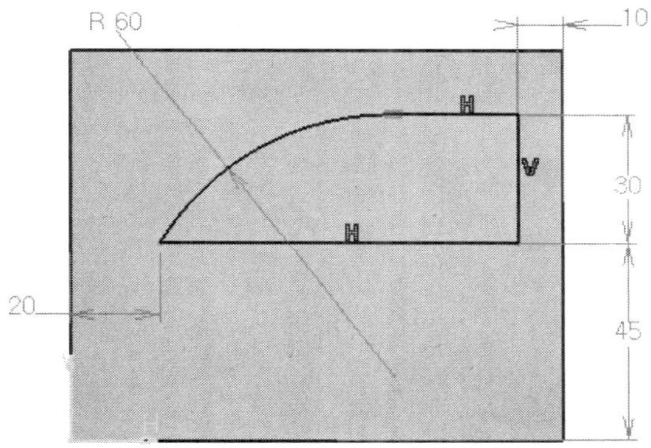

14 축( )을 실행하고, 다음 위치에 축을 작성한다. 워크벤치 종료( )를 한다.

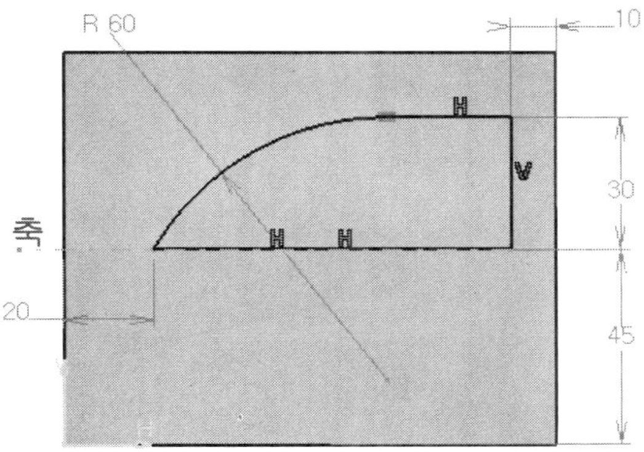

15 Shaft( )를 실행한다. 회전각도를 입력하고, 미리보기 및 OK를 누른다.
Reverse Direction 버튼으로 회전방향을 바꿀 수 있다.

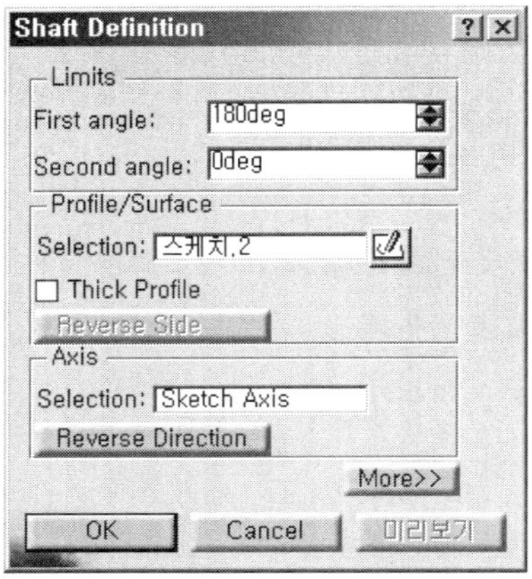

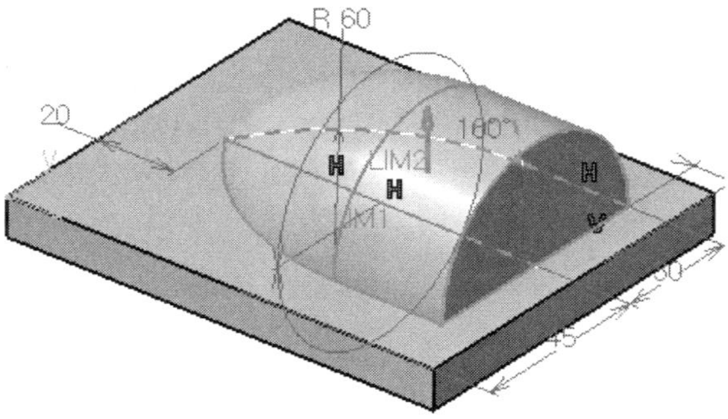

16 Plane( )을 실행한다.

① 평면에서 오프셋으로 설정하고, ② 레퍼런스는 윗면을 선택한다. ③ 오프셋 값을 입력한다.
④ 미리보기 및 확인을 한다.

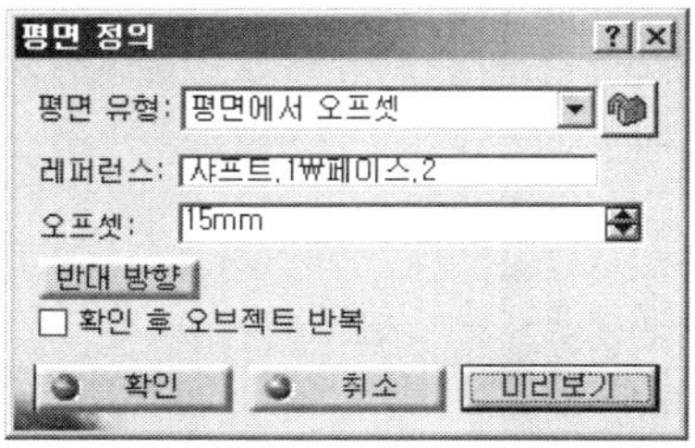

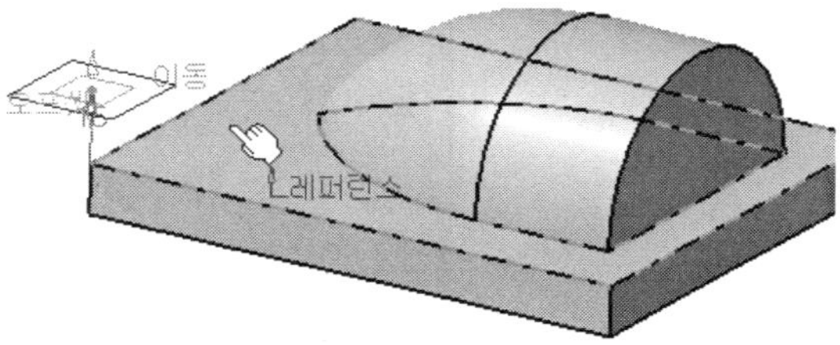

17 위치 지정 스케치( )를 실행하고, 생성한 Plane을 지정한다.
H(x)방향와 V(y)방향을 체크하고, 확인을 누른다.

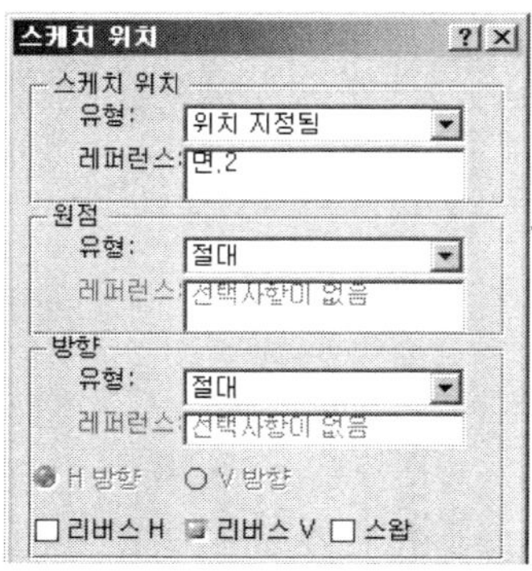

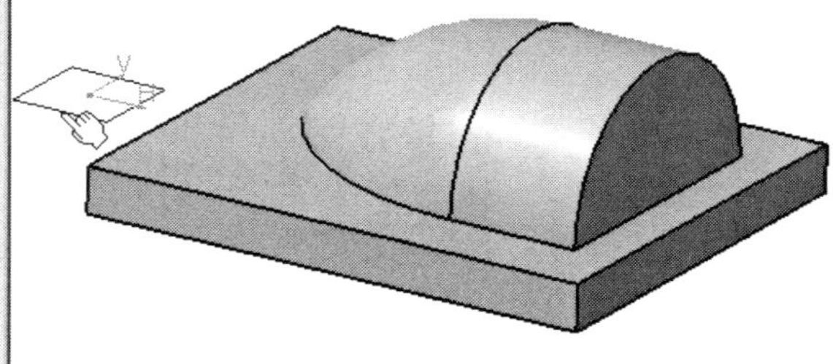

18 직사각형( )을 작성하고, 제약조건( )으로 치수를 입력한다.

19 워크벤치 종료( )를 한다.

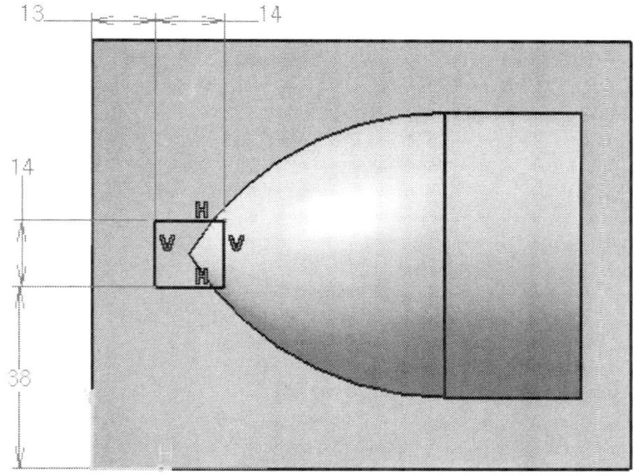

20 스케치( )를 실행하고, 형상 윗면을 클릭하여 지정한다.

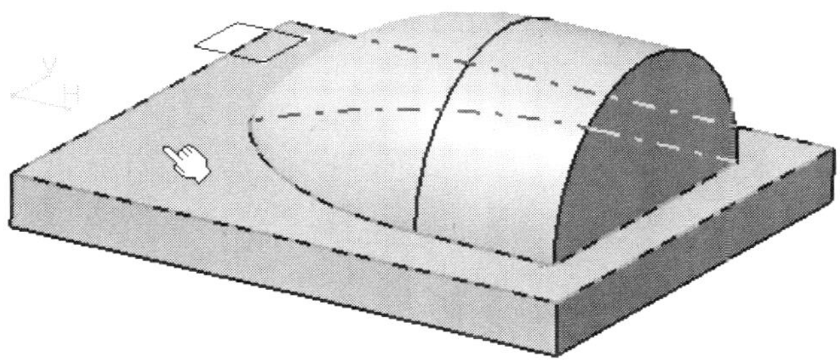

21 원( )을 그리고, 제약조건( )으로 치수를 입력한다.

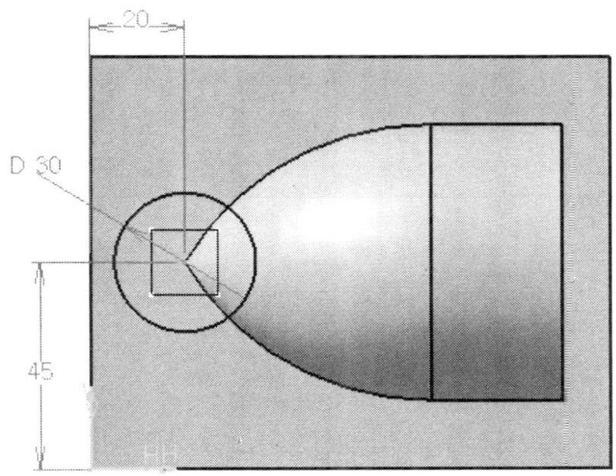

22 형상의 이해를 돕기 위해 3차원 형상은 "숨기기"를 하였다.

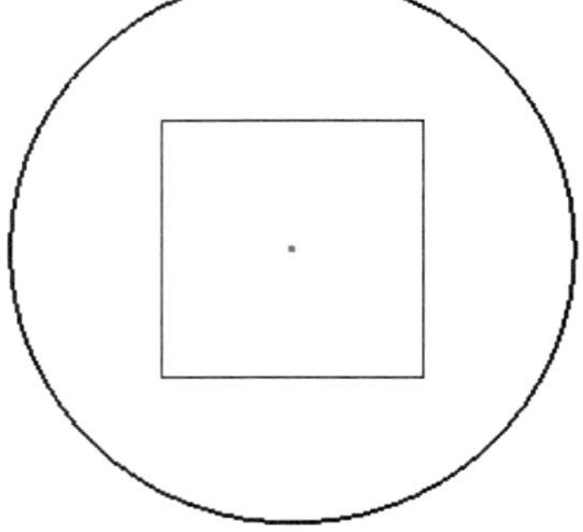

23 원의 중심을 지나는 곳에 선( )을 작성한다.

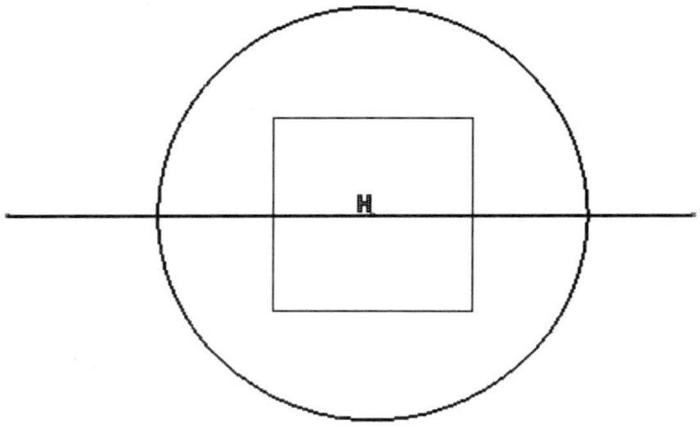

24 원의 중심을 지나는 곳에 선( )을 작성하고, 제약조건( )으로 선의 끝점(P1)과 사각형 코너점(P2)을 일치시킨다.

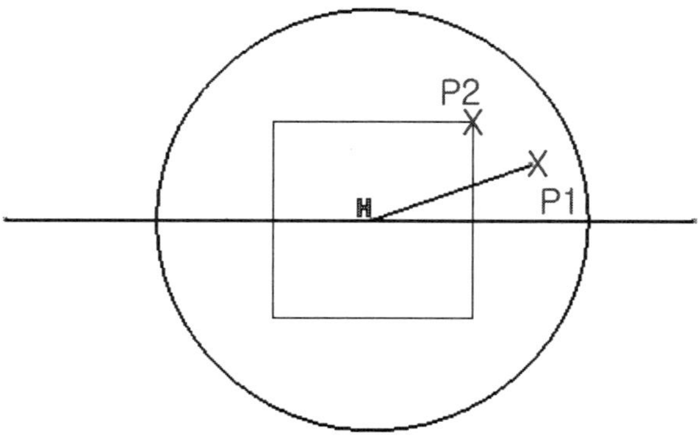

25 점( )을 실행한다.

26 선의 끝점에서 연장되는 곳과 원이 만나는 지점(P1)을 클릭하여 점을 생성한다.

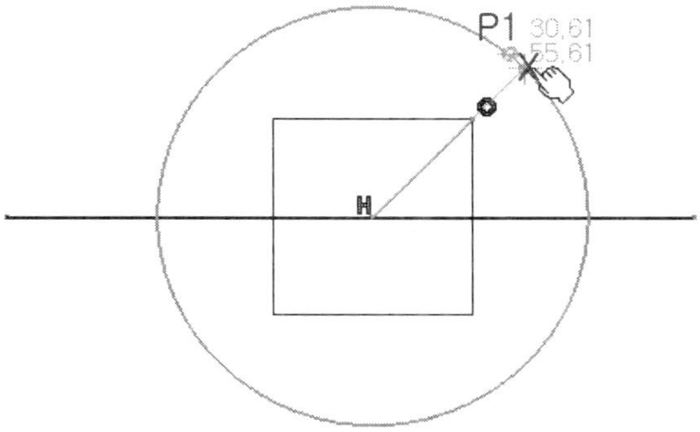

27 왼쪽에도 원의 중심을 지나는 곳에 선( )을 작성하고, 제약조건( )으로 선의 끝점(P1)과 사각형 코너점(P2)을 일치시킨다.

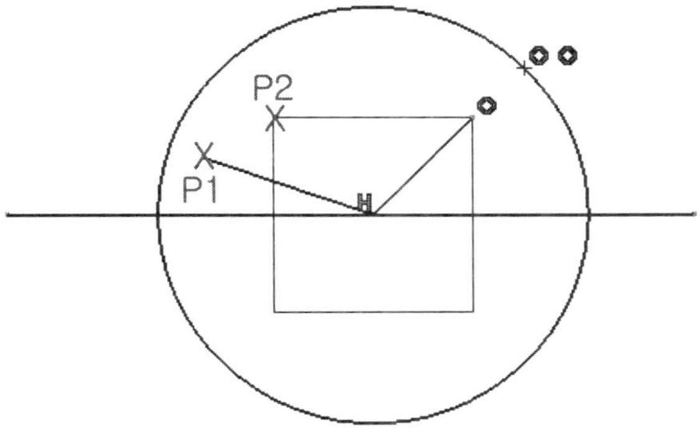

28 점( )을 실행한다.

29 선의 끝점에서 연장되는 곳과 원이 만나는 지점(P1)을 클릭하여 점을 생성한다.

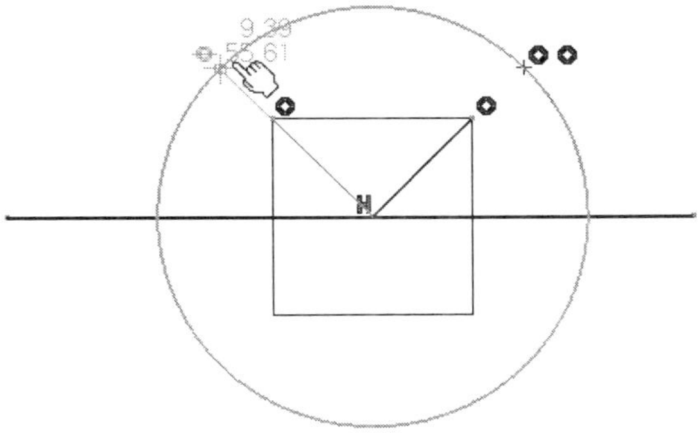

30 같은 방법으로 아래 두 곳에도 점( )을 생성한다.

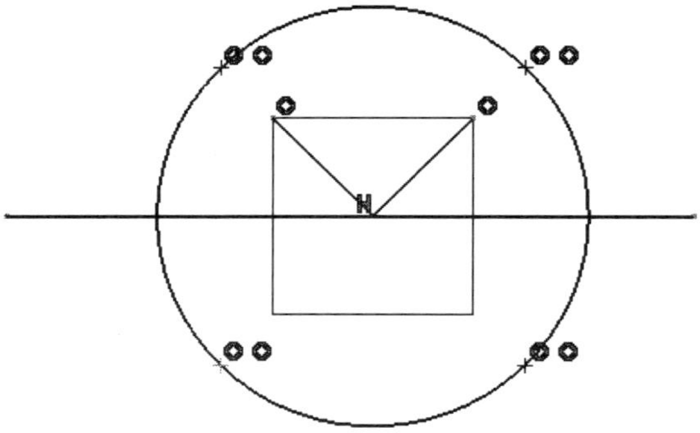

31 생성한 수평선을 더블클릭하여 "구성요소"에 체크하고, 확인을 누른다.

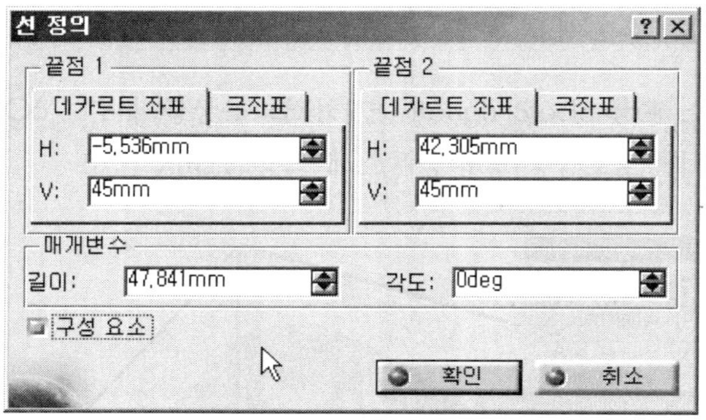

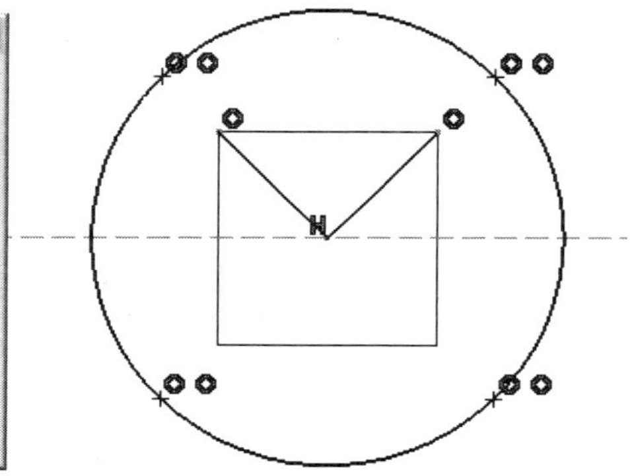

32 대각선 2개도 더블클릭하여 "구성요소"에 체크하고, 확인을 누른다.

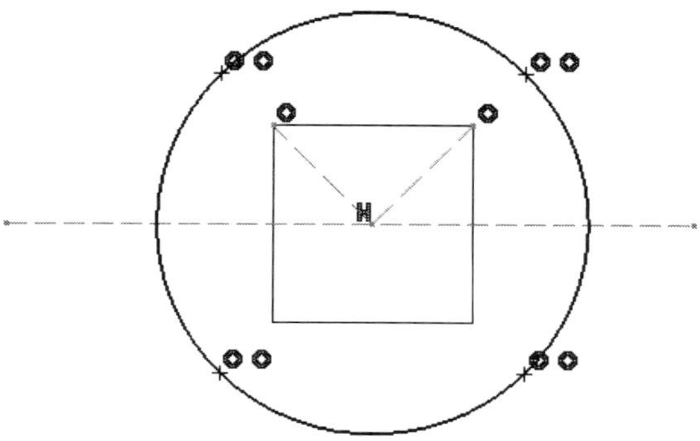

33 워크벤치 종료( )를 누른다.

34 Multi-section Solid( )를 실행한다.

35 원 스케치를 선택한다.

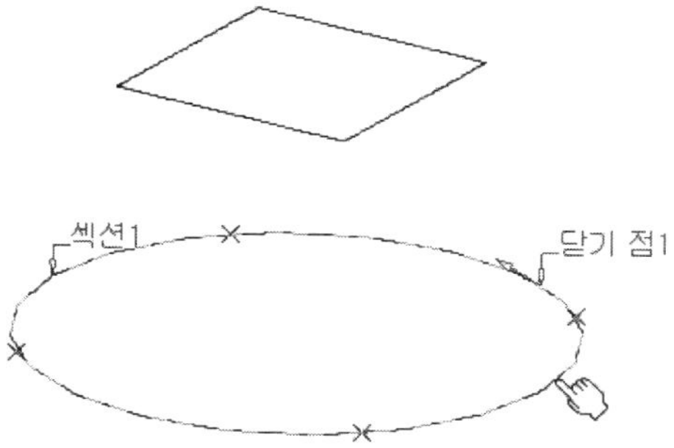

36 사각형 스케치를 선택한다.

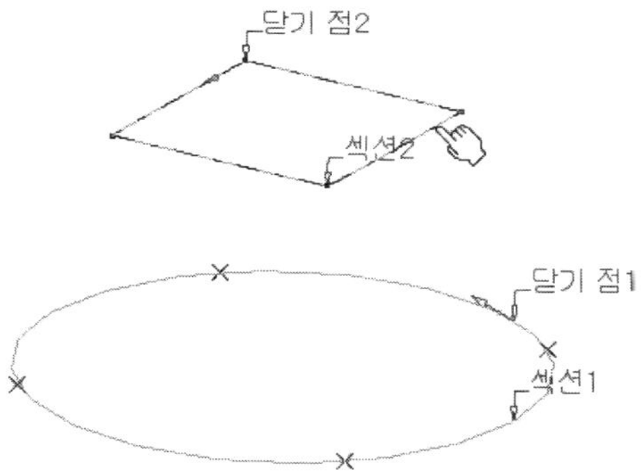

36 "닫기 점1"에서 마우스 오른쪽 버튼을 눌러 "교체"를 선택한다.

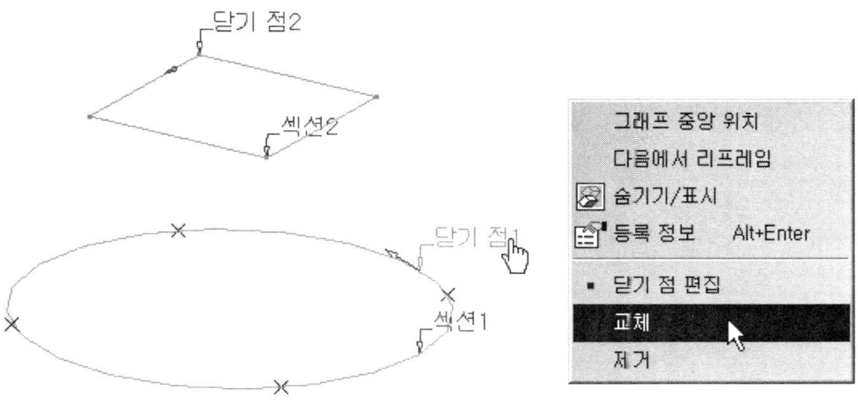

37 출발점이 될 지점을 클릭한다.

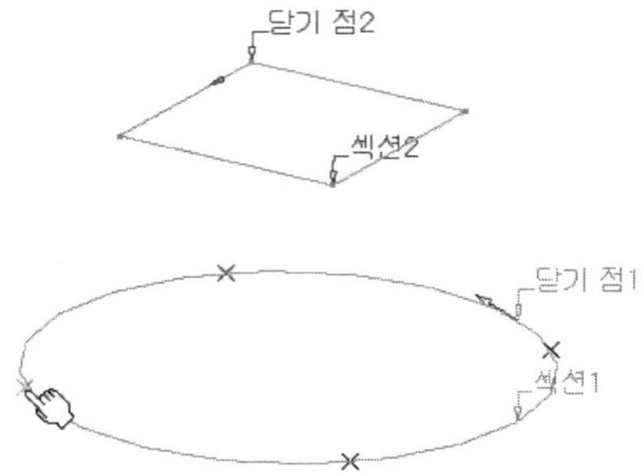

38 닫기 점1(출발점)의 위치가 변경되었다.

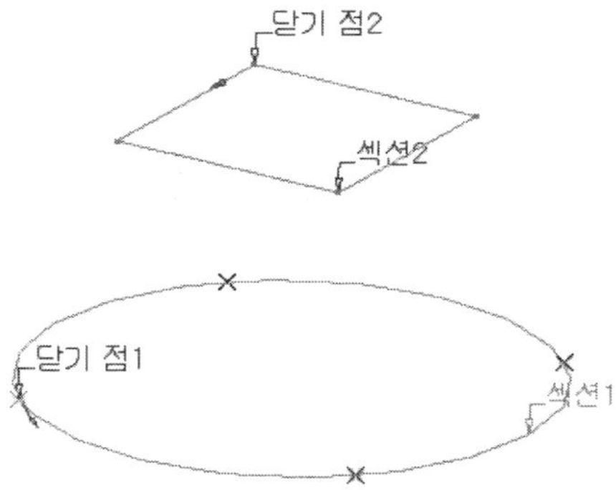

39 “닫기 점2“에서 마우스 오른쪽 버튼을 눌러 ”교체“를 선택한다.

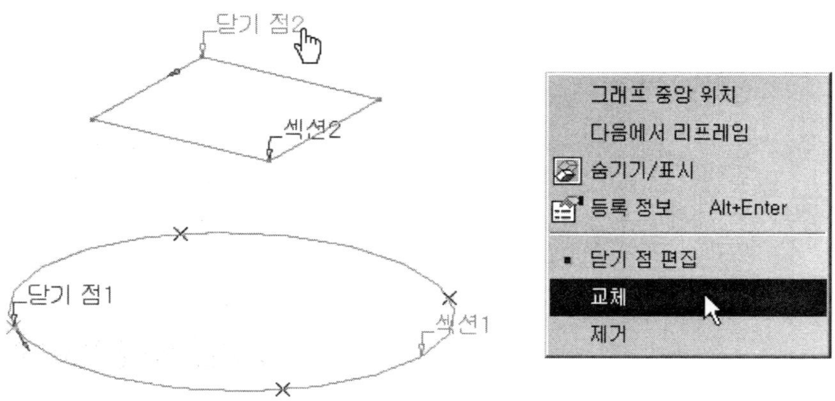

40 닫기 점2(출발점)의 위치가 변경되었다.

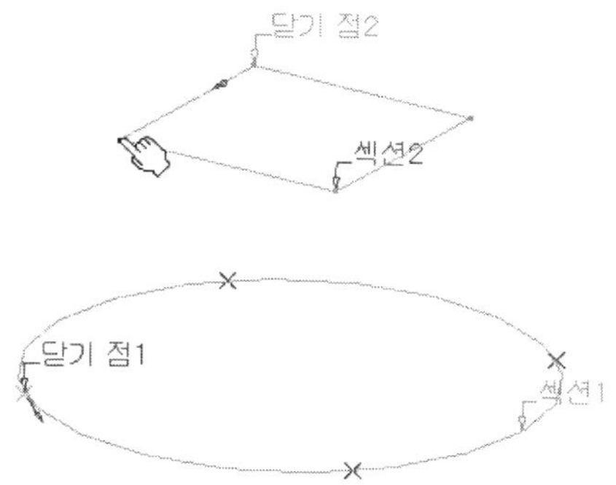

> **✚ Tip.**
> ① "닫기점"은 형상을 생성하기 위한 출발점 개념으로 닫기점의 위치에 따라 만들어지는 형상의 모양이 달라진다.
> ② 닫기점의 화살표 방향은 형상이 만들어지는 방향을 나타낸다.
> ③ "섹션"은 스케치 단면의 이름을 나타내는 이름표의 역할만 한다.

41 다중 섹션 솔리드 정의 창에서 "결합" 탭을 클릭한다.

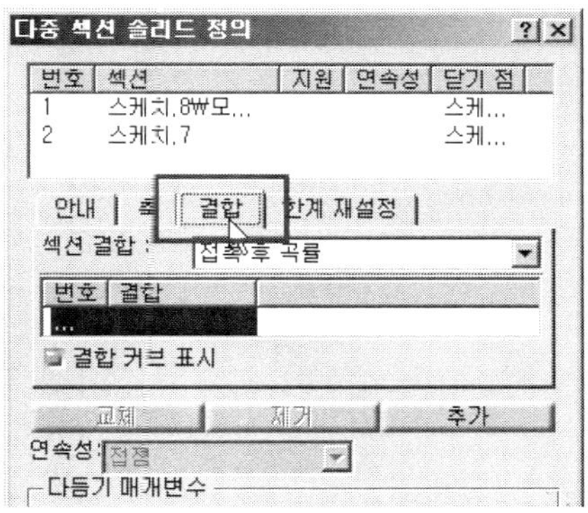

42 P1점과 P2점을 차례로 클릭한다. 연결선(결합1)이 생성된다.

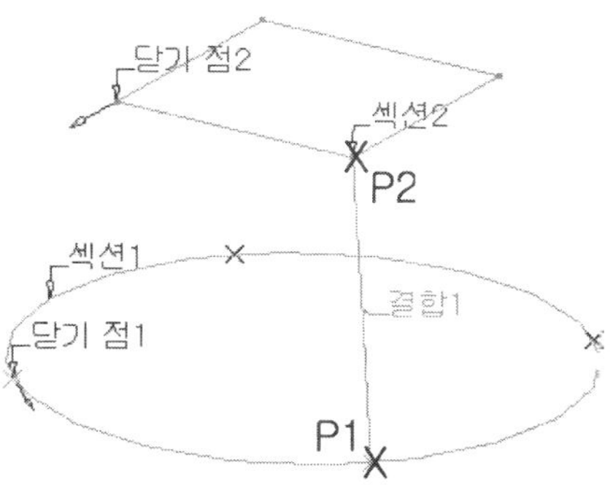

43 P3점과 P4점을 차례로 클릭한다. 연결선(결합2)이 생성된다.

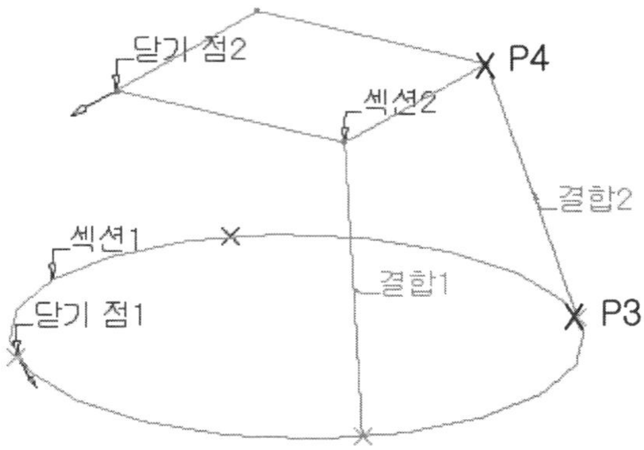

44 P5점과 P6점을 차례로 클릭한다. 연결선(결합3)이 생성된다.

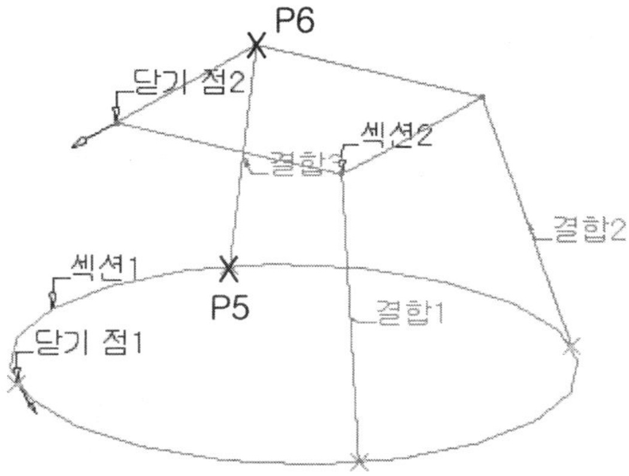

45 미리보기 및 확인을 누른다. (닫기점 위치는 연결선을 생성하지 않아도 된다.)

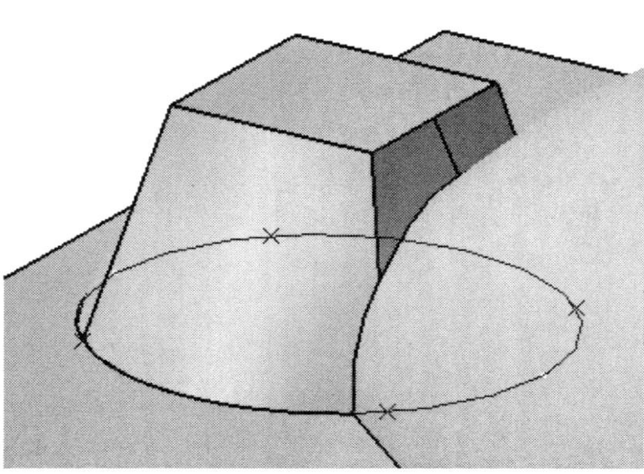

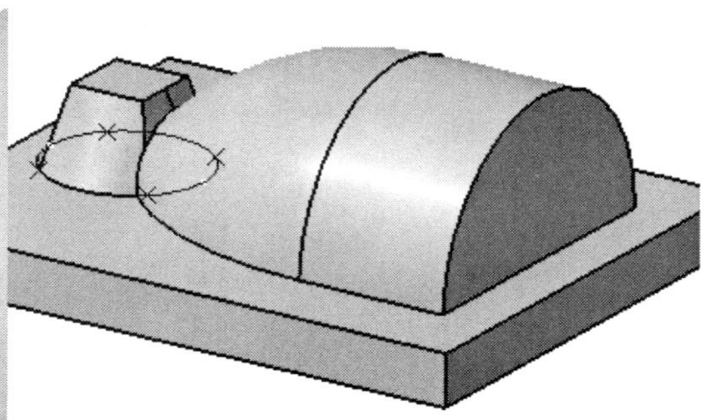

46 Plane( )을 실행한다.

① 평면에서 오프셋으로 설정하고, ② 레퍼런스는 앞면을 선택한다. ③ 오프셋 값을 입력한다. ④ 반대방향 버튼을 누른 후, ⑤ 미리보기 및 확인을 한다.

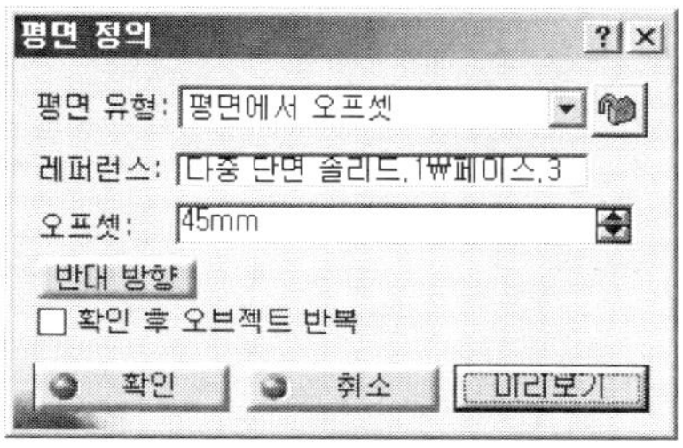

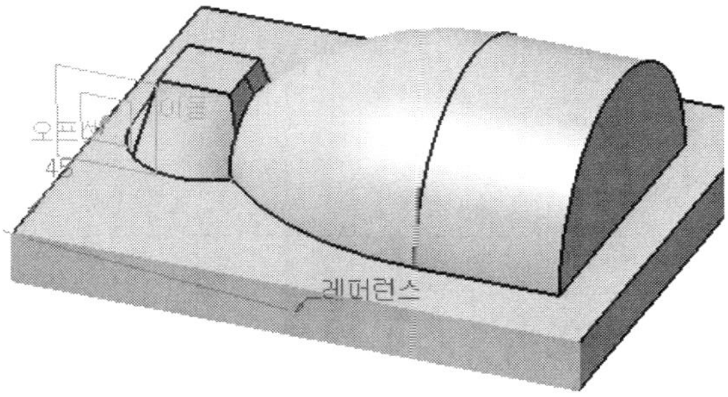

47 시작 〉 기계 디자인 〉 Wireframe and surface Design을 누른다.

48 위치 지정 스케치( )를 실행하고, 생성한 Plane을 지정한다.
H(x)방향와 V(y)방향을 체크하고, 확인을 누른다.

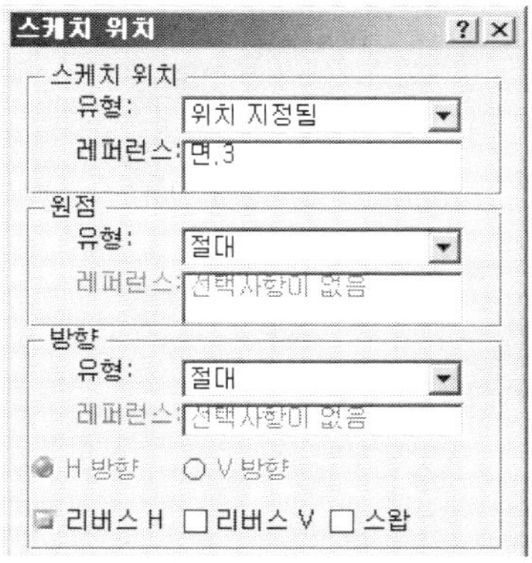

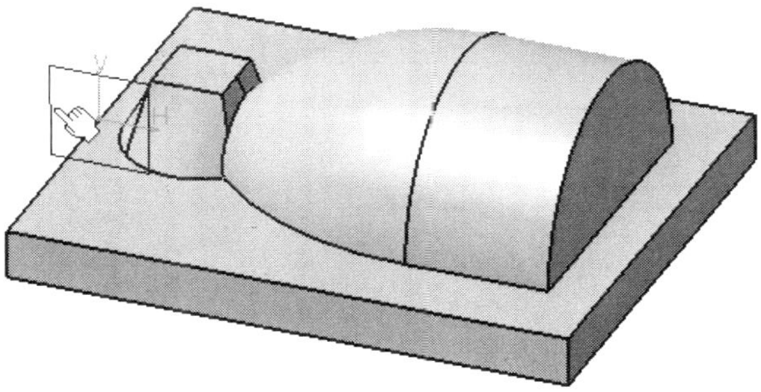

49 프로파일( )로 선을 그리고, 제약조건( )으로 치수를 입력한다.

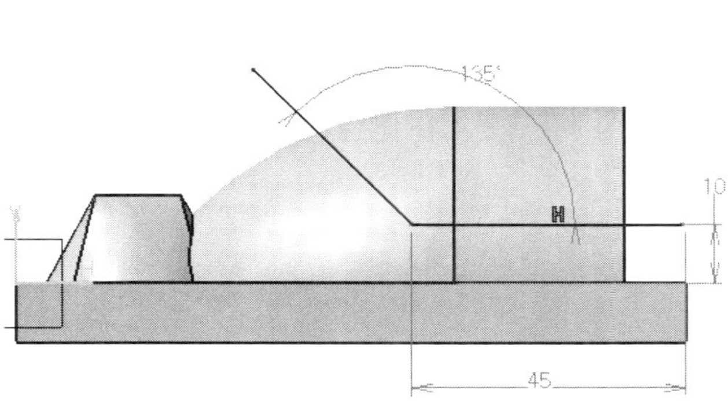

50 코너( )를 실행한다. 코너에 라운드를 생성하고, 제약조건으로 반지름 값을 입력한다.

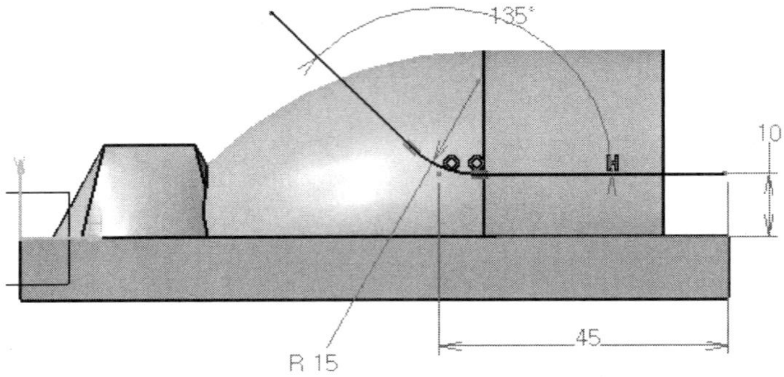

51 워크벤치 종료( )를 누른다.

52 Plane( )을 실행한다.

① 커브에 수직으로 설정하고, ② 커브는 호를 선택한다. ③ 점은 끝점을 선택한다.
④ 미리보기 및 확인을 한다.

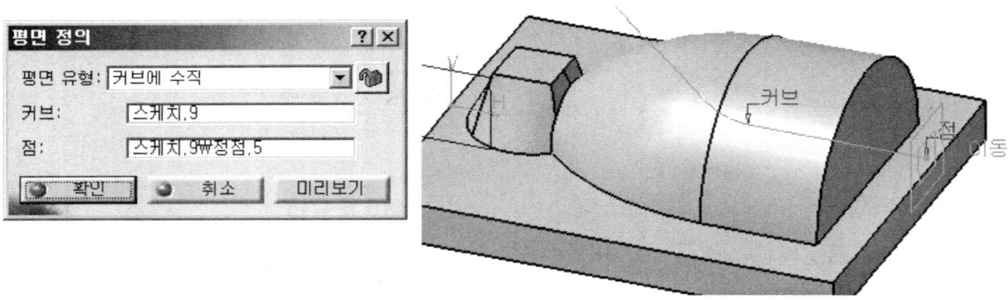

53 위치 지정 스케치( )를 실행하고, 생성한 Plane을 지정한다.
H(x)방향와 V(y)방향을 체크하고, 확인을 누른다.

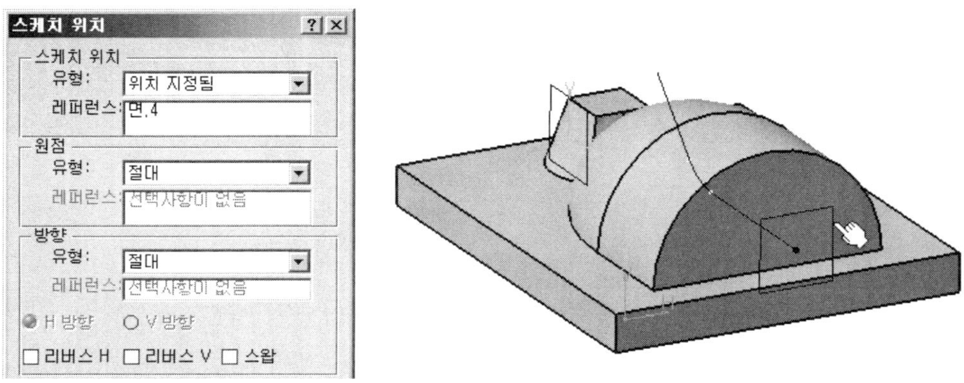

54 세 점 호()를 작성하고, 제약조건()으로 호(P1)와 끝점(P2)을 "일치"시킨다.

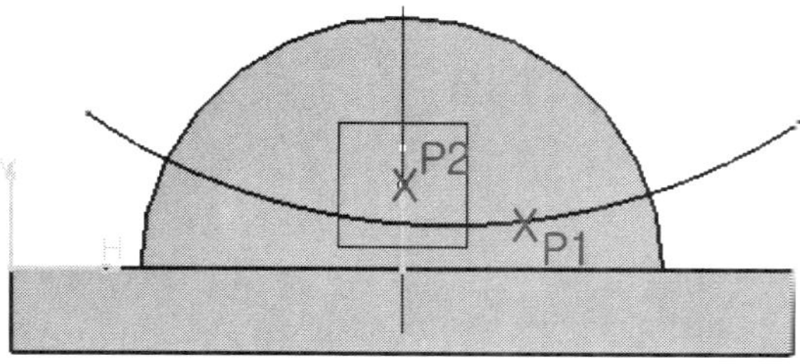

55 제약조건()으로 호의 반지름 치수와 측면부터 호의 중심점까지 치수를 입력한다.

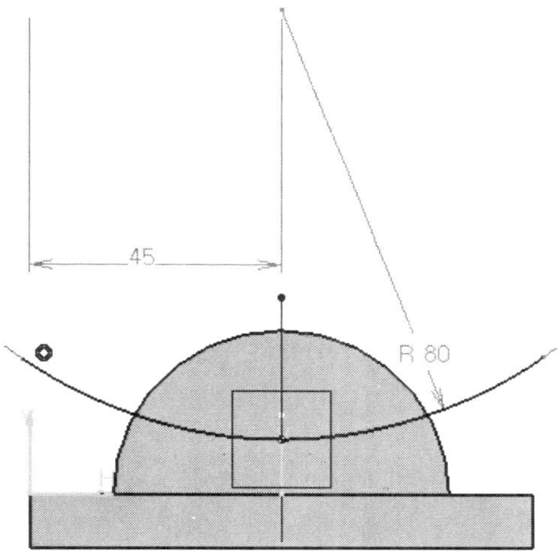

56 호의 양 끝점을 마우스로 드래그(Drag)하여 길이를 조정한다.

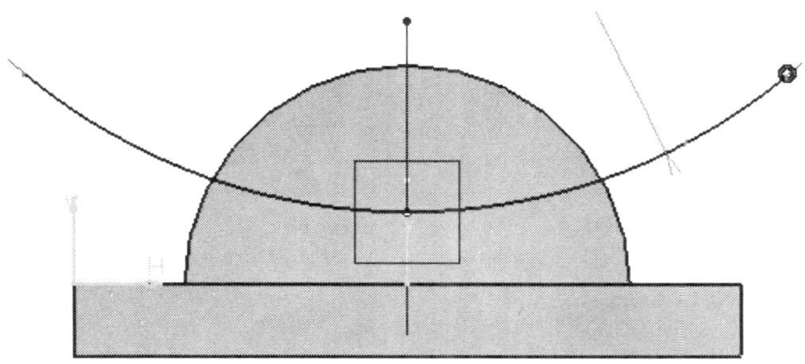

57 워크벤치 종료()를 한다.

58 Sweep( )을 실행한다. 프로파일(P1)과 가이드 커브(P2)를 차례로 선택한다. 미리보기 및 확인을 누른다.

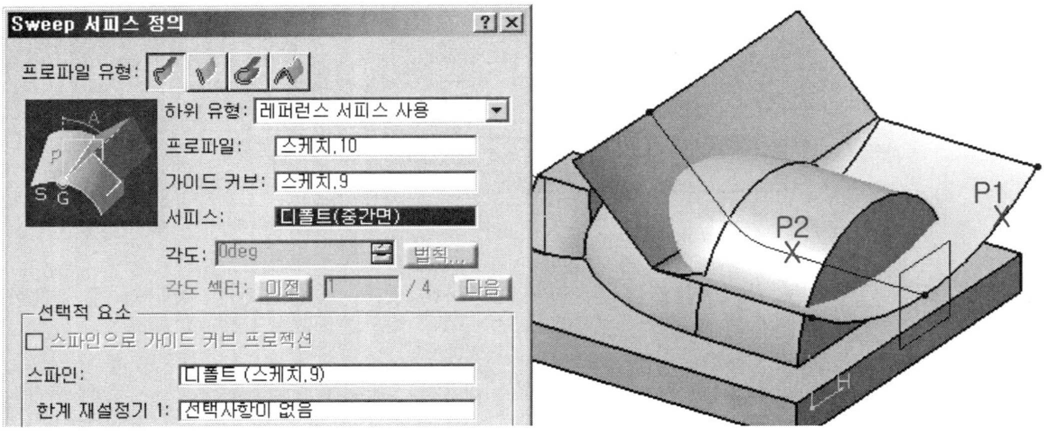

59 시작 〉 기계 디자인 〉 Part Design을 누른다.

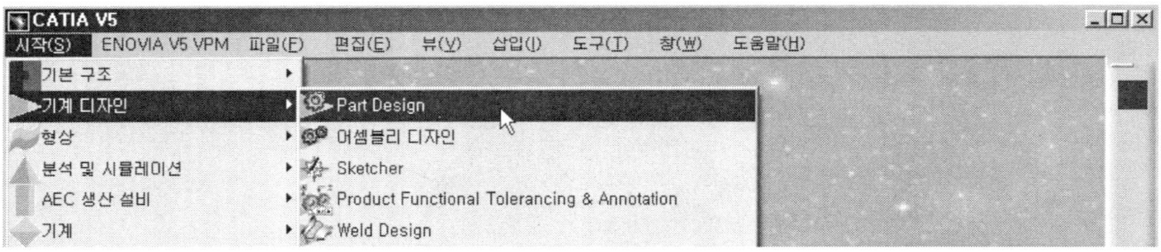

60 Plane( )을 실행한다.

① 평면에서 오프셋으로 설정하고, ② 레퍼런스는 윗면을 선택한다. ③ 오프셋 값을 입력한다. ④ 미리보기 및 확인을 한다.

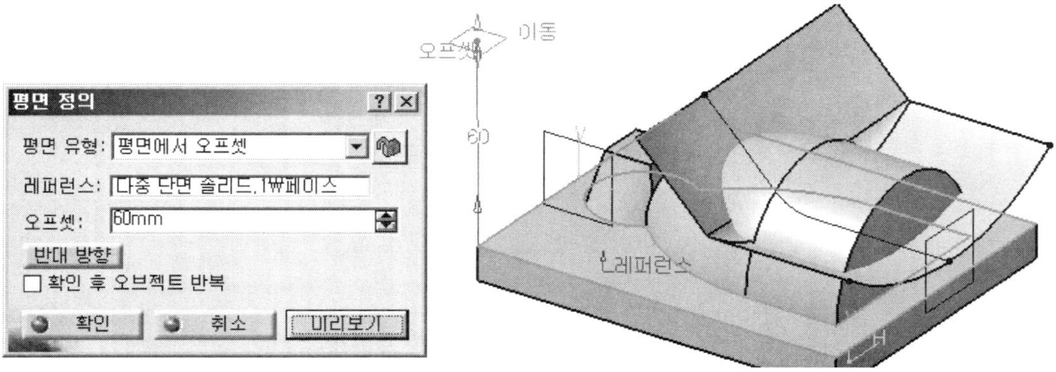

61 위치 지정 스케치( )를 실행하고, 생성한 Plane을 지정한다.
H(x)방향와 V(y)방향을 체크하고, 확인을 누른다.

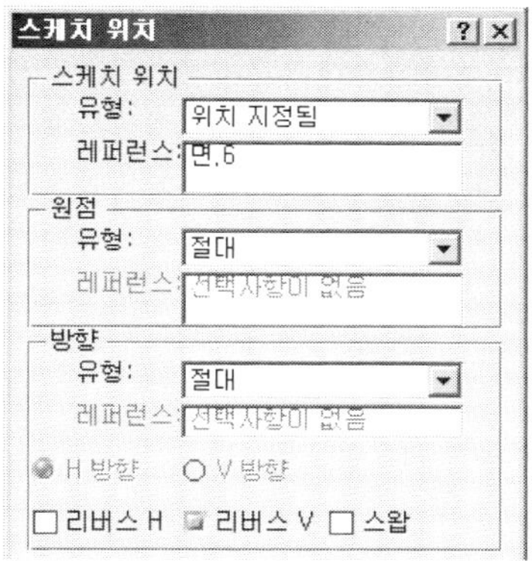

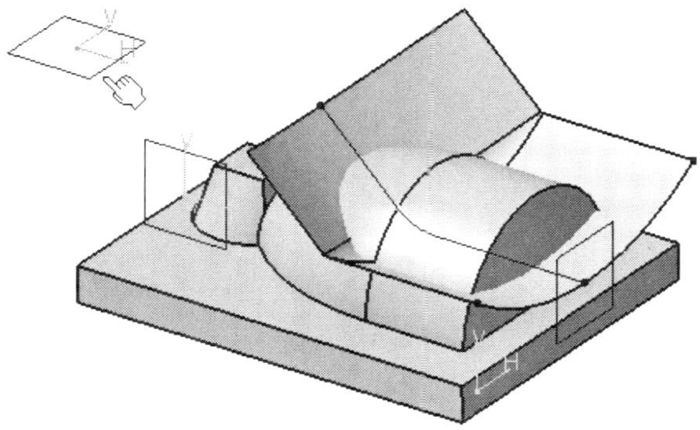

62 원( )을 그리고, 제약조건( )으로 치수를 입력한다.

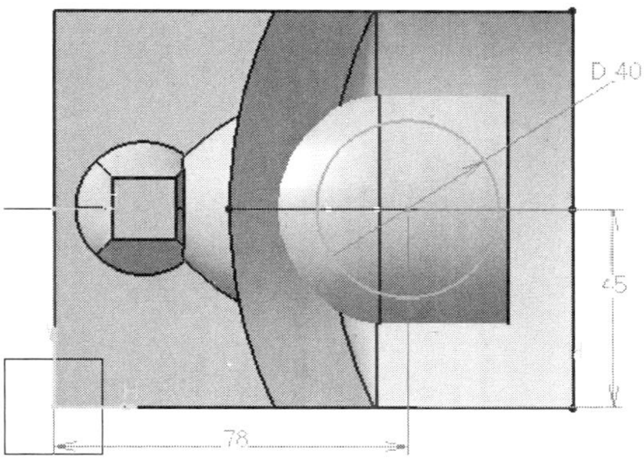

63 프로파일( )로 선을 작성한다. (이때 스윕면 안쪽으로 작성해야 한다.)

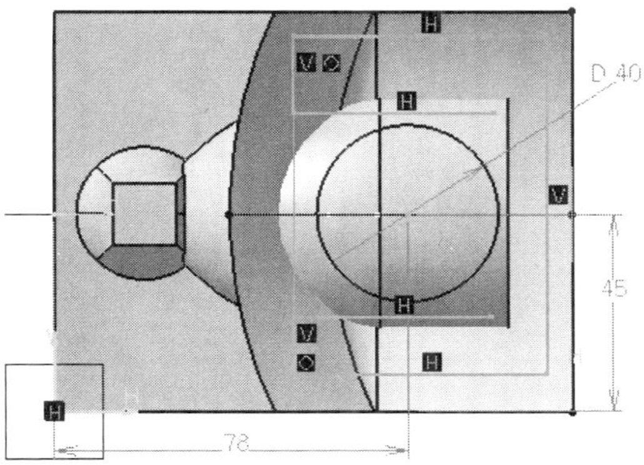

64 제약조건( )으로 위와 아래의 선과 원을 “접점”시킨다.

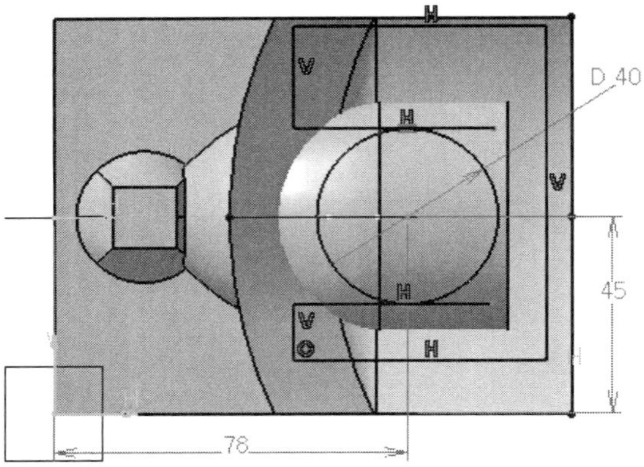

65 즉시 자르기( )로 나머지 필요가 없는 부분을 잘라낸다.

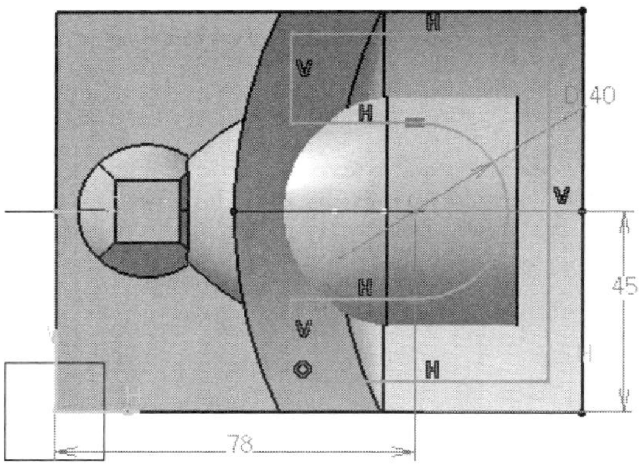

66 워크벤치 종료( )를 누른다.

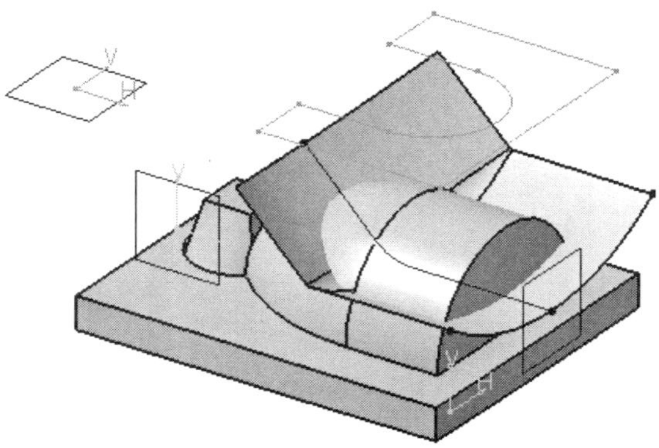

67 Pocket( )을 실행한다. Type을 [Up to surface]로 설정하고, Sweep 곡면을 선택한다. 방향으로 아래로 한다.

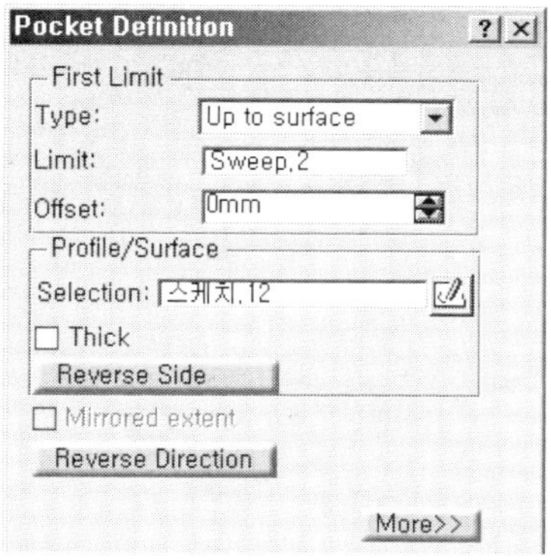

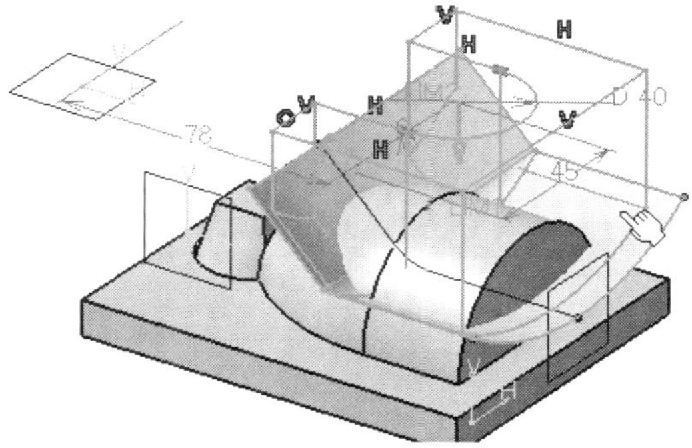

68 미리보기 및 OK를 누른다.

69 Sweep 곡면을 "숨기기"한다.

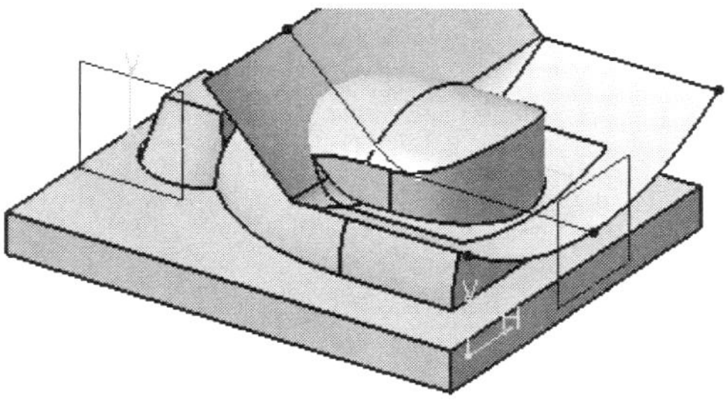

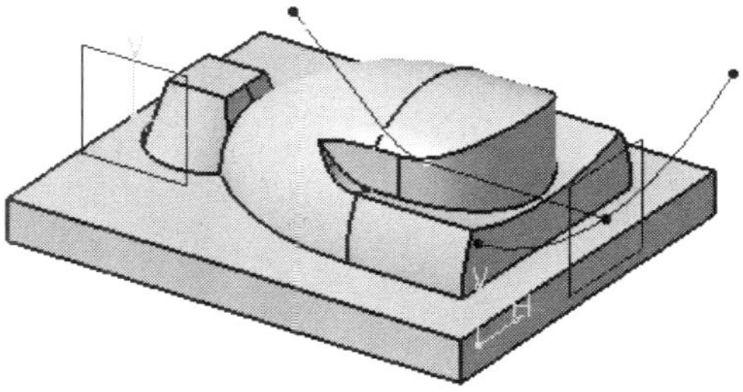

70 Draft Angle( )을 실행한다.

① Draft 방향을 확인한다. ② Angle 값을 입력한다.

③ Face(s) to draft 항목을 클릭하고, 측면을 선택한다.

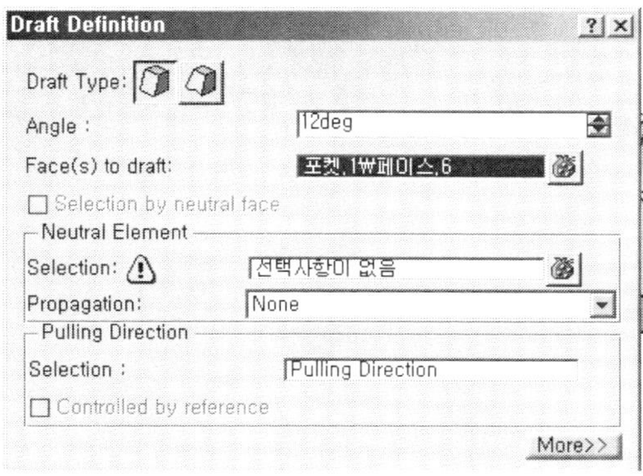

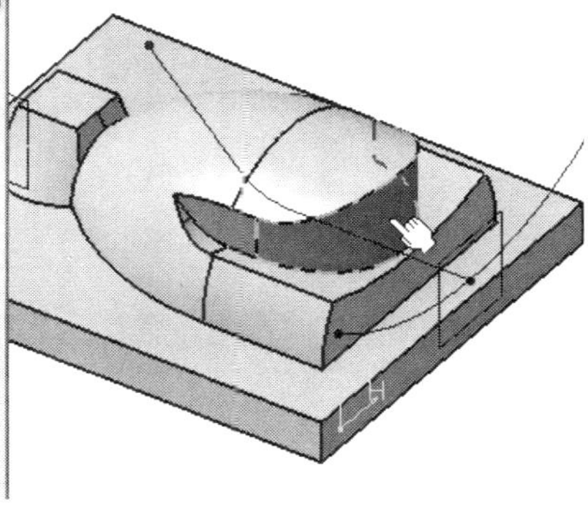

71 Selection 항목을 클릭하고, 형상 윗면을 지정한다.

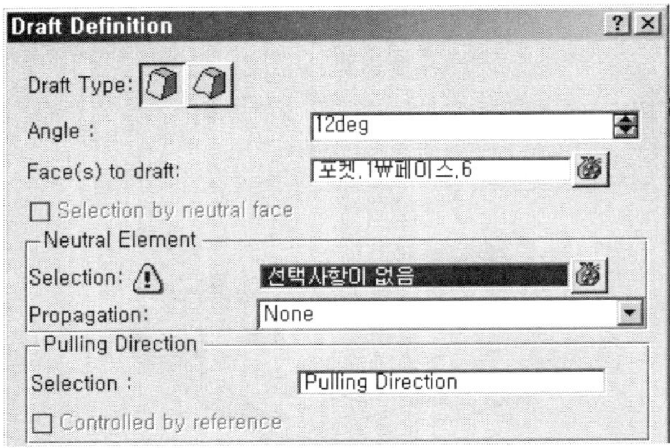

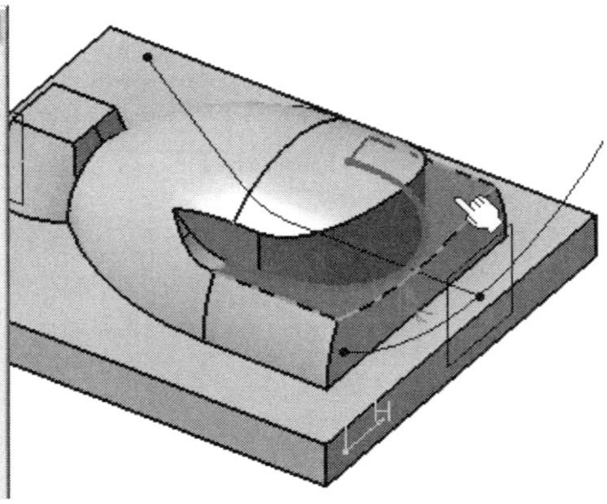

72 미리보기 및 OK를 누른다.

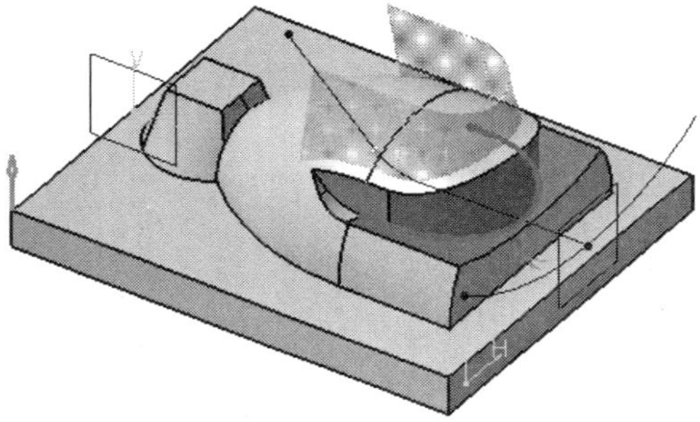

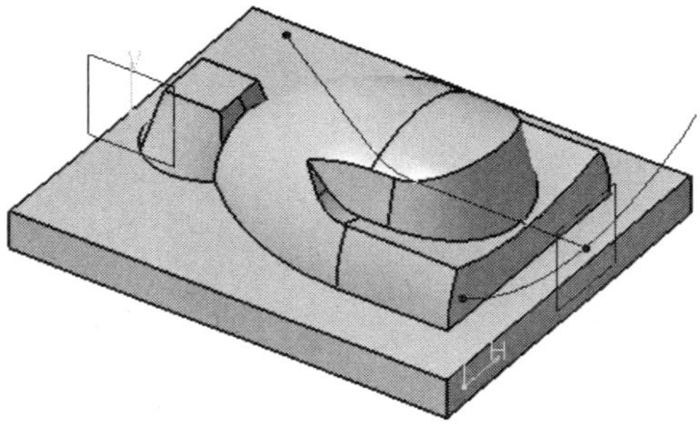

73 Plane( )을 실행한다.

① 평면에서 오프셋으로 설정하고, ② 레퍼런스는 윗면을 선택한다. ③ 오프셋 값을 입력한다.
④ 미리보기 및 확인을 한다.

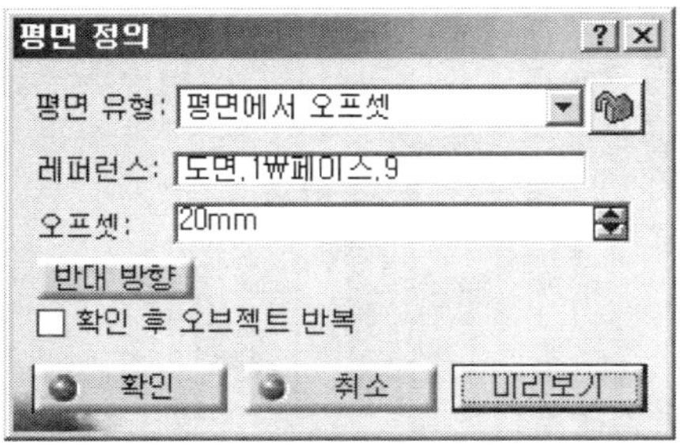

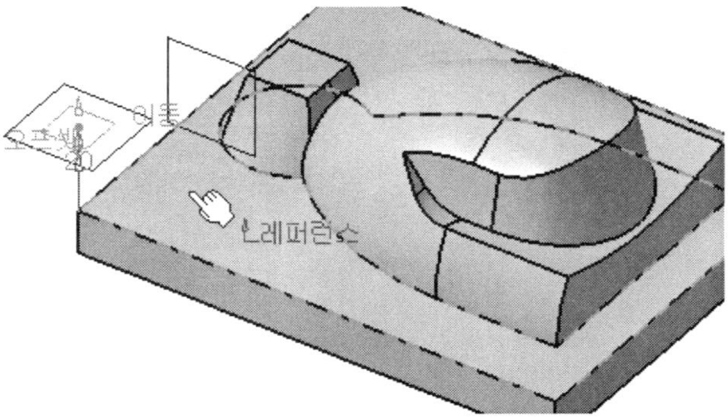

74 위치 지정 스케치( )를 실행하고, 생성한 Plane을 지정한다. H(x)방향와 V(y)방향을 체크하고, 확인을 누른다.

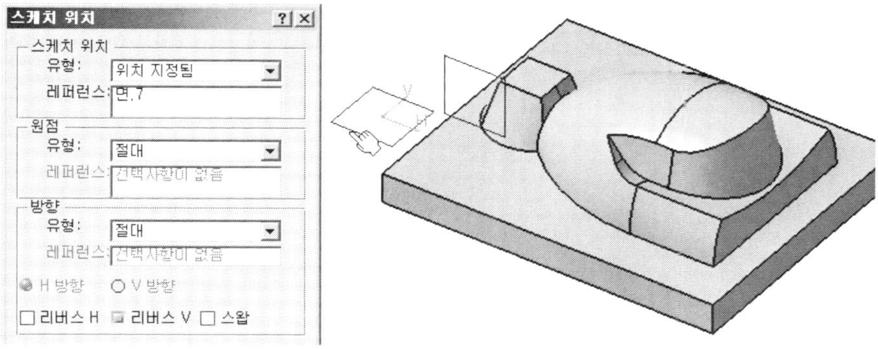

75 연장된 홀( )을 실행하고, 각점을 클릭하여 연장된 홀을 생성한다.

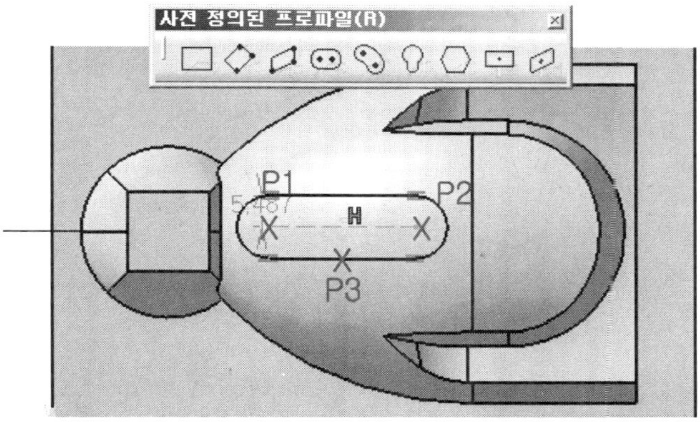

76 제약조건( )으로 치수를 입력한다. 워크벤치 종료( )를 한다.

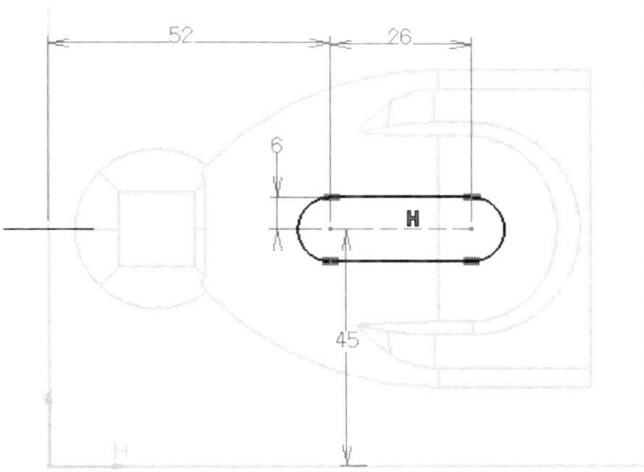

77 Pocket( )을 실행한다. Type을 [Up to last]로 설정하고, 방향은 위로 한다.

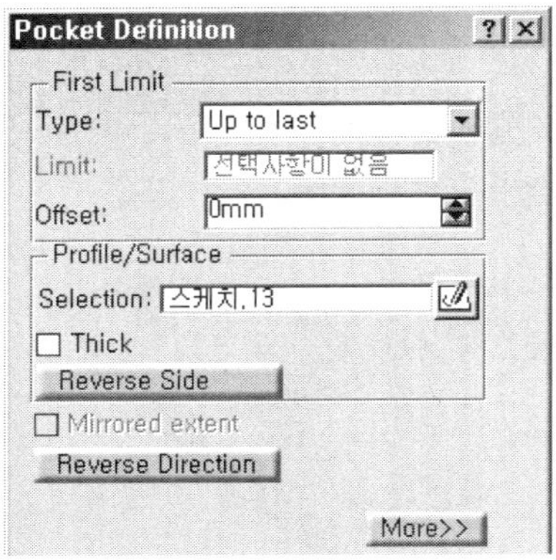

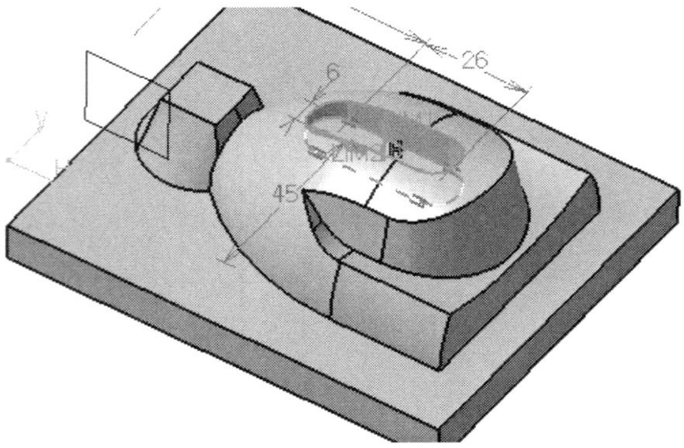

78 Draft Angle( )을 실행한다.

① Draft 방향을 확인한다. ② Angle 값을 입력한다.

③ Face(s) to draft 항목을 클릭하고, 측면을 선택한다.

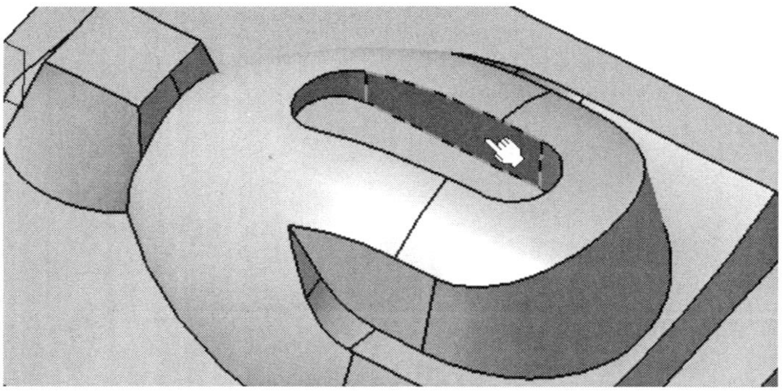

79 Selection 항목을 클릭하고, 연장된 홀의 바닥면면을 지정한다.

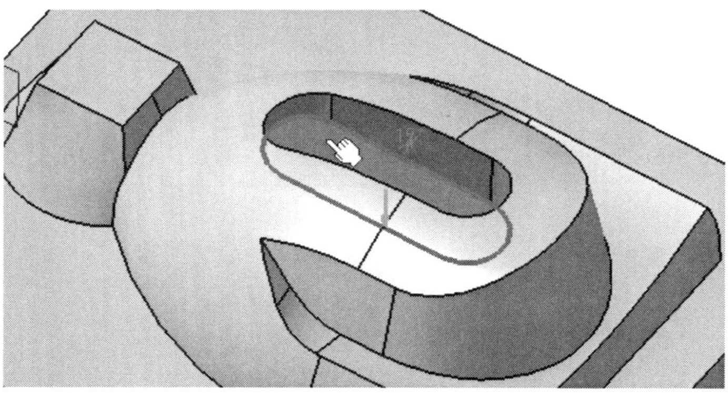

80 미리보기를 한다. 아래 왼쪽 그림처럼 방향이 안쪽이면 Angle 값에 [-]를 붙여준다.

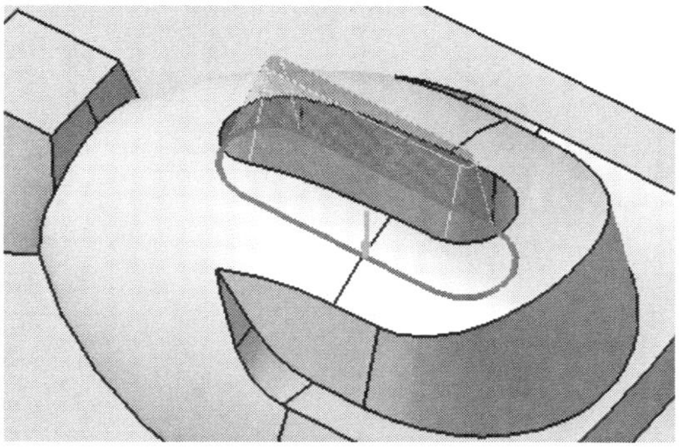

[Angle = 15도일 때]

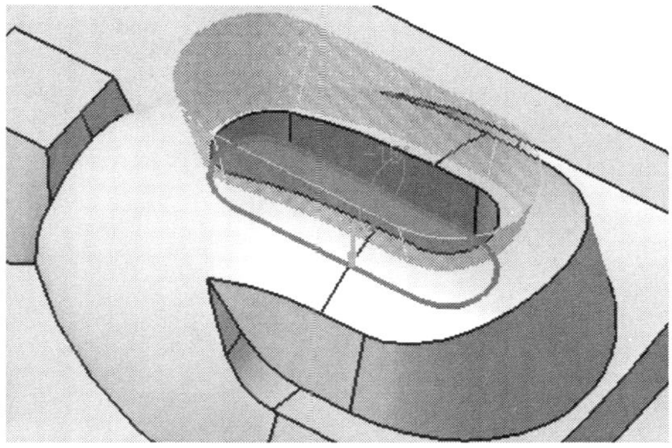

[Angle = −15도일 때]

81 OK를 누른다.

82 Edge Fillet( )으로 표시된 모서리에 반지름 10만큼 라운드를 한다.

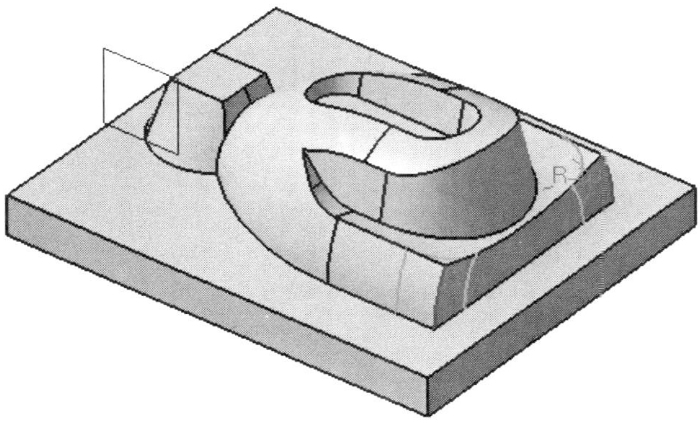

83 Edge Fillet( )으로 표시된 모서리에 반지름 2만큼 라운드를 한다.

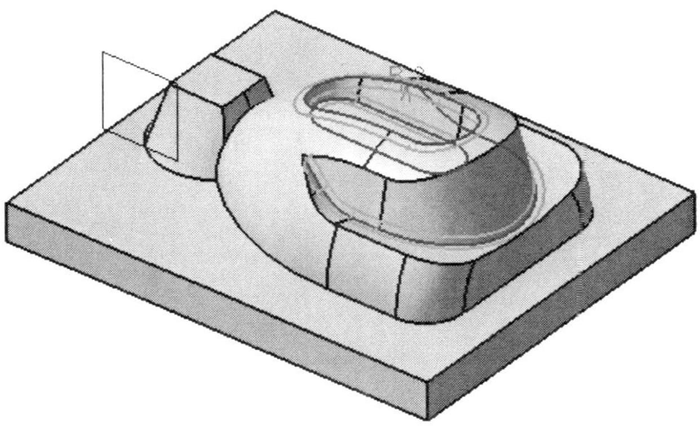

84 Edge Fillet( )으로 표시된 모서리에 반지름 2만큼 라운드를 한다.

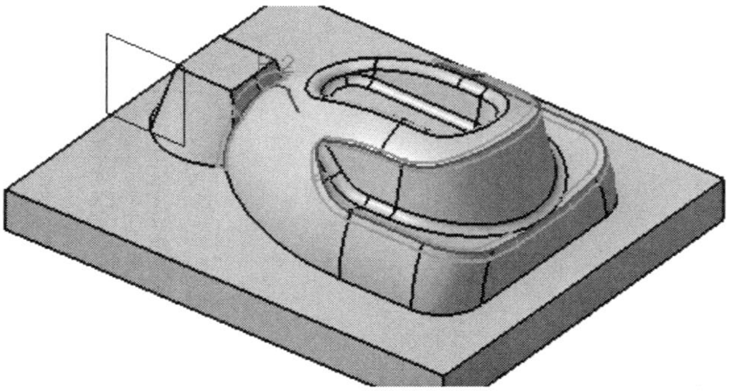

85 Edge Fillet( )으로 바닥 모서리에 반지름 1만큼 라운드를 한다. 형상이 완성되었다.

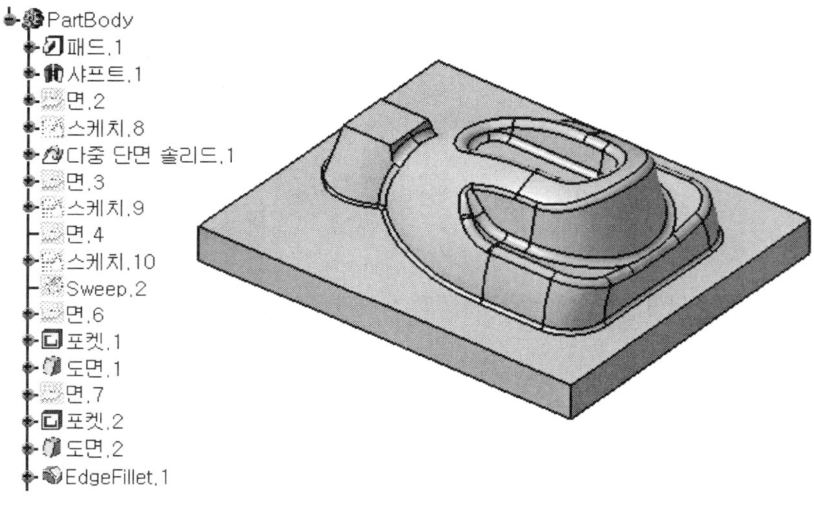

6 다음의 도면을 참고로 형상을 모델링한다

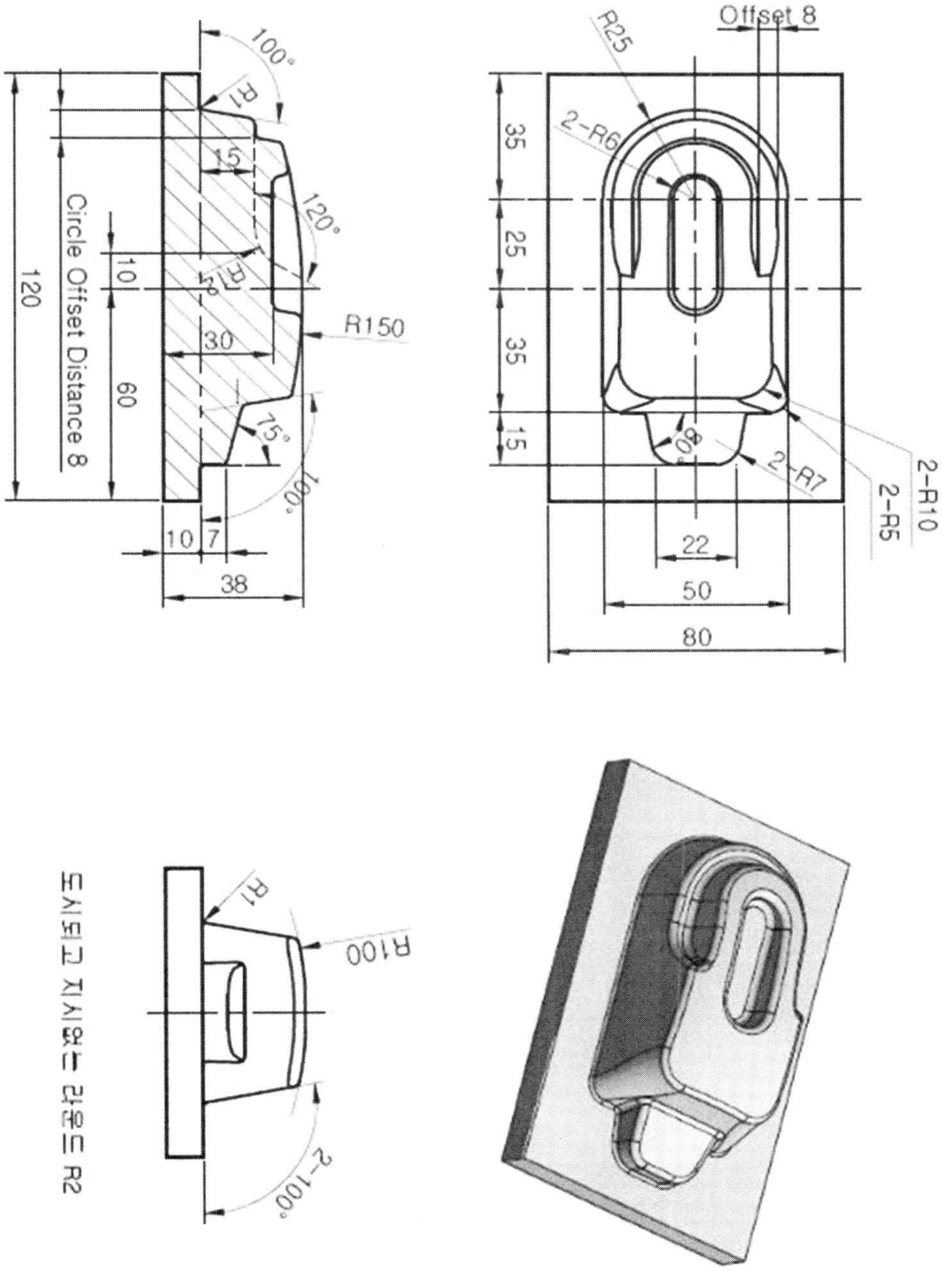

01 시작 〉 기계 디자인 〉 Part Design을 누른다.

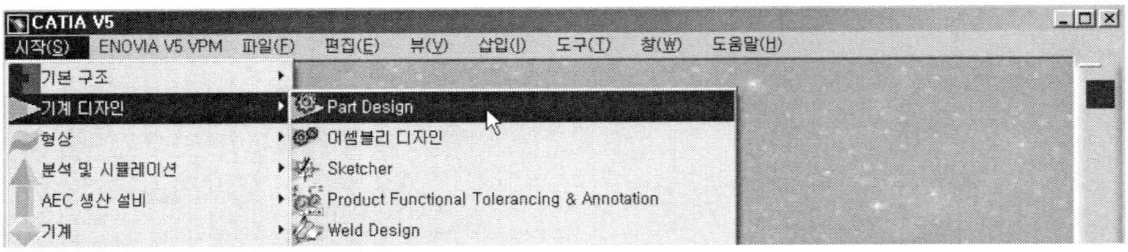

02 작업할 파트의 이름을 입력하고 확인을 누른다.

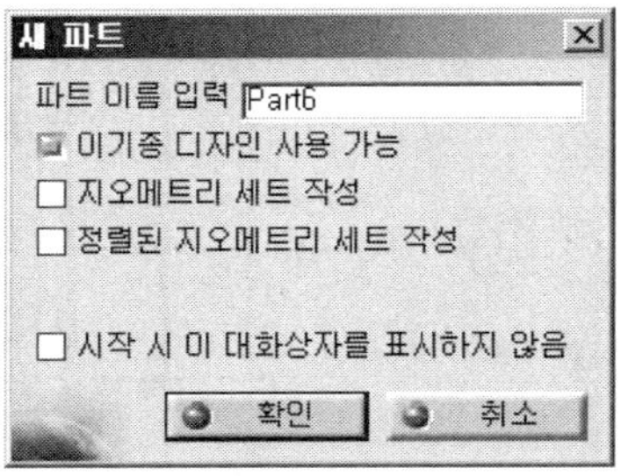

03 스케치(아이콘) 버튼을 눌러 실행하고, xy 평면을 지정한다.

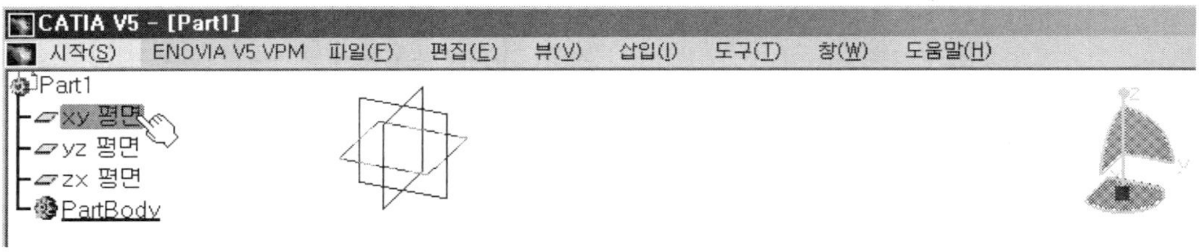

04 직사각형(아이콘)으로 사각형을 작성하고, 제약조건(아이콘)으로 치수를 입력한다.

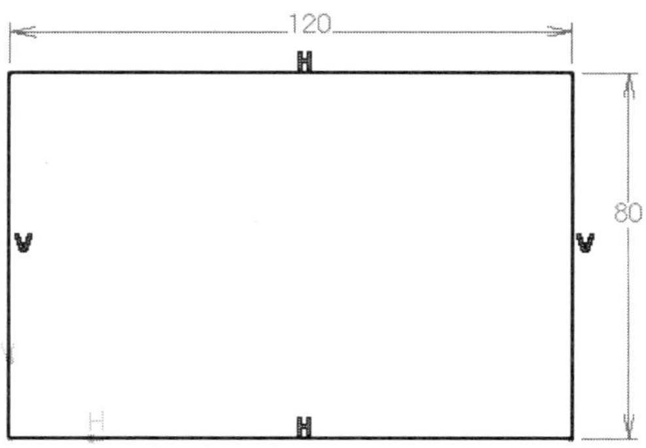

05 워크벤치 종료( )를 누른다.

06 Pad( )를 실행하고, Length 값을 입력하고, 방향을 아래로 한다.

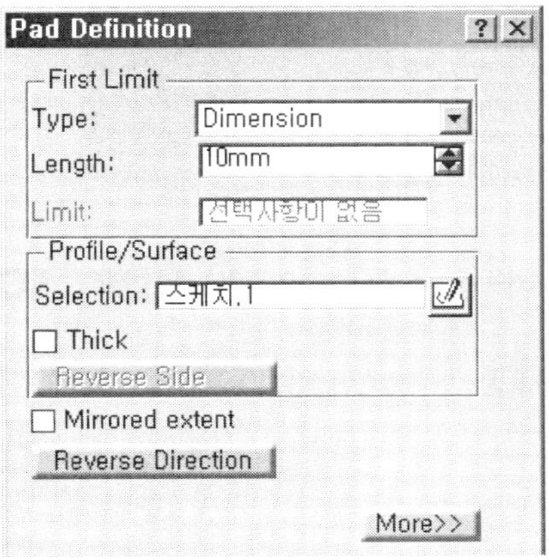

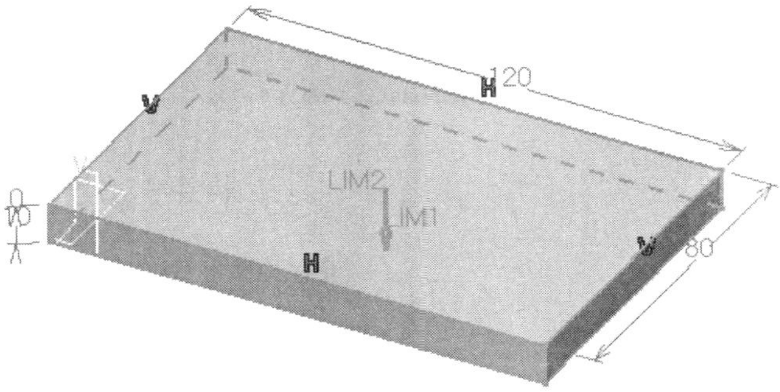

07 스케치( )를 실행하고, 형상 윗면을 클릭하여 지정한다.

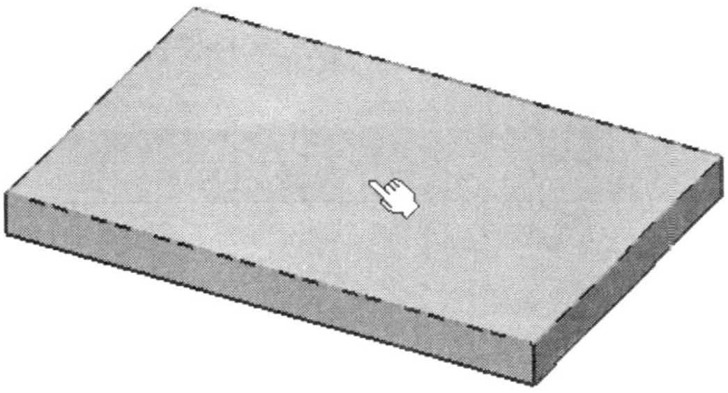

08 원( )을 그리고, 제약조건( )으로 치수를 입력한다.

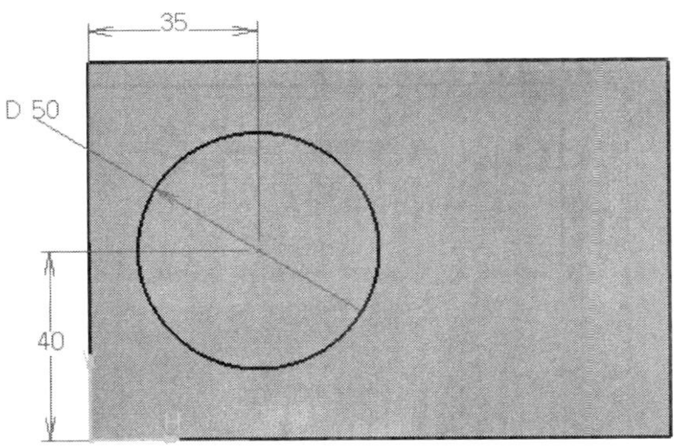

09 프로파일( )로 선을 그린다.

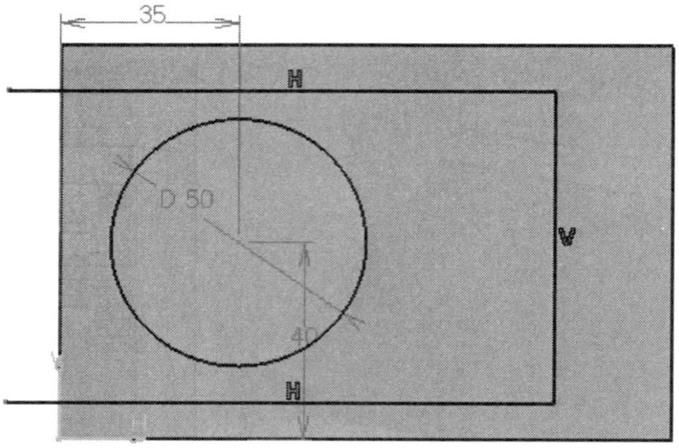

10 제약조건( )으로 원(P1)과 선(P2)을 "접점"시킨다.

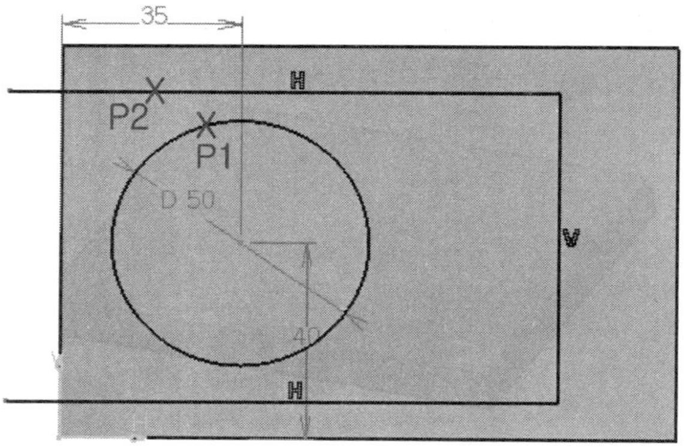

11 아래에도 제약조건( )으로 원(P1)과 선(P2)을 "접점"시킨다.

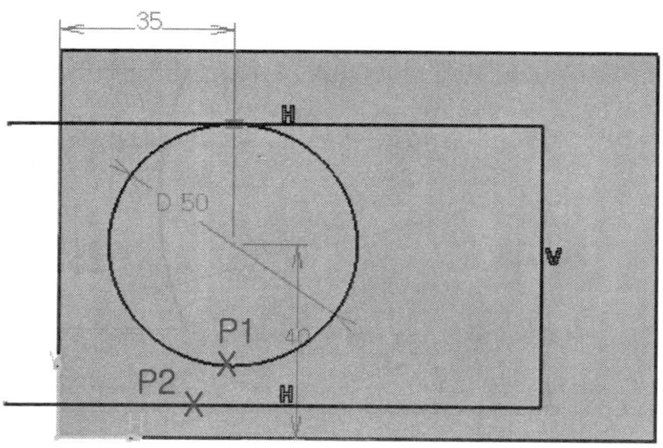

12 제약조건( )으로 치수를 입력한다.

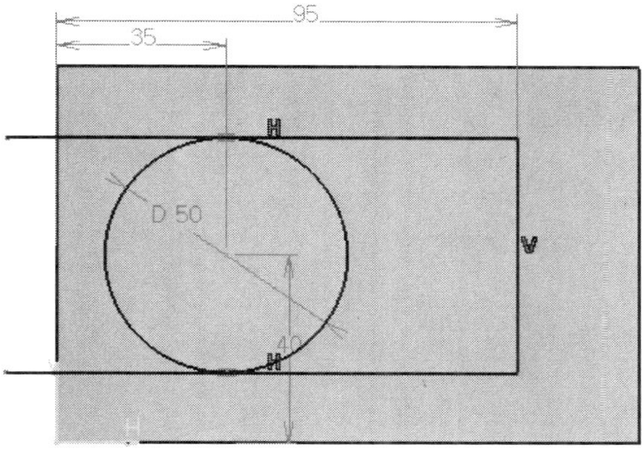

13 즉시 자르기( )로 필요가 없는 부분을 잘라낸다. 워크벤치 종료( )를 한다.

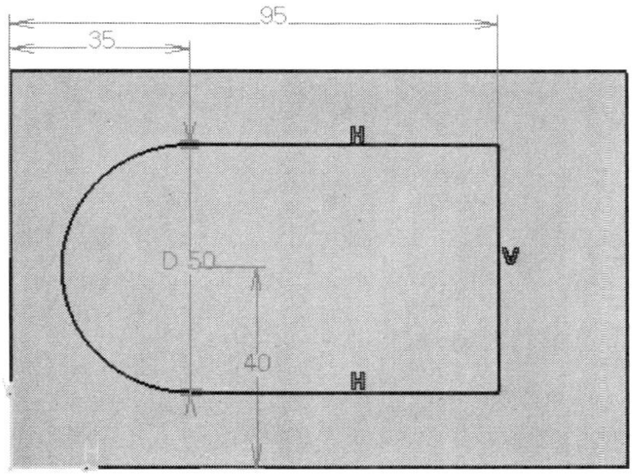

14 Pad( )를 실행하고, Length 값을 입력하고, 미리보기 및 OK를 누른다.

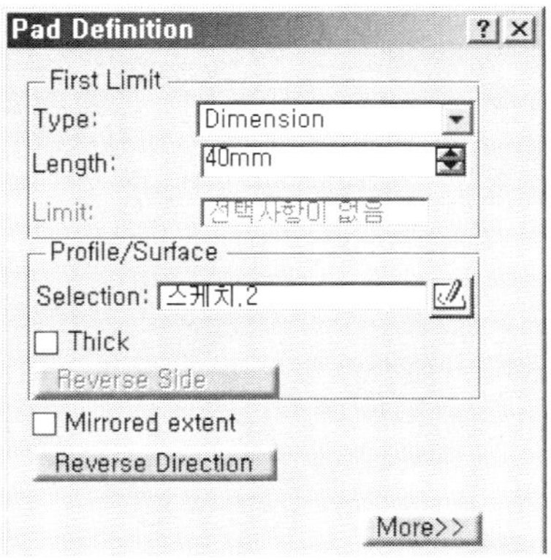

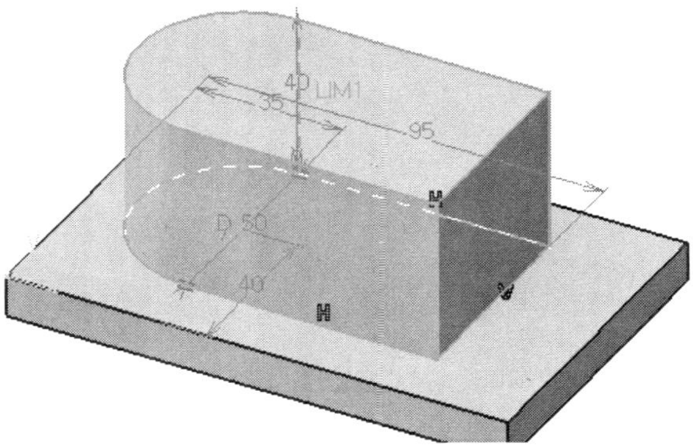

15 Draft Angle( )을 실행한다.

① Draft 방향을 확인한다. ② Angle 값을 입력한다.

③ Face(s) to draft 항목을 클릭하고, 모든 측면을 선택한다.

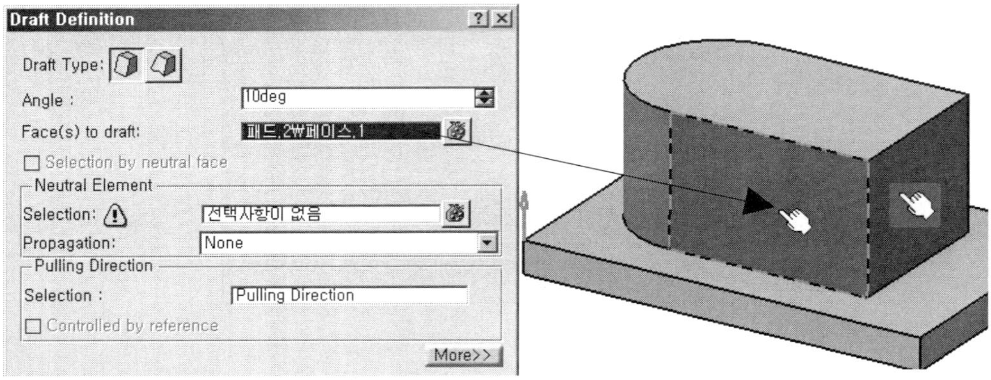

16 Selection 항목을 클릭하고, 형상 윗면을 지정한다.

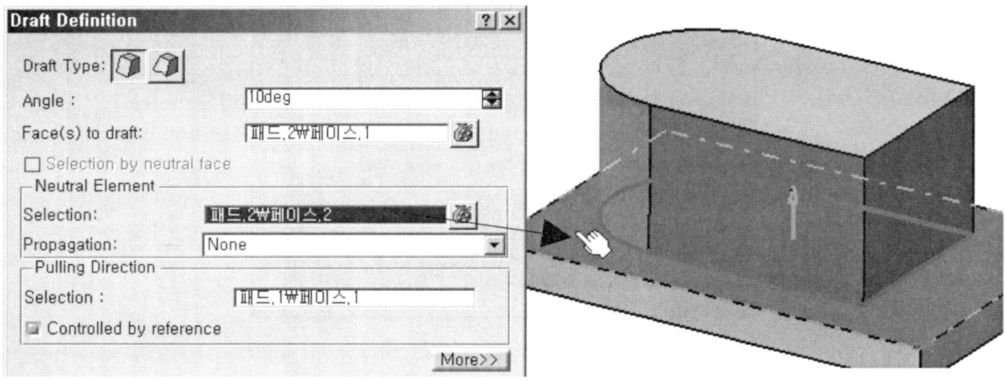

17 미리보기 및 OK를 누른다.

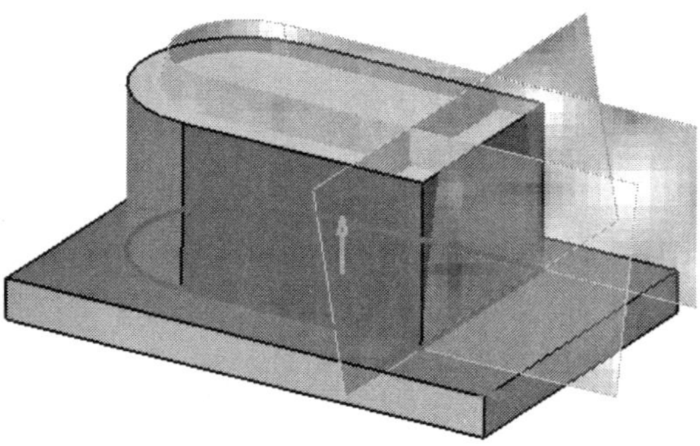

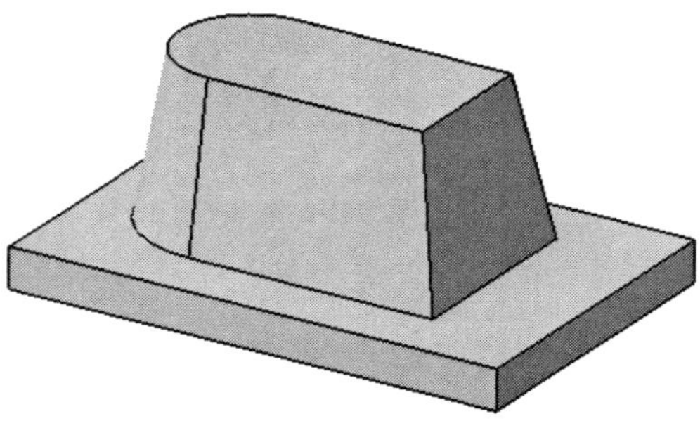

18 Plane(▱)을 실행한다.

① 평면에서 오프셋으로 설정하고, ② 레퍼런스는 앞면을 선택한다. ③ 오프셋 값을 입력한다.
④ 반대방향 버튼을 누른 후, ⑤ 미리보기 및 확인을 한다.

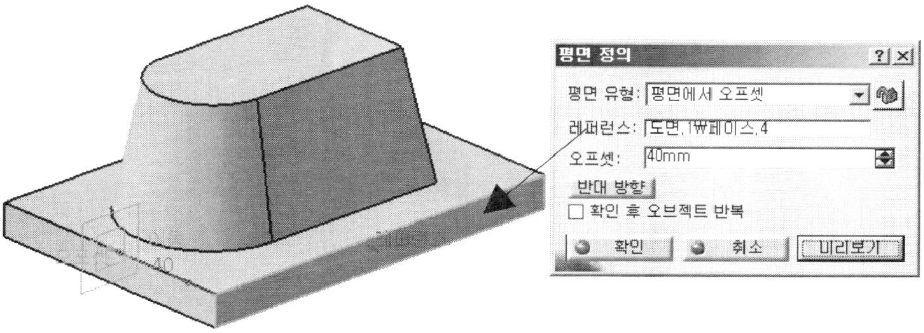

19 시작 〉 기계 디자인 〉 Wireframe and surface Design을 누른다.

20 교차( )를 실행한다. 생성한 Plane과 형상을 선택한다.
미리보기 및 확인을 누른다. 교차선이 생성되었다.

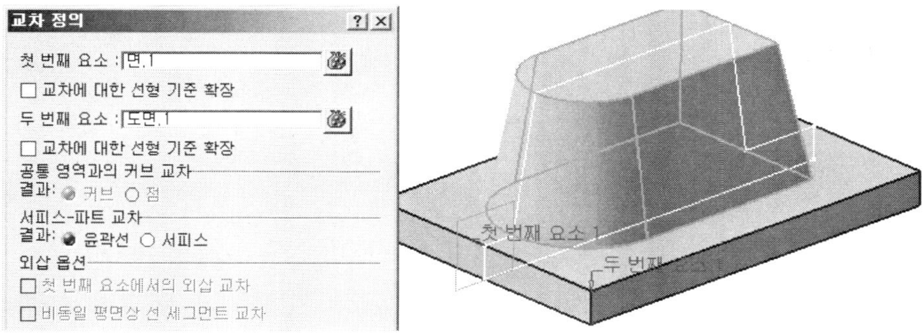

21 위치 지정 스케치( )를 실행하고, 생성한 Plane을 지정한다.
H(x)방향와 V(y)방향을 체크하고, 확인을 누른다.

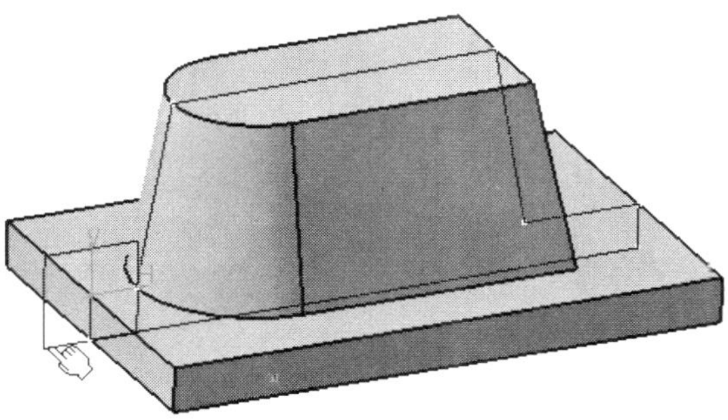

22 세 점 호( )로 호를 작성하고, 제약조건( )으로 치수를 입력한다. 워크벤치 종료( )를 누른다.

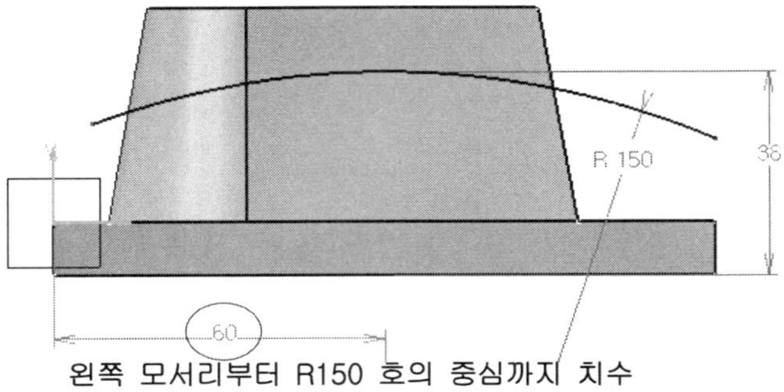

23 Plane( )을 실행한다.

① 커브에 수직으로 설정하고, ② 커브는 호를 선택한다. ③ 점은 끝점을 선택한다.
④ 미리보기 및 확인을 한다.

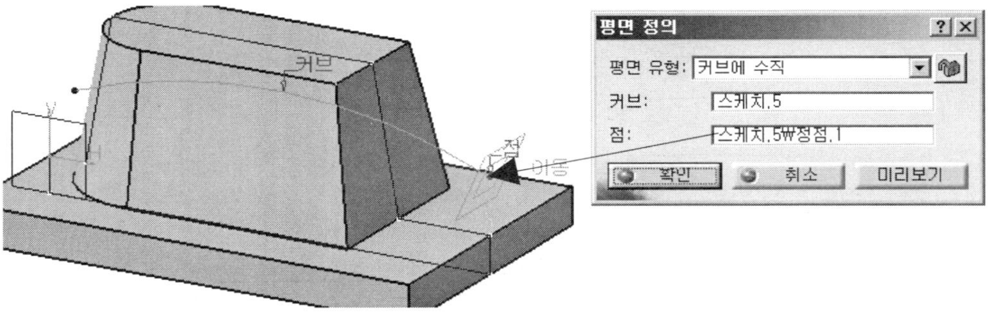

24 위치 지정 스케치( )를 실행하고, 생성한 Plane을 지정한다.
H(x)방향와 V(y)방향을 체크하고, 확인을 누른다.

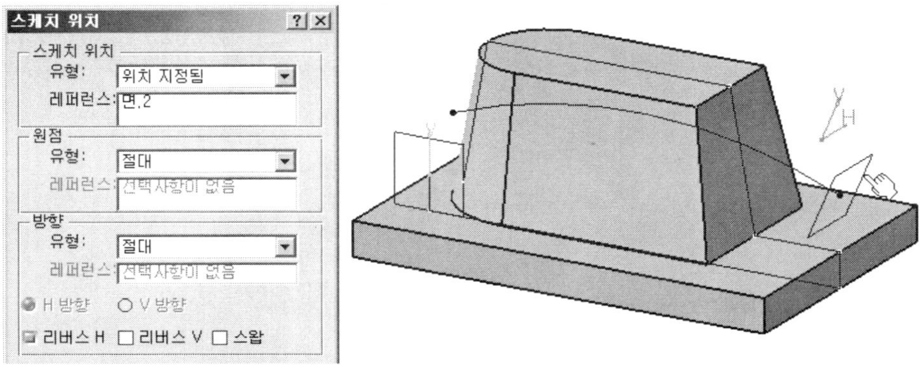

25 세 점 호( )를 이용하여 호를 작성한다.

26 제약조건( )으로 호(P1)와 점(P2)을 선택하고, "일치"시킨다.

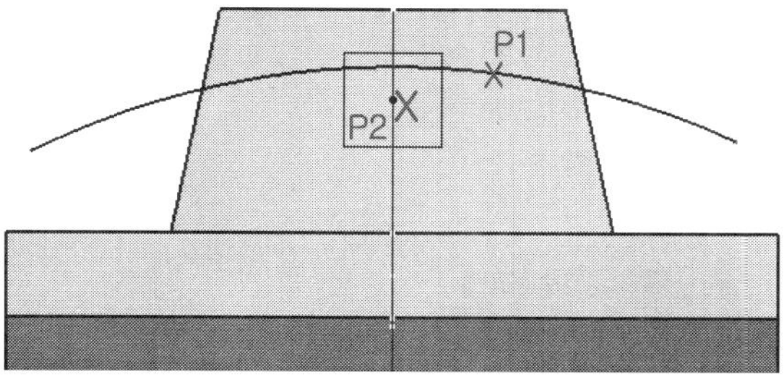

27 제약조건( )으로 호의 반지름 치수와 측면부터 호의 중심점까지 치수를 입력한다.

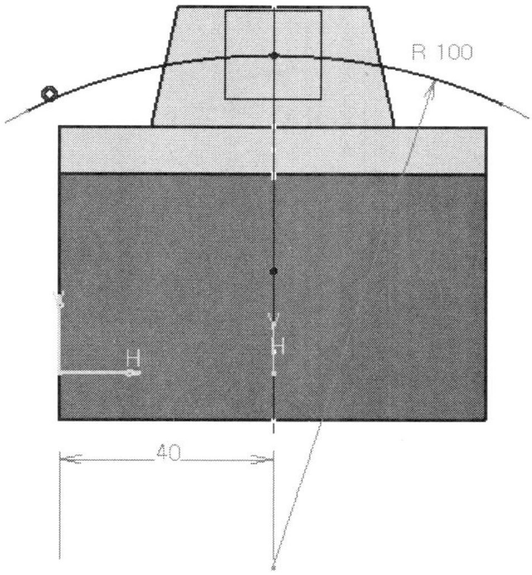

28 호의 양 끝점을 마우스로 드래그(Drag)하여 길이를 적당히 조정한다. 워크벤치 종료( )를 한다.

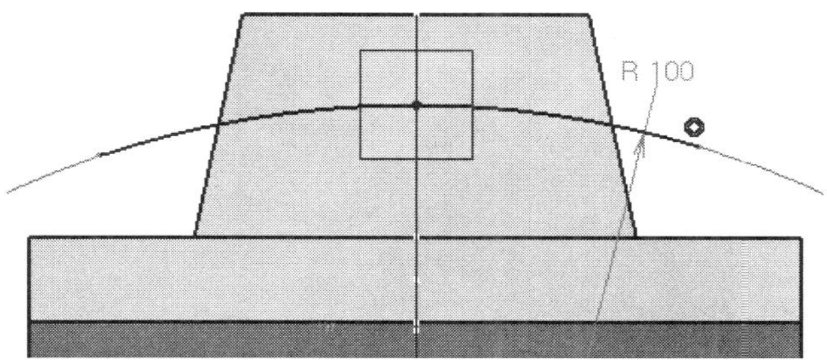

29 Sweep( )을 실행한다. 프로파일(P1)과 가이드 커브(P2)를 차례로 선택한다. 미리보기 및 확인을 누른다.

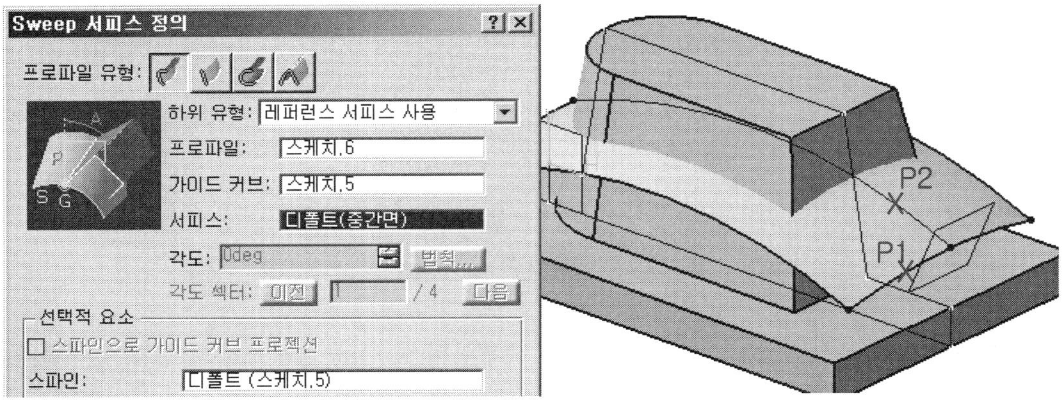

30 시작 〉 기계 디자인 〉 Part Design을 누른다.

31 Split( )을 실행한다. 곡면을 선택하고, 화살표 방향을 아래로 한다.

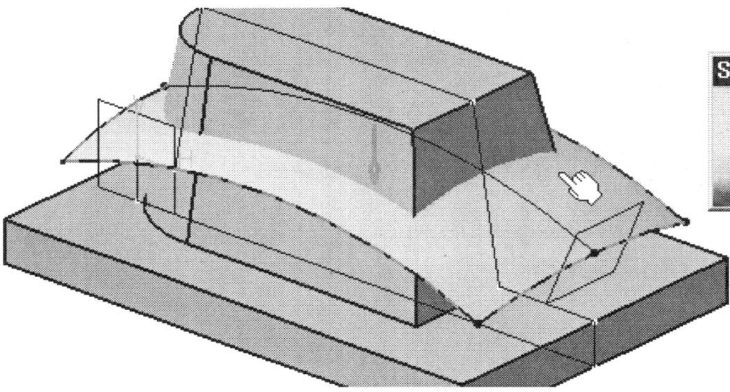

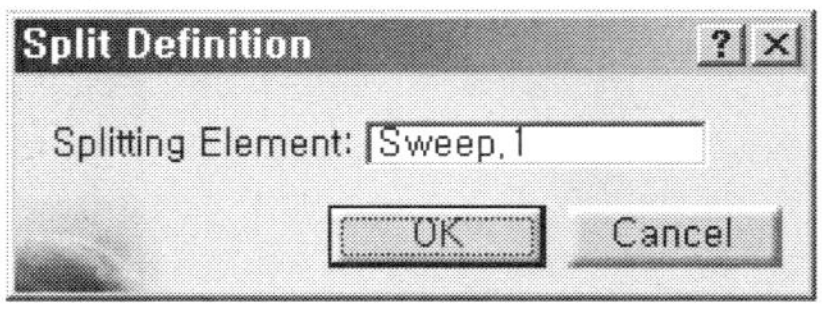

32 OK를 누른다. Sweep곡면을 "숨기기"한다.

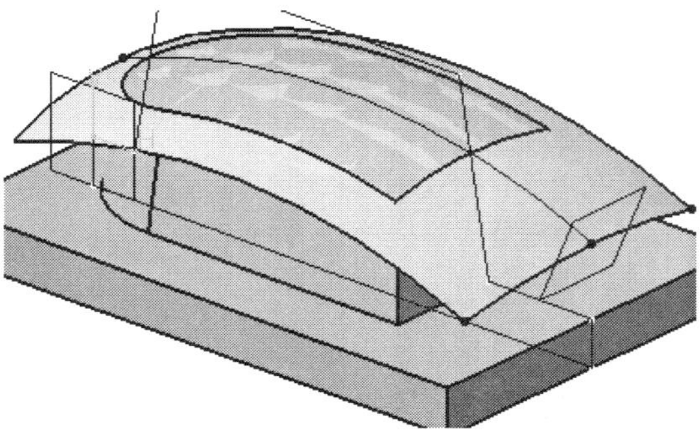

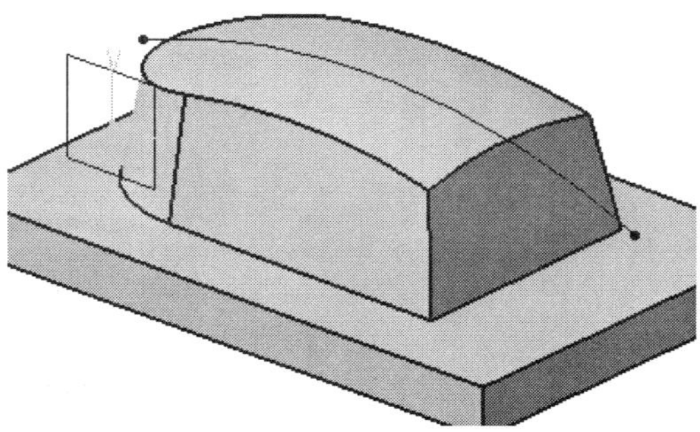

33 Plane( )을 실행한다.

① 평면에서 오프셋으로 설정하고, ② 레퍼런스는 윗면을 선택한다. ③ 오프셋 값을 입력한다.
④ 미리보기 및 확인을 한다.

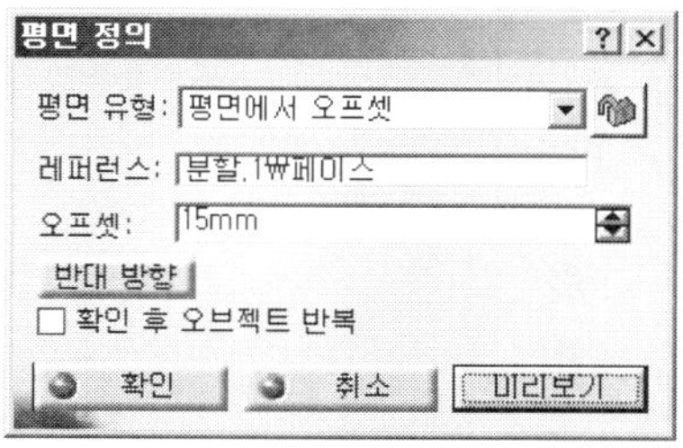

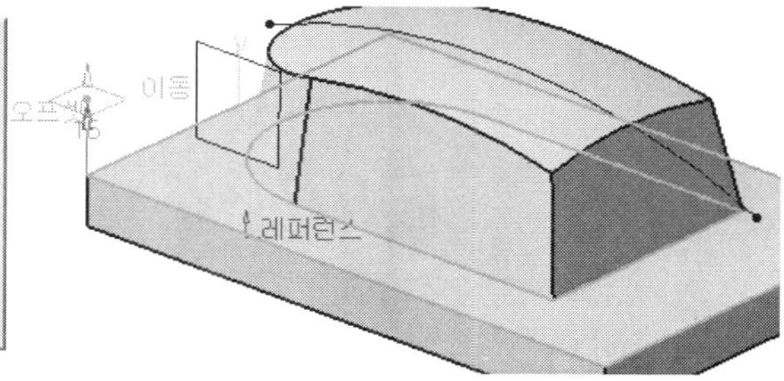

34 위치 지정 스케치( )를 실행하고, 생성한 Plane을 지정한다.
H(x)방향와 V(y)방향을 체크하고, 확인을 누른다.

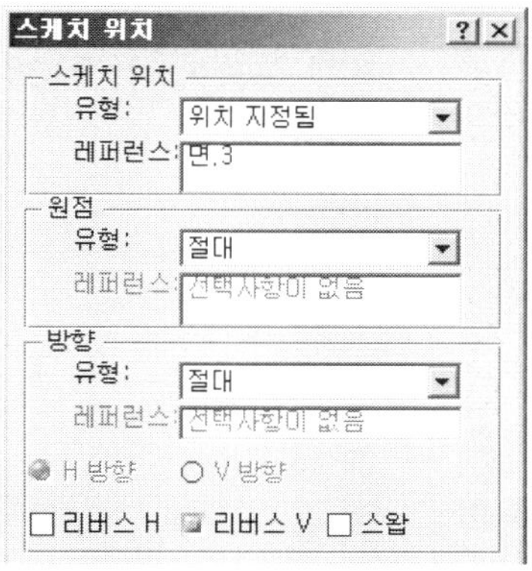

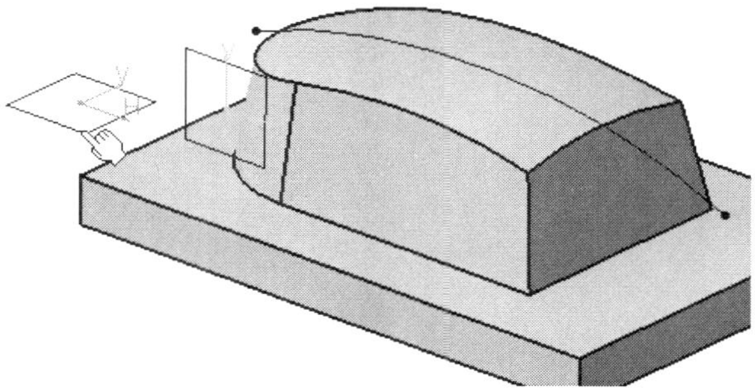

35 오프셋( )을 실행한다.

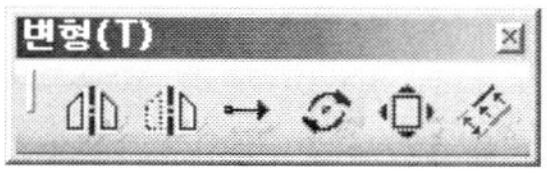

36 바깥쪽 원형 모서리(P1)를 선택하고, 안쪽 방향(P2)클릭한다.

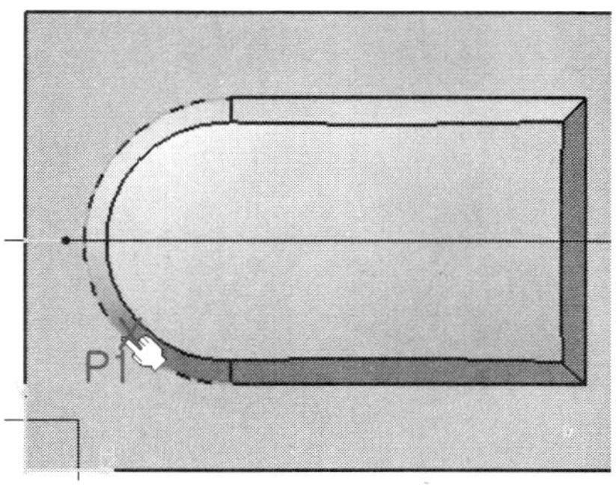

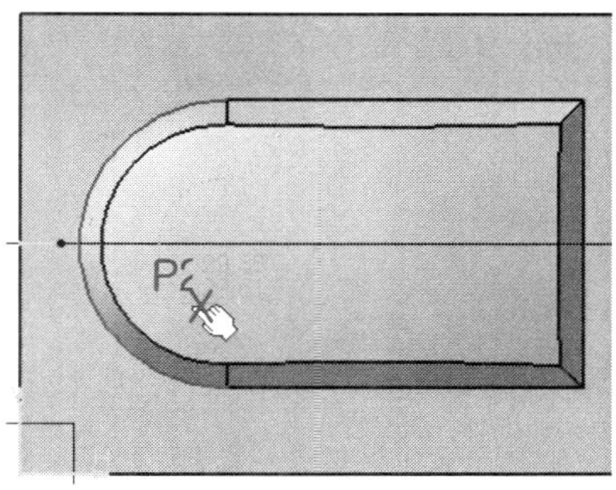

37 생성된 치수를 더블클릭하여 치수를 변경한다. [-8]입력.

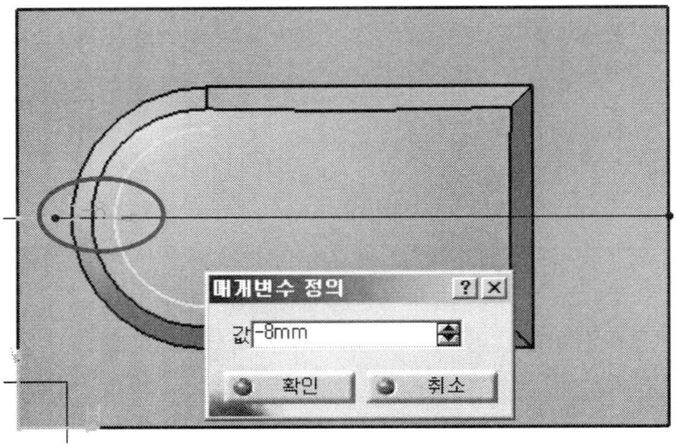

38 프로파일( )을 이용하여 선을 그려주고, 제약조건( )으로 치수를 입력한다. 워크벤치 종료( )를 한다.

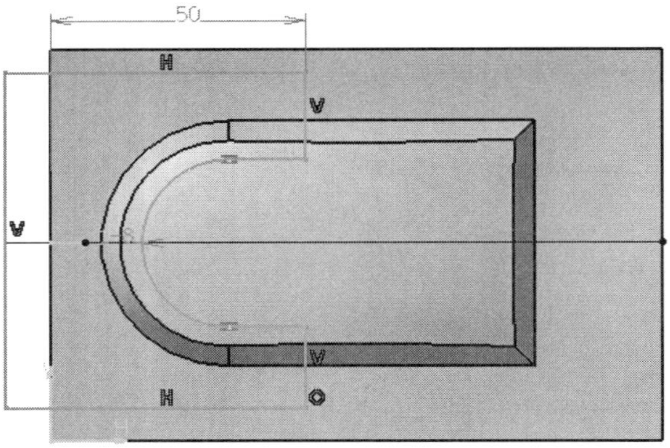

39 Pocket( )을 실행한다. Type을 [Up to last]로 설정하고, 방향을 위로 한다.

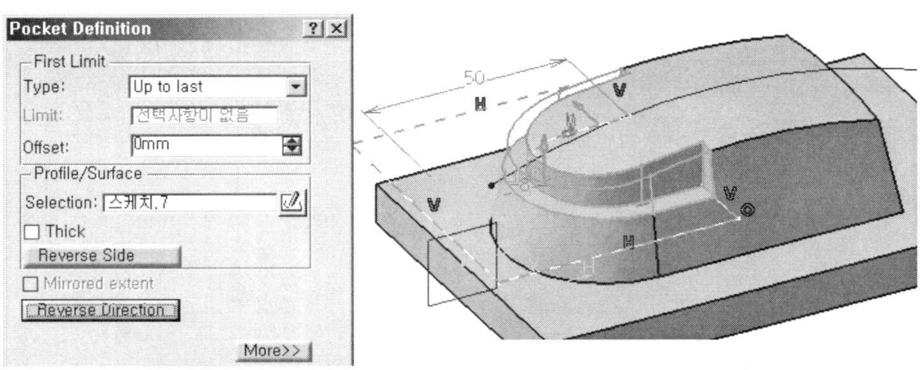

40 Draft Angle()을 실행한다.

① Angle 값을 입력한다. ② Face(s) to draft 항목을 클릭하고, 두 군데 측면을 선택한다.

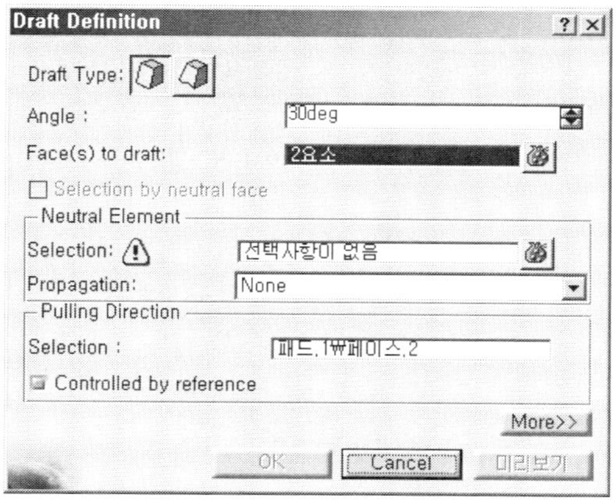

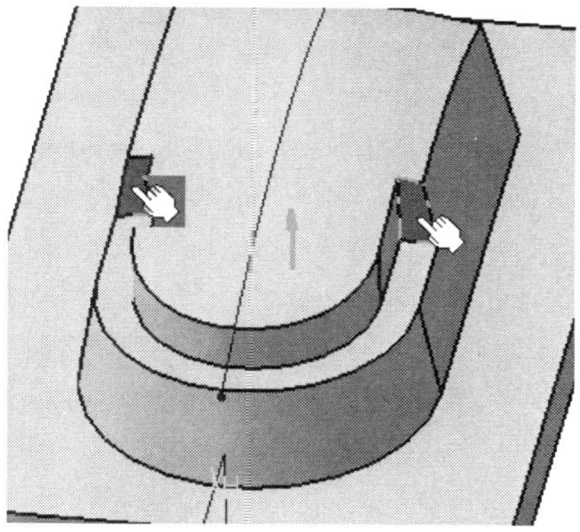

41 Selection 항목을 클릭하고, 형상 윗면을 지정한다.

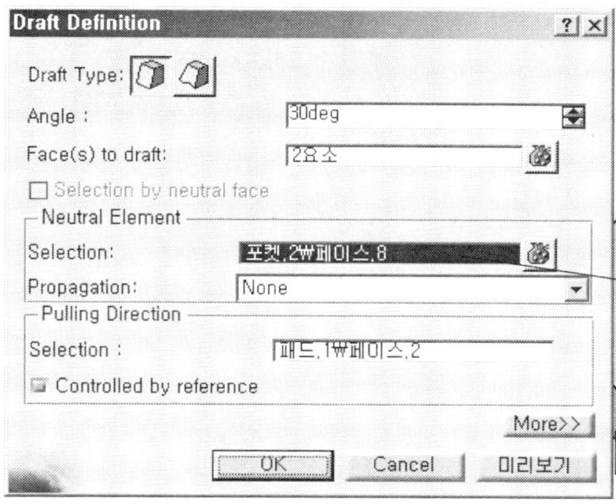

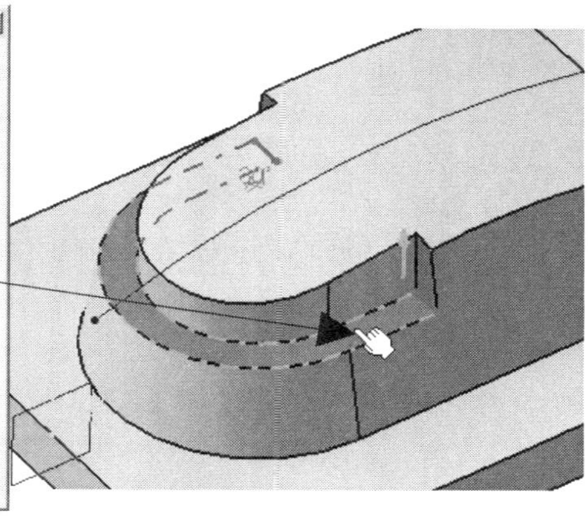

42 미리보기 및 OK를 누른다.

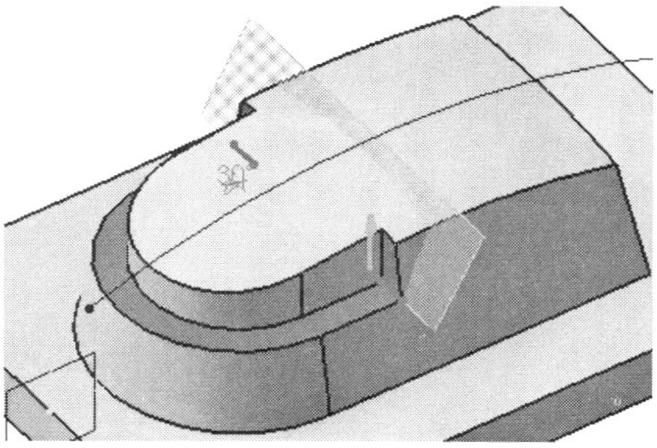

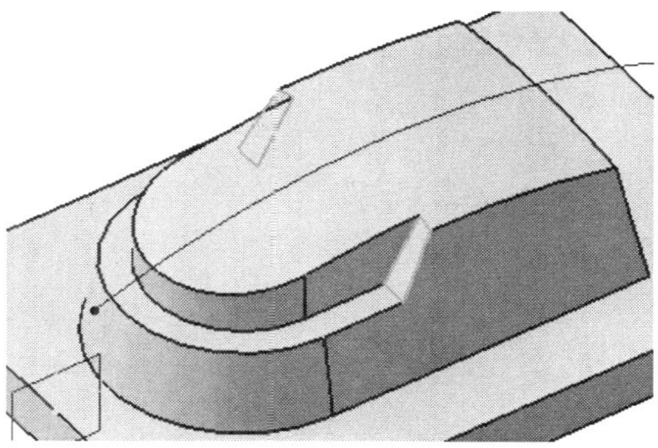

43 다시 Draft Angle( )을 실행한다.

① Angle 값을 입력한다. ② Face(s) to draft 항목을 클릭하고, 측면을 선택한다.

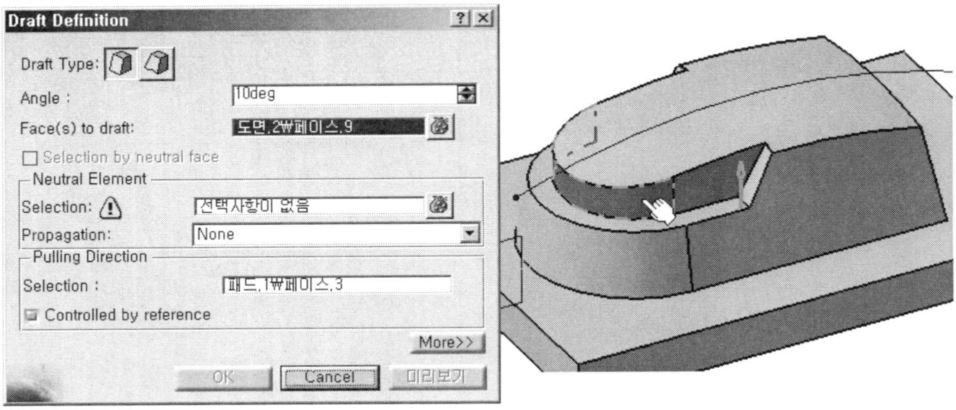

44 Selection 항목을 클릭하고, 형상 윗면을 지정한다.

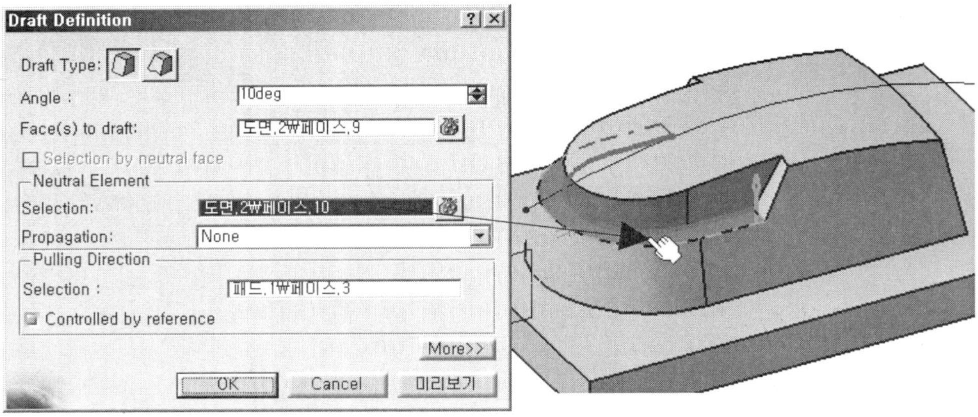

45 미리보기 및 OK를 누른다.

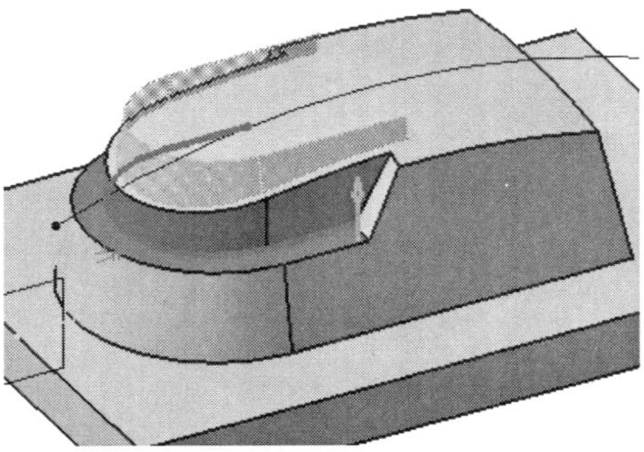

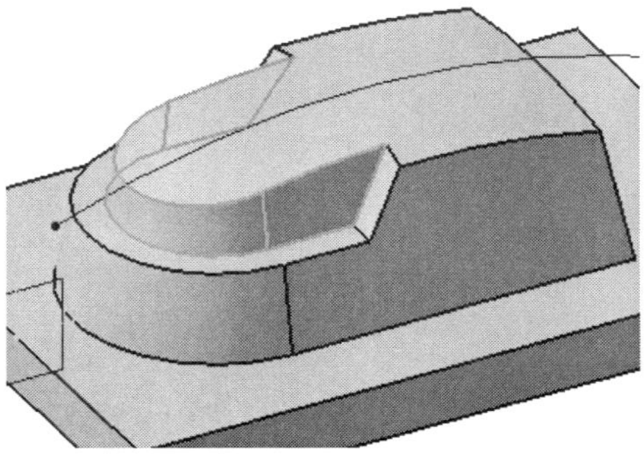

46 Plane( )을 실행한다.

① 평면에서 오프셋으로 설정하고, ② 레퍼런스는 윗면을 선택한다. ③ 오프셋 값을 입력한다.
④ 미리보기 및 확인을 한다.

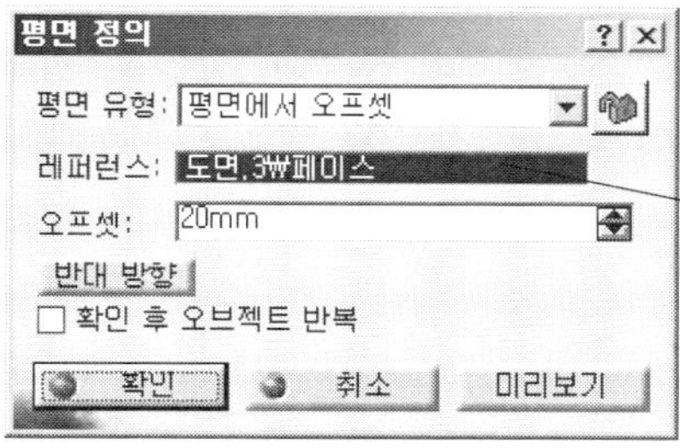

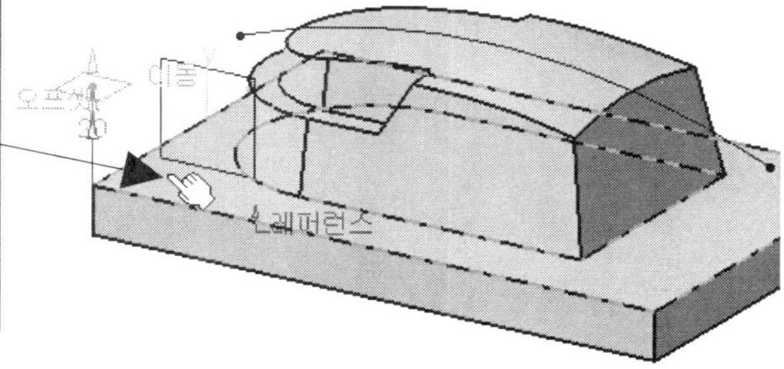

47 위치 지정 스케치( )를 실행하고, 생성한 Plane을 지정한다.
H(x)방향와 V(y)방향을 체크하고, 확인을 누른다.

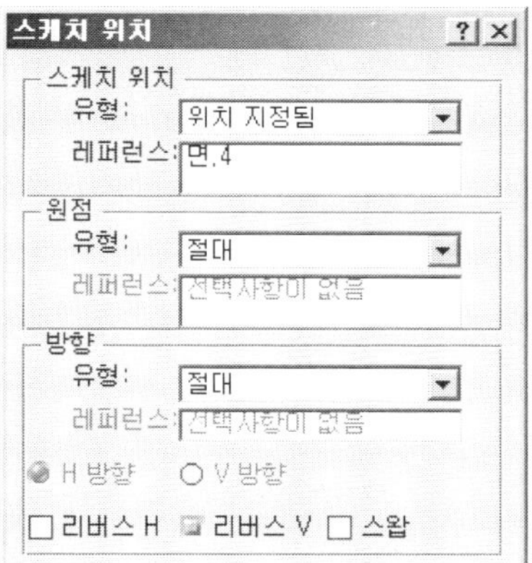

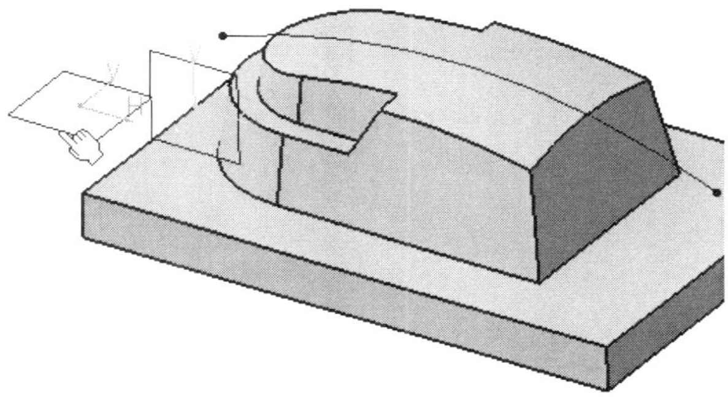

48 연장된 홀( )을 실행하고, 작성한다.

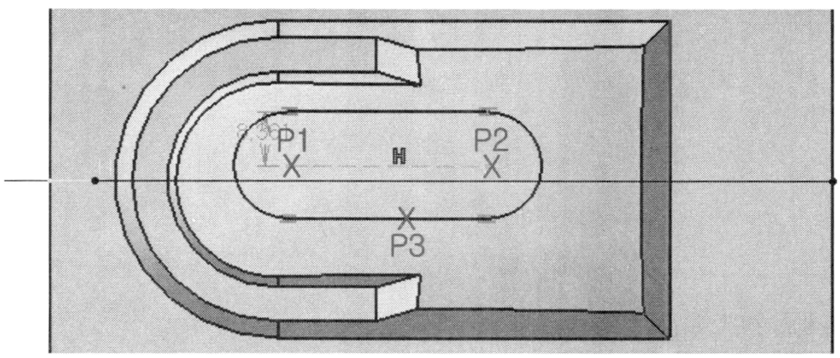

49 제약조건( )으로 원형 모서리(P1)와 연장된 홀(P2)을 “동심성”한다.

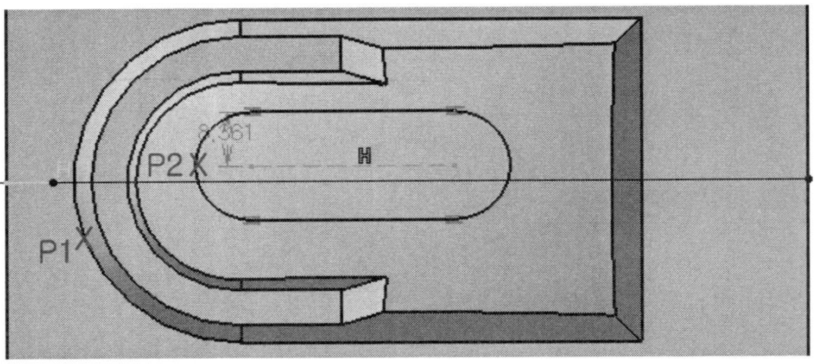

50 제약조건( )으로 치수를 입력한다. 워크벤치 종료( )를 한다.

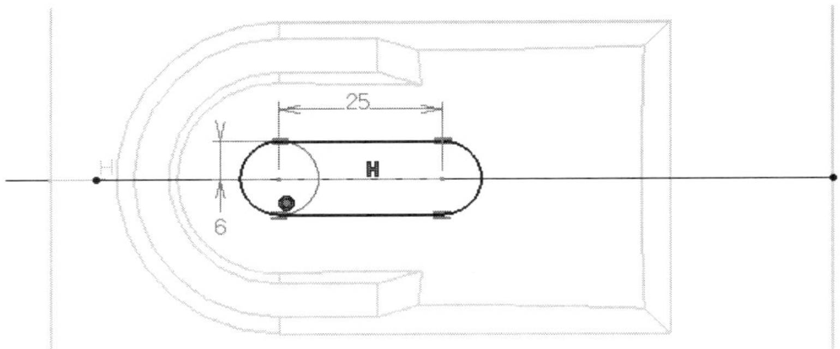

51 Pocket( )을 실행한다. Type을 [Up to last]로 설정하고, 방향으로 위로 한다.

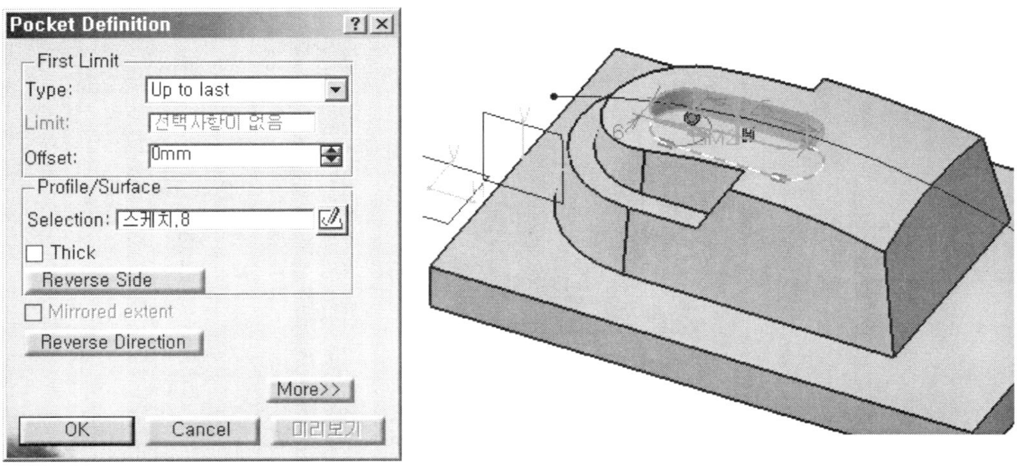

52 스케치()를 실행하고, 형상 윗면을 클릭하여 지정한다.

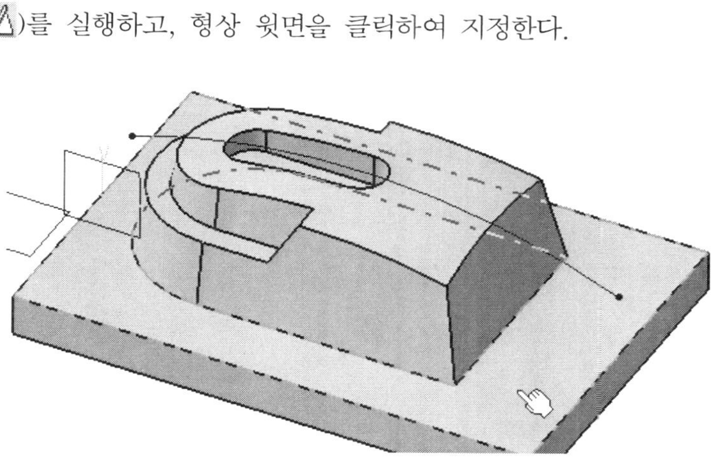

53 프로파일()을 이용하여 선을 그린다.

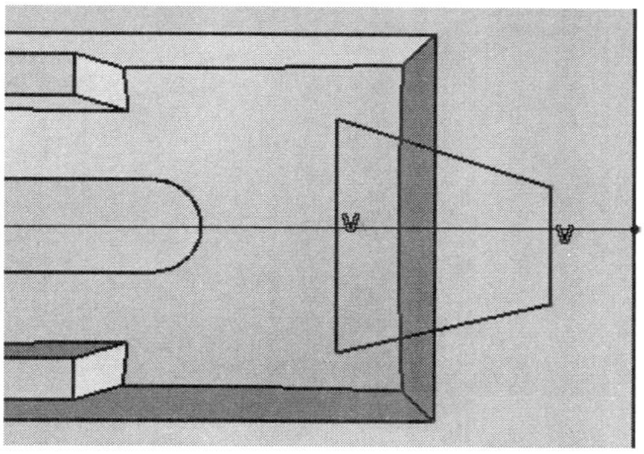

54 제약조건()으로 치수를 입력한다. 워크벤치 종료()를 한다.

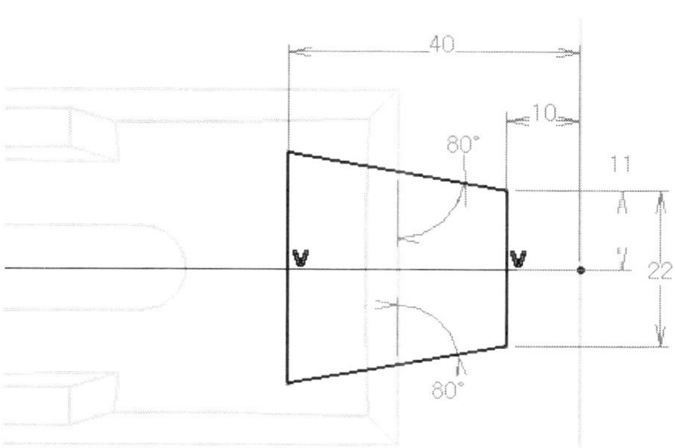

55 Pad( )를 실행하고, Length 값을 입력하고, 미리보기 및 OK를 누른다.

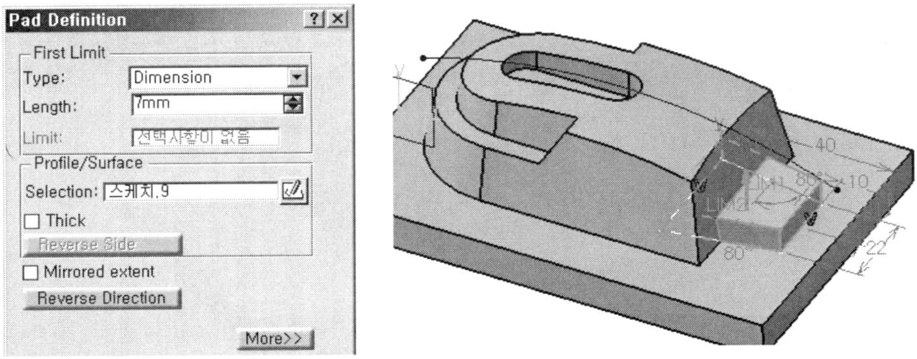

56 Draft Angle( )을 실행한다.

① Pulling Direction 항목을 클릭하고, 모서리를 선택한다. (Draft 방향 설정)

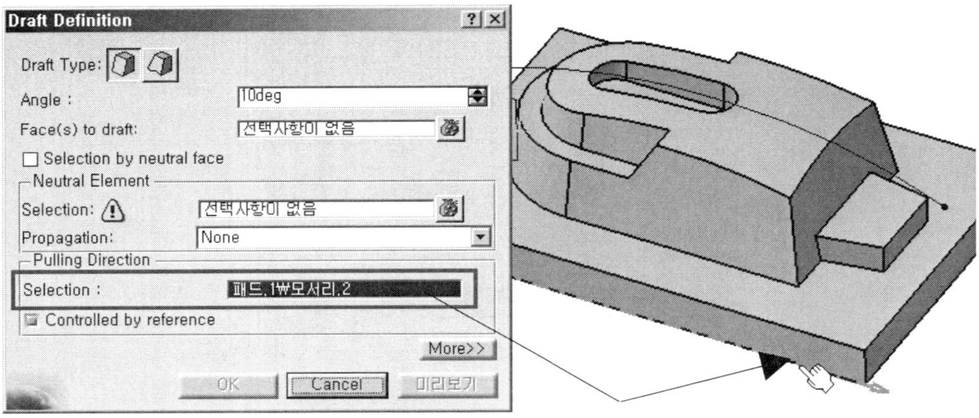

57 ② Angle 값을 입력한다. ③ Face(s) to draft 항목을 클릭하고, 윗면을 선택한다.

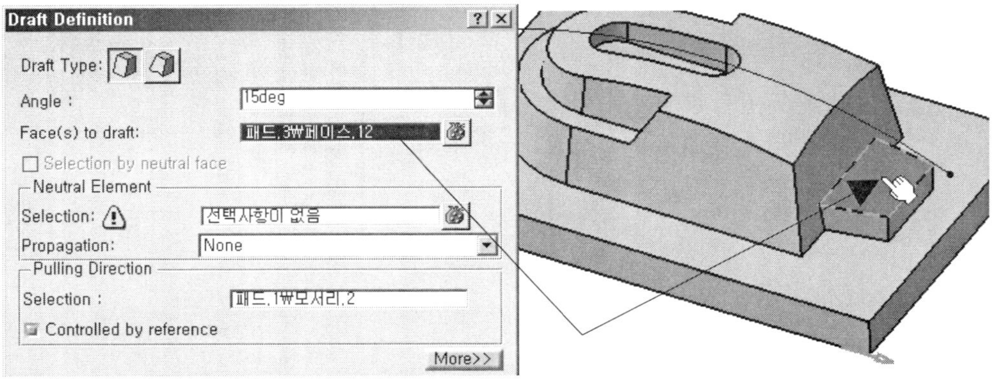

58 Selection 항목을 클릭하고, 형상 측면을 지정한다.

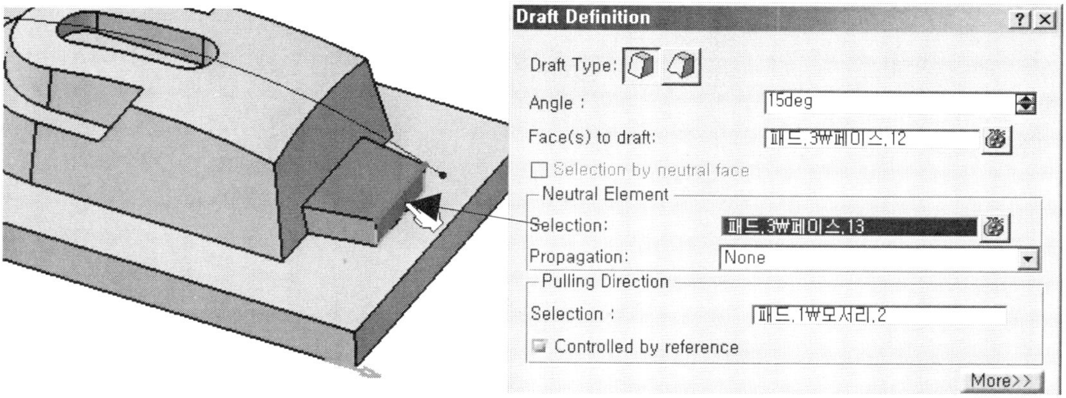

59 미리보기 및 OK를 누른다.

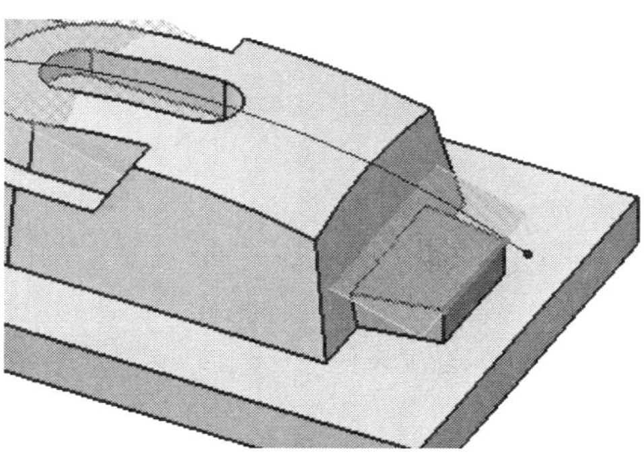

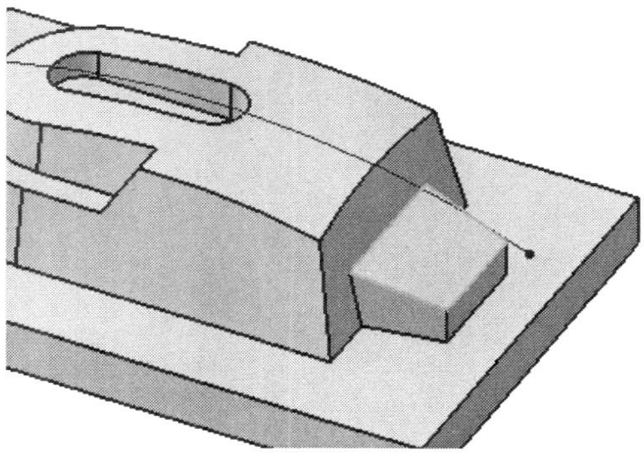

60 Edge Fillet( )으로 표시된 모서리에 반지름 12만큼 라운드를 한다.

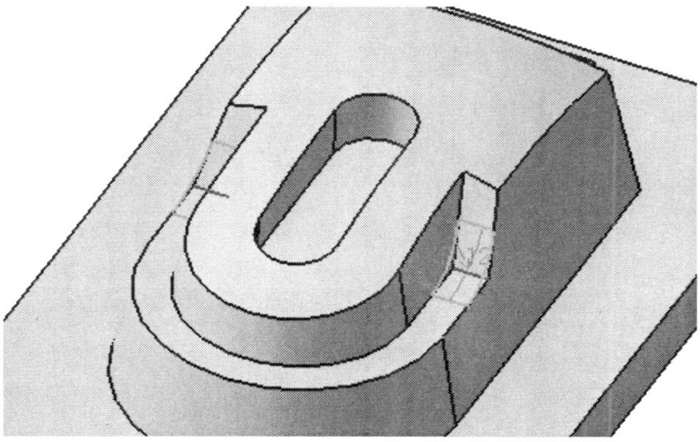

61 Edge Fillet( )으로 표시된 모서리에 반지름 7만큼 라운드를 한다.

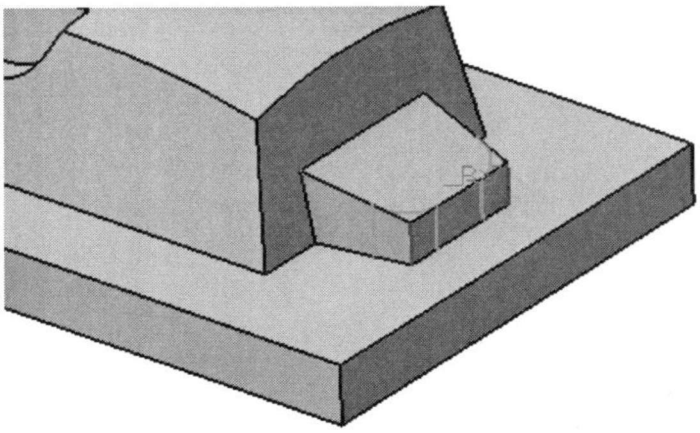

62 Variable Radius Fillet( )을 실행한다.

63 라운드가 적용될 모서리를 선택한다.

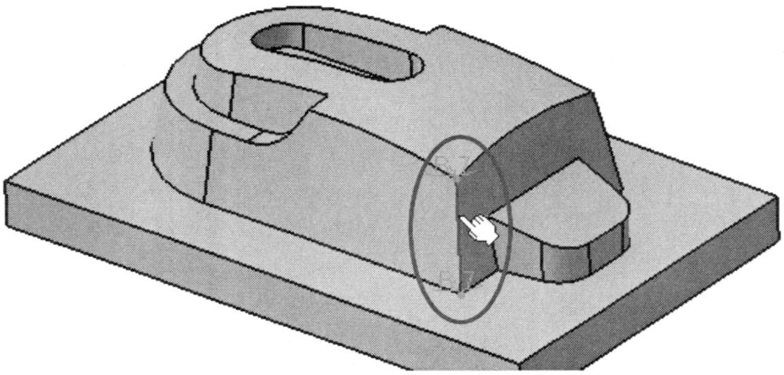

64 Variation 옵션을 "Linear"로 변경한다.

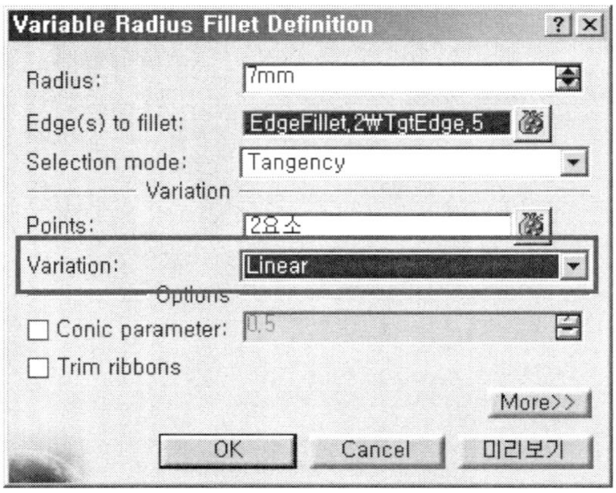

65 표시된 치수를 더블클릭하여 치수를 변경한다.

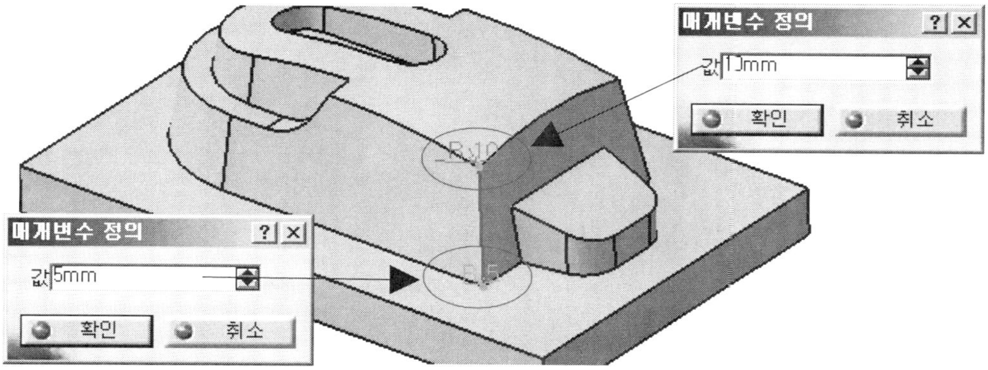

66 미리보기 및 OK를 누른다. 가변 라운드가 적용되었다.

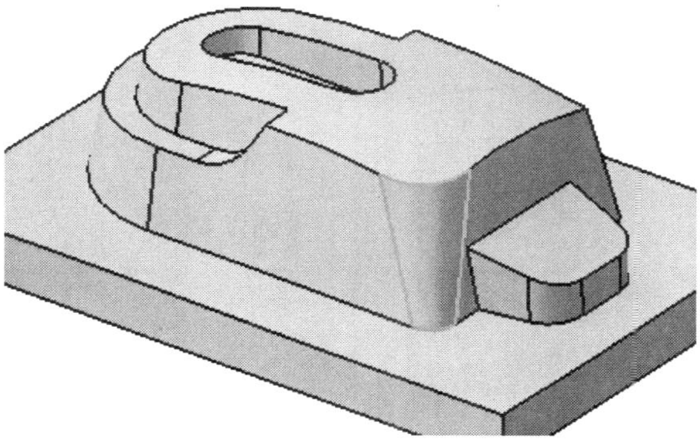

67 반대쪽에도 Variable Radius Fillet( )을 한다.

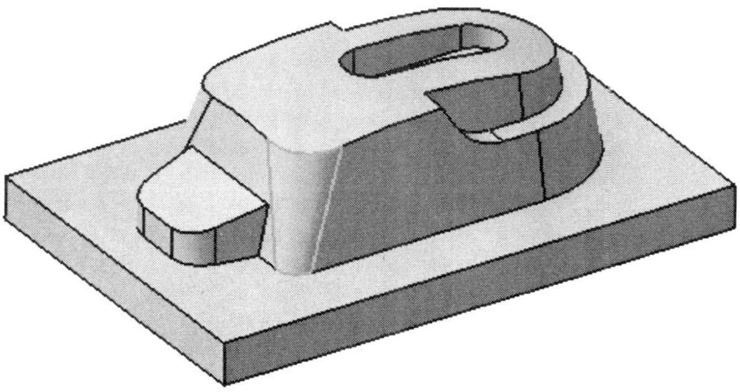

68 Edge Fillet( )으로 표시된 모서리에 반지름 2만큼 라운드를 한다.

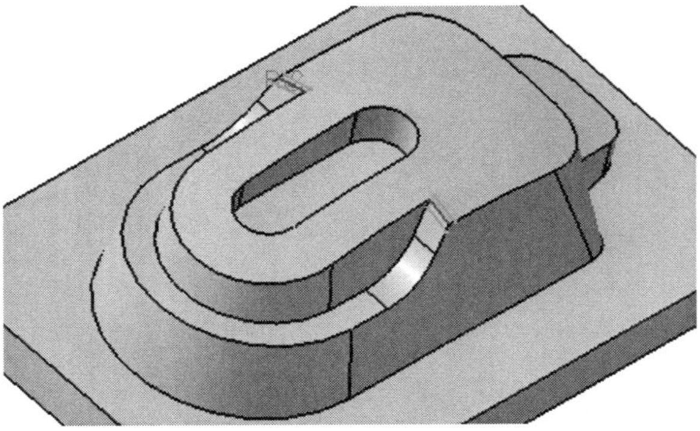

69 Edge Fillet( )으로 표시된 모서리에 반지름 2만큼 라운드를 한다.

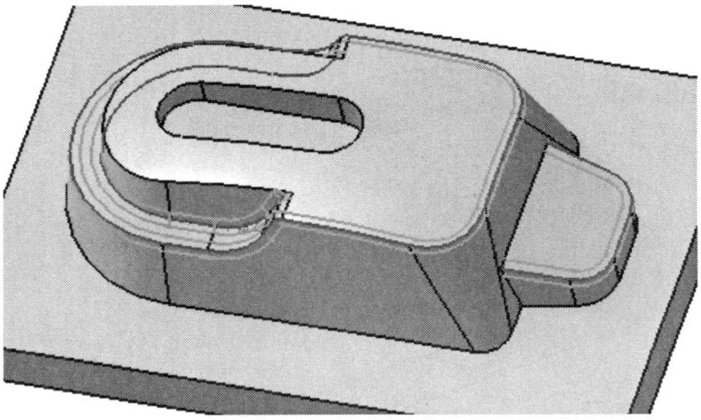

70 Edge Fillet( )으로 표시된 모서리에 반지름 2만큼 라운드를 한다.

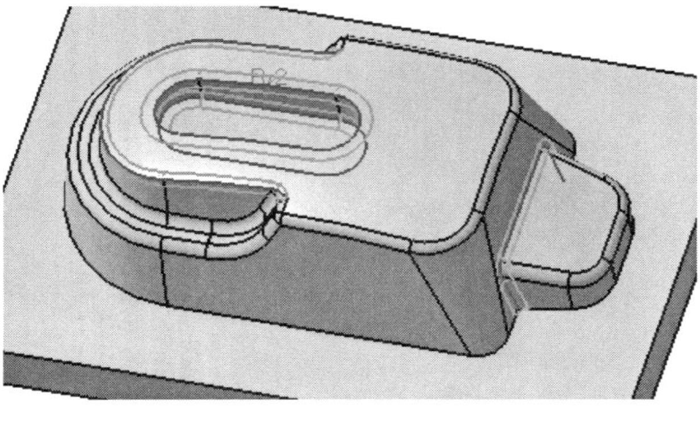

71 Edge Fillet( )으로 표시된 모서리에 반지름 1만큼 라운드를 한다.

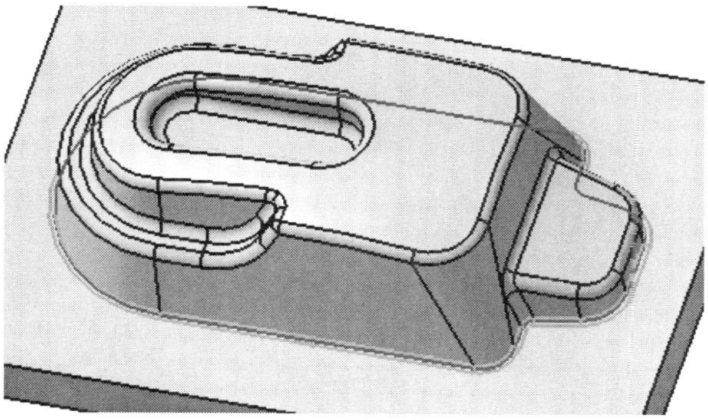

72 형상이 완성되었다.

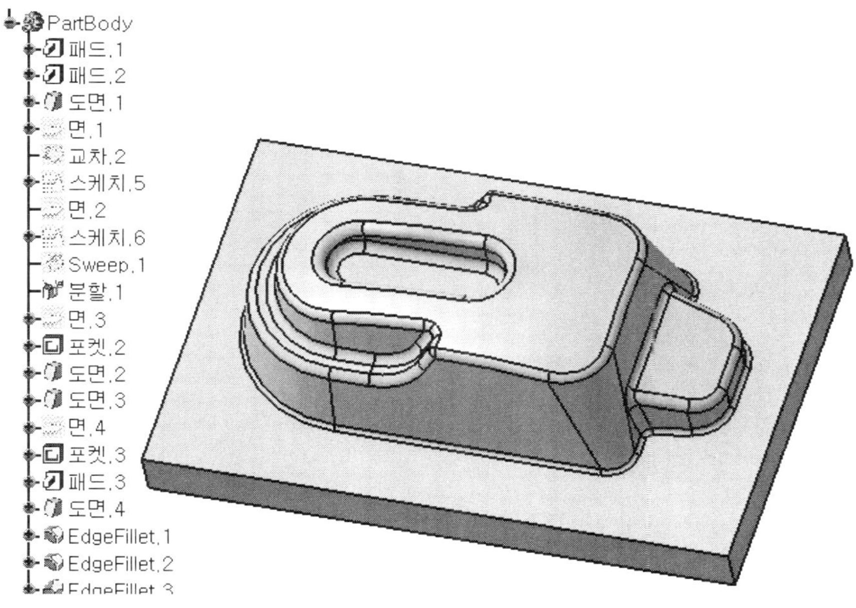

7 다음의 도면을 참고로 형상을 모델링한다

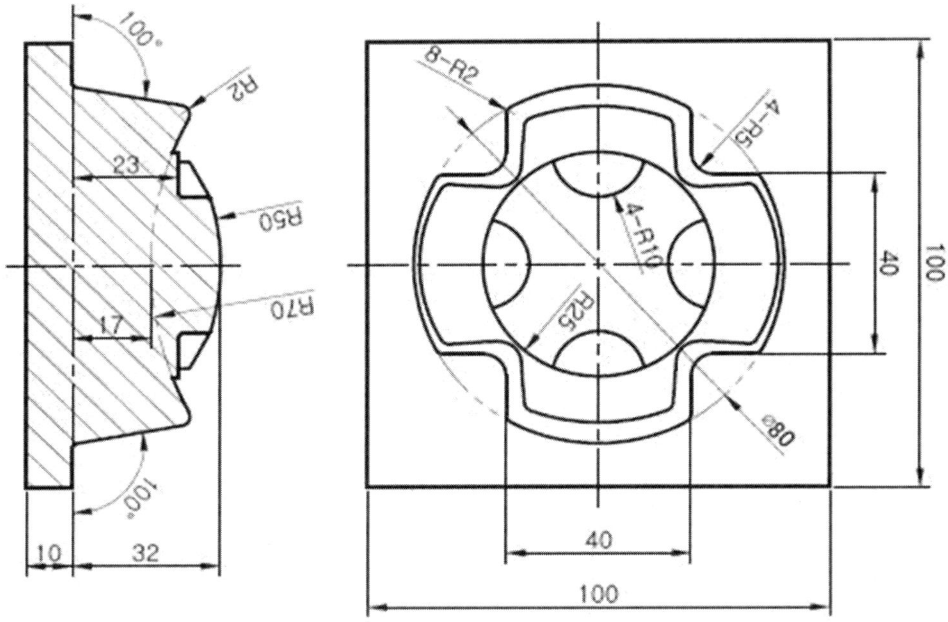

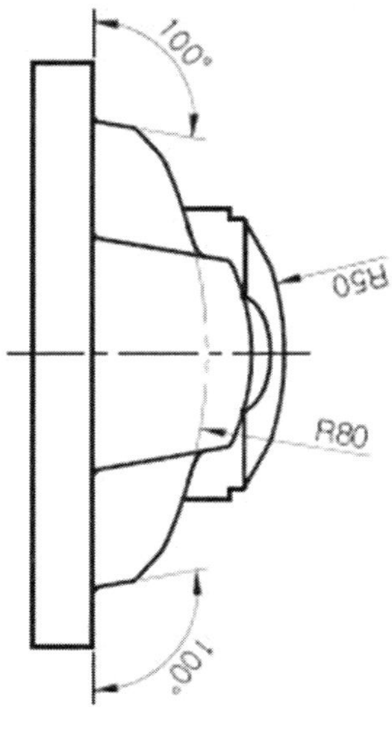

도시되고 지시없는 라운드 R1

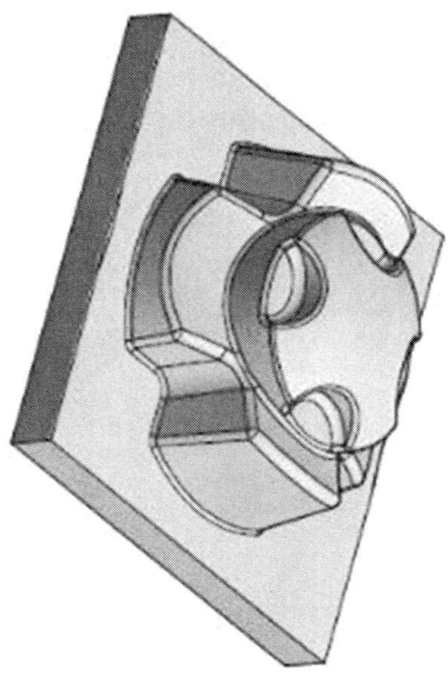

01 시작 〉 기계 디자인 〉 Part Design을 누른다.

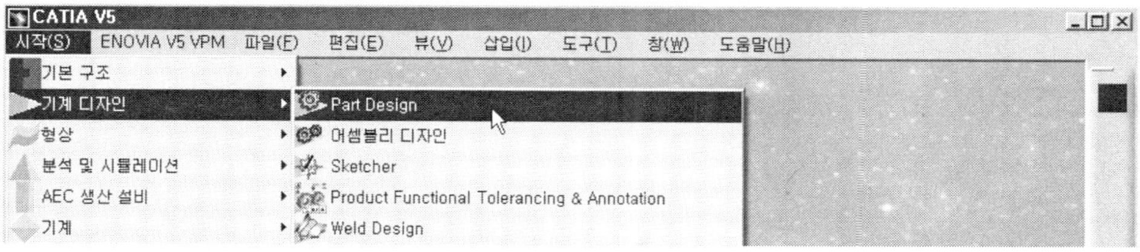

02 작업할 파트의 이름을 입력하고 확인을 누른다.

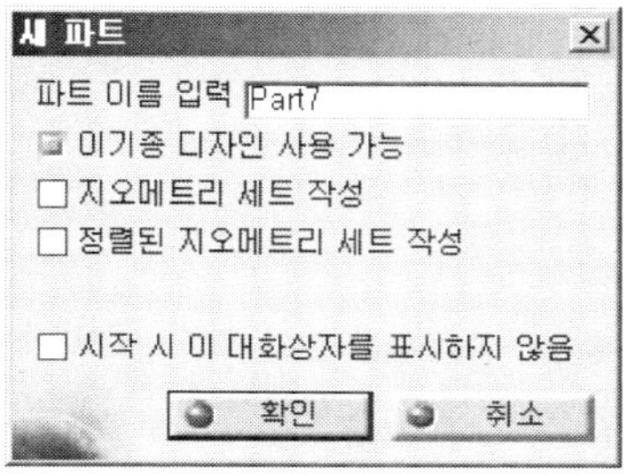

03 스케치( ) 버튼을 눌러 실행하고, xy 평면을 지정한다.

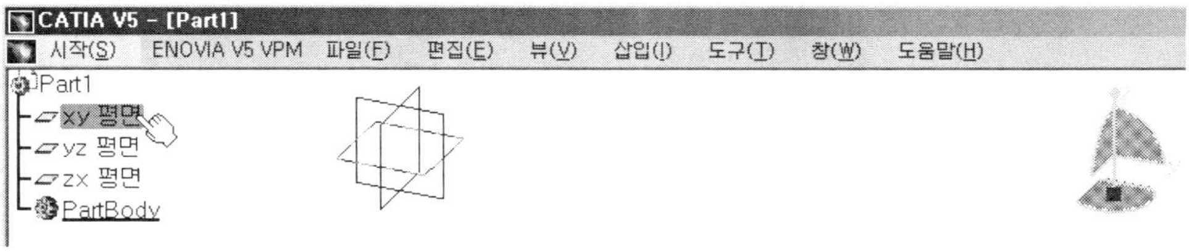

04 직사각형( )으로 사각형을 작성하고, 제약조건( )으로 치수를 입력한다.

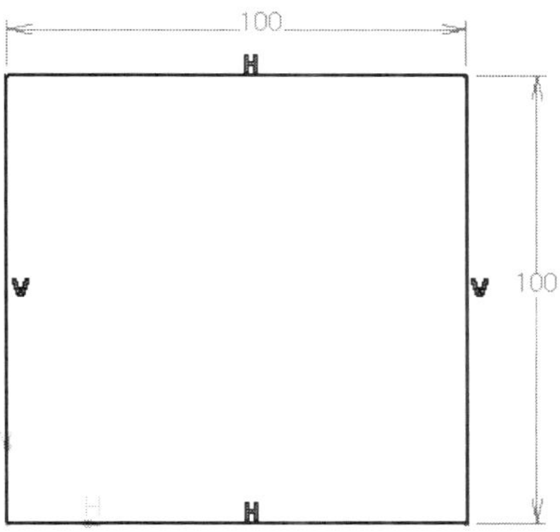

O5 워크벤치 종료( )를 누른다.

O6 Pad( )를 실행하고, Length 값을 입력하고, 방향을 아래로 한다.

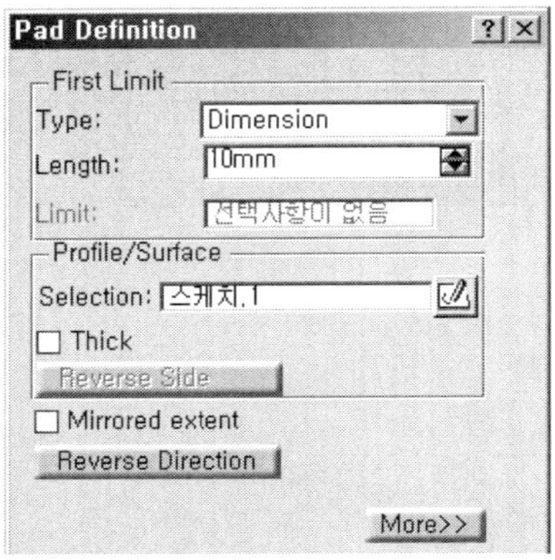

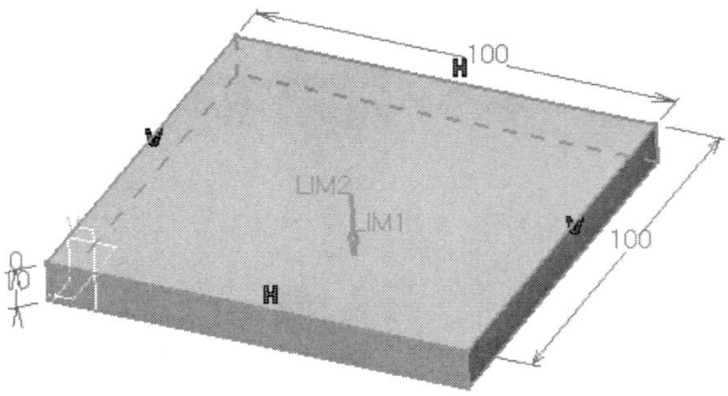

07 스케치( )를 실행하고, 형상 윗면을 클릭하여 지정한다.

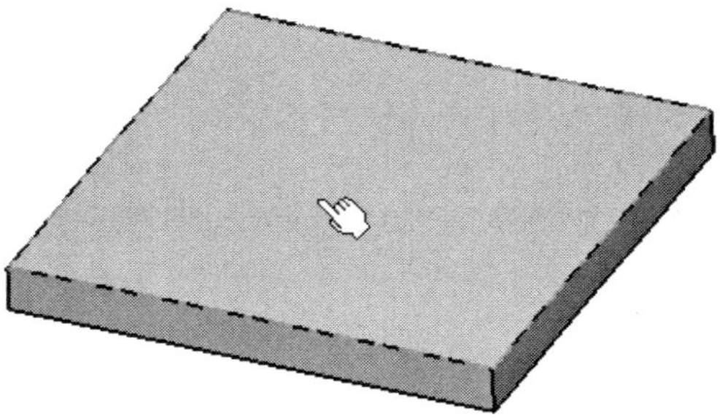

O8 원( )을 그리고, 제약조건( )으로 치수를 입력한다.

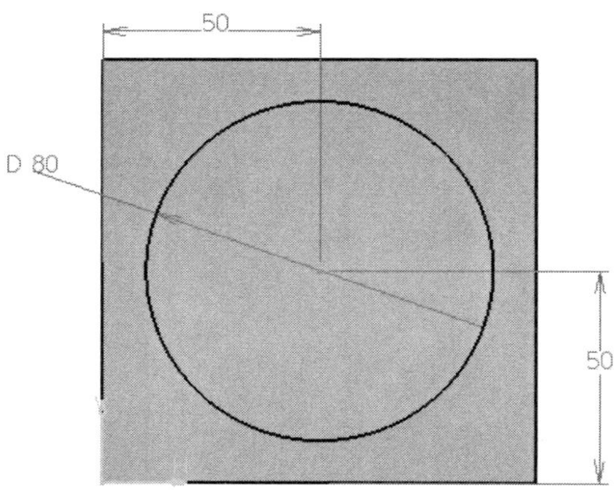

09 직사각형( )을 작성하고, 제약조건( )으로 치수를 입력한다.

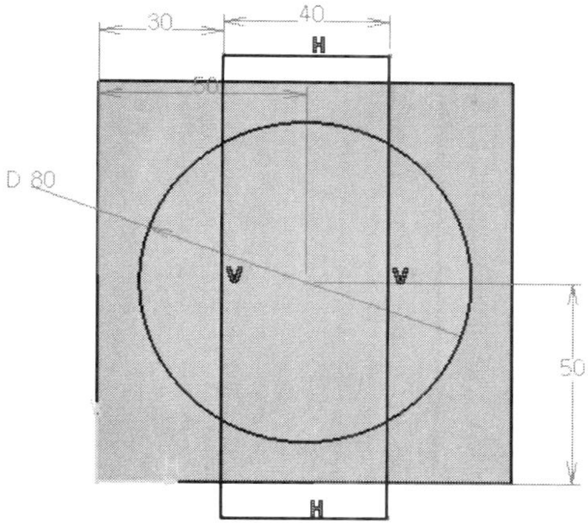

10 직사각형( )을 작성하고, 제약조건( )으로 치수를 입력한다.

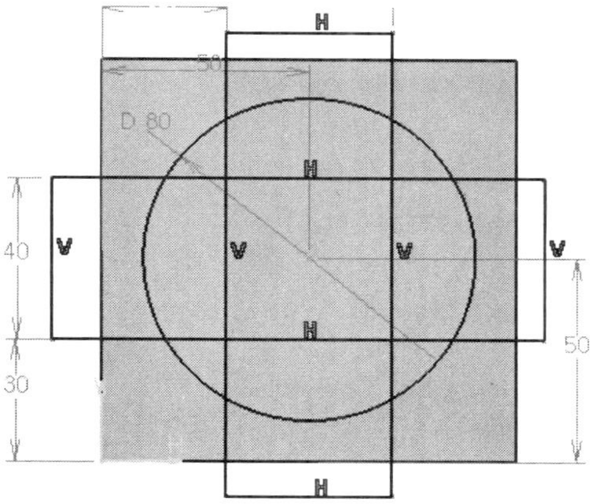

11 즉시 자르기( )로 필요가 없는 부분을 잘라낸다. 워크벤치 종료( )를 한다.

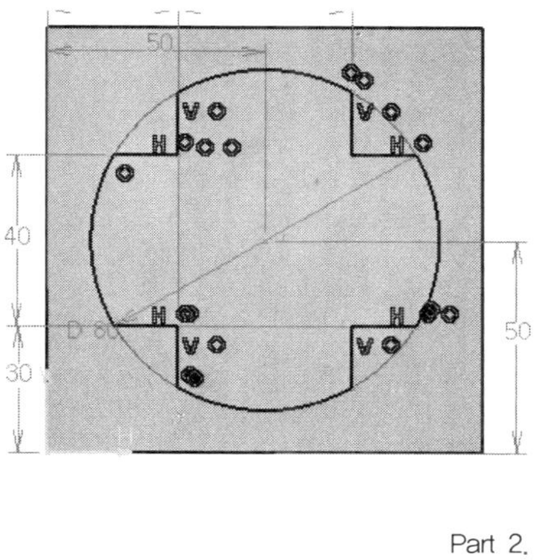

12 Pad( )를 실행하고, Length 값을 입력하고, 미리보기 및 OK를 누른다.

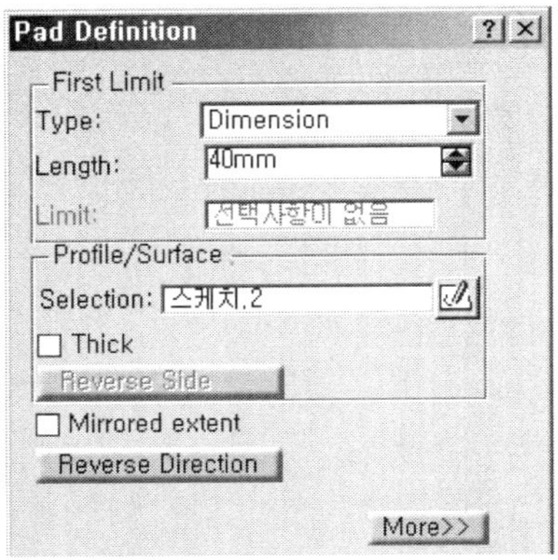

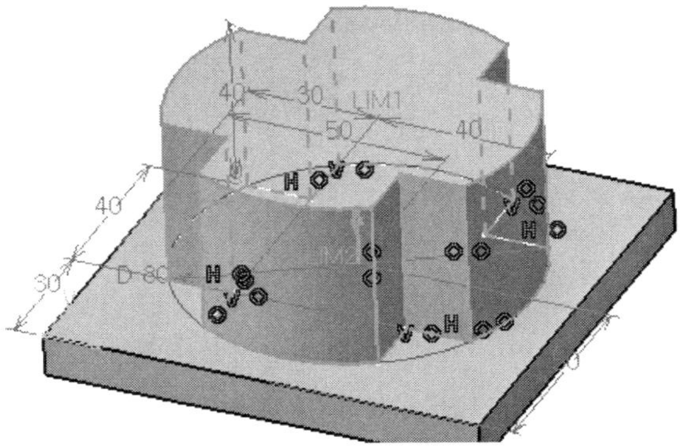

13 Draft Angle( )을 실행한다.

① Draft 방향을 확인한다. ② Angle 값을 입력한다.

③ Face(s) to draft 항목을 클릭하고, 모든 측면을 선택한다.

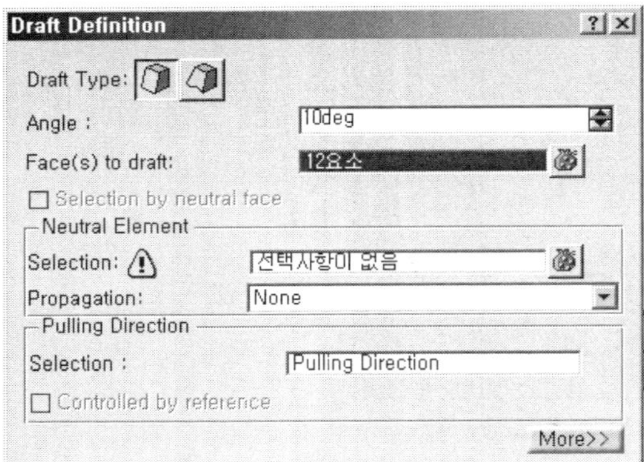

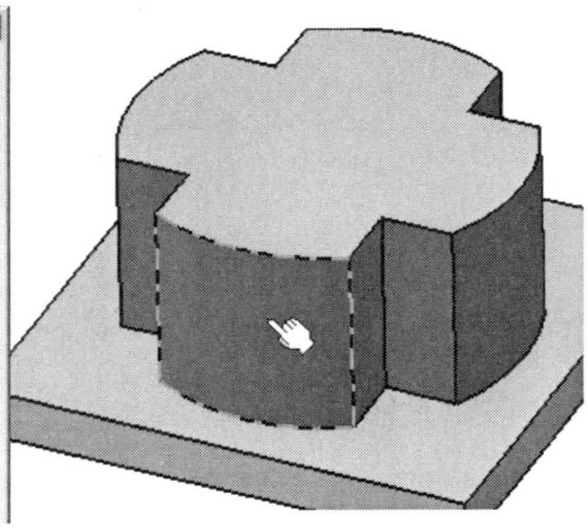

14 Selection 항목을 클릭하고, 형상 윗면을 지정한다.

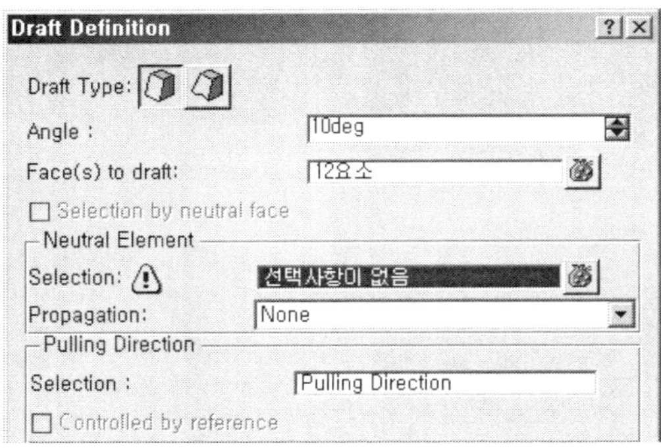

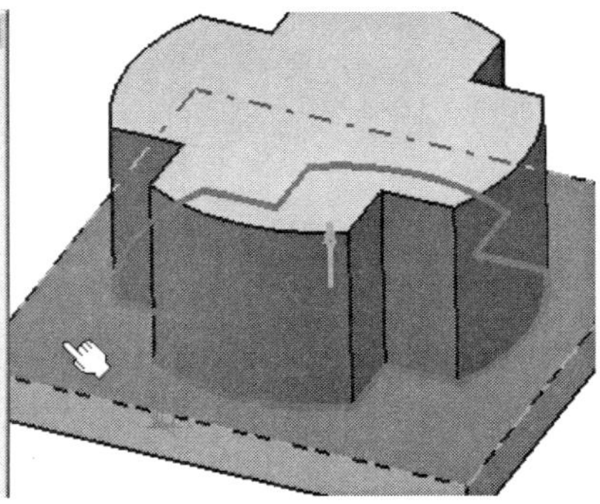

15 미리보기 및 OK를 누른다.

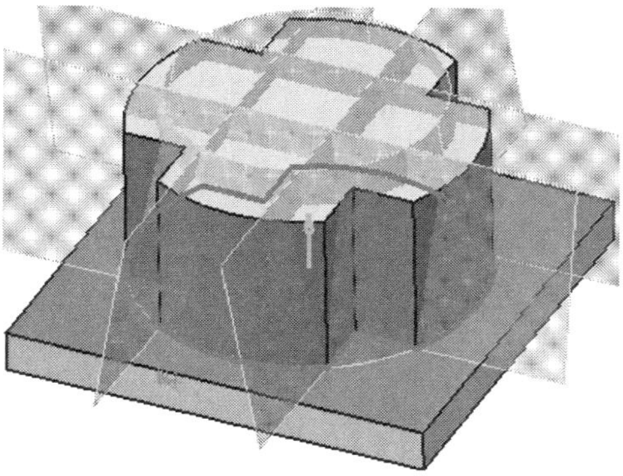

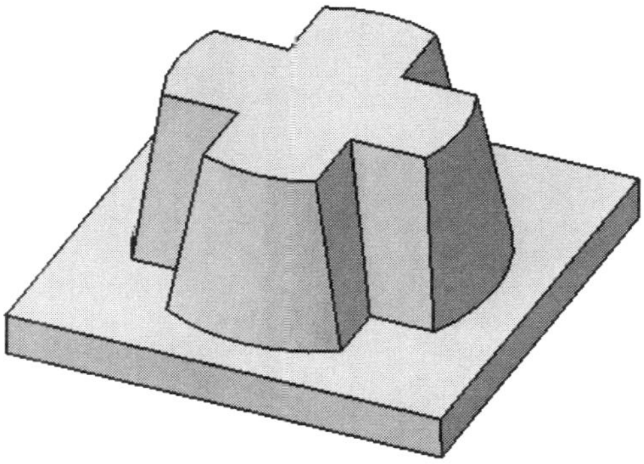

16 Plane( )을 실행한다.

① 평면에서 오프셋으로 설정하고, ② 레퍼런스는 앞면을 선택한다. ③ 오프셋 값을 입력한다.
④ 반대방향 버튼을 누른 후, ⑤ 미리보기 및 확인을 한다.

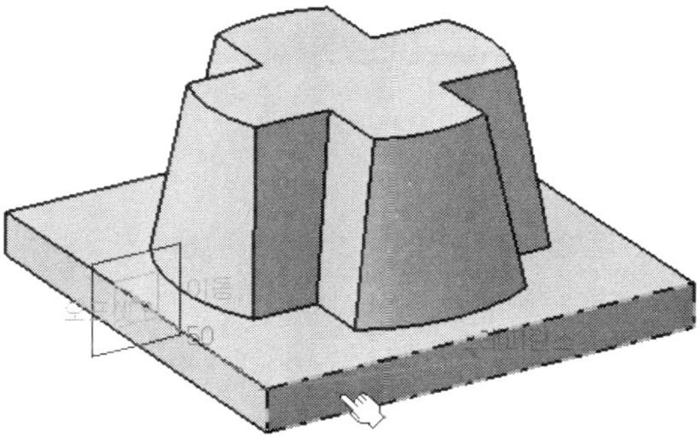

17 시작 〉 기계 디자인 〉 Wireframe and surface Design을 누른다.

18 위치 지정 스케치( )를 실행하고, 생성한 Plane을 지정한다.
H(x)방향와 V(y)방향을 체크하고, 확인을 누른다.

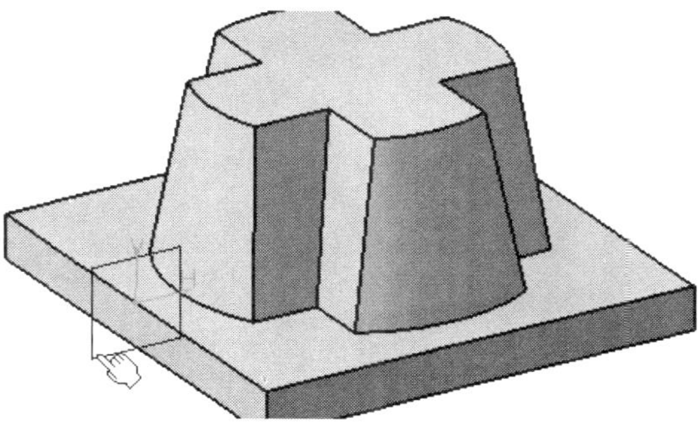

19 세 점 호(⟳)로 호를 작성하고, 제약조건(⊡)으로 치수를 입력한다. 워크벤치 종료(⇧)를 누른다.

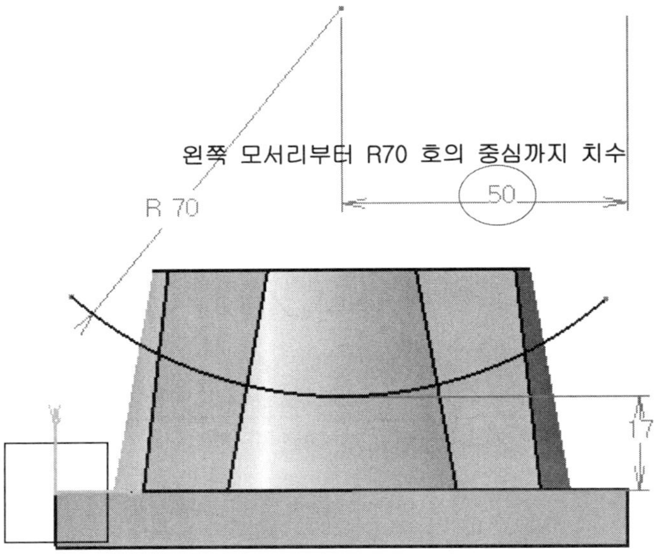

20 Plane(▱)을 실행한다.

① 커브에 수직으로 설정하고, ② 커브는 호를 선택한다. ③ 점은 끝점을 선택한다. ④ 미리보기 및 확인을 한다.

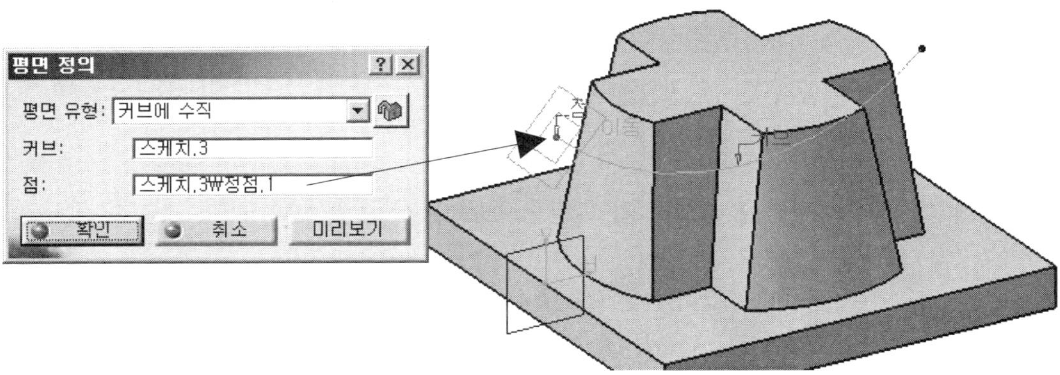

21 위치 지정 스케치( )를 실행하고, 생성한 Plane을 지정한다.
H(x)방향와 V(y)방향을 체크하고, 확인을 누른다.

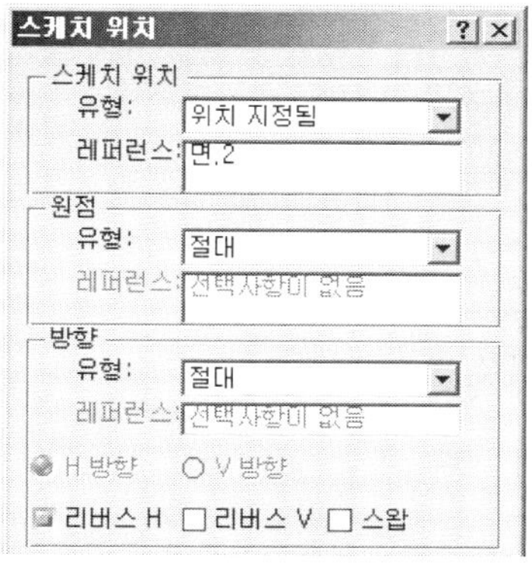

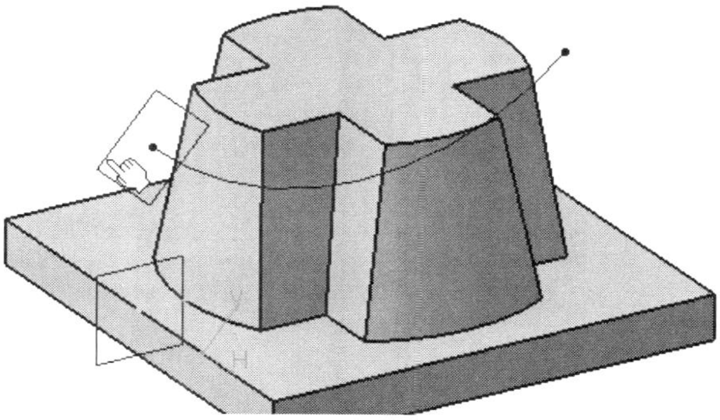

22 세 점 호( )를 이용하여 호를 작성한다.

23 제약조건( )으로 호(P1)와 점(P2)을 선택하고, "일치"시킨다.

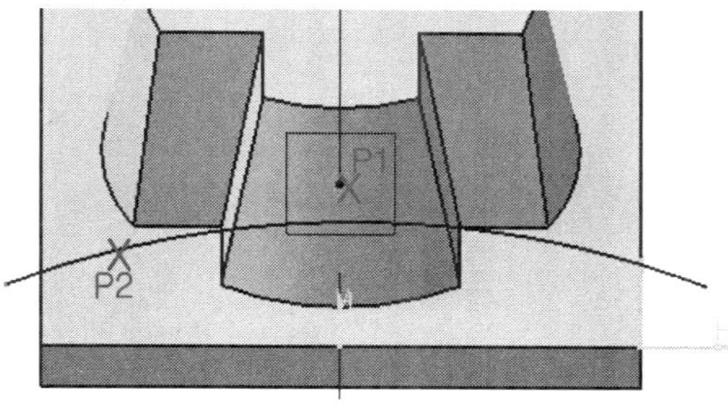

24 제약조건( )으로 호의 반지름 치수와 측면부터 호의 중심점까지 치수를 입력한다.

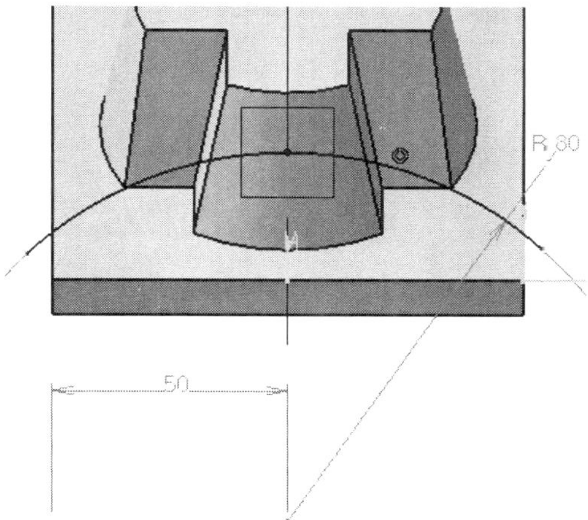

25 호의 양 끝점을 마우스로 드래그(Drag)하여 길이를 적당히 조정한다. 워크벤치 종료( )를 한다.

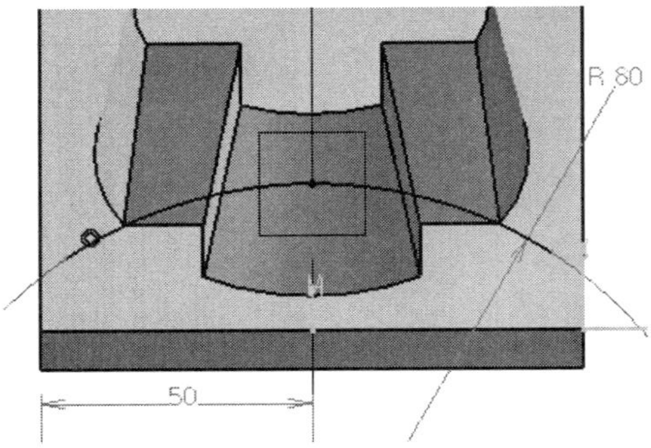

26 Sweep( )을 실행한다. 프로파일(P1)과 가이드 커브(P2)를 차례로 선택한다. 미리보기 및 확인을 누른다.

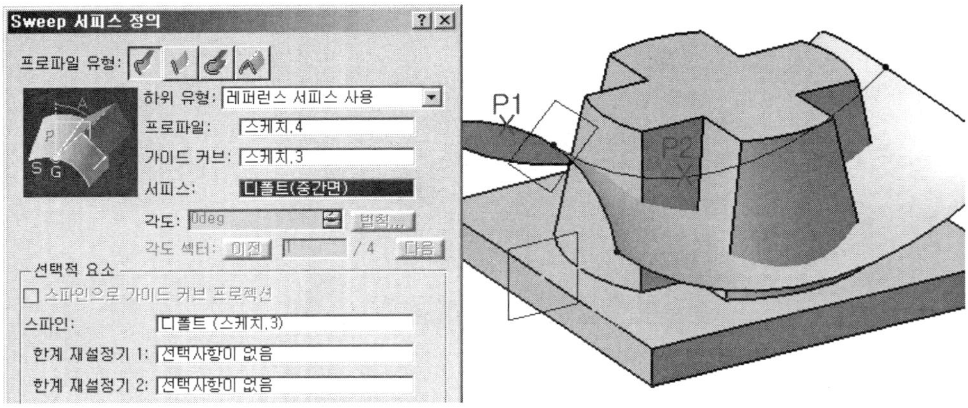

27 시작 〉 기계 디자인 〉 Part Design을 누른다.

28 Split( )을 실행한다. 곡면을 선택하고, 화살표 방향을 아래로 한다.

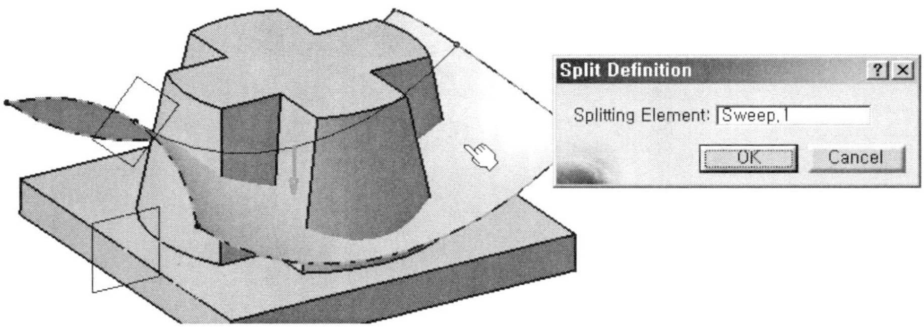

29 OK를 누른다. Sweep곡면을 “숨기기”한다.

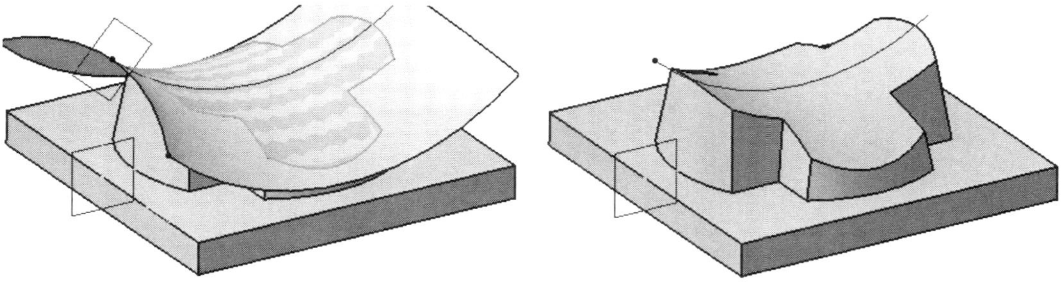

30 Edge Fillet( )으로 표시된 모서리 4군데에 반지름 5만큼 라운드를 한다.

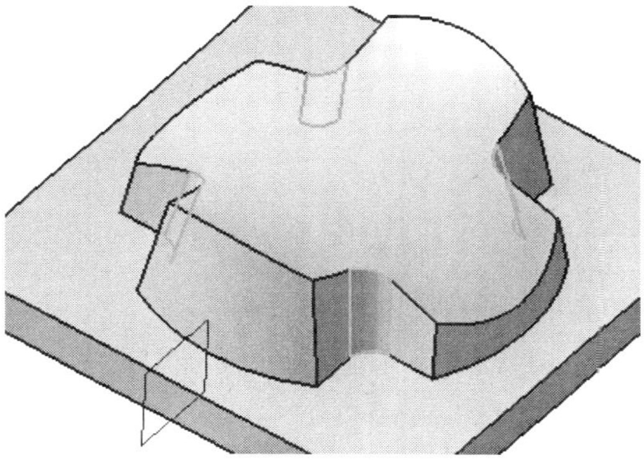

31 스케치( )를 실행하고, 형상 윗면을 클릭하여 지정한다.

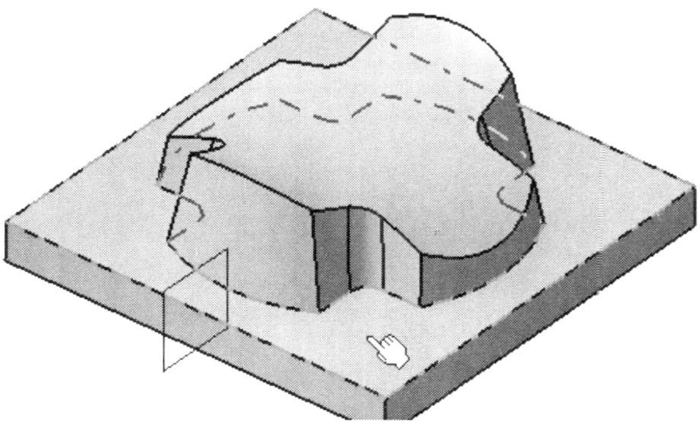

33 원( )을 그리고, 제약조건( )으로 치수를 입력한다. 워크벤치 종료( )를 한다.

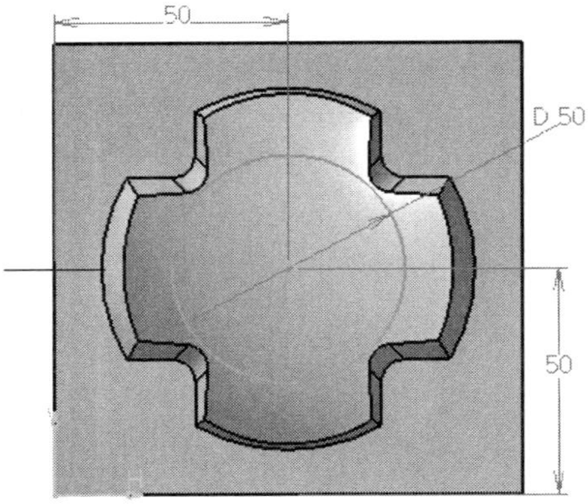

34 Pad( )를 실행하고, Length 값을 입력하고, 미리보기 및 OK를 누른다.

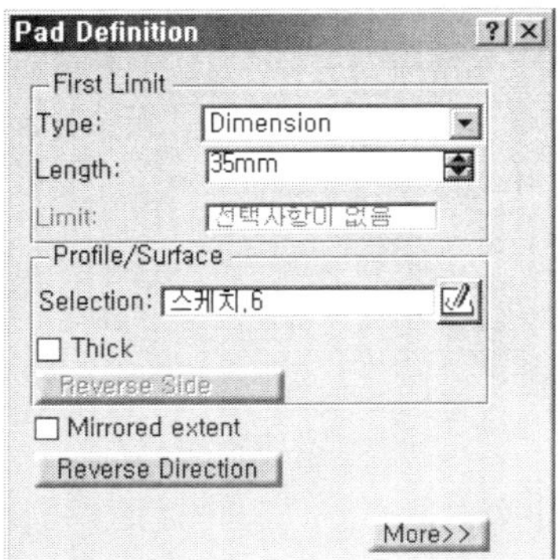

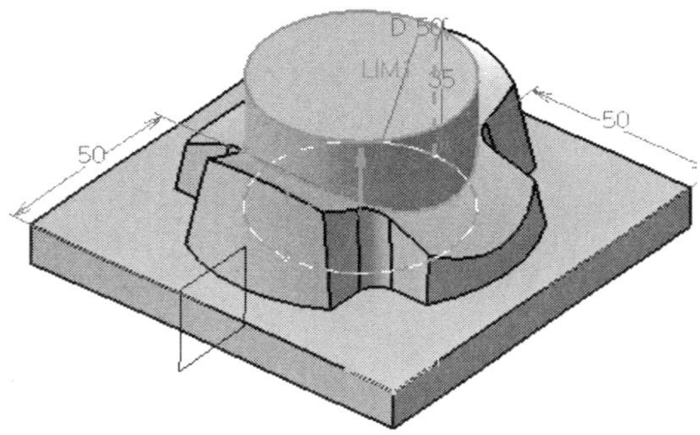

35 위치 지정 스케치( )를 실행하고, 생성한 Plane을 지정한다.
H(x)방향와 V(y)방향을 체크하고, 확인을 누른다.

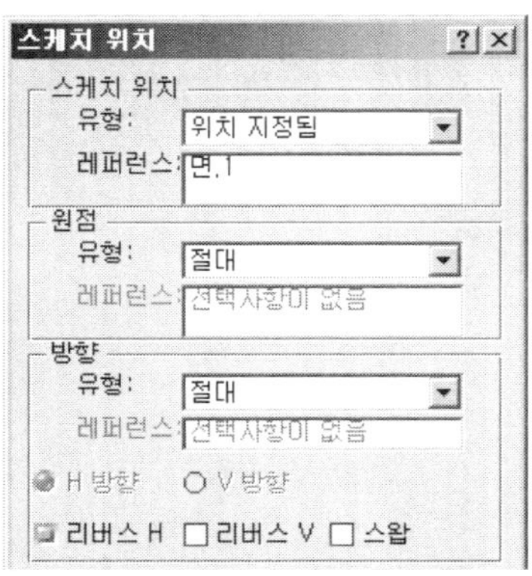

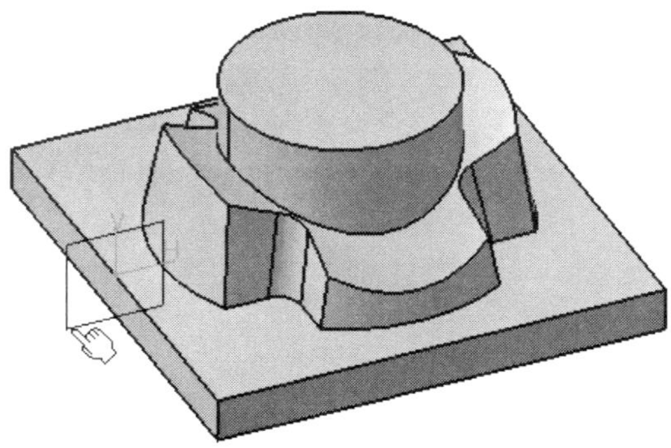

36 세 점 호( )를 작성하고, 제약조건( )으로 치수를 입력한다.

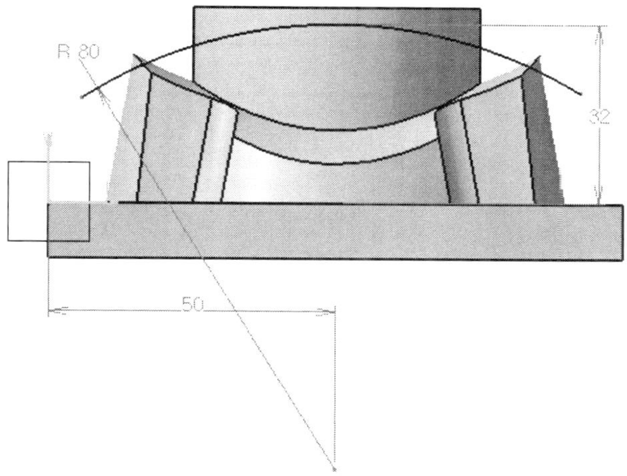

37 프로파일( )로 선을 그린다.

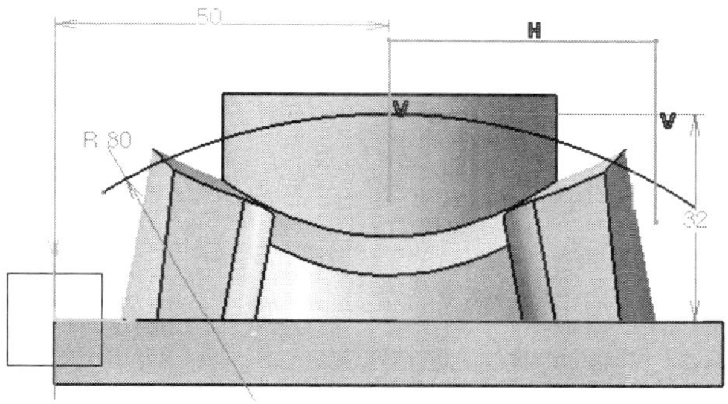

38 축( )을 실행한다. P1→P2를 클릭하여 축을 생성한다.

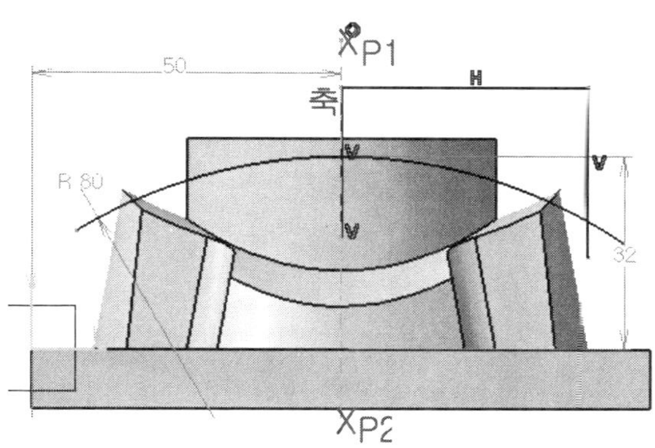

39 즉시 자르기( )로 필요가 없는 부분을 잘라낸다. 워크벤치 종료( )를 한다.

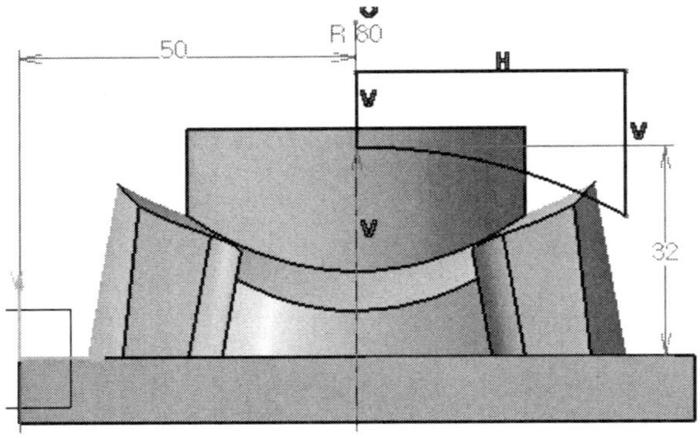

40 Groove( )를 실행한다. First Angle(각도) 값을 입력한다.

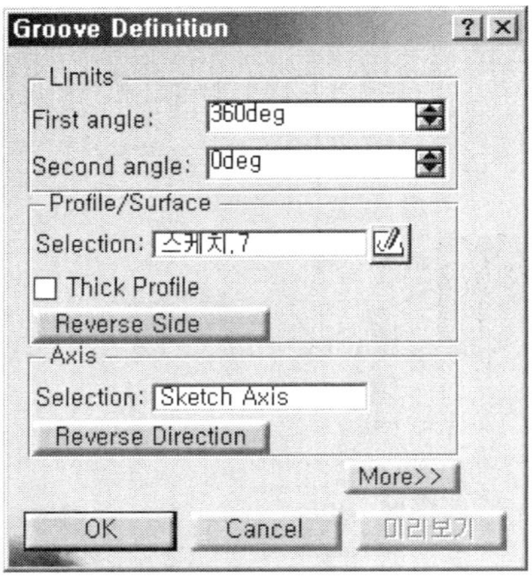

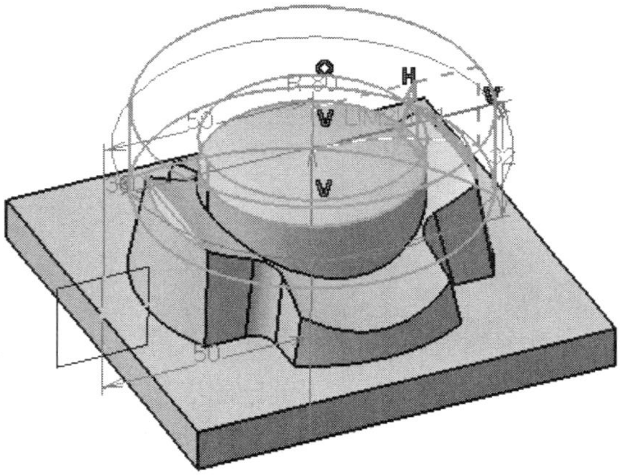

41 미리보기 및 OK를 누른다.

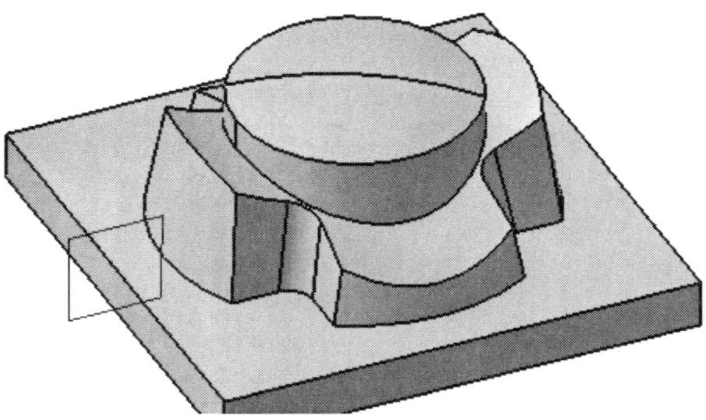

42 Plane( )을 실행한다.
① 평면에서 오프셋으로 설정하고, ② 레퍼런스는 윗면을 선택한다. ③ 오프셋 값을 입력한다.
④ 미리보기 및 확인을 한다.

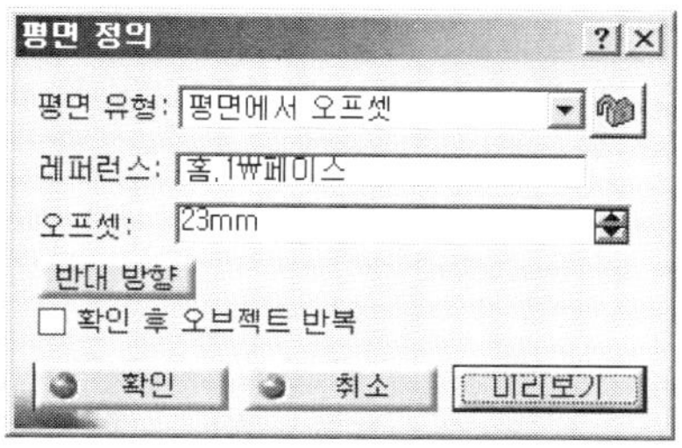

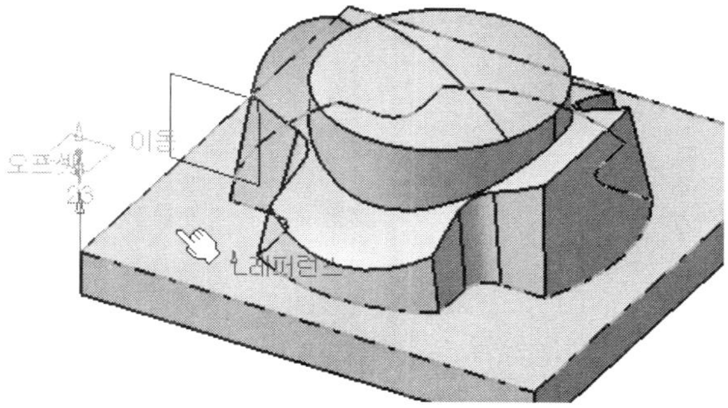

43 위치 지정 스케치( )를 실행하고, 생성한 Plane을 지정한다.
H(x)방향와 V(y)방향을 체크하고, 확인을 누른다.

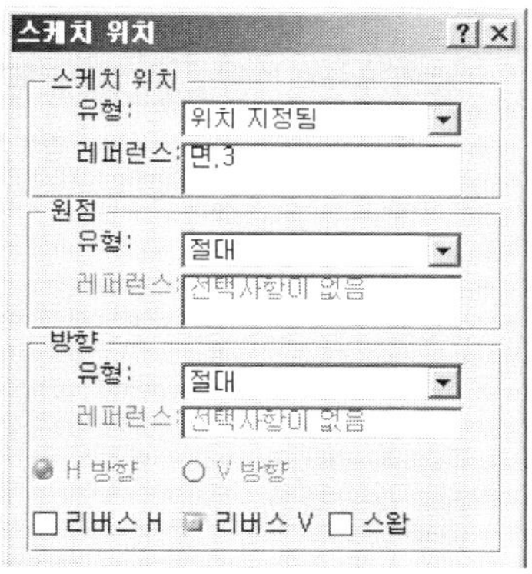

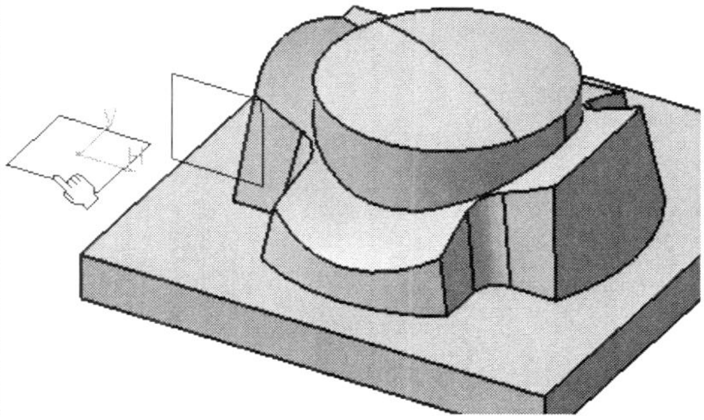

44 원( )을 그리고, 제약조건( )으로 치수를 입력한다.

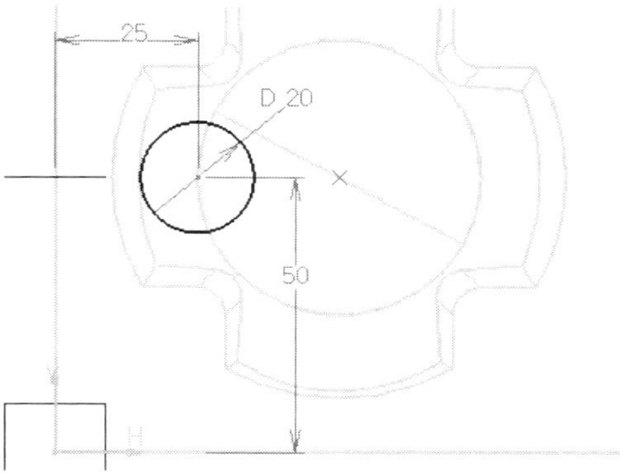

45 3D 요소 프로젝트( )를 실행하고, 원형 모서리를 클릭한다.

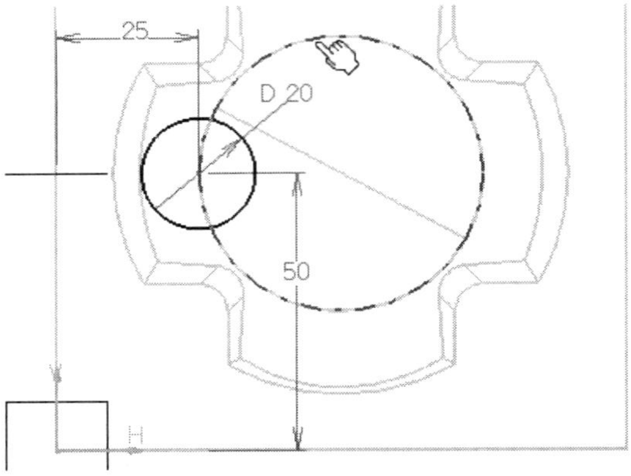

46 3D 형상의 모서리가 현재 스케치 면으로 복사되면서 원이 작성되었다.

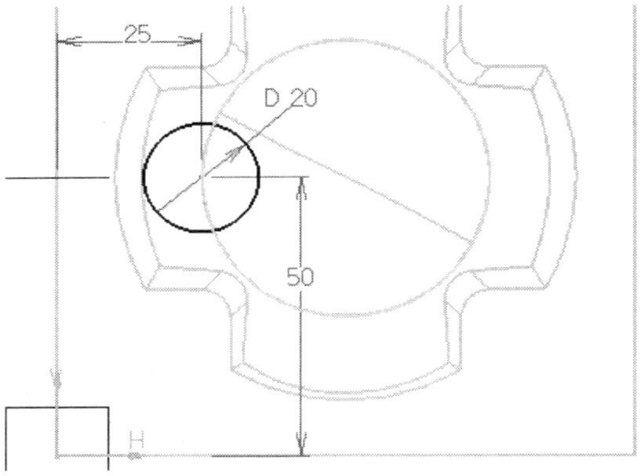

47 즉시 자르기( )로 필요가 없는 부분을 잘라낸다. 워크벤치 종료( )를 한다.

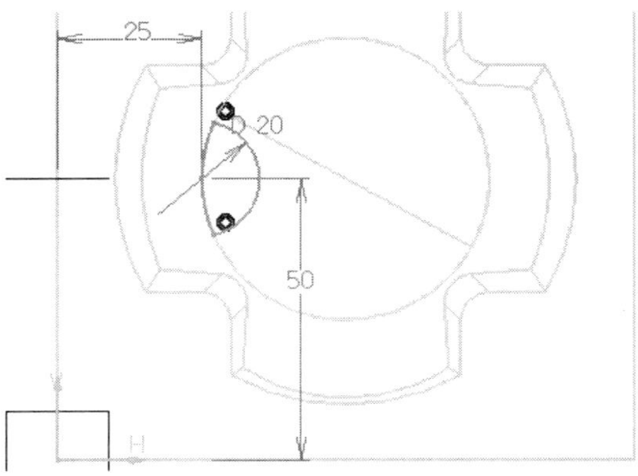

45 Pocket( )을 실행한다. Type을 [Up to last]로 설정하고, 방향으로 위로 한다. 미리보기 및 OK를 누른다.

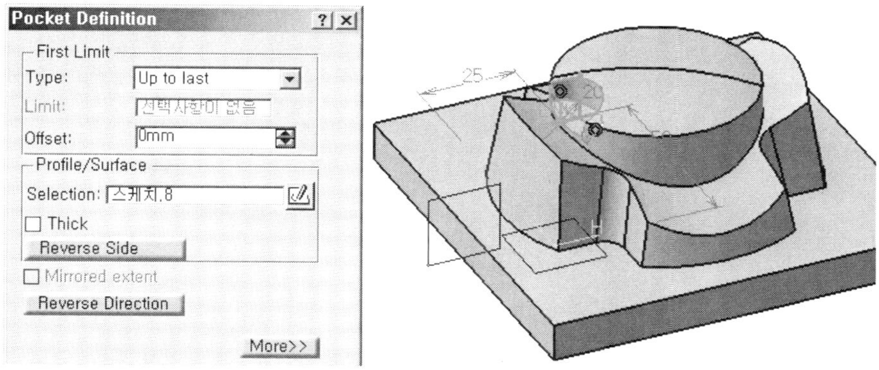

47 작업트리에서 "포켓.1"을 클릭하여 선택한다. (원형패턴을 위해)

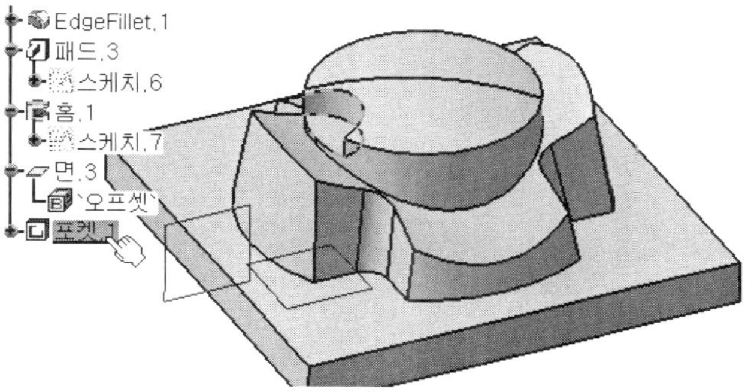

48 Circular Pattern( )을 실행한다.

① Instance(s):4 입력 ② Angular spacing:90 입력

③ Reference element 항목을 클릭하고, 원통면을 선택한다.

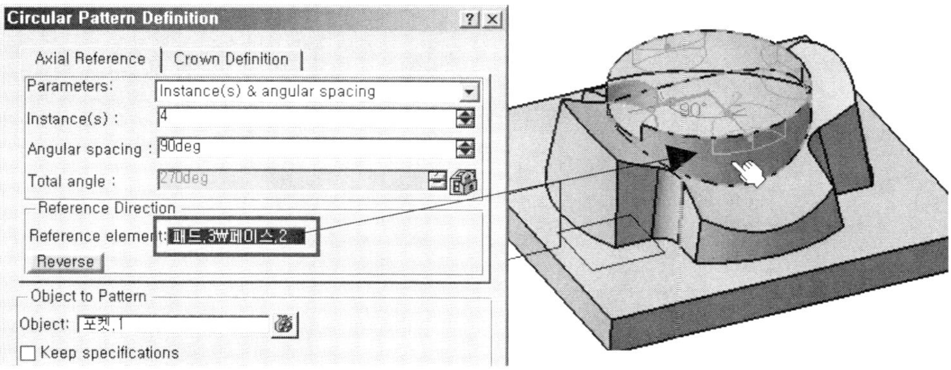

49 미리보기 및 OK를 누른다.

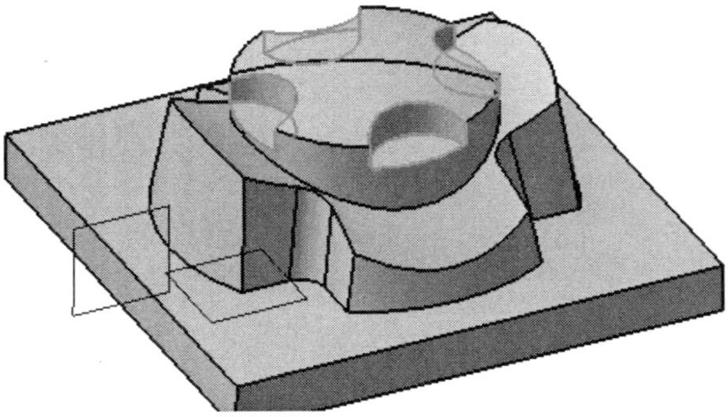

50 Edge Fillet()으로 표시된 모서리에 반지름 2만큼 라운드를 한다.

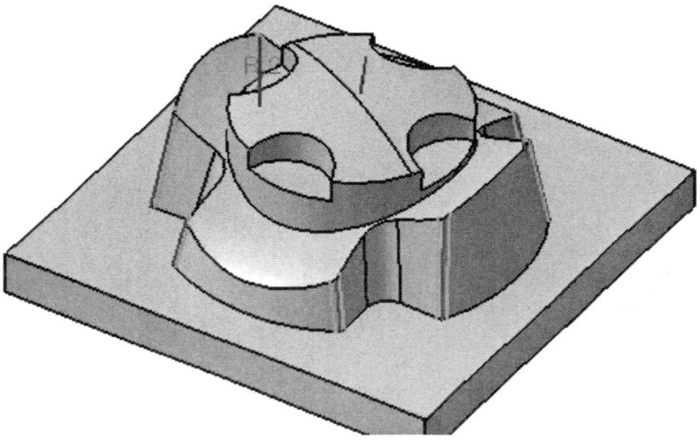

51 Edge Fillet()으로 표시된 모서리에 반지름 2만큼 라운드를 한다.

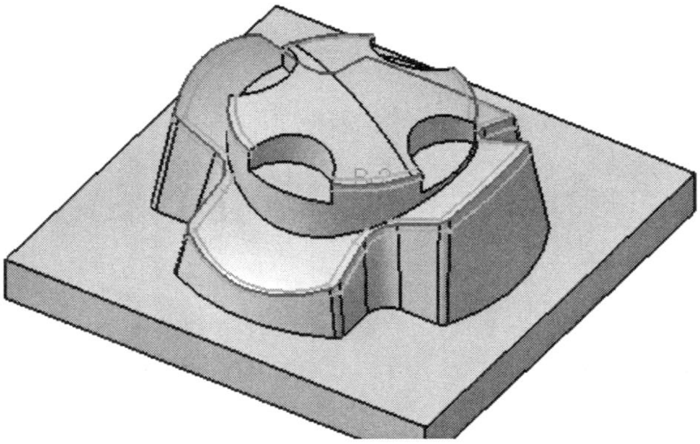

52 Edge Fillet( )으로 표시된 모서리에 반지름 1만큼 라운드를 한다.

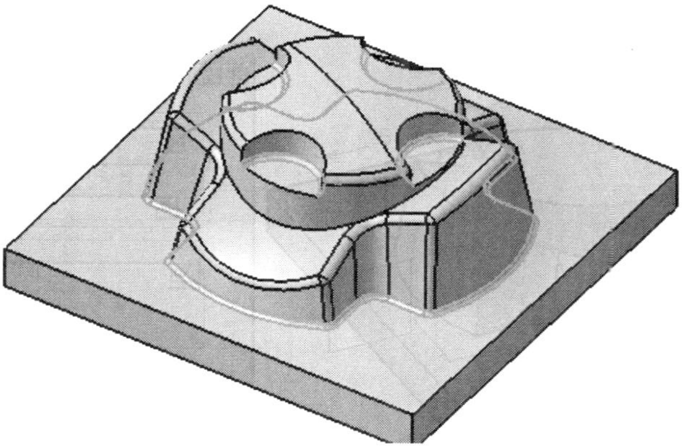

53 형상이 완성되었다.

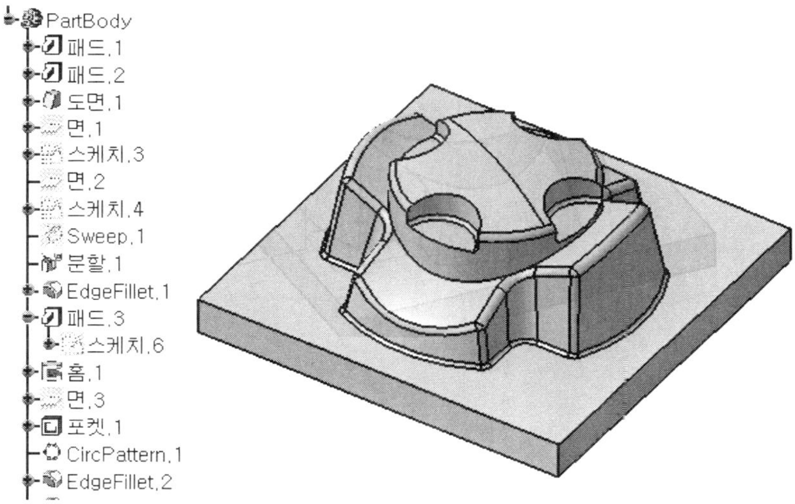

8 다음의 도면을 참고로 형상을 모델링한다

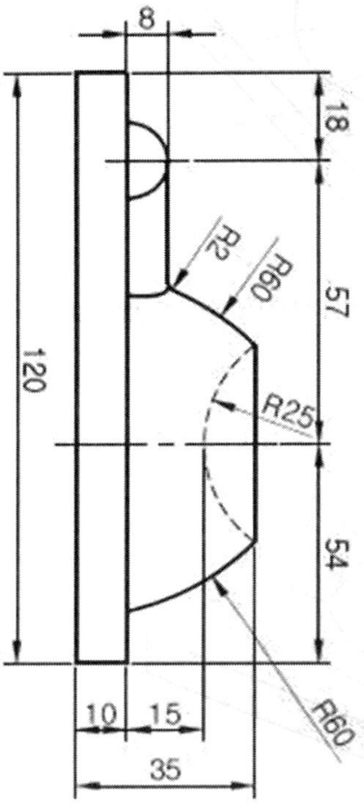

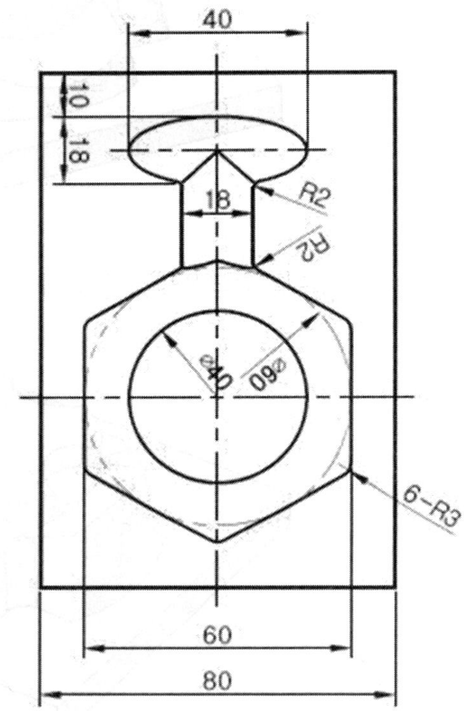

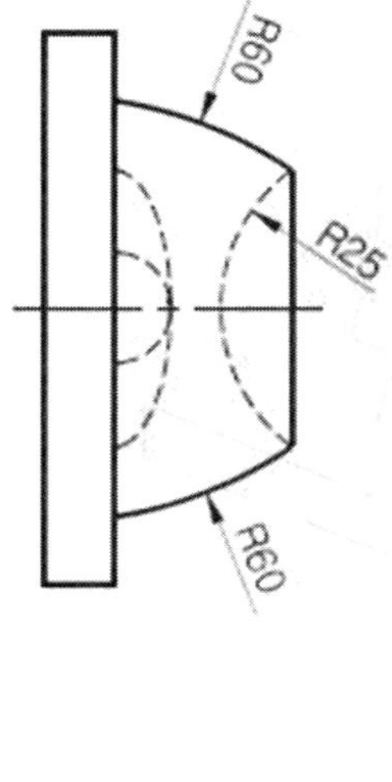

도시되고 지시없는 라운드 R1

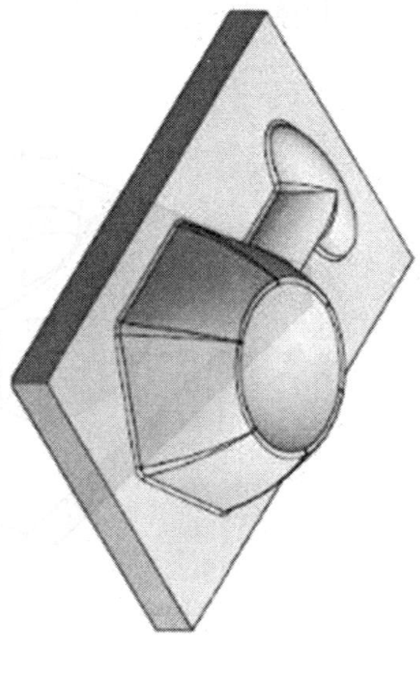

01 시작 〉 기계 디자인 〉 Part Design을 누른다.

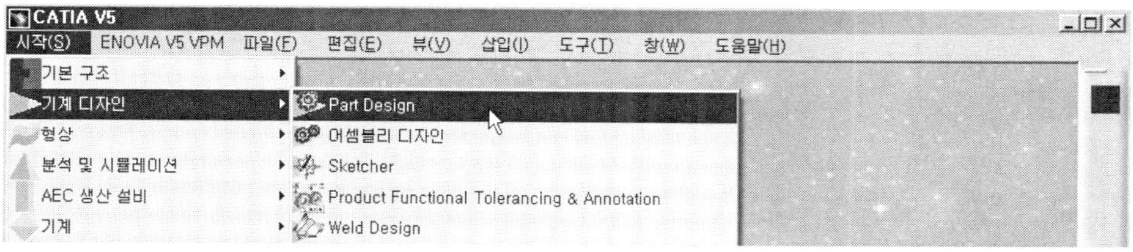

02 작업할 파트의 이름을 입력하고 확인을 누른다.

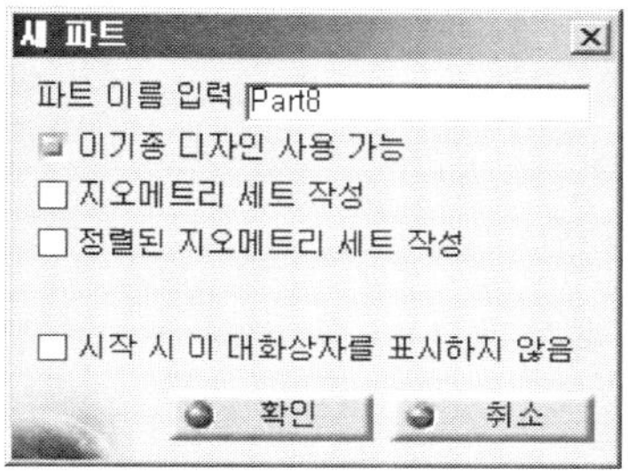

03 스케치( ) 버튼을 눌러 실행하고, xy 평면을 지정한다.

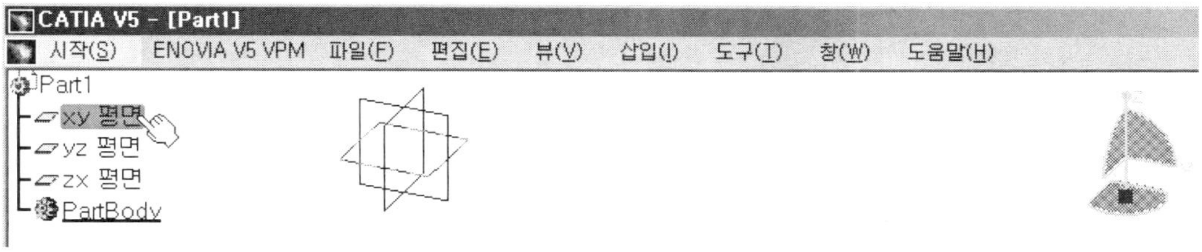

04 직사각형( )으로 사각형을 작성하고, 제약조건( )으로 치수를 입력한다.

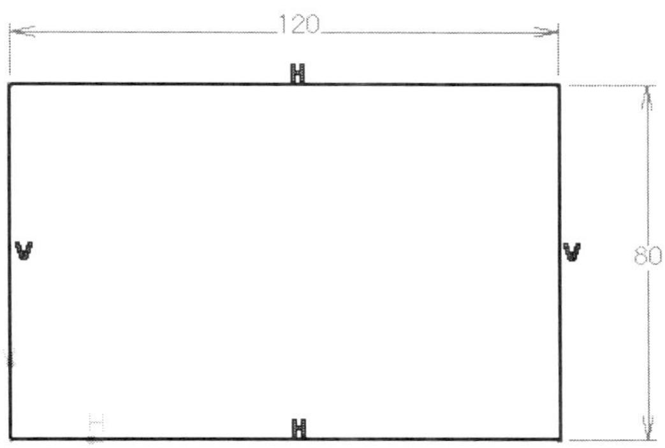

05 워크벤치 종료( )를 누른다.

06 Pad( )를 실행하고, Length 값을 입력하고, 방향을 아래로 한다.

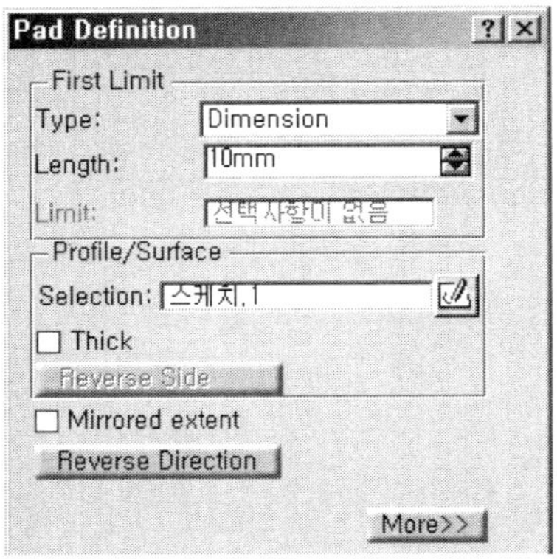

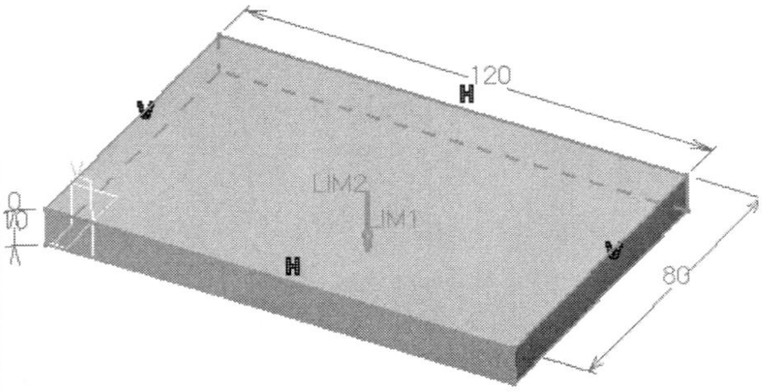

07 스케치( )를 실행하고, 형상 윗면을 클릭하여 지정한다.

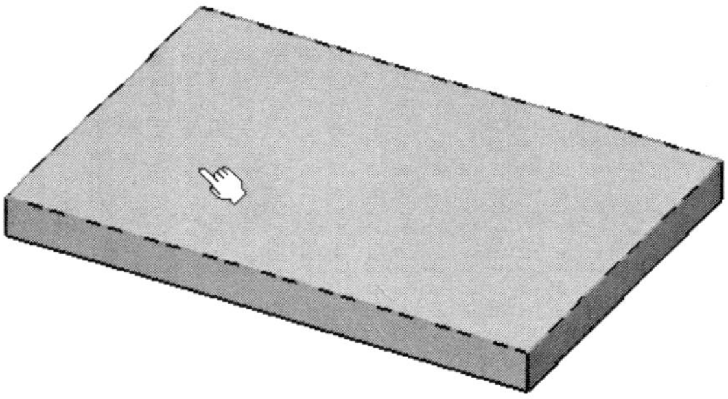

08 육각형( )을 작성한다.

09 중심점(P1)을 클릭하고, 수직방향의 점(P2)을 클릭한다.

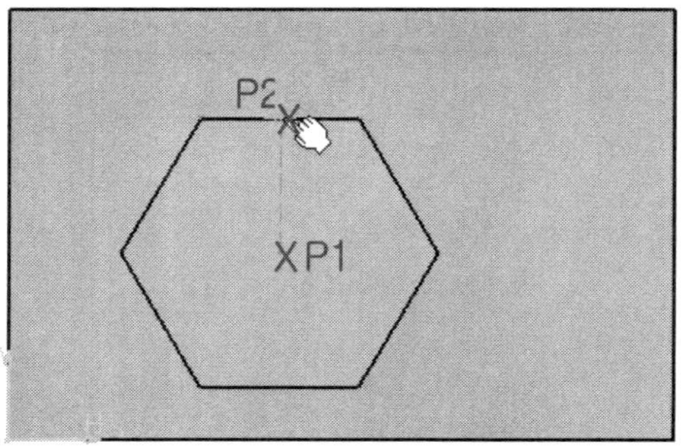

10 제약조건( )으로 치수를 입력하고, 워크벤치 종료( )를 한다.

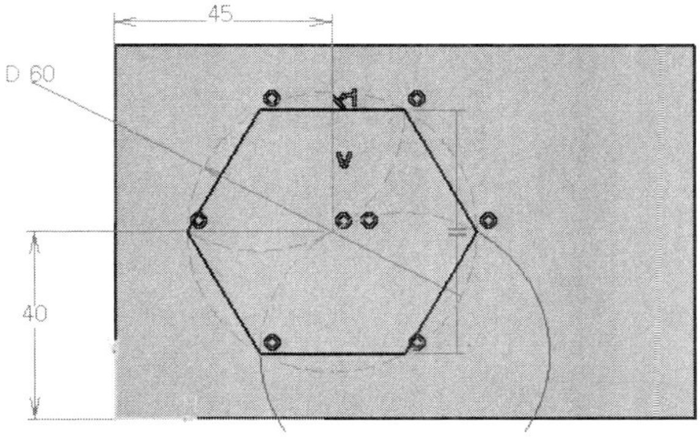

11 Plane( )을 실행한다.

① 평면에서 오프셋으로 설정하고, ② 레퍼런스는 윗면을 선택한다. ③ 오프셋 값을 입력한다.

④ 미리보기 및 확인을 한다.

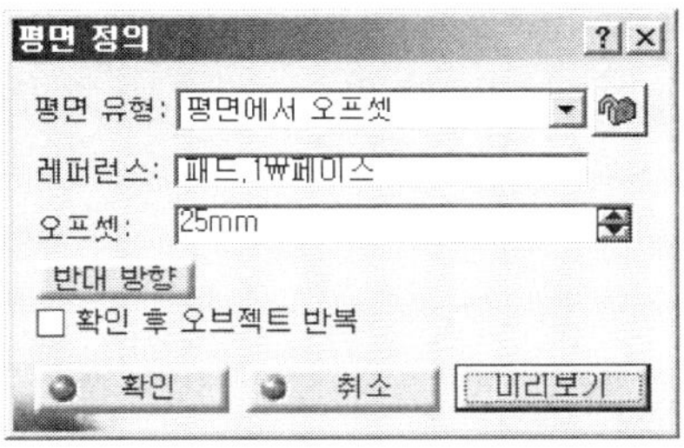

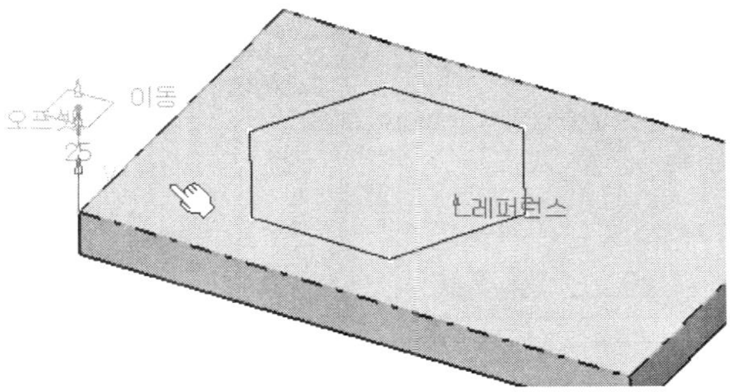

12 위치 지정 스케치( )를 실행하고, 생성한 Plane을 지정한다.

H(x)방향와 V(y)방향을 체크하고, 확인을 누른다.

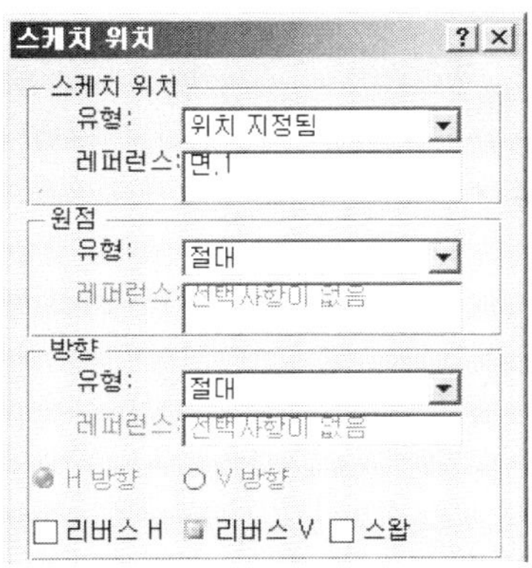

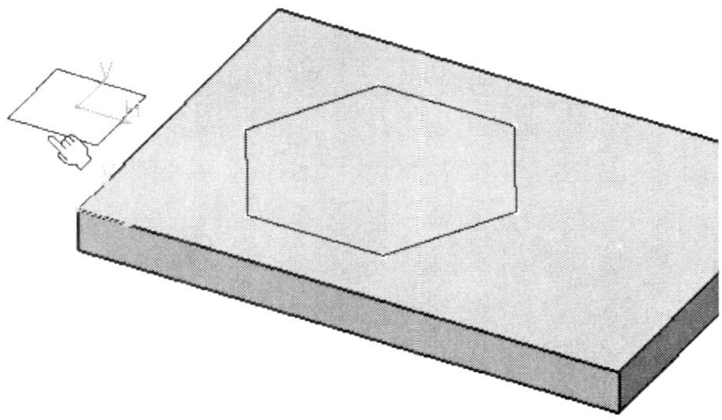

13 원( )을 그리고, 제약조건( )으로 치수를 입력한다. 워크벤치 종료( )를 한다.

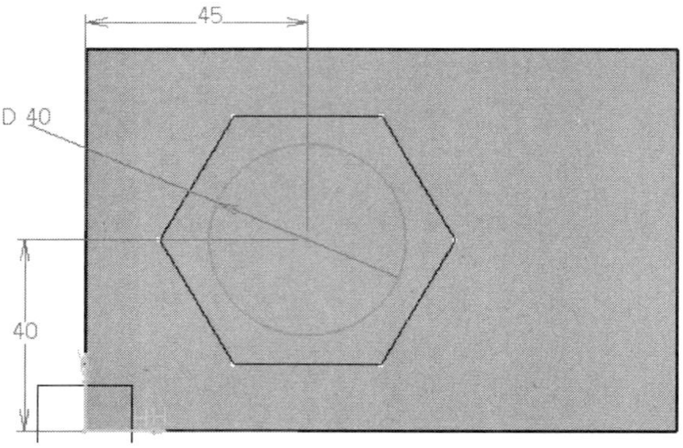

14 Plane( )을 실행한다.

① 평면에서 오프셋으로 설정하고, ② 레퍼런스는 앞면을 선택한다. ③ 오프셋 값을 입력한다. ④ 반대방향 버튼을 누른 후, ⑤ 미리보기 및 확인을 한다.

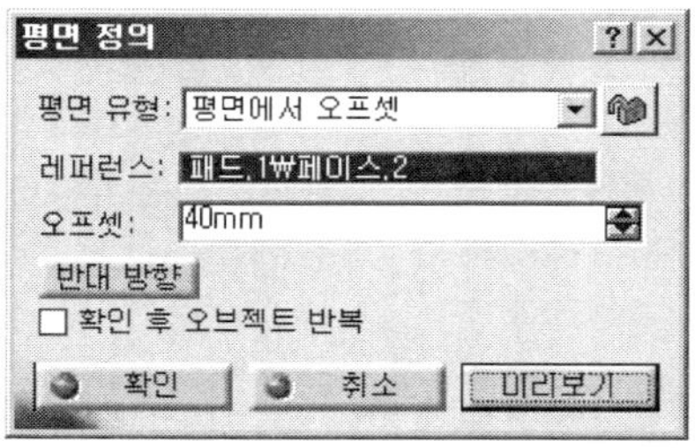

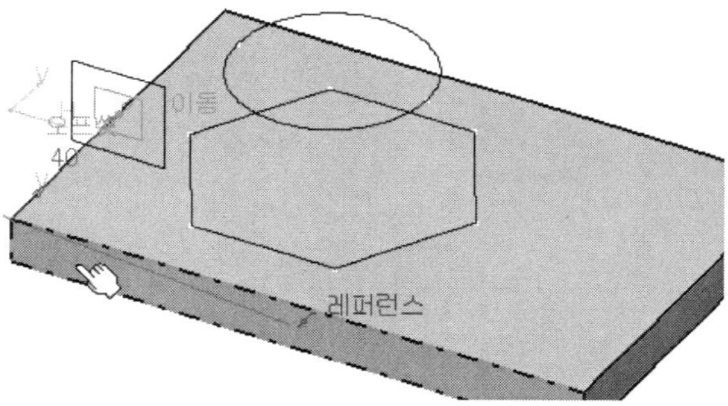

15 위치 지정 스케치( )를 실행하고, 생성한 Plane을 지정한다. H(x)방향와 V(y)방향을 체크하고, 확인을 누른다.

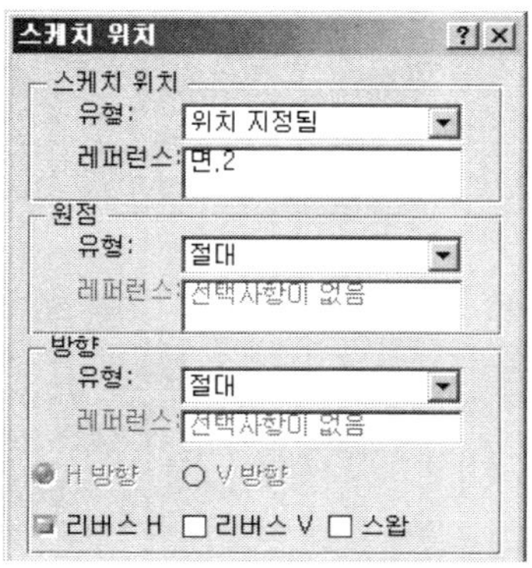

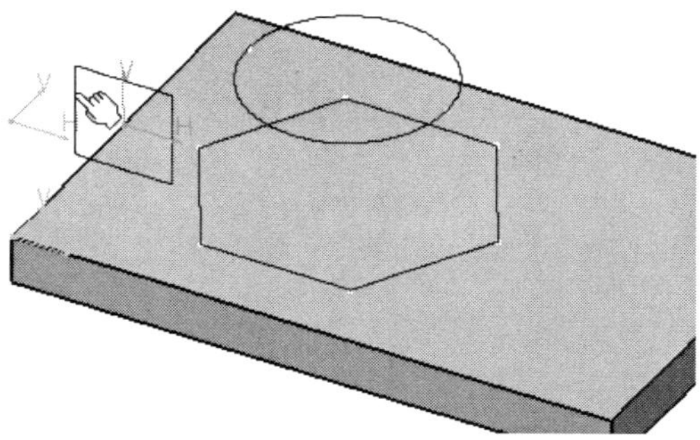

16 3D 요소 프로젝트( )를 실행하고, 원 스케치를 선택한다.

원이 현재 스케치 면으로 투영 복사되었다. 워크벤치 종료( )를 누른다.

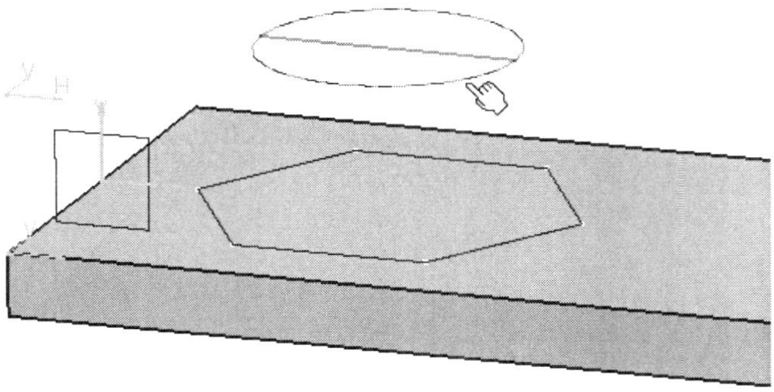

17 위치 지정 스케치( )를 실행하고, 생성한 Plane을 지정한다.

H(x)방향와 V(y)방향을 체크하고, 확인을 누른다.

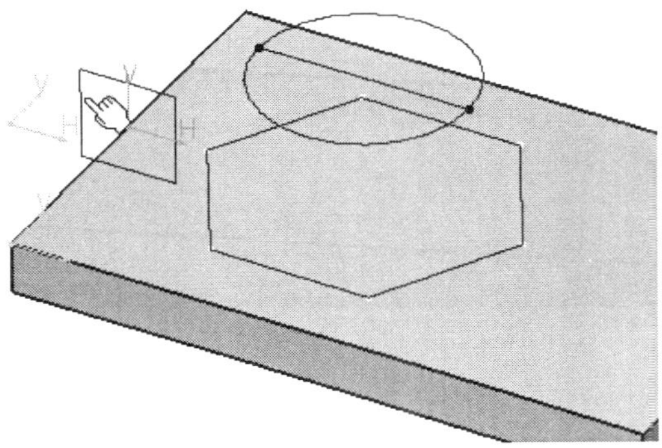

18 세 점 호( )로 호를 작성한다.

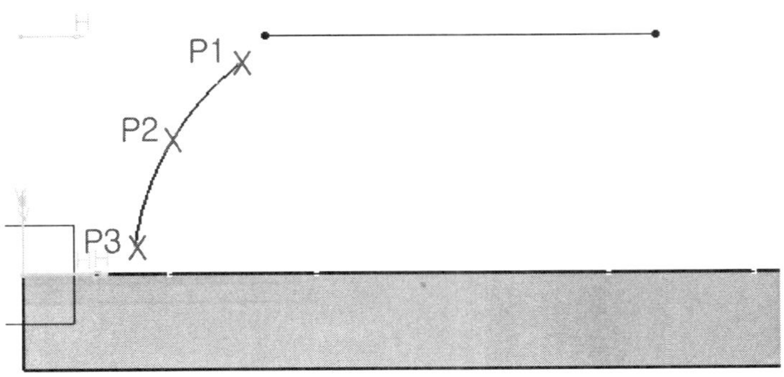

19 제약조건( )으로 호의 끝점(P1)과 선의 끝점(P2)을 "일치"시킨다.

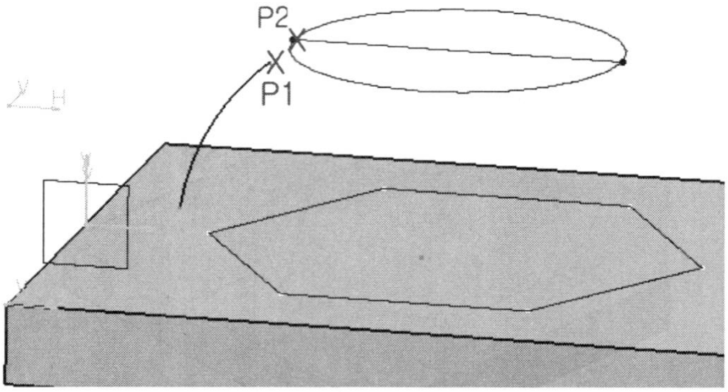

20 제약조건( )으로 호의 끝점(P1)과 육각형 점(P2)을 "일치"시킨다.

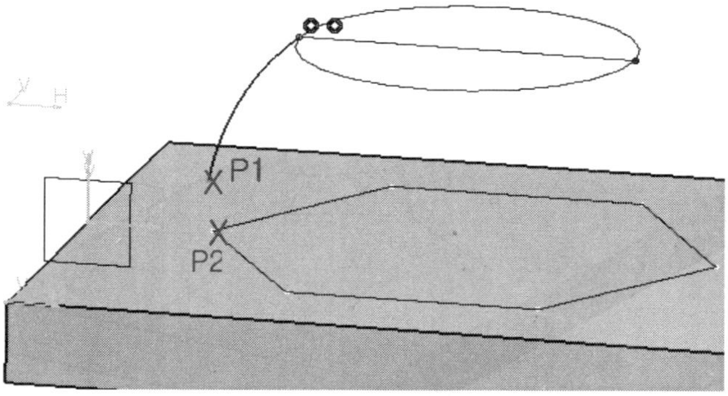

21 제약조건( )으로 치수를 입력한다. 워크벤치 종료( )를 누른다.

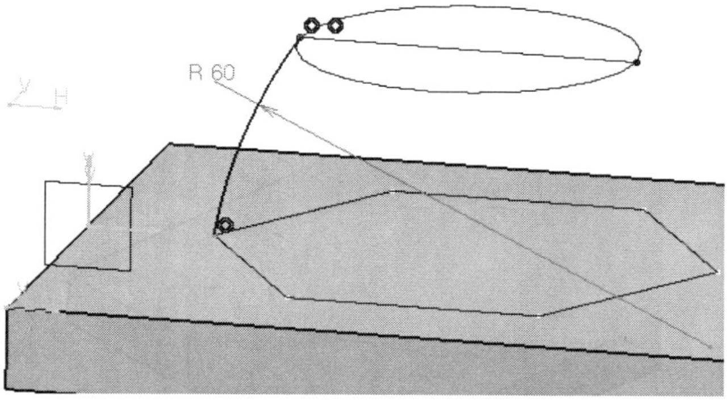

22 위치 지정 스케치( )를 실행하고, 생성한 Plane을 지정한다.
H(x)방향와 V(y)방향을 체크하고, 확인을 누른다.

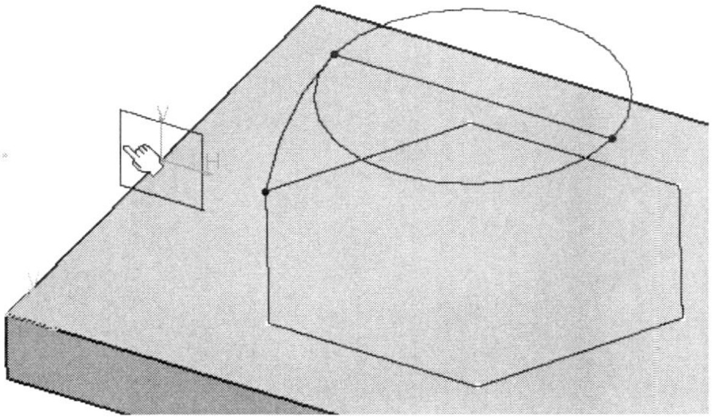

23 위와 같은 방법으로 세 점 호( )를 작성하고, 워크벤치 종료( )를 누른다.

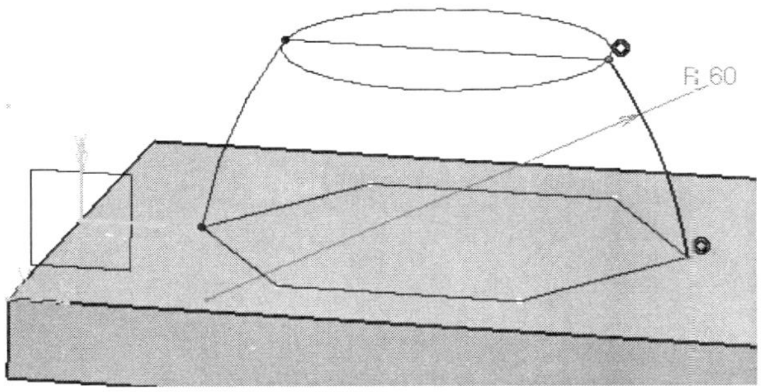

24 Plane( )을 실행한다.
① 평면에서 오프셋으로 설정하고, ② 레퍼런스는 측면을 선택한다. ③ 오프셋 값을 입력한다.
④ 반대방향 버튼을 누른 후, ⑤ 미리보기 및 확인을 한다.

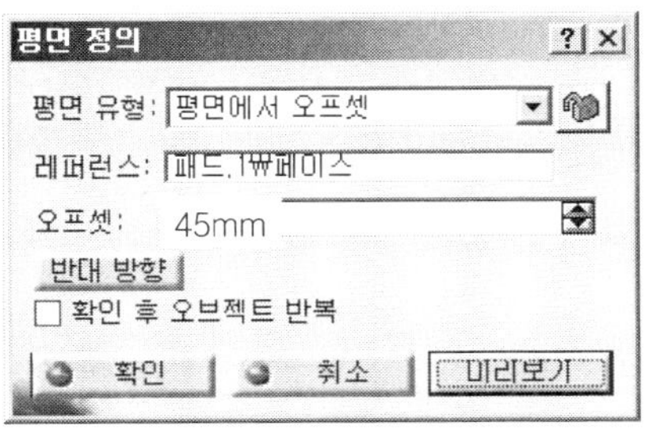

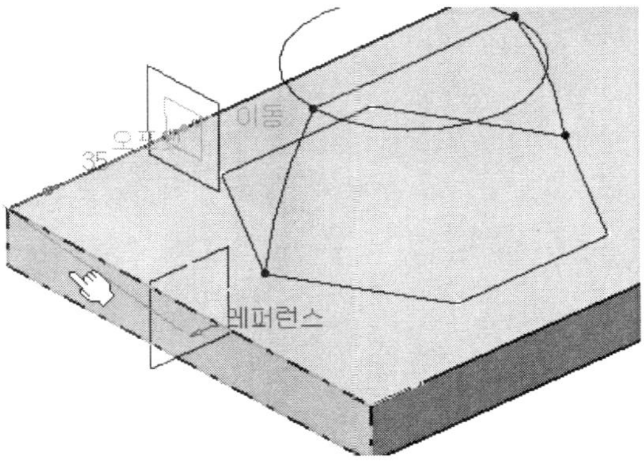

25 위치 지정 스케치( )를 실행하고, 생성한 Plane을 지정한다.
H(x)방향와 V(y)방향을 체크하고, 확인을 누른다.

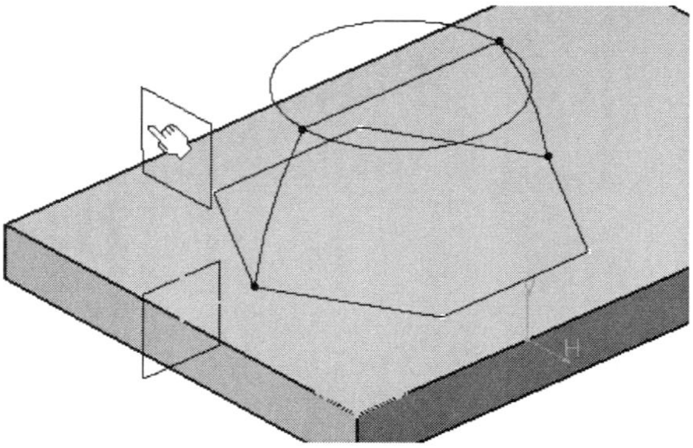

26 3D 요소 프로젝트( )를 실행하고, 원 스케치를 선택한다.
원이 현재 스케치 면으로 투영 복사되었다. 워크벤치 종료( )를 누른다.

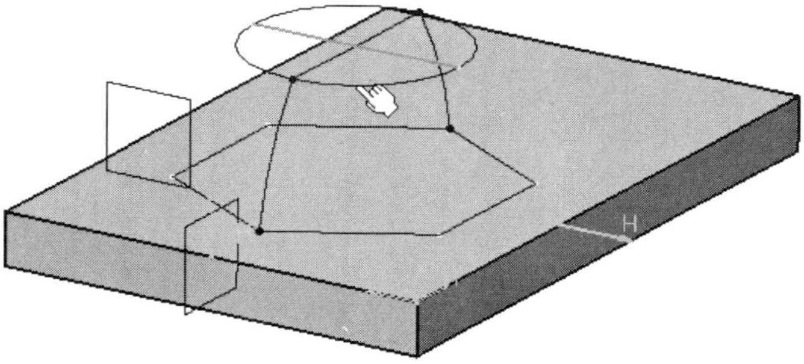

27 위치 지정 스케치( )를 실행하고, 생성한 Plane을 지정한다.
H(x)방향와 V(y)방향을 체크하고, 확인을 누른다.

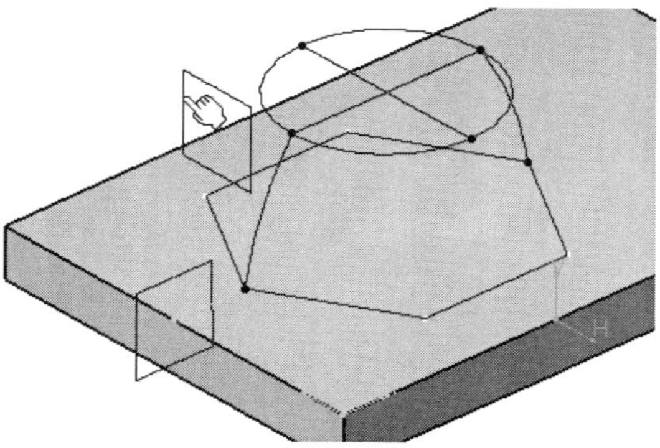

28 위와 같은 방법으로 세 점 호( )를 작성하고, 워크벤치 종료( )를 누른다.

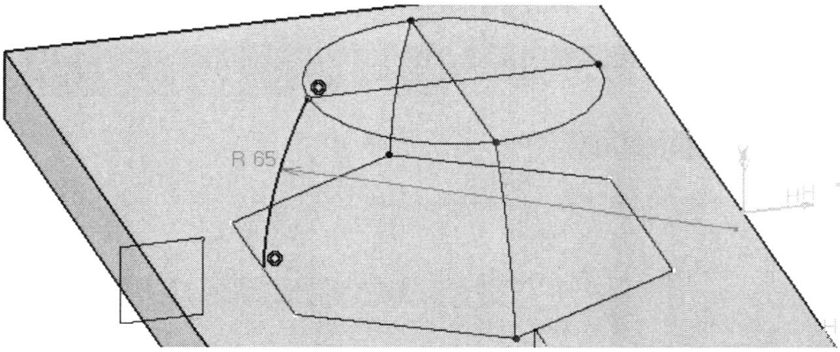

29 위치 지정 스케치( )를 실행하고, 생성한 Plane을 지정한다.
H(x)방향와 V(y)방향을 체크하고, 확인을 누른다.

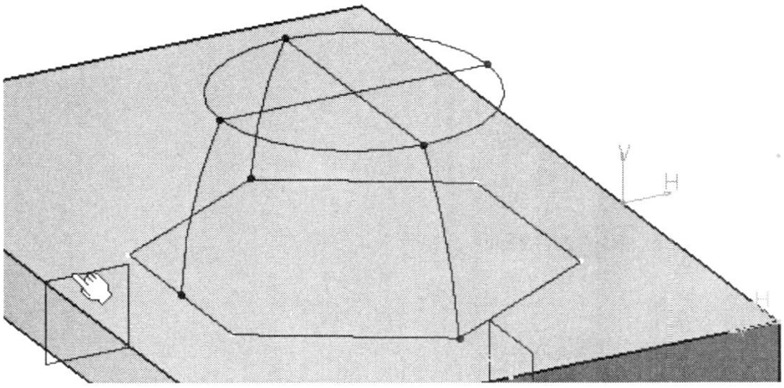

30 위와 같은 방법으로 세 점 호( )를 작성하고, 워크벤치 종료( )를 누른다.

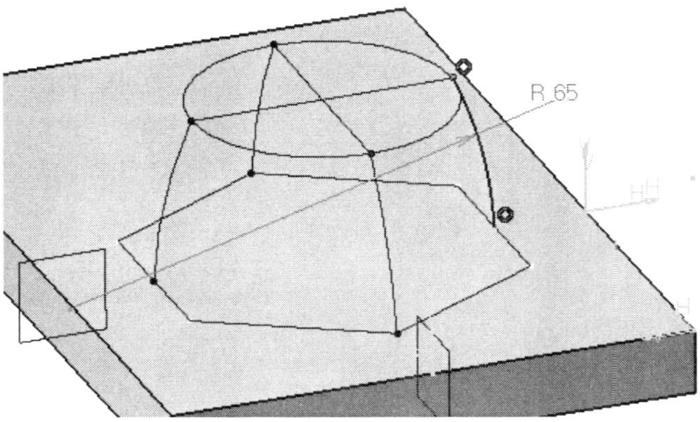

31 원, 육각형, 측면 4군데 호를 제외한 나머지는 모두 "숨기기"를 한다.

32 시작 〉 기계 디자인 〉 Wireframe and surface Design을 누른다.

33 다중 단면 서피스( )를 실행한다.

34 ① 육각형 스케치와 ② 원 스케치를 차례로 선택한다.

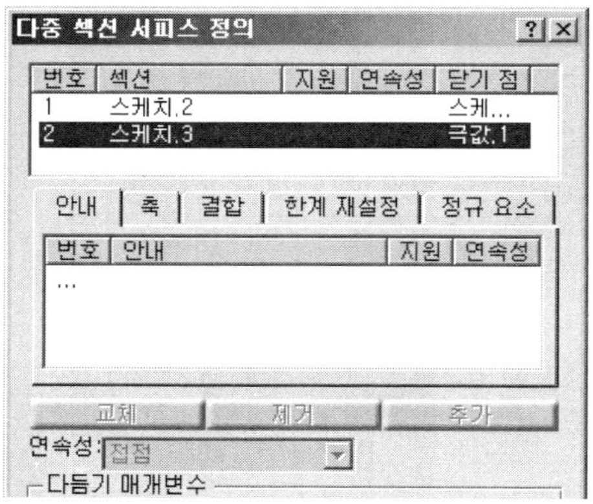

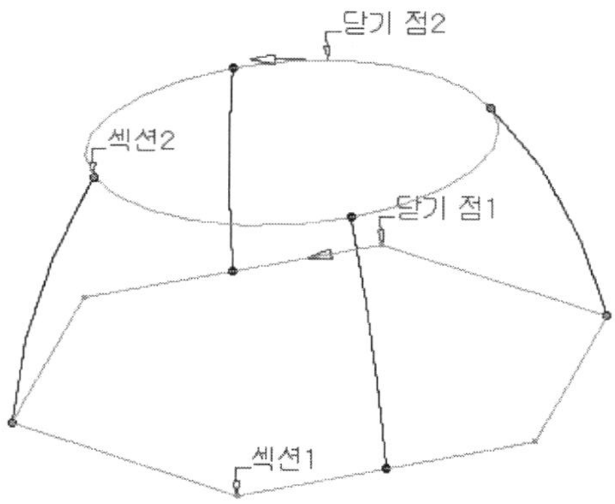

35 "닫기 점1"에서 마우스 오른쪽 버튼을 클릭하고, "교체"를 선택한다.

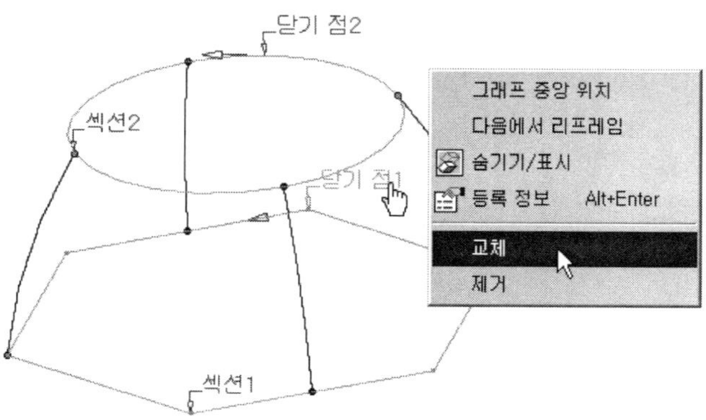

36 옮길 점을 클릭하여 "닫기 점1"의 위치를 변경한다.

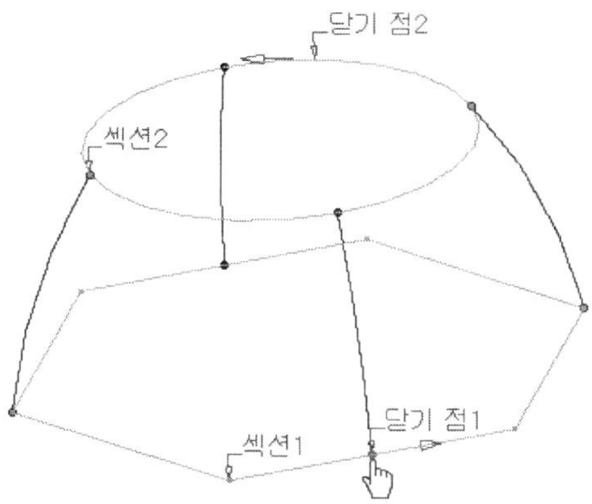

37 "닫기 점2"에서 마우스 오른쪽 버튼을 클릭하고, "교체"를 선택한다.

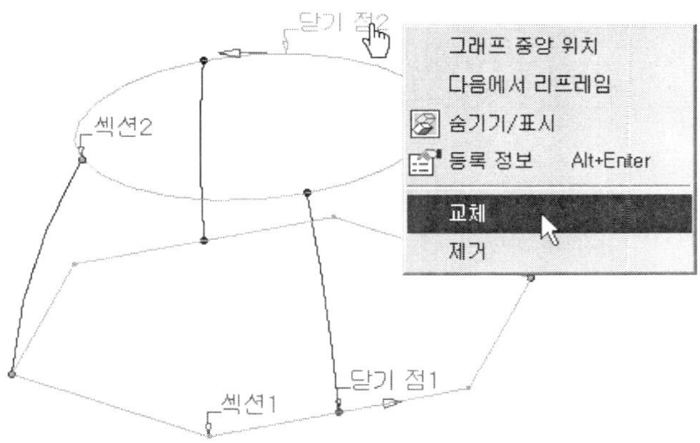

38 옮길 점을 클릭하여 "닫기 점2"의 위치를 변경한다.

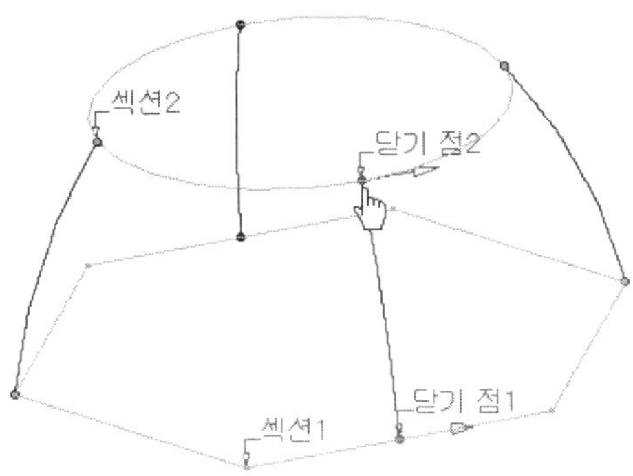

39 “닫기 점1”과 “닫기 점2”의 화살표를 같은 방향으로 설정한다. (화살표를 클릭하면 방향을 바꿀 수 있다.)

40 안내 탭의 번호 항목을 클릭한다.

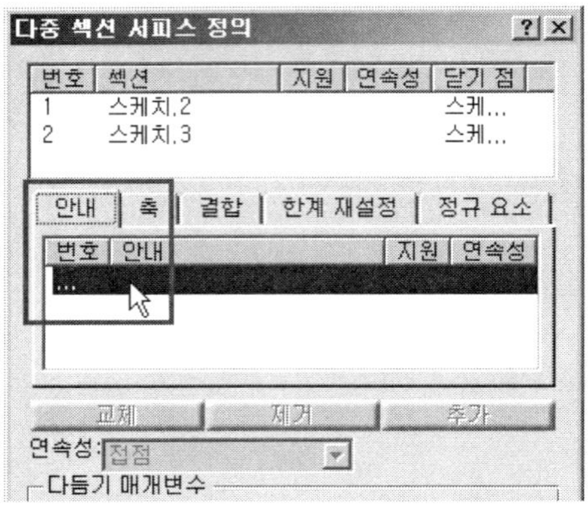

41 측면 4개의 호(R60)를 차례대로 선택한다. (안내1~안내4로 표시된다.)

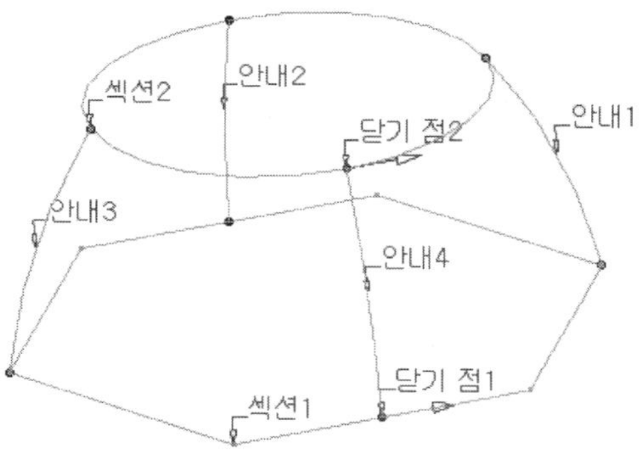

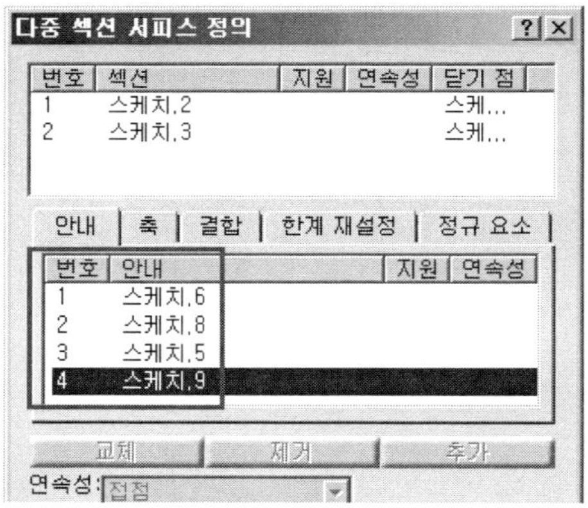

42 미리보기 및 확인을 누른다.

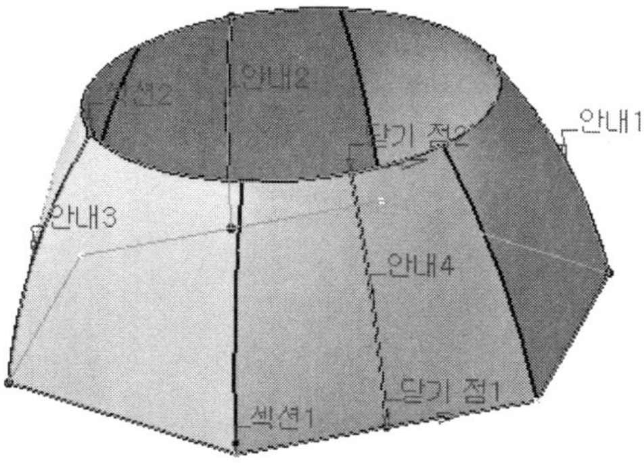

42 채우기( )를 실행하고,

43 원 스케치를 클릭하여 선택한다. "닫힌 윤곽선" 메시지가 나타난다. 확인을 누른다.

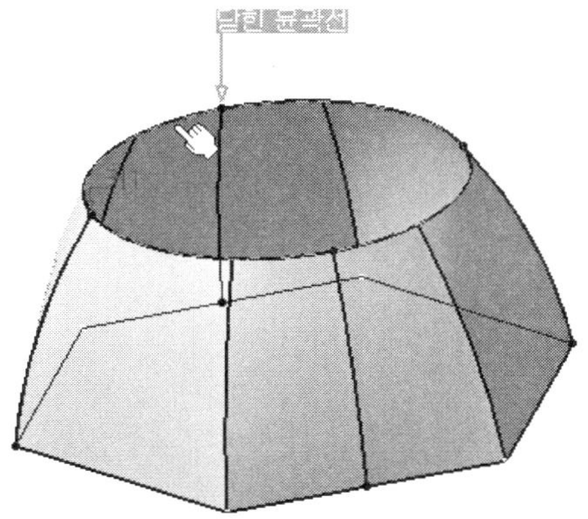

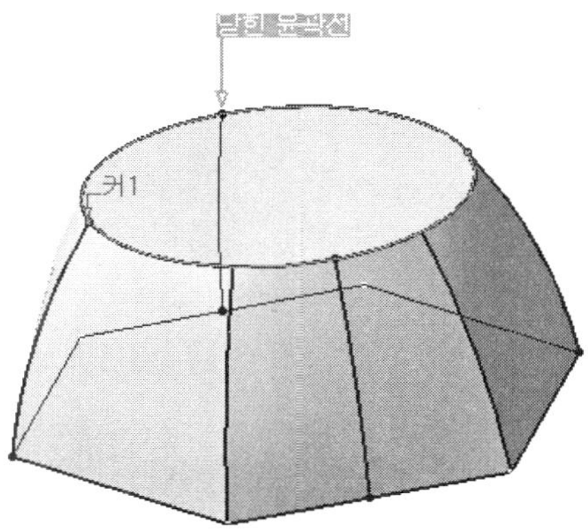

44 채우기( )를 실행하고,

45 육각형 스케치를 클릭하여 선택한다. "닫힌 윤곽선" 메시지가 나타난다. 확인을 누른다.

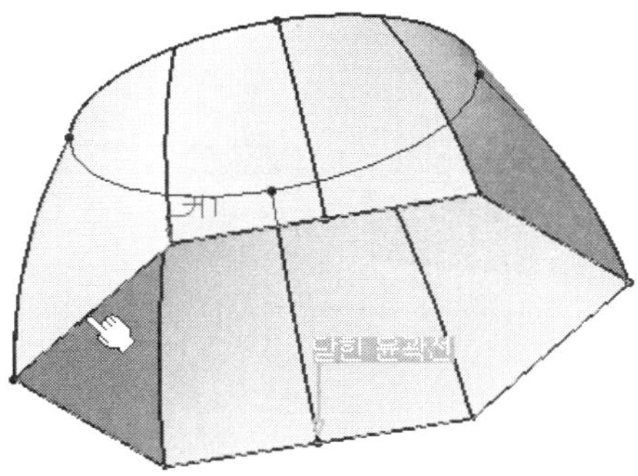

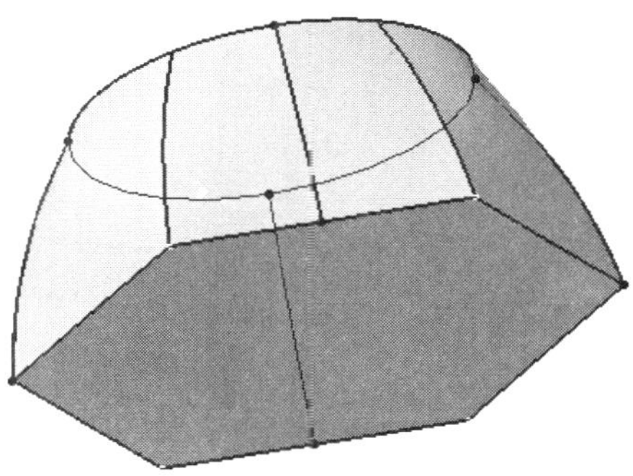

46 시작 〉 기계 디자인 〉 Part Design을 누른다.

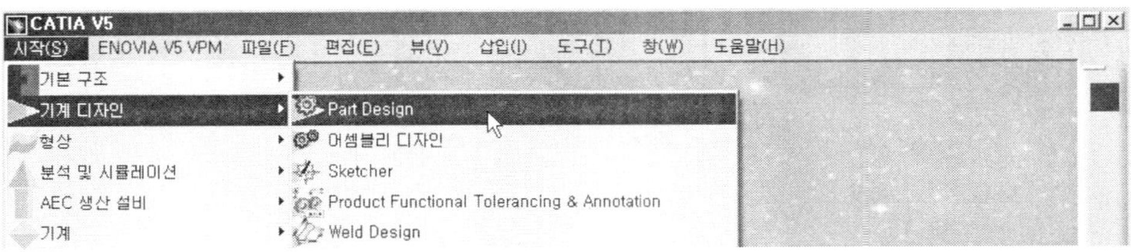

47 작업트리의 "패드.1"를 마우스 오른쪽 버튼을 눌러 "표시"를 클릭한다.

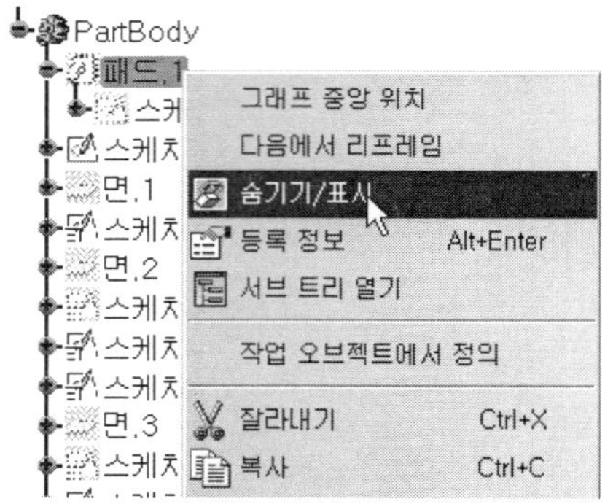

48 3D 형상이 화면에 표시된다.

47 Close surface( )를 실행하고, 다중 단면 서피스 형상을 선택한다.

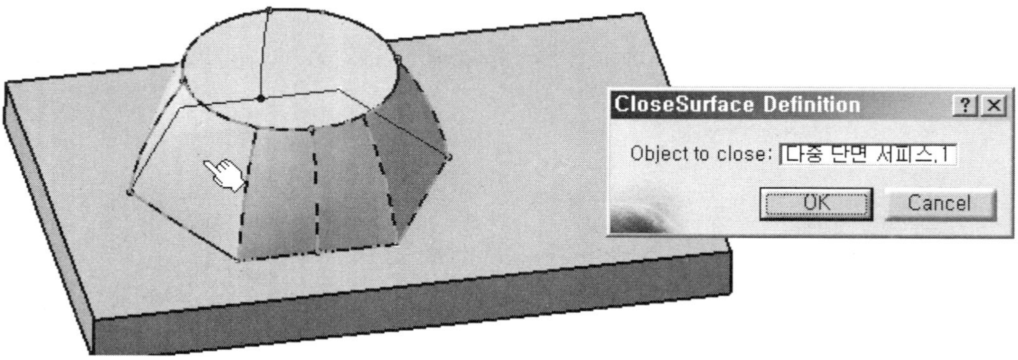

48 작업트리에서 "다중 단면 서피스", "채우기.1,2"를 선택하고, "숨기기"를 한다.

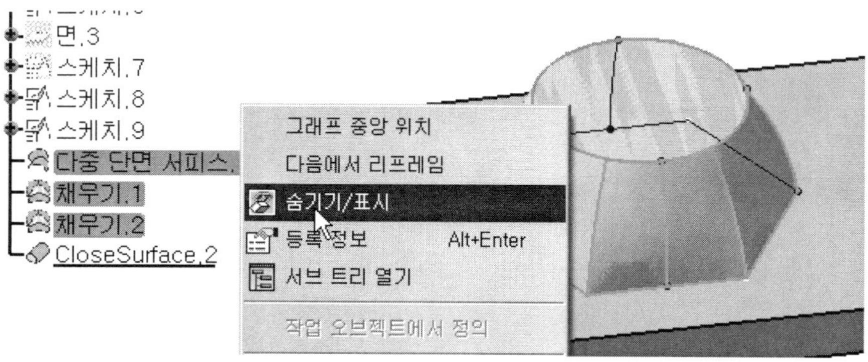

49 위치 지정 스케치( )를 실행하고, 생성한 Plane을 지정한다.
H(x)방향와 V(y)방향을 체크하고, 확인을 누른다.

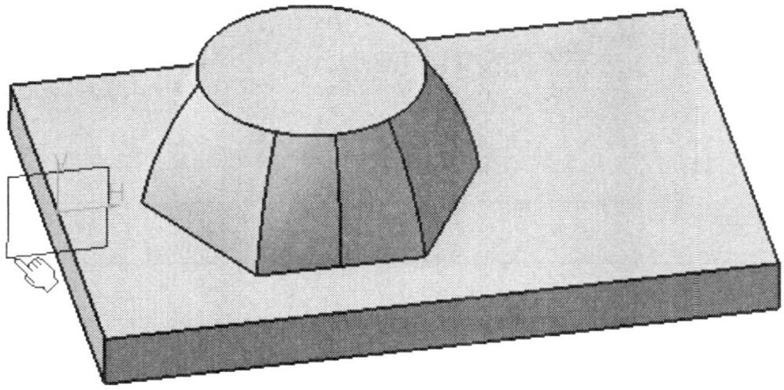

50 원( )을 그리고, 제약조건( )으로 치수를 입력한다.

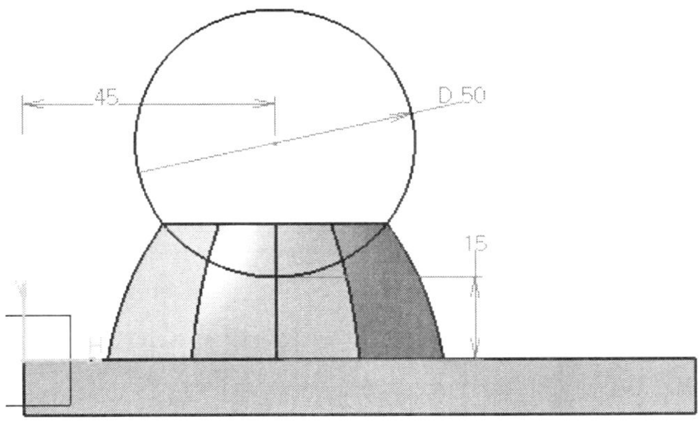

51 선( )을 그리고, 제약조건( )으로 치수를 입력한다.

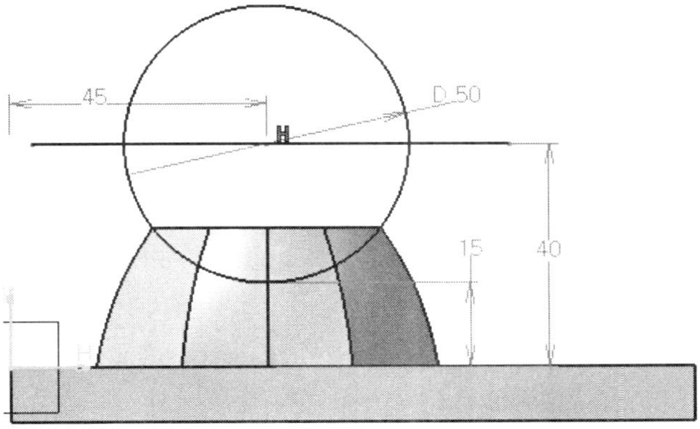

52 즉시 자르기( )로 필요가 없는 부분을 잘라낸다.

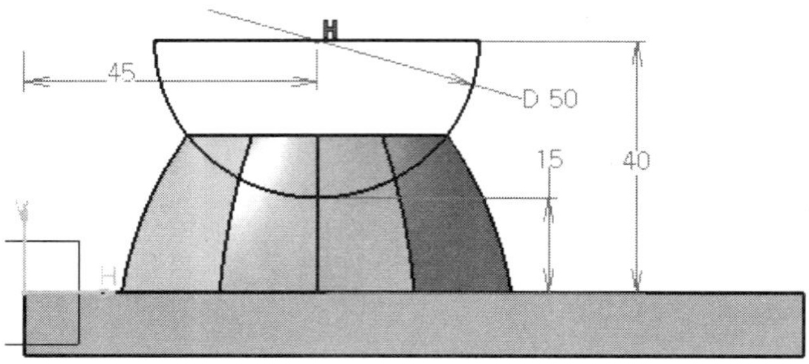

53 축( )을 생성한다. 워크벤치 종료( )를 한다.

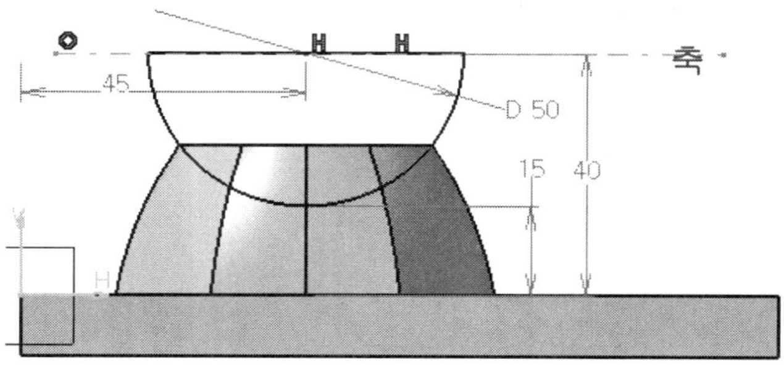

54 Groove( )를 실행한다. First Angle(각도) 값을 입력한다. 미리보기 및 OK를 누른다.

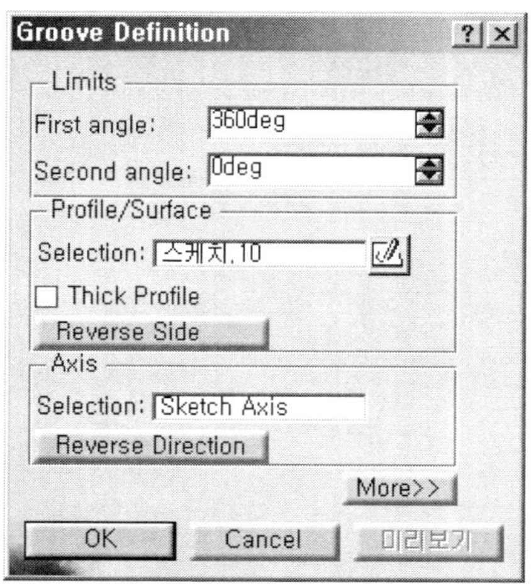

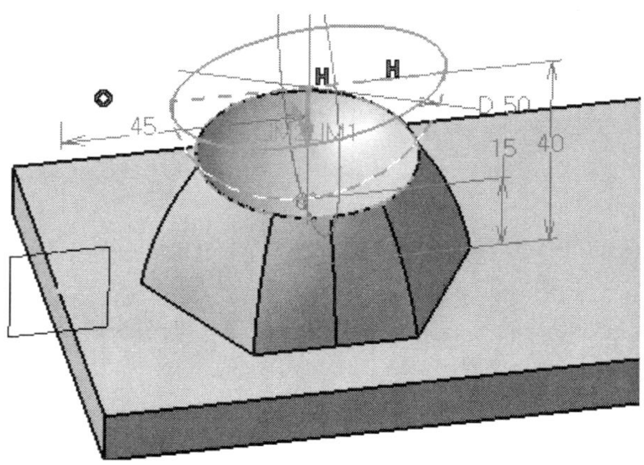

55 스케치( )를 실행하고, 형상 윗면을 클릭하여 지정한다.

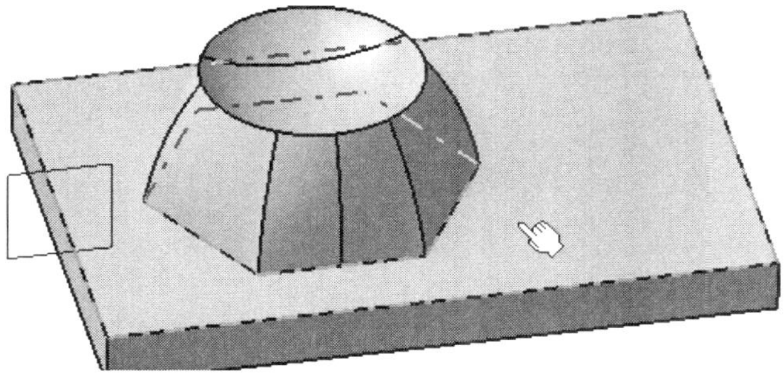

56 타원( )을 작성하고, 제약조건( )으로 치수를 입력한다.

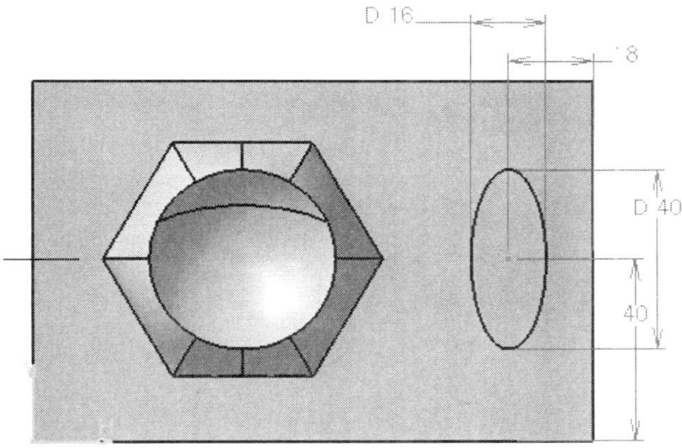

57 선( )을 그리고, 제약조건( )으로 치수를 입력한다. 즉시 자르기( )로 필요가 없는 부분을 잘라낸다.

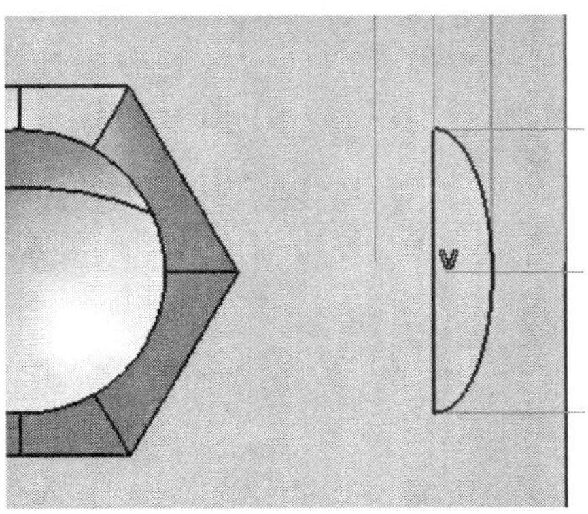

58 축( )을 생성한다. 워크벤치 종료( )를 한다.

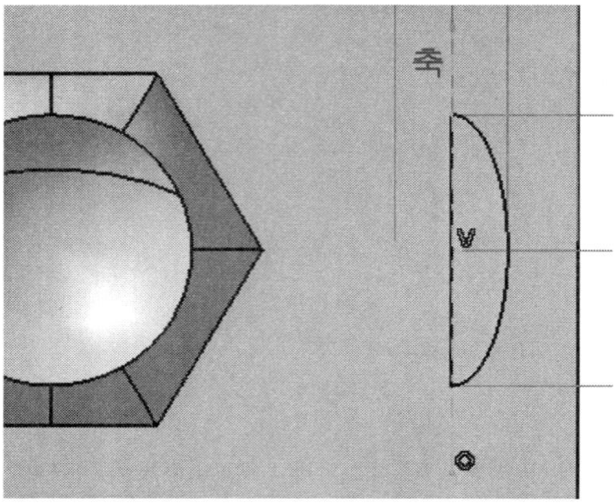

59 Shaft( )를 실행한다. First Angle(각도) 값을 입력한다. 미리보기 및 OK를 누른다.

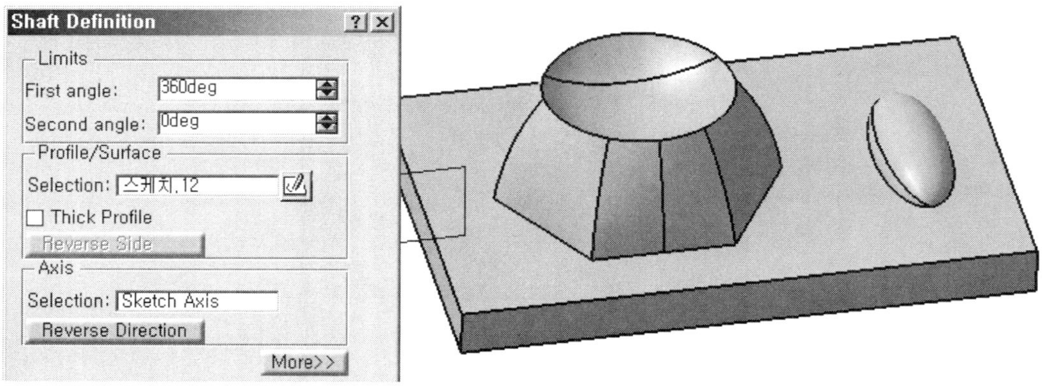

60 스케치( )를 실행하고, 형상 윗면을 클릭하여 지정한다.

61 직사각형( )을 작성하고, 제약조건( )으로 치수를 입력한다.

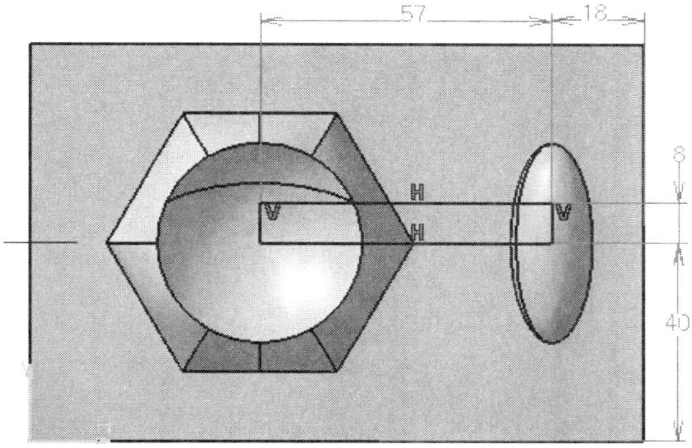

62 축( )을 생성한다. 워크벤치 종료( )를 한다.

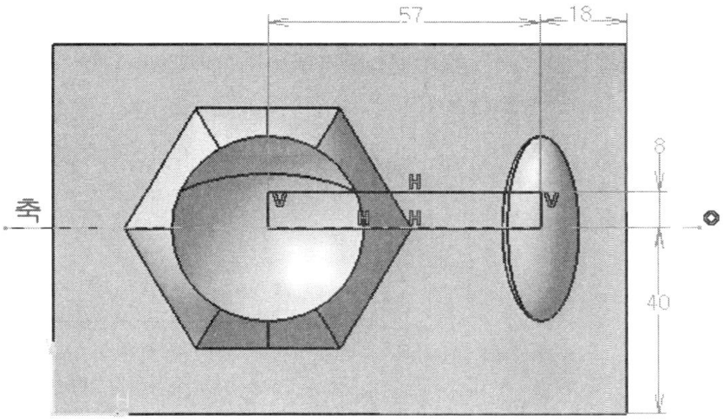

63 Shaft( )를 실행한다. First Angle(각도) 값을 입력한다. 미리보기 및 OK를 누른다.

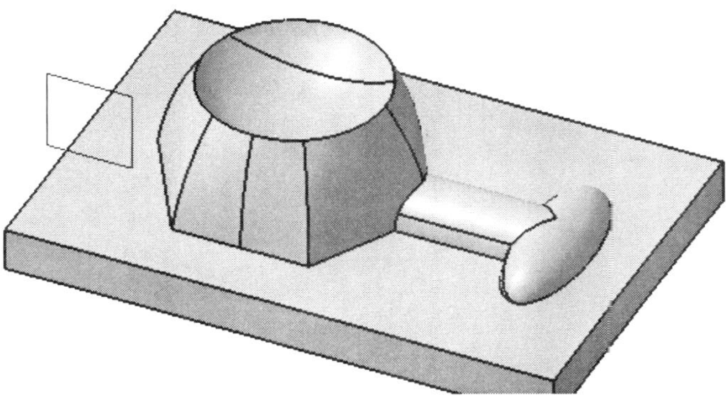

64 Edge Fillet()으로 표시된 모서리에 반지름 5만큼 라운드를 한다.

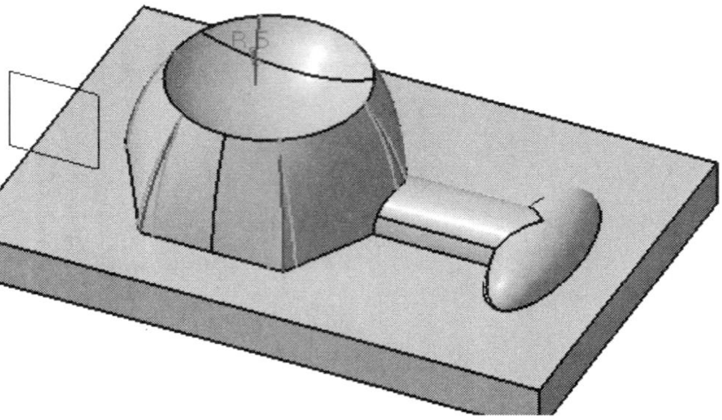

65 Edge Fillet()으로 표시된 모서리에 반지름 2만큼 라운드를 한다.

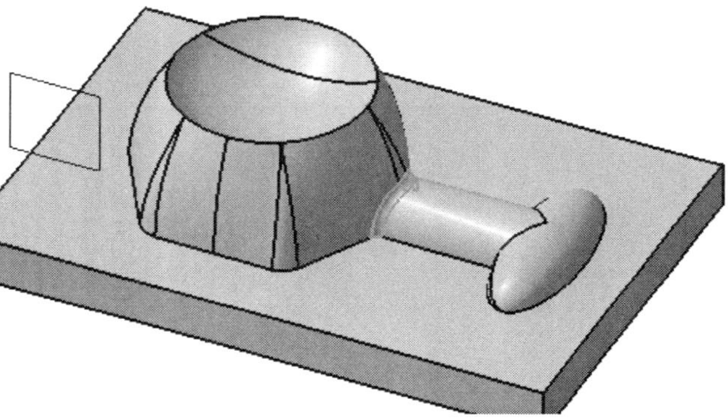

66 Edge Fillet()으로 표시된 모서리에 반지름 1만큼 라운드를 한다.

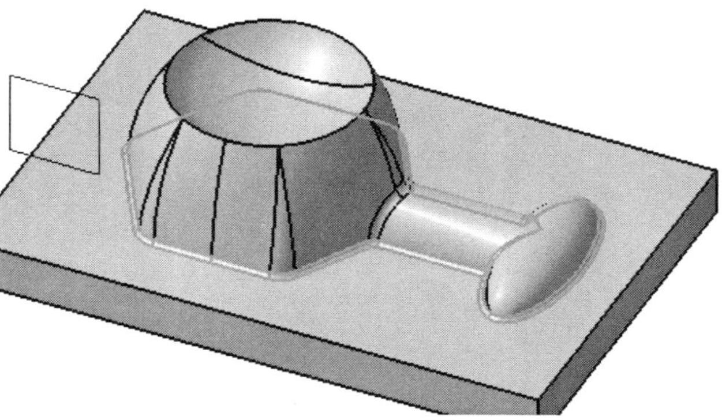

67 형상이 완성되었다.

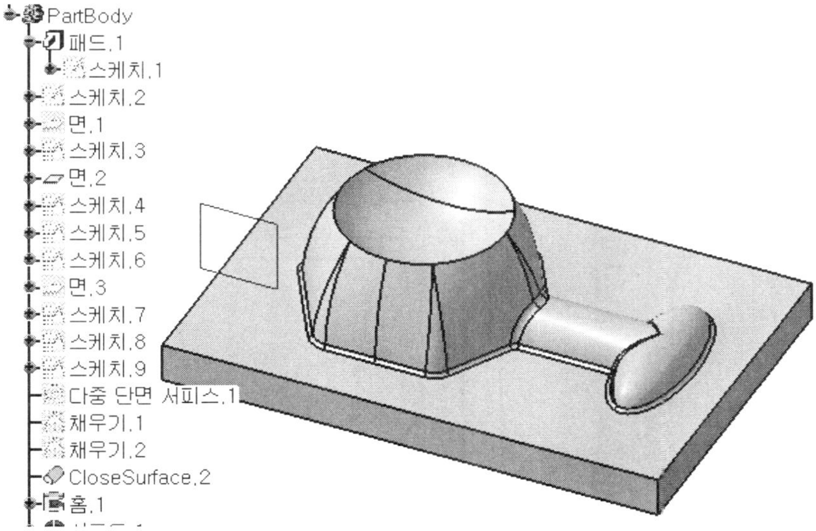
PartBody
패드.1
스케치.1
스케치.2
면.1
스케치.3
면.2
스케치.4
스케치.5
스케치.6
면.3
스케치.7
스케치.8
스케치.9
다중 단면 서피스.1
채우기.1
채우기.2
CloseSurface.2
홈.1

9 다음의 도면을 참고로 형상을 모델링한다

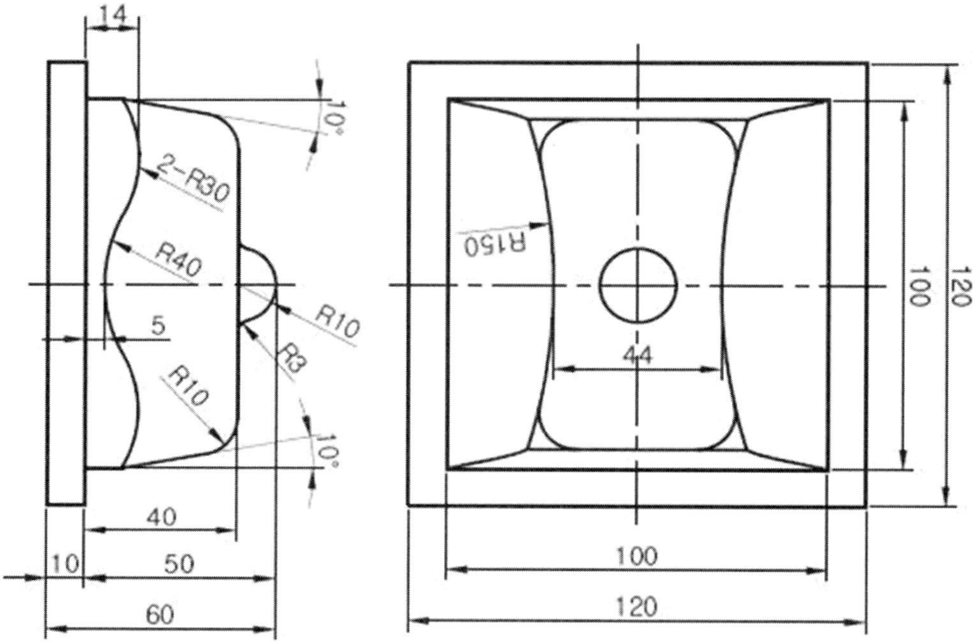

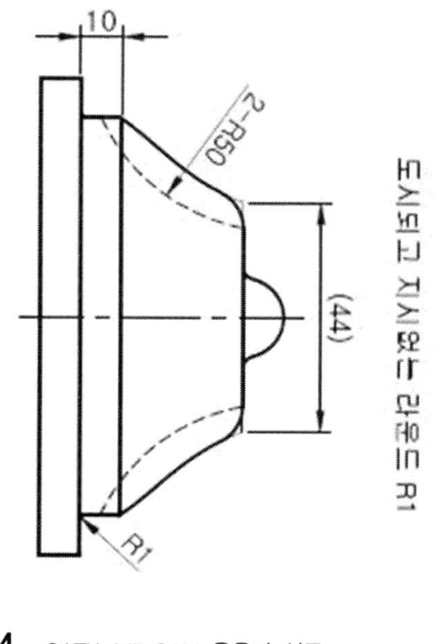

도시되고 지시없는 라운드 R1

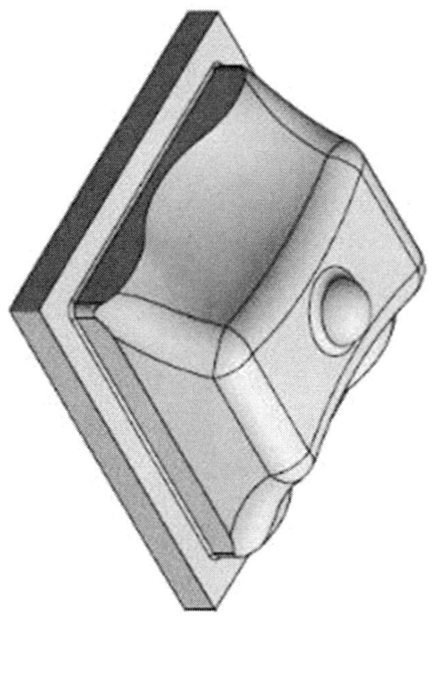

01 시작 〉 기계 디자인 〉 Part Design을 누른다.

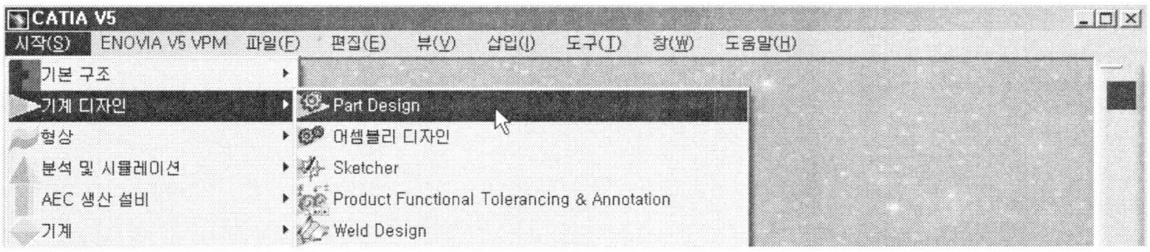

02 작업할 파트의 이름을 입력하고 확인을 누른다.

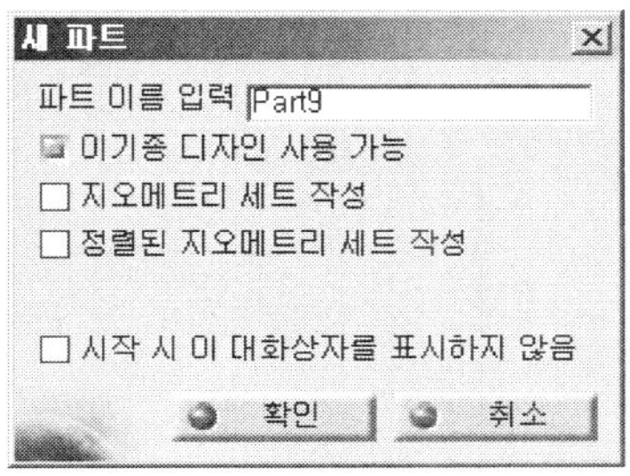

03 스케치( ) 버튼을 눌러 실행하고, xy 평면을 지정한다.

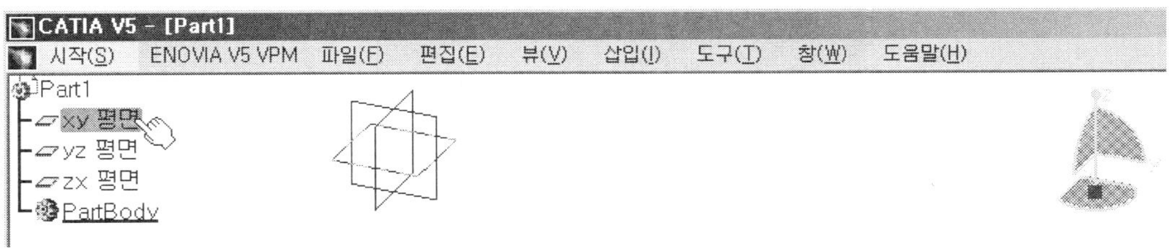

04 직사각형( )으로 사각형을 작성하고, 제약조건( )으로 치수를 입력한다.

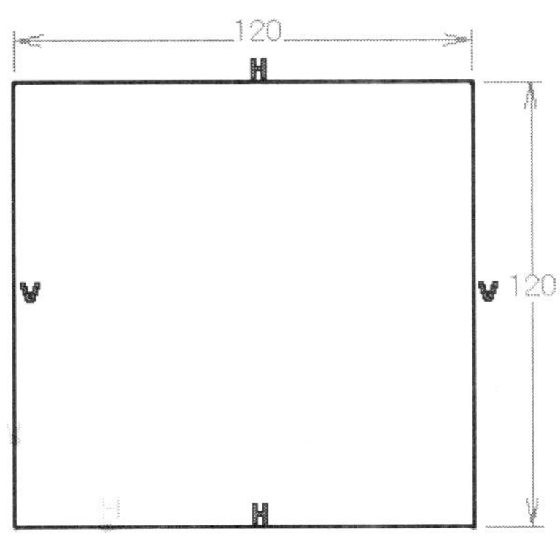

05 워크벤치 종료()를 누른다.

06 Pad()를 실행하고, Length 값을 입력하고, 방향을 아래로 한다.

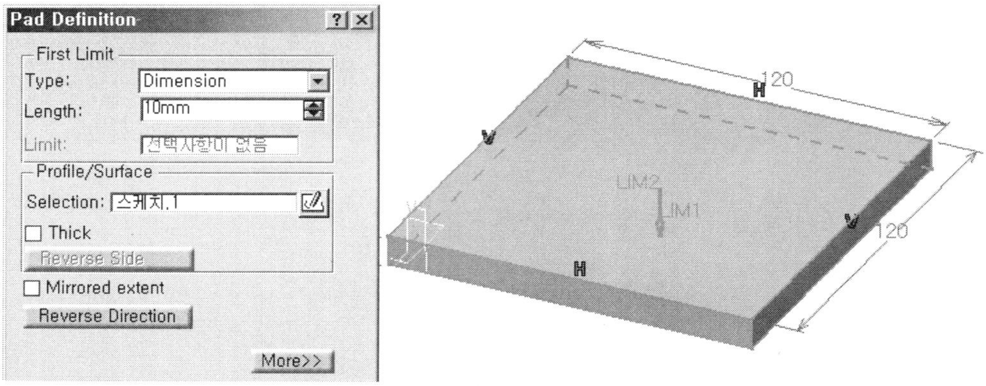

07 스케치()를 실행하고, 형상 윗면을 클릭하여 지정한다.

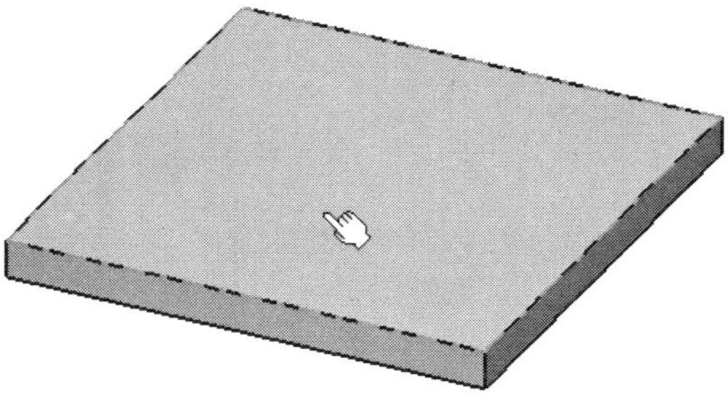

08 직사각형(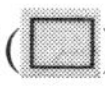)을 작성하고, 제약조건(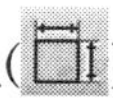)으로 치수를 입력한다.

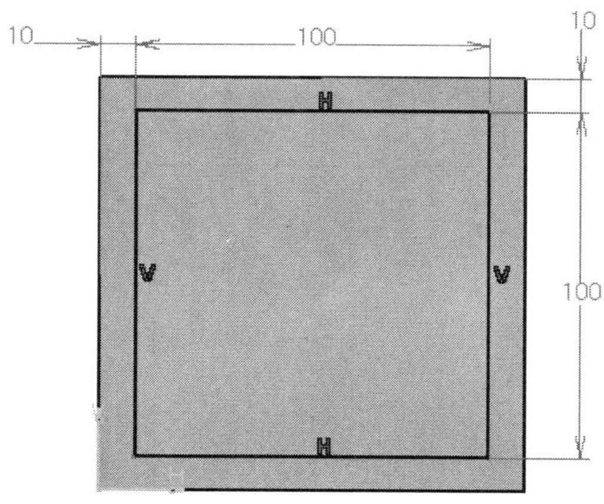

09 워크벤치 종료( )를 한다.

10 Pad( )를 실행하고, Length 값을 입력하고, 미리보기 및 OK를 누른다.

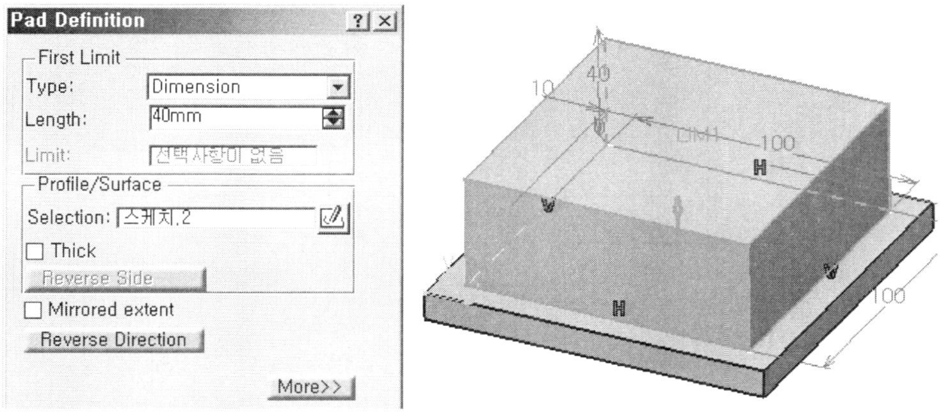

11 스케치( )를 실행하고, 형상 앞면을 클릭하여 지정한다.

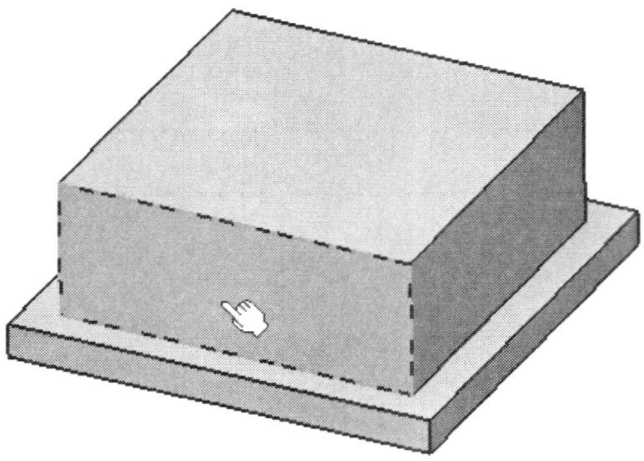

12 프로파일( )로 삼각형을 그린다. 제약조건( )으로 선(P1)과 모서리(P2)를 "일치"시킨다.

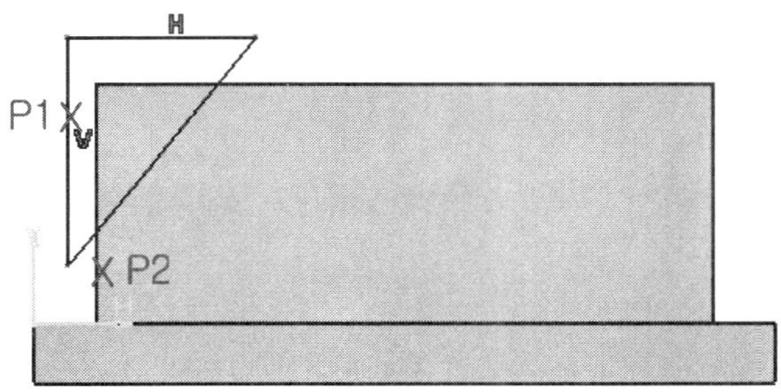

13 제약조건( )으로 선(P1)과 모서리(P2)를 “일치”시킨다.

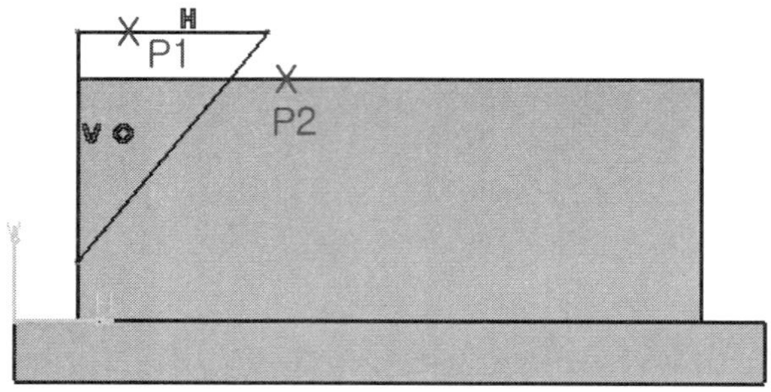

14 제약조건( )으로 치수를 입력한다.

15 오른쪽에도 삼각형을 그리고, 제약조건( )으로 “일치” 및 치수를 입력한다.

16 워크벤치 종료( )를 한다.

17 Pocket( )을 실행한다. Type을 [Up to last]로 설정하고, 방향은 뒤로 한다.

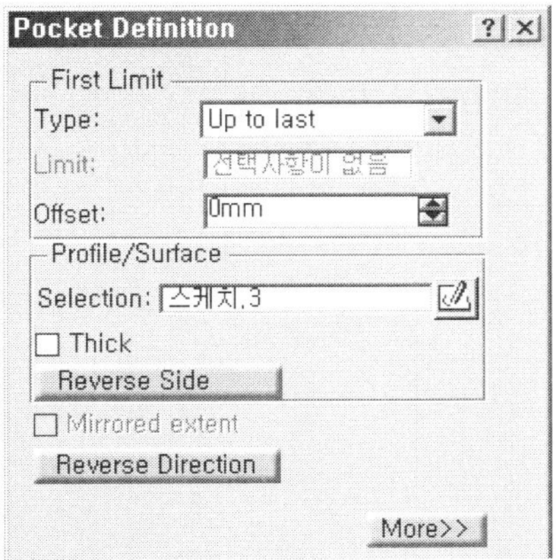

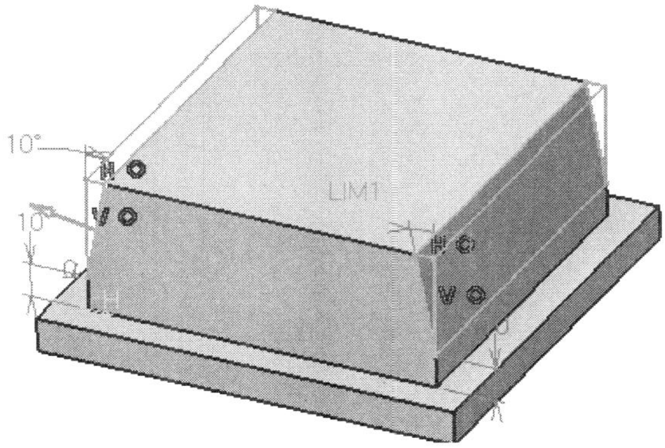

18 스케치( )를 실행하고, 형상 앞면을 클릭하여 지정한다.

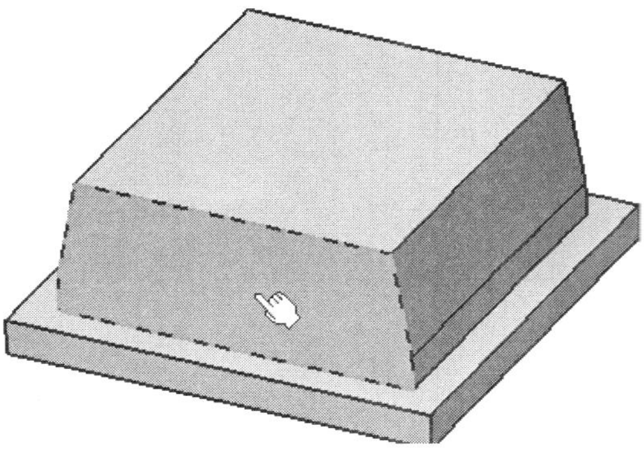

19 세 점 호( )를 이용하여 호를 작성한다.

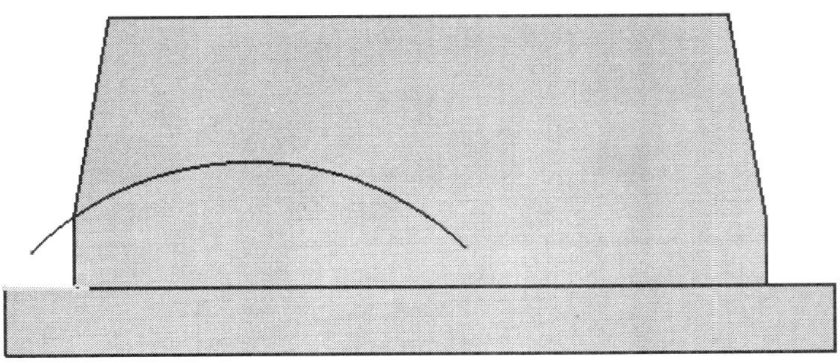

20 다시 세 점 호( )를 이용하여 호를 작성한다.

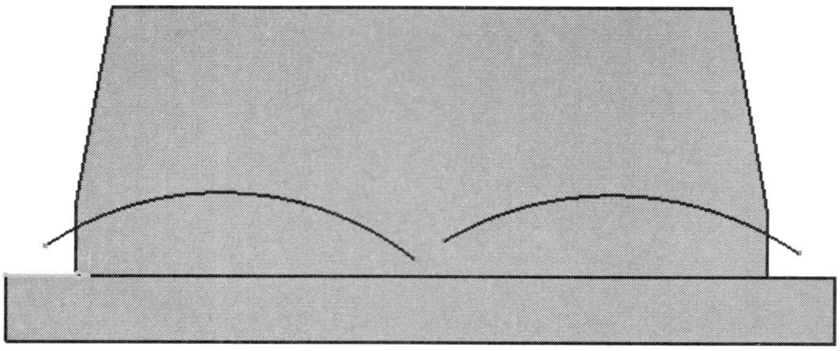

21 코너( )를 실행하고, 호(P1)와 호(P2)를 선택하고, 위치(P3)를 지정한다.

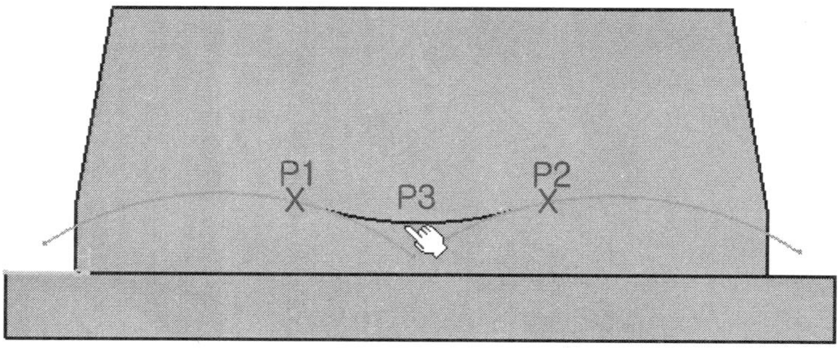

22 제약조건( )으로 호 끝점(P1)과 모서리(P2)를 선택하고, "일치"시킨다.

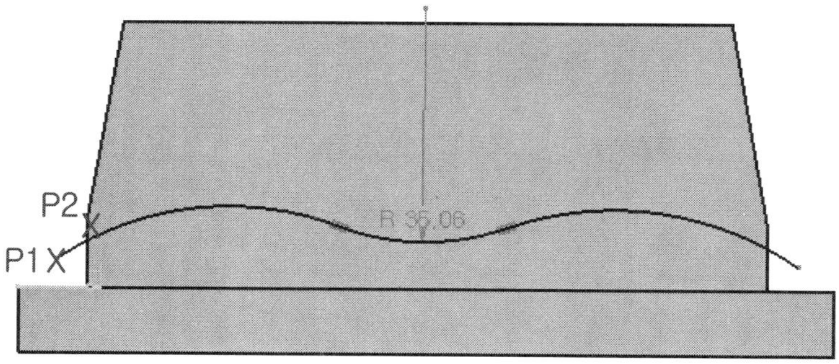

23 오른쪽에도 제약조건( )으로 호 끝점(P1)과 모서리(P2)를 선택하고, “일치”시킨다.

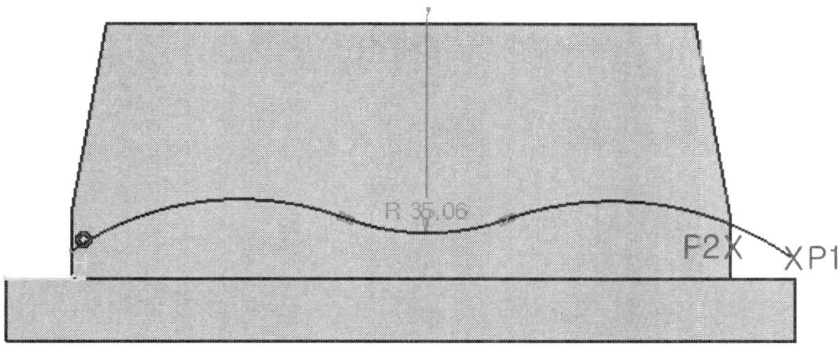

24 제약조건( )으로 치수를 입력한다. 워크벤치 종료( )를 한다.

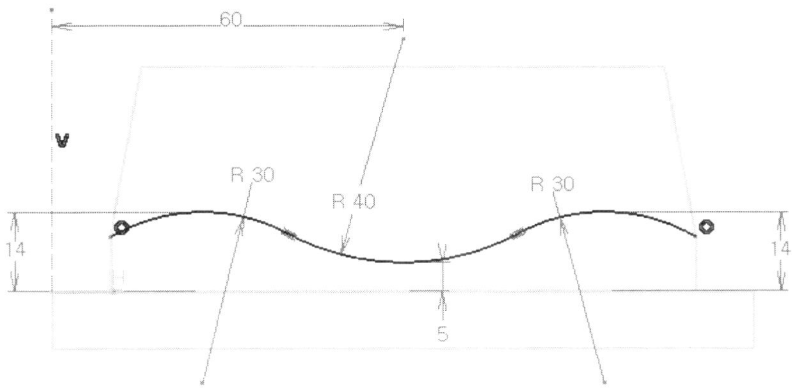

25 스케치( )를 실행하고, 형상 윗면을 클릭하여 지정한다.

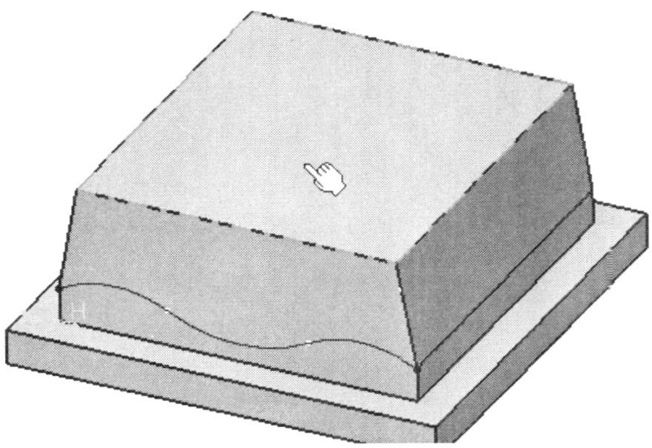

26 세 점 호( )로 호를 작성하고, 제약조건( )으로 치수를 입력한다.

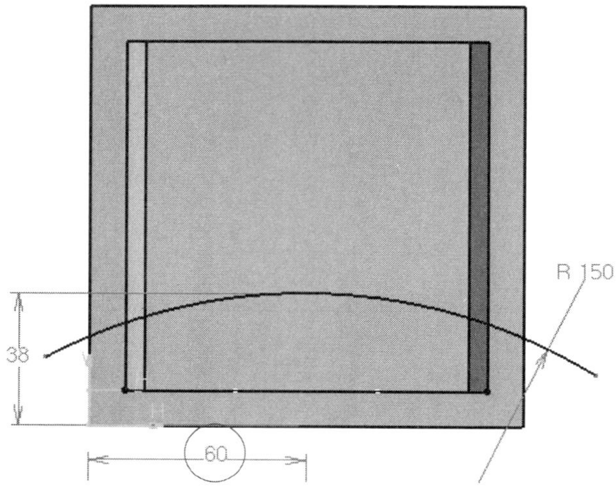

왼쪽 모서리부터 R60 호 중심까지의 거리

27 워크벤치 종료( )를 한다.

28 Plane( )을 실행한다.

① 평면에서 오프셋으로 설정하고, ② 레퍼런스는 앞면을 선택한다. ③ 오프셋 값을 입력한다.
④ 반대방향 버튼을 누른 후, ⑤ 미리보기 및 확인을 한다.

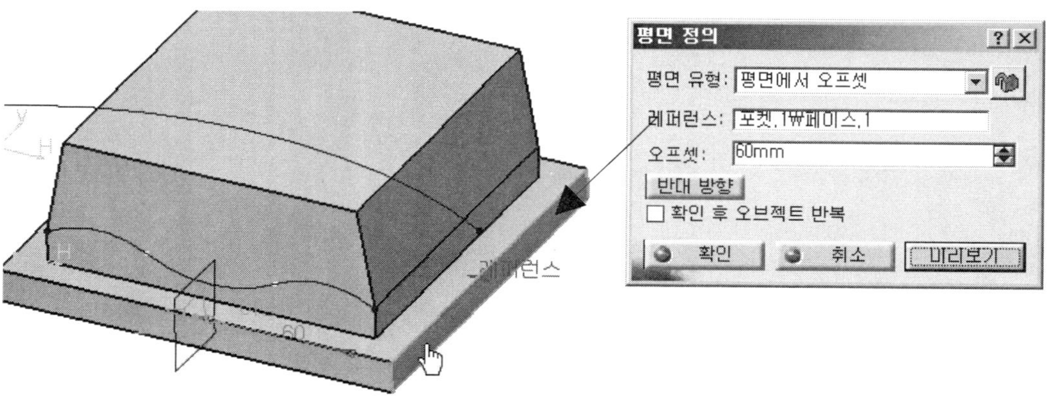

29 위치 지정 스케치( )를 실행하고, 생성한 Plane을 지정한다.
H(x)방향와 V(y)방향을 체크하고, 확인을 누른다.

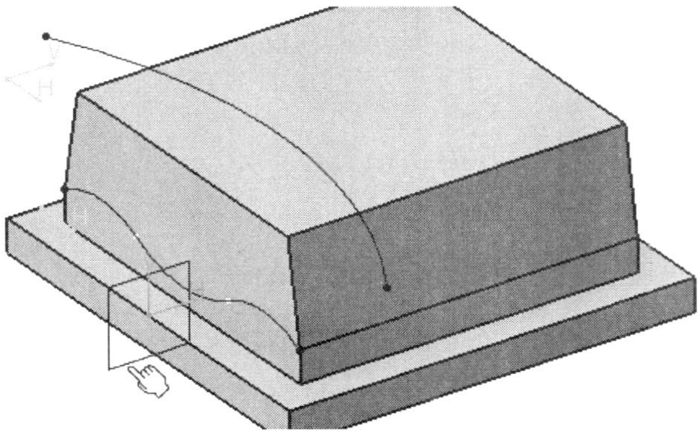

30 세 점 호( )로 호를 작성한다.

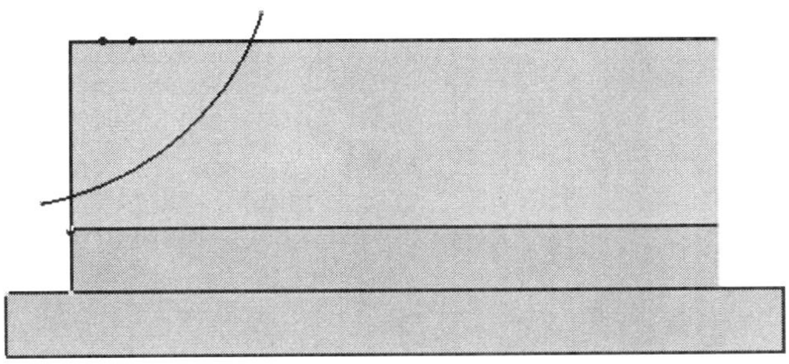

31 3D 요소 프로젝트( )를 실행하고, 앞에서 작성한 곡선을 클릭하여 선택한다.

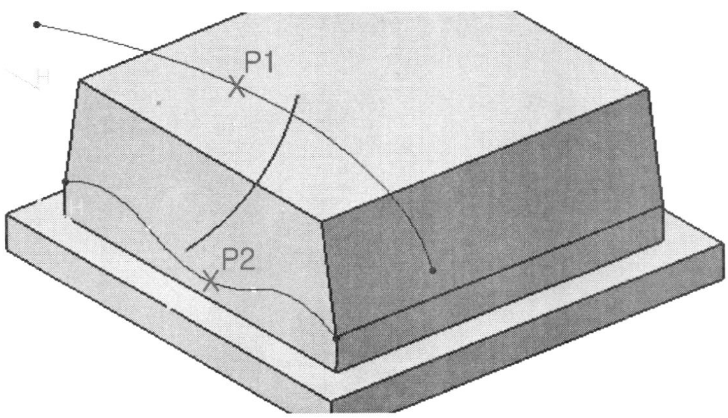

32 노란색의 프로젝트 선이 생성되었다.

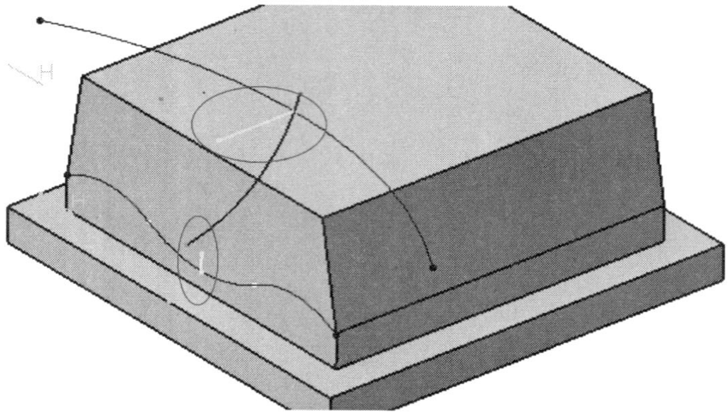

33 Shift 키를 누른 채로 2개의 투영선을 선택하고, 스케치 도구에서 구성/표준요소( )를 클릭한다.

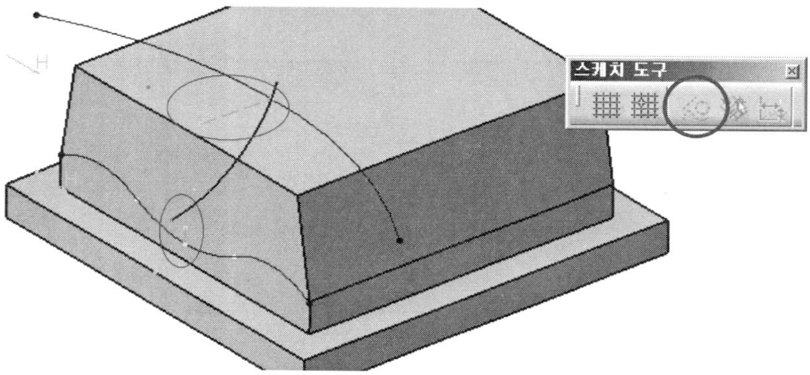

34 노란색 투영선이 구성선으로 변경되었다. 키보드 Esc 버튼을 꼭 2~3회 눌러준다. 스케치 도구의 구성/표준요소( ) 버튼을 다시 클릭하여 파란색(OFF)으로 변경한다.

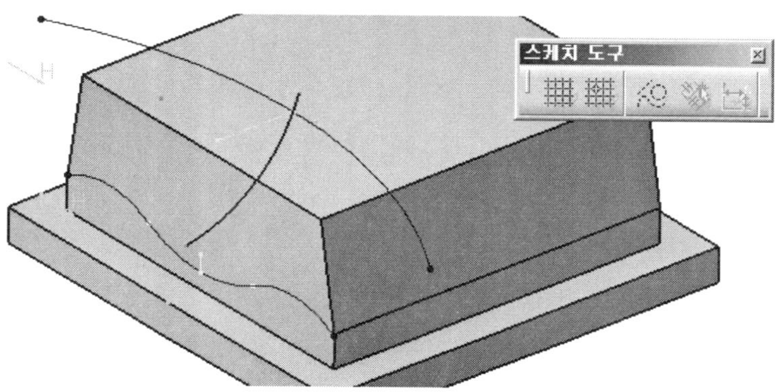

35 제약조건(□I)으로 호의 끝점(P1)과 투영선의 끝점(P2)을 "일치"시킨다.

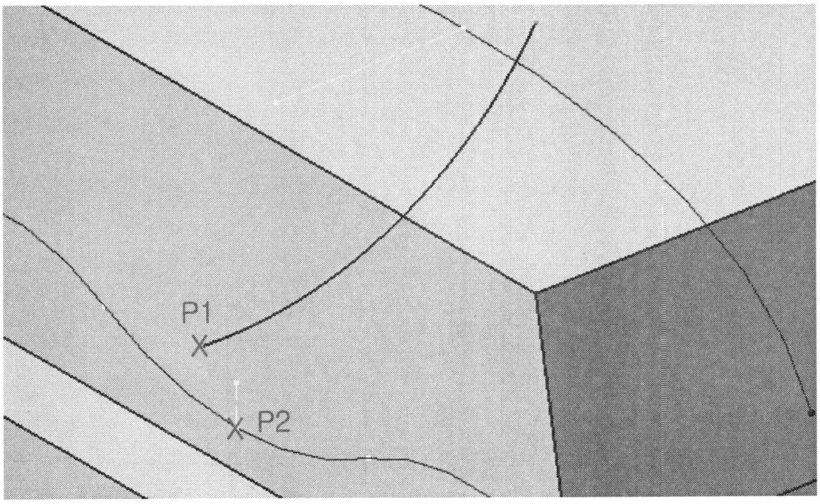

36 제약조건(□I)으로 호의 끝점(P1)과 투영선의 끝점(P2)을 "일치"시킨다.

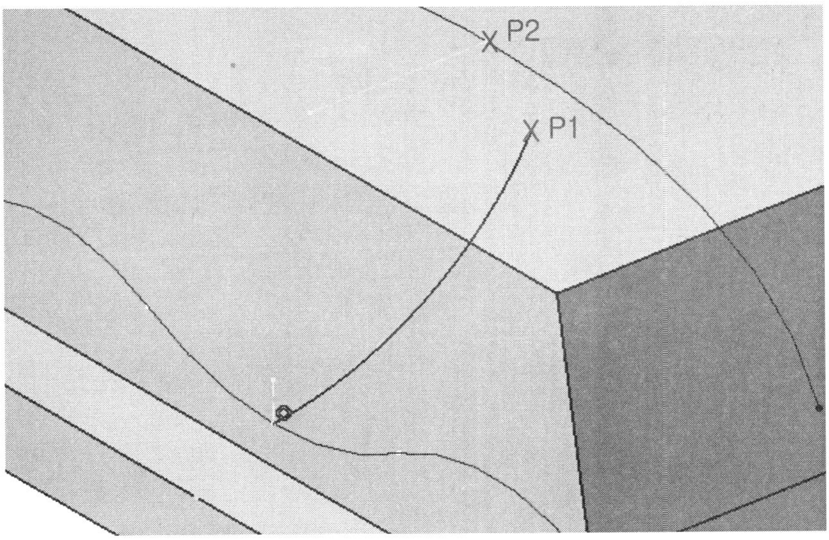

37. 제약조건( )으로 치수를 입력하고, 워크벤치 종료( )를 한다.

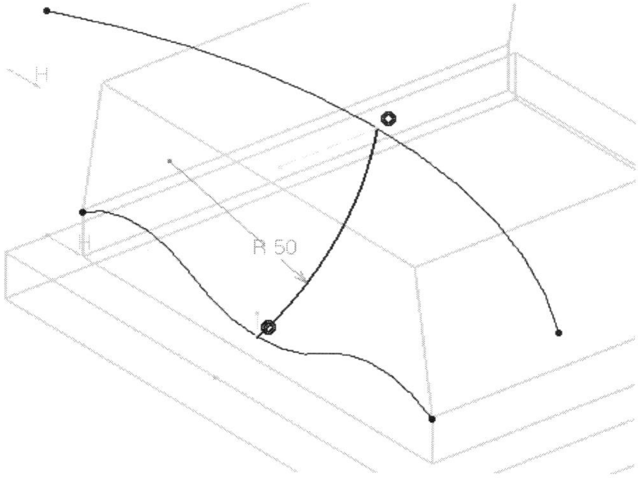

38 시작 〉 기계 디자인 〉 Wireframe and surface Design을 누른다.

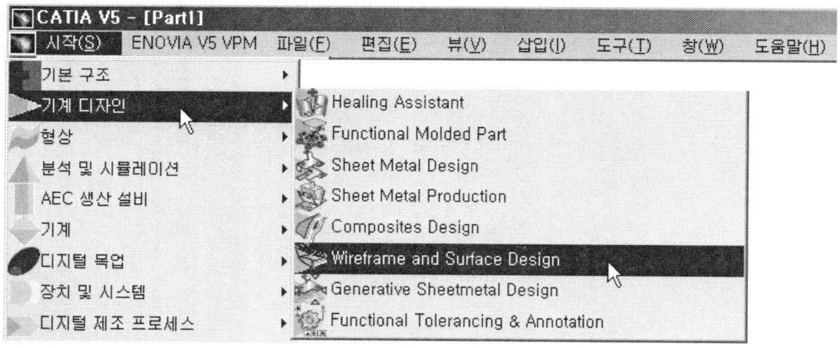

39 다중 단면 서피스( )를 실행하고, 앞에서 작업한 스케치(P1, P2)를 차례로 선택한다.

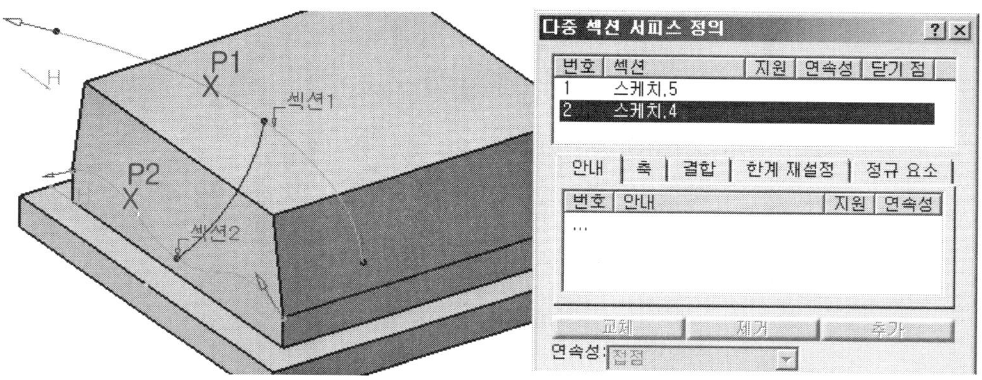

40 안내 탭의 번호 항목을 클릭하고 R50 곡선을 선택한다.

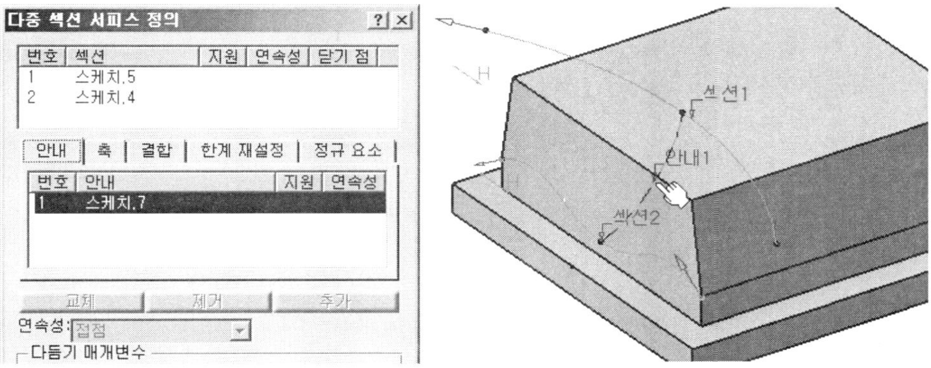

41 미리보기 및 확인을 누른다.

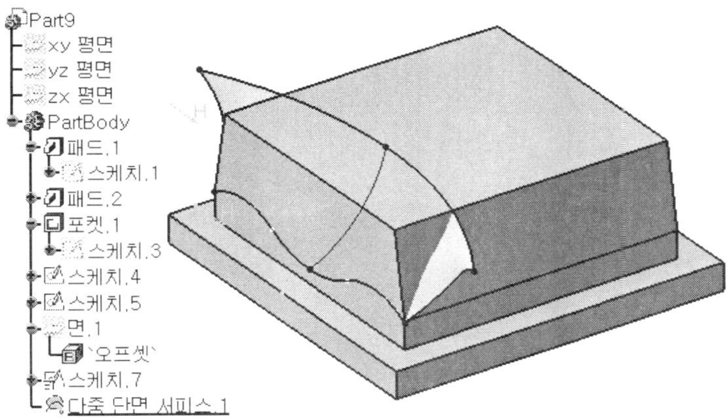

42 시작 〉 기계 디자인 〉 Part Design을 누른다.

43 Split( )을 실행한다. 곡면을 선택하고, 화살표 방향을 안쪽으로 한다.

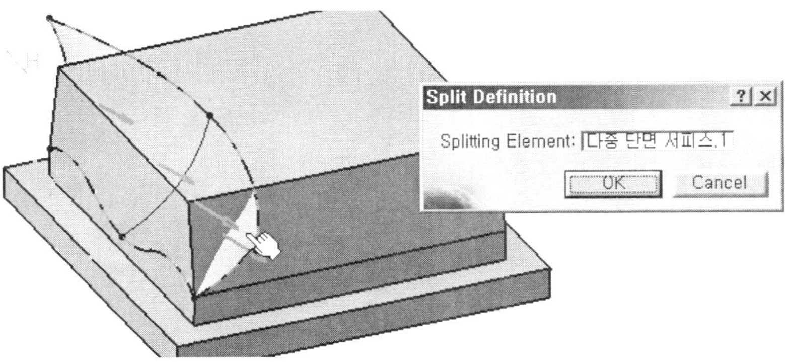

44 OK를 누른다.

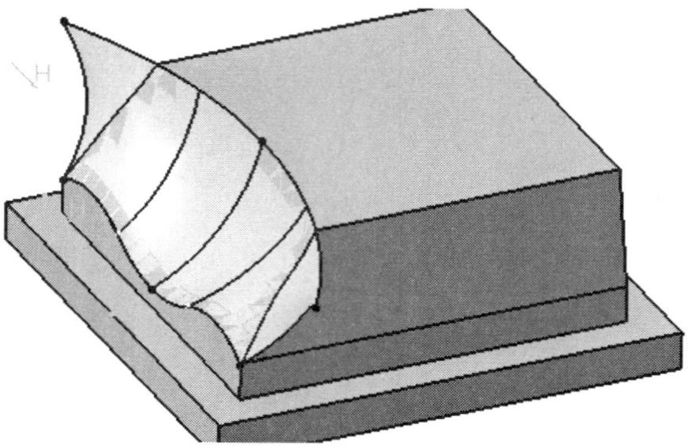

45 반대쪽에도 같은 방법으로 "다중 단면 서피스"를 생성하고, Split으로 분할한다.

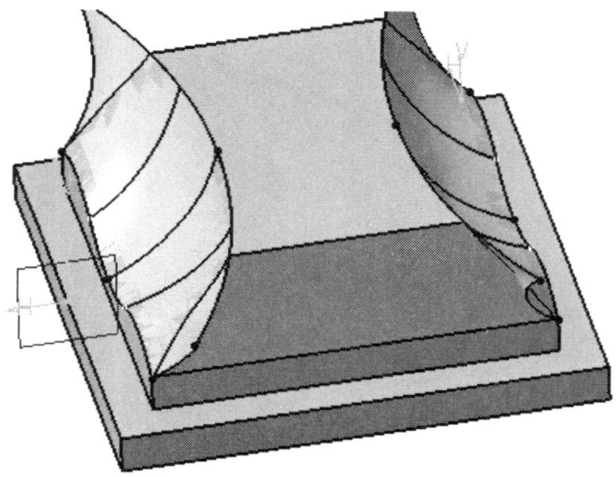

46 곡면을 "숨기기"한다.

47 스케치()를 실행하고, 중간 plane을 클릭하여 지정한다.

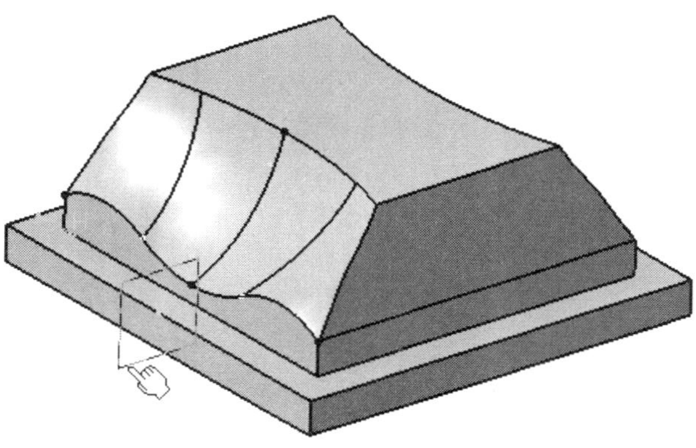

48 원( )을 그리고, 제약조건( )으로 치수를 입력한다.

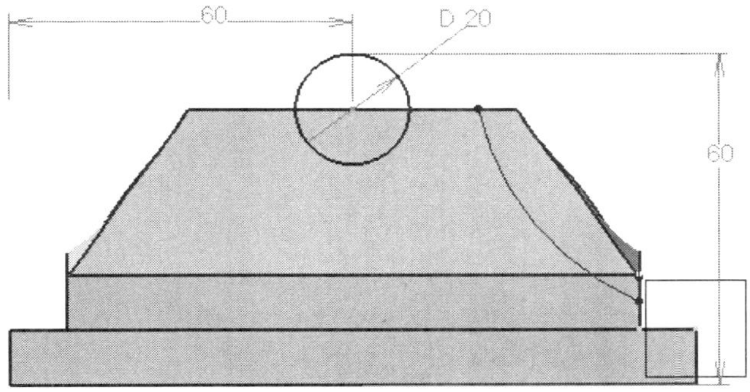

49 선( )을 그리고, 즉시 자르기( )로 필요가 없는 부분을 잘라낸다.

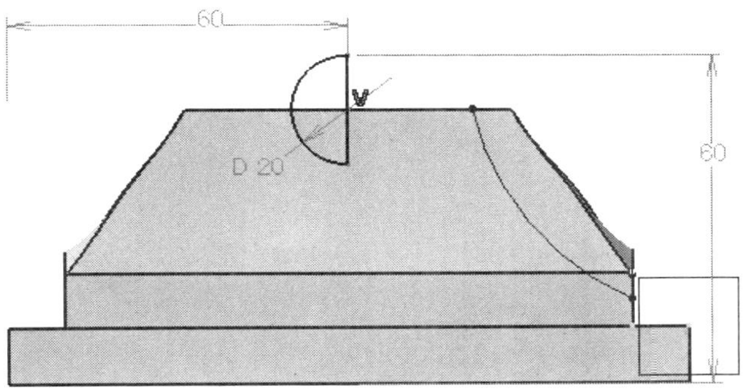

50 축( )을 생성한다. 워크벤치 종료( )를 한다.

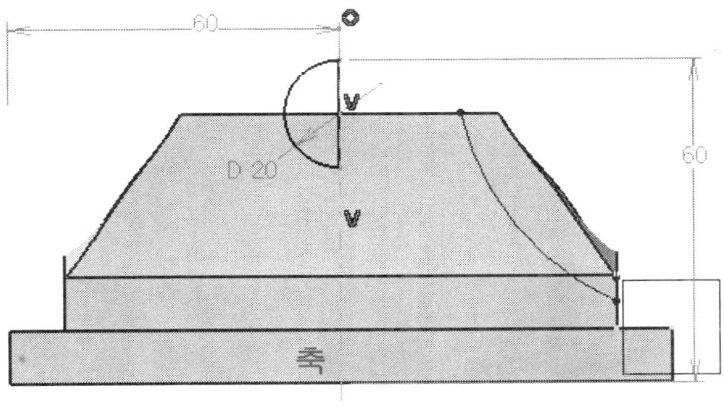

51 Shaft( )를 실행한다. First Angle(각도) 값을 입력한다. 미리보기 및 OK를 누른다.

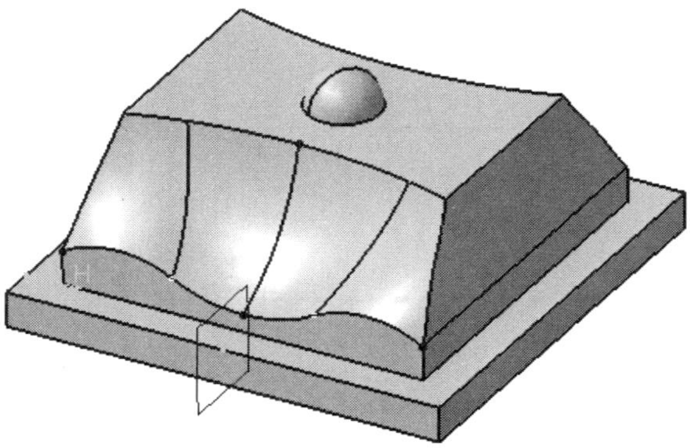

52 Edge Fillet( )으로 표시된 모서리에 반지름 10만큼 라운드를 한다.

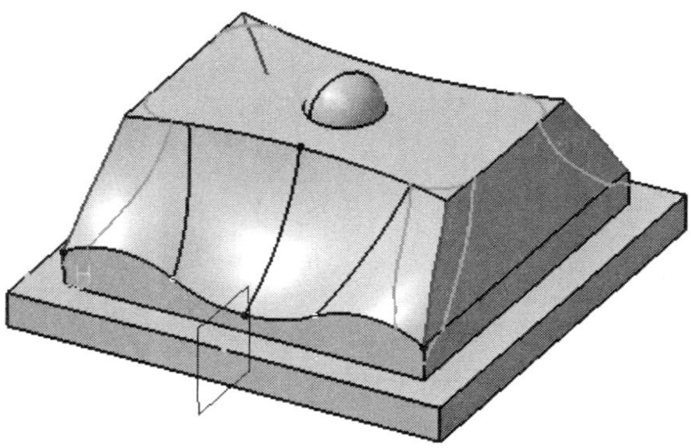

53 Edge Fillet( )으로 표시된 모서리에 반지름 10만큼 라운드를 한다.

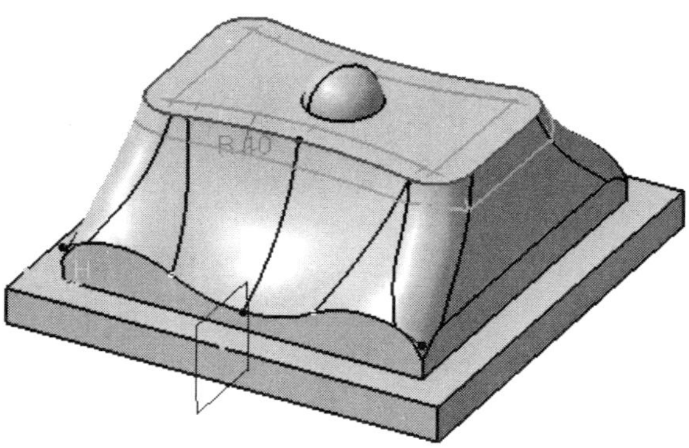

54 Edge Fillet( )으로 표시된 모서리에 반지름 3만큼 라운드를 한다.

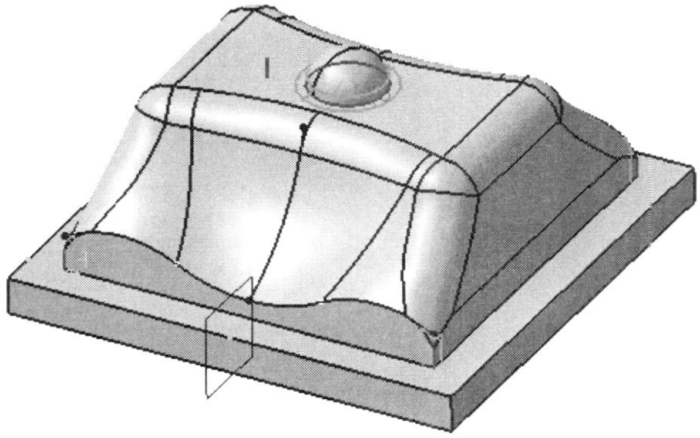

55 Edge Fillet( )으로 나머지 모서리에 반지름 1만큼 라운드를 한다.

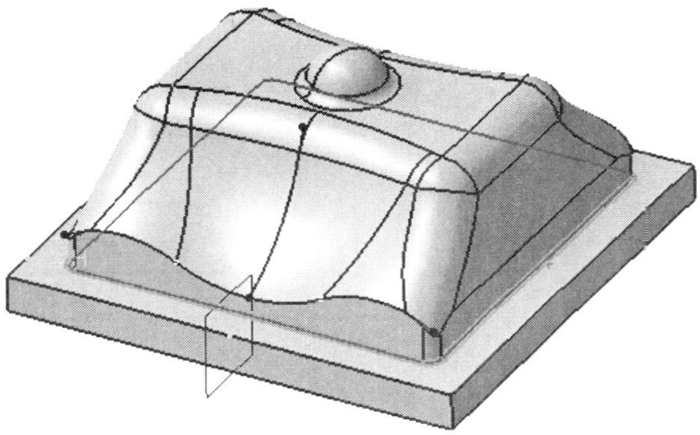

56 형상이 완성되었다.

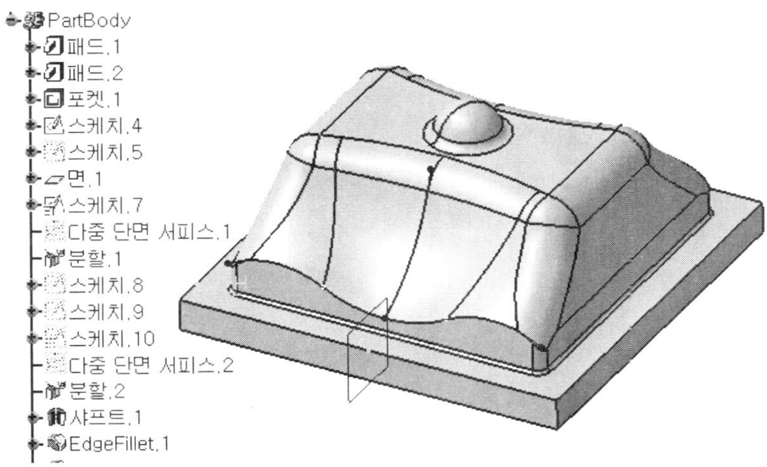

10 다음의 도면을 참고로 형상을 모델링한다

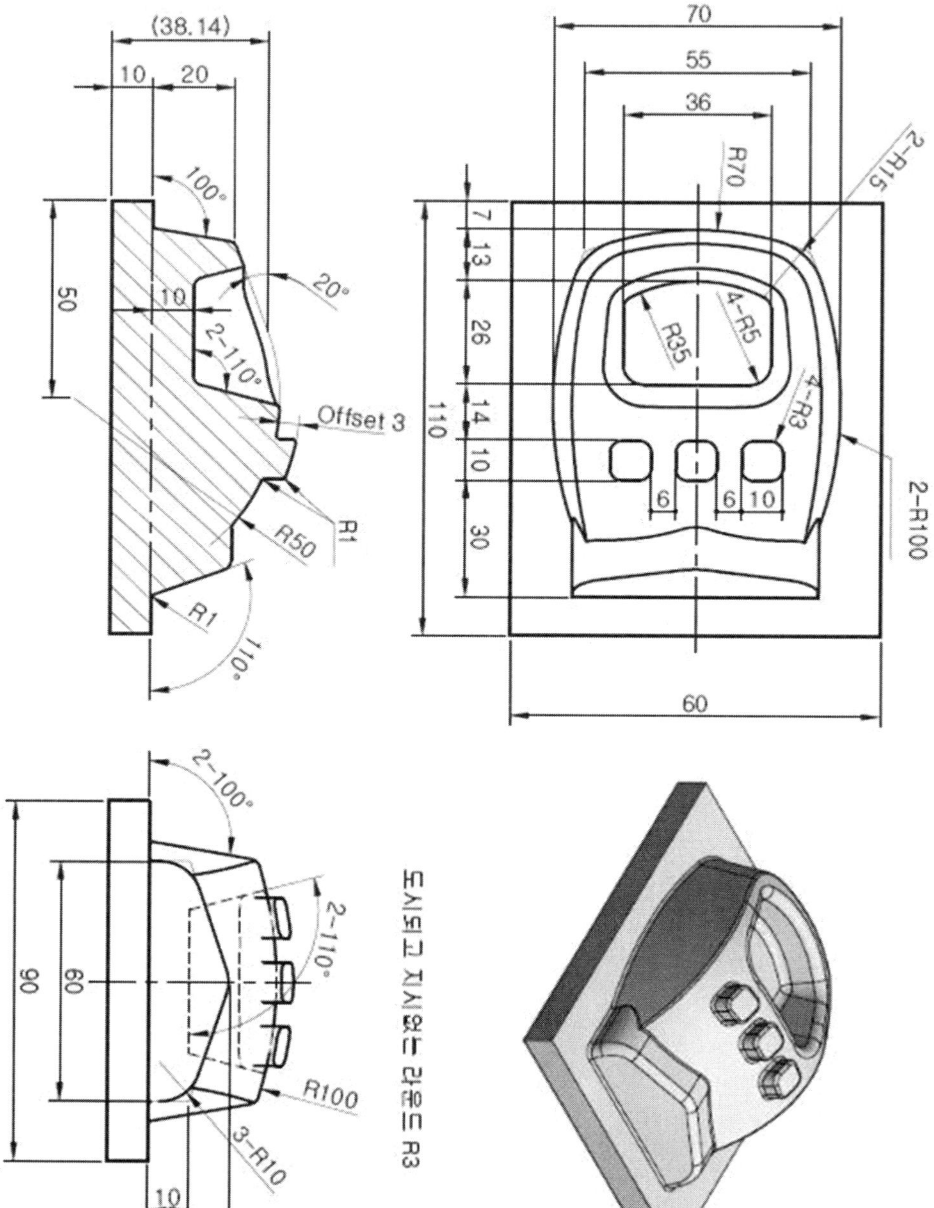

01 시작 〉 기계 디자인 〉 Part Design을 누른다.

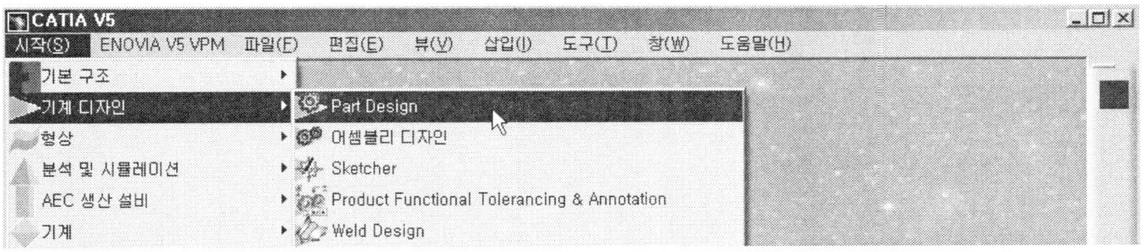

02 작업할 파트의 이름을 입력하고 확인을 누른다.

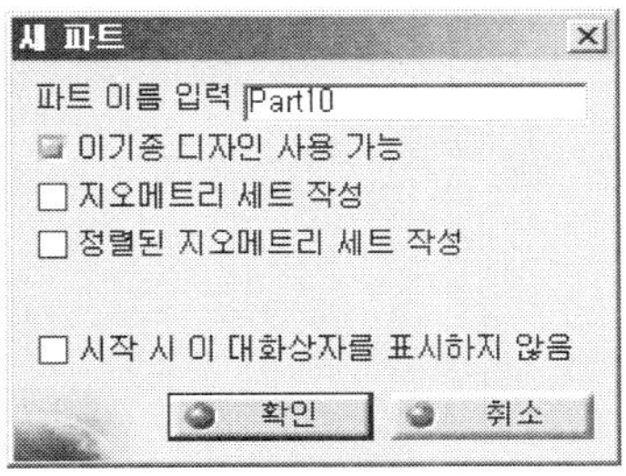

03 스케치() 버튼을 눌러 실행하고, xy 평면을 지정한다.

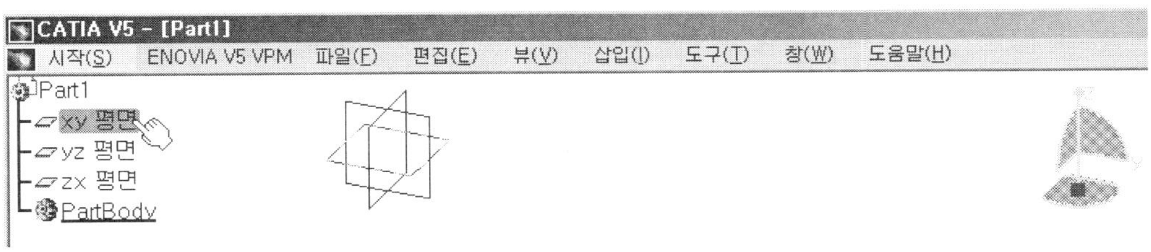

04 직사각형(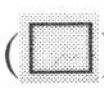)으로 사각형을 작성하고, 제약조건(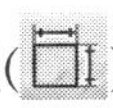)으로 치수를 입력한다.

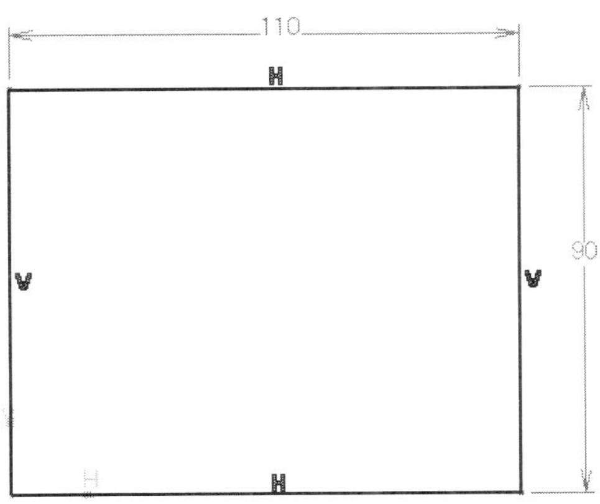

05 워크벤치 종료( )를 누른다.

06 Pad( )를 실행하고, Length 값을 입력하고, 방향을 아래로 한다.

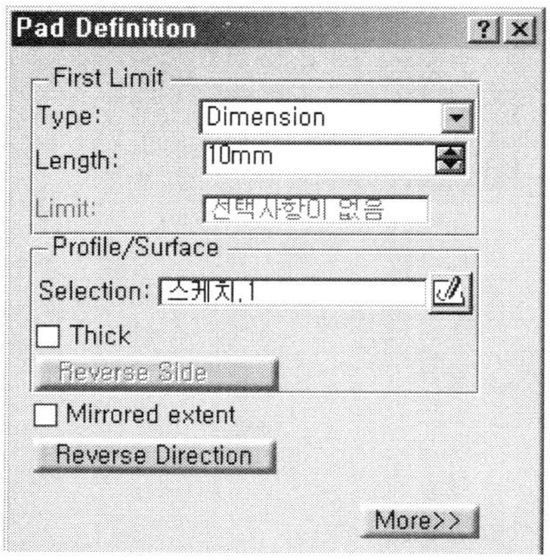

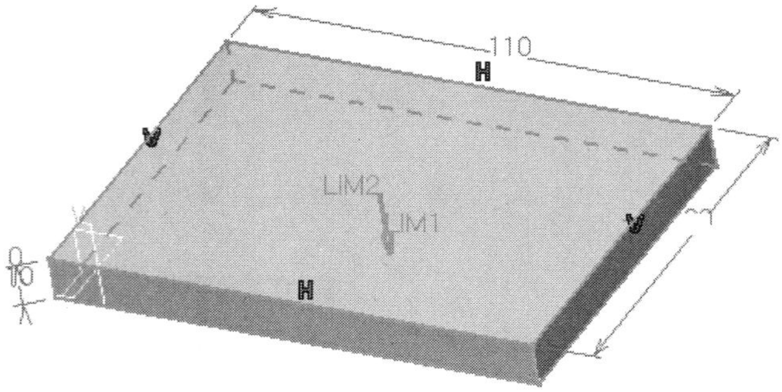

07 스케치( )를 실행하고, 형상 윗면을 클릭하여 지정한다.

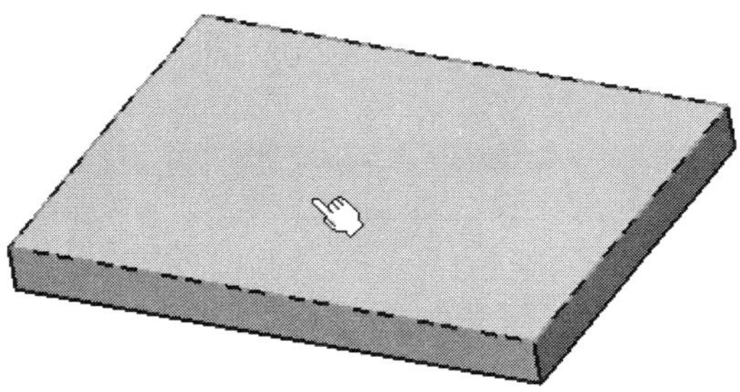

08 세 점 호( )로 호를 작성하고, 제약조건( )으로 치수를 입력한다.

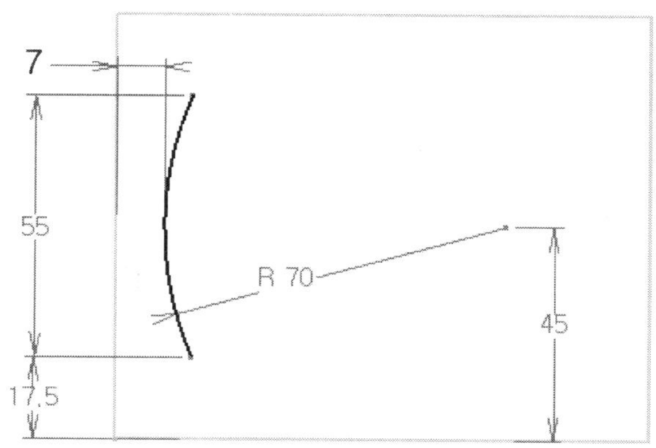

09 세 점 호( )로 호를 작성하고, 제약조건( )으로 치수를 입력한다.

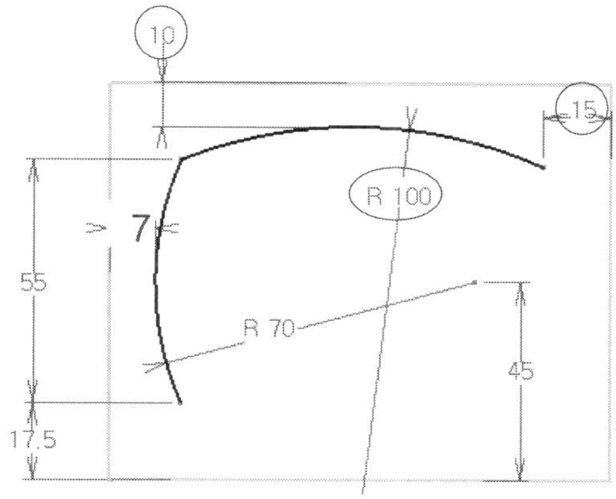

10 아래쪽에도 세 점 호( )로 호를 작성하고, 제약조건( )으로 치수를 입력한다.

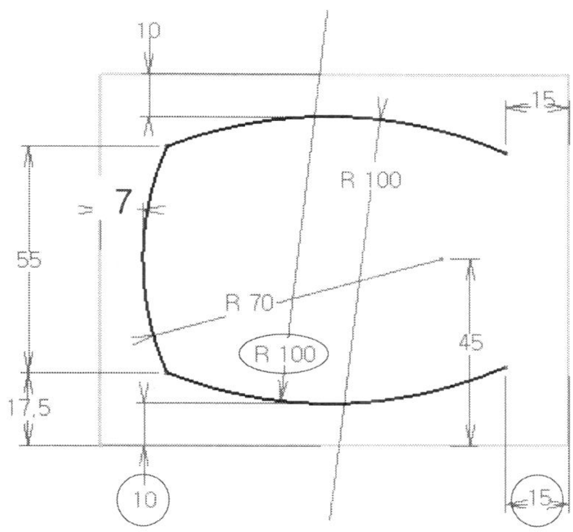

11 선( )을 그리고, 워크벤치 종료( )를 한다. (중복이 되면 온쪽 15치수를 삭제한다.)

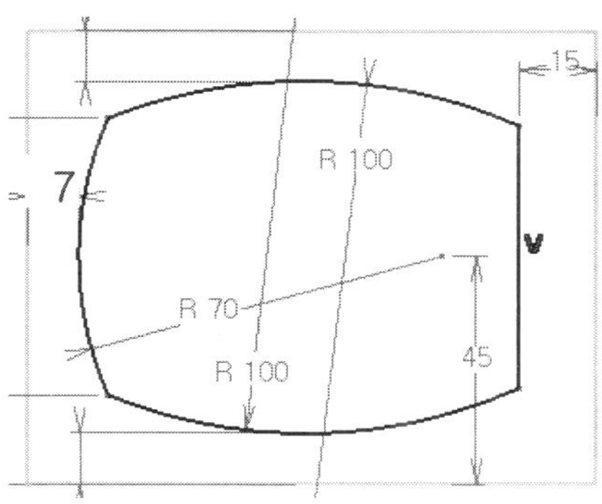

12 Pad( )를 실행하고, Length 값을 입력하고, 미리보기 및 OK를 누른다.

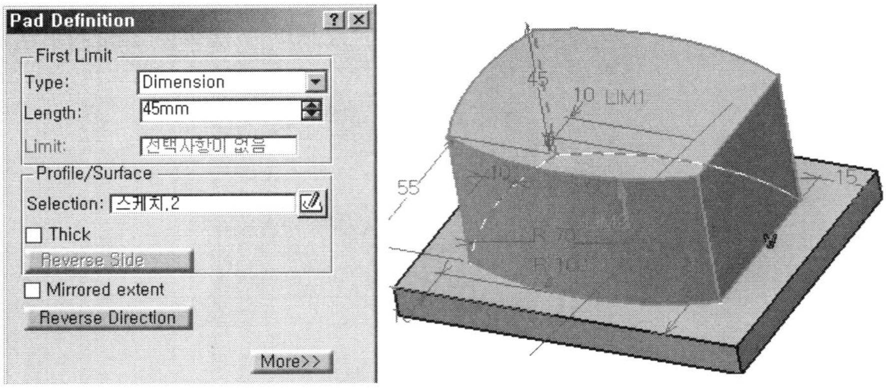

13 Draft Angle( )을 실행한다.

① Angle 값을 입력한다. ② Face(s) to draft 항목을 클릭하고, 모든 측면을 선택한다.

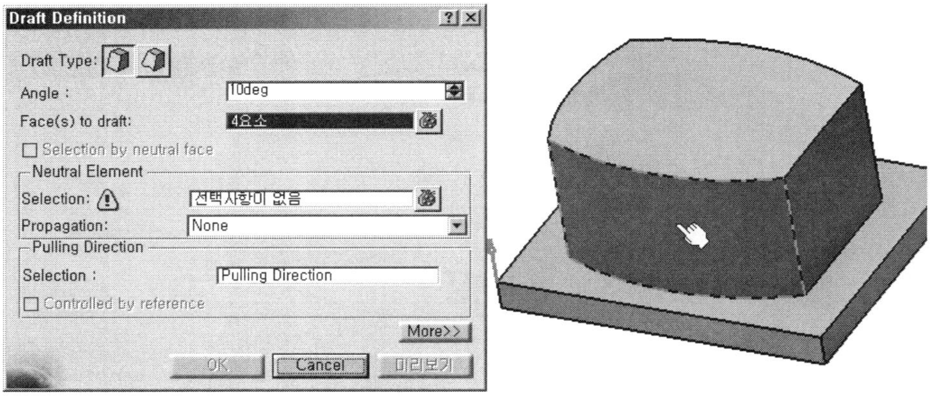

14 Selection 항목을 클릭하고, 형상 윗면을 지정한다.

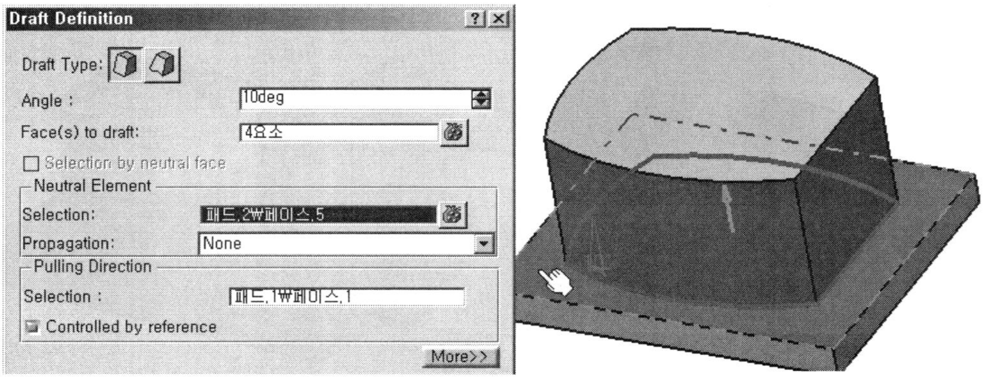

15 미리보기 및 OK를 누른다.

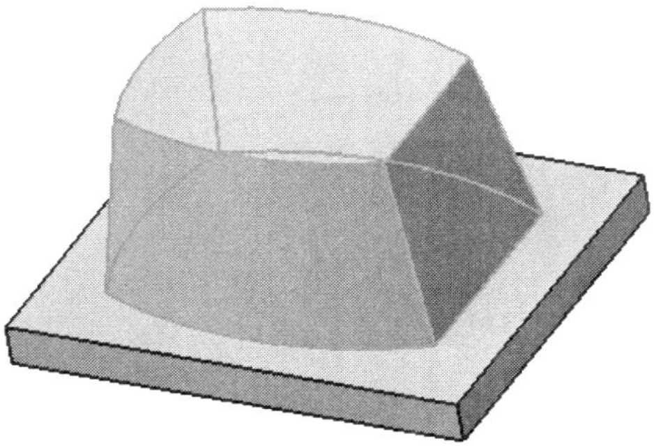

16 Plane( )을 실행한다.

① 평면에서 오프셋으로 설정하고, ② 레퍼런스는 앞면을 선택한다. ③ 오프셋 값을 입력한다.
④ 반대방향 버튼을 누른 후, ⑤ 미리보기 및 확인을 한다.

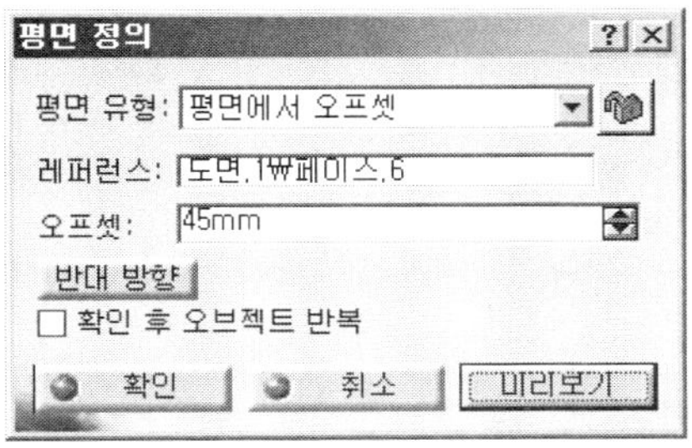

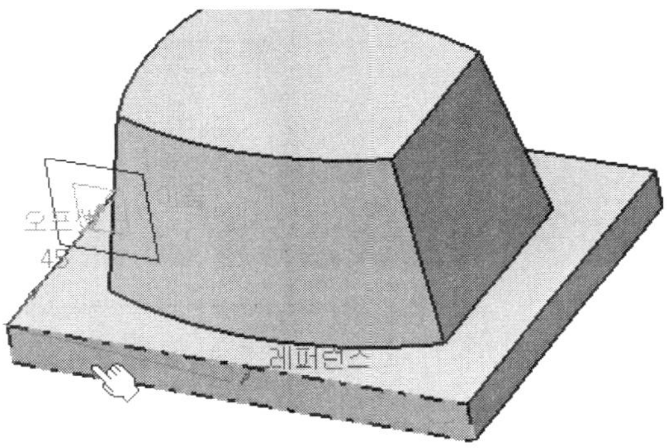

17 시작 〉 기계 디자인 〉 Wireframe and surface Design을 누른다.

18 교차( )를 실행한다. 생성한 Plane과 형상을 선택한다.
미리보기 및 확인을 누른다. 교차선이 생성되었다.

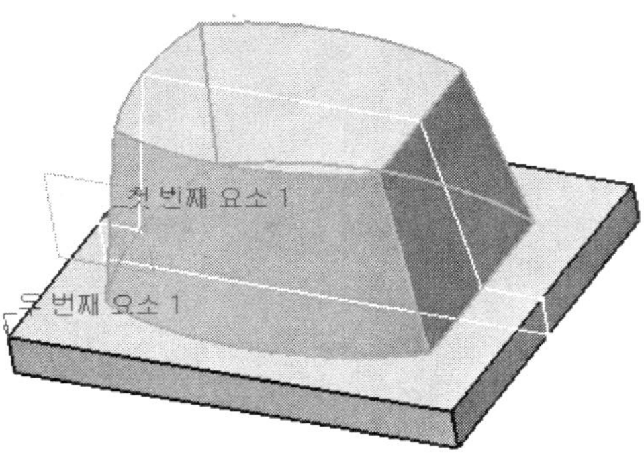

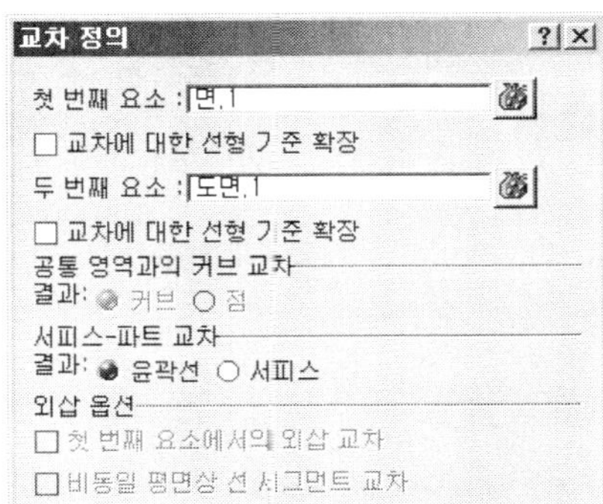

19 위치 지정 스케치( )를 실행하고, 생성한 Plane을 지정한다.
H(x)방향와 V(y)방향을 체크하고, 확인을 누른다.

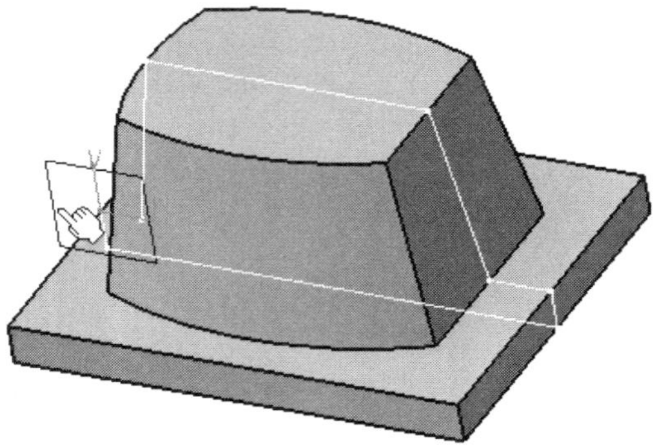

20 선( )을 그리고, 제약조건( )으로 끝점(P1)과 모서리(P2)를 "일치"시킨다.

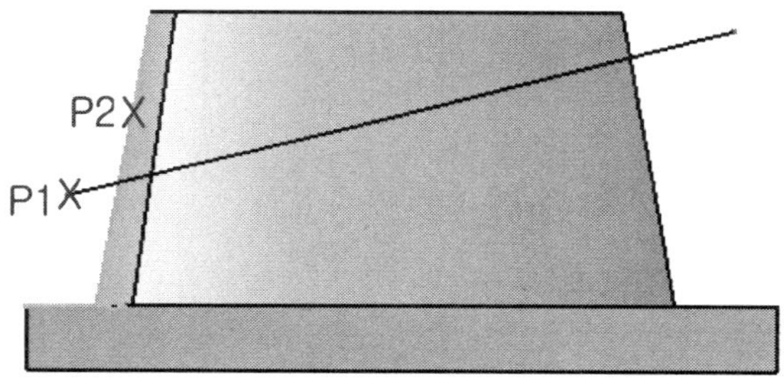

21 제약조건( )으로 치수를 입력한다.

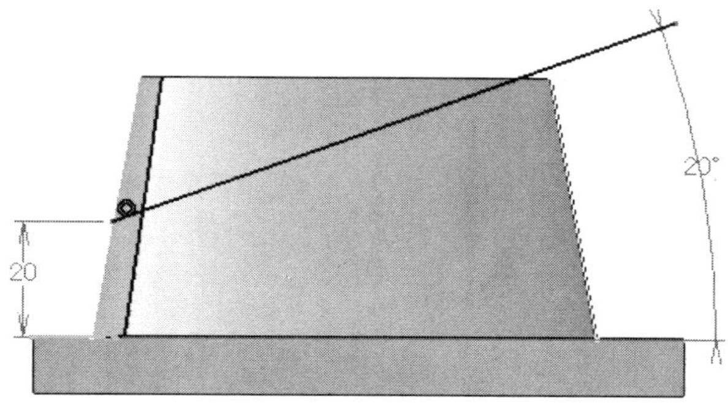

22 세 점 호( )를 작성하고, 제약조건( )으로 선(P1)과 호(P2)를 “접점”시킨다.

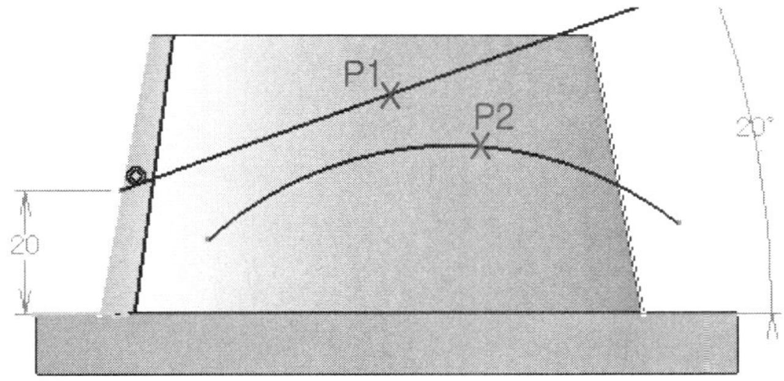

23 제약조건( )으로 치수를 입력한다.

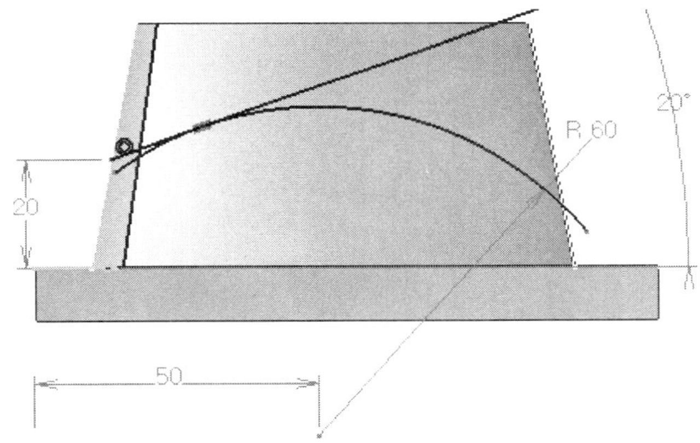

24 즉시 자르기( )로 필요가 없는 부분을 잘라낸다. 워크벤치 종료( )를 한다.

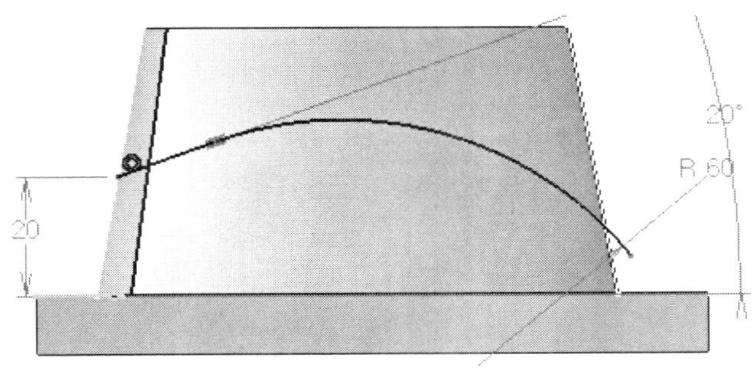

25 Plane( )을 실행한다.

① 커브에 수직으로 설정하고, ② 커브는 호를 선택한다. ③ 점은 끝점을 선택한다. ④ 미리보기 및 확인을 한다.

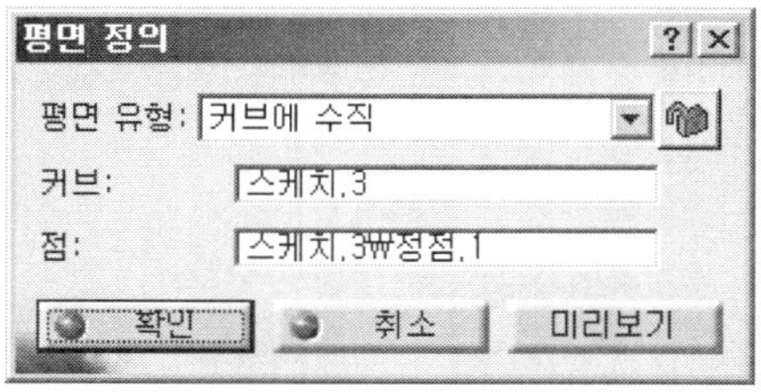

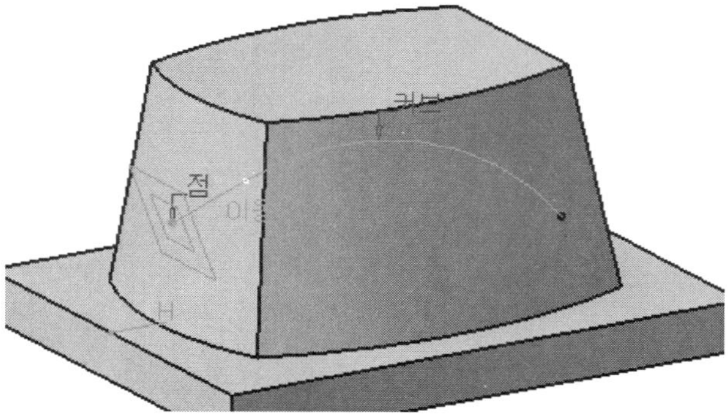

26 위치 지정 스케치( )를 실행하고, 생성한 Plane을 지정한다. H(x)방향와 V(y)방향을 체크하고, 확인을 누른다.

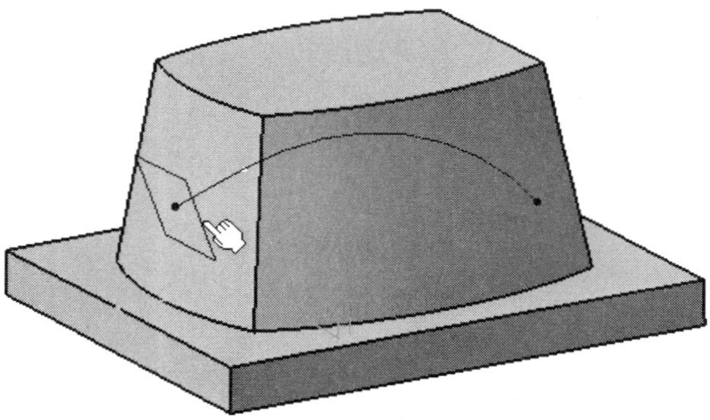

27 세 점 호( )를 작성하고, 제약조건( )으로 호(P1)와 점(P2)을 "일치"시킨다.

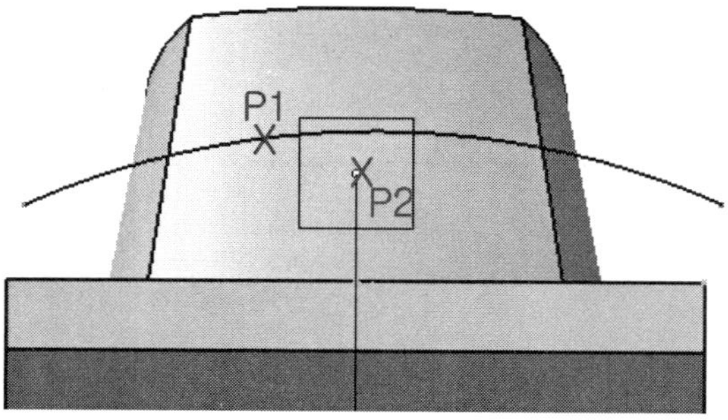

28 제약조건( )으로 호의 반지름 치수와 측면부터 호의 중심점까지 치수를 입력한다.

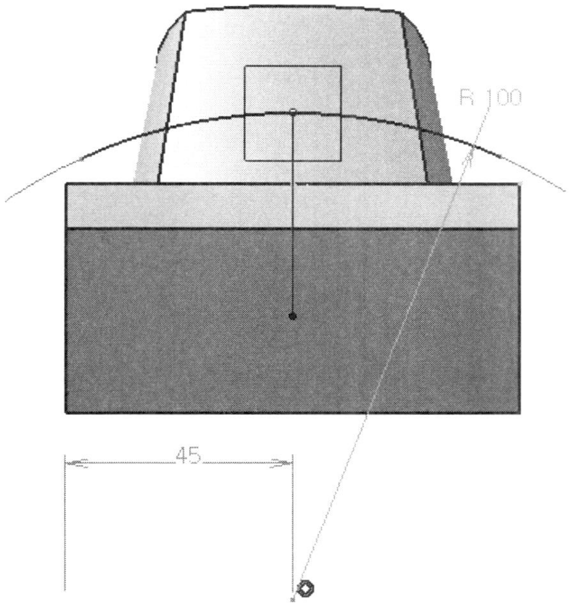

29 호의 양 끝점을 마우스로 드래그(Drag)하여 길이를 적당히 조정한다. 워크벤치 종료( )를 한다.

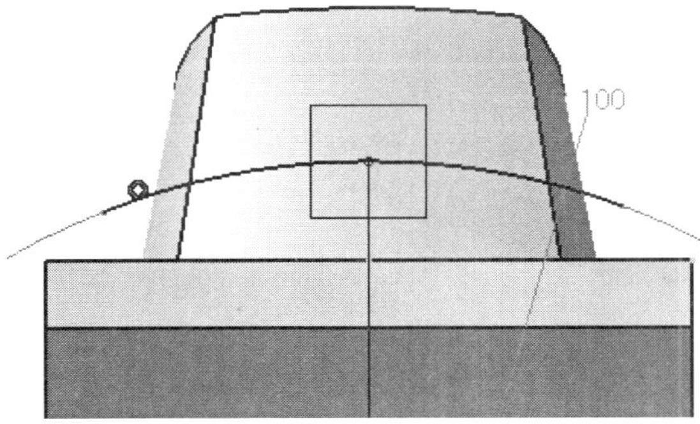

30 Sweep( )을 실행한다. 프로파일(P1)과 가이드 커브(P2)를 차례로 선택한다. 미리보기 및 확인을 누른다.

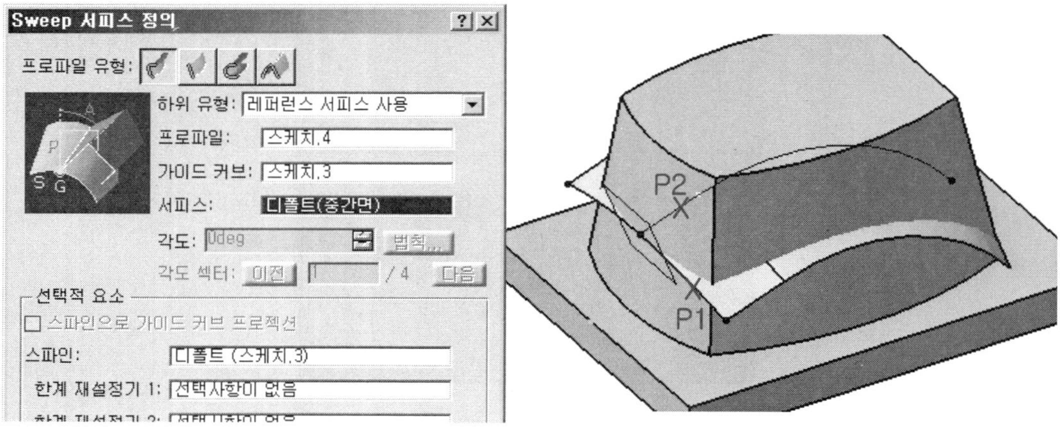

31 시작 〉 기계 디자인 〉 Part Design을 누른다.

32 Split( )을 실행한다. 곡면을 선택하고, 화살표 방향을 아래로 한다. OK를 누른다.

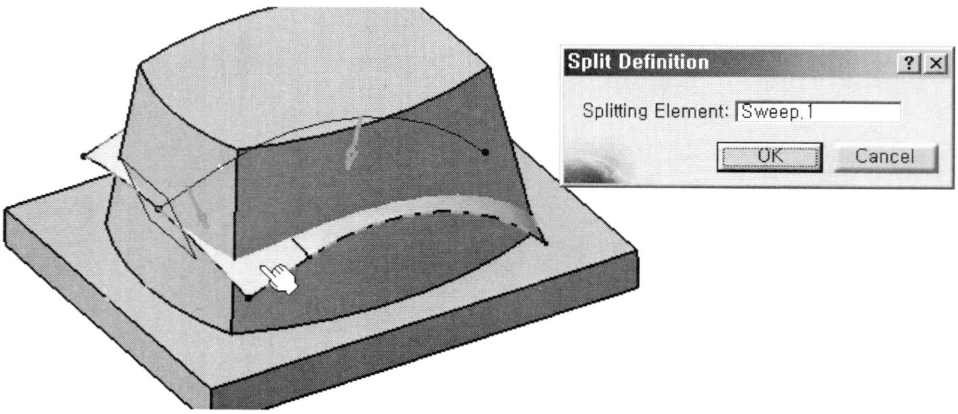

33 시작 〉 기계 디자인 〉 Wireframe and surface Design을 누른다.

34 오프셋()을 실행하고, 오프셋 할 곡면을 선택한다. 오프셋 값을 입력하고, 방향을 위쪽으로 설정한다.

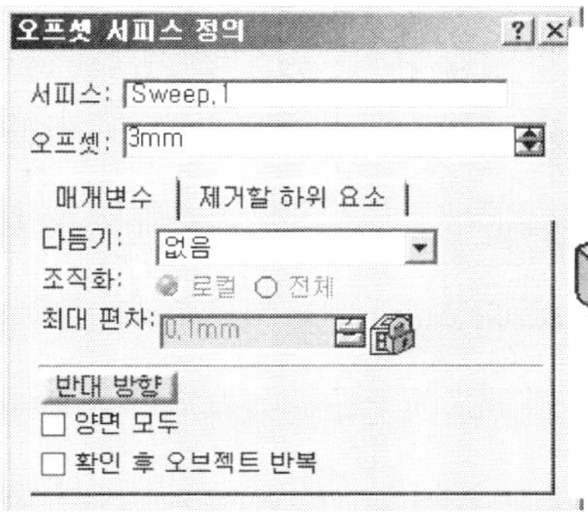

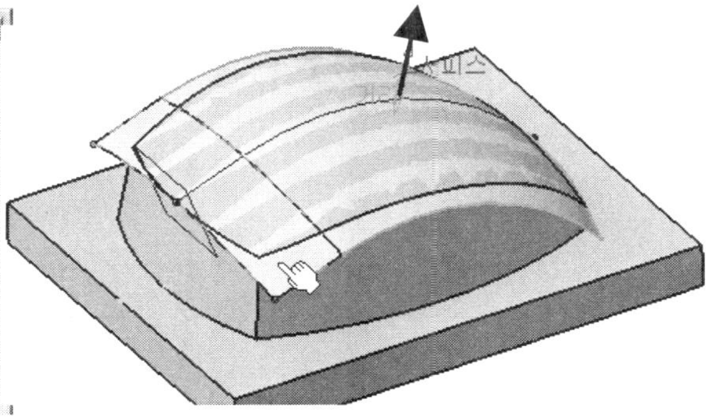

35 미리보기 및 확인을 누른다.

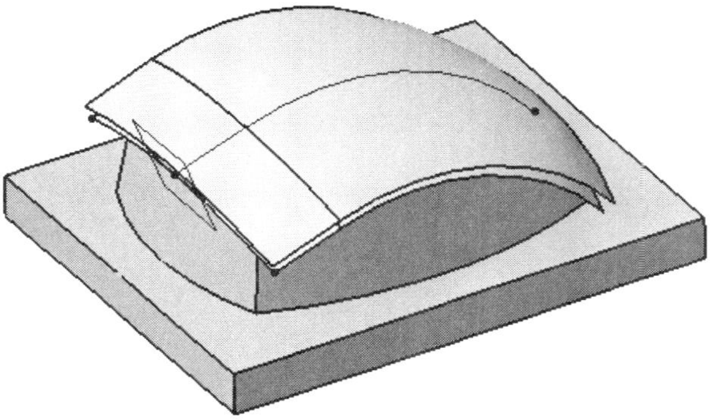

36 시작 〉 기계 디자인 〉 Part Design을 누른다.

37 스케치()를 실행하고, 형상 윗면을 클릭하여 지정한다.

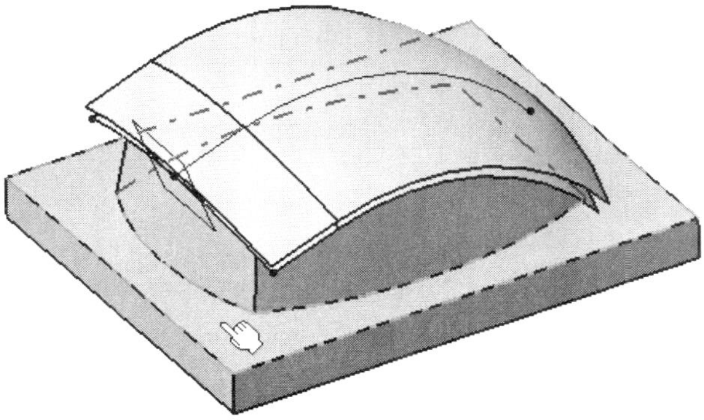

38 직사각형( )형을 그리고, 제약조건( )으로 치수를 입력한다.

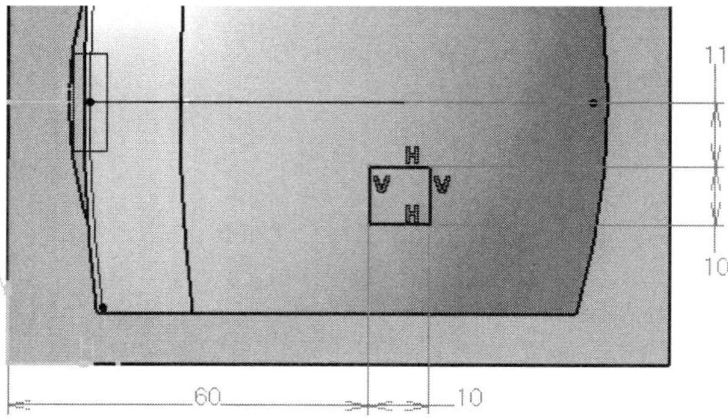

39 워크벤치 종료( )를 누른다.

40 Pad( )를 실행하고, Length 값을 입력하고, 미리보기 및 OK를 누른다.

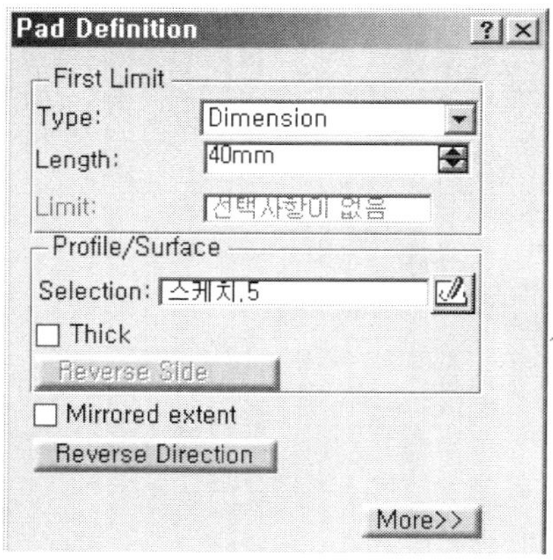

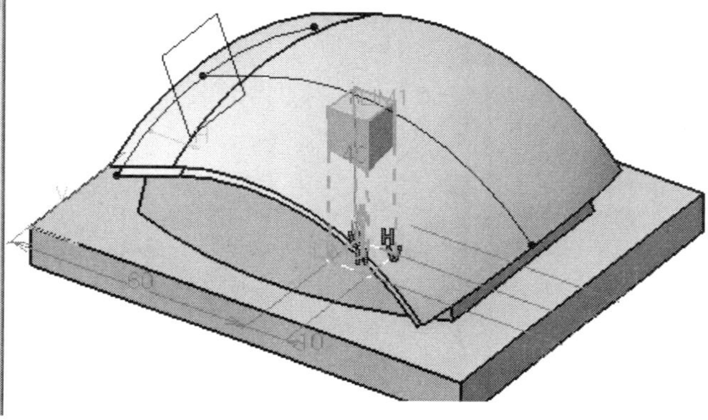

41 복사하기 위해 복사시킬 형상(패드.2)을 작업트리에서 미리 선택한다.

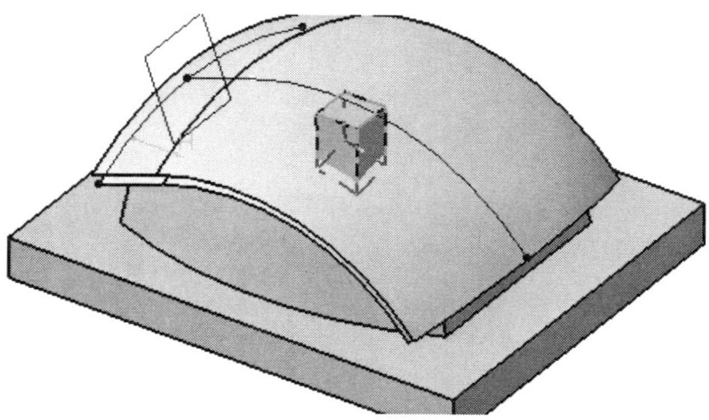

42 Rectangular Pattern( )을 실행한다.

① Instance(s):3입력. ② Spacing:16입력. ③ Reference element항목 클릭:모서리 선택

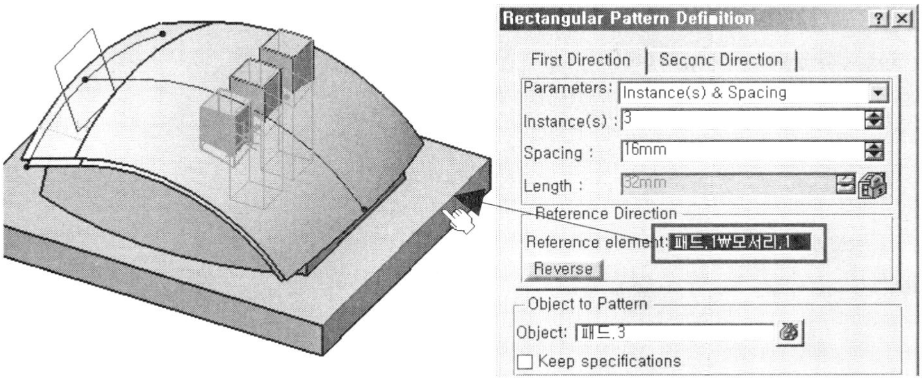

43 미리보기 및 OK를 누른다.

44 Split( )을 실행한다. 곡면을 선택하고, 화살표 방향을 아래로 한다. OK를 누른다.

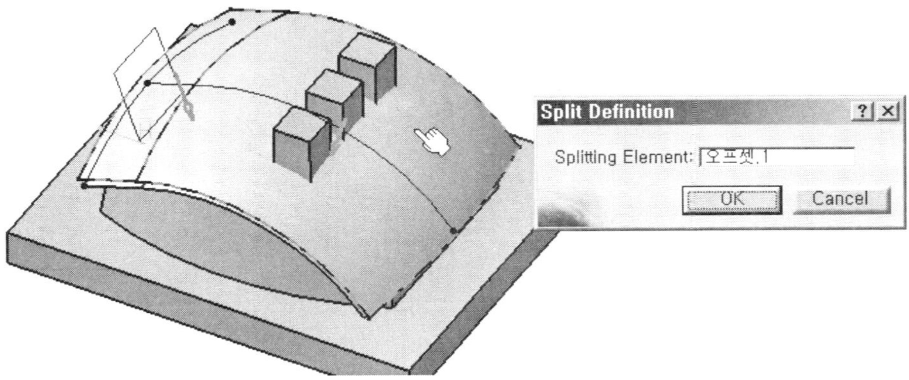

45 OK를 누른다. Sweep 및 오프셋 곡면을 "숨기기"한다.

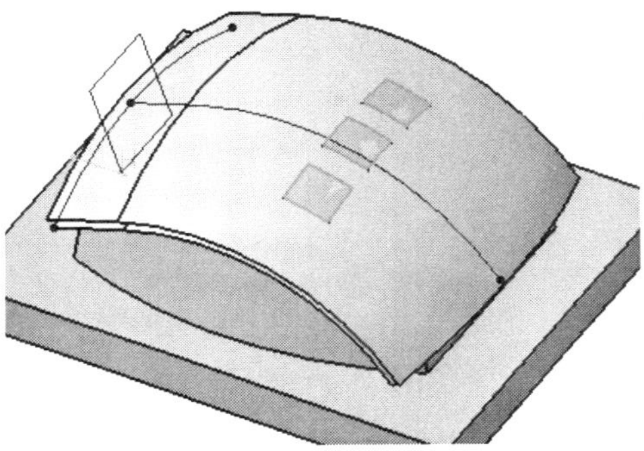

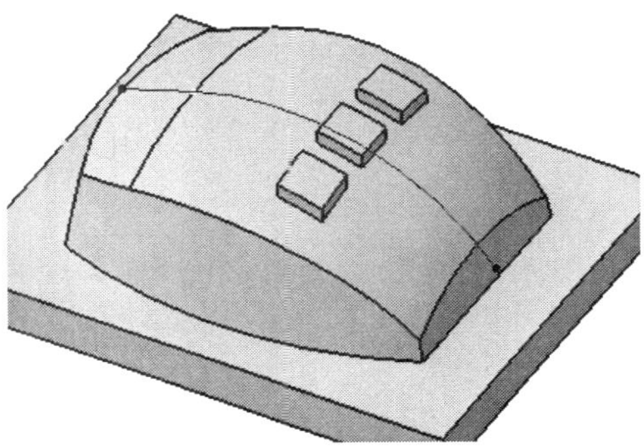

46 Plane( )을 실행한다.

① 평면에서 오프셋으로 설정하고, ② 레퍼런스는 윗면을 선택한다. ③ 오프셋 값을 입력한다. ④ 미리보기 및 확인을 한다.

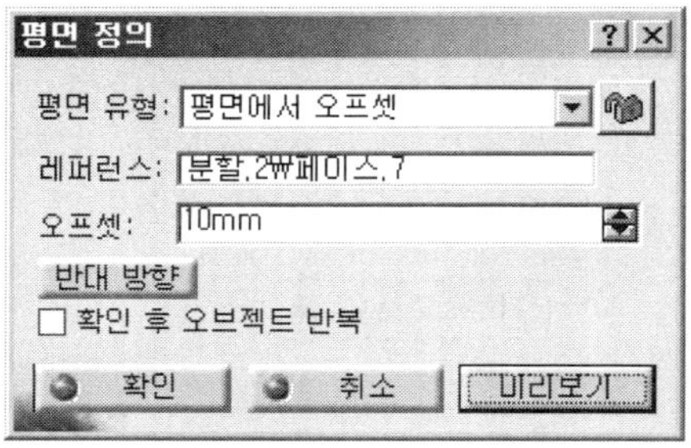

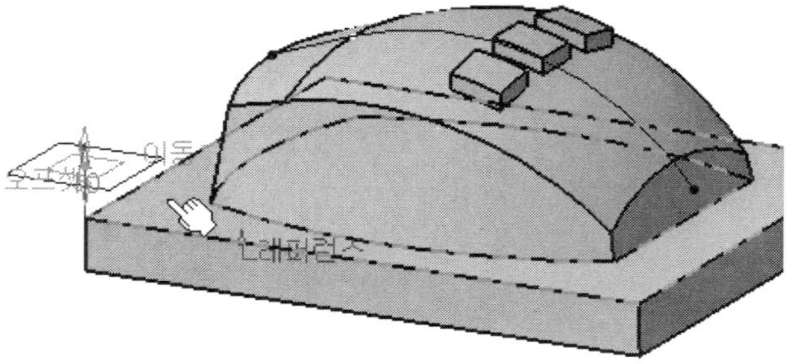

47 위치 지정 스케치( )를 실행하고, 생성한 Plane을 지정한다. H(x)방향와 V(y)방향을 체크하고, 확인을 누른다.

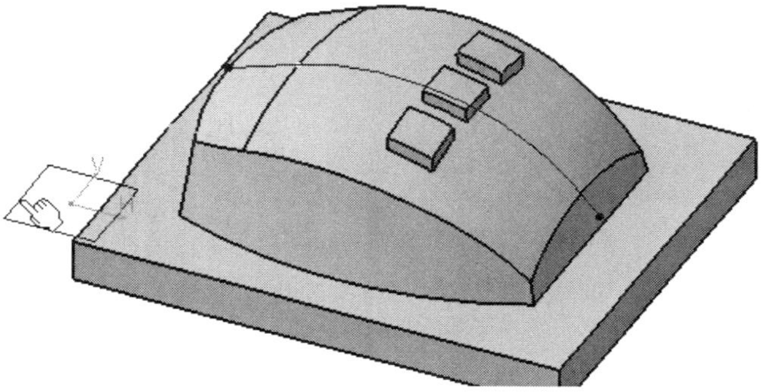

48 직사각형( )을 그리고, 제약조건( )으로 치수를 입력한다.

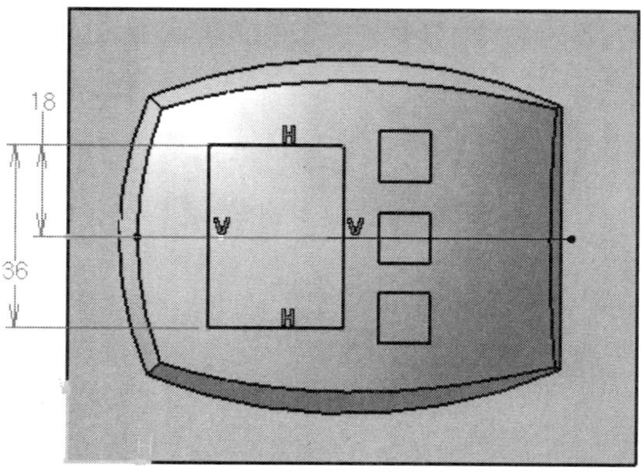

49 세 점 호( )를 그리고, 제약조건( )으로 치수를 입력한다.

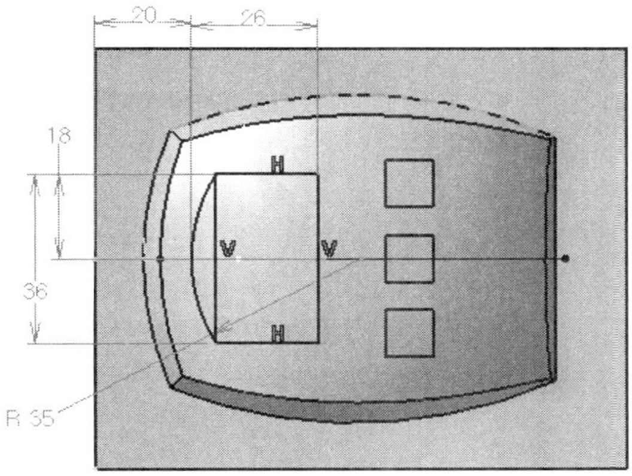

50 선을 더블 클릭하여 "구성요소"에 체크를 하고, 확인을 누른다. 워크벤치 종료( )를 한다.

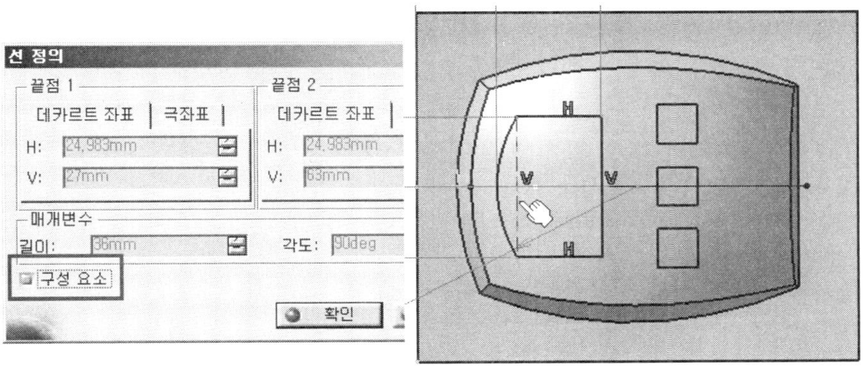

51 Pocket( )을 실행한다. Type을 [Up to last]로 설정하고, 방향으로 위로 한다.

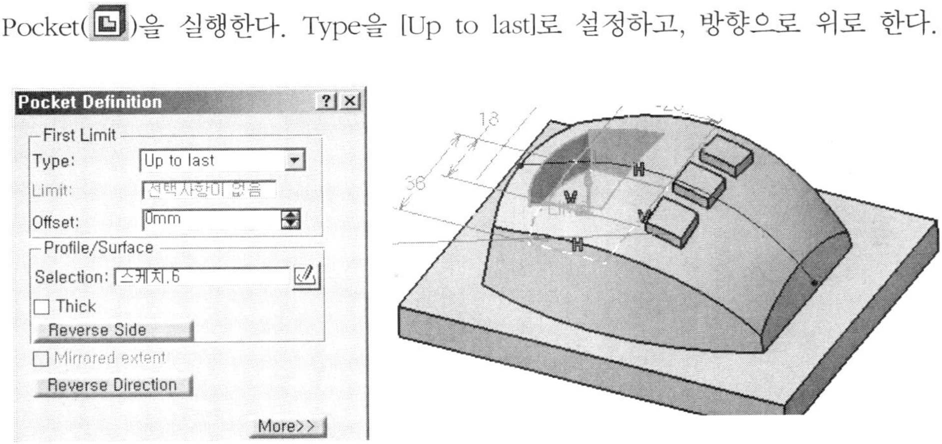

52 Draft Angle( )을 실행한다.

① Angle 값을 입력한다. ② Face(s) to draft 항목을 클릭하고, 모든 측면을 선택한다.

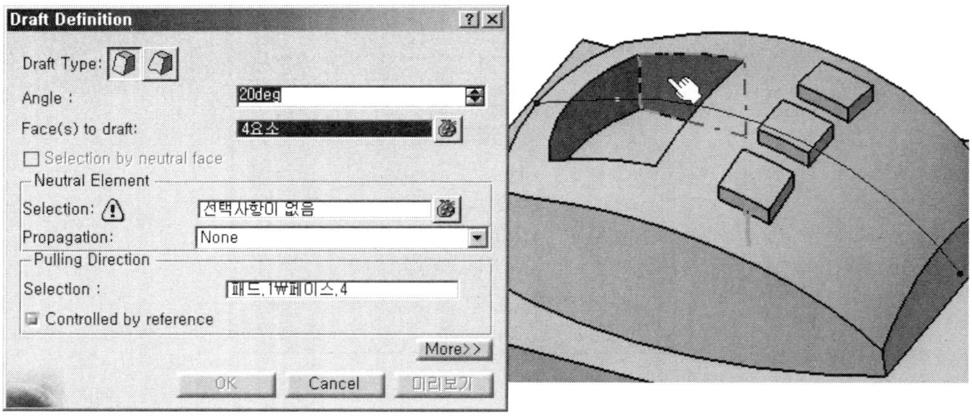

53 Selection 항목을 클릭하고, 형상 바닥면을 지정한다.

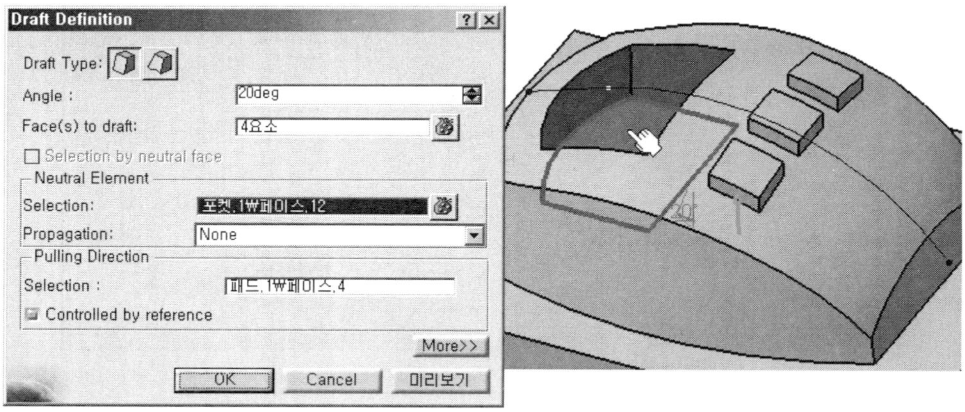

54 미리보기 및 OK를 누른다.

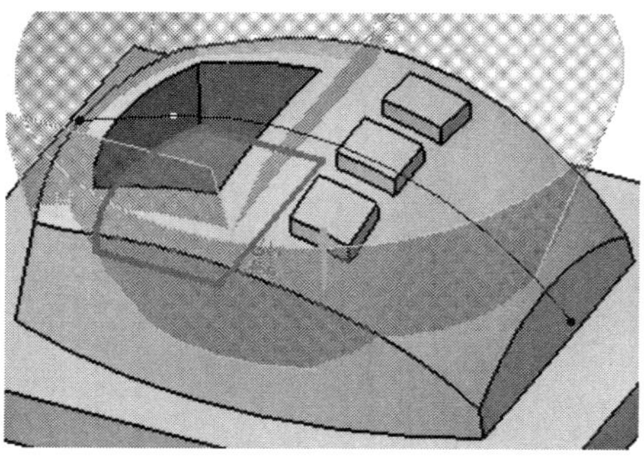

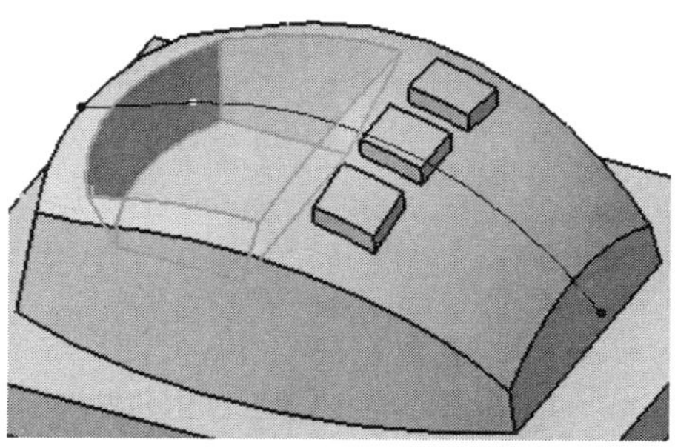

55 Plane( )을 실행한다.

① 평면에서 오프셋으로 설정하고, ② 레퍼런스는 윗면을 선택한다. ③ 오프셋 값을 입력한다. ④ 미리보기 및 확인을 한다.

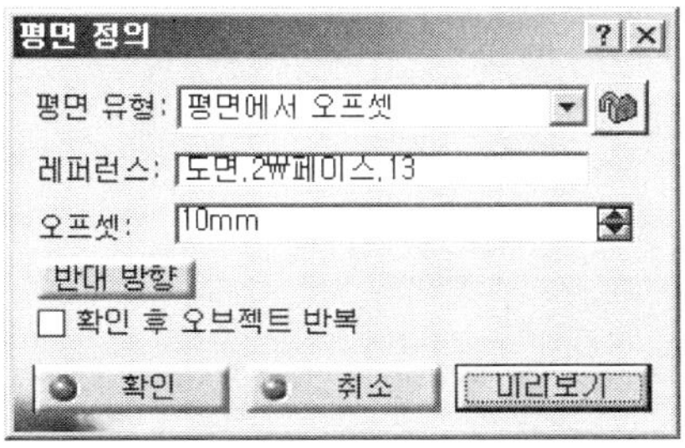

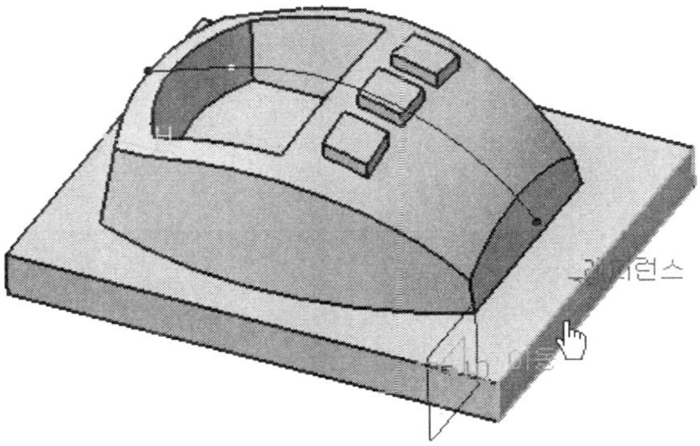

56 위치 지정 스케치( )를 실행하고, 생성한 Plane을 지정한다. H(x)방향와 V(y)방향을 체크하고, 확인을 누른다.

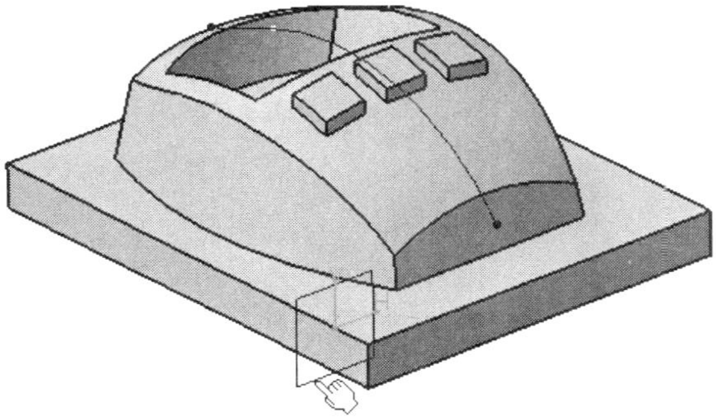

57 프로파일( )을 이용하여 선을 그린다.

58 제약조건( )으로 모서리(P1)와 선(P2)을 "일치"시킨다.

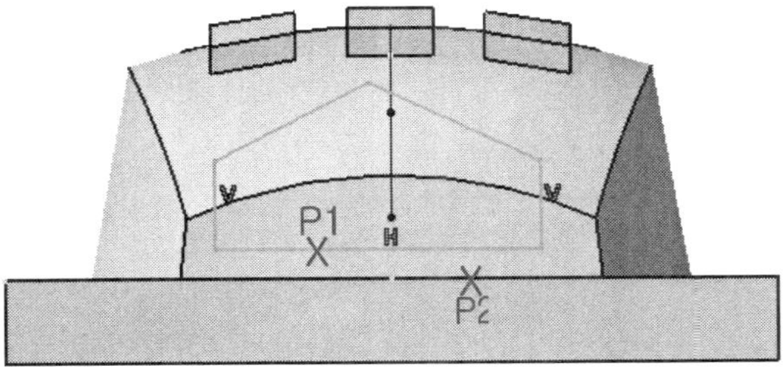

59 제약조건()으로 치수를 입력한다. 워크벤치 종료()를 한다.

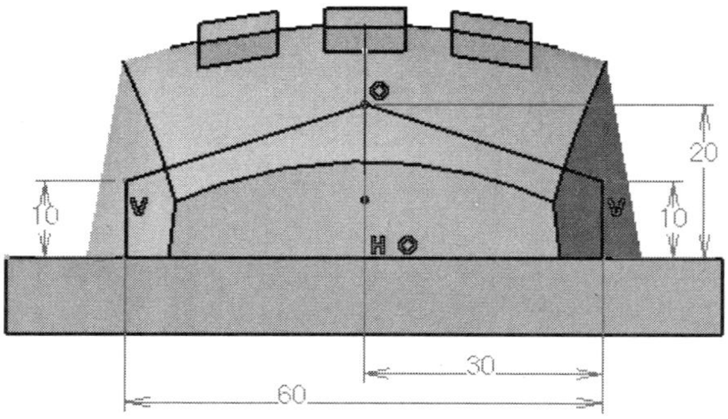

60 Pad()를 실행하고, Type을 [Up to next]로 설정하고, 미리보기 및 OK를 누른다.

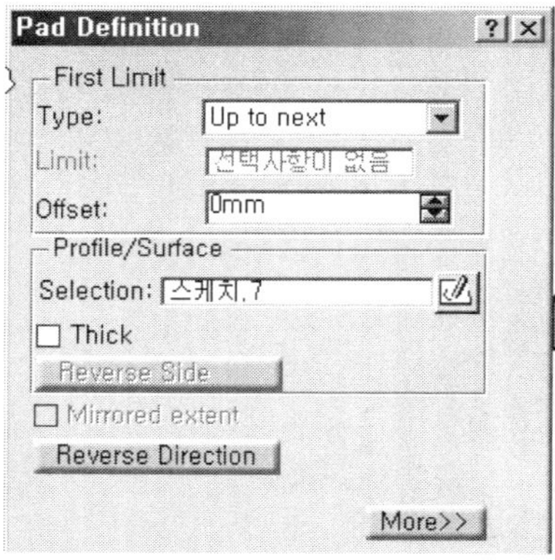

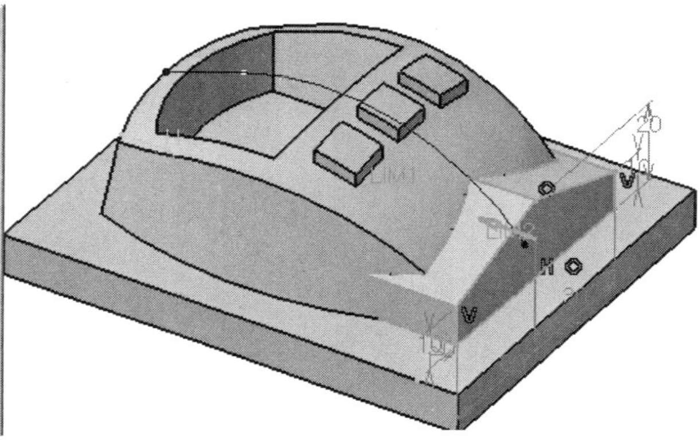

61 Draft Angle()을 실행한다.

① Angle 값을 입력한다. ② Face(s) to draft 항목을 클릭하고, 측면을 선택한다.

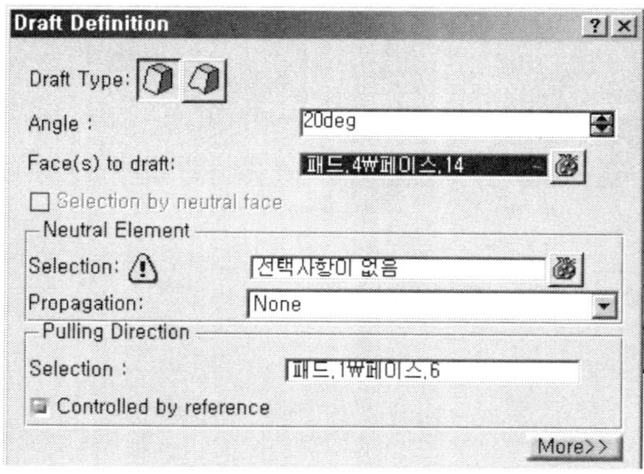

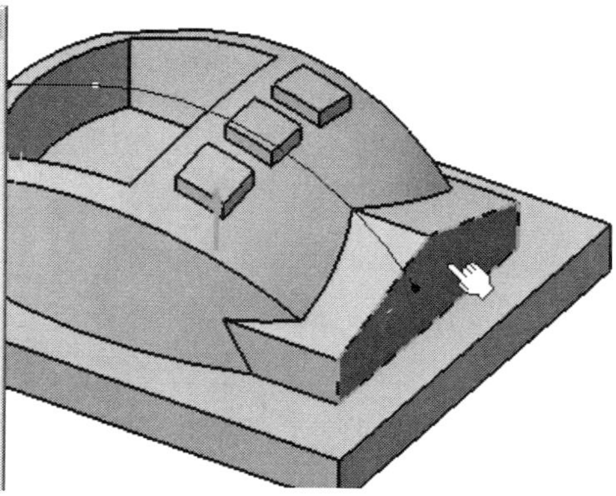

62 Selection 항목을 클릭하고, 형상 윗면을 지정한다.

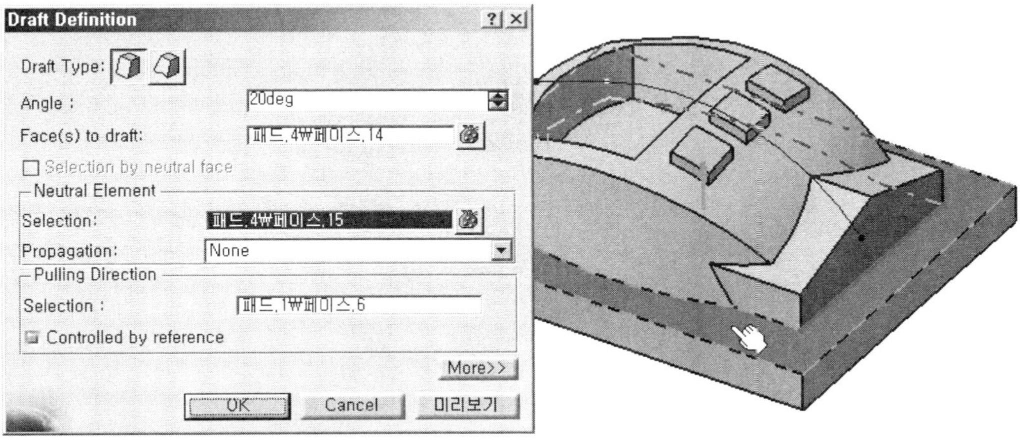

63 미리보기 및 OK를 누른다.

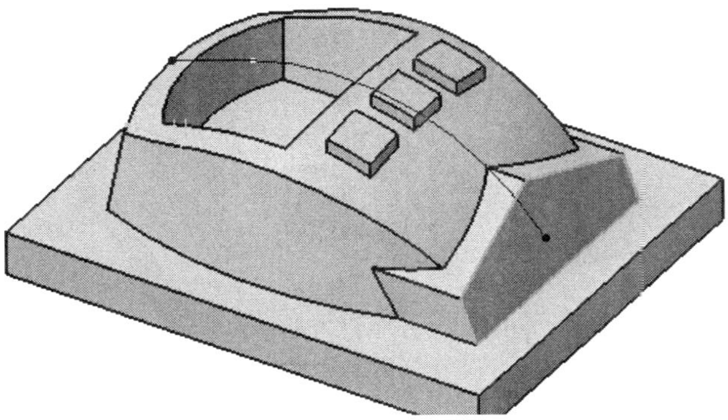

64 Edge Fillet( )으로 표시된 모서리에 반지름 15만큼 라운드를 한다.

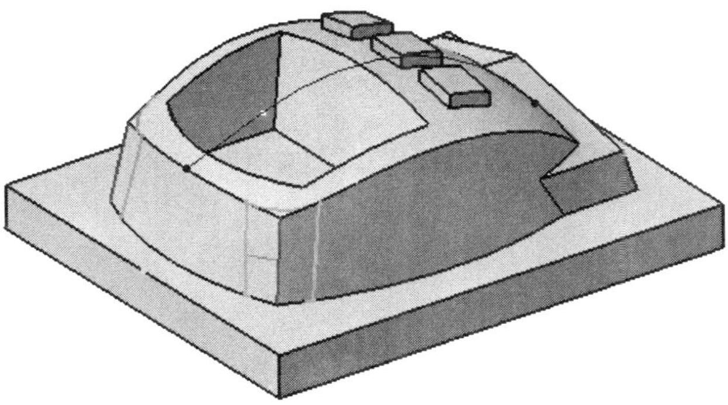

65 Edge Fillet( )으로 표시된 모서리에 반지름 10만큼 라운드를 한다.

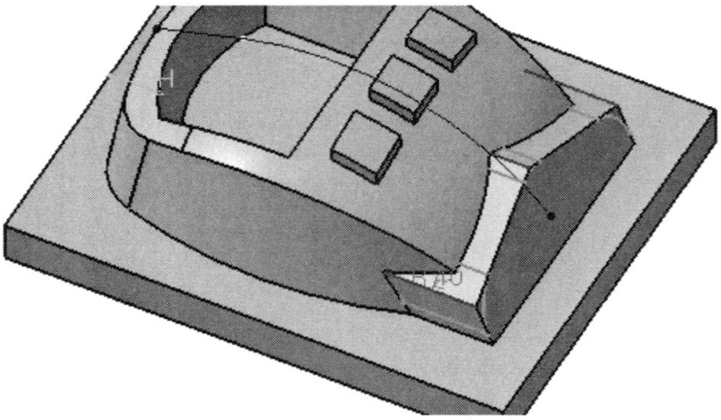

66 Edge Fillet( )으로 표시된 모서리에 반지름 5만큼 라운드를 한다.

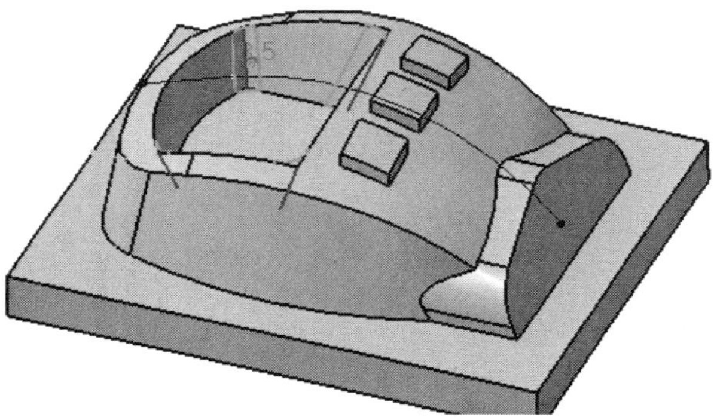

67 Edge Fillet( )으로 표시된 모서리에 반지름 3만큼 라운드를 한다.

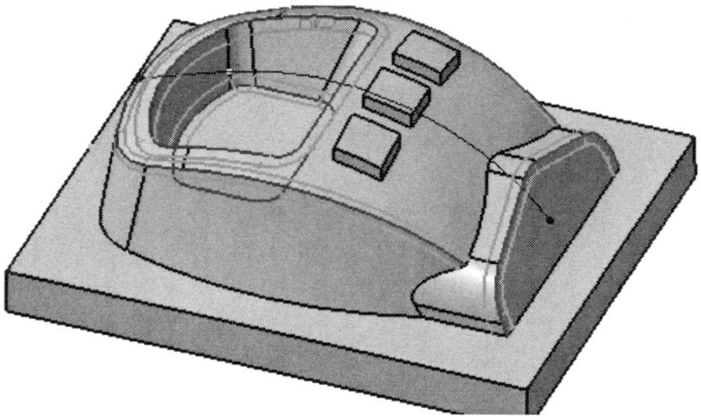

68 Edge Fillet( )으로 나머지 모든 모서리에 반지름 1만큼 라운드를 한다.

69 형상이 완성되었다.

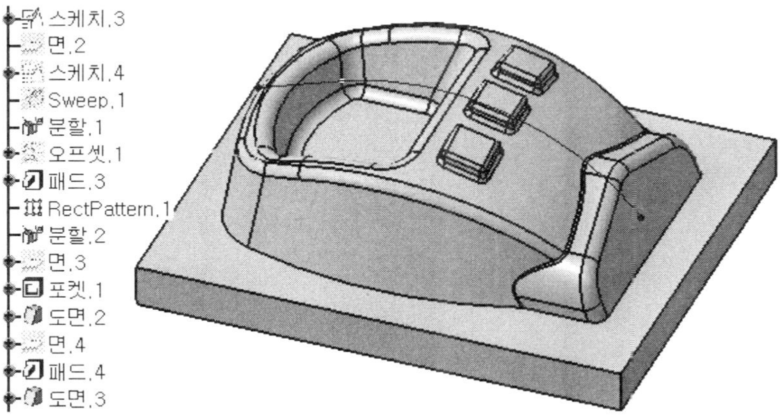

Part 3

3차원 자동 프로그램 (CAM) 가공

따라하면서 배우는
Maching

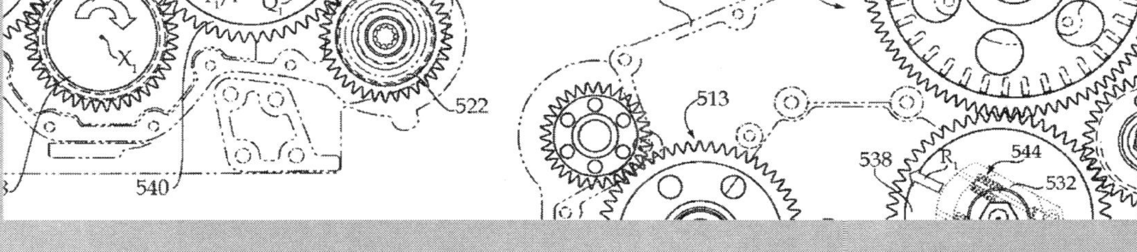

1 Part Design 환경에서 안전면 생성

O1 앞에서 작성한 모델링 파일을 열기()한다.

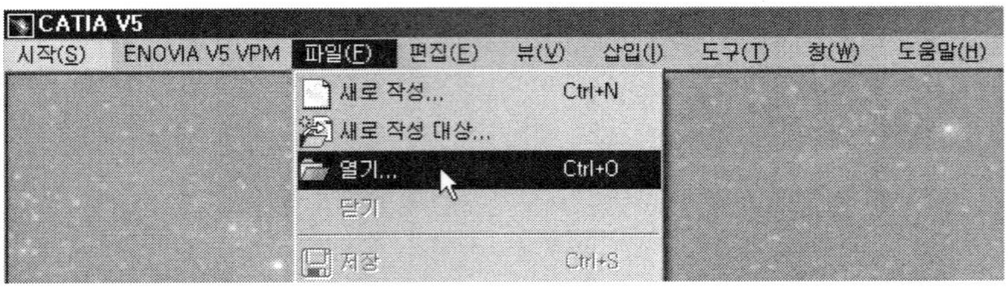

O2 모델링 파일이 화면에 나타난다.

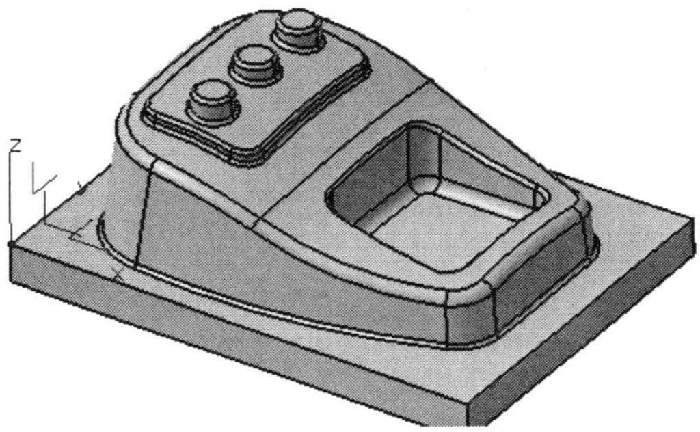

O3 Plane()을 실행한다.

① 평면에서 오프셋으로 설정하고, ② 레퍼런스는 "xy평면"을 선택한다.

③ 오프셋 값 100을 입력한다. ④ 미리보기 및 확인을 한다.

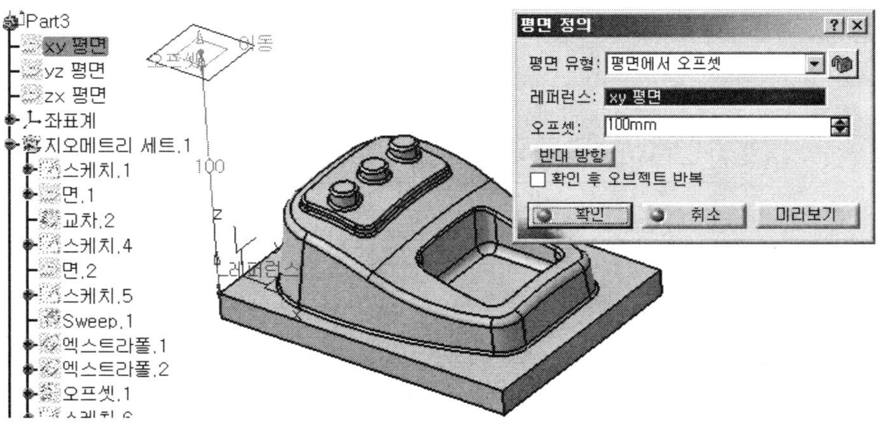

2 Machining 환경 설정(가공소재, 원점, 안전면 지정)

01 시작 ⇒ 기계 ⇒ Surface Machining을 클릭하여 실행한다.

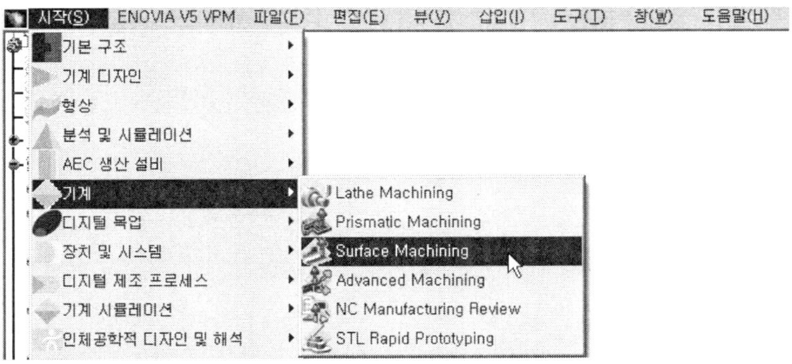

02 바탕화면을 두 번 클릭하여 나타난 메시지 창을 닫아주고, 전체 화면 맞춤( )버튼을 눌러 화면을 전체 보기를 한다.

03 가공 작업을 위해 도구바를 아래와 같이 정렬한다.

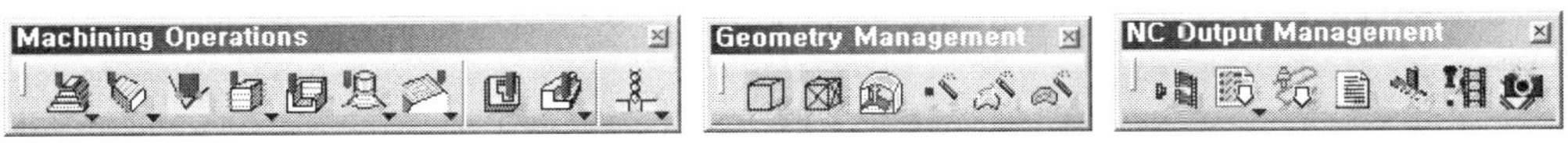

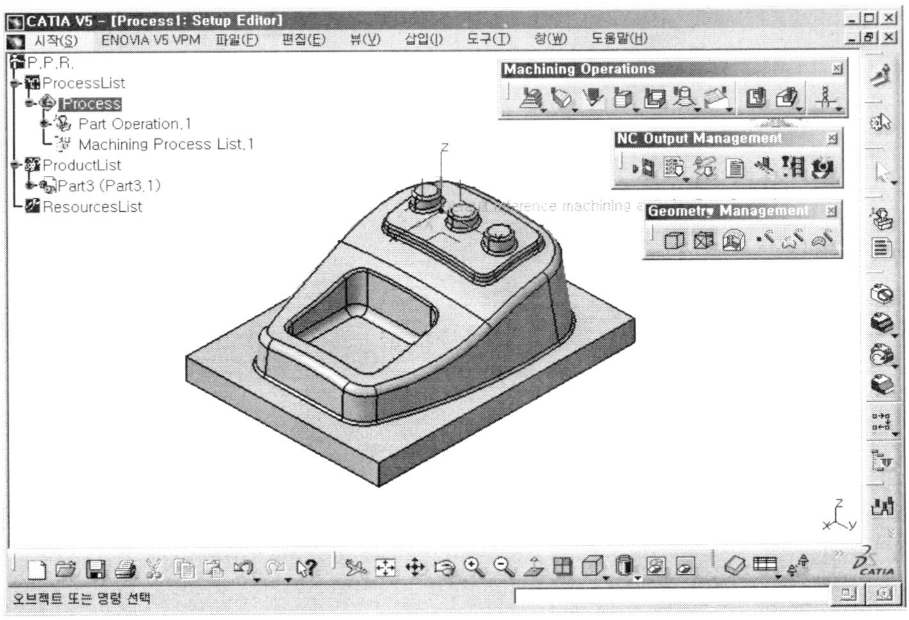

04 가공소재를 생성하기 위해 Creates rough stock()을 클릭한다.

05 형상을 클릭하고, 나타나는 창에서 "예"를 누른다.

06 다시 형상을 클릭하면, Rough Stock 창에 소재크기가 자동 입력된다.
또는 Zmax 항목에 소재높이를 수동으로 입력할 수 있다.

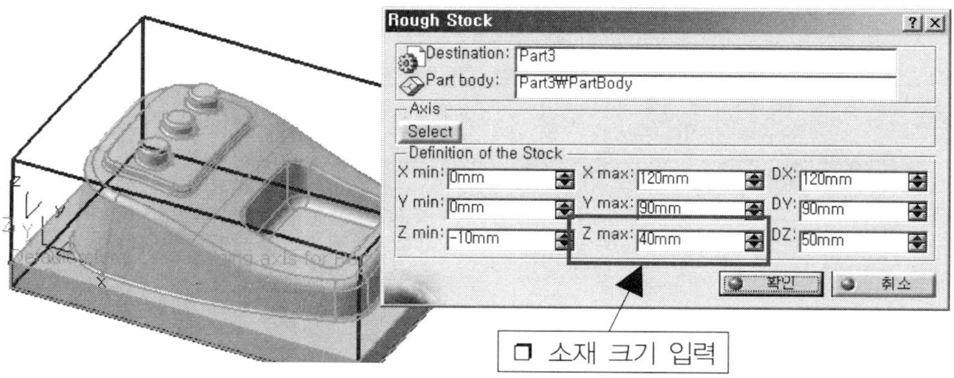

07 DX, DY, DZ 값으로 소재의 크기를 체크하고, 확인을 누른다.

08 작업트리의 "Part Operation.1"을 더블클릭 한다.

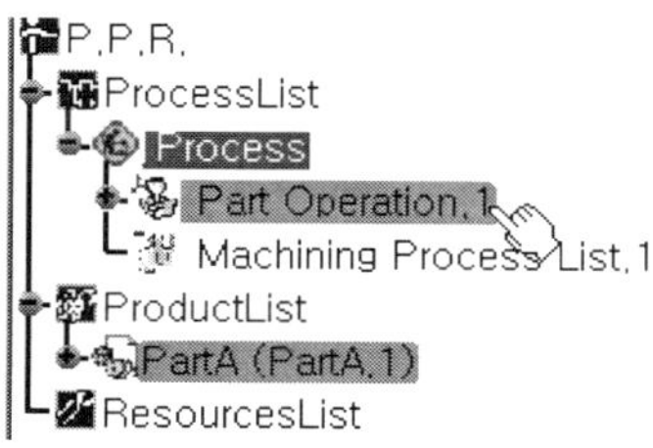

09 machine( ) 버튼을 클릭하여 기계를 셋팅한다.

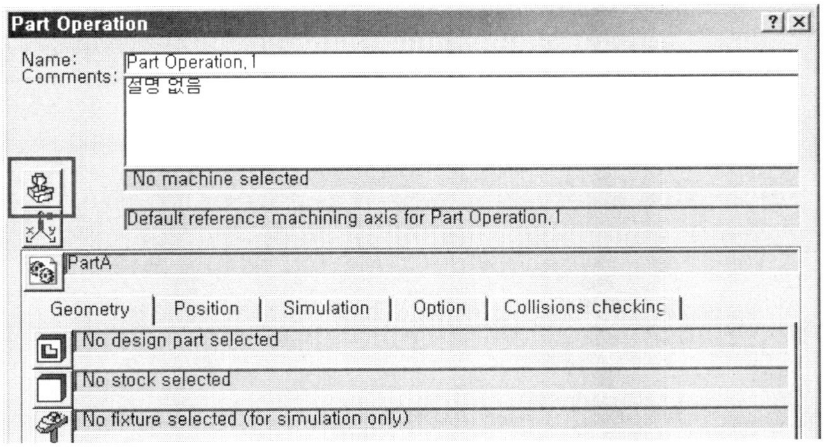

10 가공할 장비를 선택하는 창에서 "Numerical Control" 탭을 클릭하고, 다음처럼 설정한다.

① Name : 장비 이름 확인

② Post Processor : fanuc0.lib

③ Post processor words table : PPTableSample.pptable

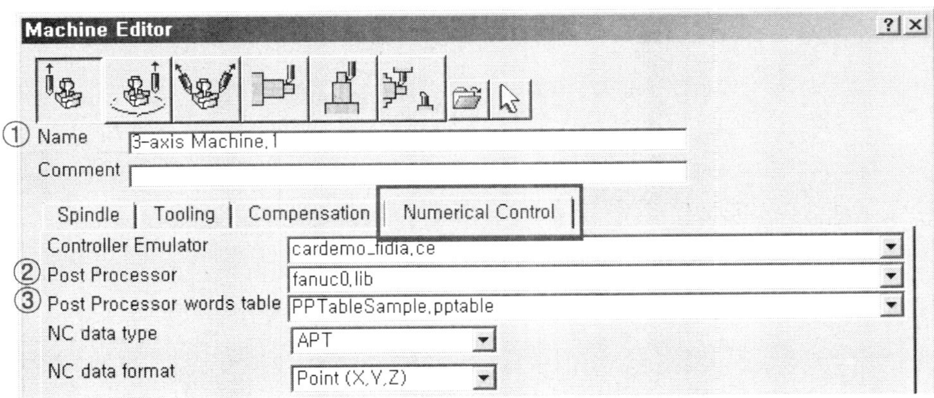

11 확인을 누른다.

12 Reference machining axis system( ) 버튼을 클릭하여 기계원점을 셋팅한다.

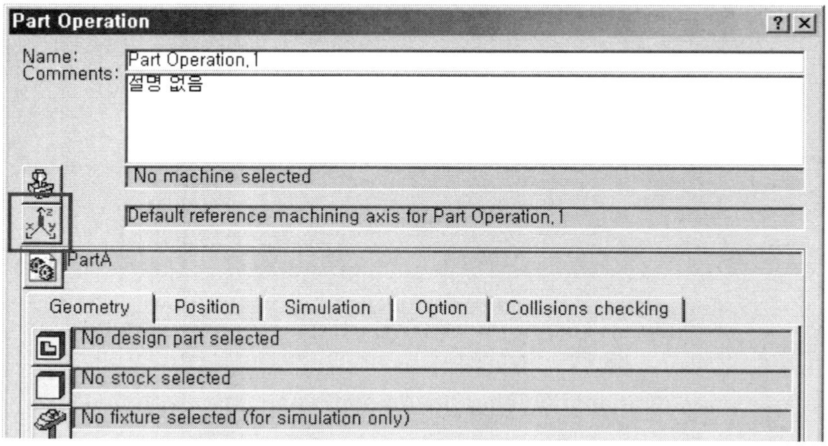

13 기계원점을 설정하는 창에서 중간에 있는 점(원점)을 클릭한다.

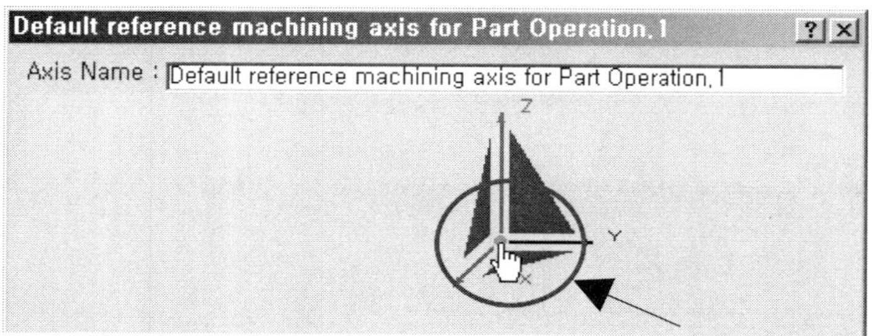

14 표시된 점을 클릭한다.

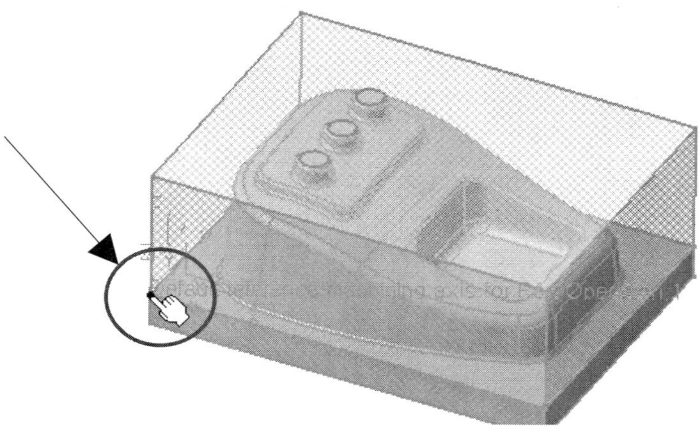

15 확인을 누른다. (녹색으로 표시되었다)

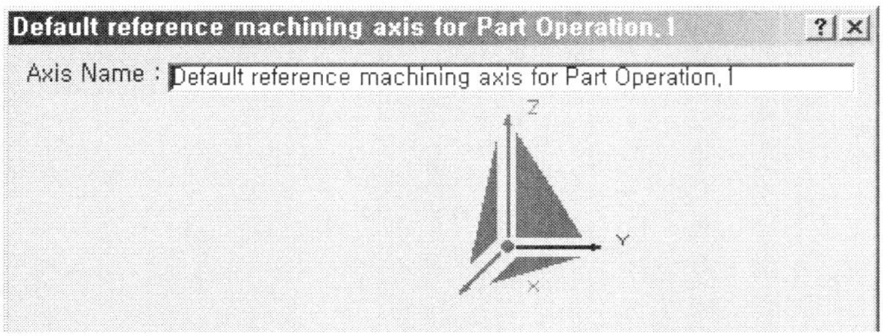

16 Design part for simulation( ) 버튼을 클릭하여 가공형상을 셋팅한다.

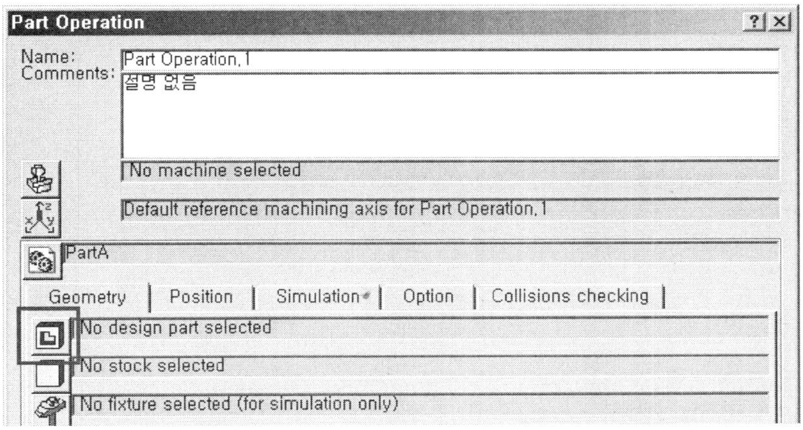

17 작업트리의 "ProductList" 밑에 있는 "PartBody"를 더블클릭하여 선택한다.

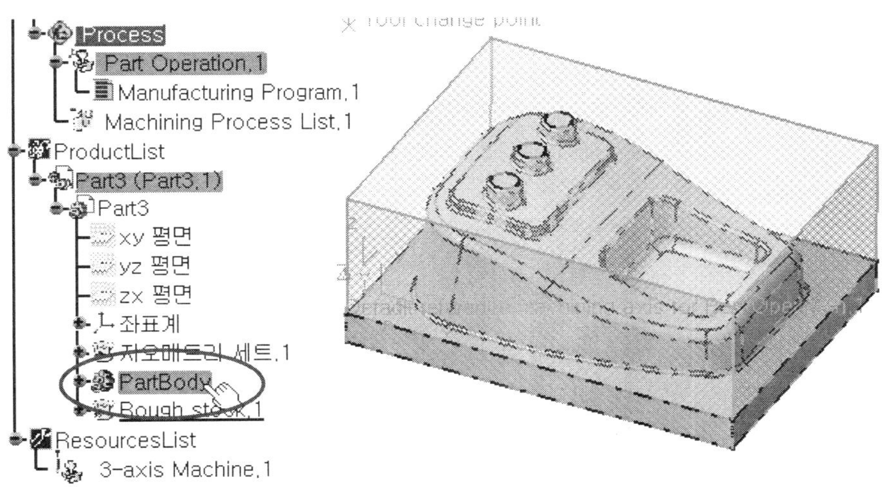

18 Stock( ) 버튼을 클릭하여 소재를 셋팅한다.

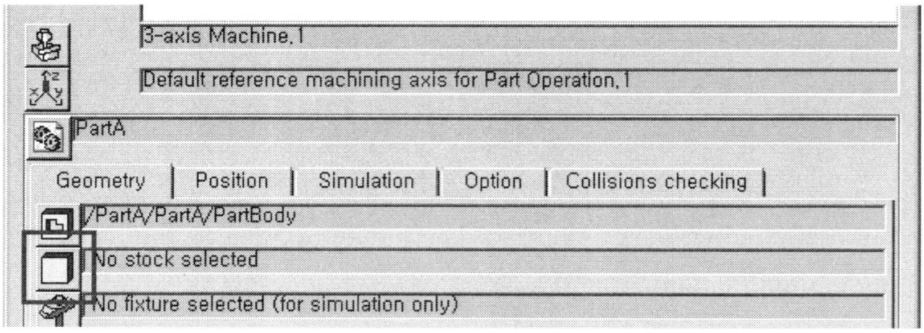

19 작업트리의 "ProductList" 밑에 있는 "Rough stock.1"을 더블클릭하여 선택한다.

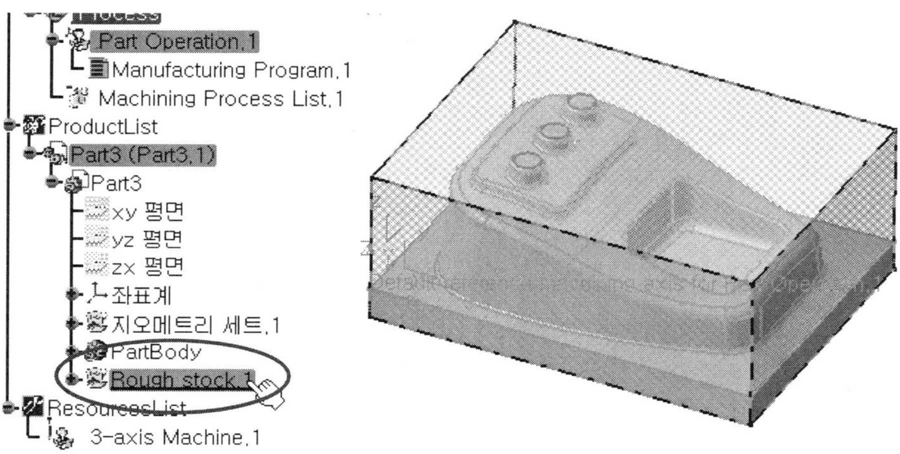

20 Safety plane( ) 버튼을 클릭하여 안전면을 셋팅한다.

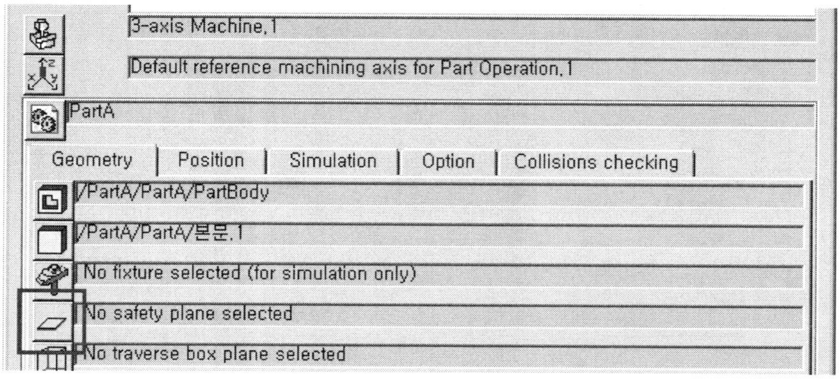

21 생성한 "plane"을 클릭하여 지정한다.

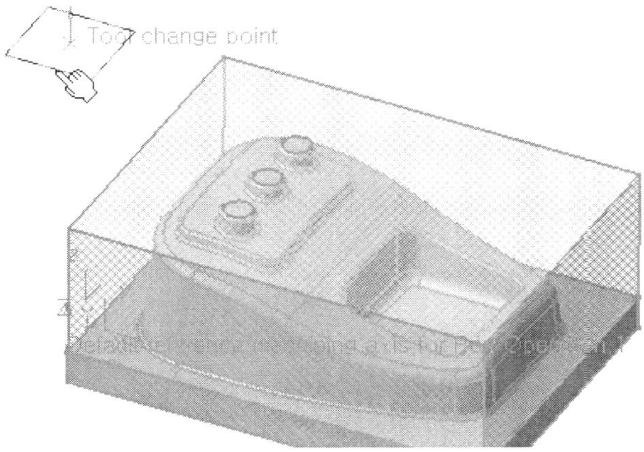

22 Part Operation 창은 확인 버튼을 눌러 닫는다.

3 황삭(Roughing) 가공

O1 ProcessList 밑에 있는 Manufactruing Program.1을 선택한다.
(황삭 가공경로를 생성하기 위해)

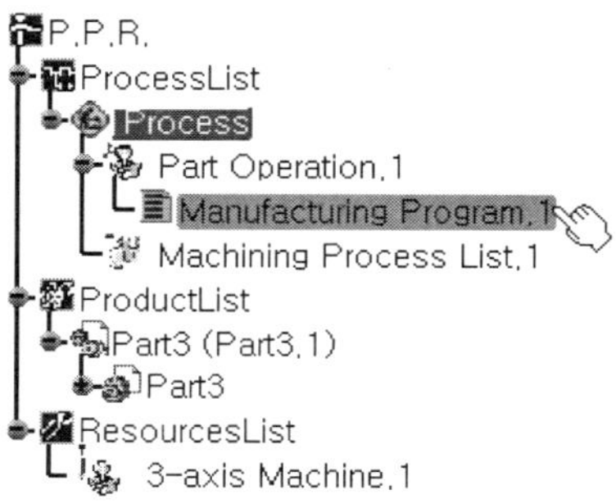

O2 Roughing( )을 실행한다.

O3 황삭 가공의 잔량은 0.5mm이므로 Offset on Part와 Offset on Check을 모두 0.5mm로 바꿔준다.

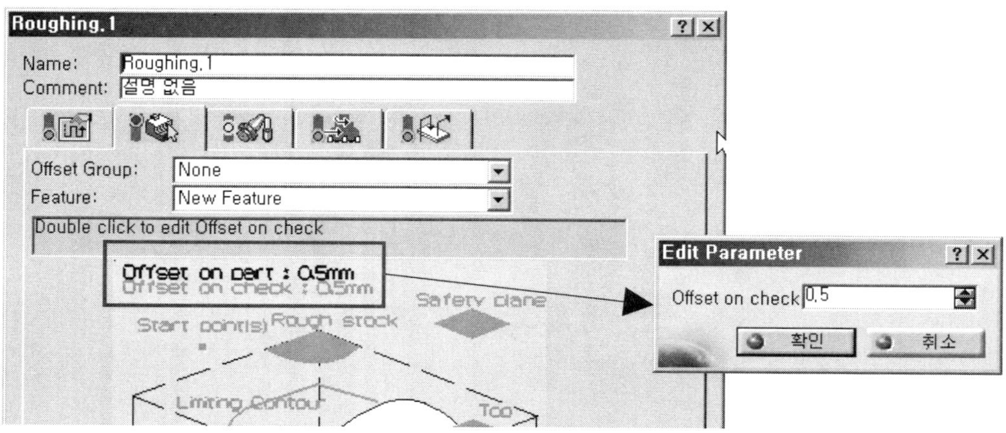

04 안전면을 설정하기 위해 Safety plane를 클릭하고, 생성한 plane을 선택한다.

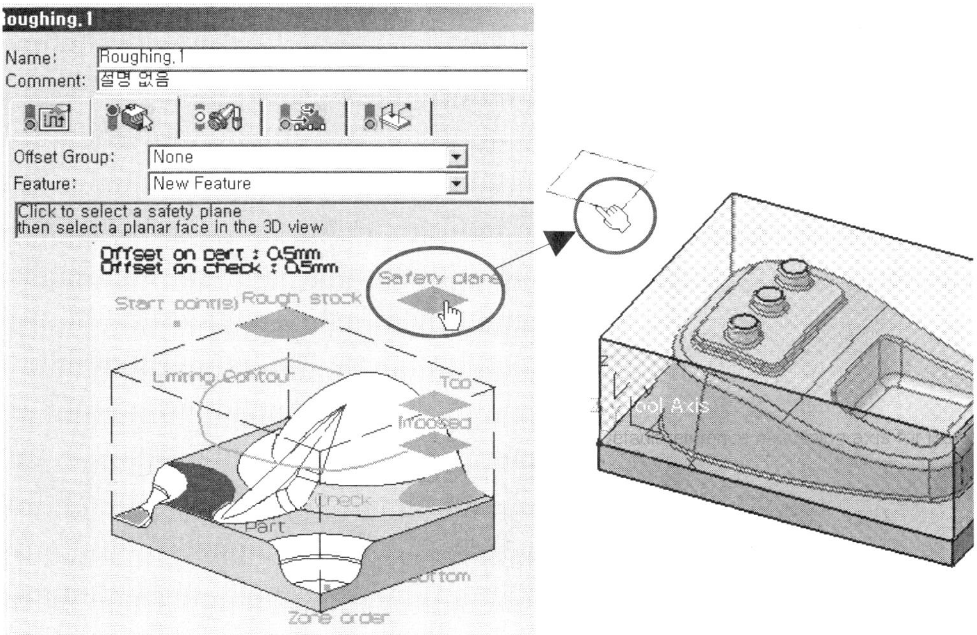

05 소재를 결정하기 위해 Rough stcok을 클릭하고, 가공소재(stock)를 선택한다.

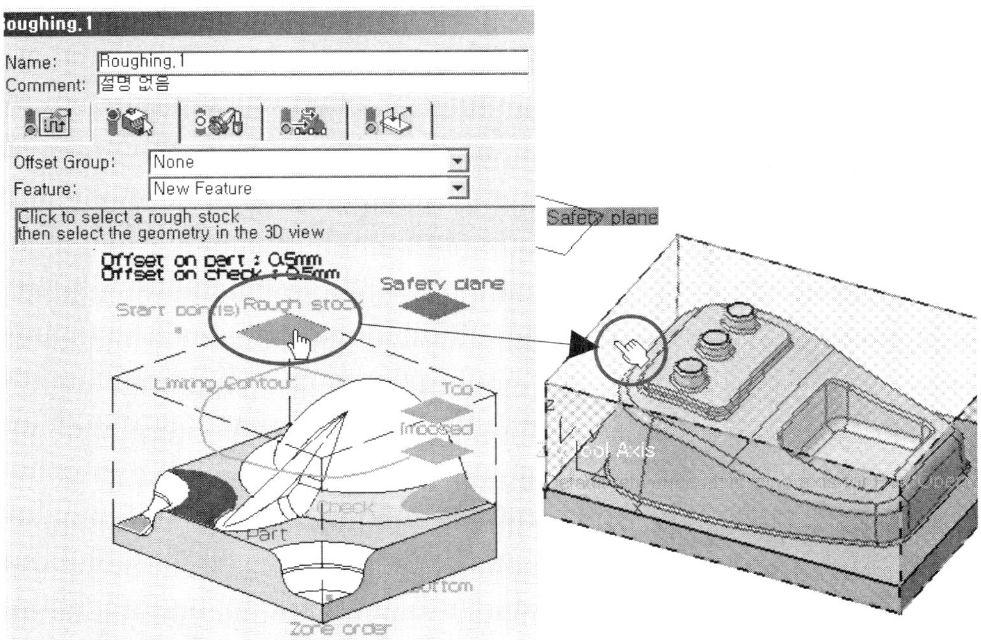

06 Part를 설정하기 위해 아래 부분(P1)을 클릭하고, 모델링 형상을 더블클릭한다.

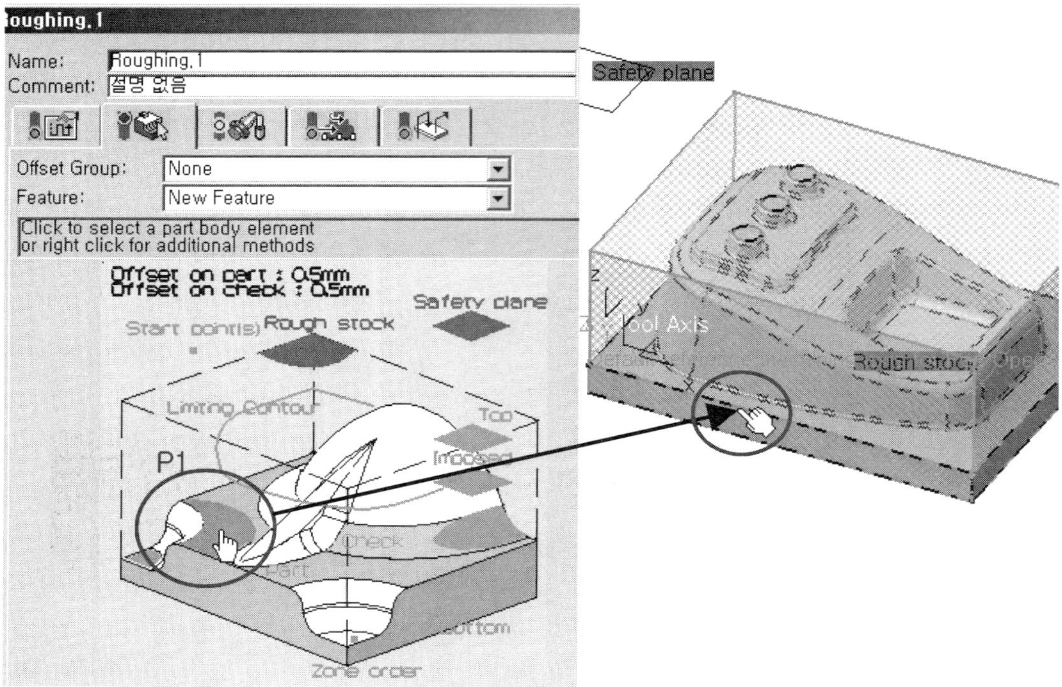

또는 작업트리의 PartBody를 선택해도 된다.

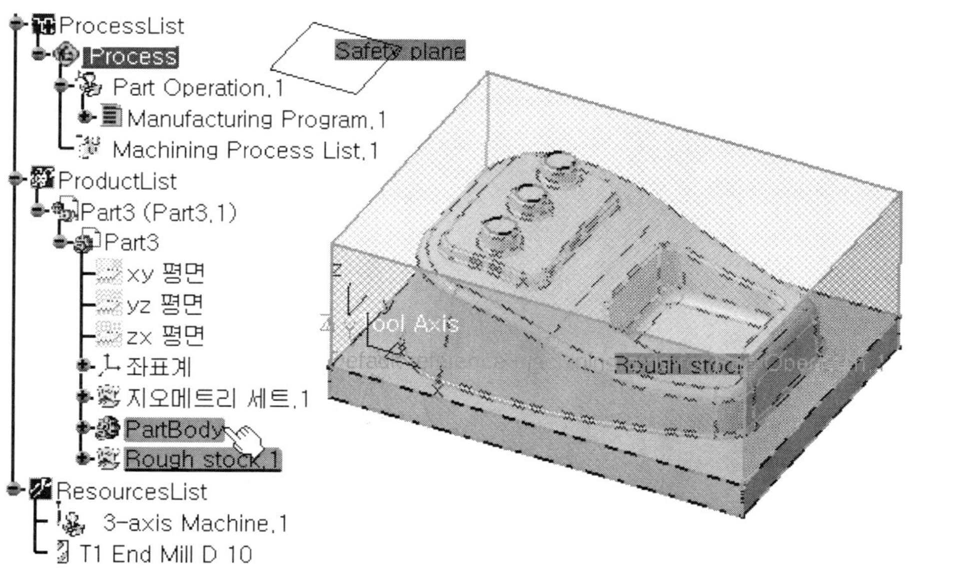

07 탭을 누른다. 다음과 같이 가공 패턴을 설정한다.

① Tool path style를 spiral로 바꿔준다.

② Distinct style in pocket에 체크하고, spiral로 변경한다.

③ tolerance에 0.01을 입력한다.

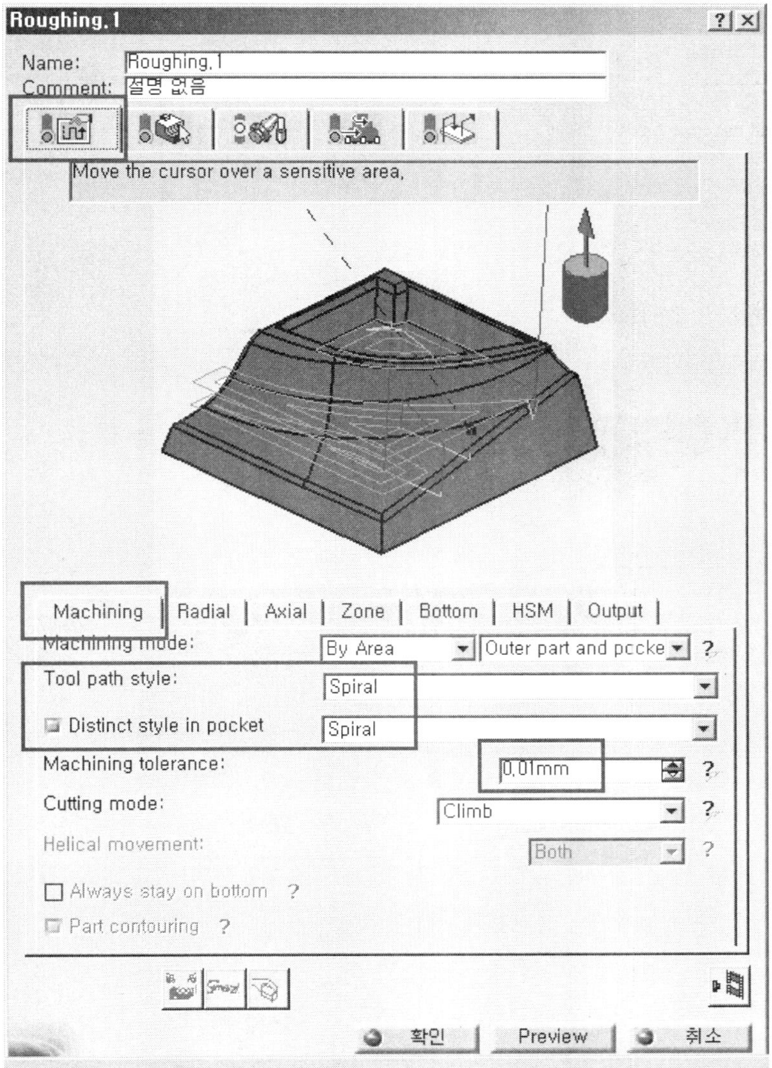

08 Radial 탭을 누른다.

① Stepover를 Stepover length로 변경한다.

② Max. distance between pass(경로간격 값)에 5를 입력한다.

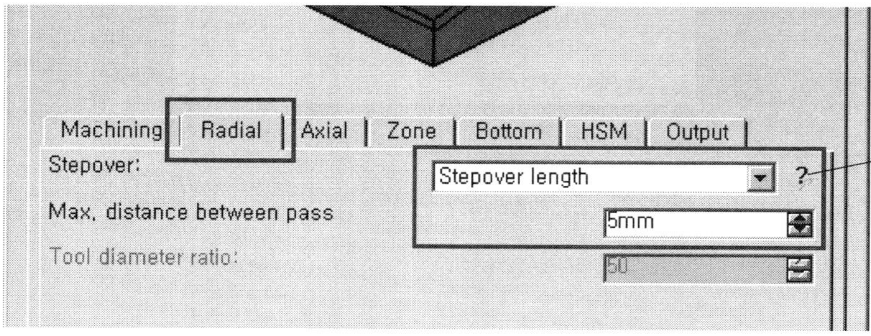

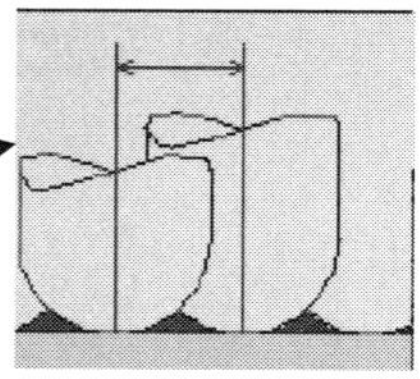

09 Axial 탭을 누른다.

① Maximum cut depth(절입량-절삭깊이)에 6을 입력한다.

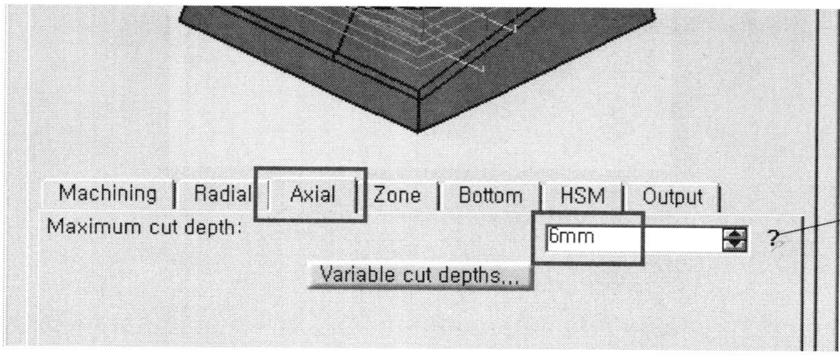

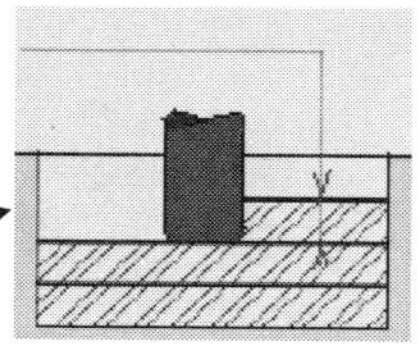

10  탭을 누른다. 다음과 같이 설정한다.

① Tool number에 1을 입력한다.

② Ball-end tool에 체크를 해제한다. (평엔드밀)

③ 코너 반경을 클릭하여 0을 입력한다. (평엔드밀)

④ 공구 직경을 클릭하여 10을 입력한다.

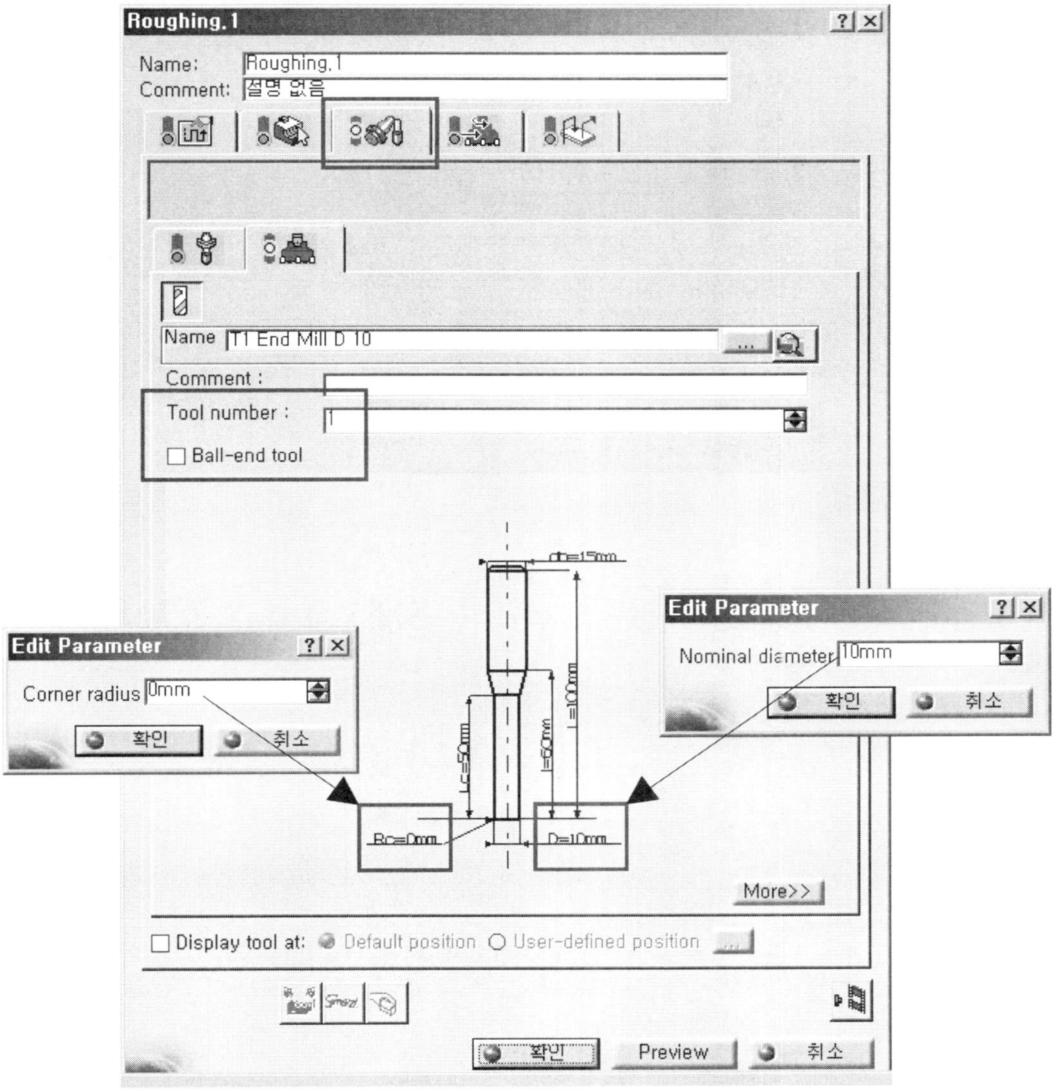

11 공구 회전수와 이송을 설정하기 위해 탭을 클릭한다.

① Automatic 항목에 체크를 해제한다.

② Feedrate - Machining: 100 입력 - 이송(Feed:100mm/min)

③ Spindle Speed - Machining: 1400 입력 - 공구회전수(1400rpm)

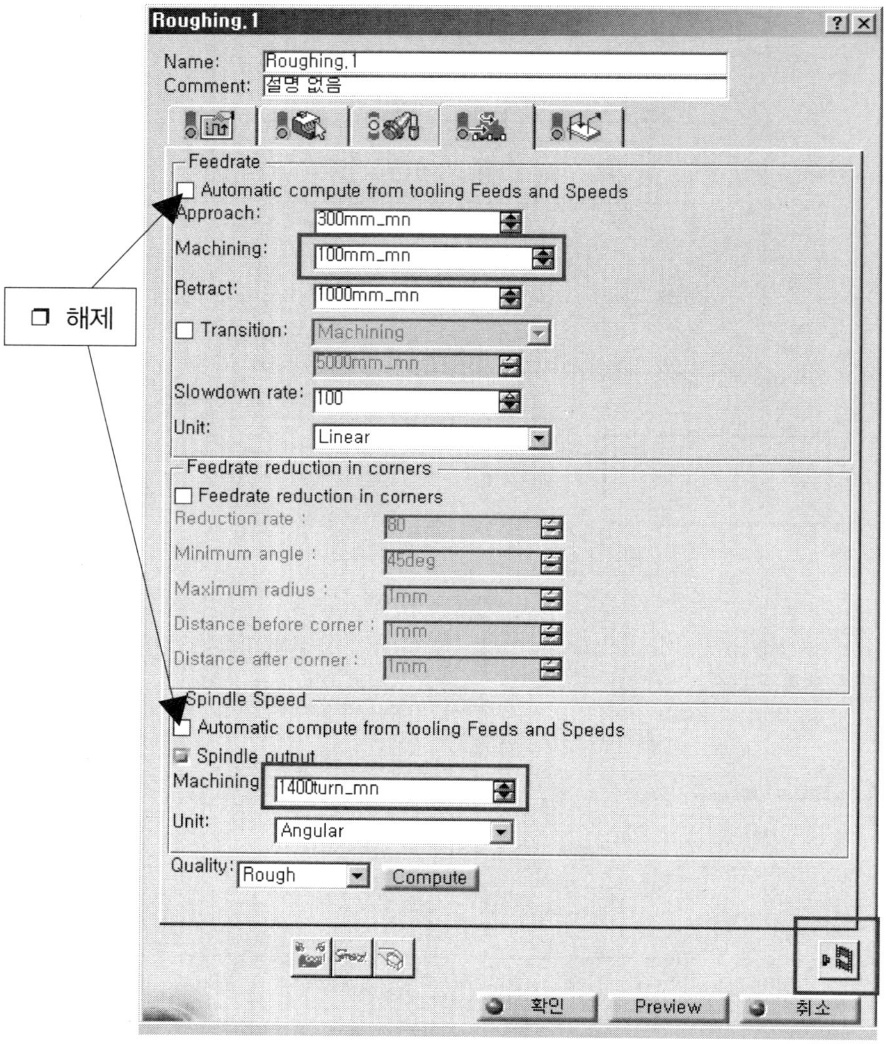

12 Tool Path Replay( ) 버튼을 클릭하여 공구 경로를 산출한다.

13 Video from last saved result()로 가공경로 검사를 한다.

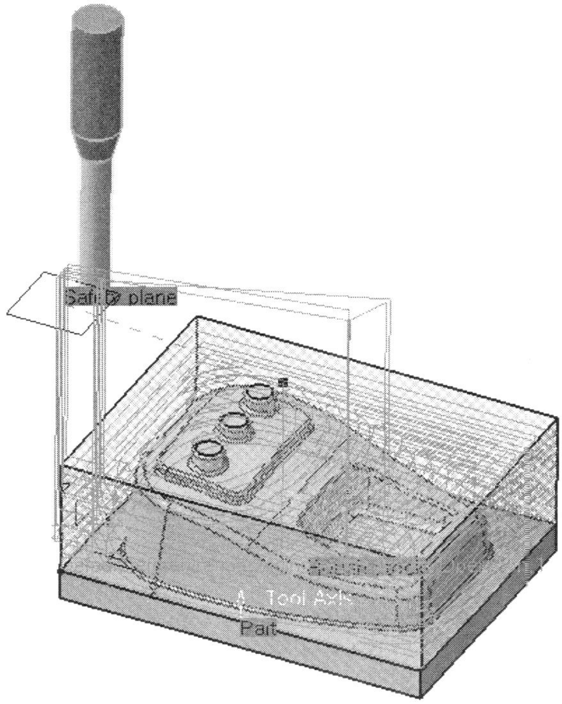

14 버튼을 클릭한다.

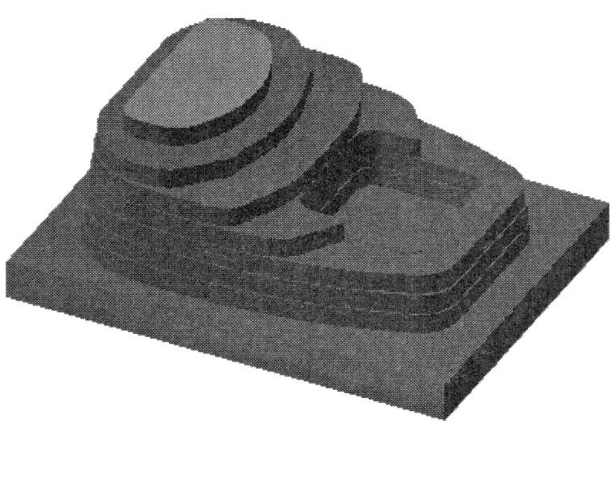

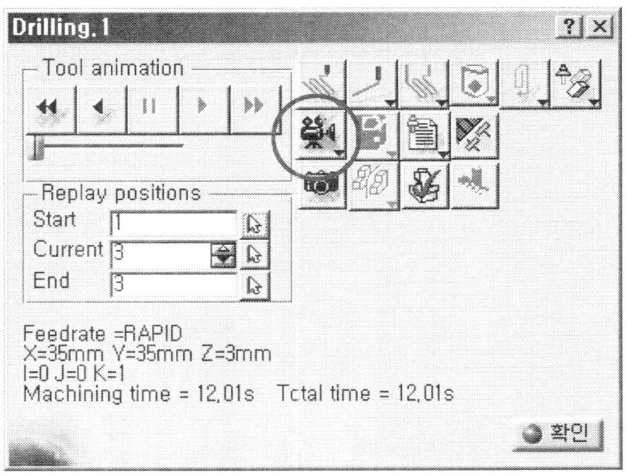

15 확인-확인을 눌러 황삭 가공을 마무리한다.

16 작업트리에 Roughing.1 공정이 생성되었다.

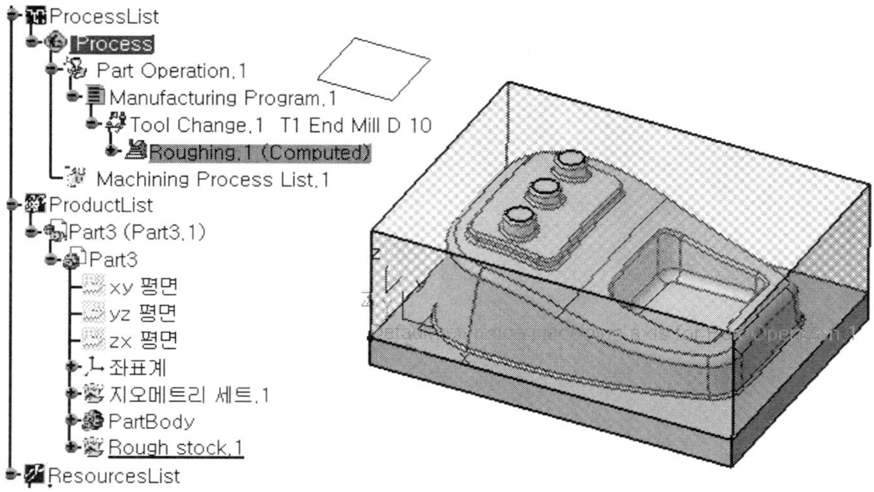

4 정삭(Roughing) 가공

01 ProcessList 밑에 있는 Roughing.1을 선택한다. (정삭 가공경로를 생성하기 위해)

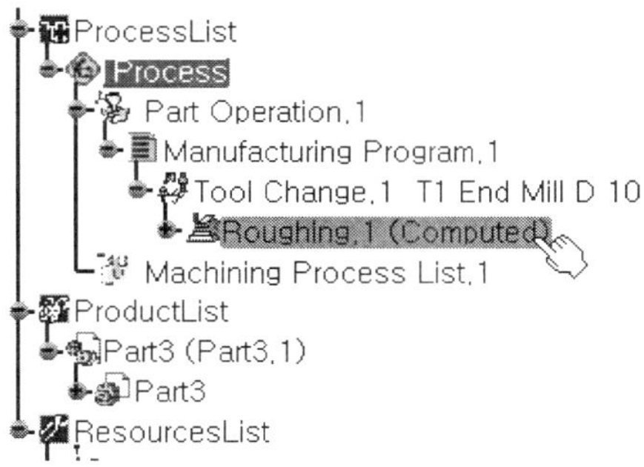

02 Sweeping( )을 실행한다.

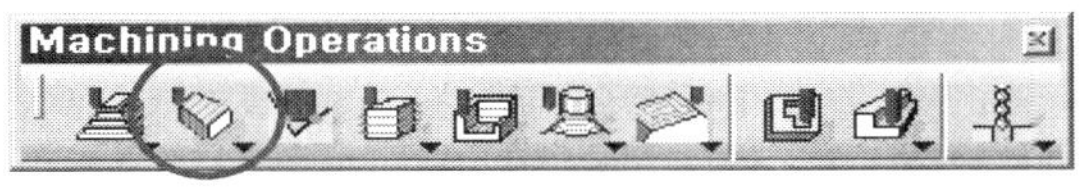

03 정삭 가공의 잔량은 0mm이므로 Offset on Part와 Offset on Check을 모두 0mm로 바꿔준다.

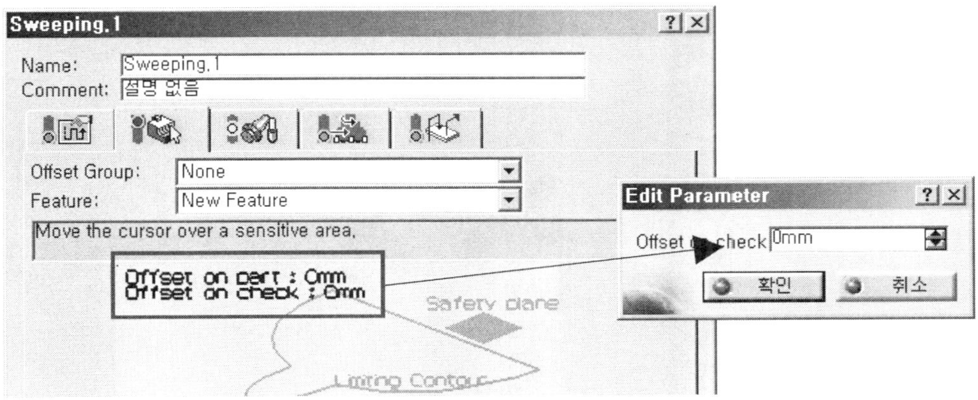

O4 안전면을 설정하기 위해 Safety plane를 클릭하고, 생성한 plane을 선택한다.

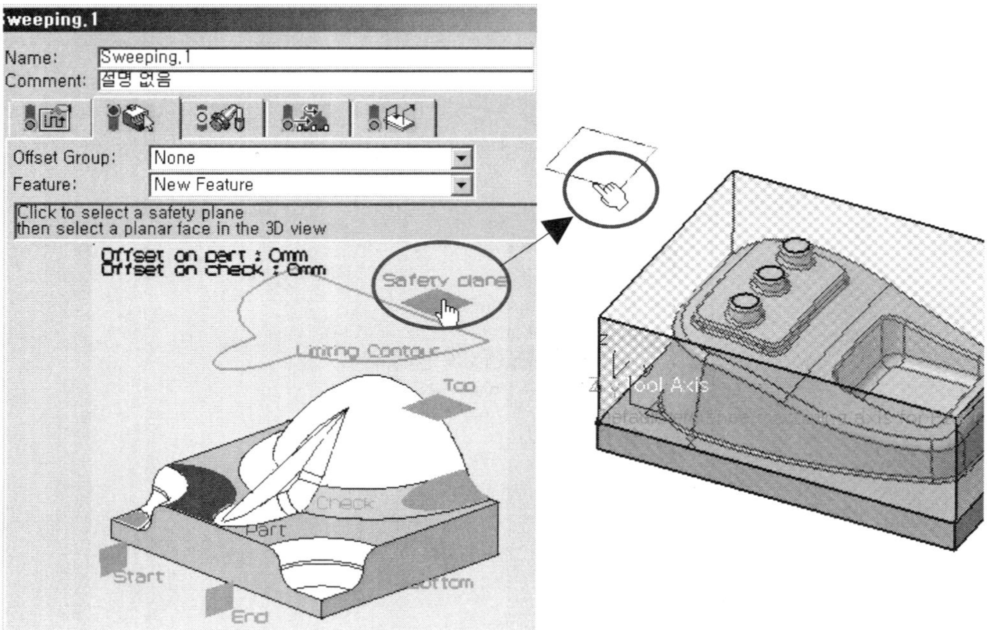

O5 Part를 설정하기 위해 아래 부분(P1)을 클릭하고, 모델링 형상을 더블클릭한다. 또는 작업트리의 PartBody를 선택해도 된다.

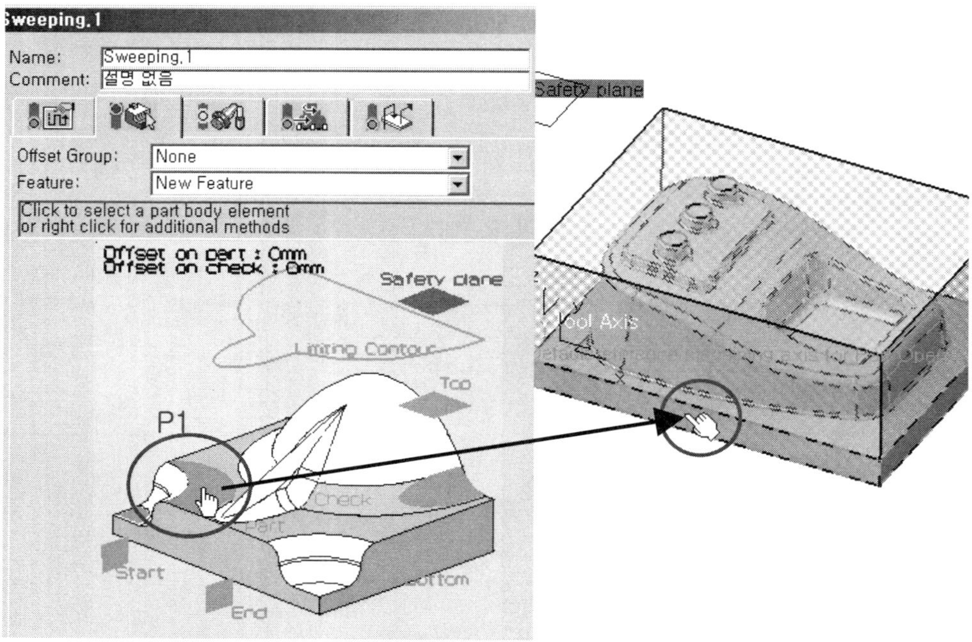

O6 탭을 누른다. 다음과 같이 가공 패턴을 설정한다.

① 가공 방향을 설정하기 위해 화살표( )를 클릭한다.

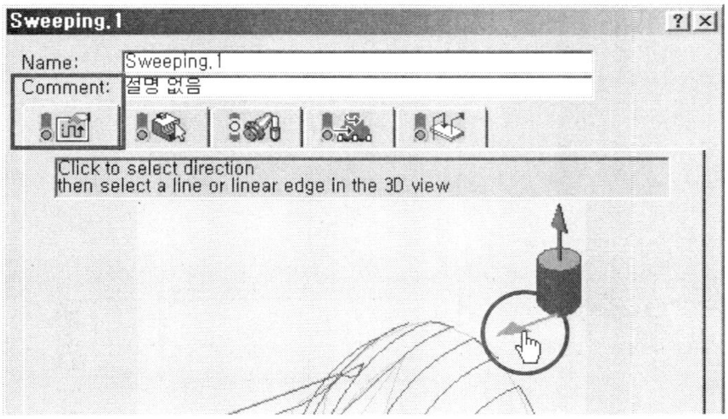

② Angle에 체크하고, Angle 1, 2에 30을 입력하고, 확인을 누른다.

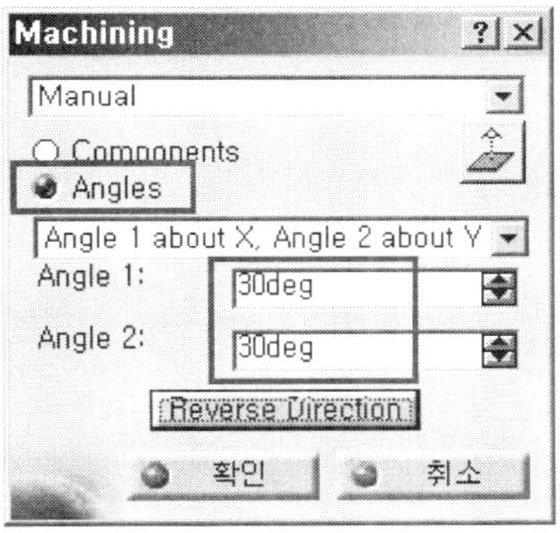

③ Tool path style이 Zig-zag인지 확인한다.

④ tolerance가 0.01인지 확인한다.

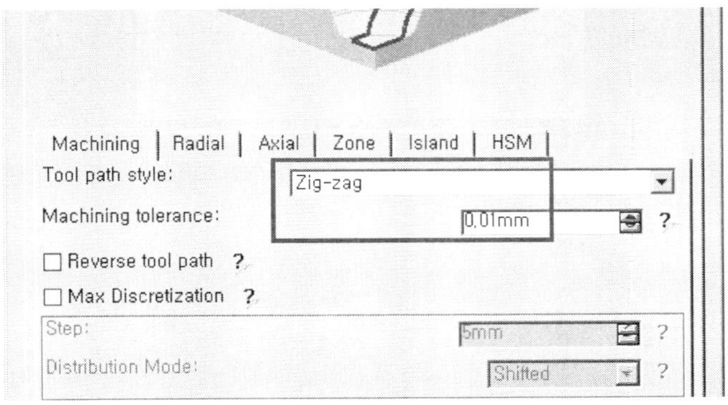

07 Radial 탭을 누른다.

① Stepover를 Constant로 변경한다.

② Max. distance between pass(경로간격 값)에 1을 입력한다.

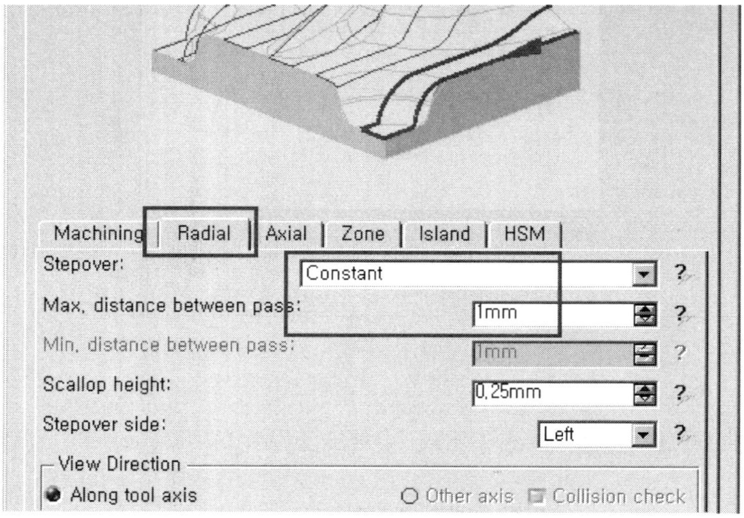

08 Axial 탭을 누른다.

정삭이므로 절입량은 의미가 없다. 그냥 건너뛴다.

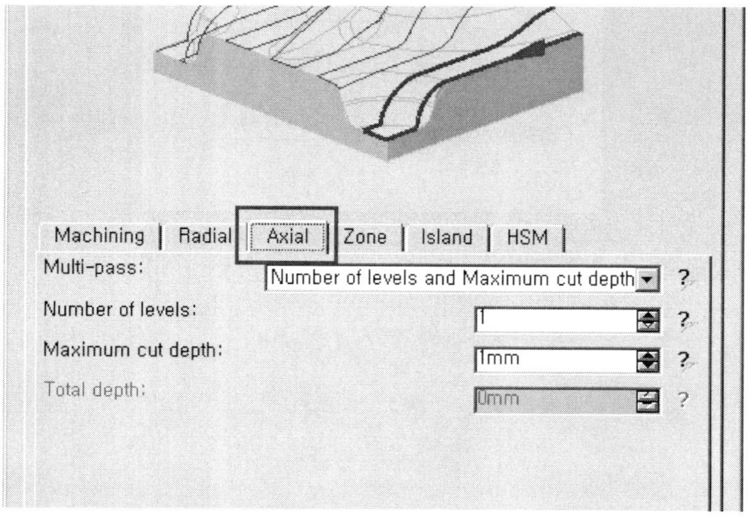

O9 탭을 누른다. 다음과 같이 설정한다.

① P1( ) → P2( ) 버튼을 차례로 클릭해 준다. (볼엔드밀 공구 설정을 위해)

② Tool number에 2를 입력한다.

③ Ball-end tool에 체크한다. (볼엔드밀)

④ 코너 반경을 클릭하여 2를 입력한다.

⑤ 공구 직경을 클릭하여 4를 입력한다.

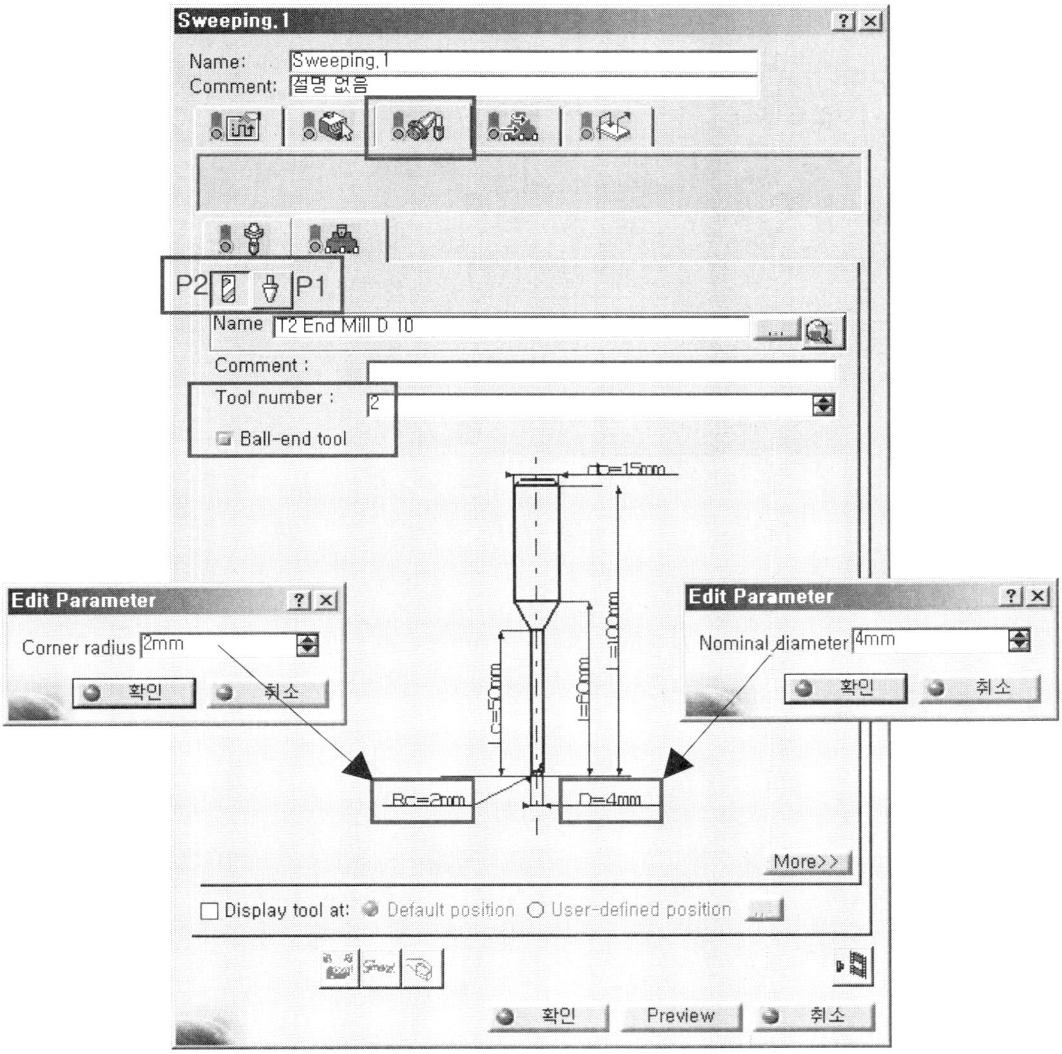

10 공구 회전수와 이송을 설정하기 위해 탭을 클릭한다.

① Automatic 항목에 체크를 해제한다.

② Feedrate - Machining: 90 입력 - 이송(Feed:90mm/min)

③ Spindle Speed - Machining: 1800 입력 - 공구회전수(1800rpm)

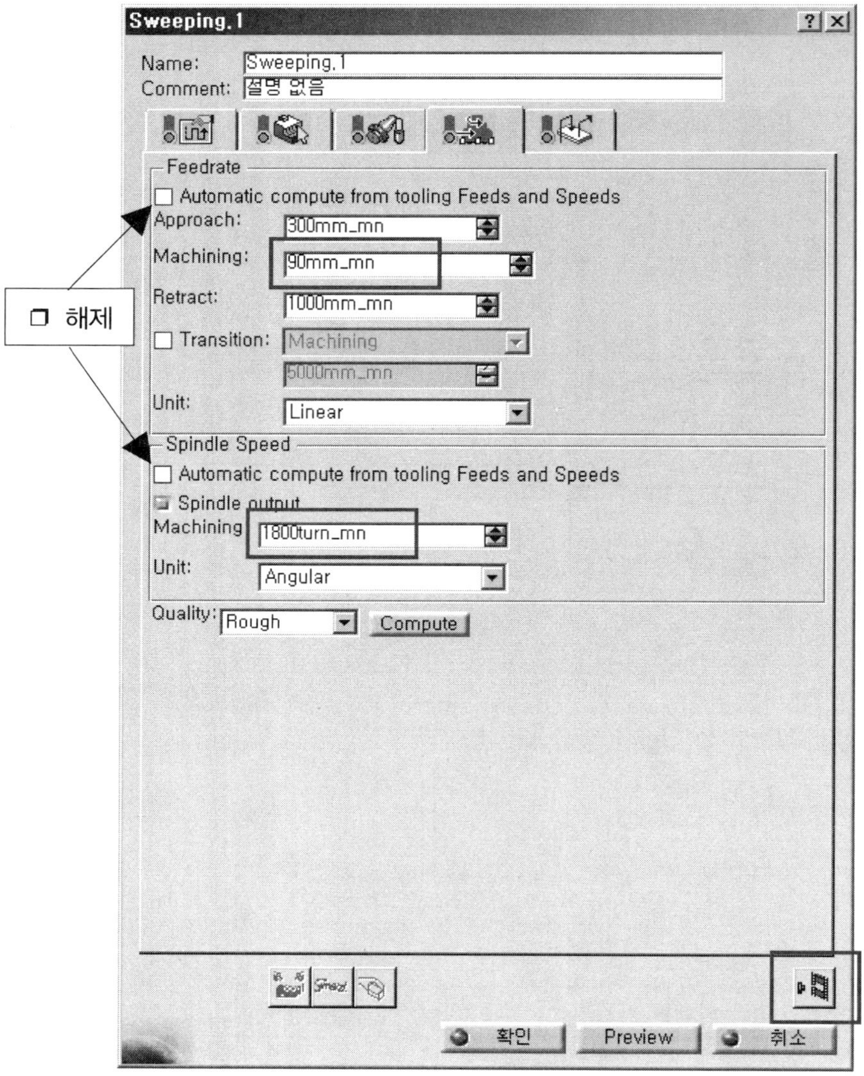

11 Tool Path Replay( ) 버튼을 클릭하여 공구 경로를 산출한다.

12 Video from last saved result()로 가공경로 검사를 한다.

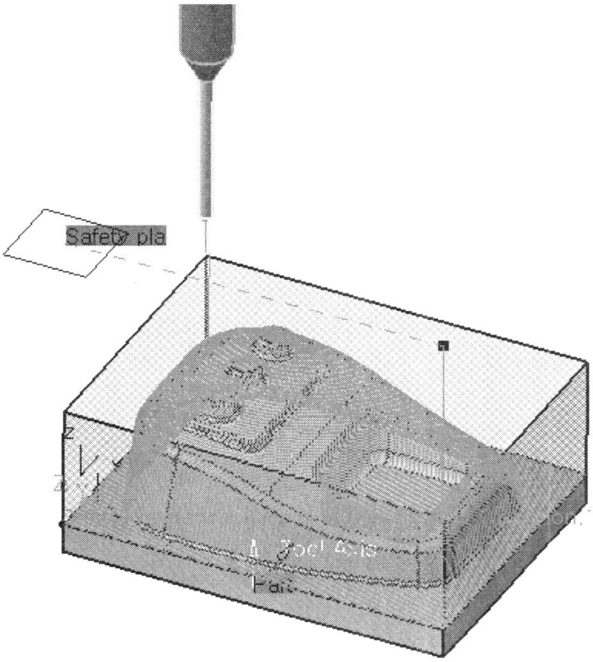

13  버튼을 클릭한다.

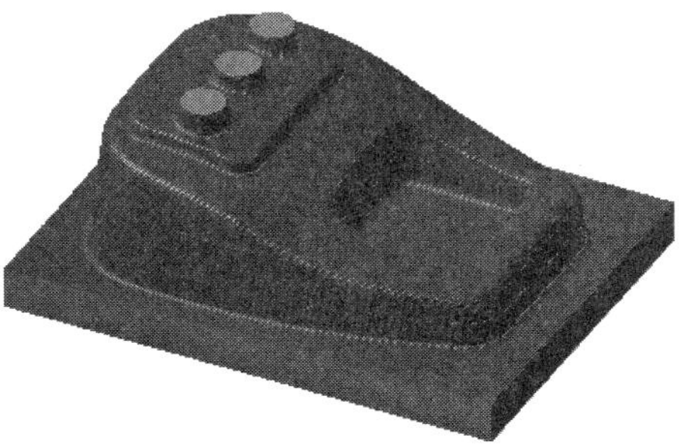

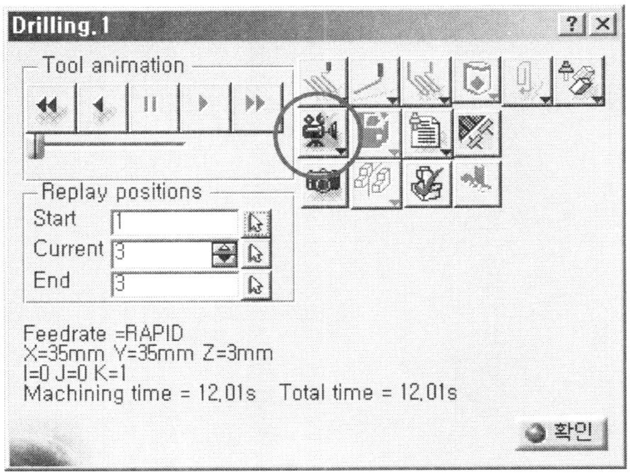

14 확인-확인을 눌러 센터드릴 가공을 마무리한다.

15 작업트리에 Sweeping.2 공정이 생성되었다.

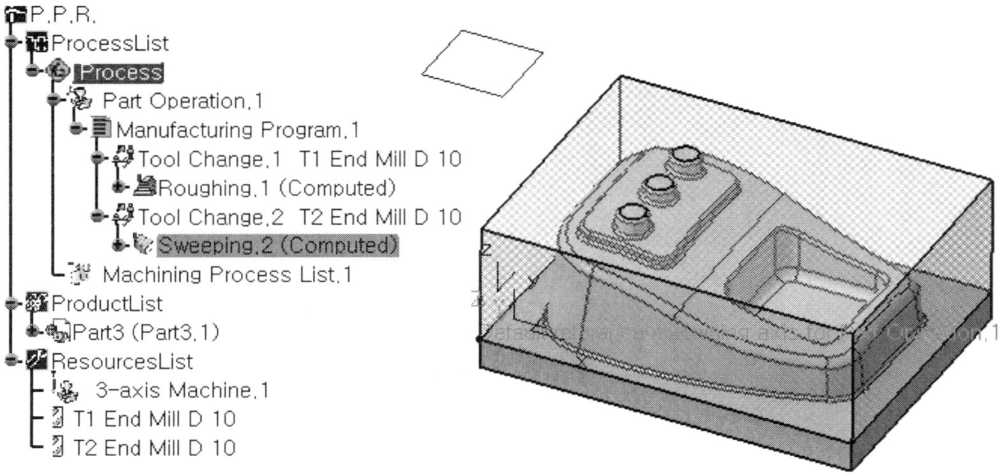

5 잔삭(펜슬, Roughing) 가공

01 ProcessList 밑에 있는 Sweeping.1을 선택한다. (잔삭 가공경로를 생성하기 위해)

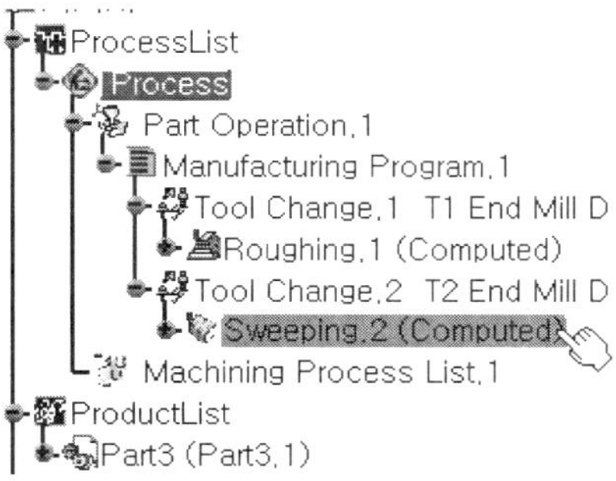

02 Pencil( )을 실행한다.

03 잔삭 가공의 잔량은 0mm이므로 Offset on Part와 Offset on Check을 모두 0mm로 바꿔준다.

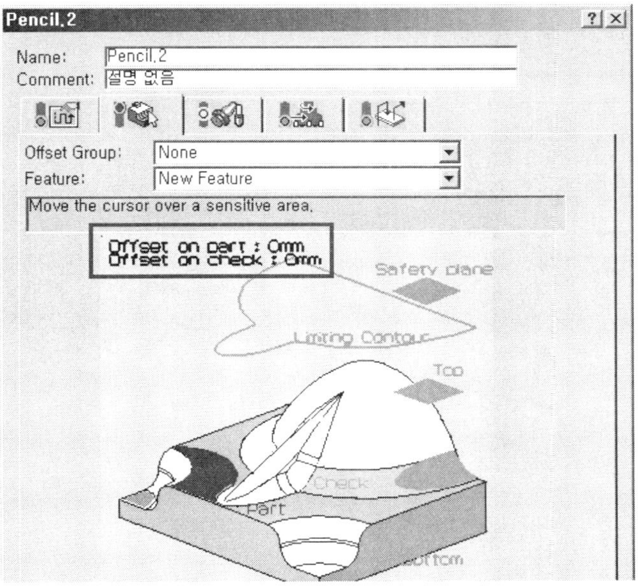

04 안전면을 설정하기 위해 Safety plane를 클릭하고, 생성한 plane을 선택한다.

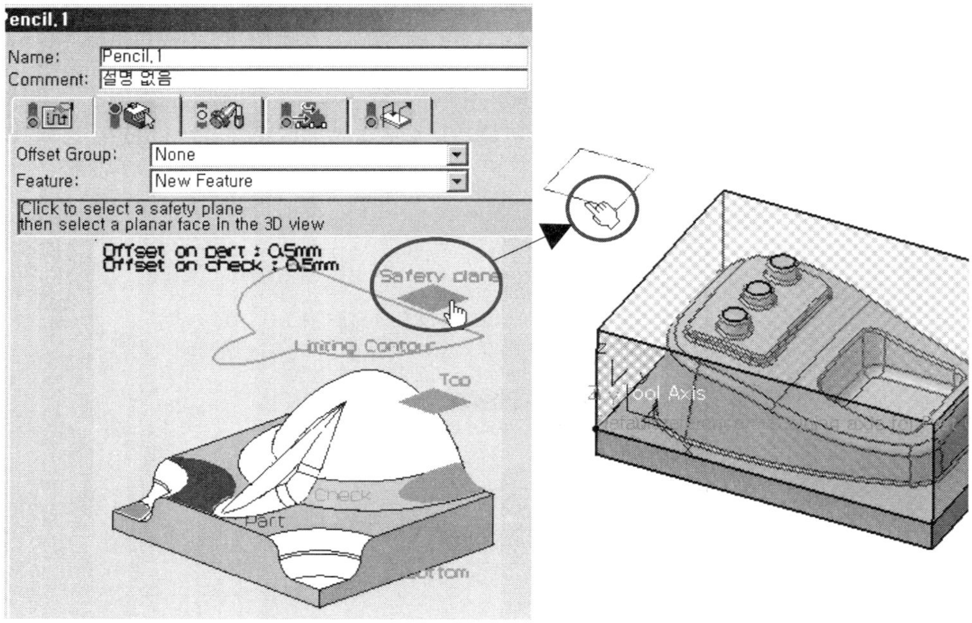

05 Part를 설정하기 위해 아래 부분(P1)을 클릭하고, 모델링 형상을 더블클릭한다. 또는 작업트리의 PartBody를 선택해도 된다.

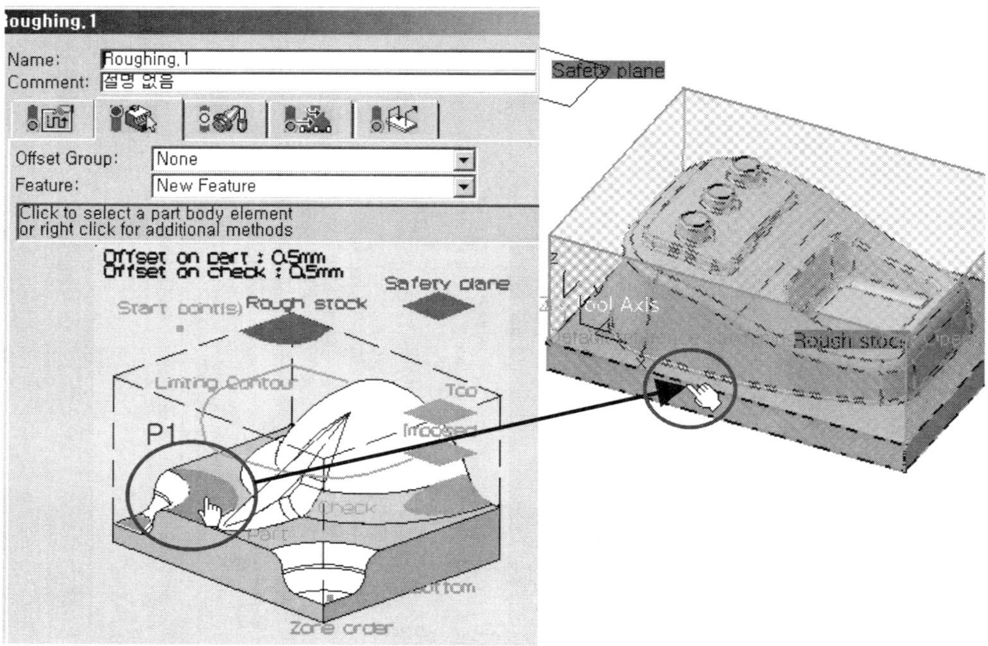

O5 탭을 누른다. 다음과 같이 설정한다.

① P1( ) → P2( ) 버튼을 차례로 클릭해 준다. (볼엔드밀 공구 설정을 위해)

② Tool number에 3을 입력한다.

③ Ball-end tool에 체크한다. (볼엔드밀)

④ 코너 반경을 클릭하여 1을 입력한다.

⑤ 공구 직경을 클릭하여 2를 입력한다.

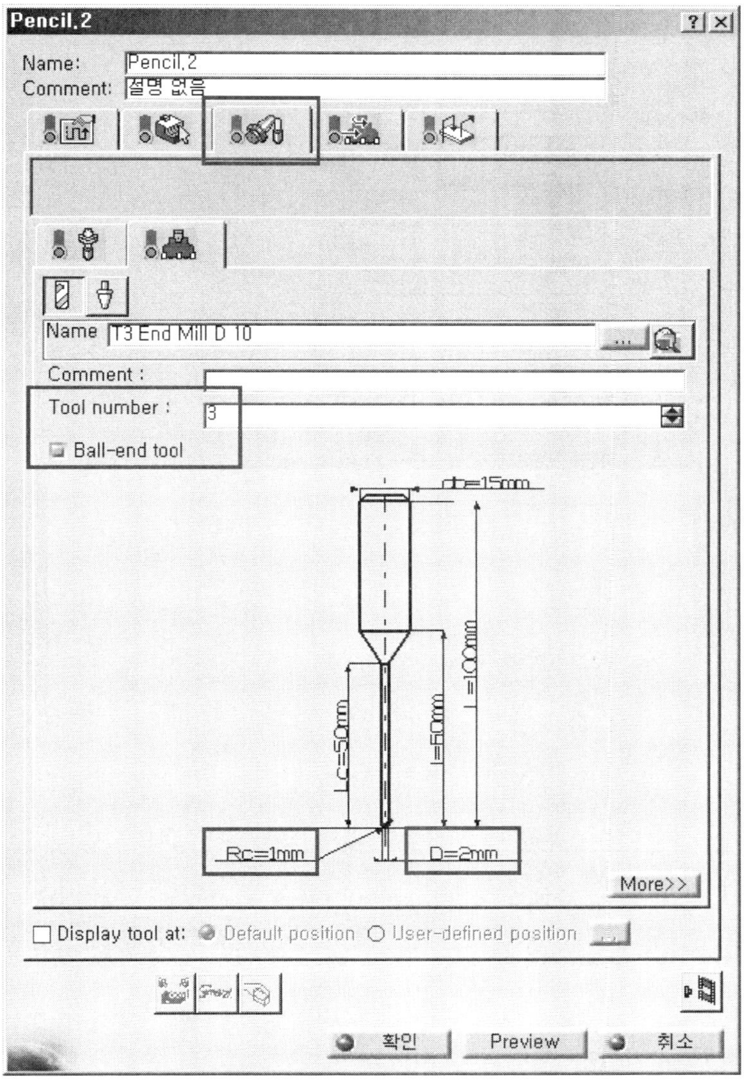

O6 공구 회전수와 이송을 설정하기 위해  탭을 클릭한다.

① Automatic 항목에 체크를 해제한다.

② Feedrate - Machining: 80 입력 - 이송(Feed:80mm/min)

③ Spindle Speed - Machining: 3700 입력 - 공구회전수(3700rpm)

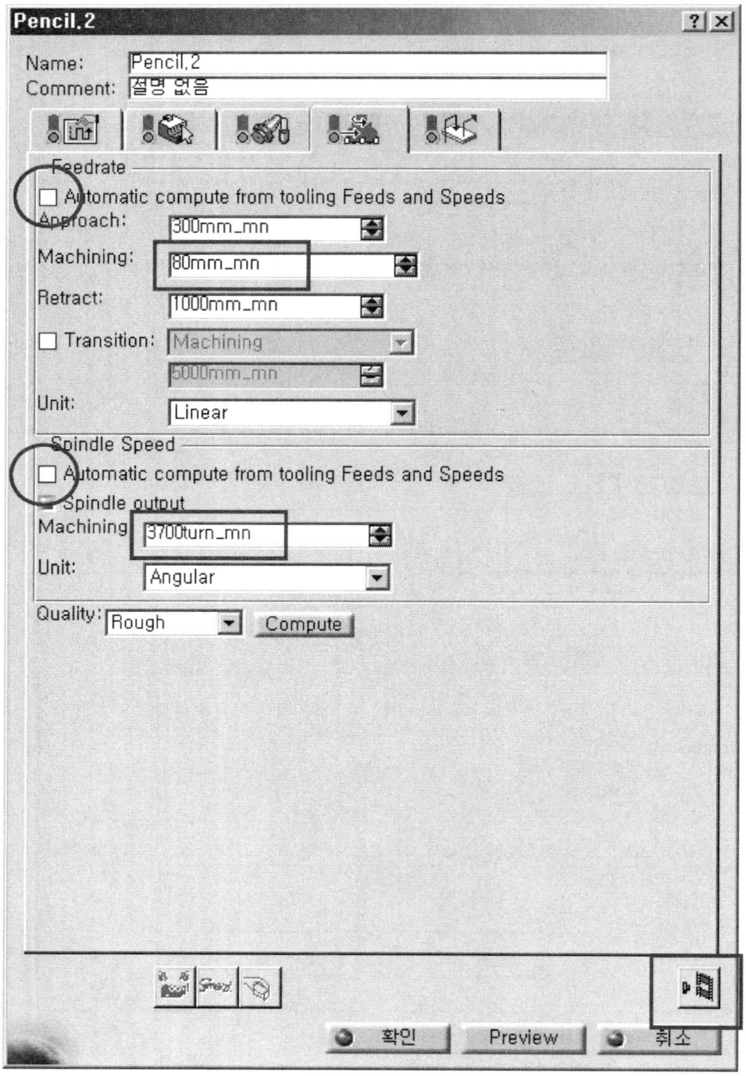

O7 Tool Path Replay() 버튼을 클릭하여 공구 경로를 산출한다.

08 Video from last saved result( )로 가공경로 검사를 한다.

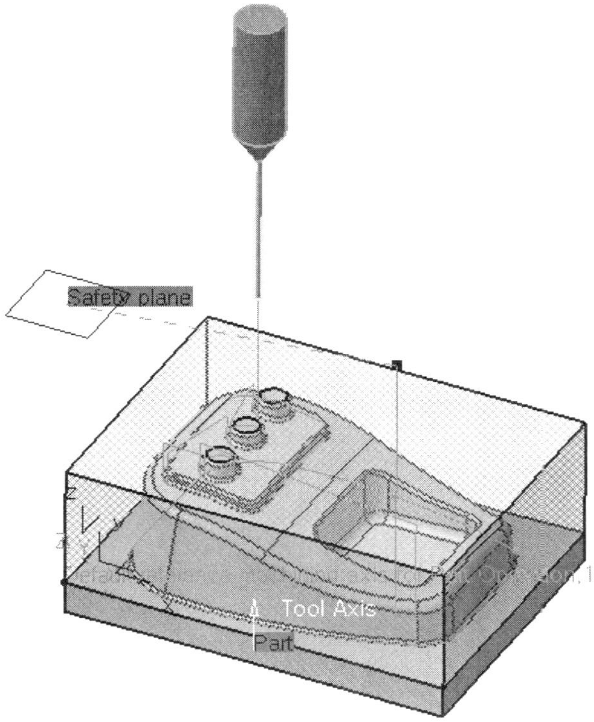

09 버튼을 클릭한다.

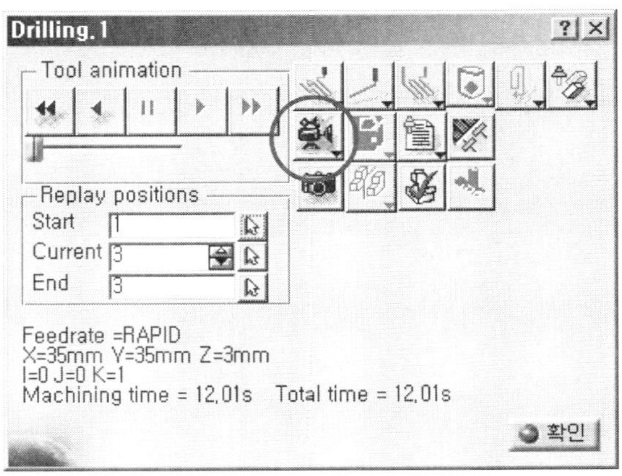

10 확인-확인을 눌러 센터드릴 가공을 마무리한다.

11 작업트리에 Pencil.2 공정이 생성되었다.

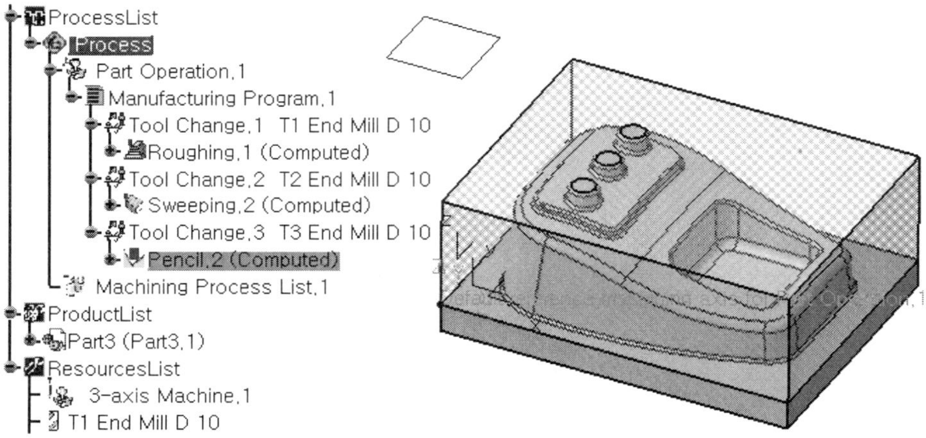

6 CATIA Machining에서 가공 경로 설정

01 "파일 ⇒ 다른 이름으로 저장"을 한다.

02 ProcessList 밑에 있는 Manufactruing Program.1을 선택한다.

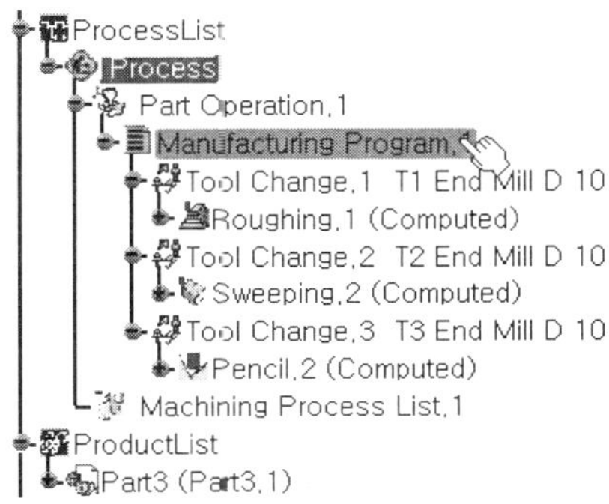

03 Generate NC Code Interactively( )를 실행한다.

04 In/Out 탭에서 다음을 확인한다.

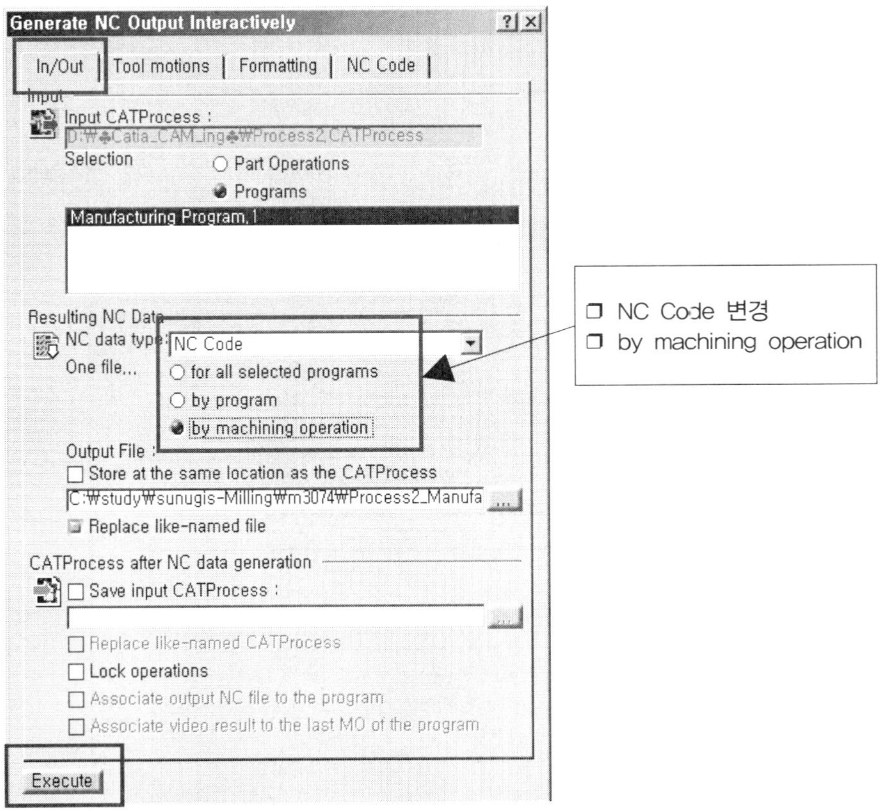

05 NC Code를 산출하기 위해 Execute 버튼을 클릭한다.

06 프로그램 번호를 입력하고, "Continue" 버튼을 누른다.

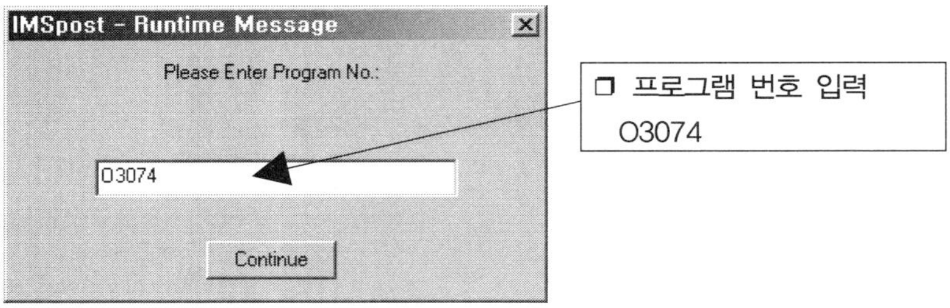

07 황삭, 정삭, 잔삭 3개의 작업을 했으므로, 프로그램 번호를 입력하는 창 또는 3개가 나온다. 계속해서 프로그램 번호를 입력하고, "Continue" 버튼을 누른다.

08 다음과 같은 창이 나오면 "확인"을 누른다.

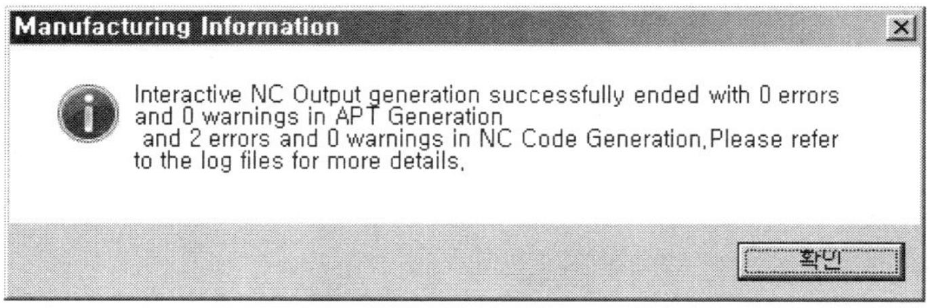

09 생성된 NC Data를 확인한다. (황삭, 정삭, 잔삭 3개의 NC Data가 생성되었다.)

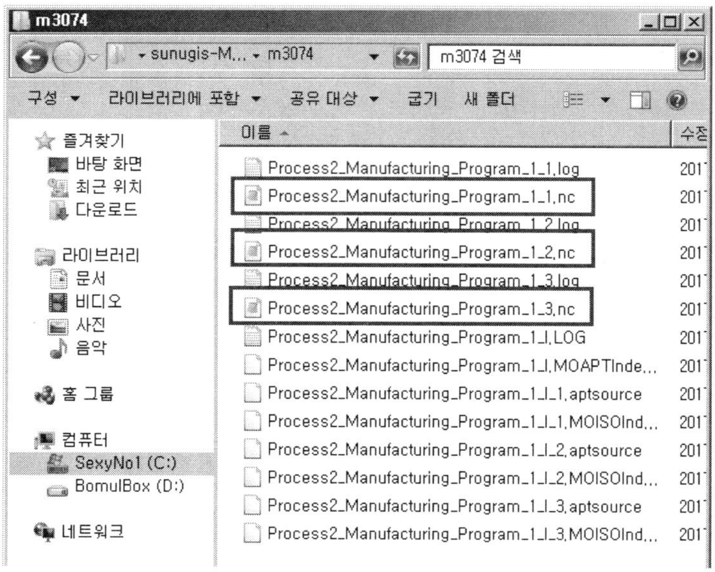

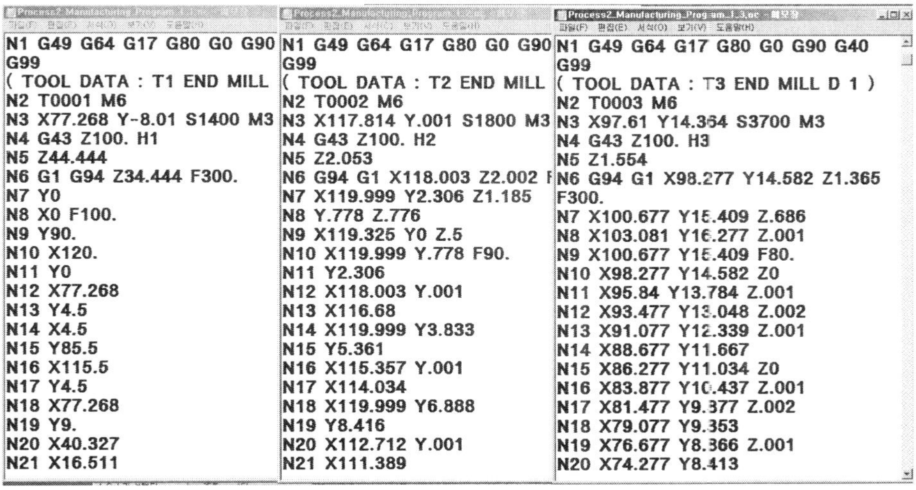

```
N1 G49 G64 G17 G80 G0 G90
G99
( TOOL DATA : T1 END MILL
N2 T0001 M6
N3 X77.268 Y-8.01 S1400 M3
N4 G43 Z100. H1
N5 Z44.444
N6 G1 G94 Z34.444 F300.
N7 Y0
N8 X0 F100.
N9 Y90.
N10 X120.
N11 Y0
N12 X77.268
N13 Y4.5
N14 X4.5
N15 Y85.5
N16 X115.5
N17 Y4.5
N18 X77.268
N19 Y9.
N20 X40.327
N21 X16.511
```

```
N1 G49 G64 G17 G80 G0 G90
G99
( TOOL DATA : T2 END MILL
N2 T0002 M6
N3 X117.814 Y.001 S1800 M3
N4 G43 Z100. H2
N5 Z2.053
N6 G94 G1 X118.003 Z2.002 F
N7 X119.999 Y2.306 Z1.185
N8 Y.778 Z.776
N9 X119.325 Y0 Z.5
N10 X119.999 Y.778 F90.
N11 Y2.306
N12 X118.003 Y.001
N13 X116.68
N14 X119.999 Y3.833
N15 Y5.361
N16 X115.357 Y.001
N17 X114.034
N18 X119.999 Y6.888
N19 Y8.416
N20 X112.712 Y.001
N21 X111.389
```

```
Process2_Manufacturing_Program_1_3.nc - 메모장
파일(F) 편집(E) 서식(O) 보기(V) 도움말(H)
N1 G49 G64 G17 G80 G0 G90 G40
G99
( TOOL DATA : T3 END MILL D 1 )
N2 T0003 M6
N3 X97.61 Y14.364 S3700 M3
N4 G43 Z100. H3
N5 Z1.554
N6 G94 G1 X98.277 Y14.582 Z1.365
F300.
N7 X100.677 Y15.409 Z.686
N8 X103.081 Y16.277 Z.001
N9 X100.677 Y15.409 F80.
N10 X98.277 Y14.582 Z0
N11 X95.84 Y13.784 Z.001
N12 X93.477 Y13.048 Z.002
N13 X91.077 Y12.339 Z.001
N14 X88.677 Y11.667
N15 X86.277 Y11.034 Z0
N16 X83.877 Y10.437 Z.001
N17 X81.477 Y9.377 Z.002
N18 X79.077 Y9.353
N19 X76.677 Y8.366 Z.001
N20 X74.277 Y8.413
```

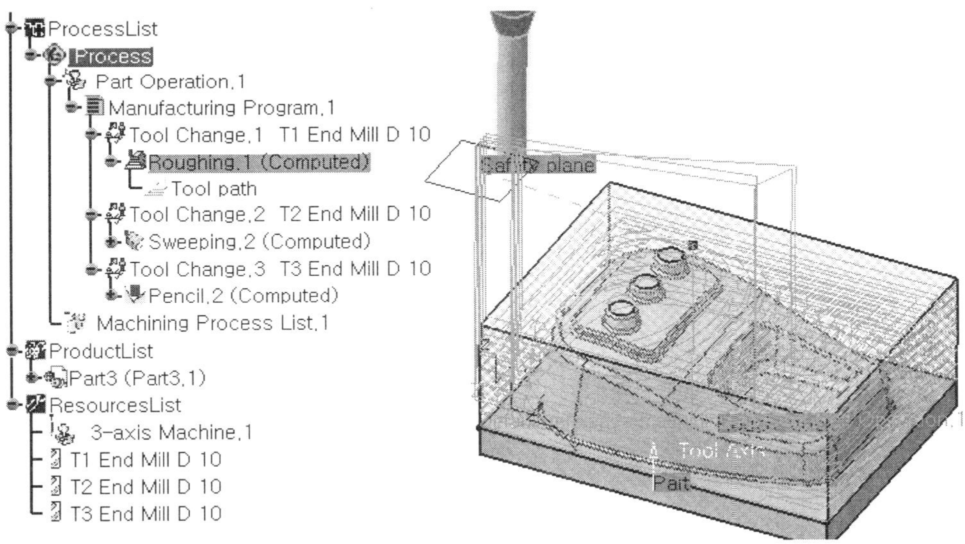

Part 4

2차원 CAD_CAM 실기도면

따라하면서 배우는 Modeling

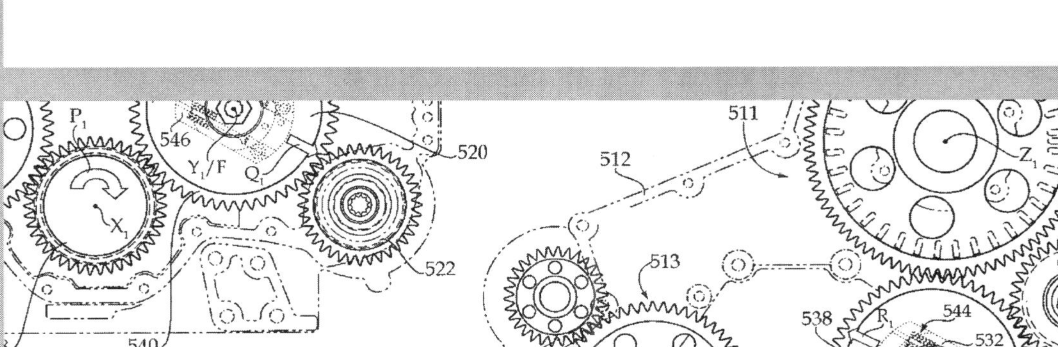

1 다음의 도면을 참고로 형상을 모델링한다.

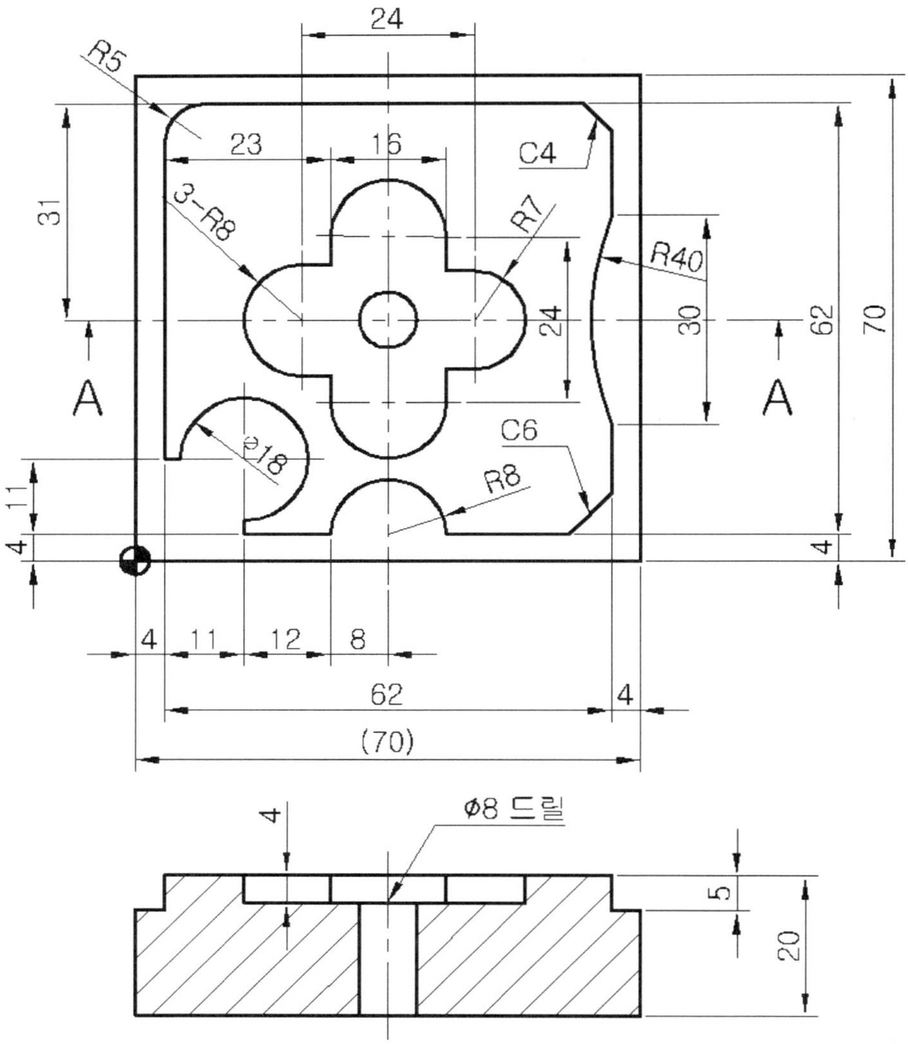

Section A-A

01 시작 〉 기계 디자인 〉 Part Design을 누른다.

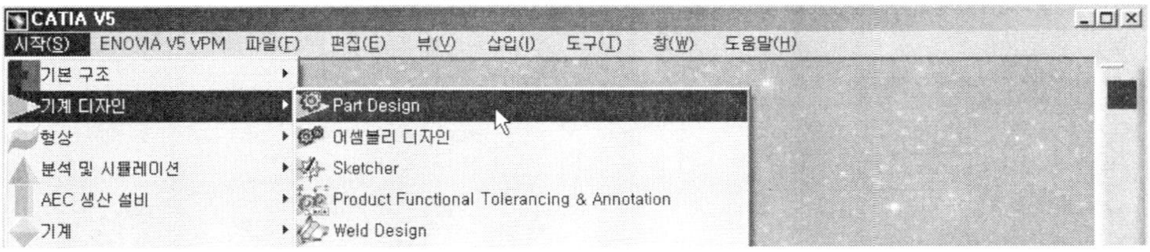

02 작업할 파트의 이름을 입력하고 확인을 누른다.

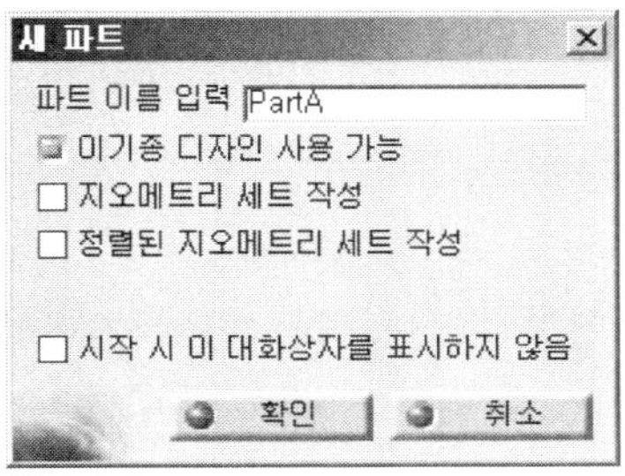

03 스케치( ) 버튼을 눌러 실행하고, xy 평면을 지정한다.

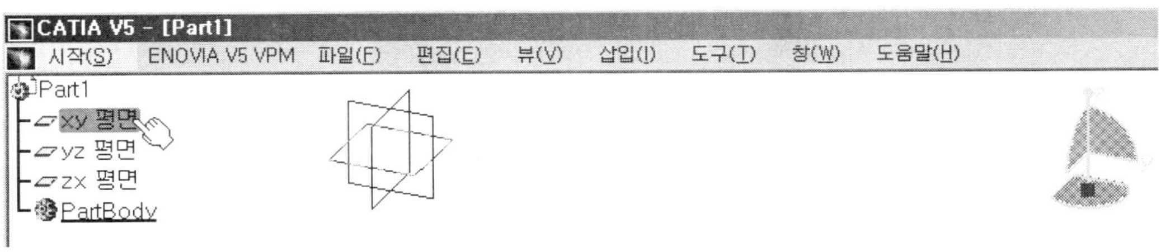

04 직사각형( )으로 사각형을 작성하고, 제약조건( )으로 치수를 입력한다.

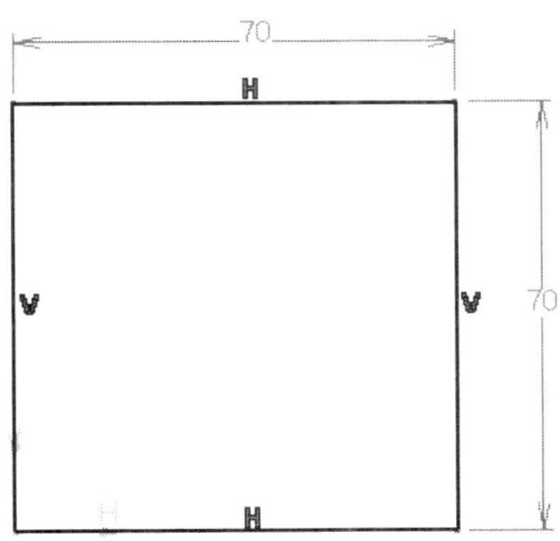

05 워크벤치 종료( )를 누른다.

06 Pad( )를 실행하고, Length 값 20을 입력하고, 방향을 아래로 한다.

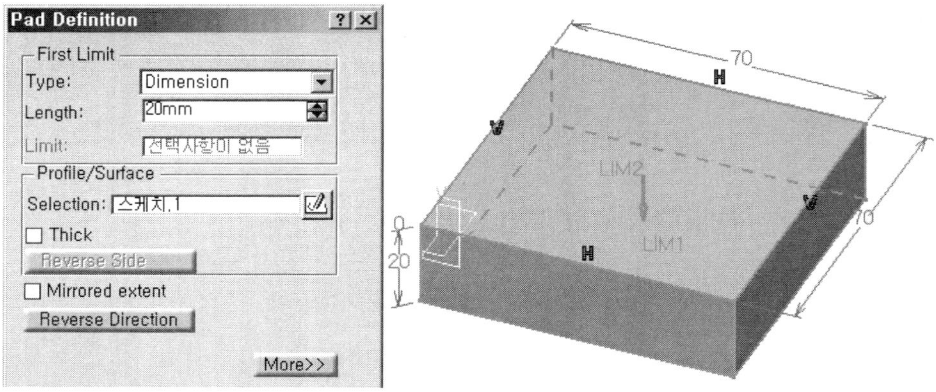

07 스케치( )를 실행하고, 형상 윗면을 클릭하여 지정한다.

08 수평, 수직 방향의 선( )을 그리고, 제약조건( )으로 치수를 입력한다.

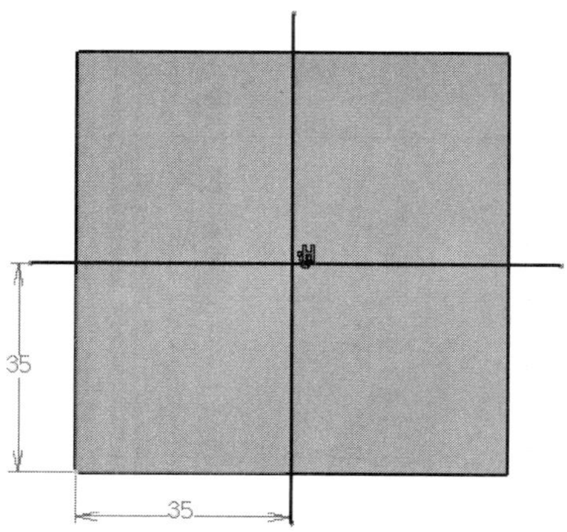

09 작성한 선을 더블클릭하여 "구성요소" 항목에 체크한다. 구성요소로 변경되었다.

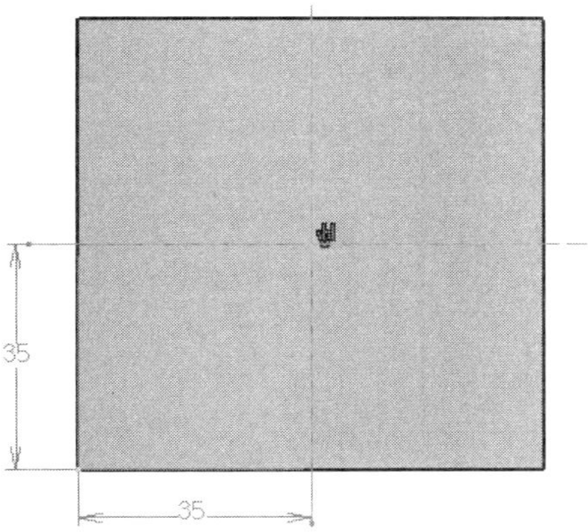

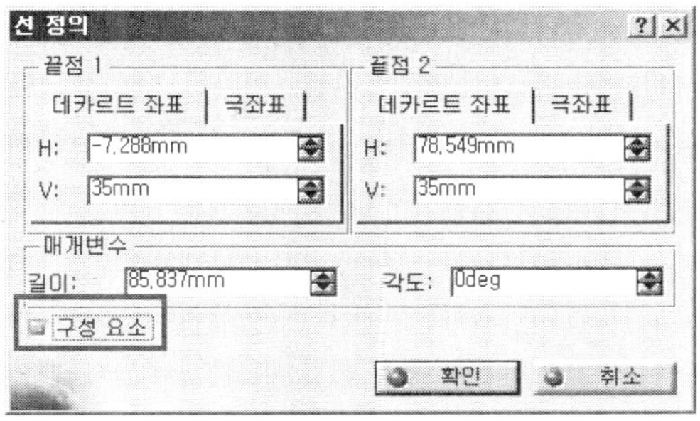

10 직사각형( )을 작성하고, 제약조건( )으로 치수를 입력한다.

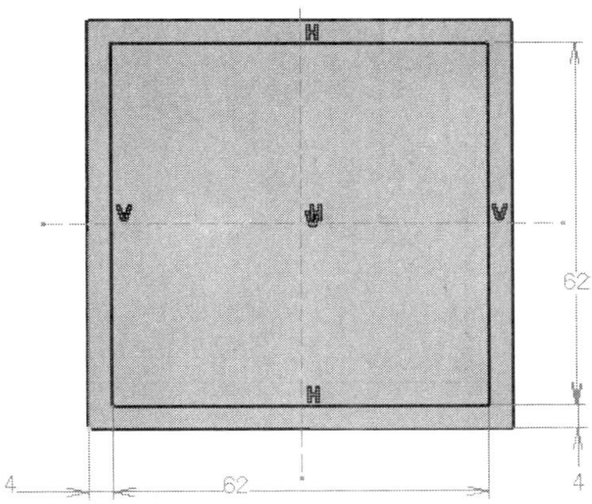

11 원( )을 그리고, 제약조건( )으로 치수를 입력한다.

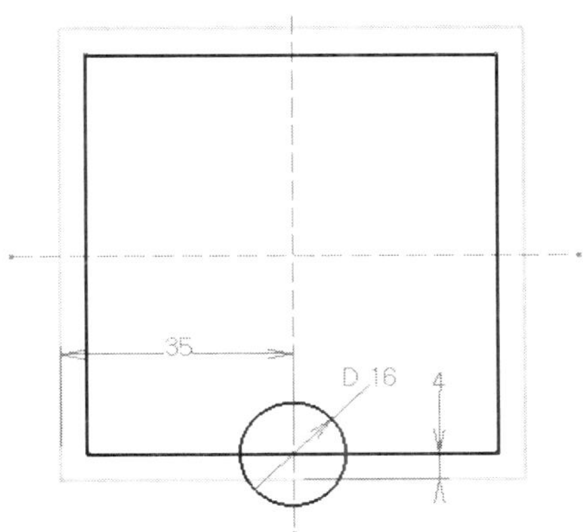

12 즉시 자르기( )로 필요가 없는 부분을 잘라낸다.

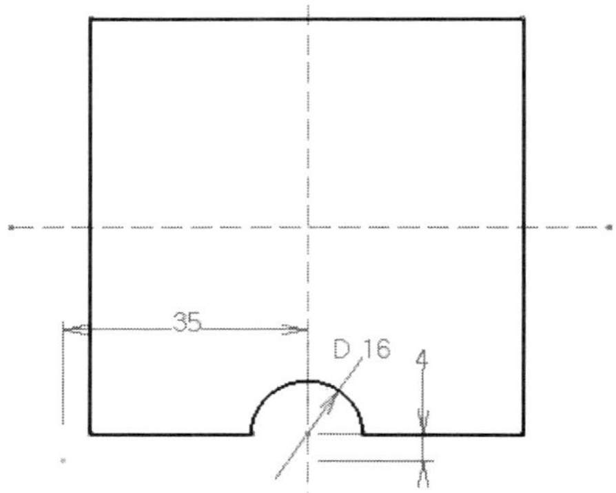

13 원( )을 그리고, 제약조건( )으로 치수를 입력한다.

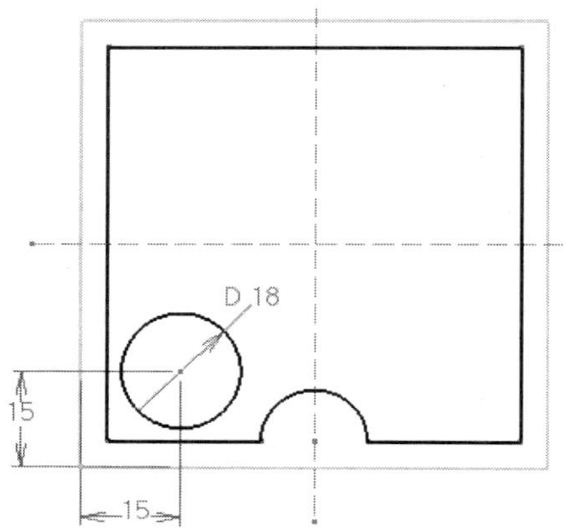

14 원의 중심을 지나는 곳에 선( )을 그린다.

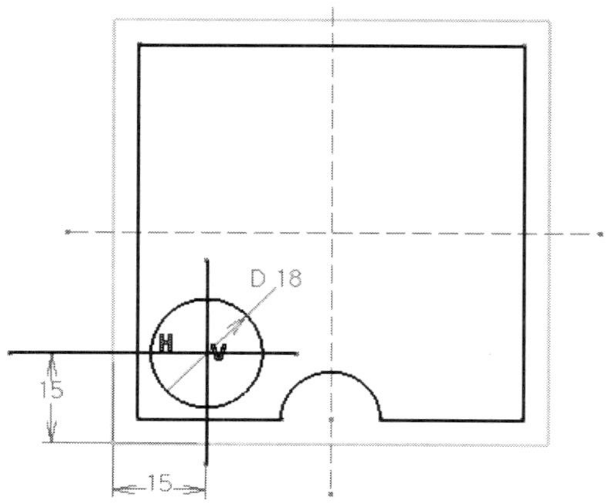

15 즉시 자르기( )로 필요가 없는 부분을 잘라낸다.

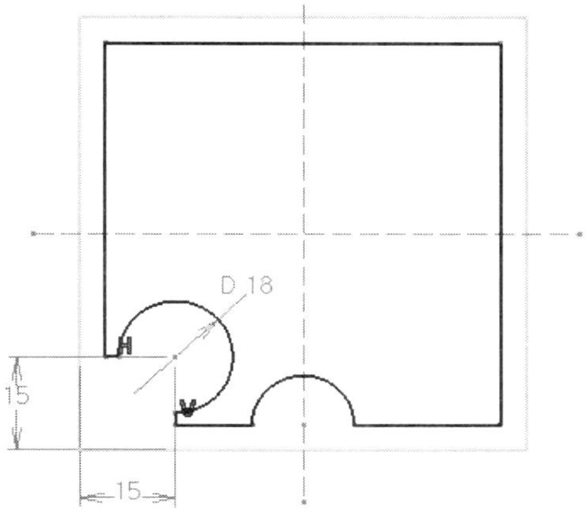

16 세 점 호( )를 작성한다.

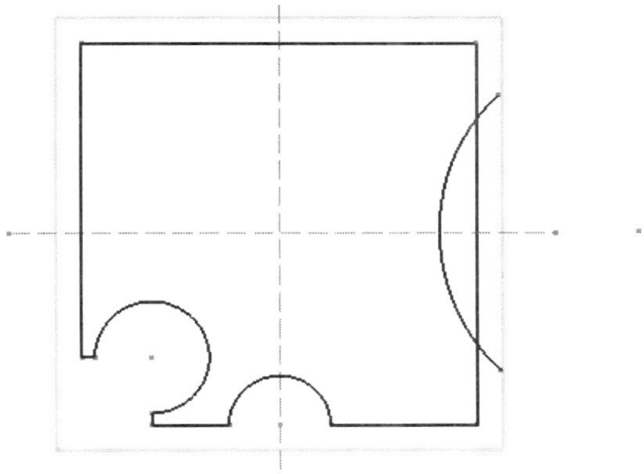

17 즉시 자르기( )로 필요가 없는 부분을 잘라낸다.

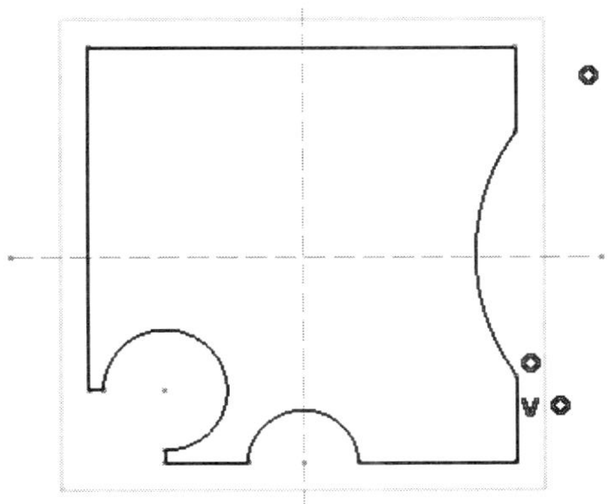

18 제약조건( )으로 치수를 입력한다.

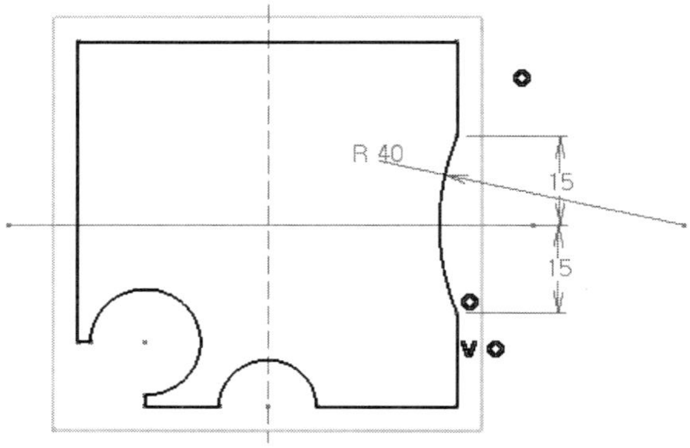

19 코너( )와 챔퍼( ) 작성하고, 제약조건( )으로 치수를 입력한다.

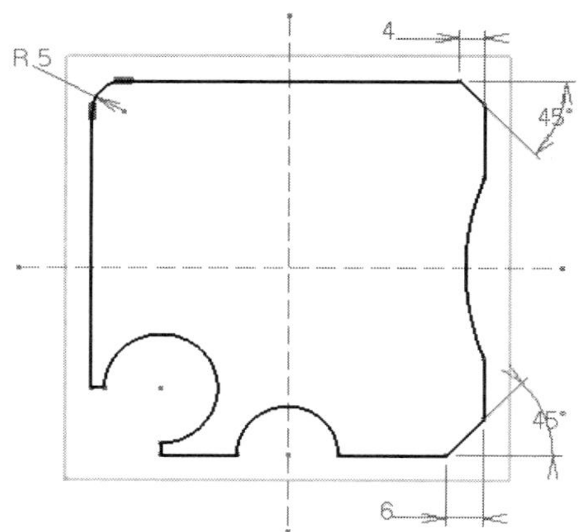

20 3D 요소 프로젝트( )로 4군데 사각형 모서리를 클릭하여 선택한다.

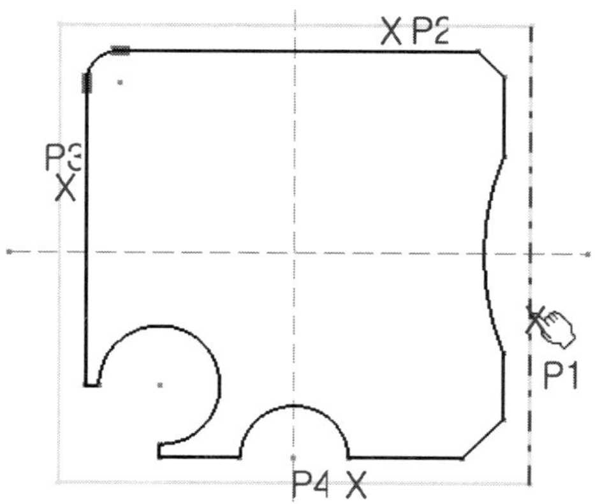

21 워크벤치 종료( )를 한다.

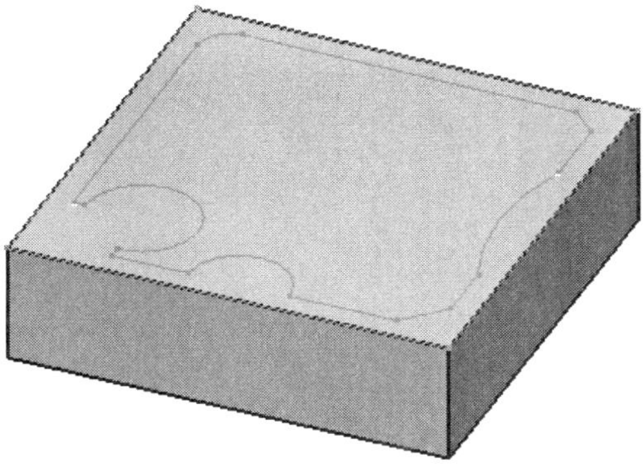

22 Pocket( )을 실행하고, Depth에 5를 입력하고, OK를 누른다.

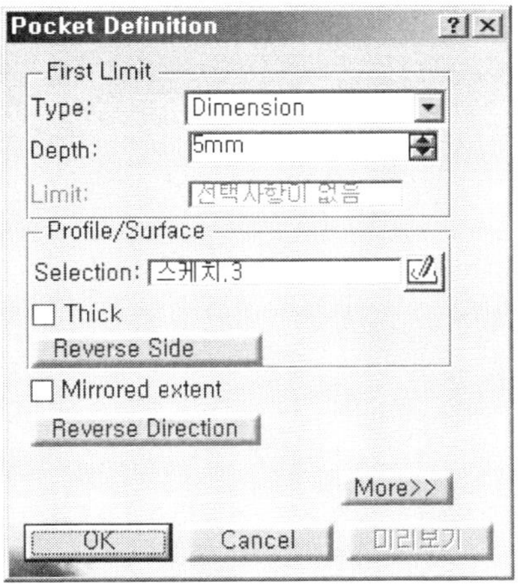

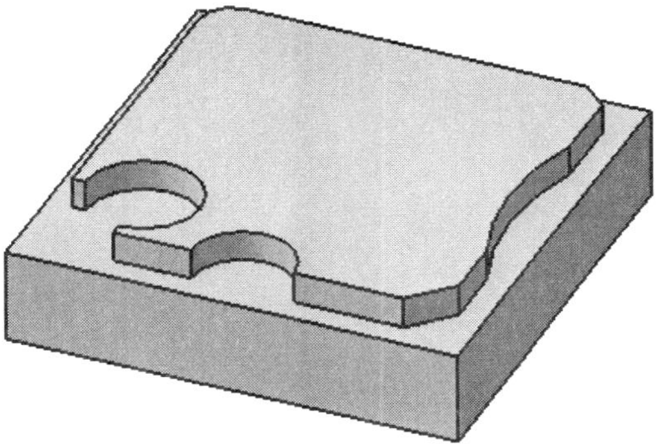

23 스케치( )를 실행하고, 형상 윗면을 클릭하여 지정한다.

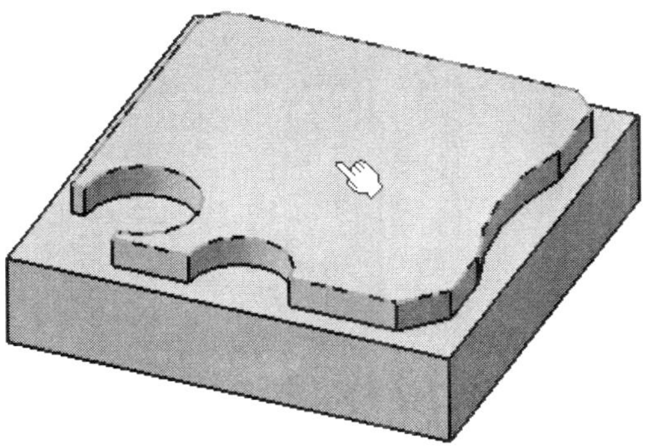

24 수평, 수직 방향의 선( )을 그리고, 제약조건( )으로 치수를 입력한다.

25 작성한 선을 더블클릭하여 “구성요소” 항목에 체크한다.

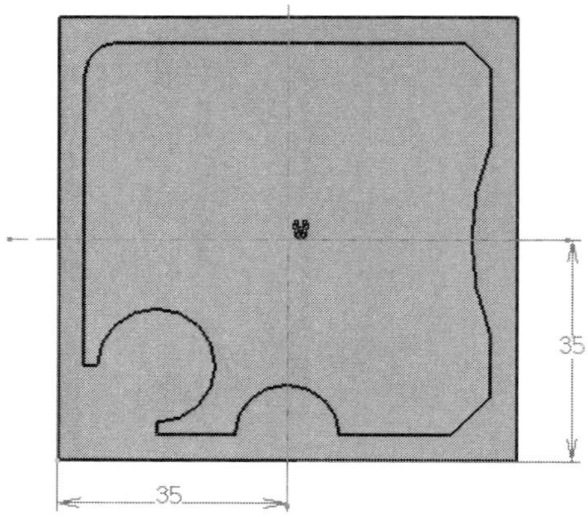

26 수직 방향의 연장된 홀( )을 작성하고, 제약조건( )으로 치수를 입력한다.

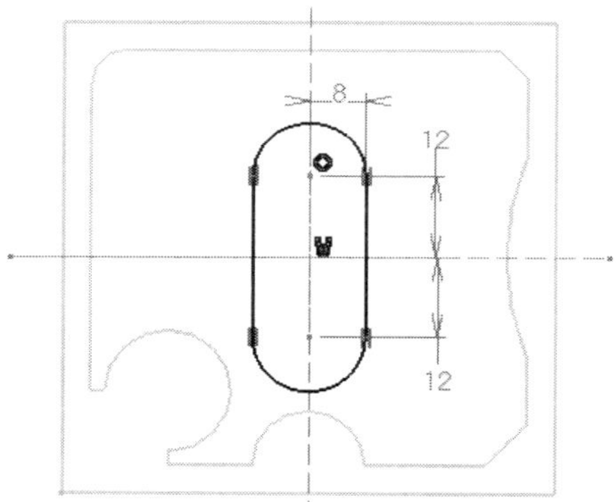

27 수평 방향의 연장된 홀( )을 작성하고, 제약조건( )으로 치수를 입력한다.

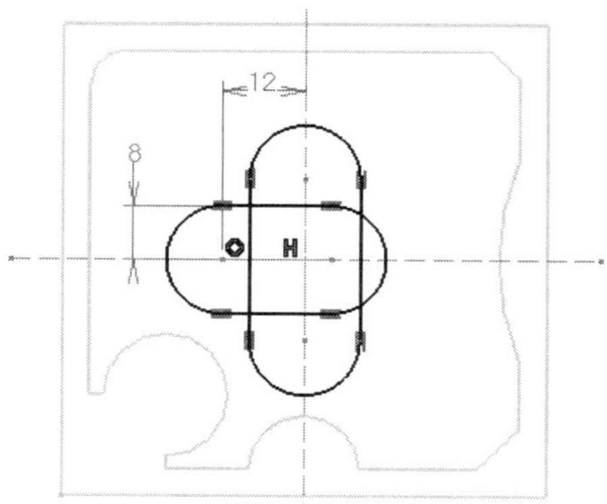

28 즉시 자르기( )로 필요가 없는 부분을 잘라낸다.

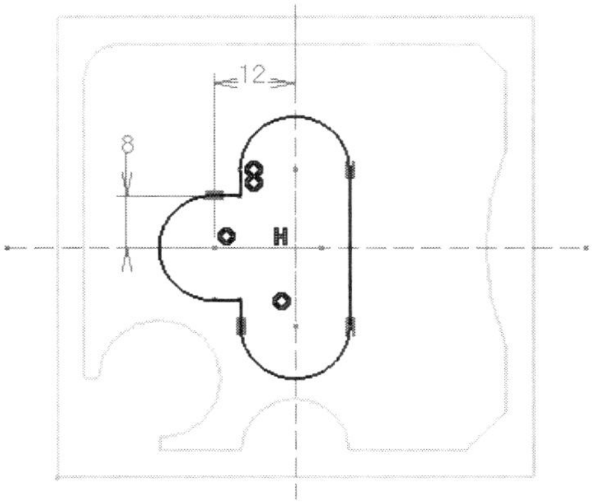

29 수평 방향의 연장된 홀( )을 작성하고, 제약조건( )으로 치수를 입력한다.

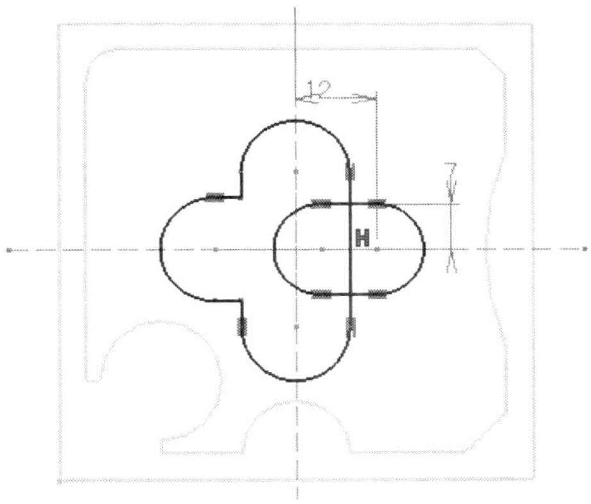

30 즉시 자르기( )로 필요가 없는 부분을 잘라낸다.

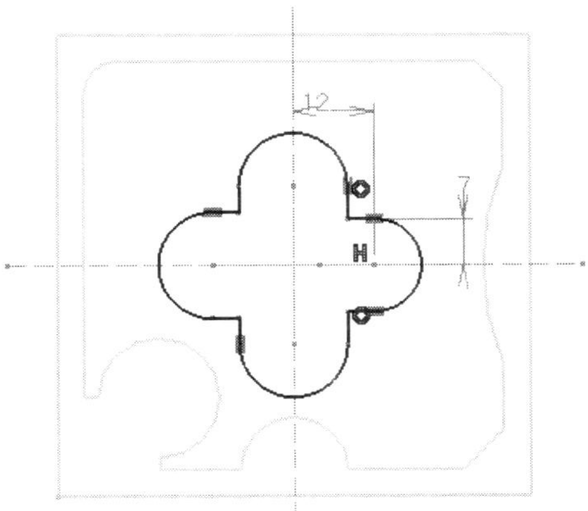

31 워크벤치 종료( )를 한다.

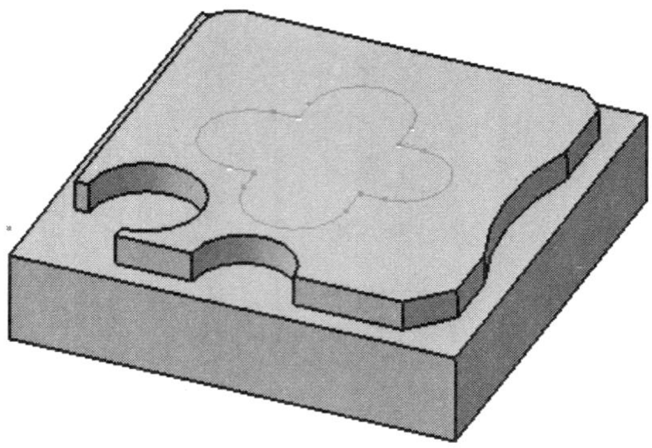

32 Pocket( )을 실행하고, Depth에 4를 입력하고, OK를 누른다.

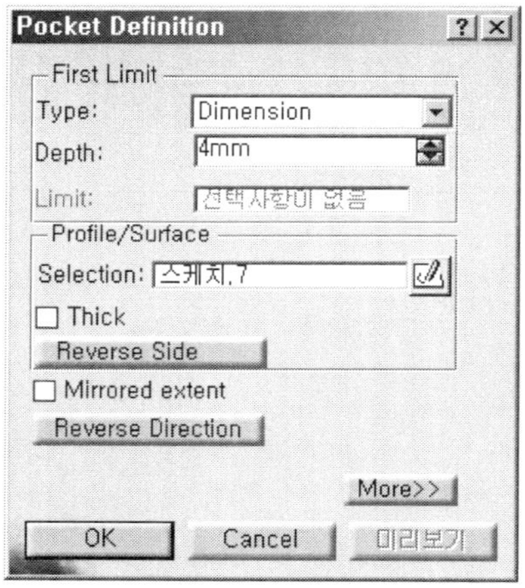

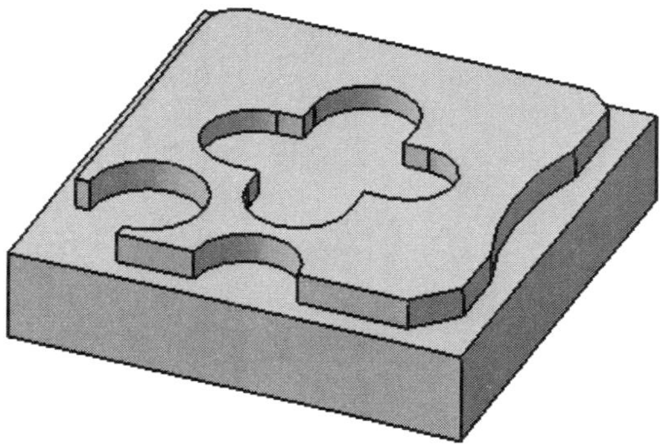

33 스케치( )를 실행하고, 형상 윗면을 클릭하여 지정한다.

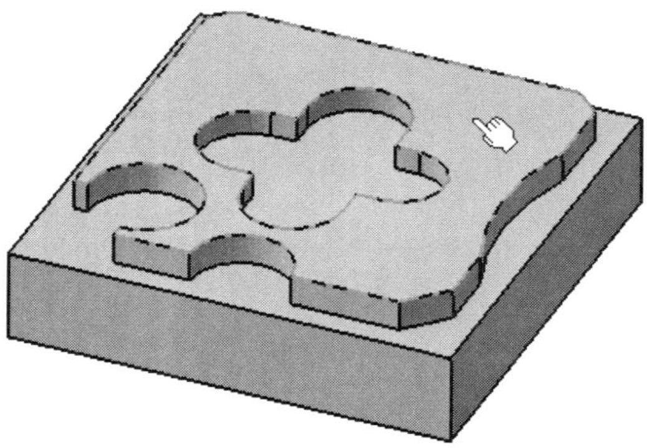

34 원( )을 그리고, 제약조건( )으로 치수를 입력한다.

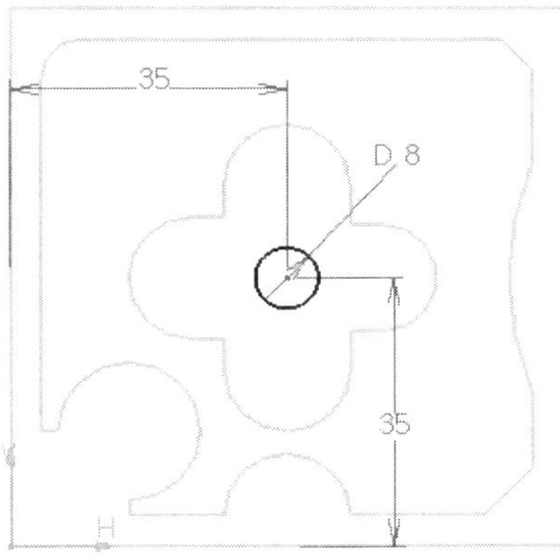

35 워크벤치 종료( )를 한다.

36 Pocket( )을 실행한다. Type를 [Up to last]로 설정하고, 방향은 아래로 한다.

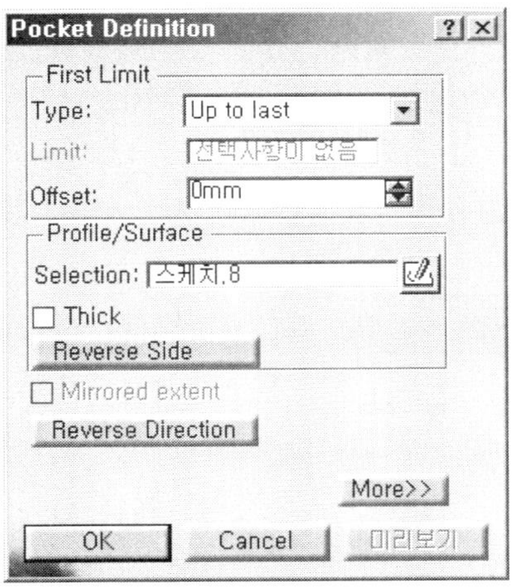

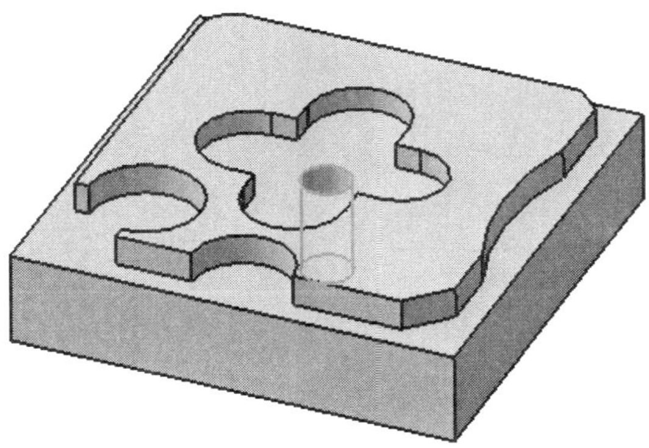

37 미리보기 및 OK를 누른다.

38 형상이 완성되었다.

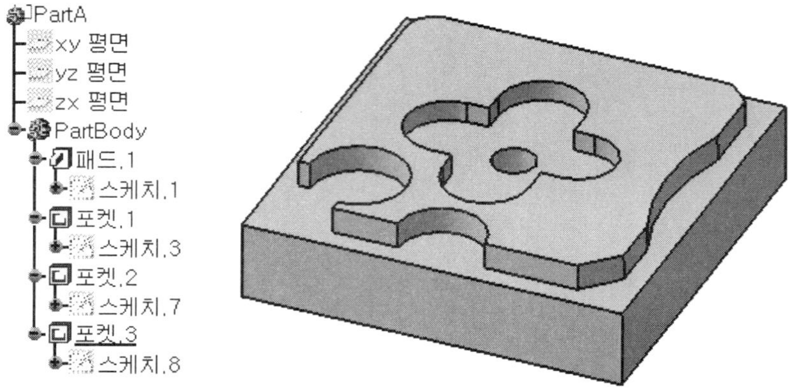
PartA
xy 평면
yz 평면
zx 평면
PartBody
패드.1
스케치.1
포켓.1
스케치.3
포켓.2
스케치.7
포켓.3
스케치.8

Part 5

2차원 자동 프로그램 (CAM) 가공

따라하면서 배우는
Machining

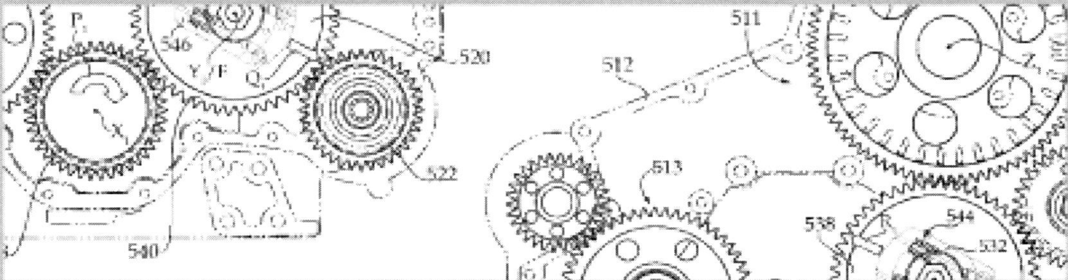

1 Part Design 환경에서 모델링, 가공소재, 안전면 생성

01 앞에서 작성한 모델링 파일을 열기( )한다.

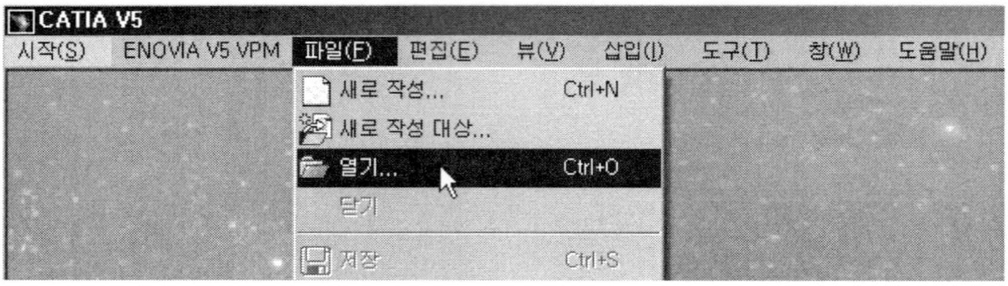

02 모델링 파일이 화면에 나타난다.

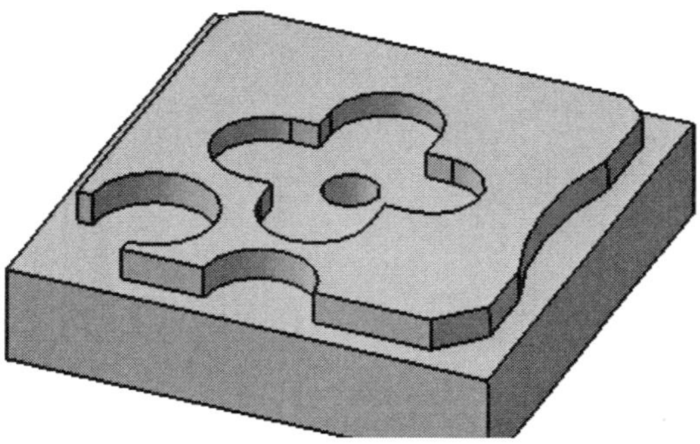

03 다음은 가공 소재(Workpiece)를 작업한다. (70×70×20)

04 풀다운 메뉴 ⇒ "삽입" ⇒ "본체"를 실행한다.

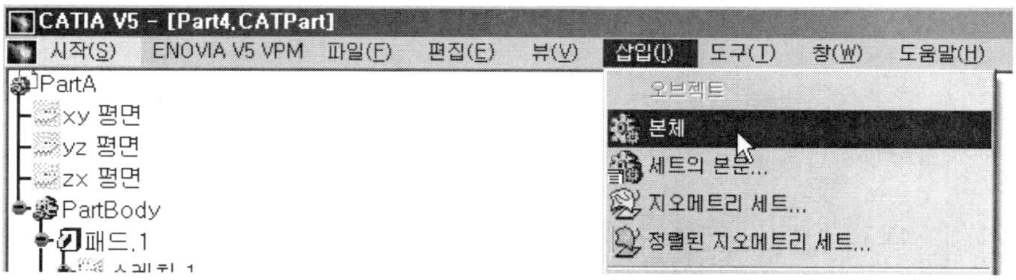

05 다음과 같은 경고 창이 나타나면 확인을 누른다.

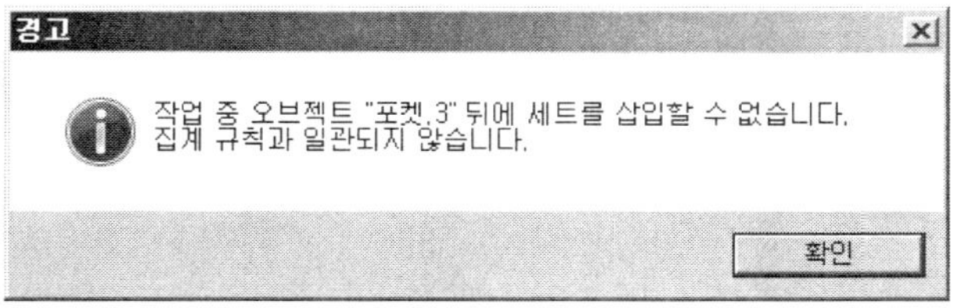

06 스케치( )를 실행하고, 형상의 바닥면을 클릭하여 지정한다.

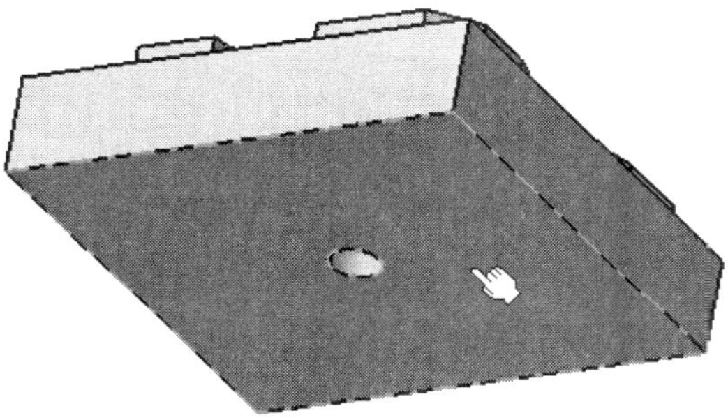

07 3D 요소 프로젝트( )를 실행하고, 4군데 형상 모서리를 클릭한다.

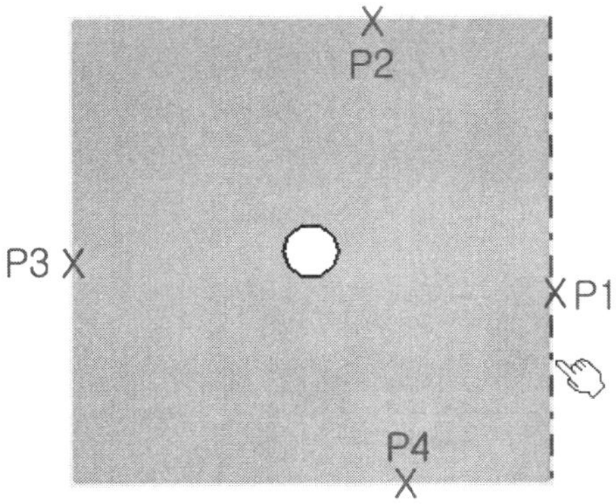

08 워크벤치 종료( )를 누른다.

09 Pad( )를 실행하고, length 값에 20을 입력하고, 확인을 누른다.

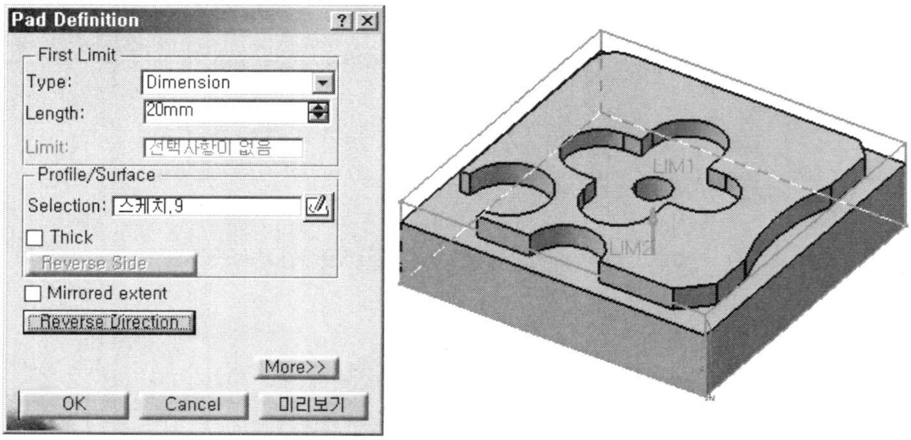

10 작업트리의 패드.2에서 마우스 오른쪽버튼을 눌러 "등록정보"를 실행한다.

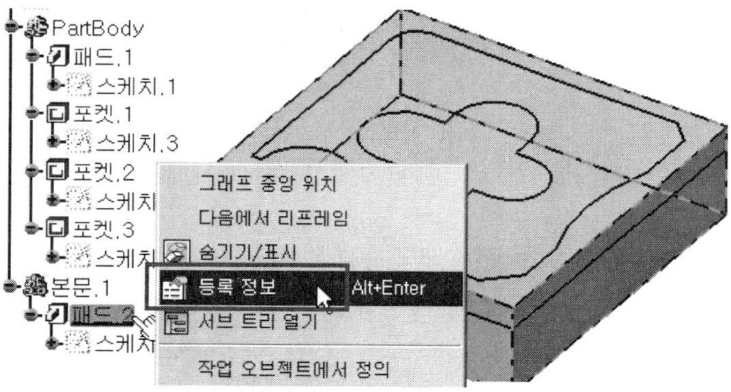

11 그래픽 탭의 "투명도"를 조정한다.

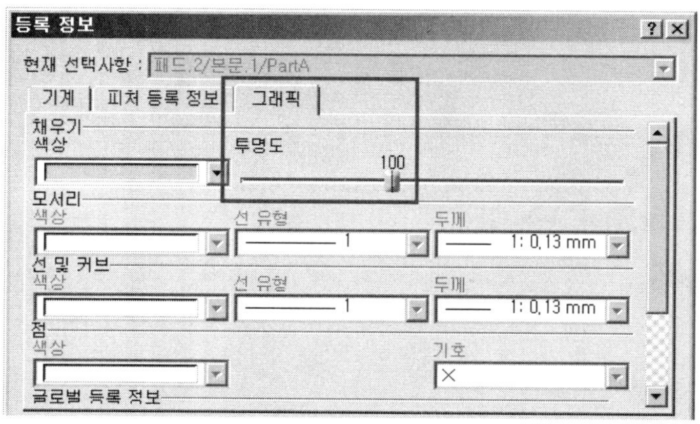

12 확인을 누른다.

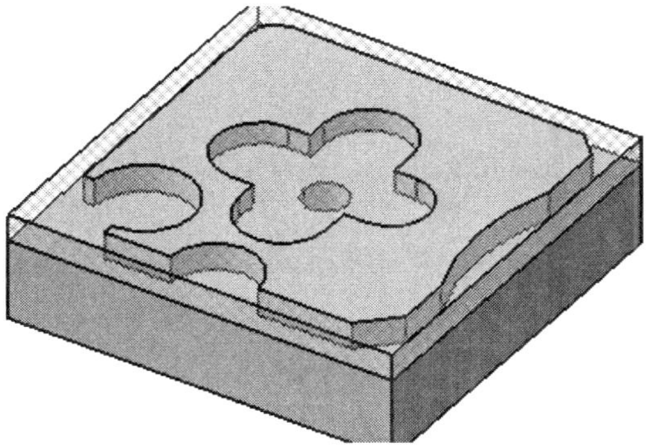

13 다음은 안전면을 생성한다.

14 Plane( )을 실행한다.

① 평면에서 오프셋으로 설정하고, ② 레퍼런스는 "xy평면"을 선택한다.

③ 오프셋 값 30을 입력한다. ④ 미리보기 및 확인을 한다.

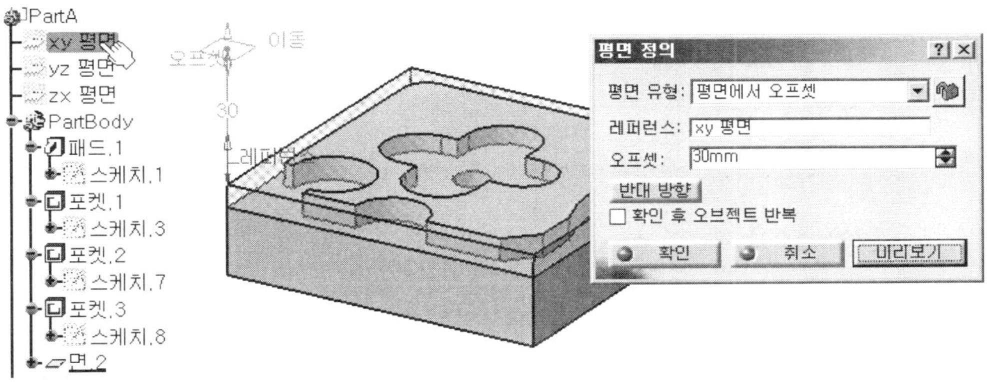

2 가공형상, 소재, 안전면 설정

01 시작 ⇒ 기계 ⇒ Prismatic Machining을 클릭하여 실행한다.

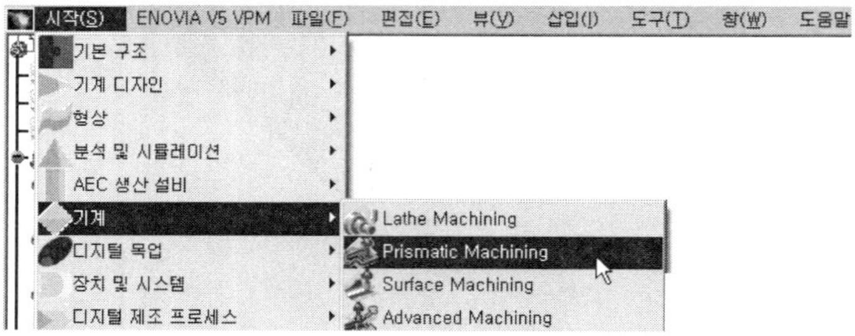

02 가공 작업을 위해 도구바를 아래와 같이 정렬한다.

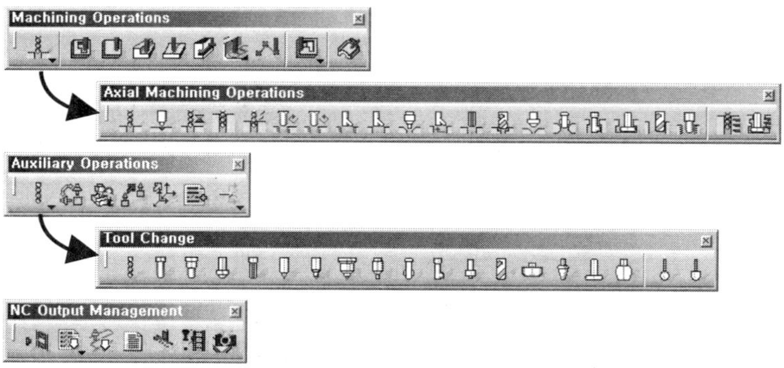

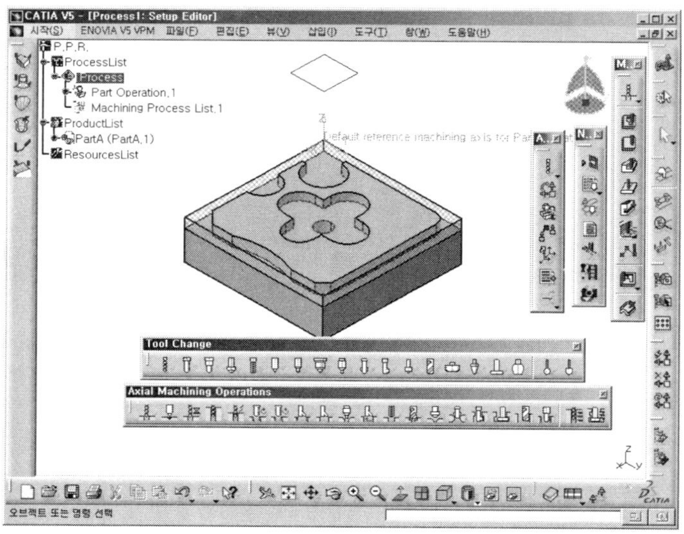

03 작업트리의 "Part Operation.1"을 더블클릭 한다.

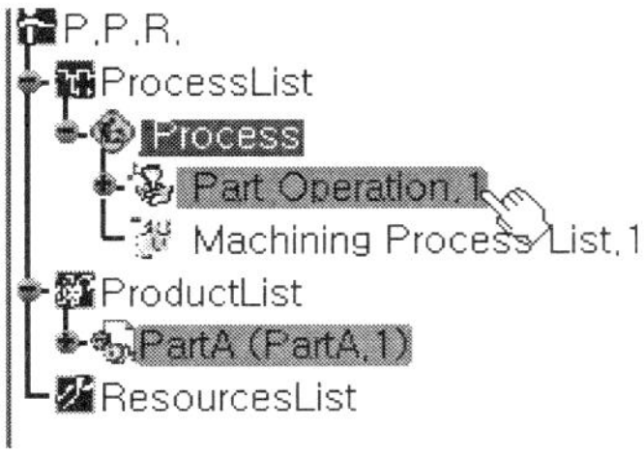

04 machine( ) 버튼을 클릭하여 기계를 셋팅한다.

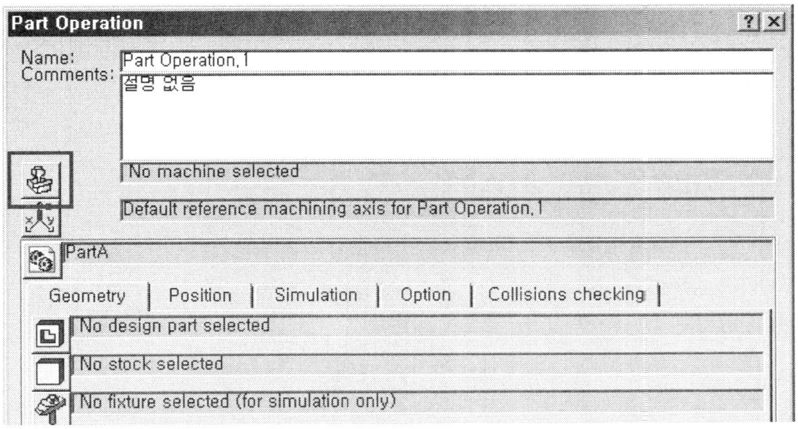

05 가공할 장비를 선택하는 창에서 "Numerical Control"탭을 클릭하고, 다음처럼 설정한다.

① Name : 장비 이름 확인

② Post Processor : fanuc0.lib

③ Post processor words table : PPTableSample.pptable

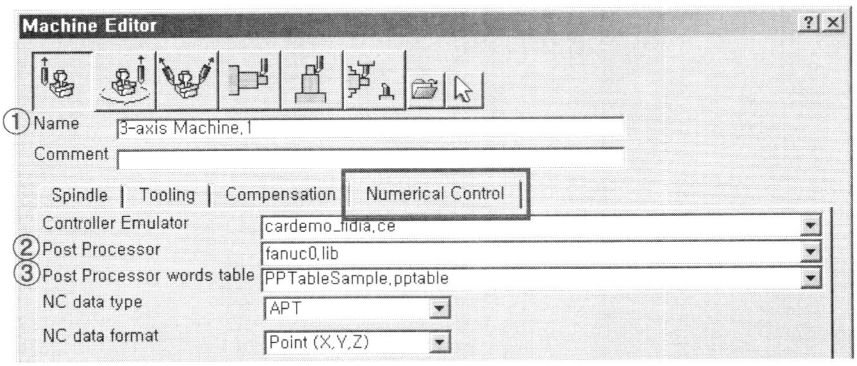

O6 확인을 누른다.

O7 Reference machining axis system( ) 버튼을 클릭하여 기계원점을 셋팅한다.

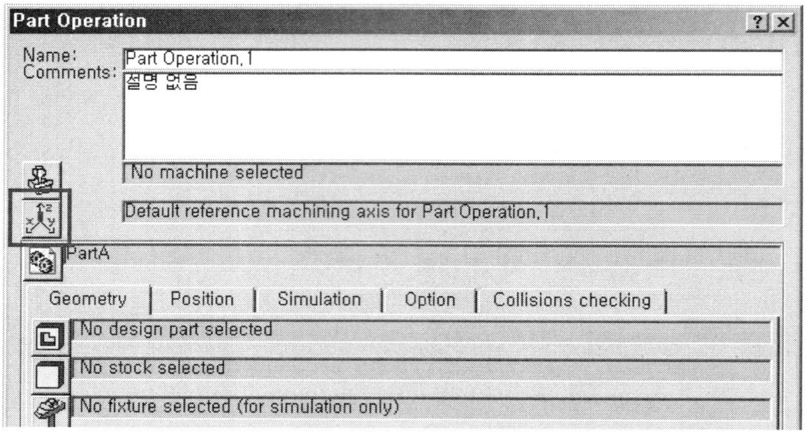

O8 기계원점을 설정하는 창이 나타난다.

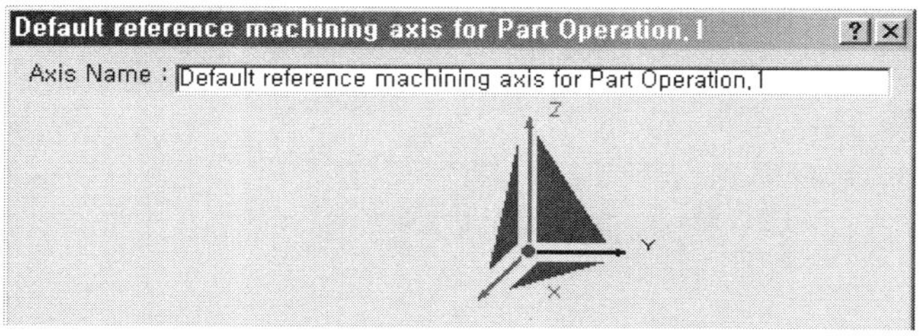

O9 아래 그림처럼 기계원점이 이미 설정되어 있으므로 "취소"를 눌러 창을 닫는다.

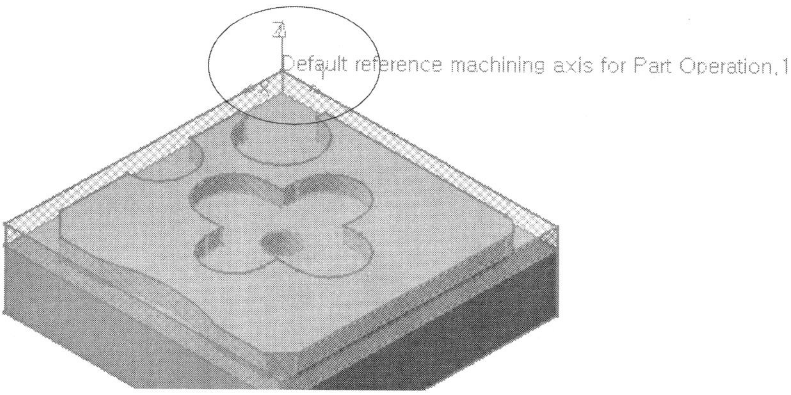

10 Design part for simulation( ) 버튼을 클릭하여 가공형상을 셋팅한다.

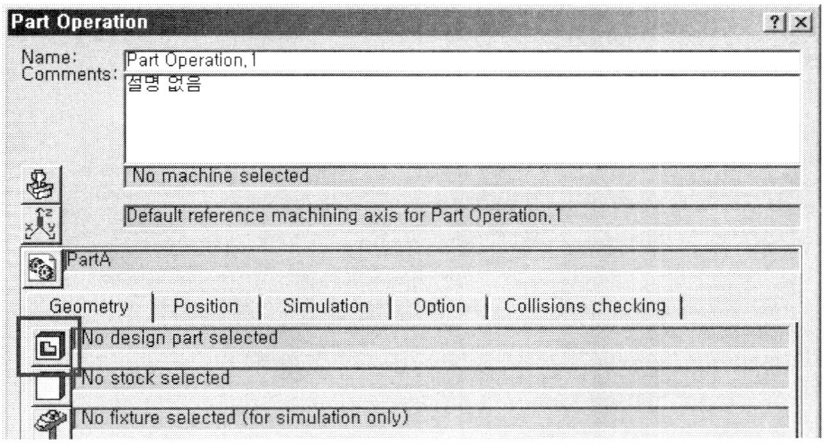

11 작업트리의 “ProductList” 밑에 있는 "PartBody"를 더블클릭하여 선택한다.

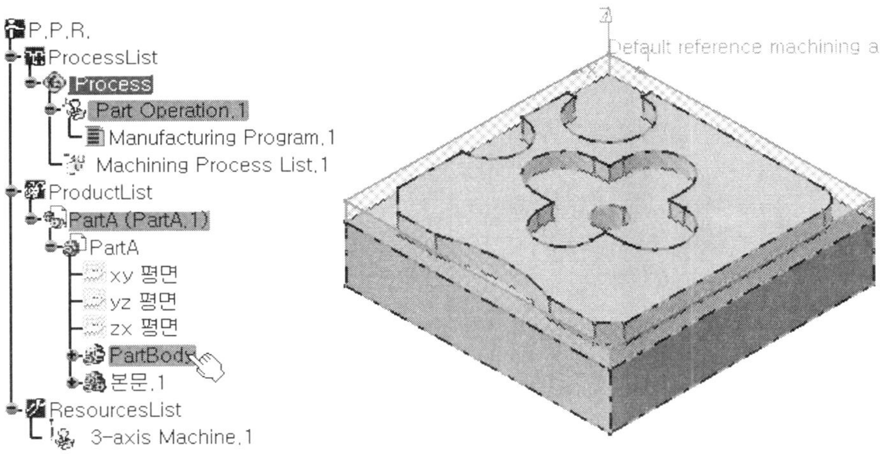

12 Stock( ) 버튼을 클릭하여 소재를 셋팅한다.

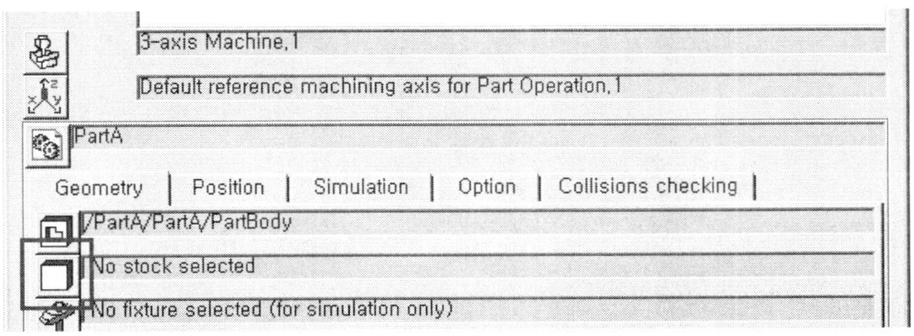

13 작업트리의 “ProductList” 밑에 있는 "본문.1"을 더블클릭하여 선택한다.

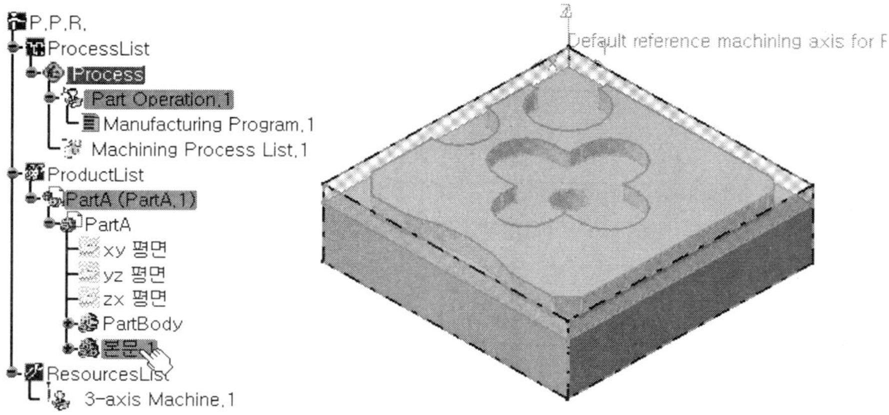

14 Safety plane( ) 버튼을 클릭하여 안전면을 셋팅한다.

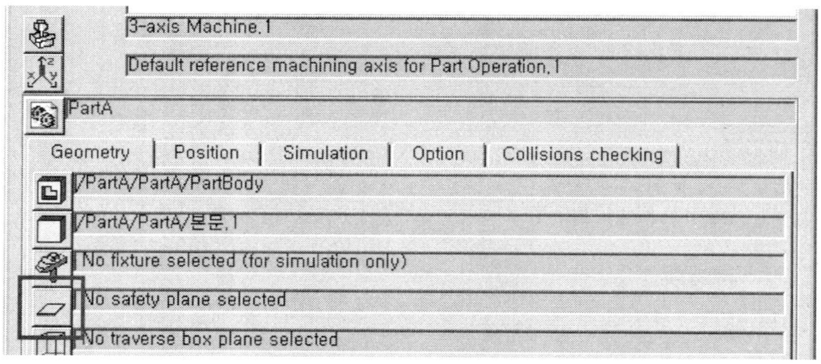

15 생성한 “plane”을 클릭하여 지정한다.

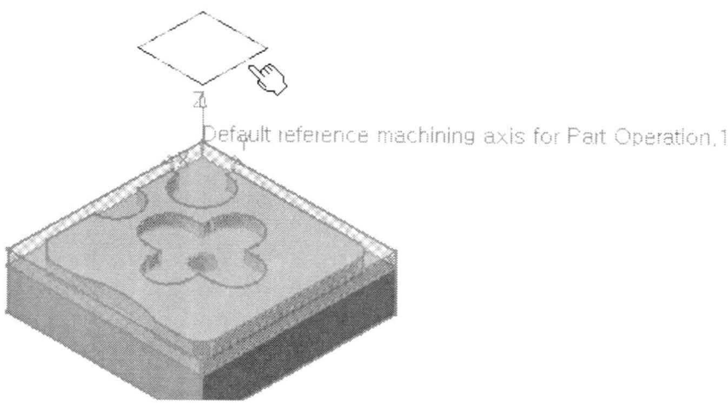

16 Part Operation 창은 확인 버튼을 눌러 닫는다.

3 공구 설정

01 공구를 생성하기 위해 먼저 작업트리의 3-axis Machin.1을 클릭한다. (생성될 공구의 위치를 지정하기 위해)

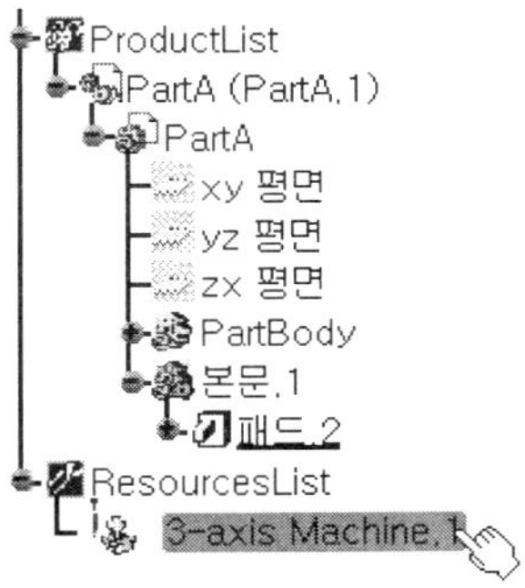

02 Center Drill Tool Change( )을 선택하여 "센터드릴 ∅3"을 설정한다.

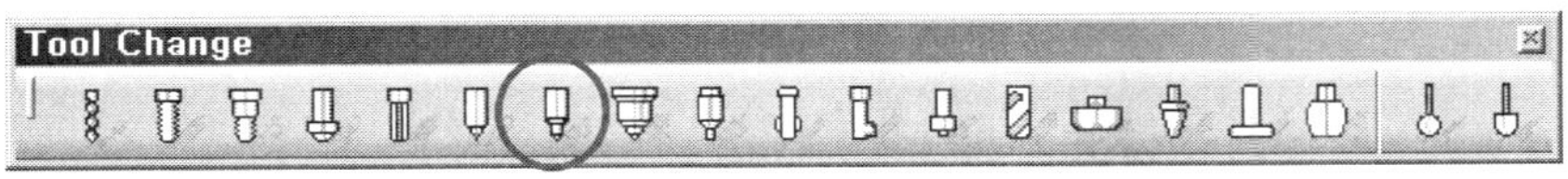

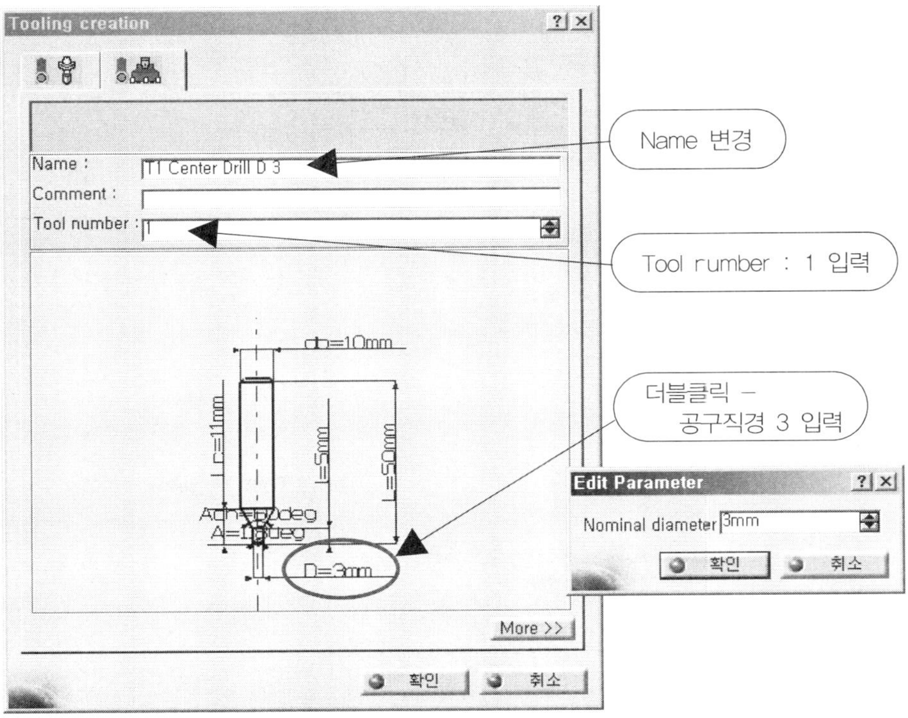

03 확인을 누른다.

04 공구를 생성하기 위해 먼저 작업트리의 3-axis Machin.1을 클릭한다.

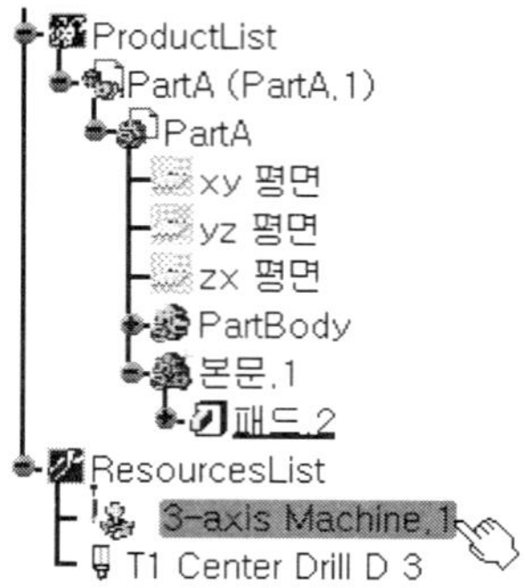

05 Drill Tool Change( )을 선택하여 “드릴 ∅8“을 설정한다.

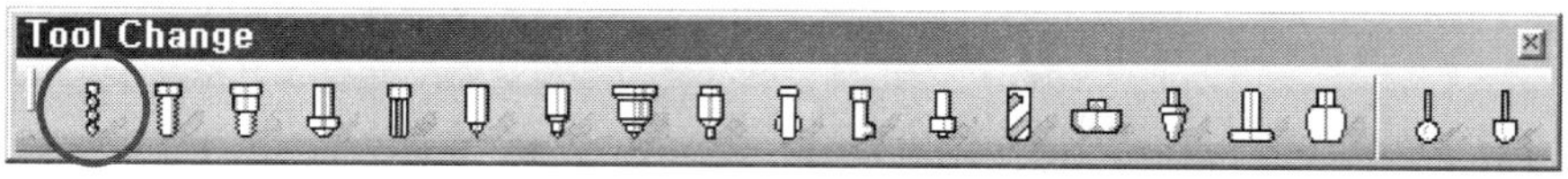

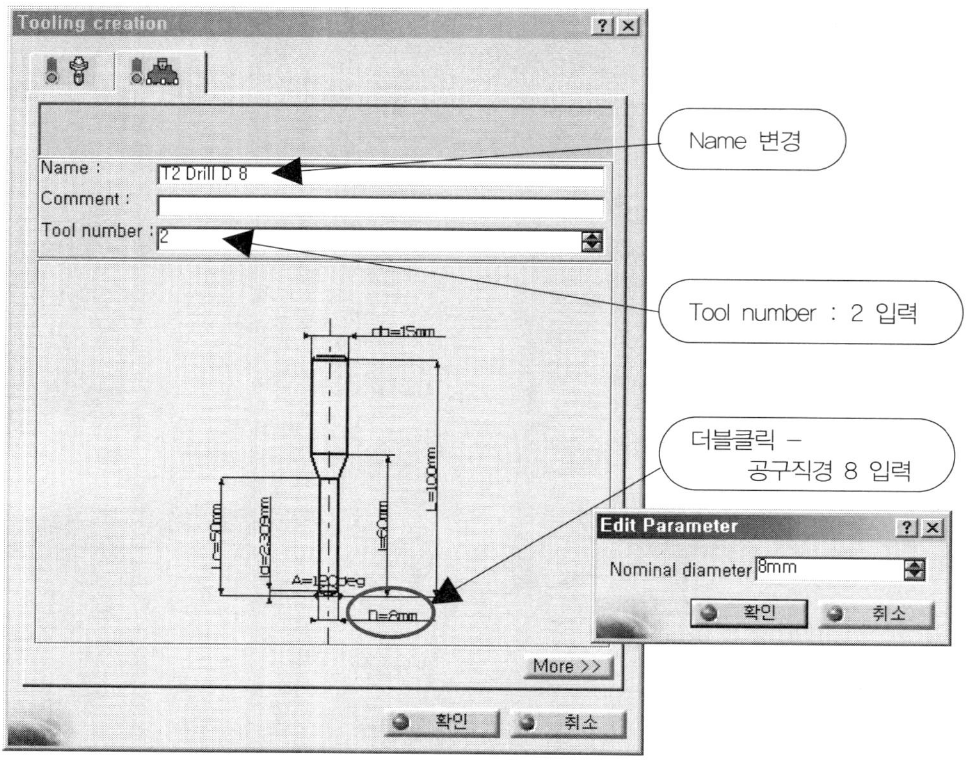

06 확인을 누른다.

07 공구를 생성하기 위해 먼저 작업트리의 3-axis Machin.1을 클릭한다.

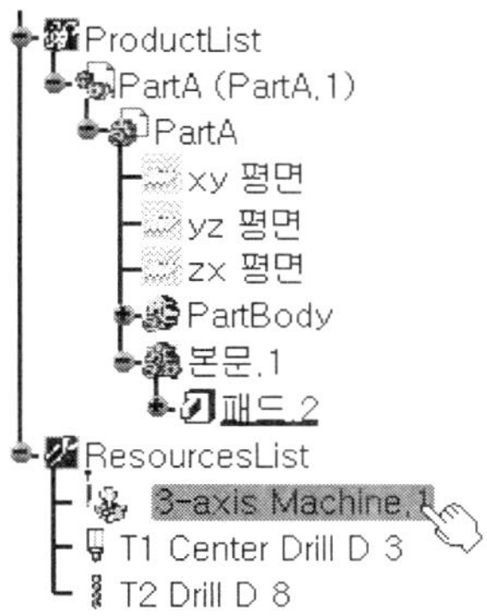

08 End Milll Tool Change( )을 선택하여 "엔드밀 ∅10"을 설정한다.

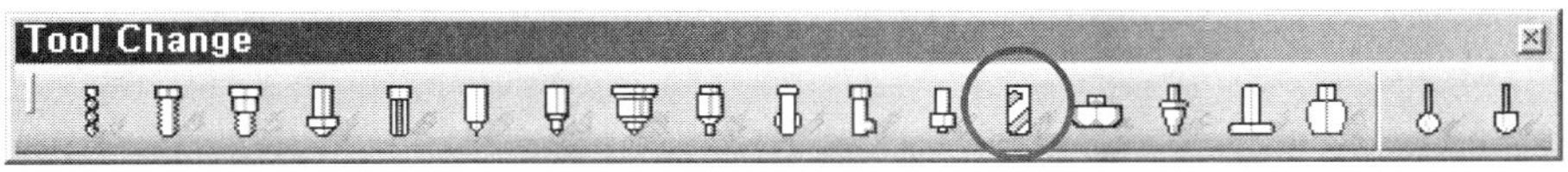

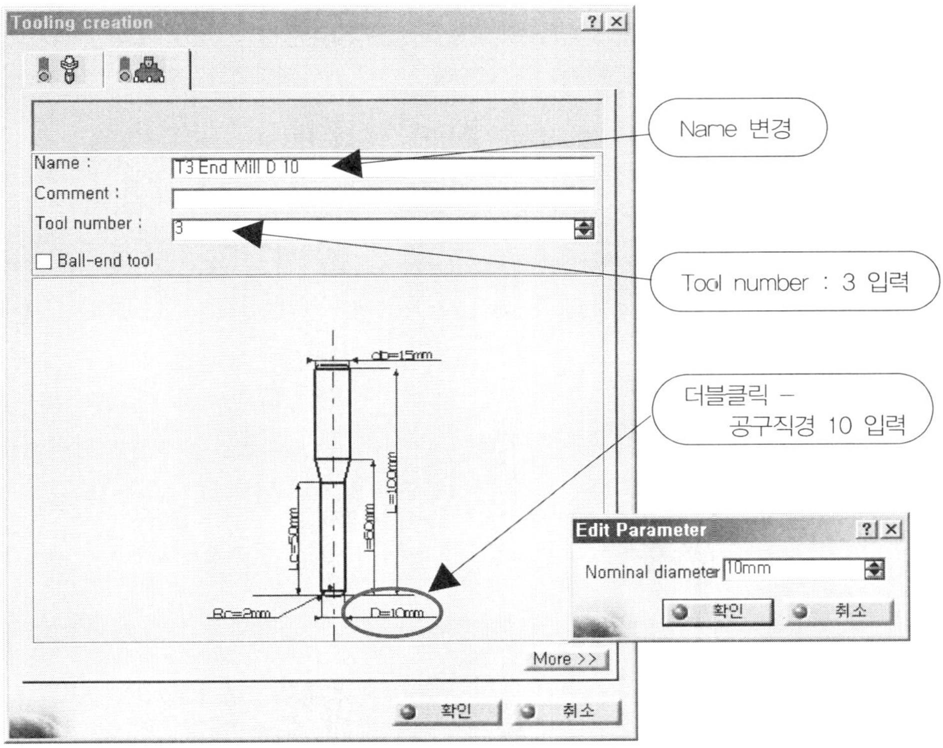

09 확인을 누른다.

4 센터드릴 가공

01 ProcessList 밑에 있는 Manufactruing Program.1을 선택한다. (센터드릴 가공경로를 생성하기 위해)

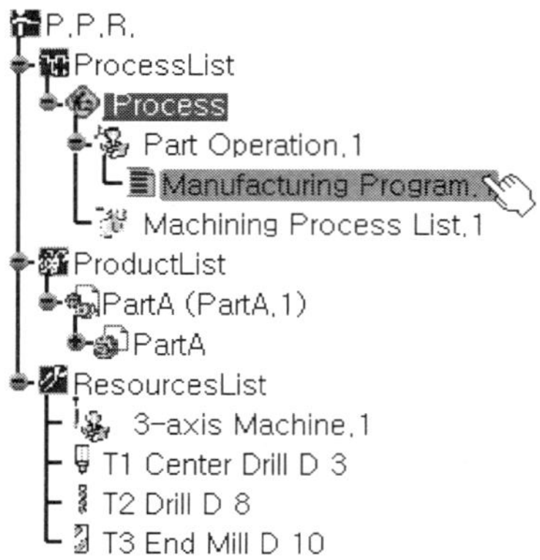

02 Drilling( )을 실행한다.

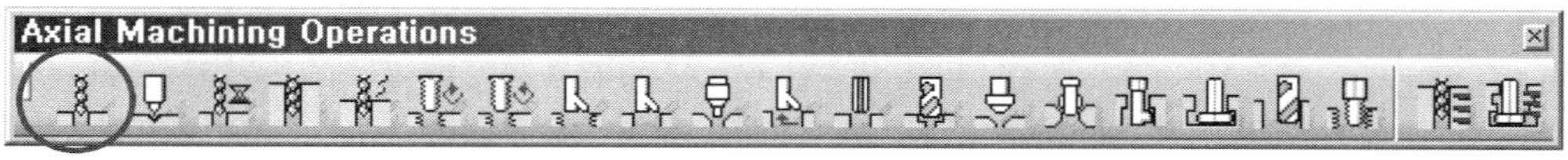

03 가공위치( ) 및 시작위치를 설정하는 창이 나타난다.

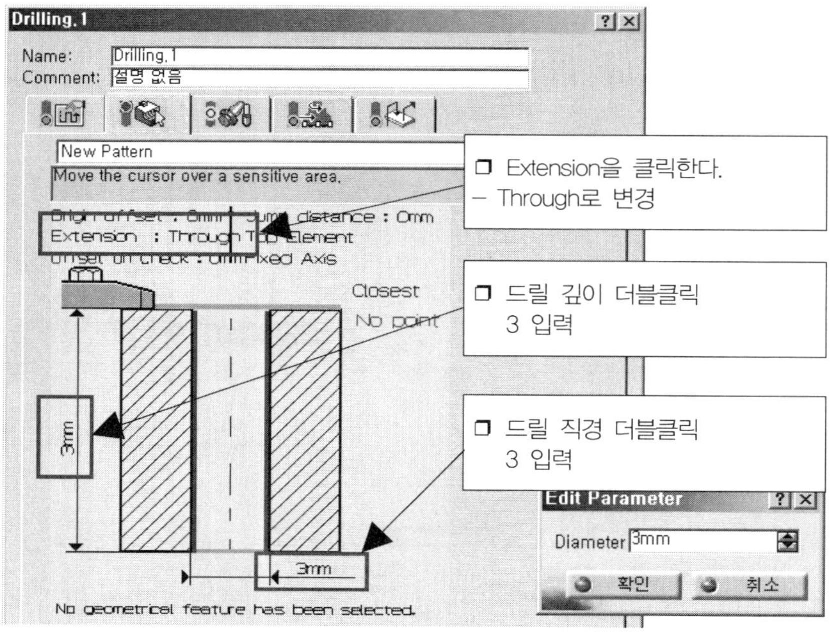

O4 가공 상면을 지정하기 위해 P1을 클릭하고, 형상 윗면을 더블클릭 한다.
위치가 선택되면 녹색으로 변화된다.

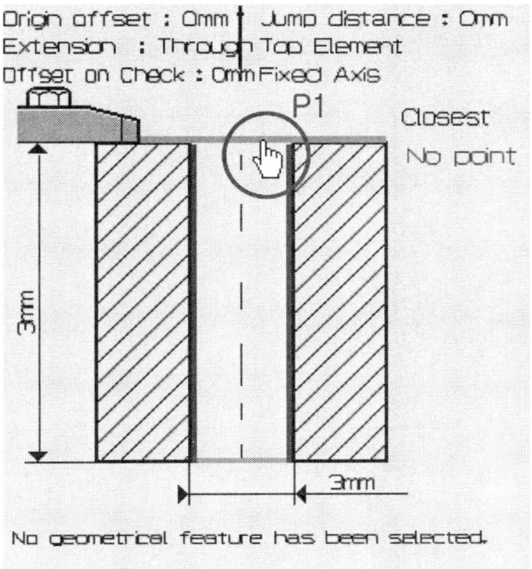

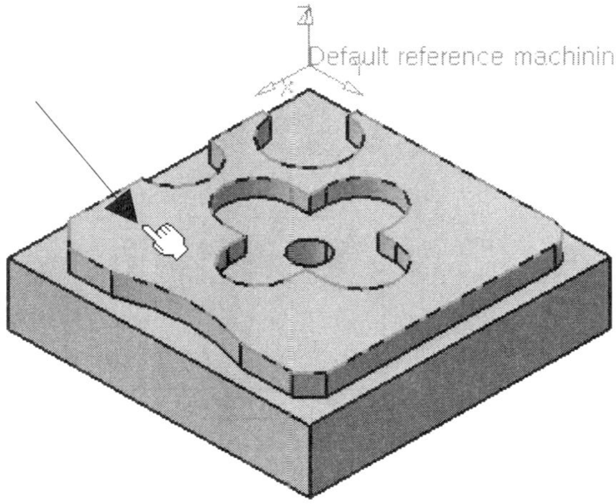

O5 드릴 위치를 지정하기 위해 P2를 클릭하고, 드릴 구멍 모서리를 더블클릭한다.
위치가 선택되면 녹색으로 변화된다.

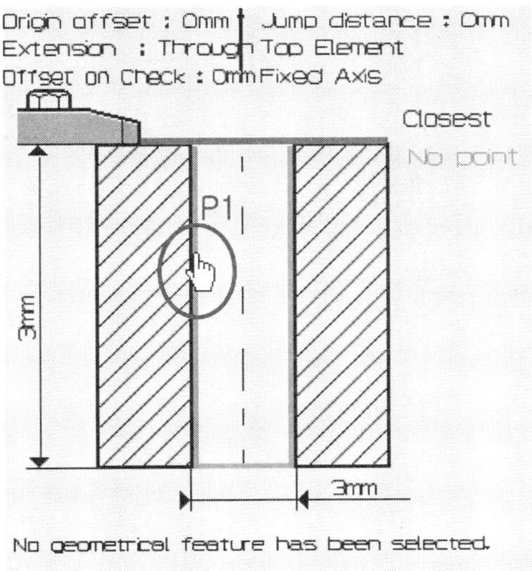

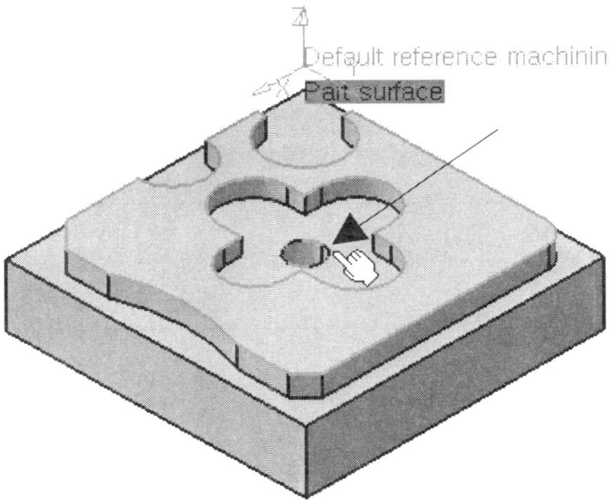

06 탭을 누르고, R점 수정 : Approach clearance(A) : “3”을 입력한다.

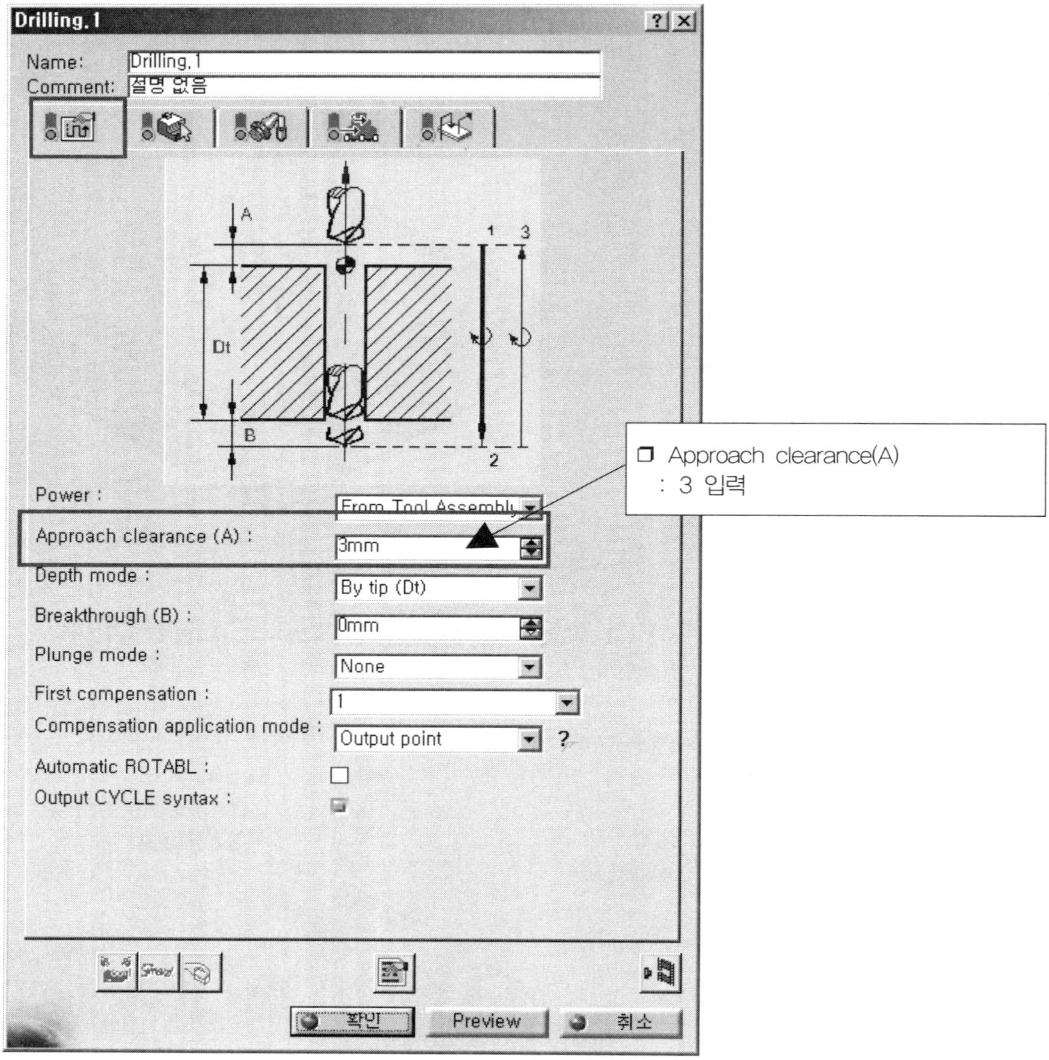

07 공구 선택을 위해 [icon] 탭을 클릭한다. 다음 순서대로 센터드릴로 변경한다.

① 공구 탭 클릭 ② [icon] Select a tool with query 버튼 클릭

③ [icon] All Tools 버튼 클릭 ④ T1 Center Drill 선택 ⑤ 확인

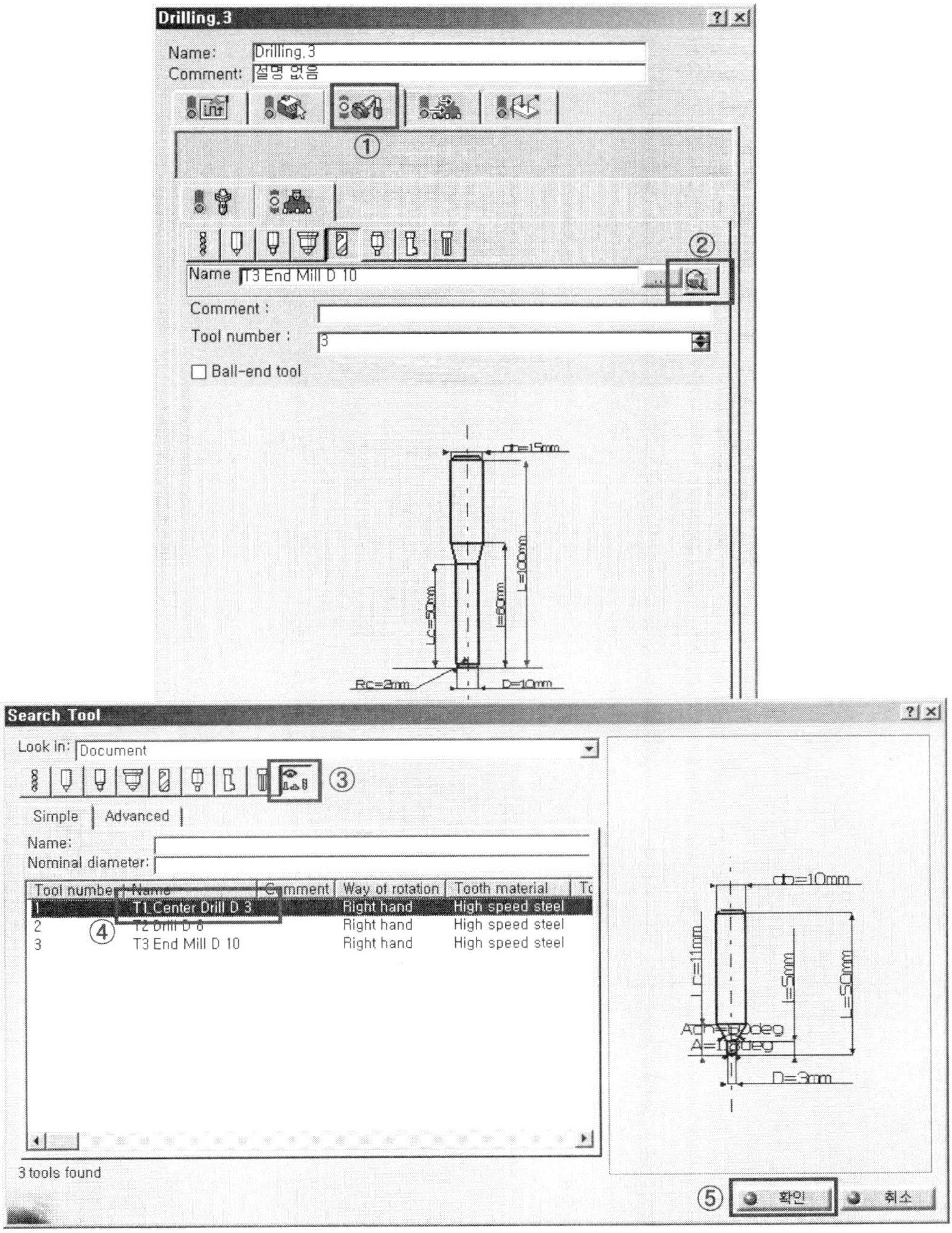

08 공구 회전수와 이송을 설정하기 위해 탭을 클릭한다.

① Feedrate - Machining: 50 입력 - 이송(Feed:50mm/min)

② Spindle Speed - Machining: 1000 입력 - 공구회전수(1000rpm)

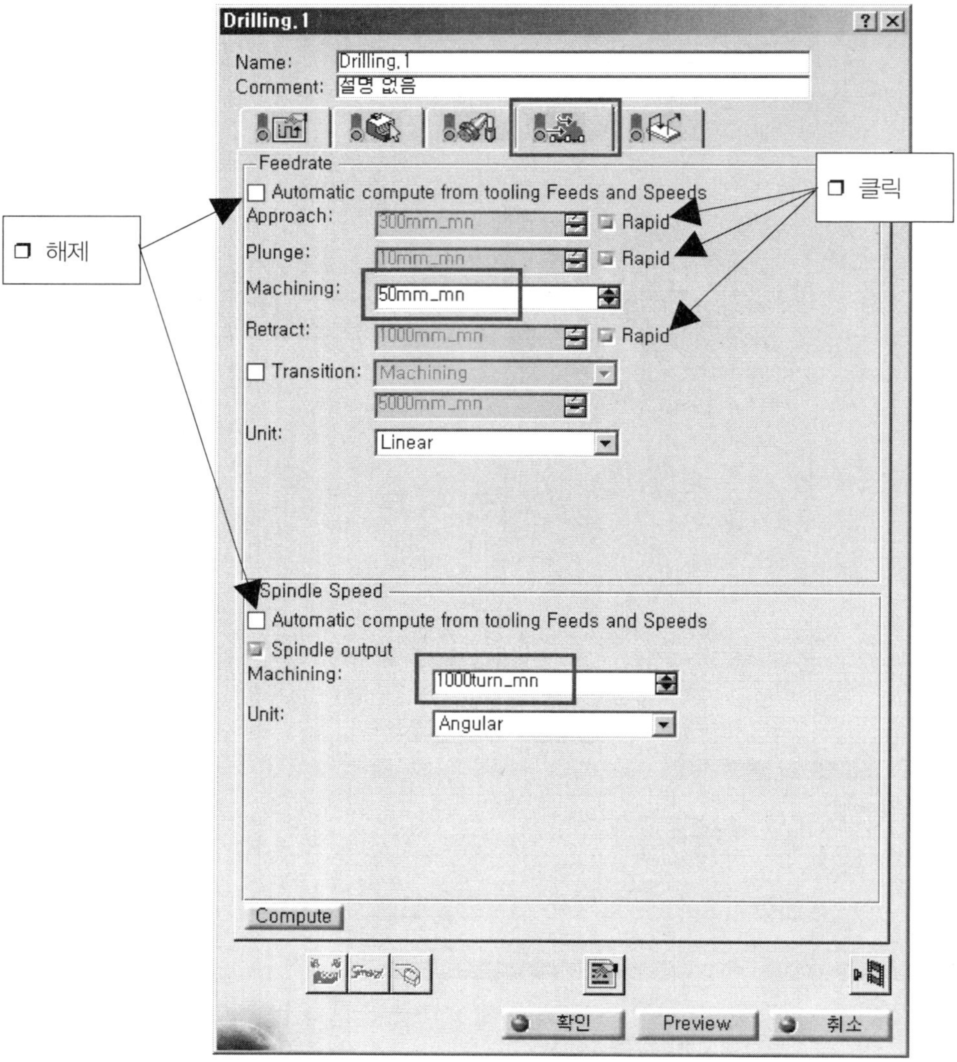

09 공구의 접근과 퇴각을 설정하기 위해 탭을 클릭한다.

① 탭 클릭 ② Approach(접근방법) 선택

③ Add Axial motion 클릭 ④ Add motion perpendicular to a plane 클릭

⑤ 클릭 - 가공접근으로 8 입력 ⑥ 안전면 활성화 클릭 ⑦ 안전면 지정

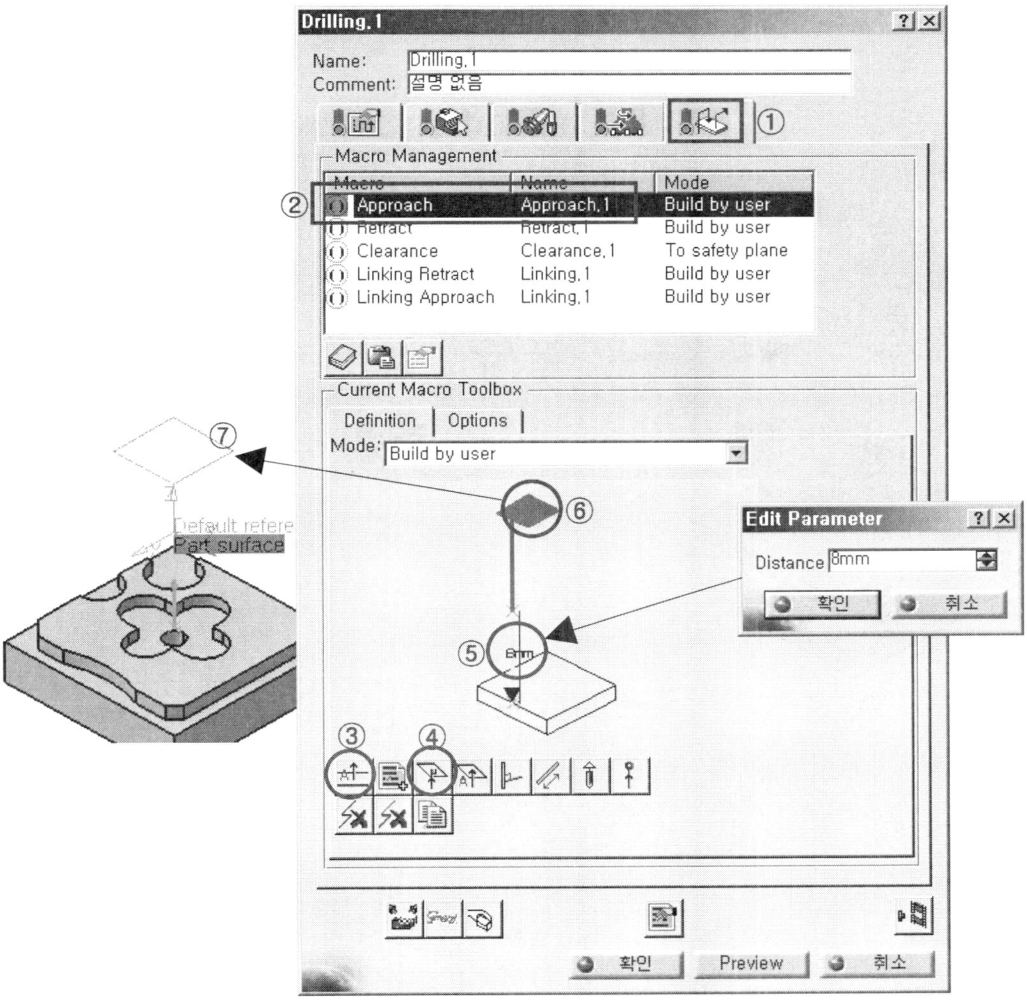

10 ① Retract(퇴각방법) 선택 ② Add motion perpendicular to a plane 클릭
③ 안전면 활성화 클릭 ④ 안전면 지정

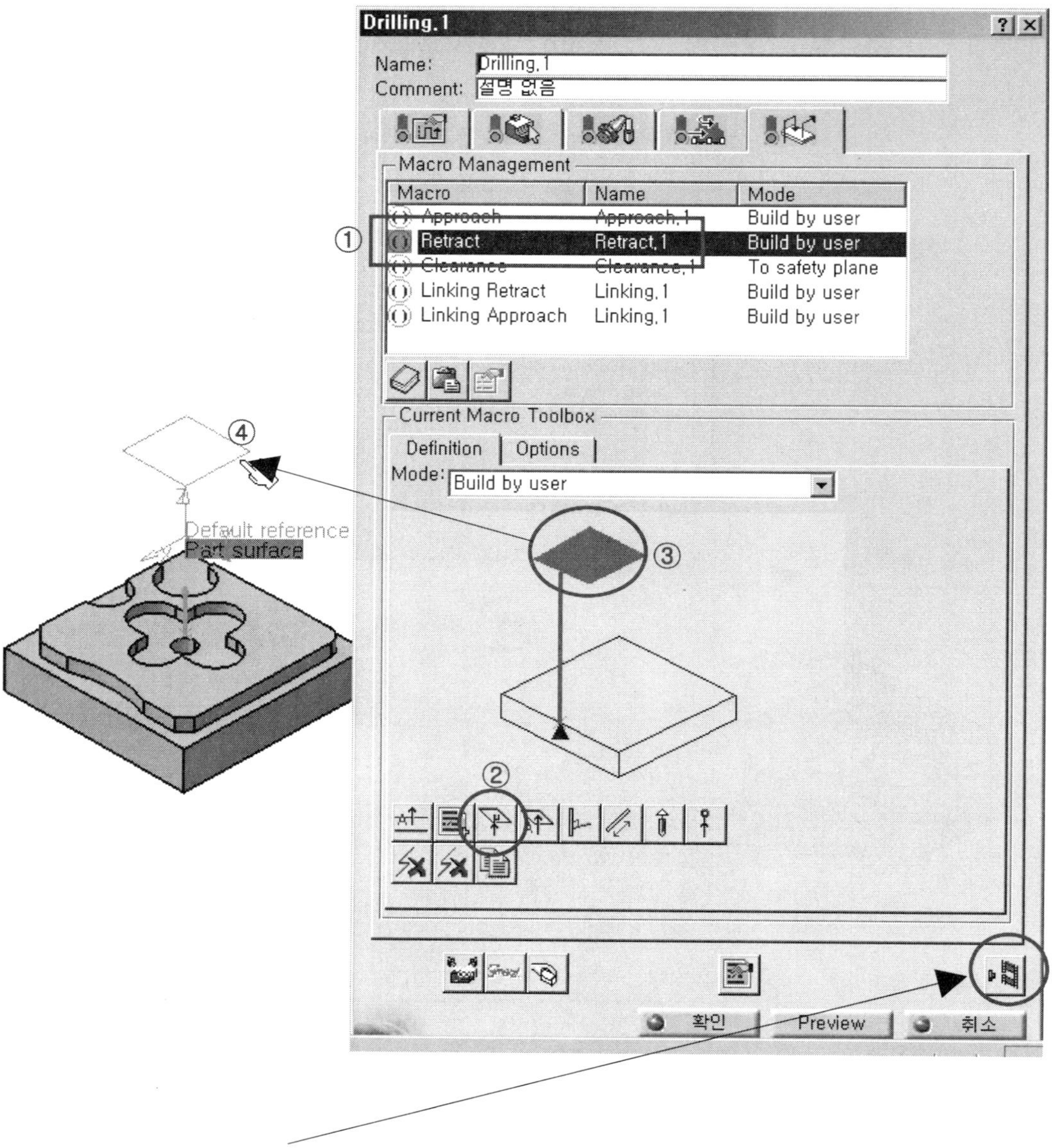

11 Tool Path Replay( ) 버튼을 클릭하여 공구 경로를 산출한다.

12 Video from last saved result()로 가공경로 검사를 한다.

13  버튼을 클릭한다.

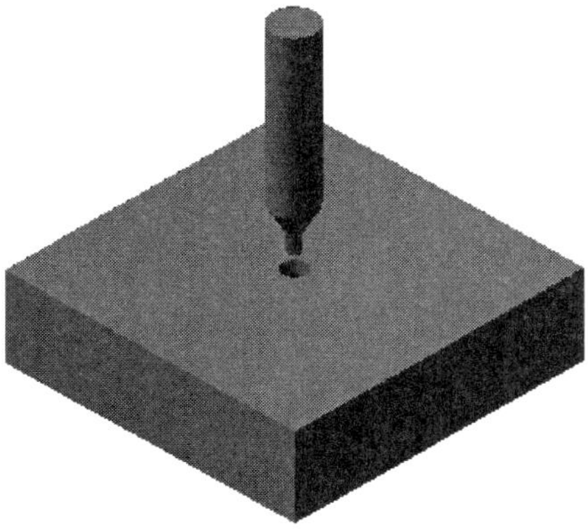

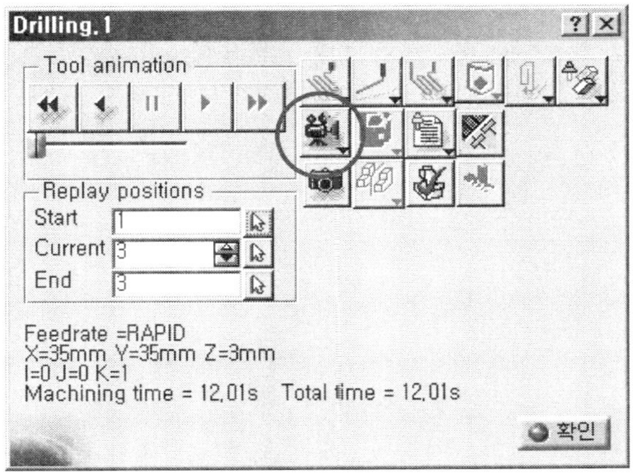

14 확인-확인을 눌러 센터드릴 가공을 마무리한다.

15 작업트리에 Drilling.1 공정이 생성되었다.

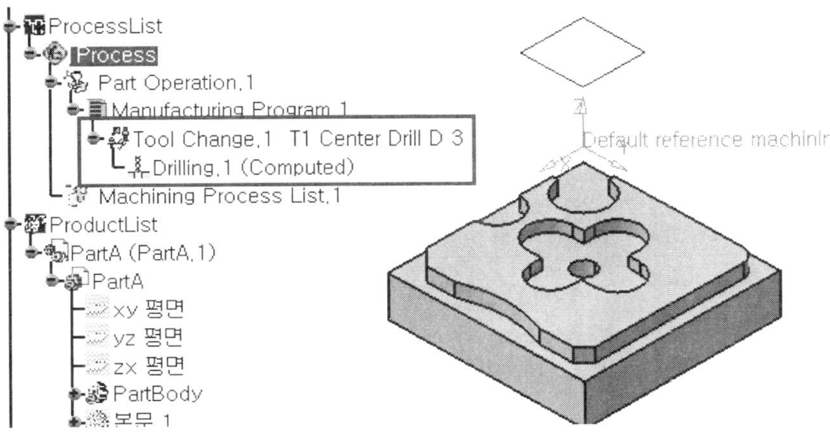

5 드릴 가공

01 ProcessList 밑에 있는 Manufactruing Program.1을 선택한다.
(드릴 가공경로를 생성하기 위해)

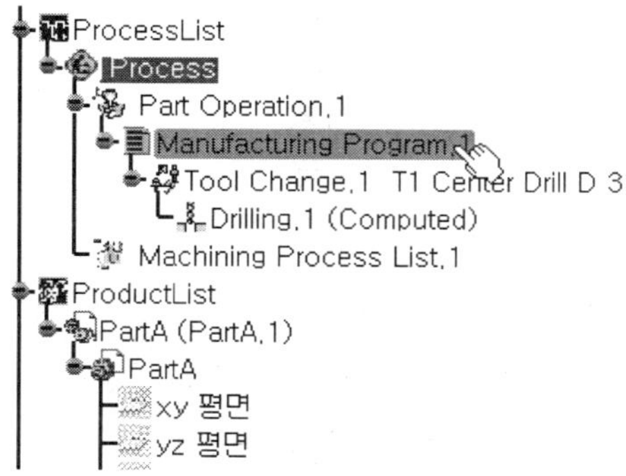

02 Drilling Break Chips( )을 실행한다.

03 가공위치( ) 및 시작위치를 설정하는 창이 나타난다.

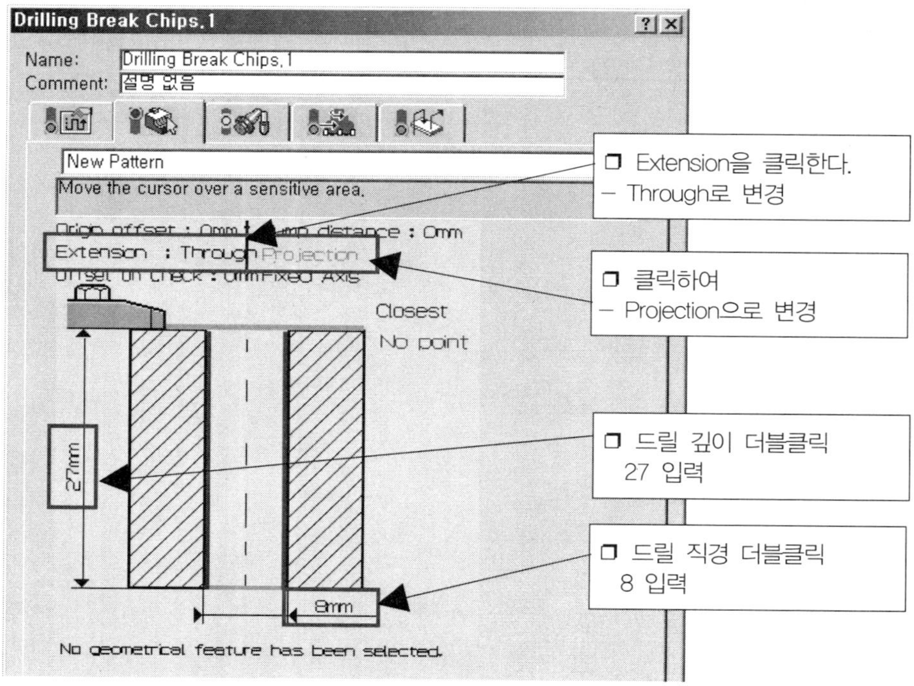

O4 가공 상면을 지정하기 위해 P1을 클릭하고, 형상 윗면을 더블클릭 한다.
위치가 선택되면 녹색으로 변화된다.

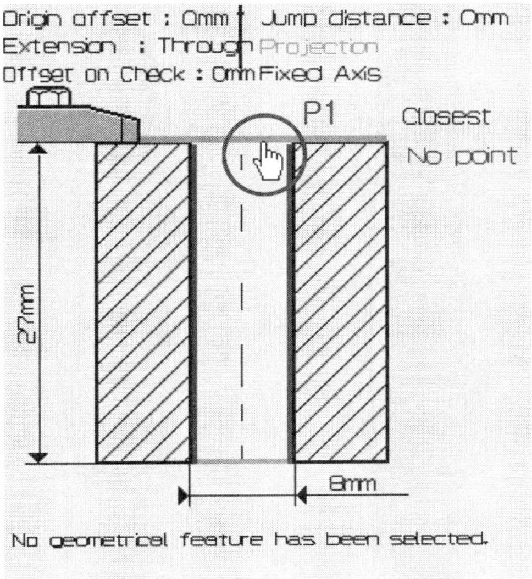

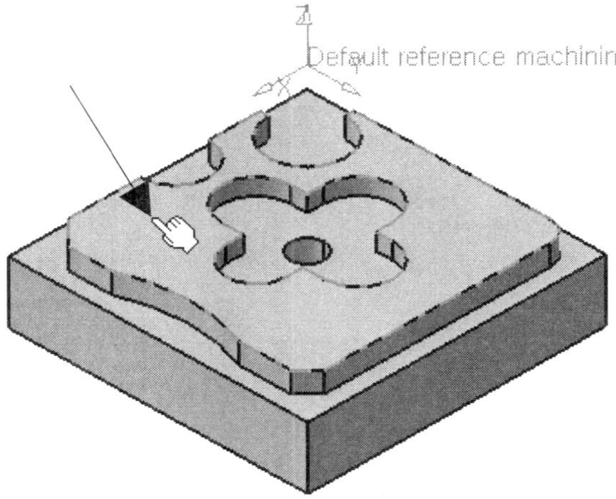

O5 드릴 위치를 지정하기 위해 P2를 클릭하고, 드릴 구멍 모서리를 더블클릭한다.
위치가 선택되면 녹색으로 변화된다.

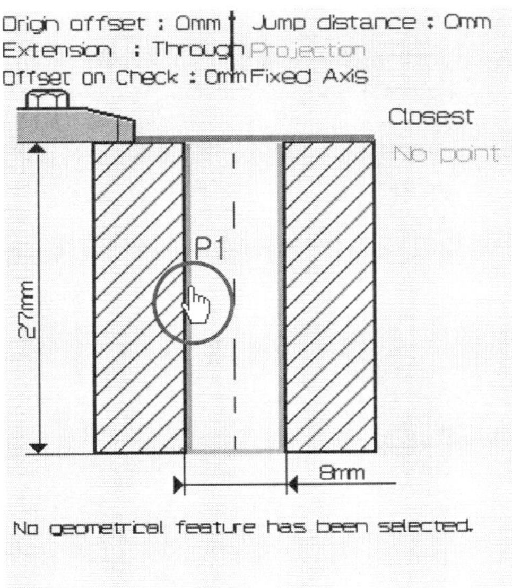

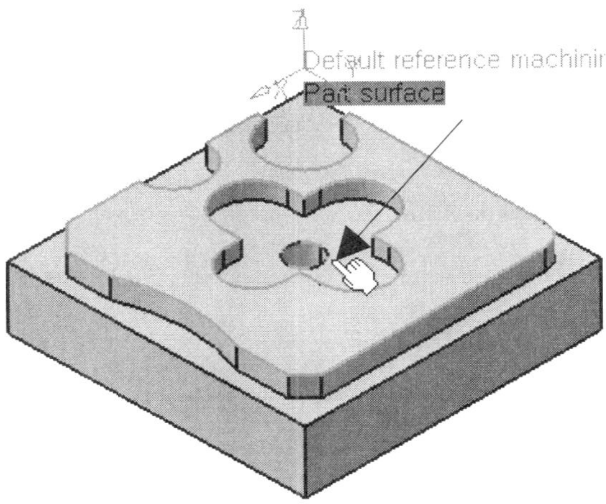

06 탭을 누른다.

R점 수정 : Approach clearance(A) : "3" 입력.

1회 절입량 : Max depth of cut(Dc) : "3" 입력.

도피량 : Retract offset(Or) : "1" 입력한다.

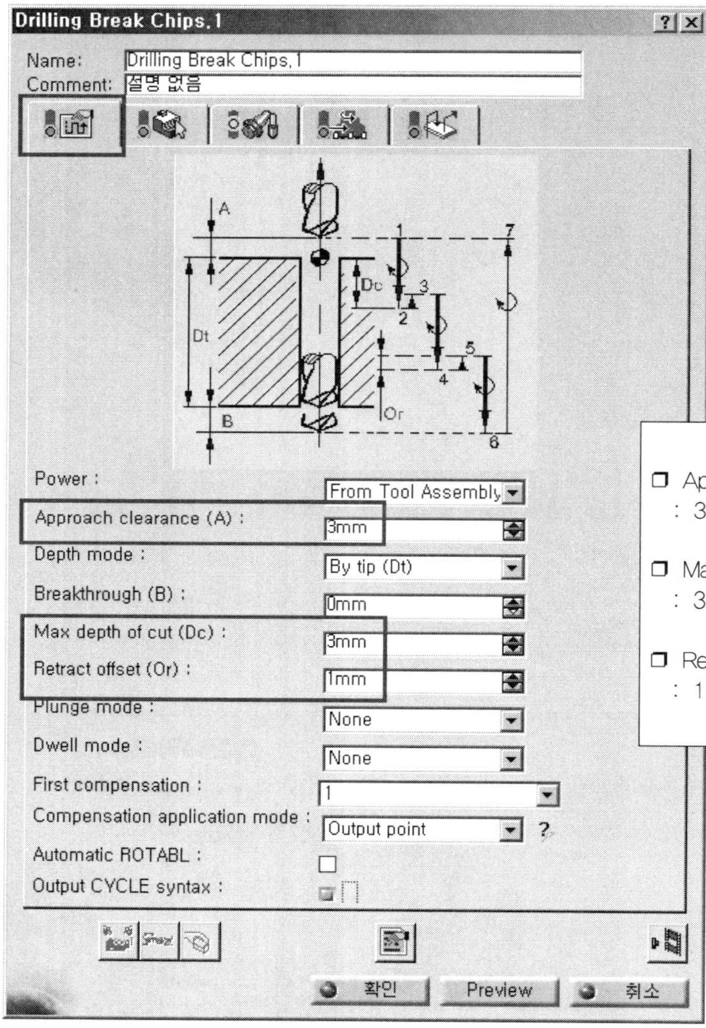

❒ Approach clearance(A)
: 3 입력

❒ Max depth of cut(Dc)
: 3 입력

❒ Retract offset(Or)
: 1 입력

07 공구 선택을 위해 탭을 클릭한다. 다음 순서대로 센터드릴로 변경한다.

① 공구 탭 클릭 ② Select a tool with query 버튼 클릭

③ All Tools 버튼 클릭 ④ T2 Drill 선택 ⑤ 확인

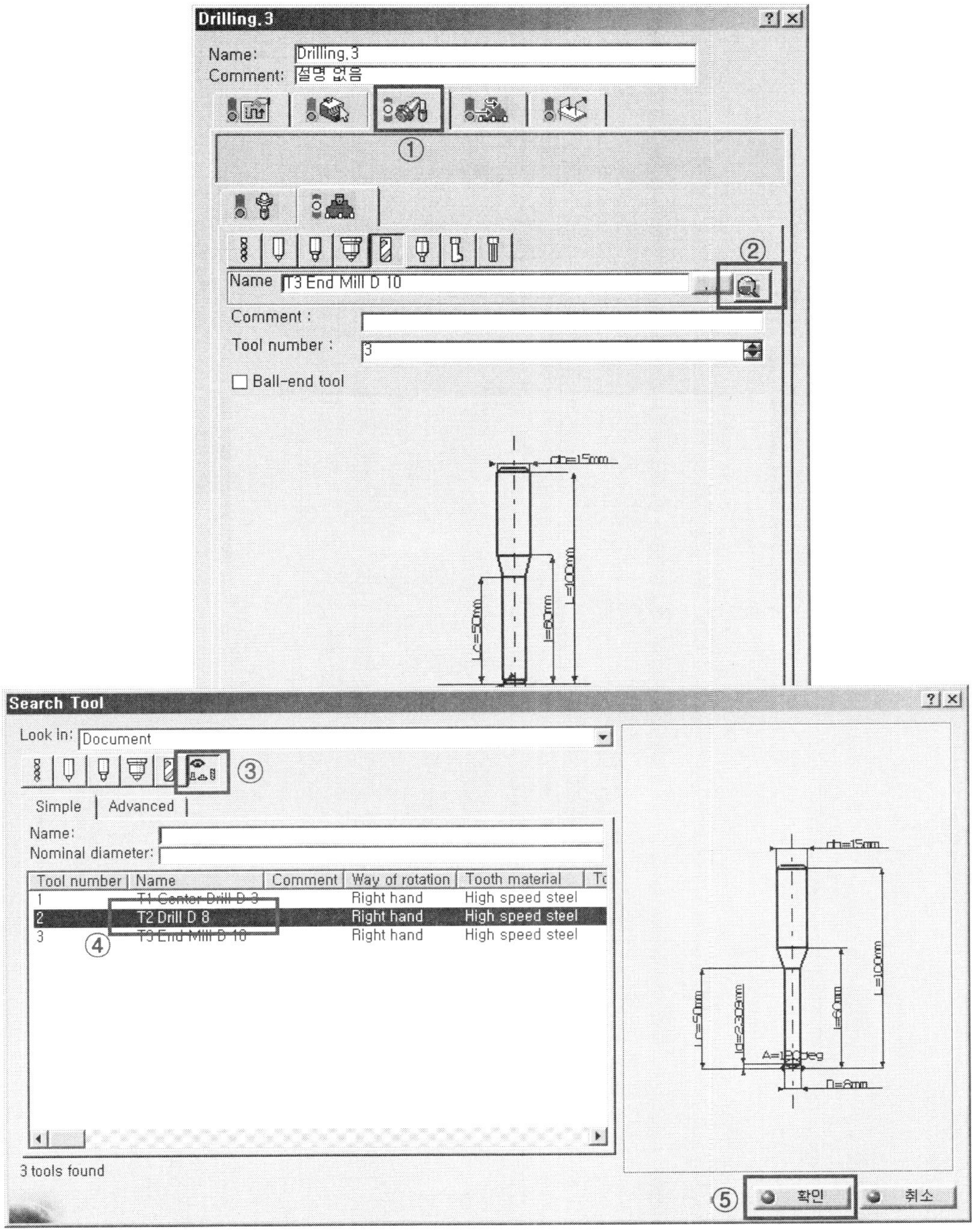

O8 공구 회전수와 이송을 설정하기 위해  탭을 클릭한다.

① Feedrate - Machining: 80 입력 - 이송(Feed:80mm/min)

② Spindle Speed - Machining: 1000 입력 - 공구회전수(1000rpm)

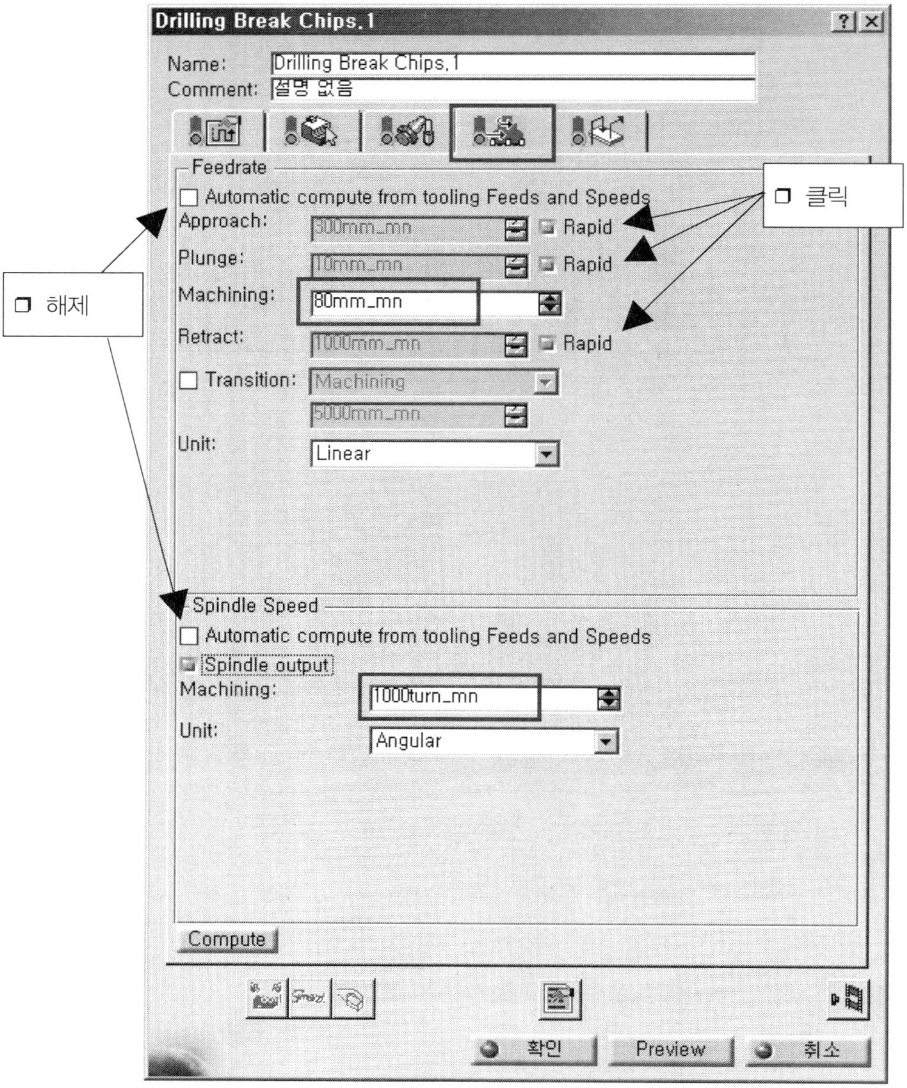

O9 공구의 접근과 퇴각을 설정하기 위해 탭을 클릭한다.

① 탭 클릭 ② Approach(접근방법) 선택

③ Add Axial motion 클릭 ④ Add motion perpendicular to a plane 클릭

⑤ 클릭 - 가공접근으로 8 입력 ⑥ 안전면 활성화 클릭 ⑦ 안전면 지정

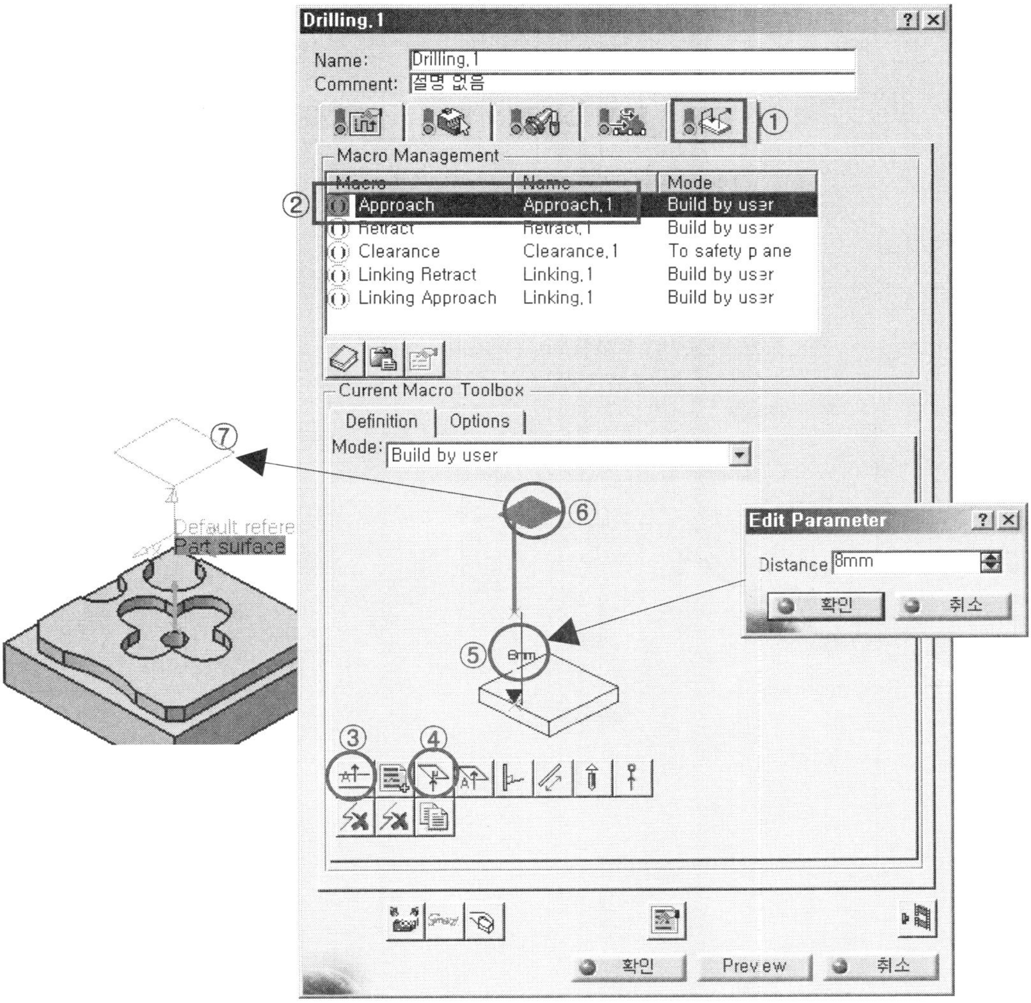

10 ① Retract(퇴각방법) 선택 ② Add motion perpendicular to a plane 클릭
③ 안전면 활성화 클릭 ④ 안전면 지정

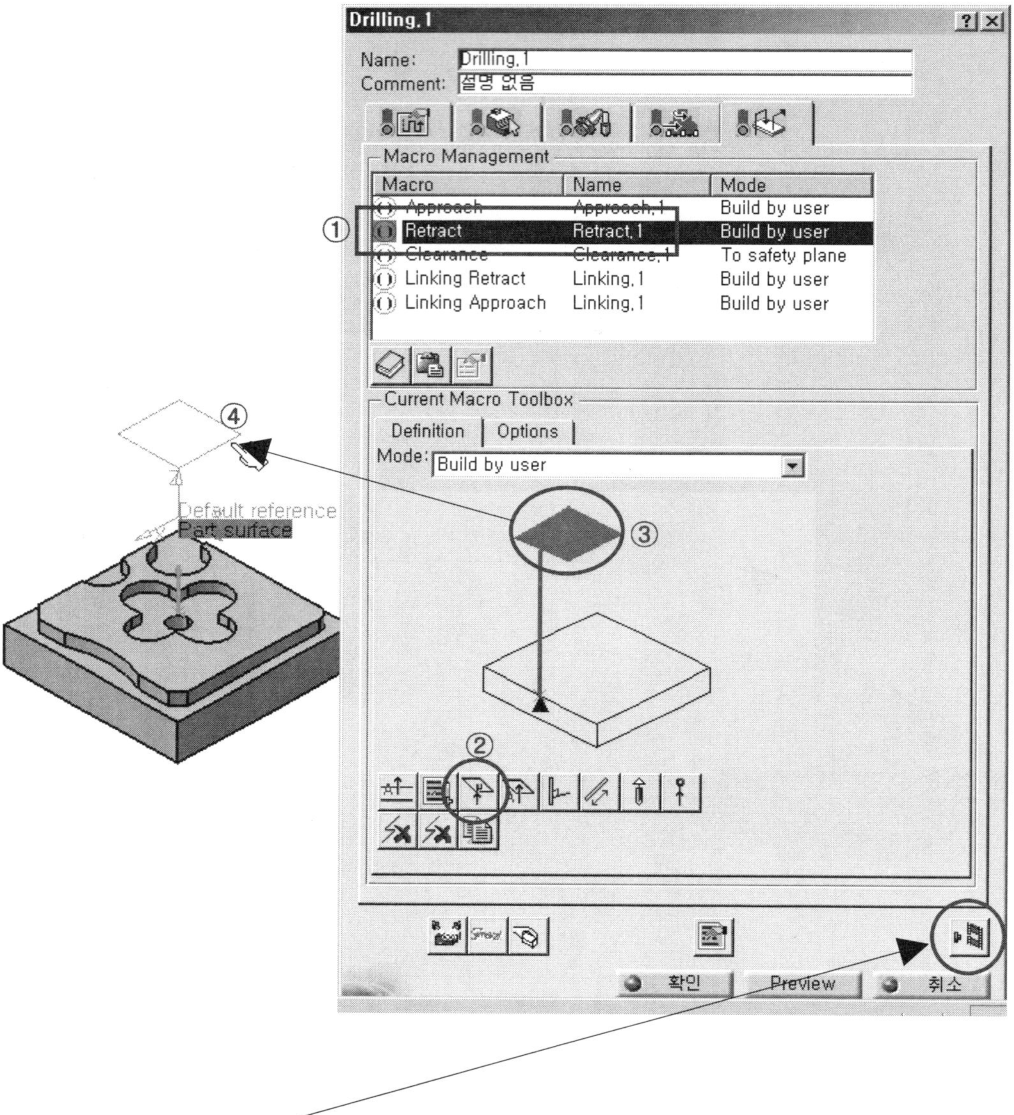

11 Tool Path Replay( ) 버튼을 클릭하여 공구 경로를 산출한다.

12 Video from last saved result( )로 가공경로 검사를 한다.

13 버튼을 클릭한다.

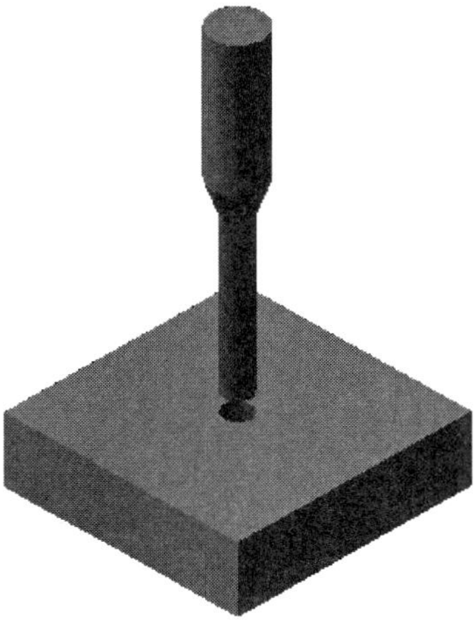

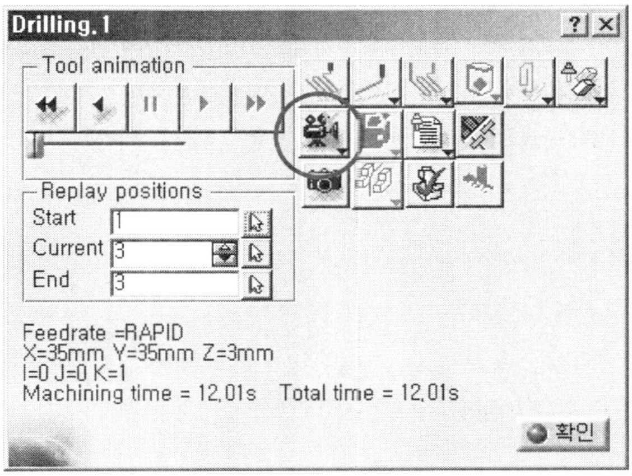

14 확인-확인을 눌러 드릴 가공을 마무리한다.

15 작업트리에 Drilling Break Chips.1 공정이 생성되었다.

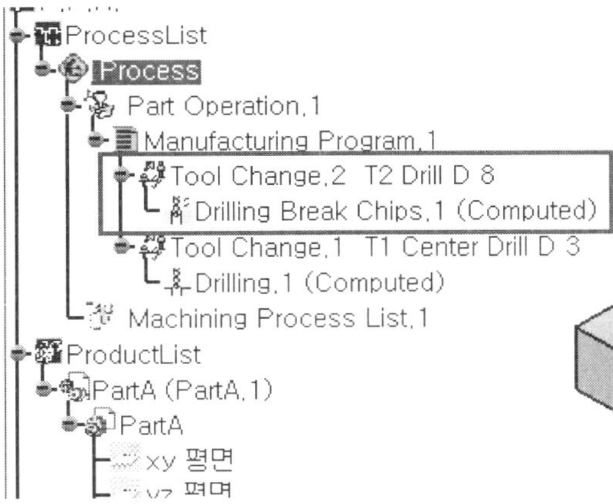

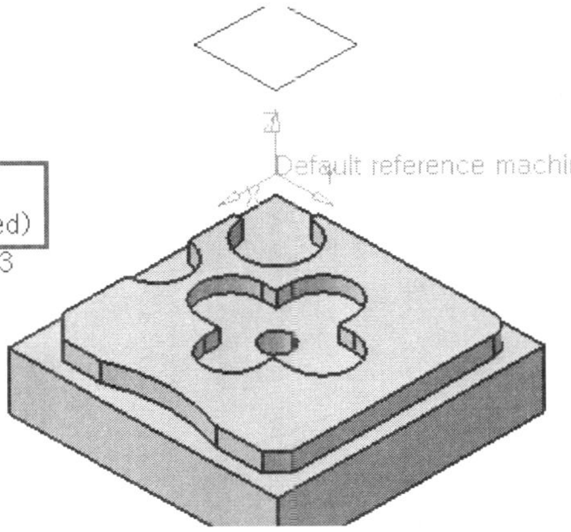

6 엔드밀 외곽가공

01 ProcessList 밑에 있는 Manufactruing Program.1을 선택한다.
(엔드밀 외곽 가공경로를 생성하기 위해)

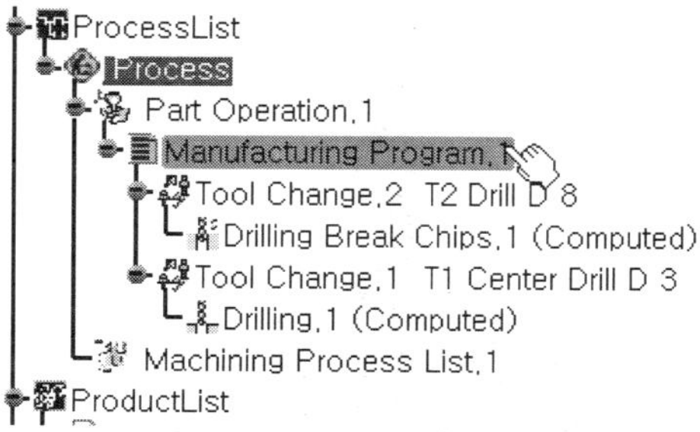

02 Pocketing( )을 실행한다.

03 가공위치( )를 선택하는 창이 나타난다.
① P1의 가공위치 윗면 클릭. ② P2의 형상 윗면 클릭.

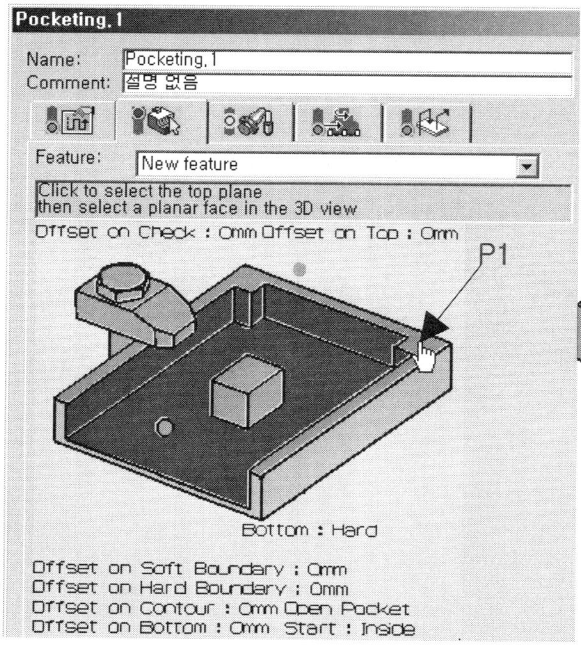

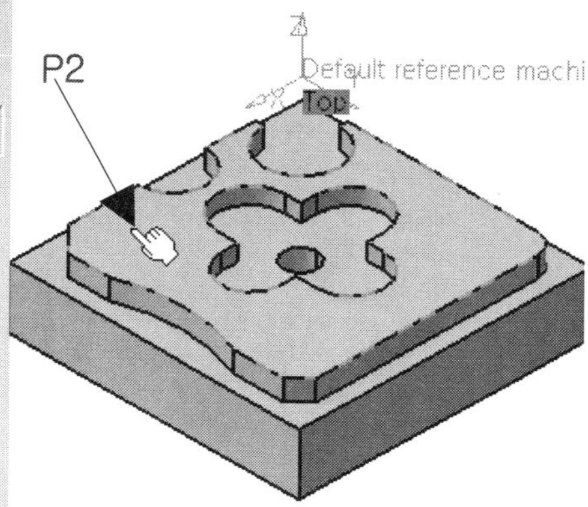

04 ③ P1의 가공위치 바닥면 클릭. ④ P2의 형상 바닥면 클릭.

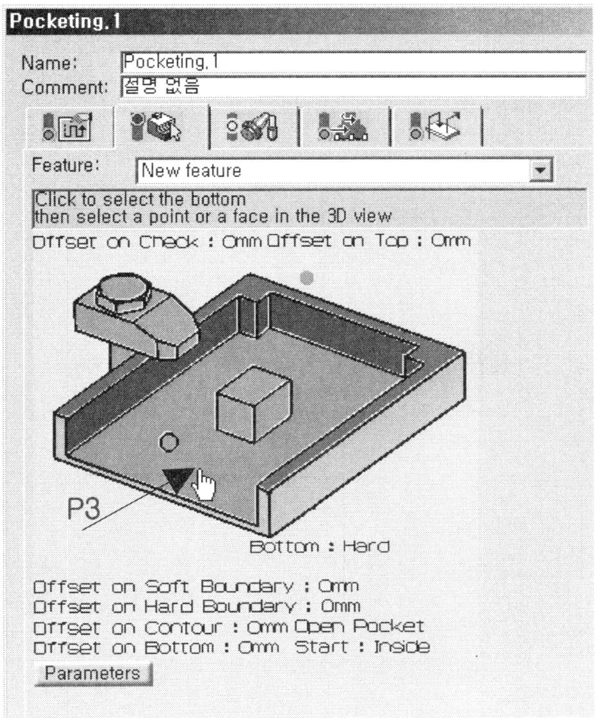

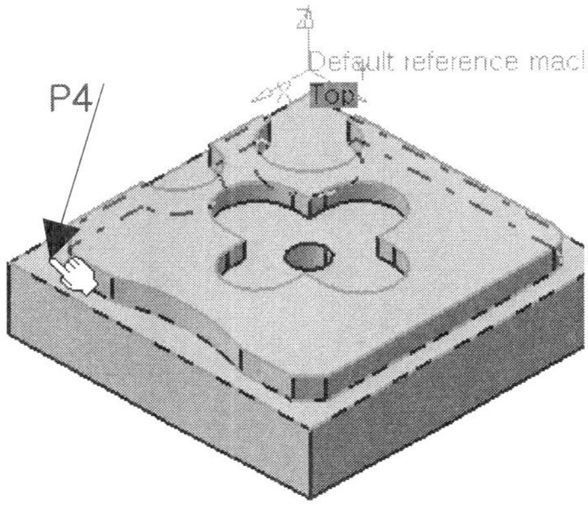

05 Open Pocket을 선택한다.

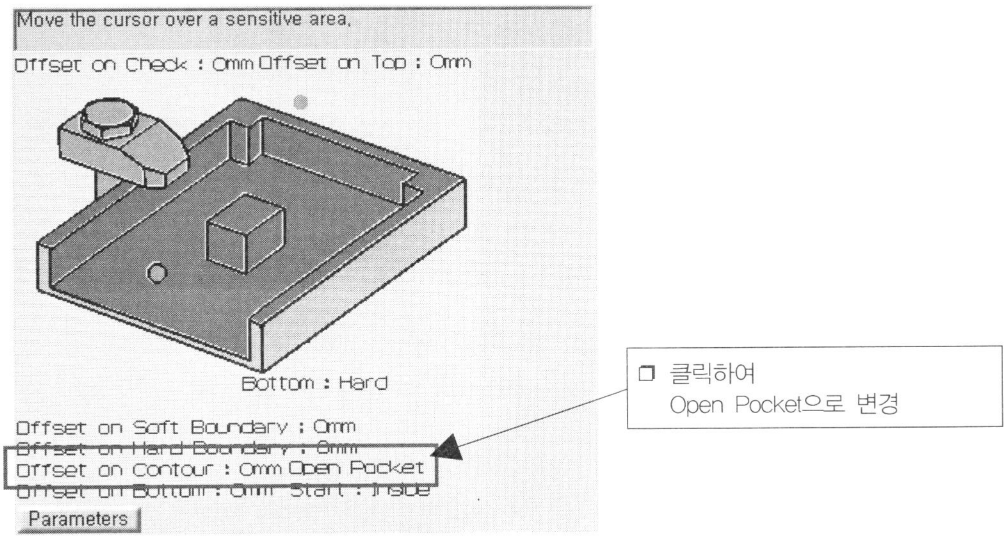

O6 탭에서 가공경로를 설정한다.

① Machining 탭에서 다음과 같이 설정한다.

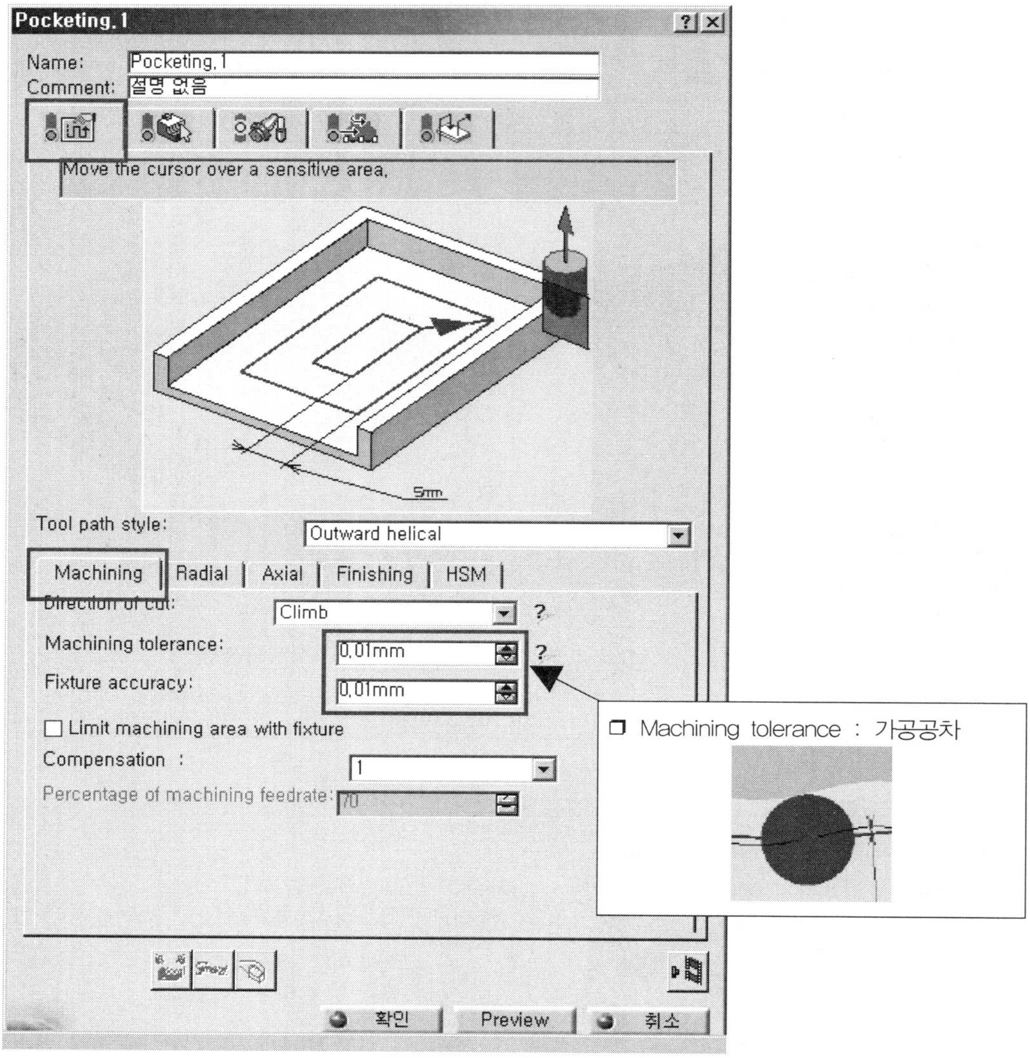

② Radial 탭에서 다음과 같이 설정한다.

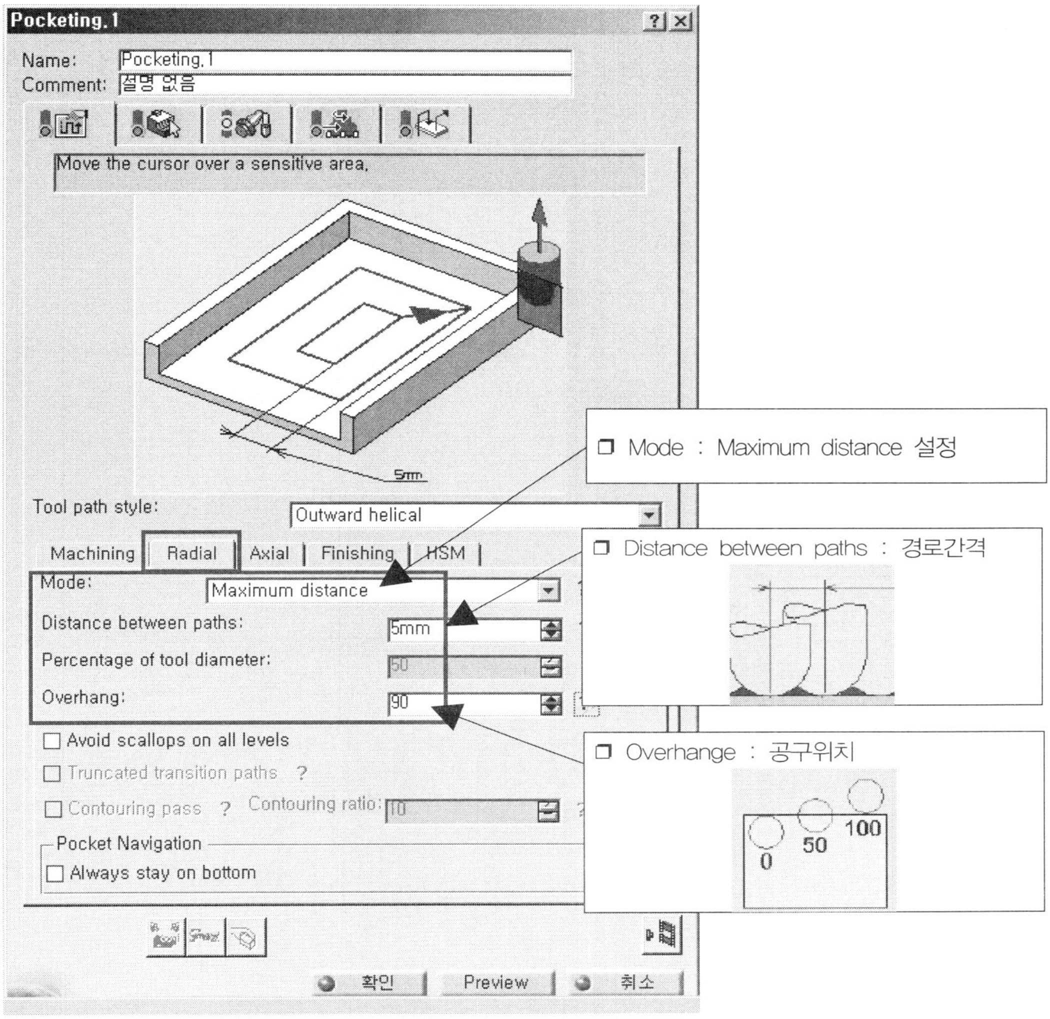

③ Radial 탭에서 다음과 같이 설정한다.

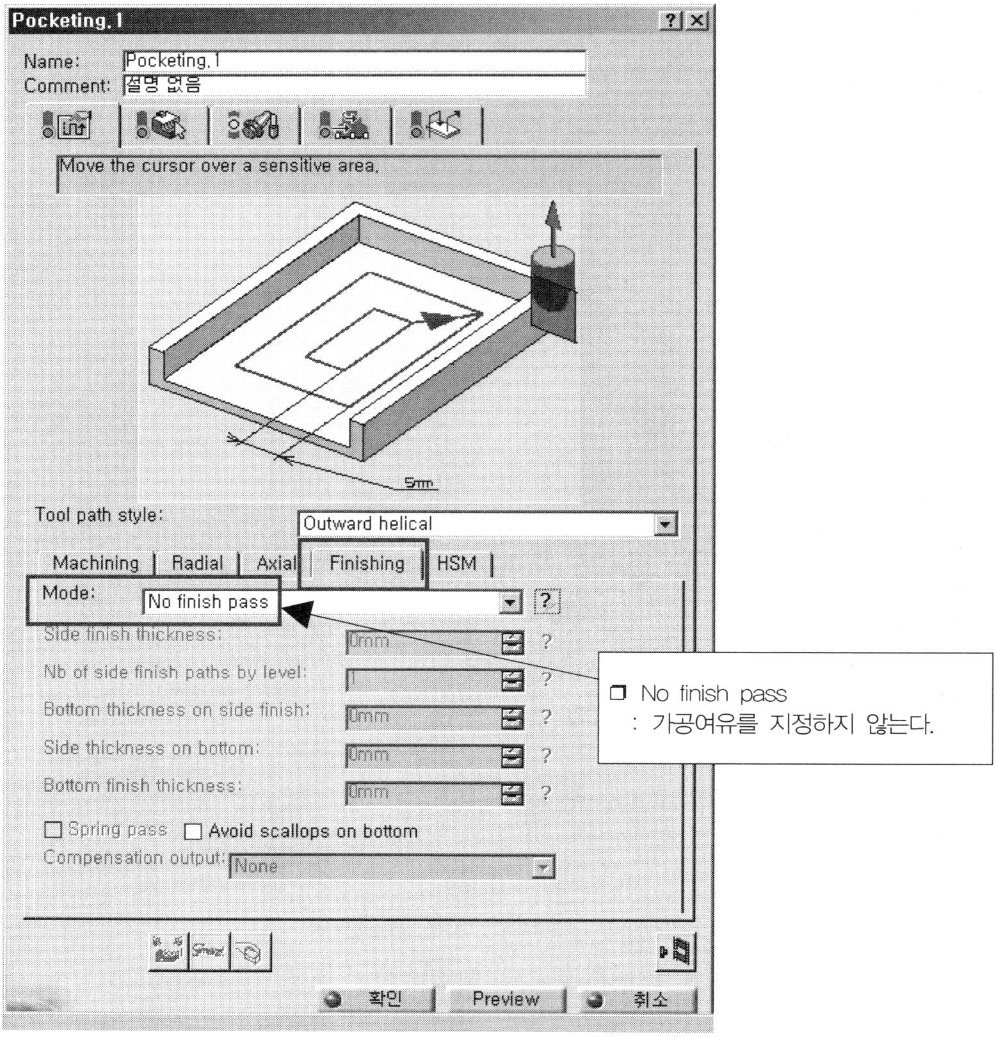

07 공구 선택을 위해  탭을 클릭한다. T3 End Mill 공구인지를 확인한다. 만약 다른 공구가 설정되어 있다면 위에서 설명한 방법으로 공구를 선택한다.

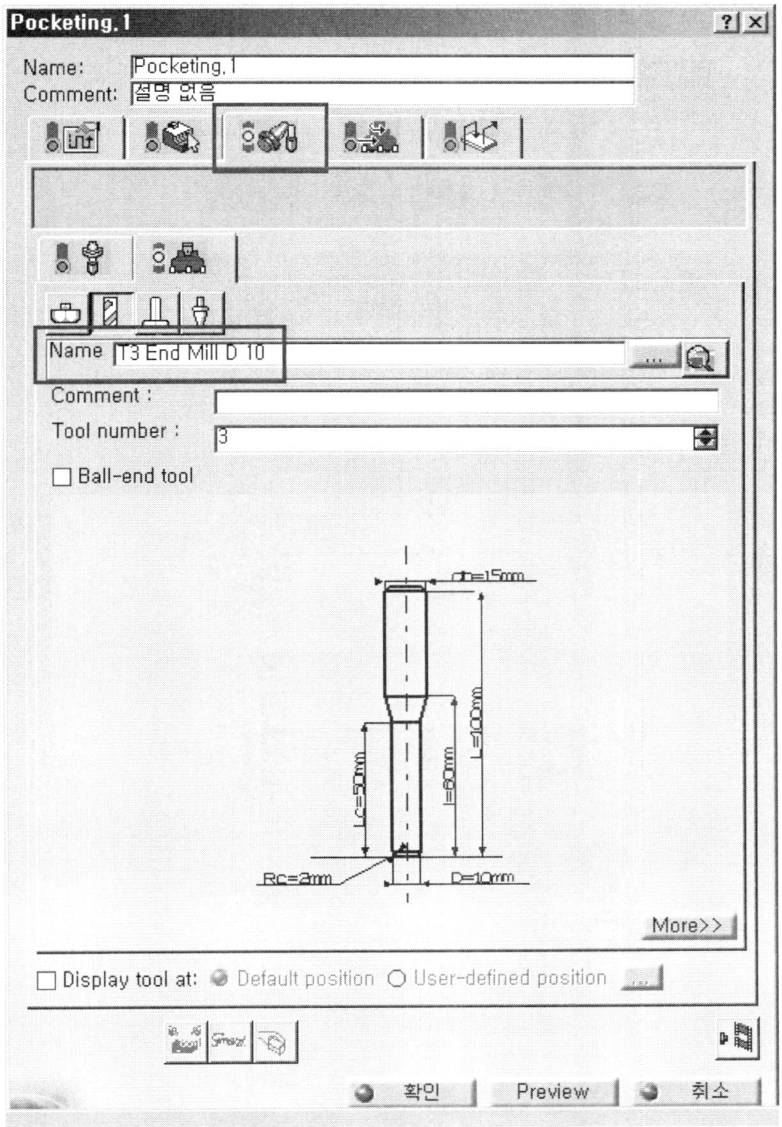

08 공구 회전수와 이송을 설정하기 위해 [탭 아이콘] 탭을 클릭한다.

① Feedrate - Machining : 100 입력 - 이송(Feed : 100mm/min)

② Spindle Speed - Machining : 1500 입력 - 공구회전수(1500rpm)

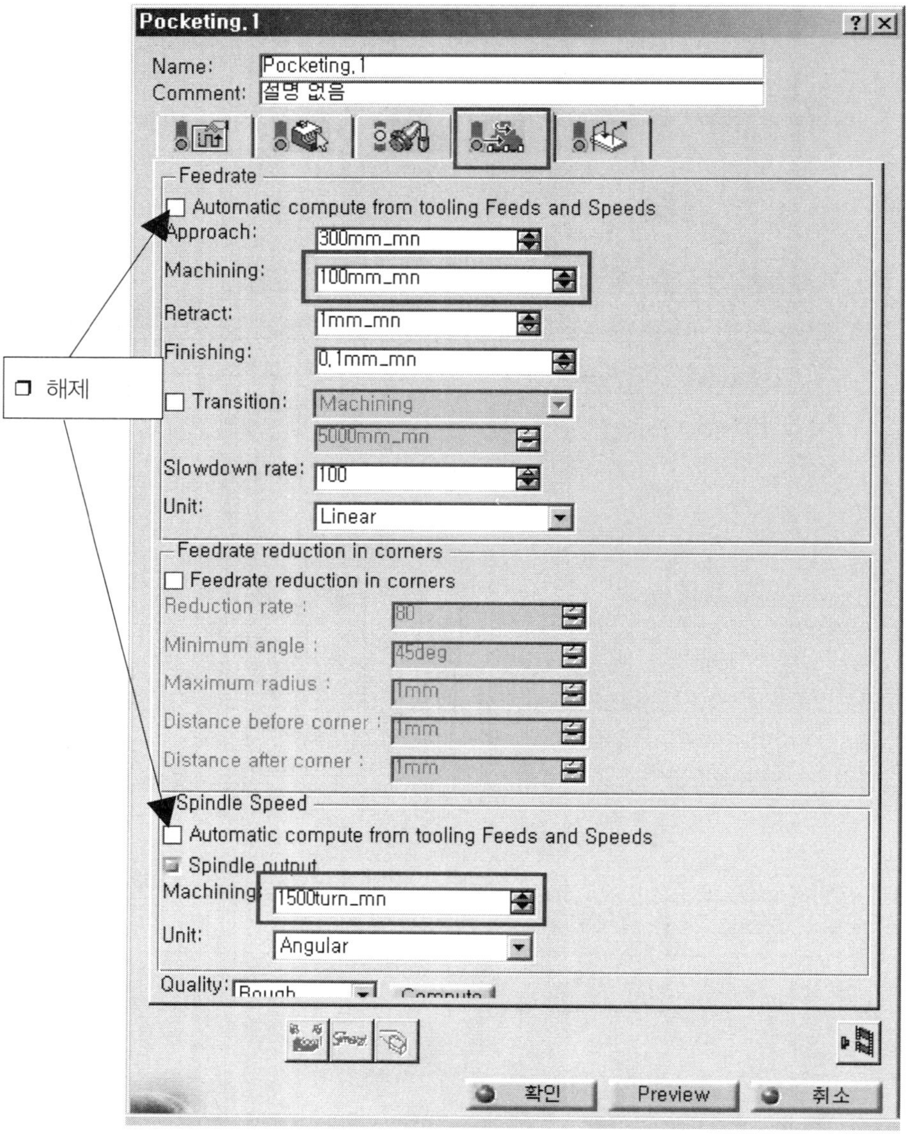

09 공구의 접근과 퇴각을 설정하기 위해  탭을 클릭한다.

① Approach(접근)와 Retract(퇴각)를 확인한다.

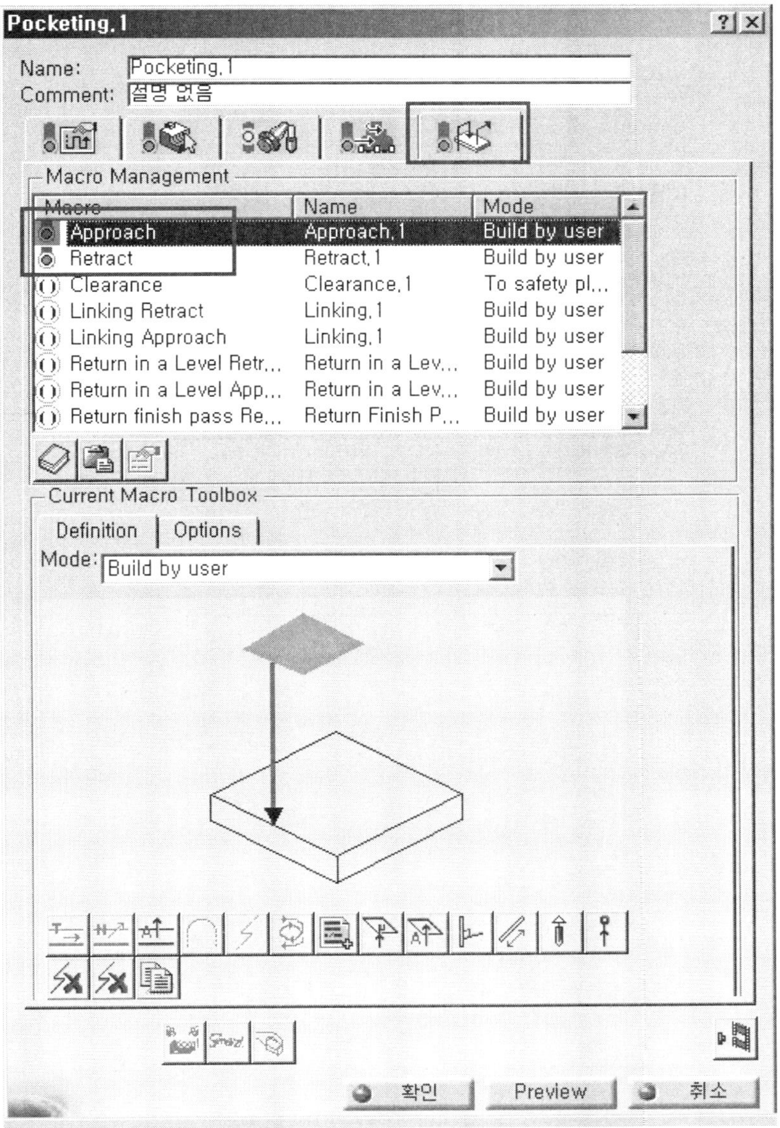

② 공구의 중간연결부분을 설정하기 한다.

Return in a level Retract를 클릭하고, Add Axial motion( )버튼을 누른다.

Return in a level Approche를 클릭하고, Add Axial motion( )버튼을 누른다.

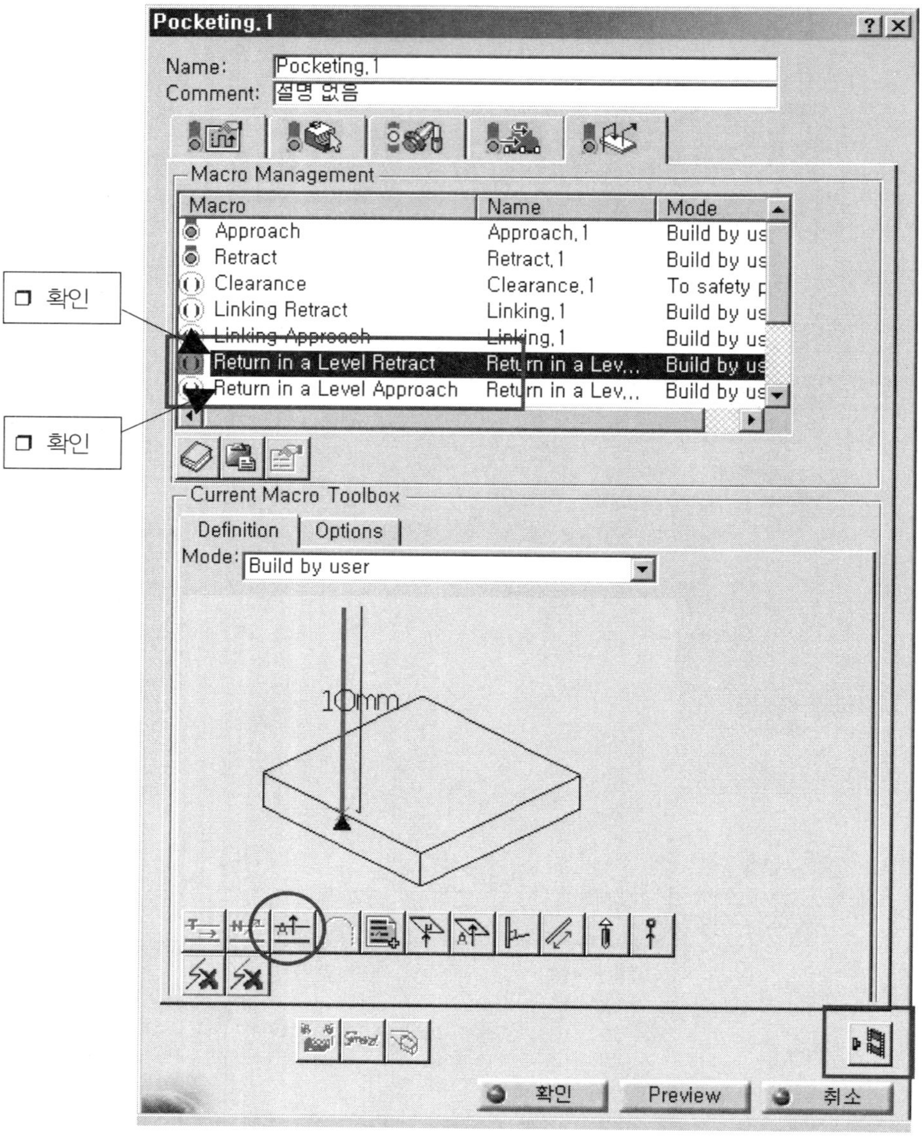

10 Tool Path Replay( ) 버튼을 클릭하여 공구 경로를 산출한다.

11 Video from last saved result()로 가공경로 검사를 한다.

12  버튼을 클릭한다.

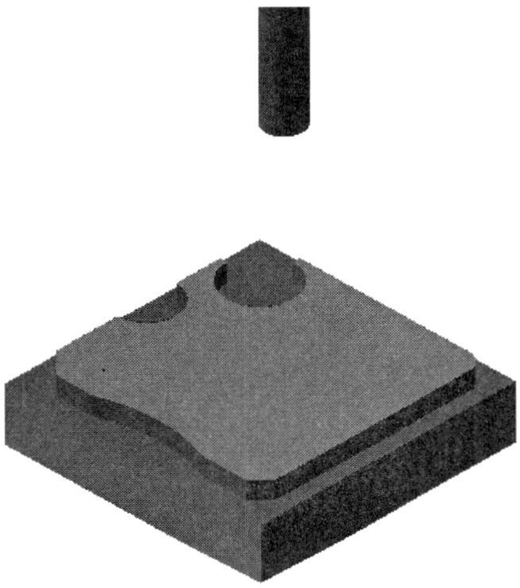

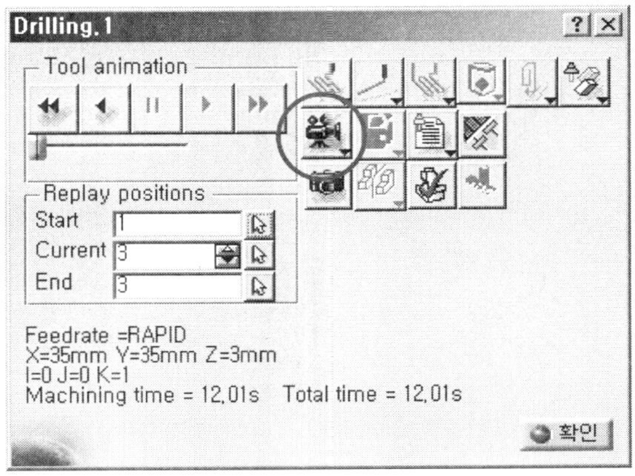

13 확인-확인을 눌러 엔드밀 외곽 가공을 마무리한다.

14 작업트리에 Pocketing.1 공정이 생성되었다.

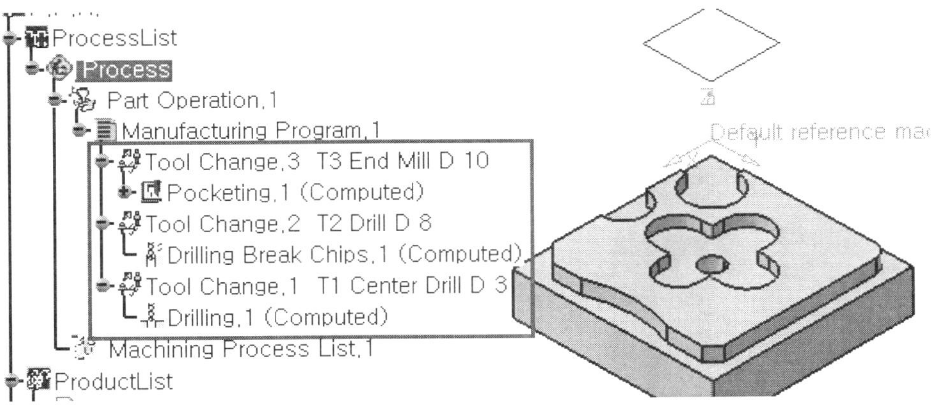

7 엔드밀 포켓 가공

O1 ProcessList 밑에 있는 Manufactruing Program.1을 선택한다.
(엔드밀 포켓 가공경로를 생성하기 위해)

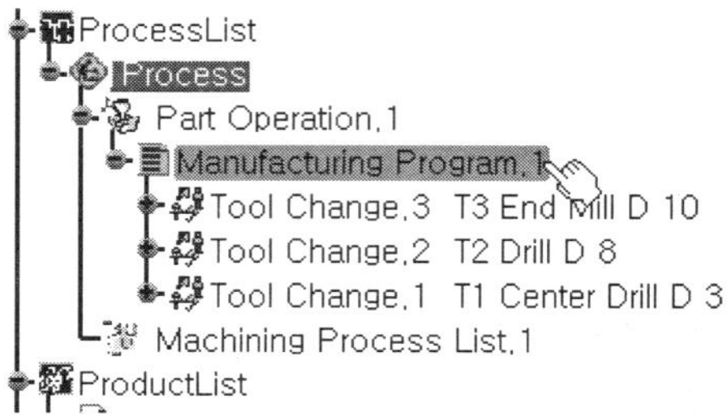

O2 Pocketing( )을 실행한다.

O3 Close Pocket을 선택한다.

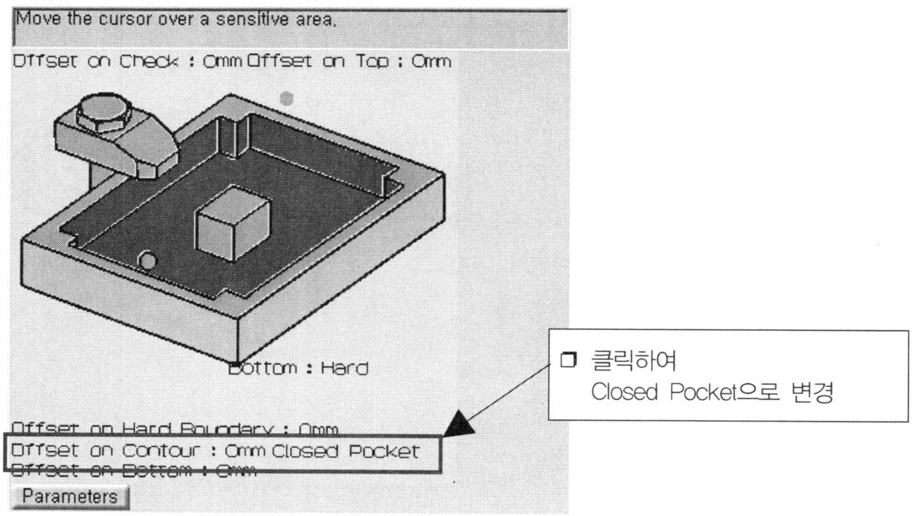

O4 가공위치( )를 선택하는 창이 나타난다.

① P1의 가공위치 윗면 클릭. ② P2의 형상 윗면 클릭.

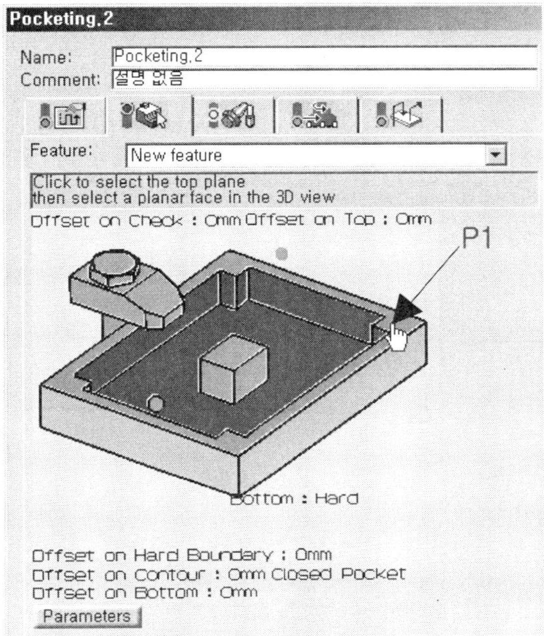

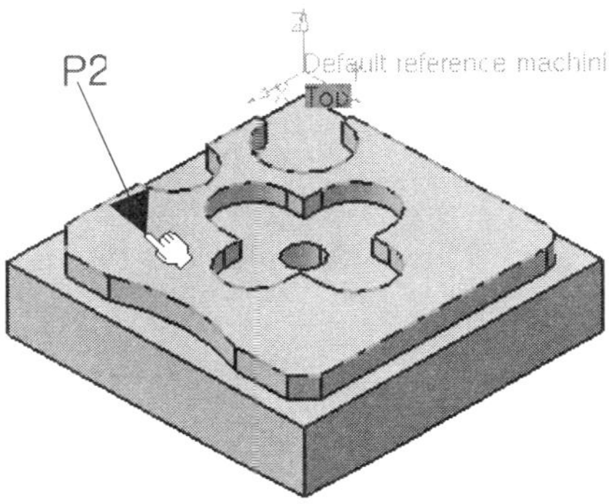

O5 ③ P1의 가공위치 바닥면 클릭. ④ P2의 형상 내부 바닥면 클릭.

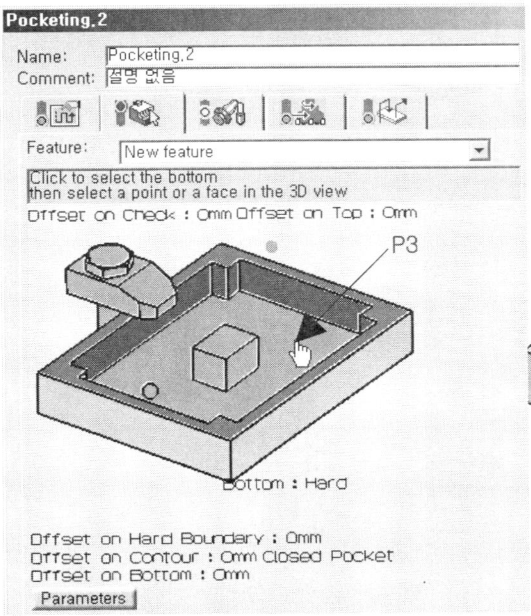

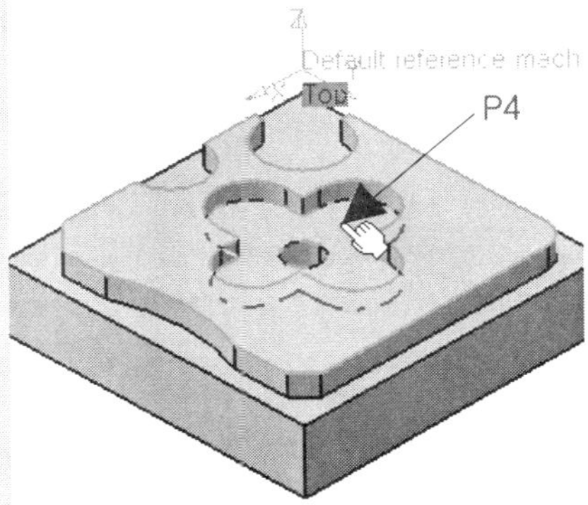

06 중간 사각형상에서 마우스 오른쪽 버튼을 눌러 "Remove All Islands"를 선택한다.

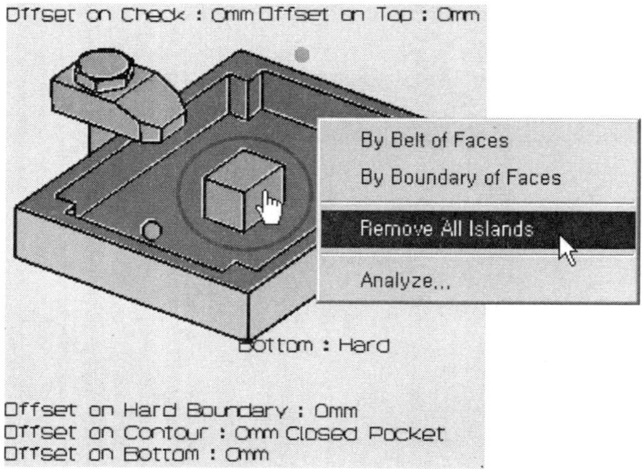

07 탭에서 가공경로를 설정한다.

① Machining 탭에서 다음과 같이 설정한다.

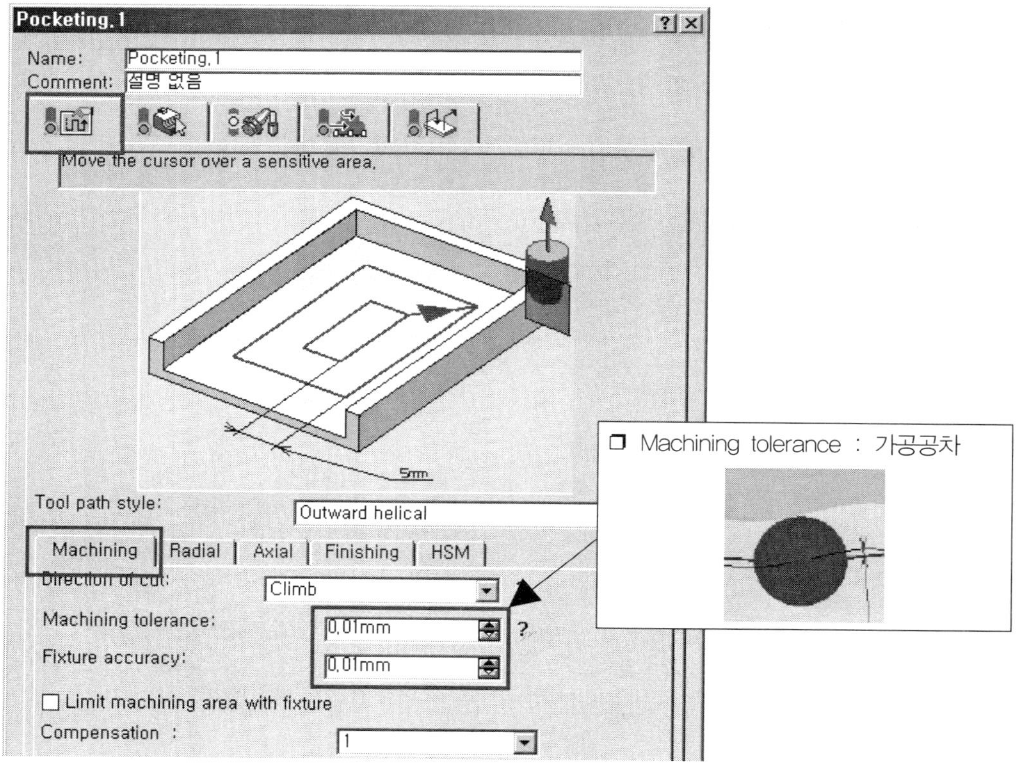

② Radial 탭에서 다음과 같이 설정한다.

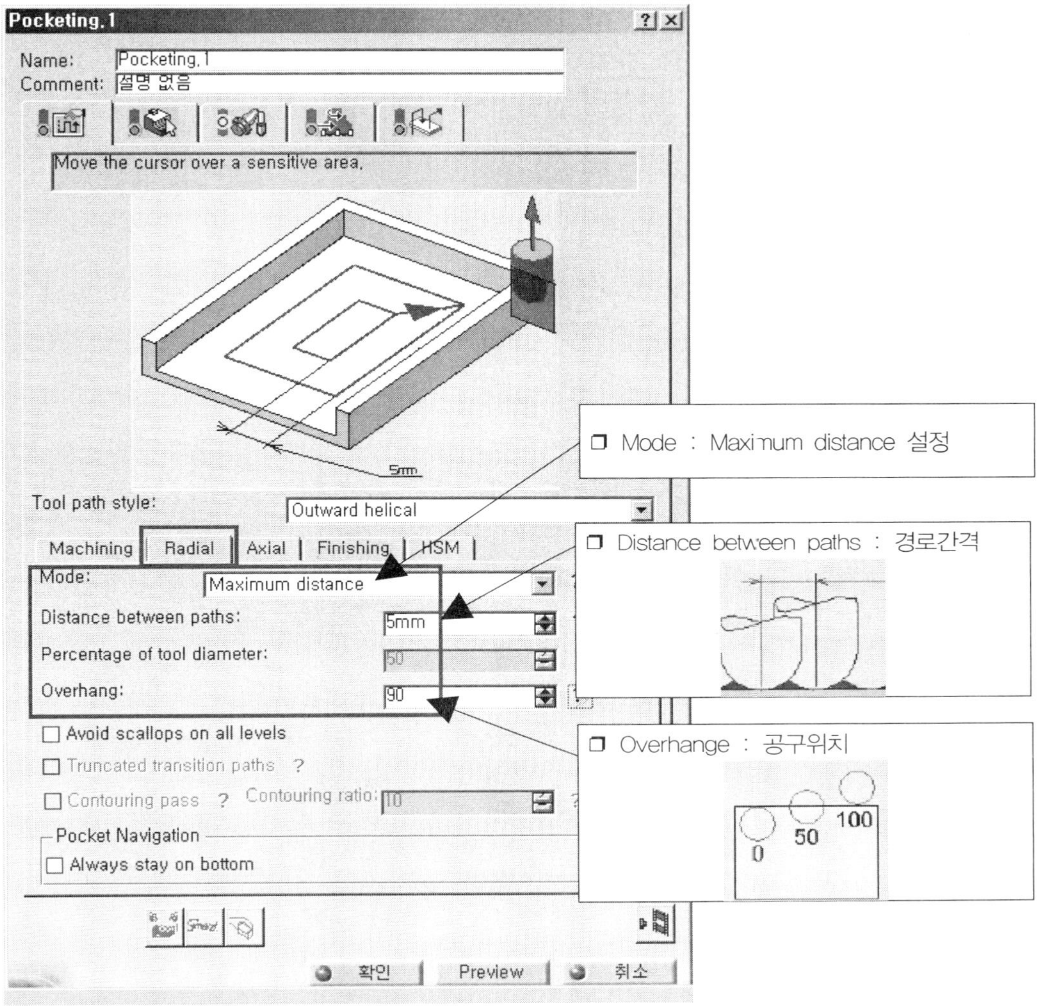

③ Radial 탭에서 다음과 같이 설정한다.

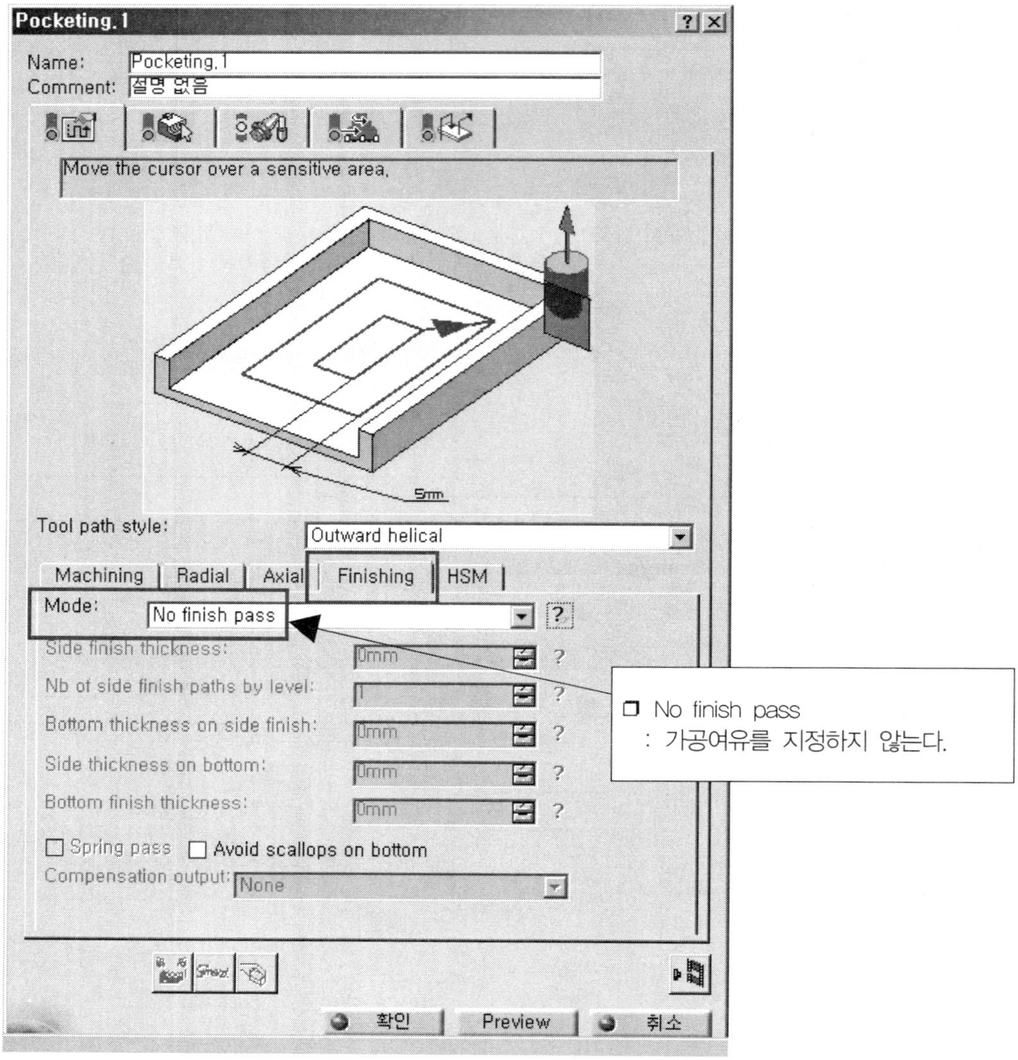

08 공구 선택을 위해 탭을 클릭한다. T3 End Mill 공구인지를 확인한다. 만약 다른 공구가 설정되어 있다면 위에서 설명한 방법으로 공구를 선택한다.

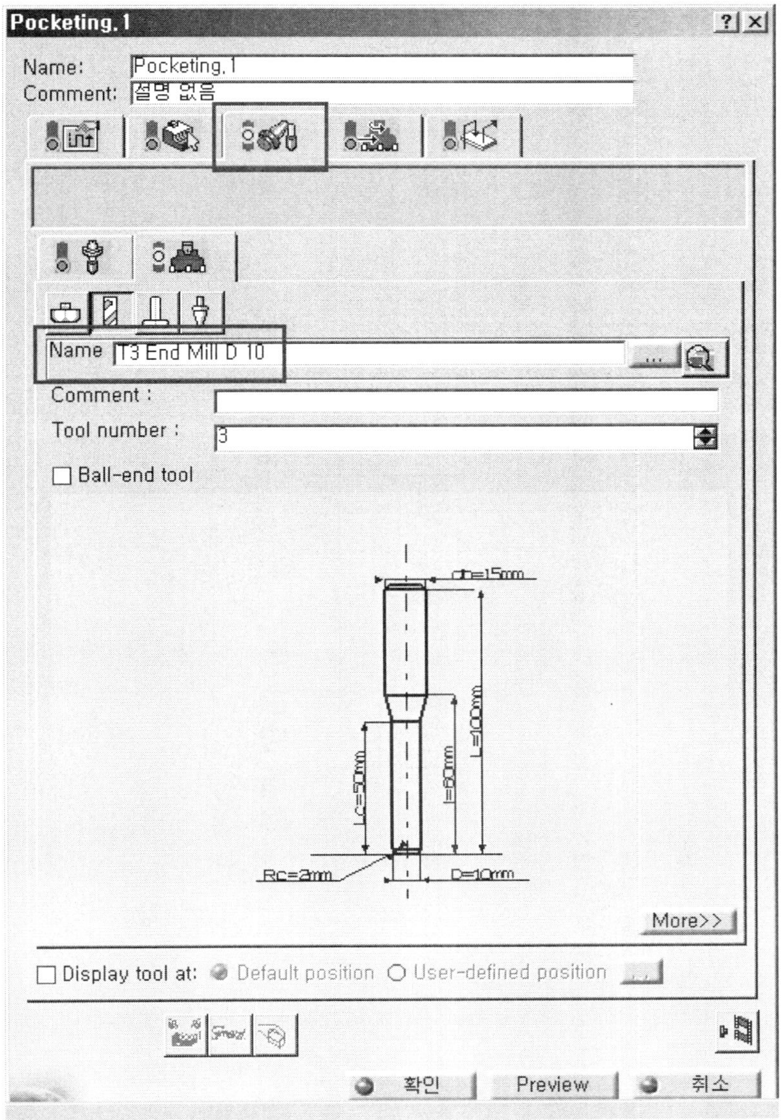

09 공구 회전수와 이송을 설정하기 위해 탭을 클릭한다.

① Feedrate - Machining : 100 입력 - 이송(Feed : 100mm/min)

② Spindle Speed - Machining : 1500 입력 - 공구회전수(1500rpm)

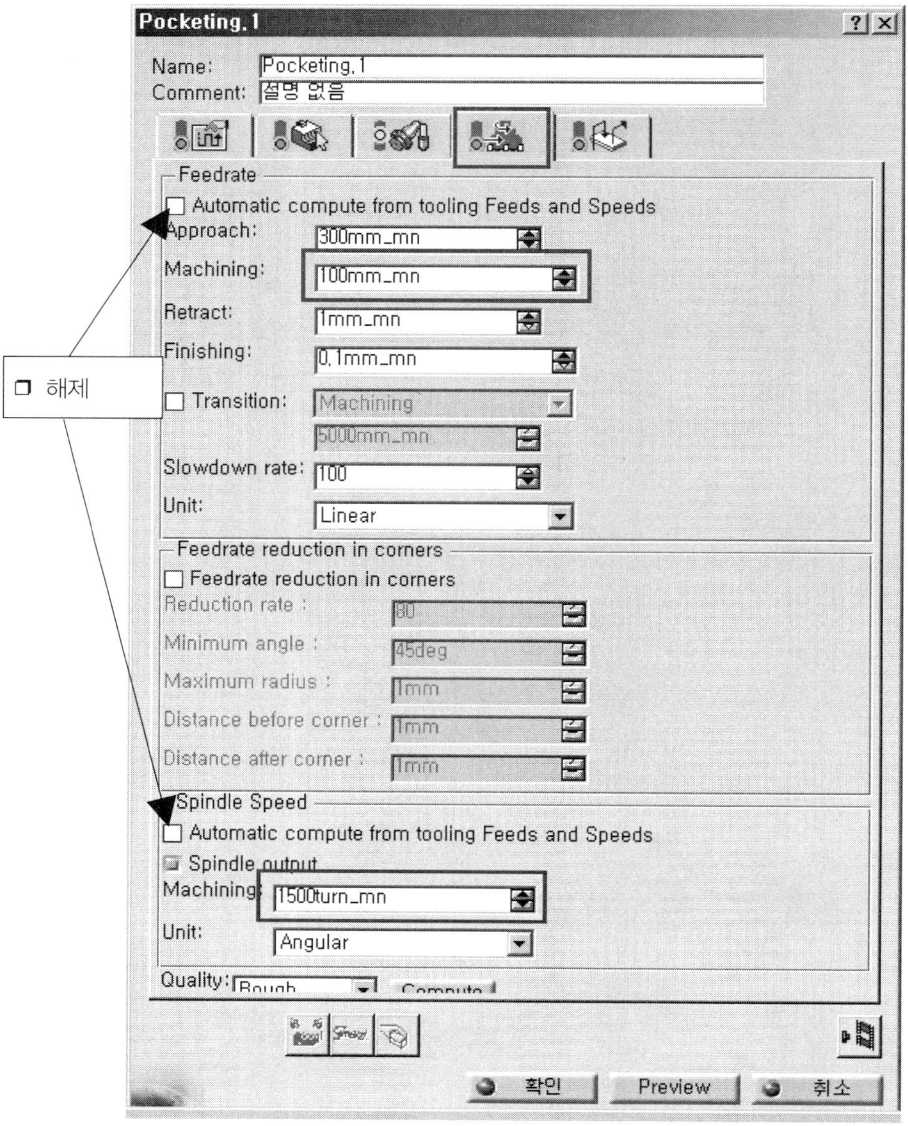

10 공구의 접근과 퇴각을 설정하기 위해 탭을 클릭한다.

① Approach(접근)와 Retract(퇴각)를 확인한다.

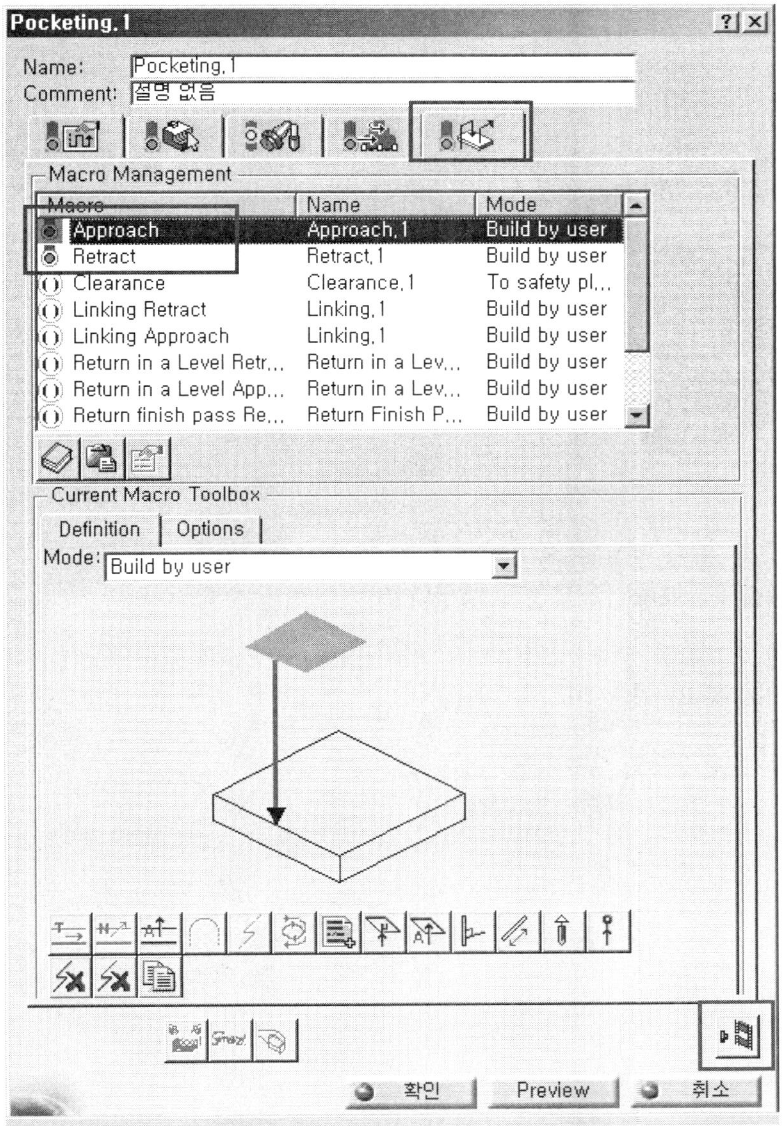

11 Tool Path Replay() 버튼을 클릭하여 공구 경로를 산출한다.

12 Video from last saved result( )로 가공경로 검사를 한다.

13 버튼을 클릭한다.

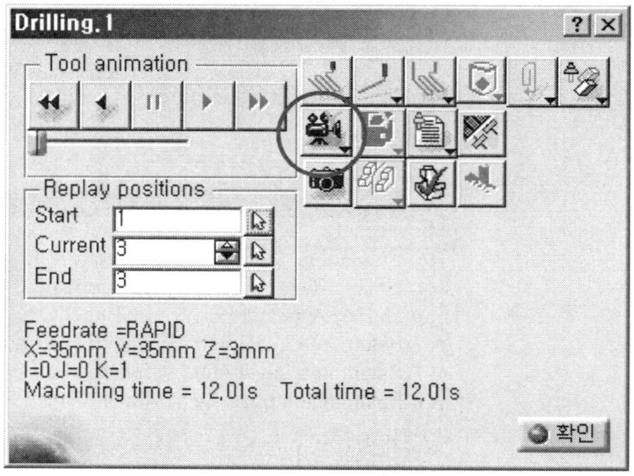

14 확인-확인을 눌러 엔드밀 포켓 가공을 마무리한다.

15 작업트리에 Pocketing.2 공정이 생성되었다.

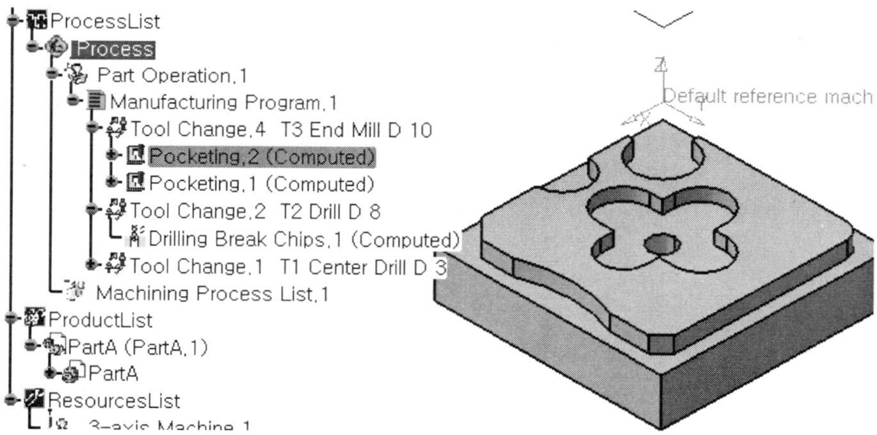

8 CATIA Machining에서 가공 경로 설정

01 "파일 ⇒ 다른 이름으로 저장"을 실행하고, 파일 이름을 "O3074" 입력 후, "저장"을 누른다.

02 ProcessList 밑에 있는 Manufactruing Program.1을 선택한다.

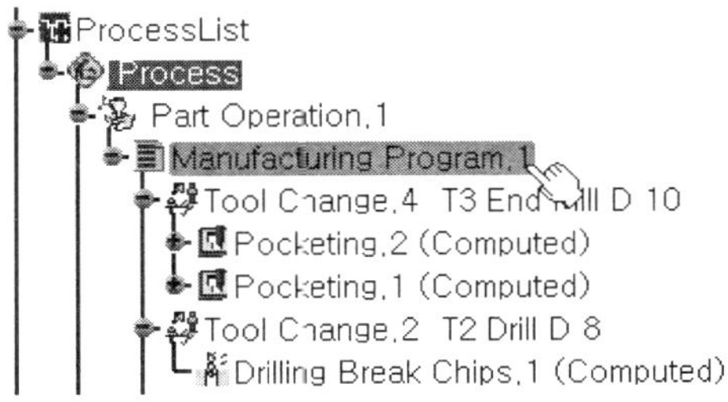

03 Generate NC Code Interactively( )를 실행한다.

04 In/Out 탭에서 다음을 확인한다.

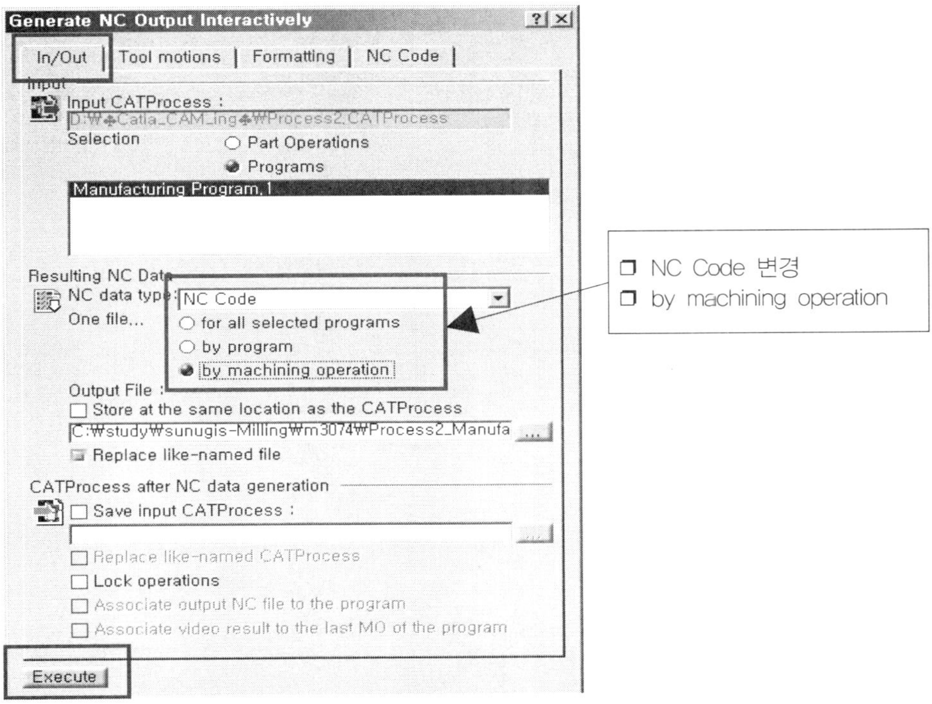

05 NC Code 탭에서 “fanuc0”을 확인하고, “Formatter” 버튼을 클릭한다.

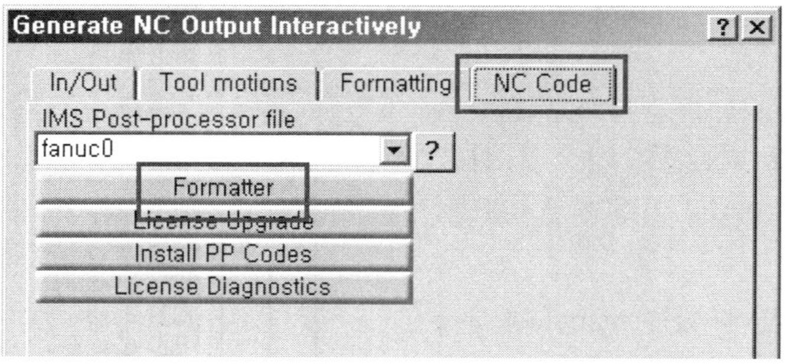

06 NC Code 산출에 따른 각 부분을 수정하고 “Update example Code”를 클릭하여 NC Data의 산출형식을 확인한다.

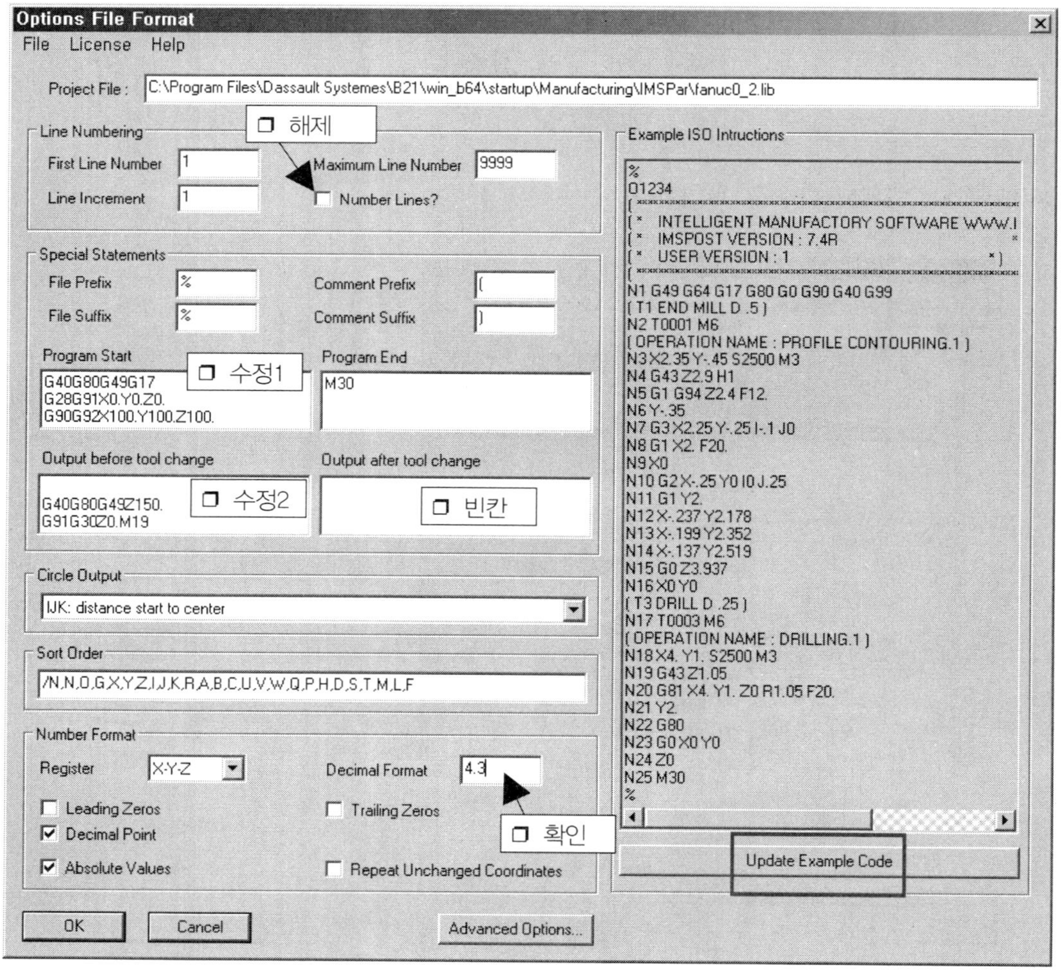

*** NC Code가 통일기계(Sentrol)일 경우**

❒ 수정 1 : 〈Program Start〉 부분에 다음과 같이 입력한다.
G40G80G49G17
G28G91X0.Y0.Z0.
G90G90X100.Y100.Z100.

❒ 수정 2 : 〈Output before Tool Change〉 부분에 다음과 같이 입력한다.
G40G49G80Z150.
G91G30Z0.M19

*** NC Code가 Fanuc일 경우**

❒ 수정 1 : 〈Program Start〉 부분에 다음과 같이 입력한다.
G40G49G80G17G54

❒ 수정 2 : 〈Output before Tool Change〉 부분에 다음과 같이 입력한다.
공백

07 [Update Example Code] 버튼을 클릭하고, "OK"를 누른다.

08 [Execute] 버튼을 클릭한다.

09 프로그램 번호를 입력하고, "Continue" 버튼을 누른다.

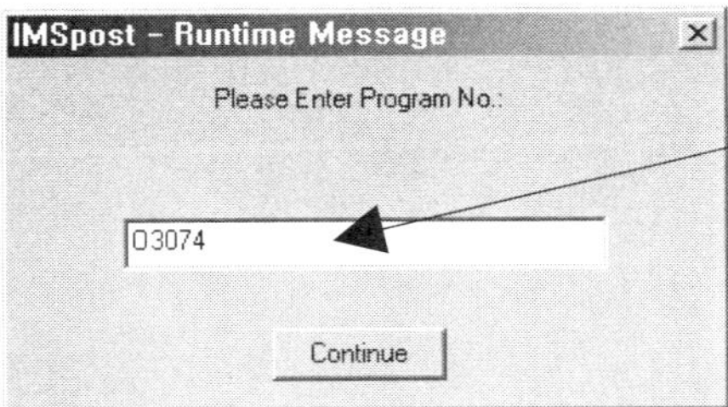

❒ 프로그램 번호 입력
O3074

10 다음과 같은 창이 나오면 "확인"을 누른다.

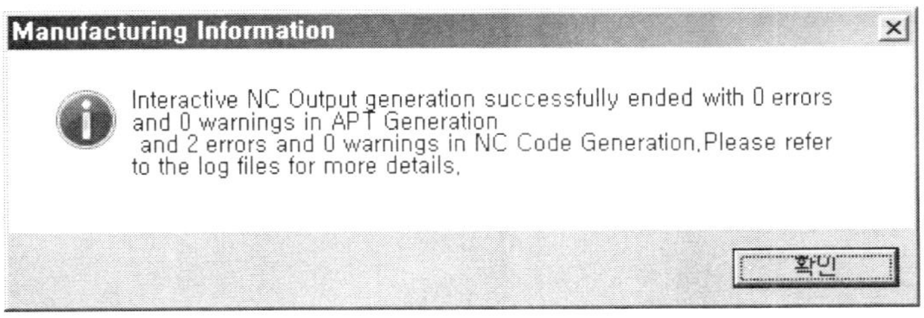

11 생성된 NC Data를 확인한다.

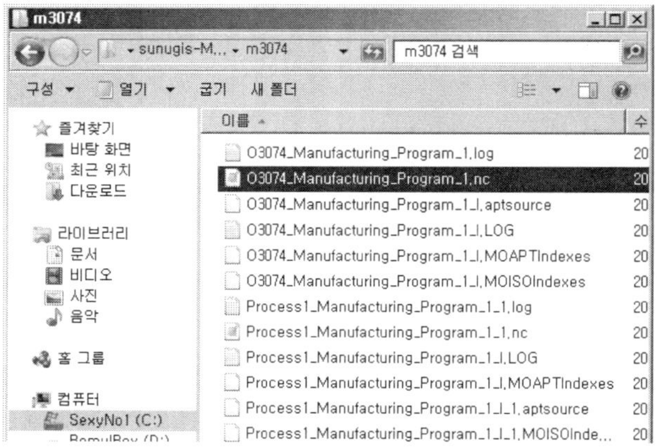

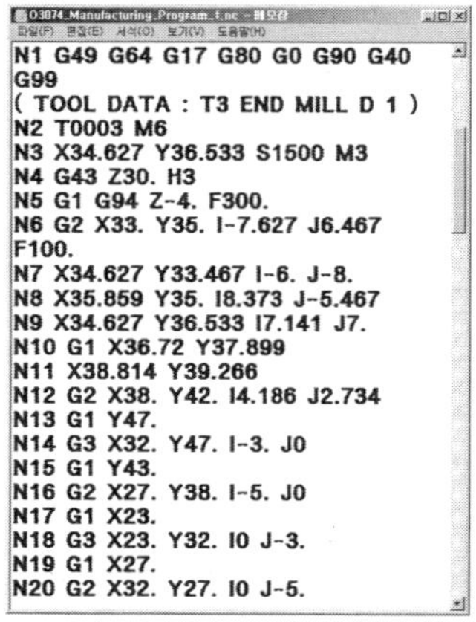

```
N1 G49 G64 G17 G80 G0 G90 G40
G99
( TOOL DATA : T3 END MILL D 1 )
N2 T0003 M6
N3 X34.627 Y36.533 S1500 M3
N4 G43 Z30. H3
N5 G1 G94 Z-4. F300.
N6 G2 X33. Y35. I-7.627 J6.467
F100.
N7 X34.627 Y33.467 I-6. J-8.
N8 X35.859 Y35. I8.373 J-5.467
N9 X34.627 Y36.533 I7.141 J7.
N10 G1 X36.72 Y37.899
N11 X38.814 Y39.266
N12 G2 X38. Y42. I4.186 J2.734
N13 G1 Y47.
N14 G3 X32. Y47. I-3. J0
N15 G1 Y43.
N16 G2 X27. Y38. I-5. J0
N17 G1 X23.
N18 G3 X23. Y32. I0 J-3.
N19 G1 X27.
N20 G2 X32. Y27. I0 J-5.
```

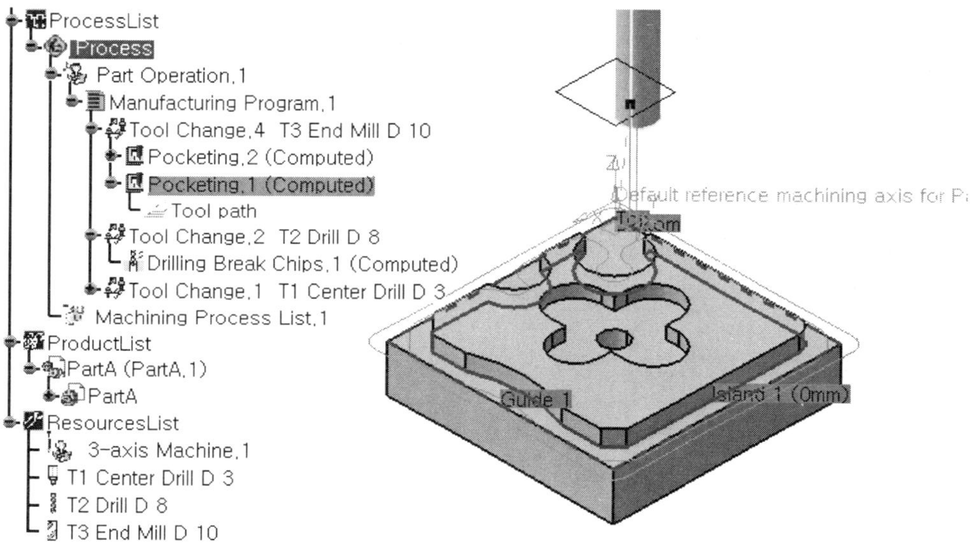

Part 6

2차원 도면 작성

따라하면서 배우는
Drafting

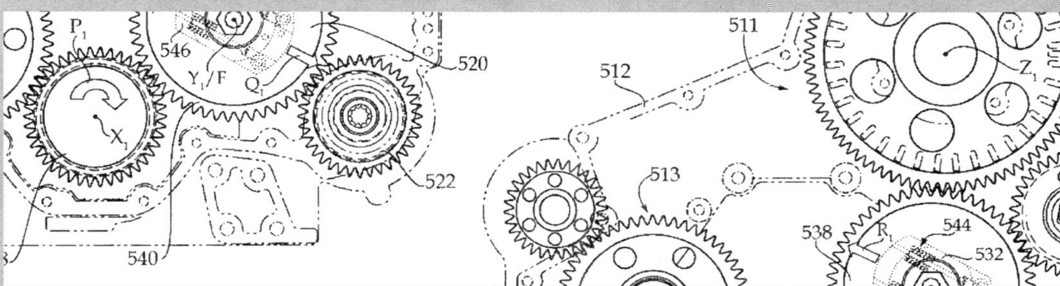

O1 앞에서 작성한 모델링 파일을 열기( )한다.

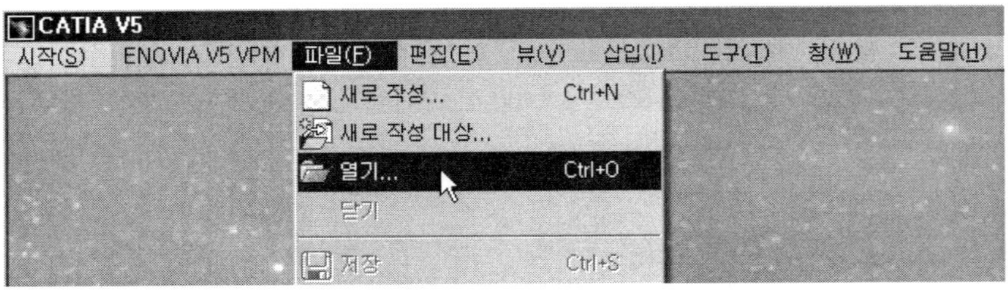

O2 모델링 파일이 화면에 나타난다.

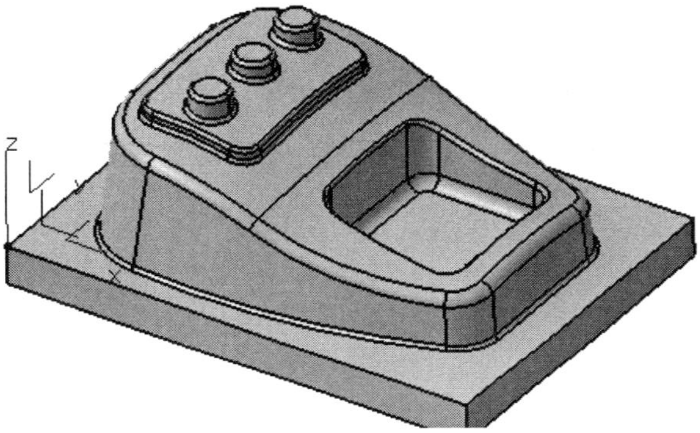

O3 시작 〉 기계 디자인 〉 도면을 누른다.

04 새 도면 작성 창에서 빈시트(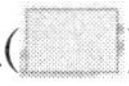)를 클릭하고, 확인을 누른다.

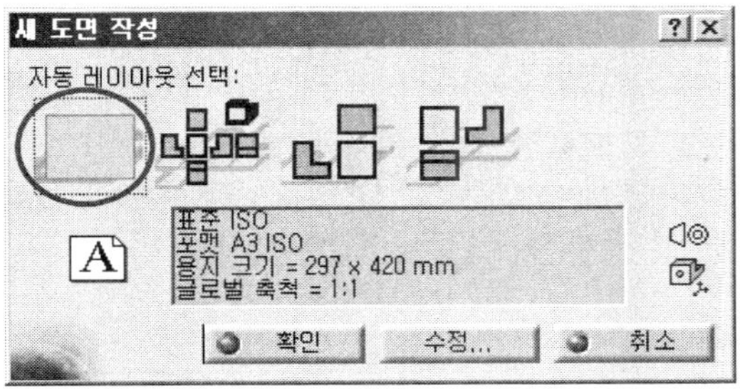

05 도면 환경이 나타난다.
작업 트리에서 시트.1을 선택하고, 마우스 오른쪽 버튼을 눌러 "등록정보"를 클릭한다.

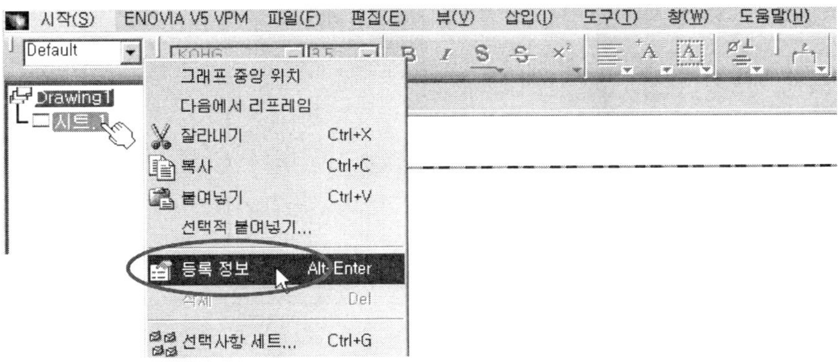

06 용지 크기를 "A3 ISO", 프로젝션 방법을 "세 번째 각도 표준(3각법)"으로 변경하고, OK를 누른다.

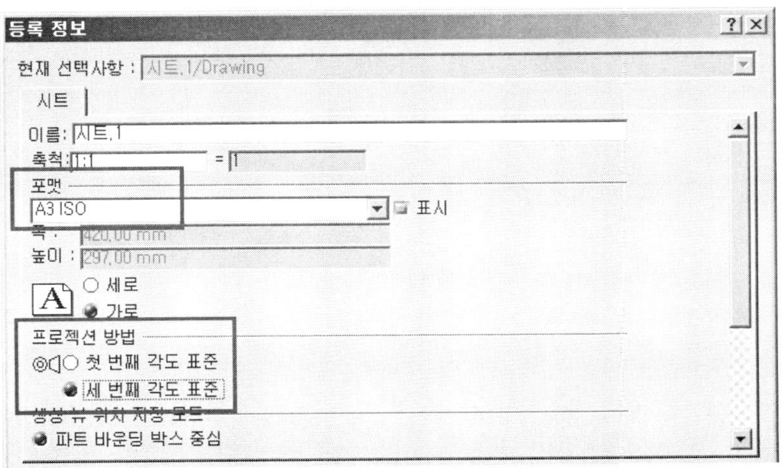

07 전체 화면 맞춤( )을 실행해서 작업화면 전체를 보기한다.

08 풀다운 메뉴의 "창 〉 수평으로 배열"을 실행한다.

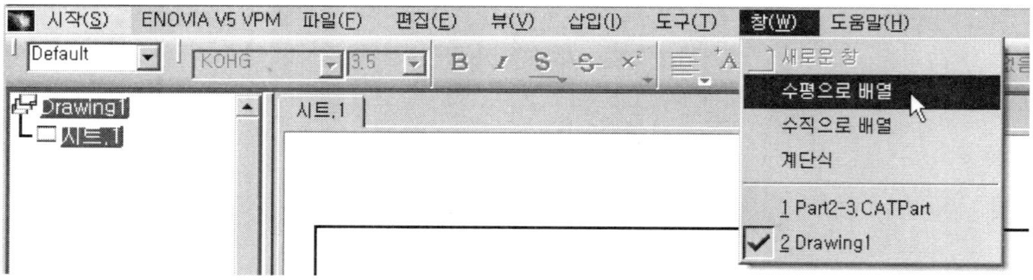

09 도면을 생성시킬 Modeingl창과 Drafting창이 수평하게 나누어진다.

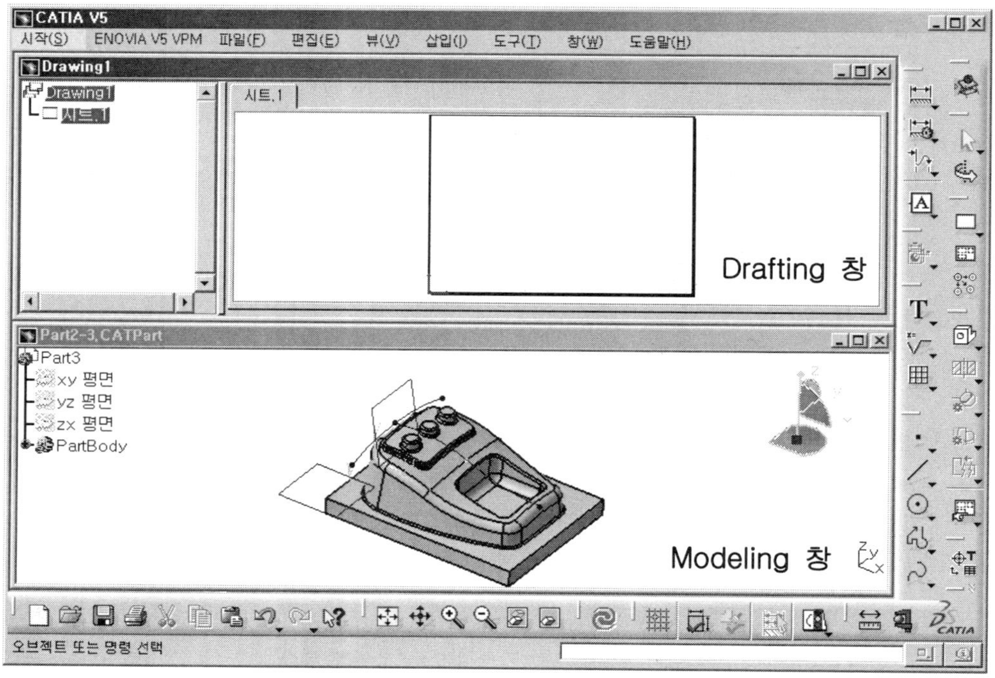

10 정면 뷰( )를 실행한다.

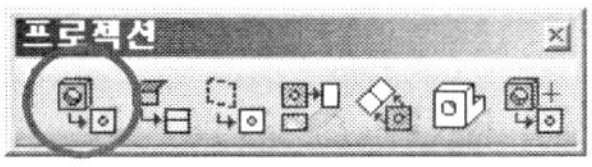

(정면도를 생성하는 기능이다.)

11 Modeingl 창에서 정면도로 생성하고자 하는 면을 선택한다.
Drafting 창에 생성되는 View가 미리보기 된다.

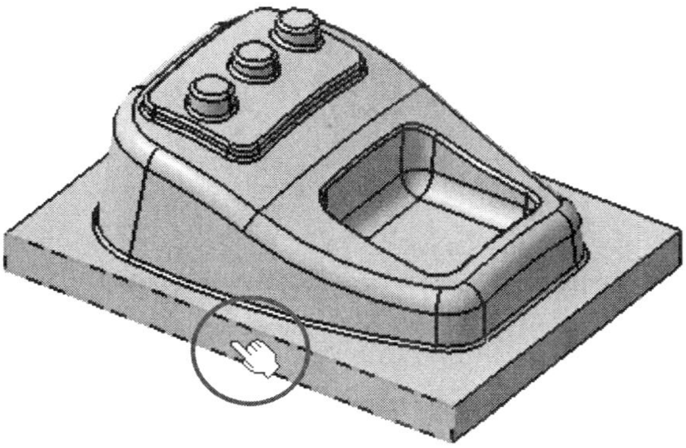

12 아이콘을 이용하여 임의 각도만큼 회전하여 View를 생성할 수 있다.

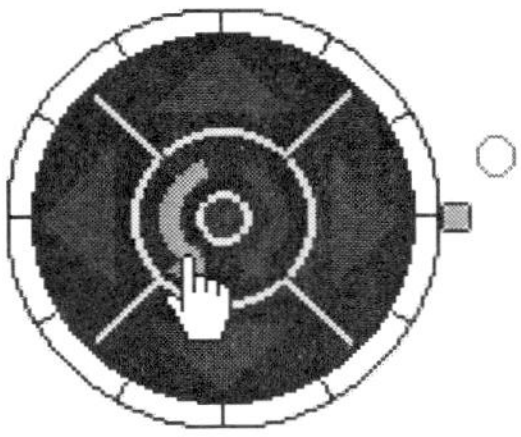

클릭할 때마다
반시계 방향으로 30도 회전

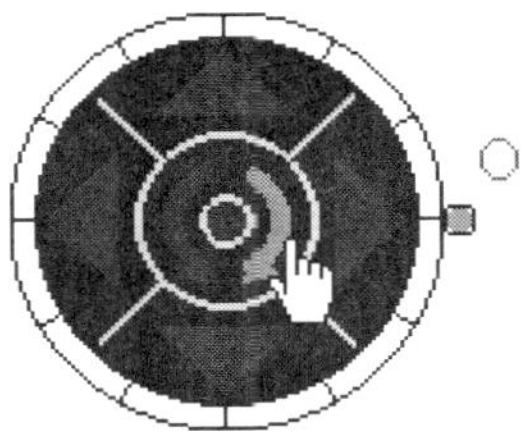

클릭할 때마다
시계 방향으로 30도 회전

13 Drafting 창에서 임의의 점을 클릭하면 View가 생성된다.

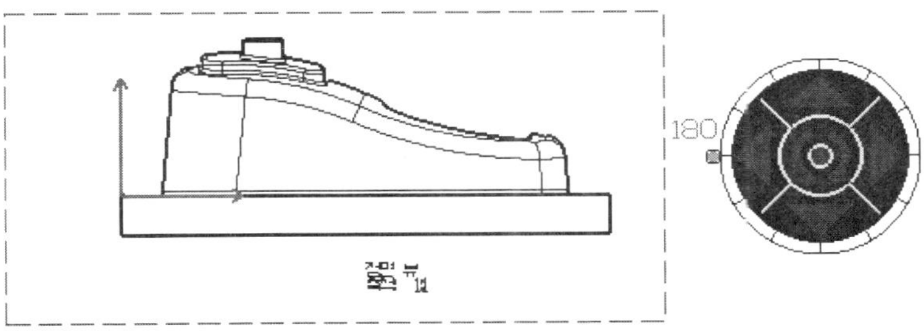

14 빨간색 테두리를 Drag하여 원하는 위치로 이동할 수 있다.

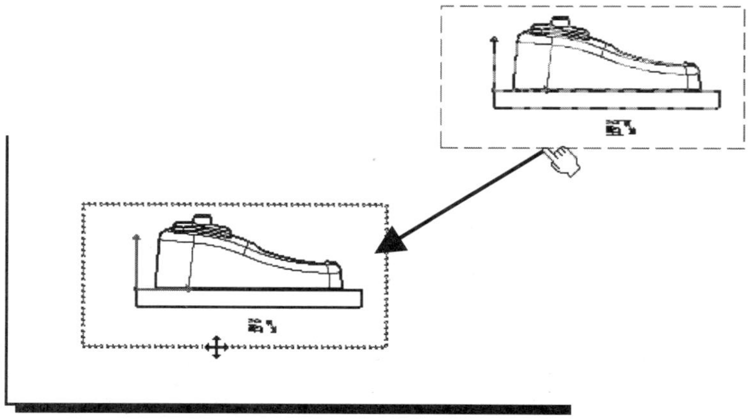

15 프로젝션 뷰( )를 실행한다.

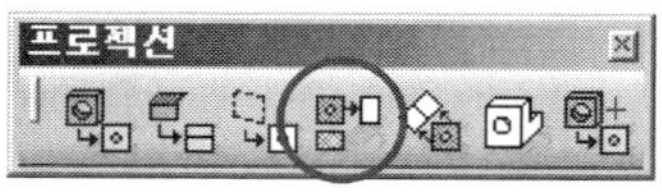

(정면뷰에 대한 평면도, 우측면도 등 Normal View를 생성하는 기능이다.)

16 위쪽을 클릭하여 평면도를 생성한다.

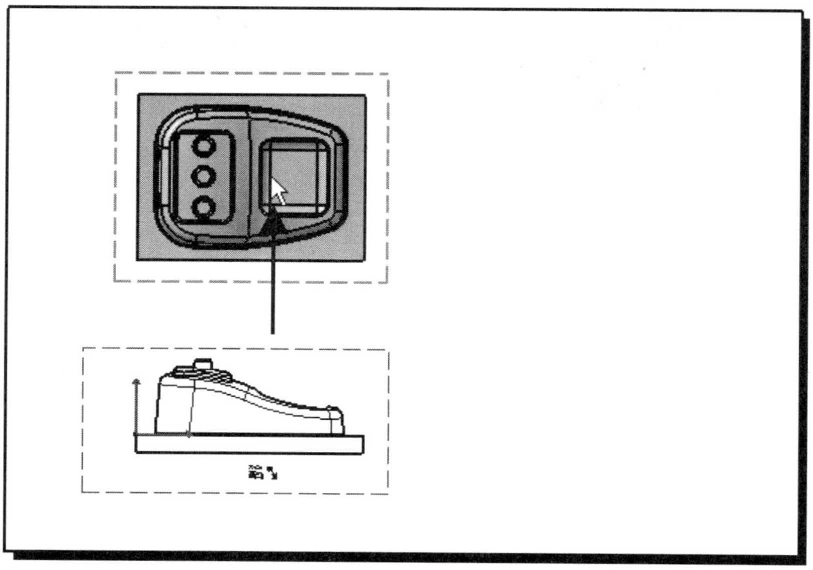

17 프로젝션 뷰(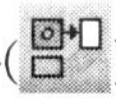)를 실행한다.

18 오른쪽을 클릭하여 우측면도를 생성한다.

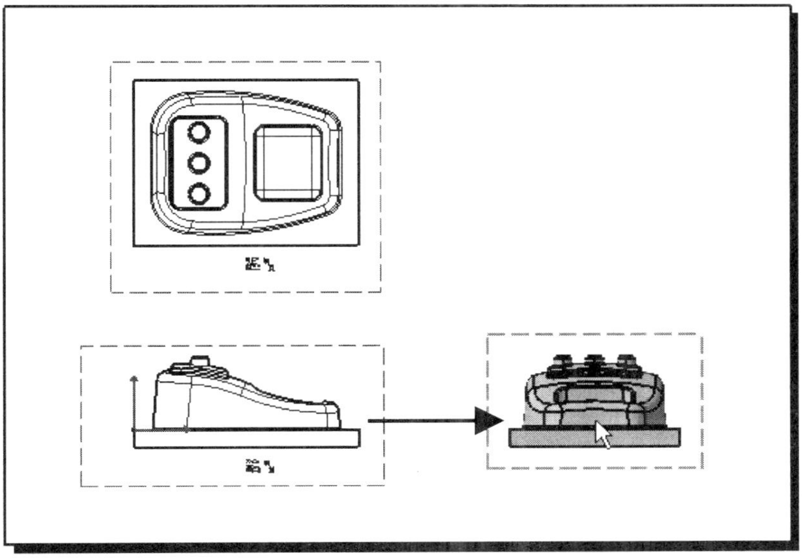

19 아이서메트릭 뷰()를 실행한다.

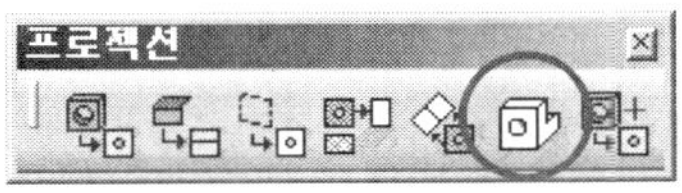

(3D 형상의 입체도를 생성하는 기능이다)

20 Modeling 창에 있는 형상의 임의의 면을 클릭한다.

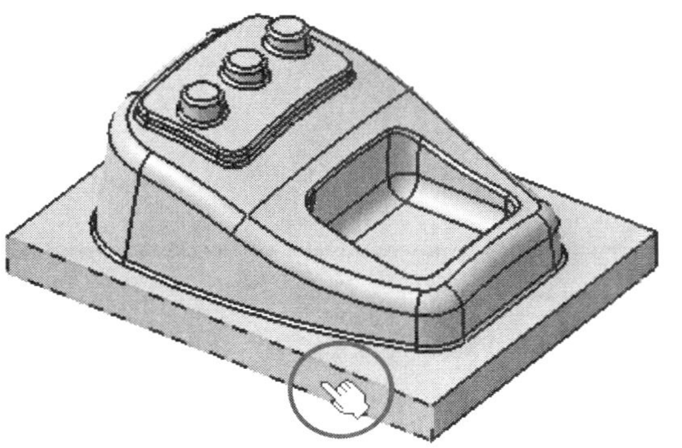

21 화면에 보이는 형상의 모습과 똑같이 Drafting 창에 생성된다.
Drafting 창의 임의의 지점을 클릭한다.

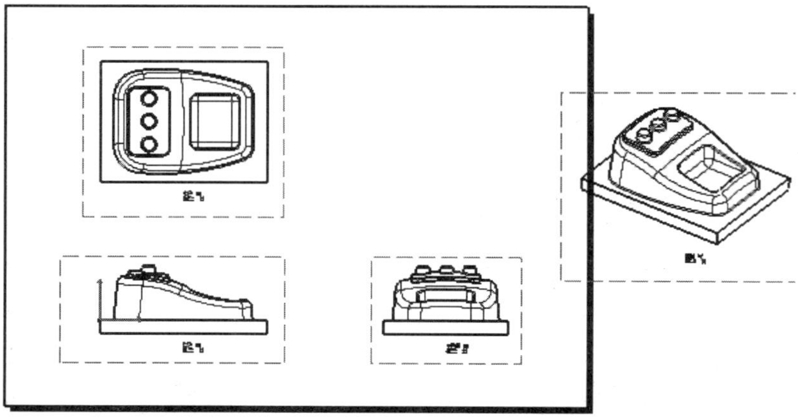

22 생성된 아이서메트릭 뷰를 마우스로 Drag하여 적당한 위치로 이동시킨다.

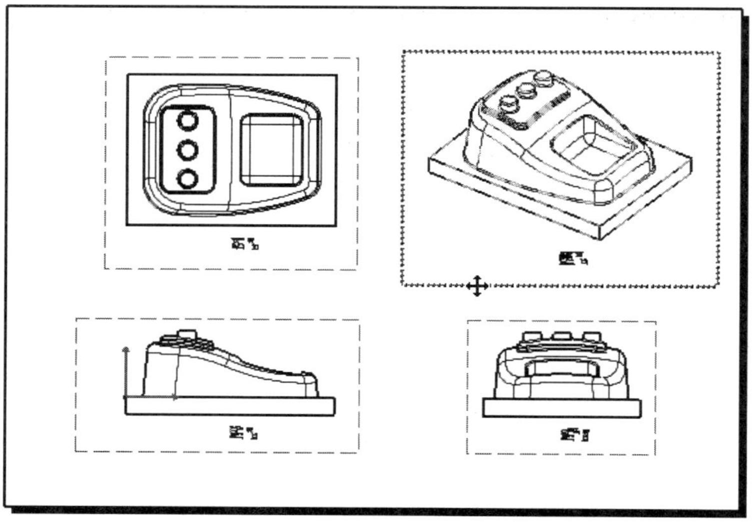

23 나머지 View들도 적당한 위치로 이동시킨다.

24 Drafting 작업이 완성되었다.

Part 7

예제도면

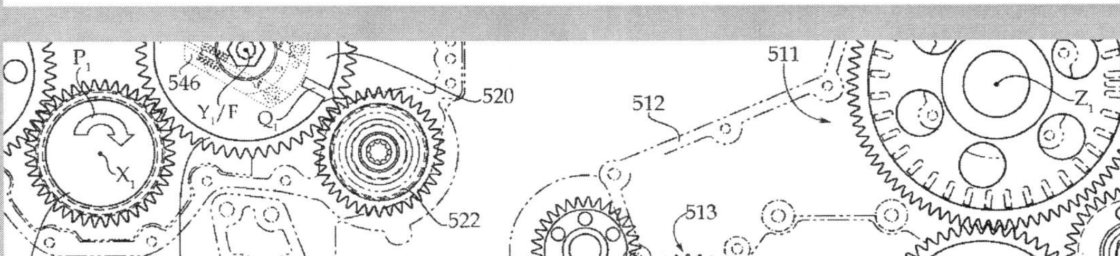

예제도면 01

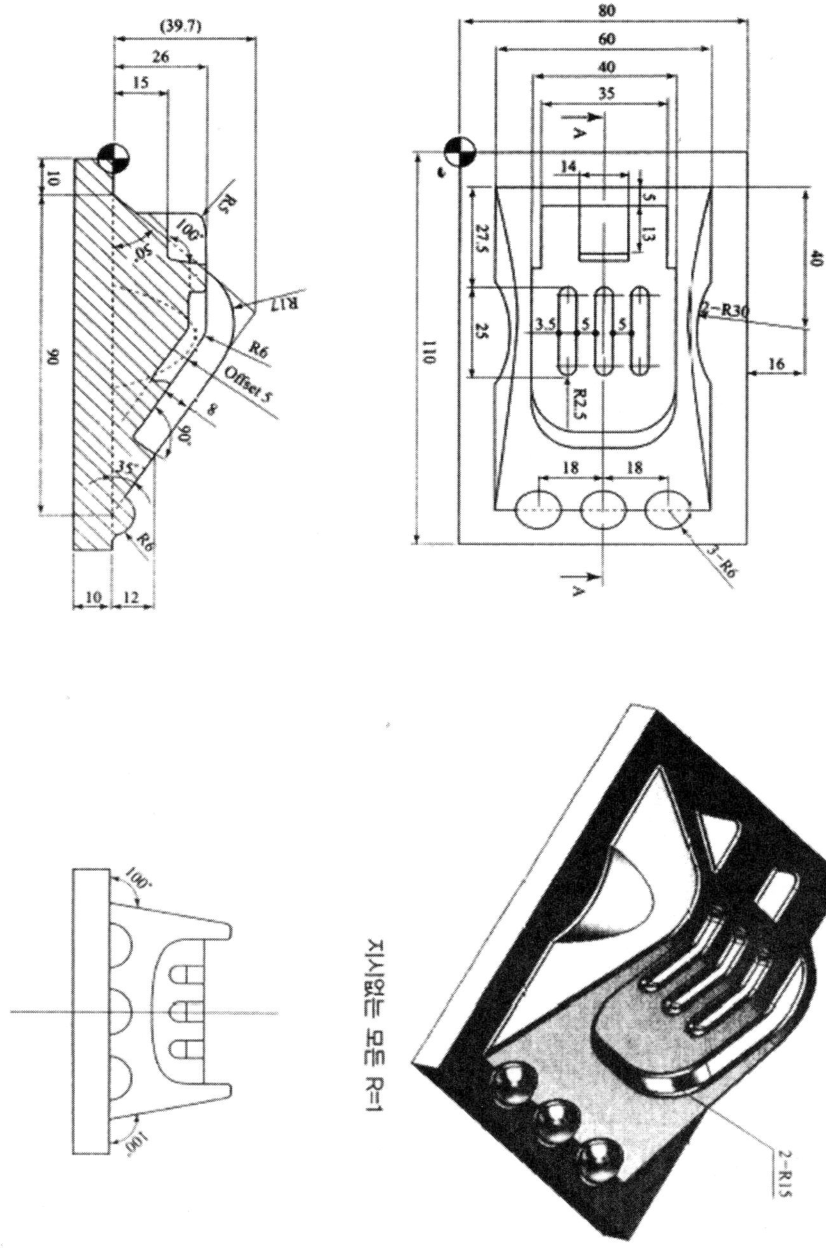

(39.7)
26
15
10
90
10
12
R5
100°
50°
R17
R6
Offset 5
8
90°
35°
80
60
40
35
A
14
5
13
27.5
25
3.5
40
2-R30
110
16
R2.5
18
3-R6
100°
지시없는 모든 R=1
2-R15

예제도면 02

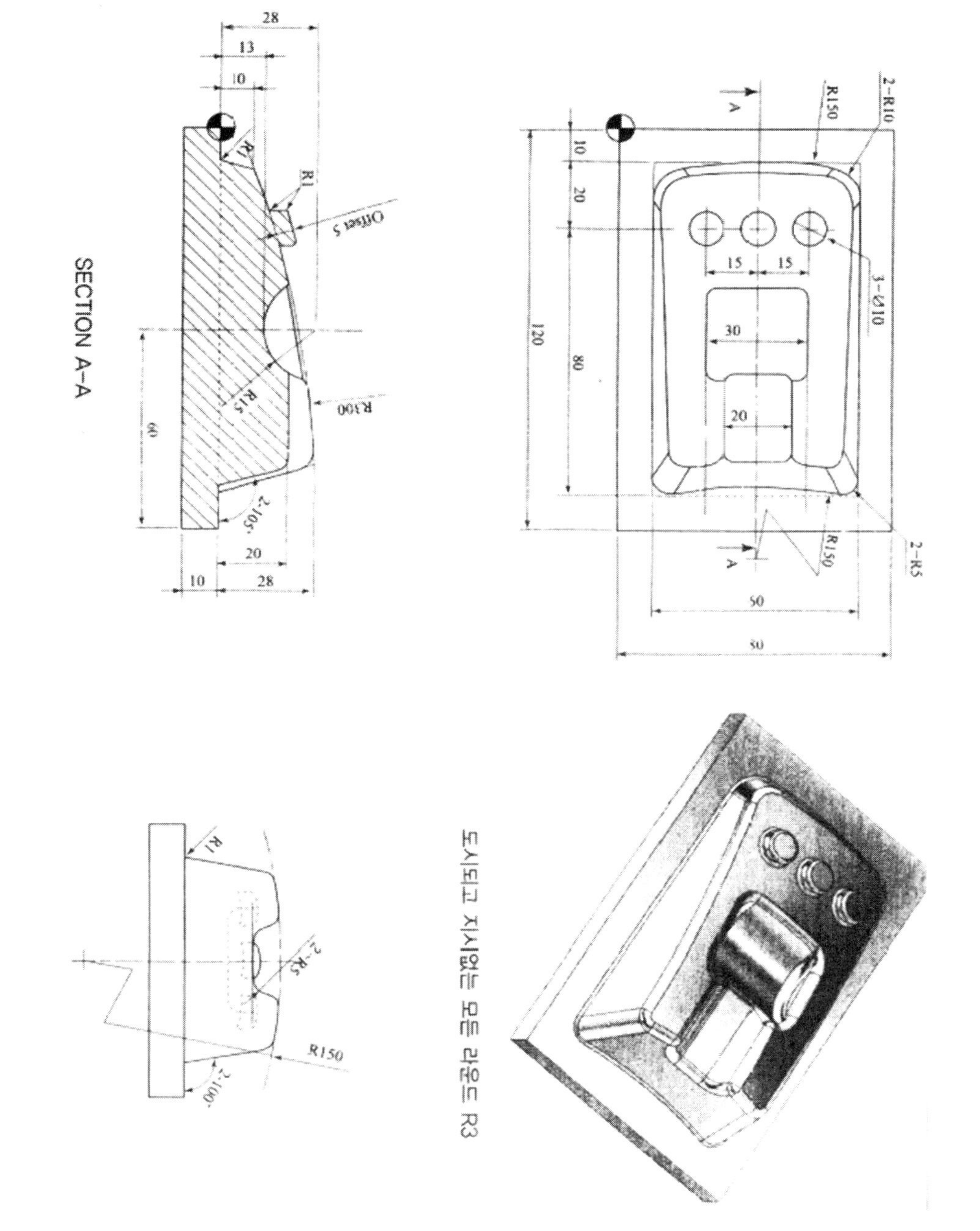

예제도면 03

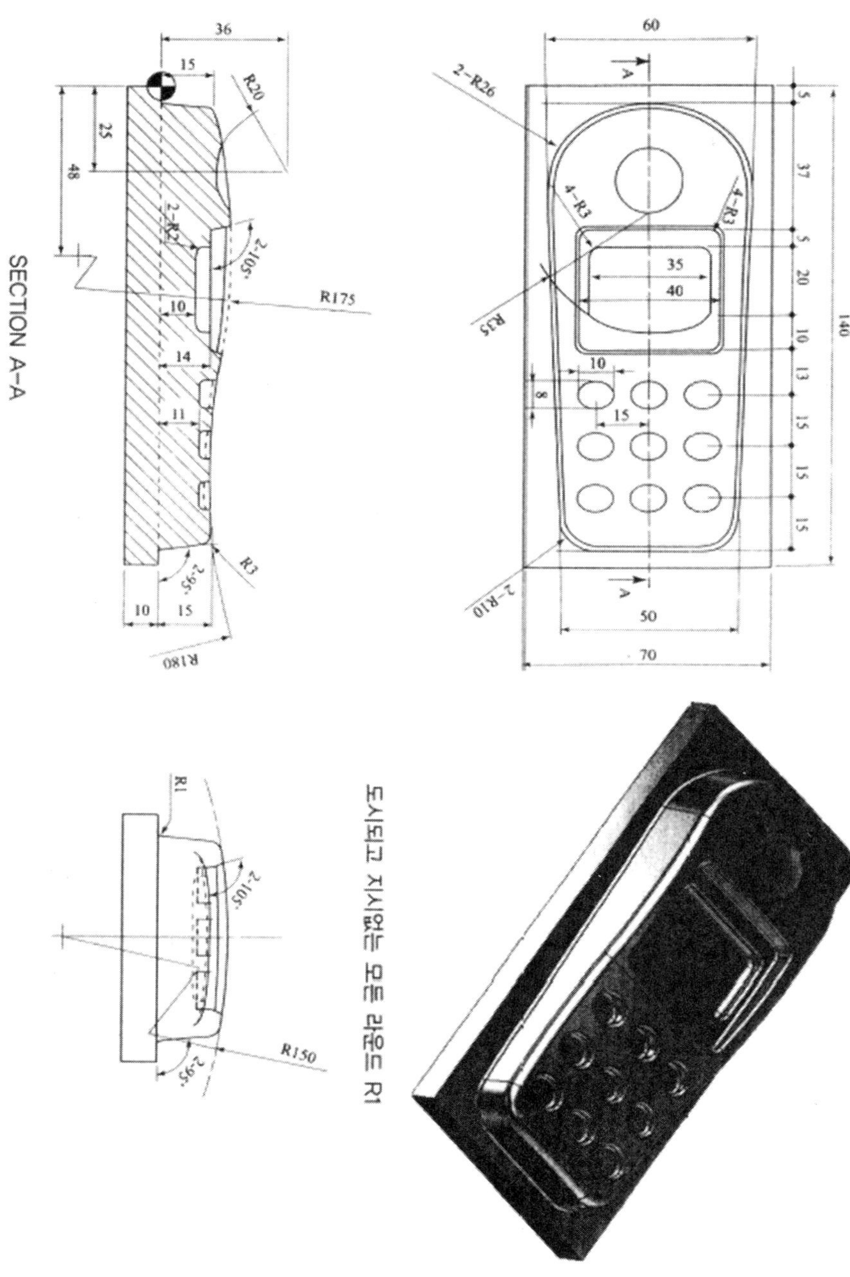
SECTION A-A
도시되고 지시없는 모든 라운드 R1
36
15
R20
25
48
2-R2
2-105°
R175
10
14
11
R3
2-95°
10
15
R180
60
2-R26
A
4-R3
4-R3
35
40
R35
10
8
15
5
37
5
20
10
13
15
15
15
140
2-R10
50
70
R1
2-105°
R150
2-95°

예제도면 04

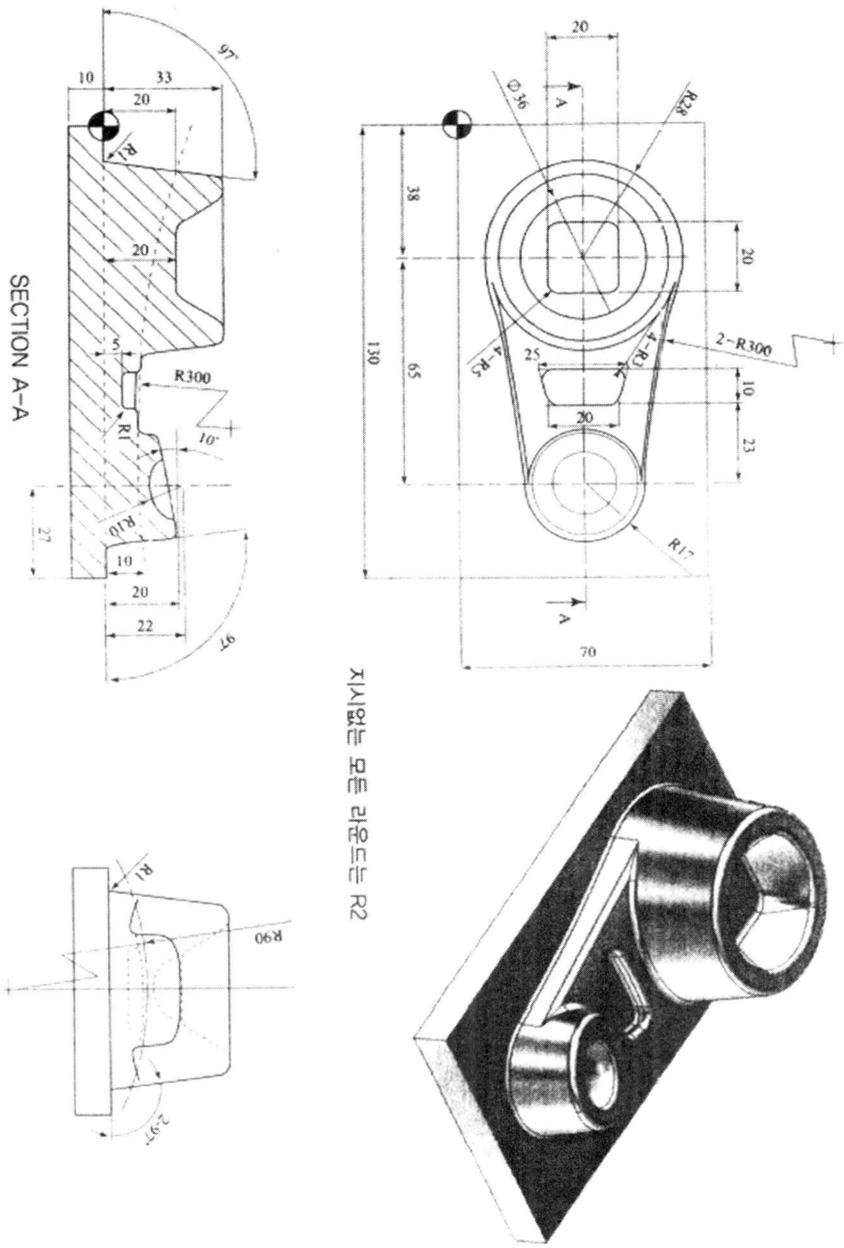

예제도면 05

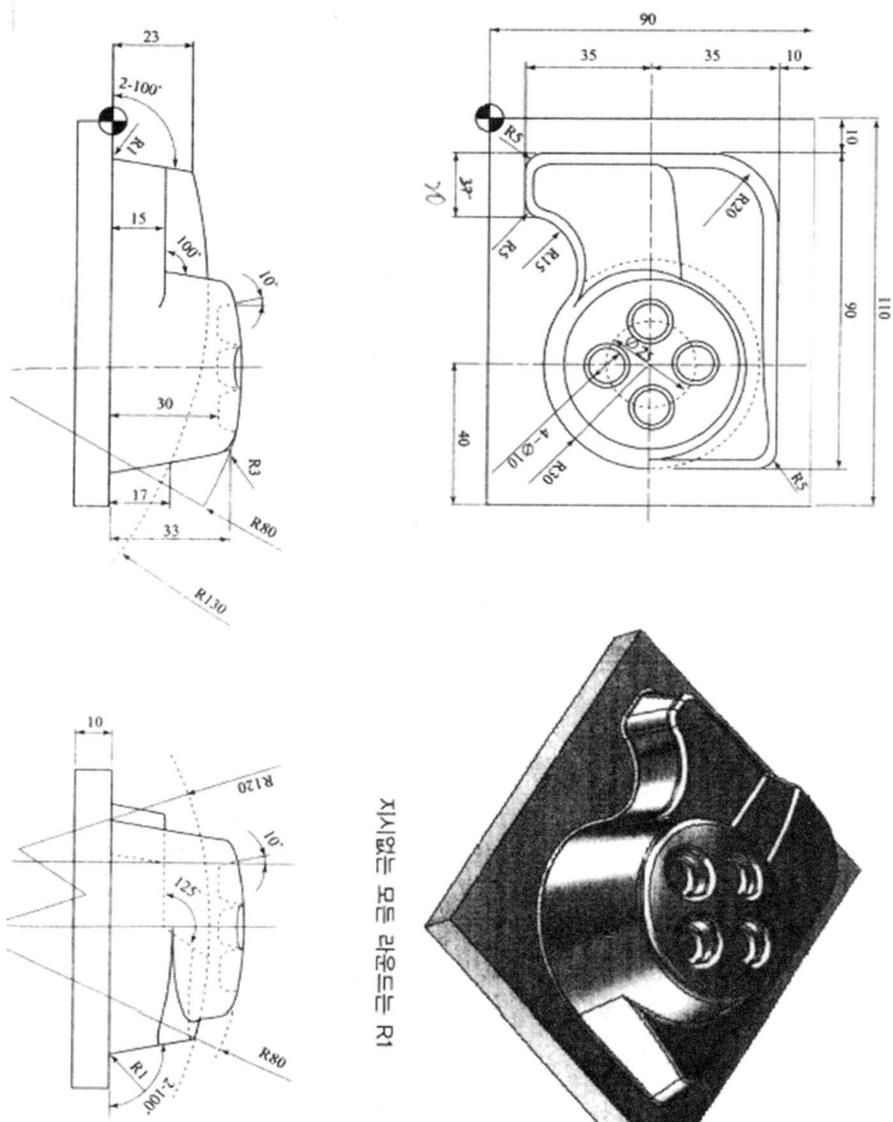
지시없는 모든 라운드는 R1

예제도면 06

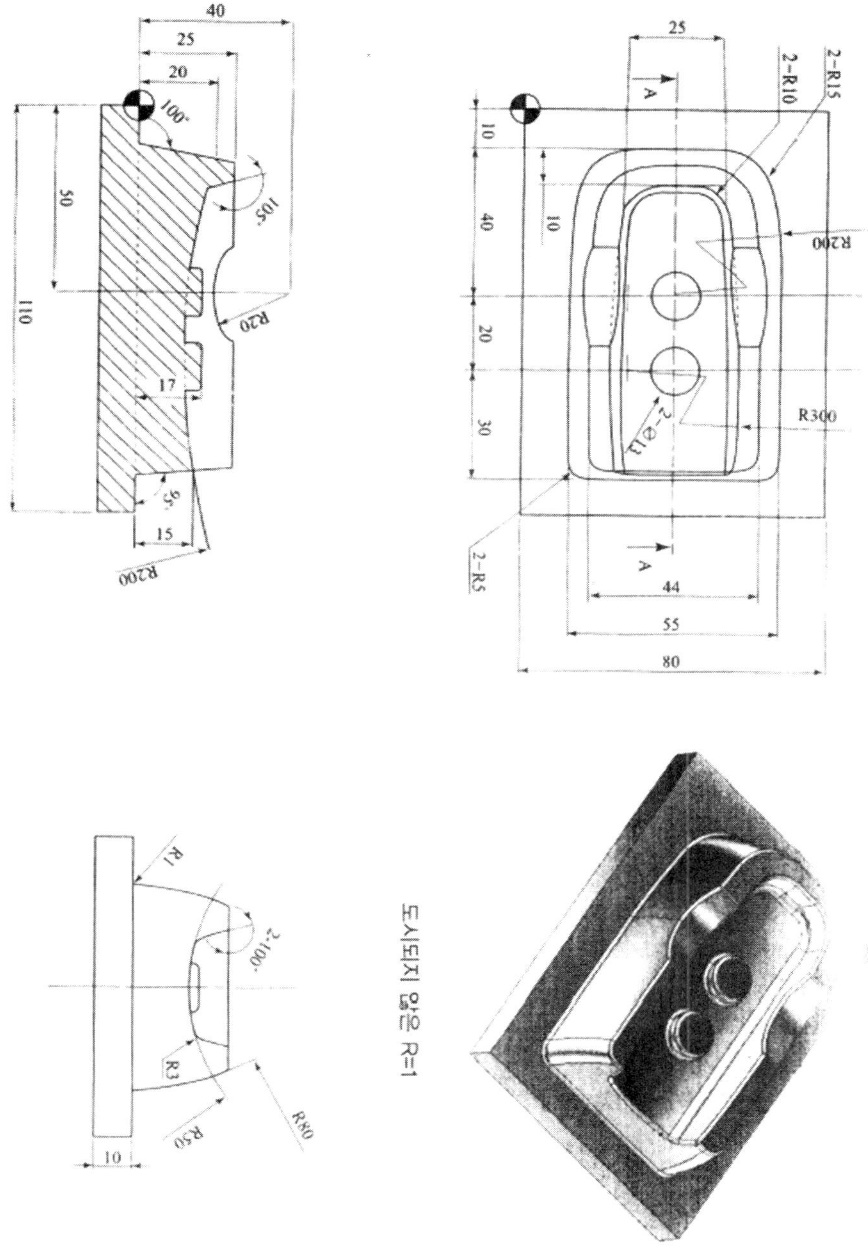
40
25
20
100°
105°
50
110
R20
17
95°
15
R200
25
A
2-R10
2-R15
10
40
10
R200
20
30
R300
2-⌀13
2-R5
44
55
80
R1
2-100°
R3
R50
R80
10
도시되지 않은 R=1

예제도면 07

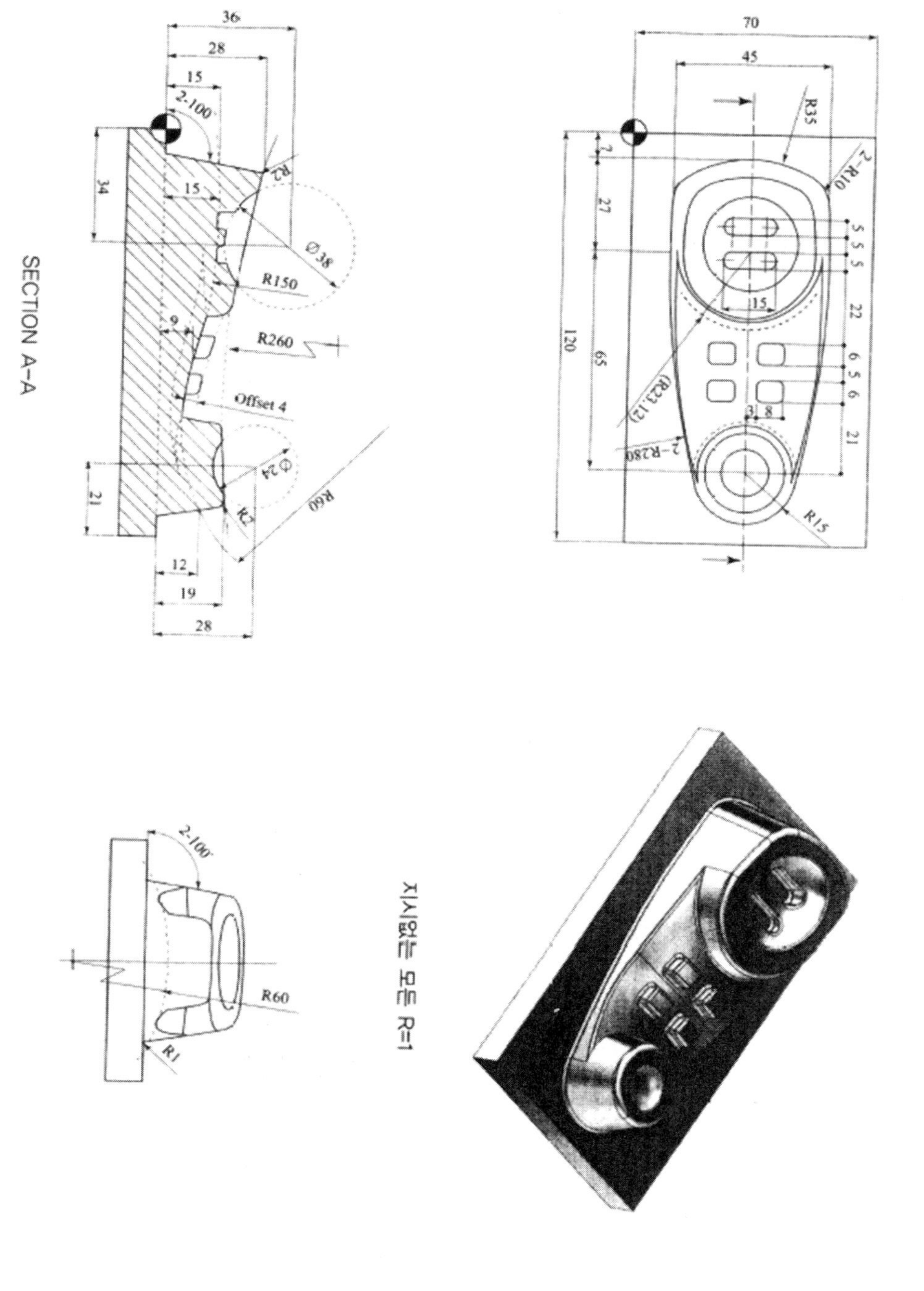

예제도면 08

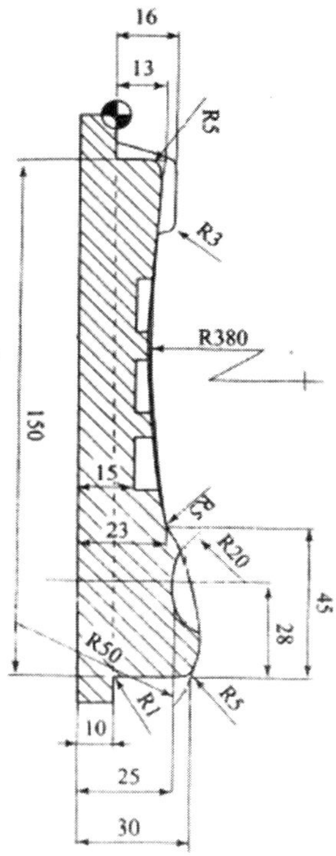

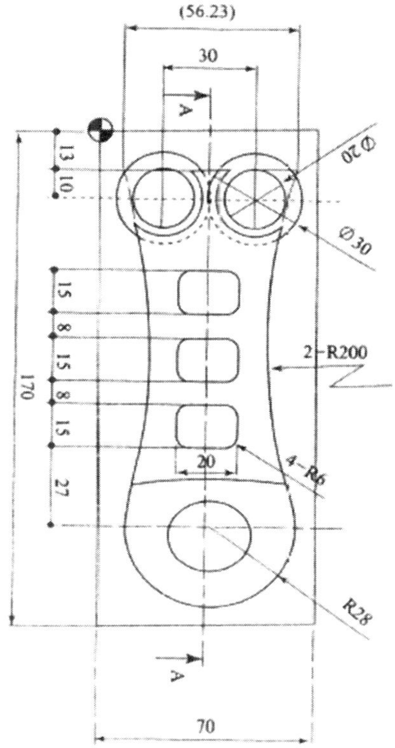

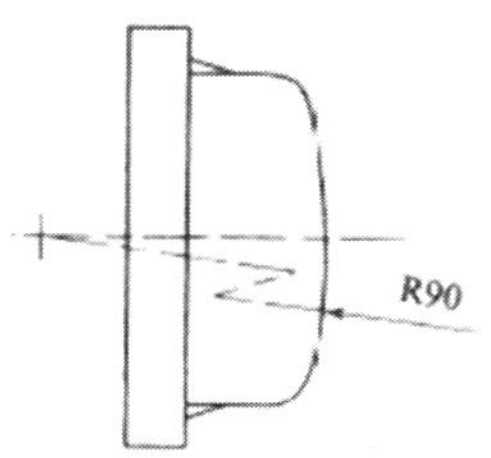

지시없는 R 및 필렛 R=1

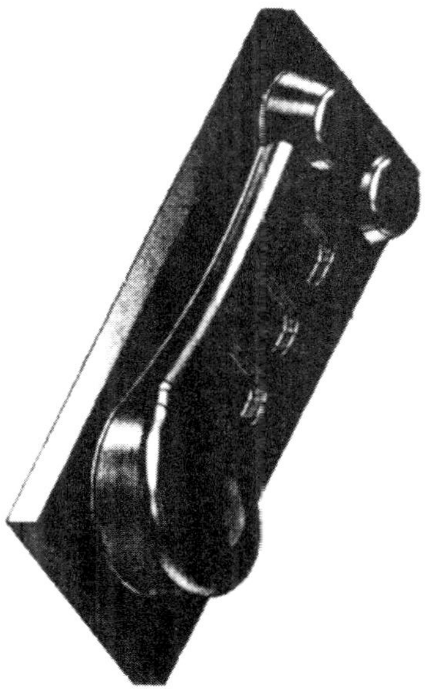

예제도면 09

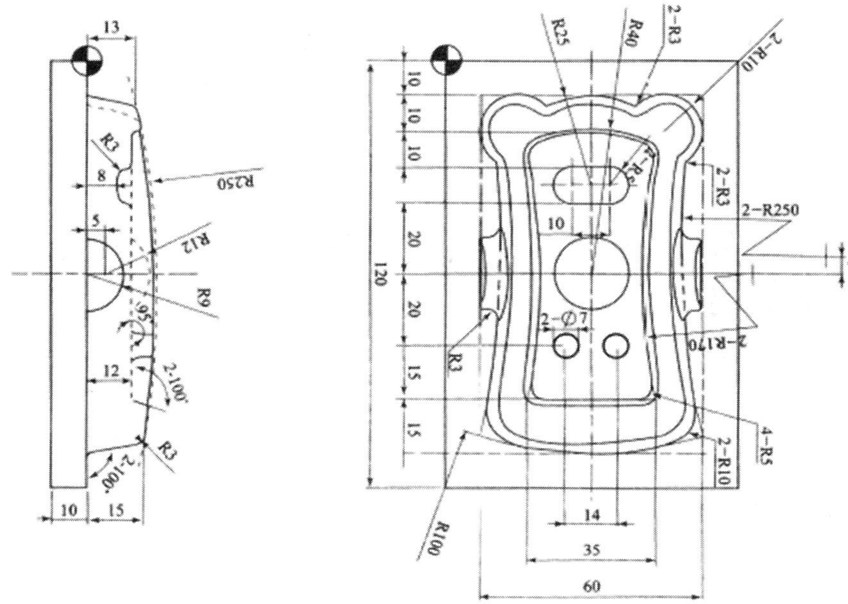

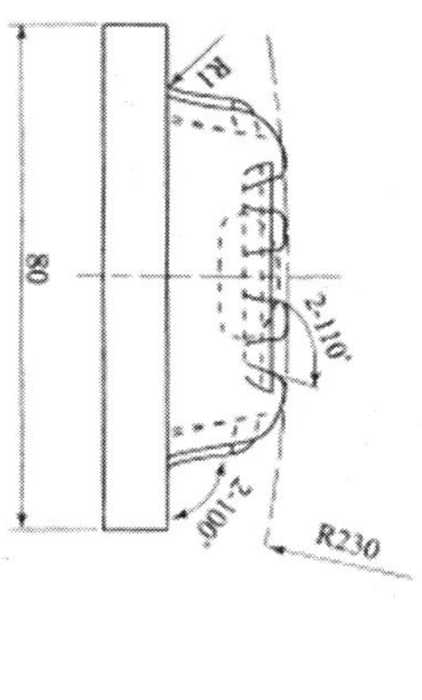

도시되고 지시없는 모든 라운드 R1

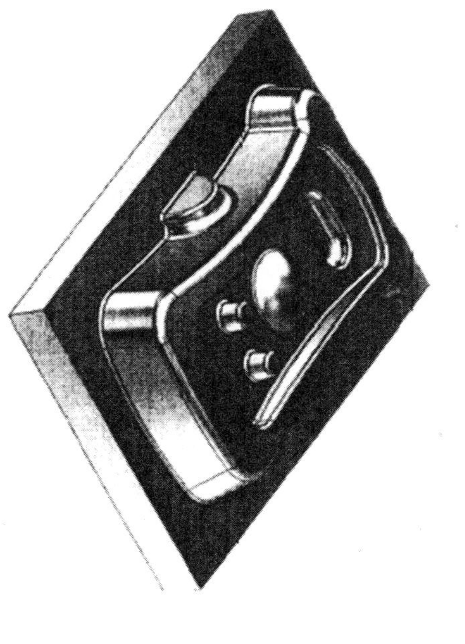

예제도면 10

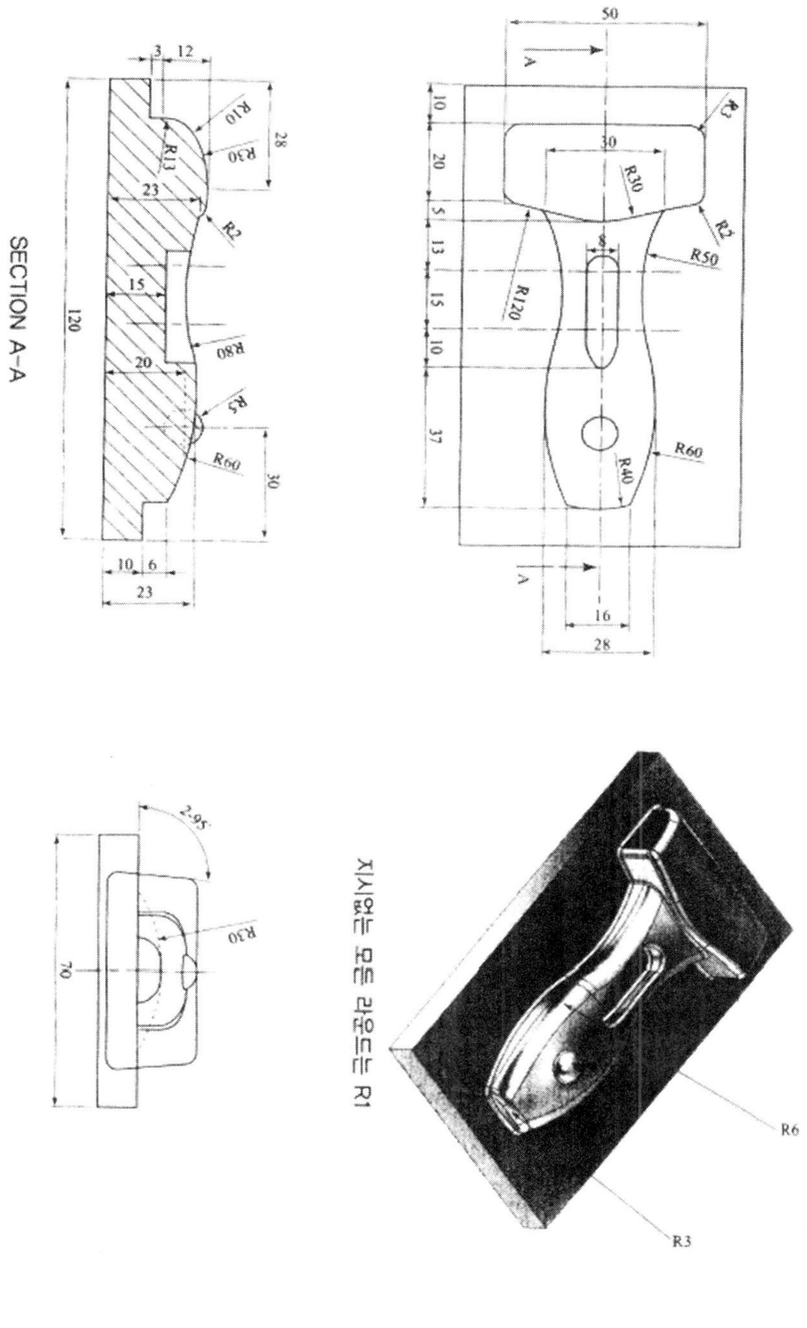

예제도면 11

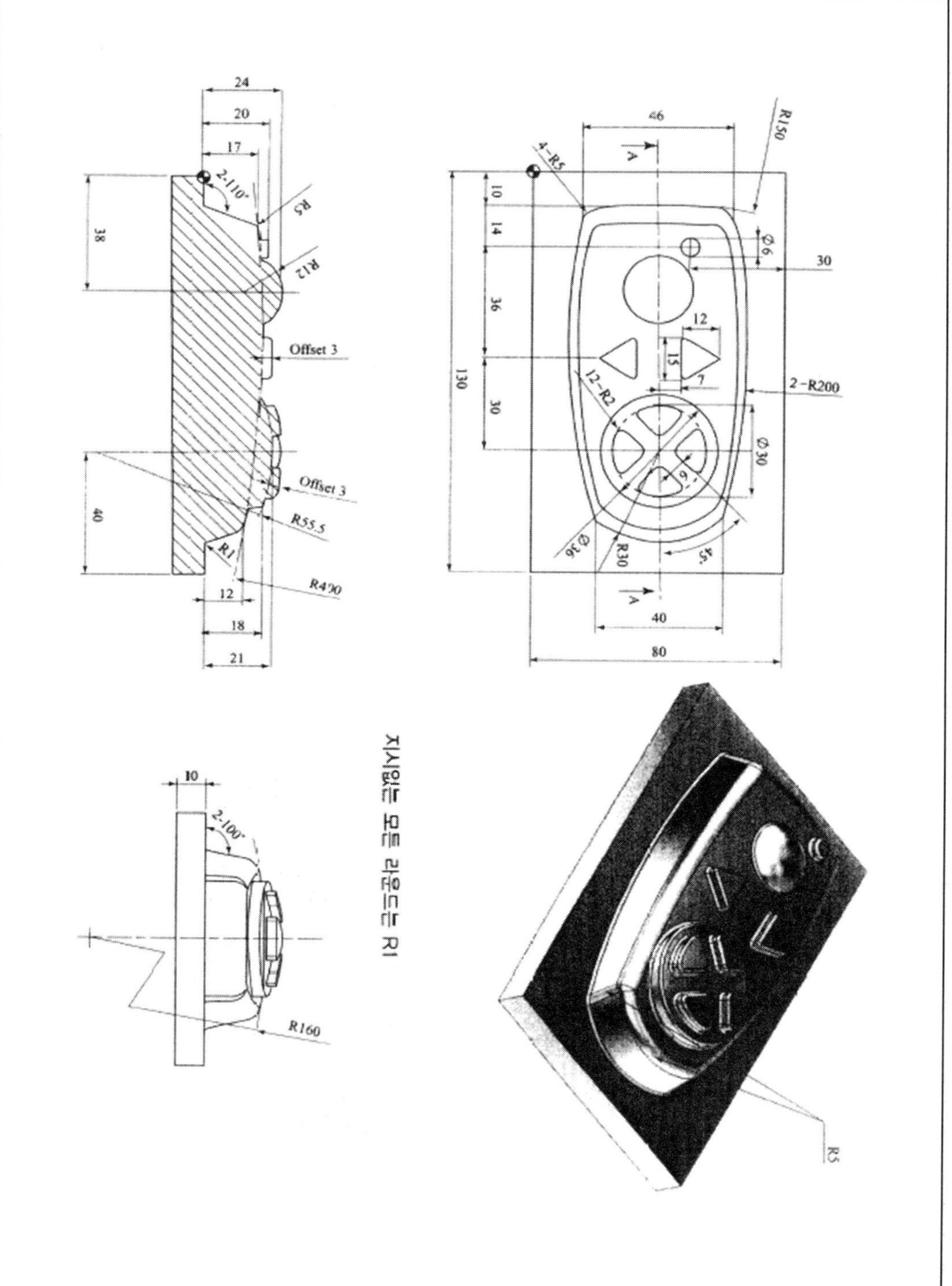
지시없는 모든 라운드는 R1
Offset 3
Offset 3
R55.5
R490
R160
2-R200
R150
4-R5
12-R2
R5

예제도면 12

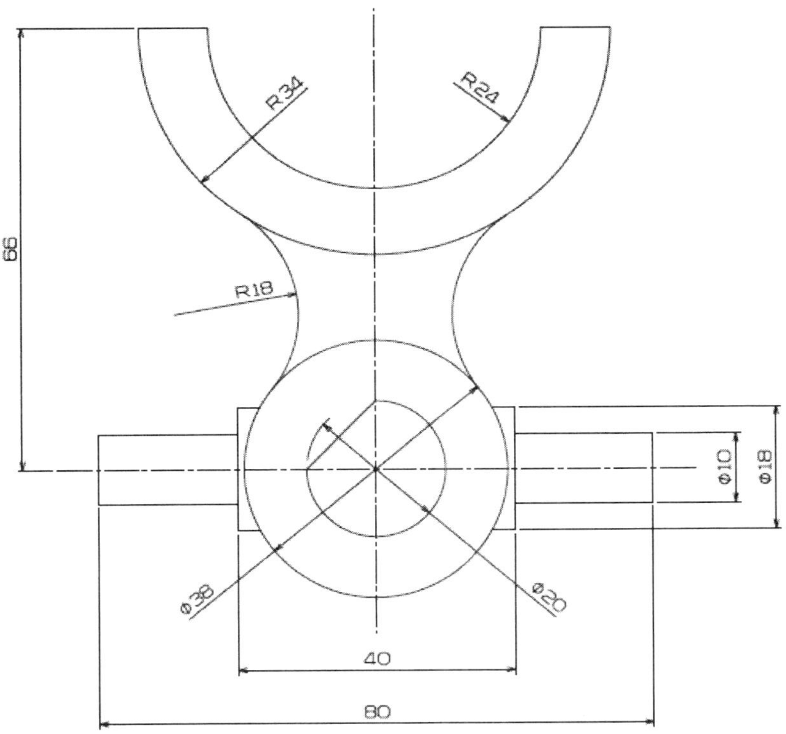

R34
R24
66
R18
Φ10
Φ18
Φ38
Φ20
40
80

예제도면 13

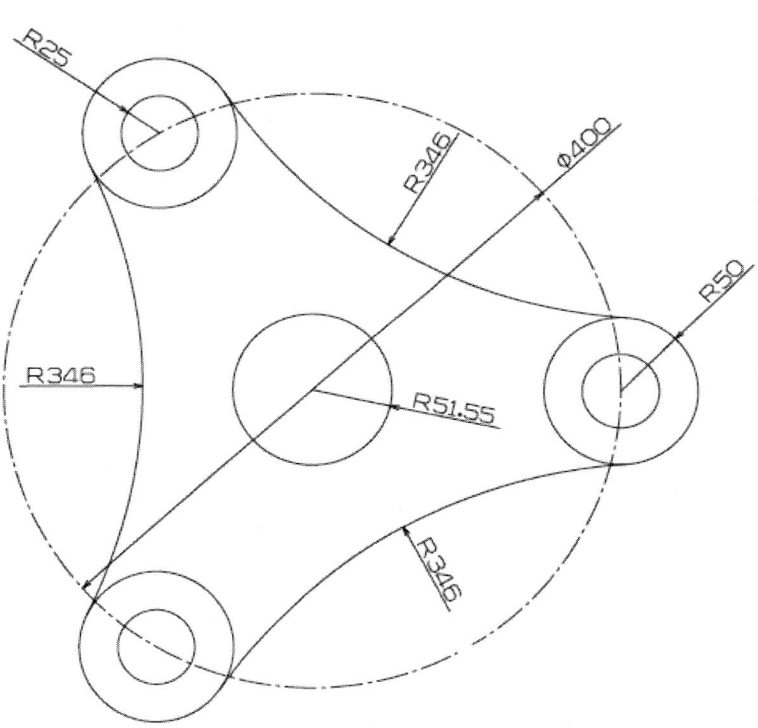
R25
R346
ϕ400
R50
R346
R51.55
R346

예제도면 14

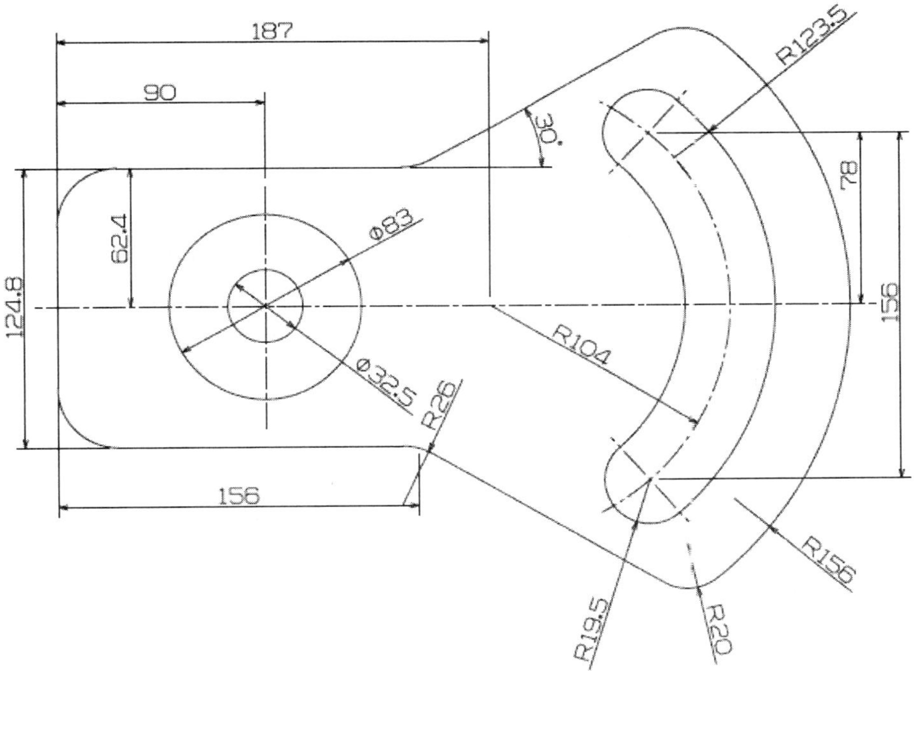
187
90
30°
R123.5
78
156
Φ83
62.4
124.8
R104
Ø32.5
R26
156
R156
R19.5
R20

예제도면 15

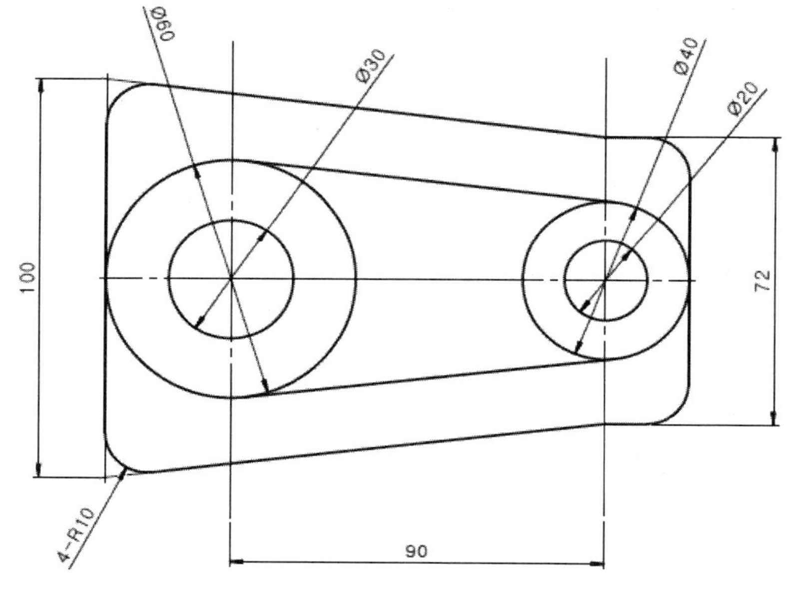

Ø60
Ø30
Ø40
Ø20
100
72
4-R10
90

예제도면 16

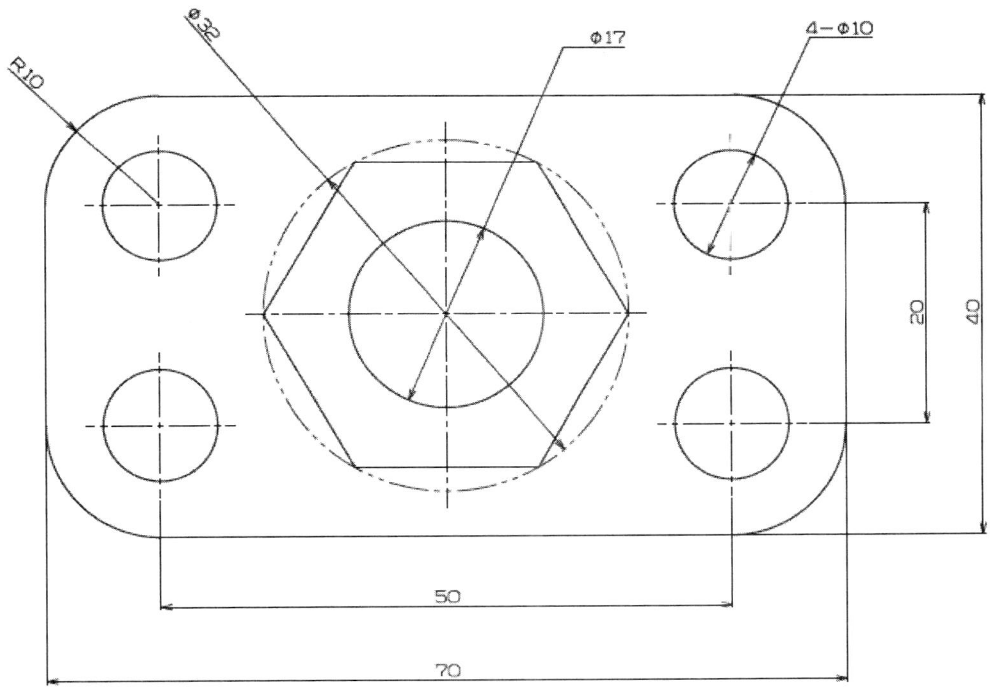

R10
Ø32
Φ17
4-Φ10
20
40
50
70

예제도면 17

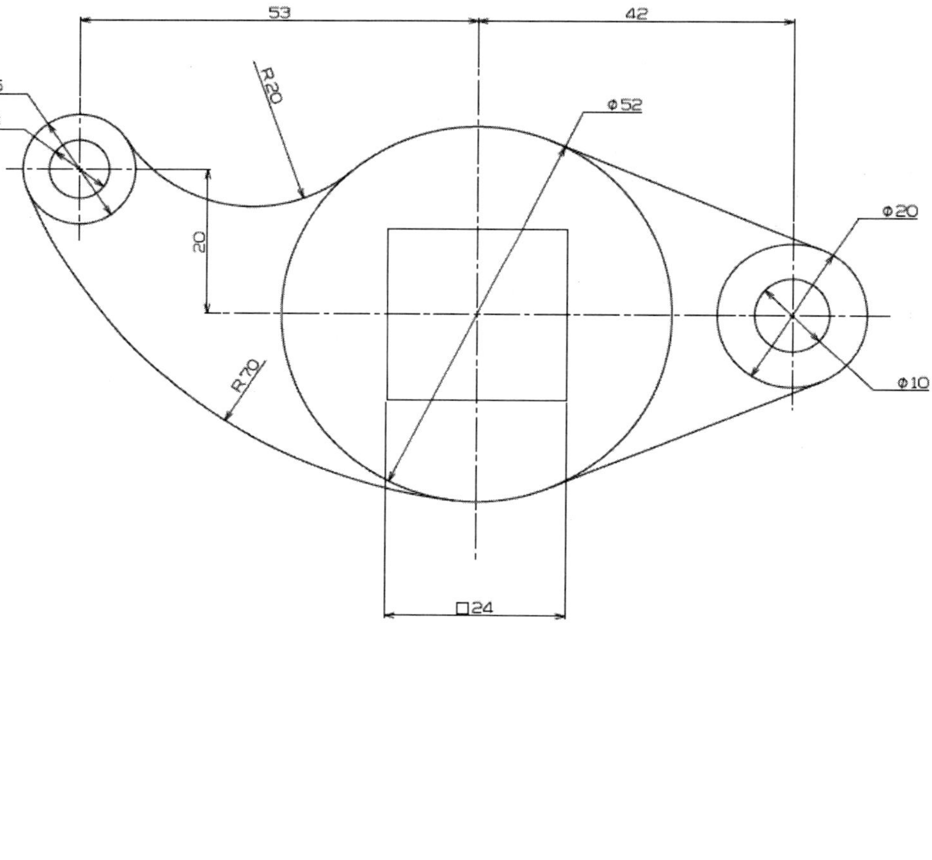

53
42
φ15
φ8
R20
φ52
φ20
20
R70
φ10
□24

예제도면 18

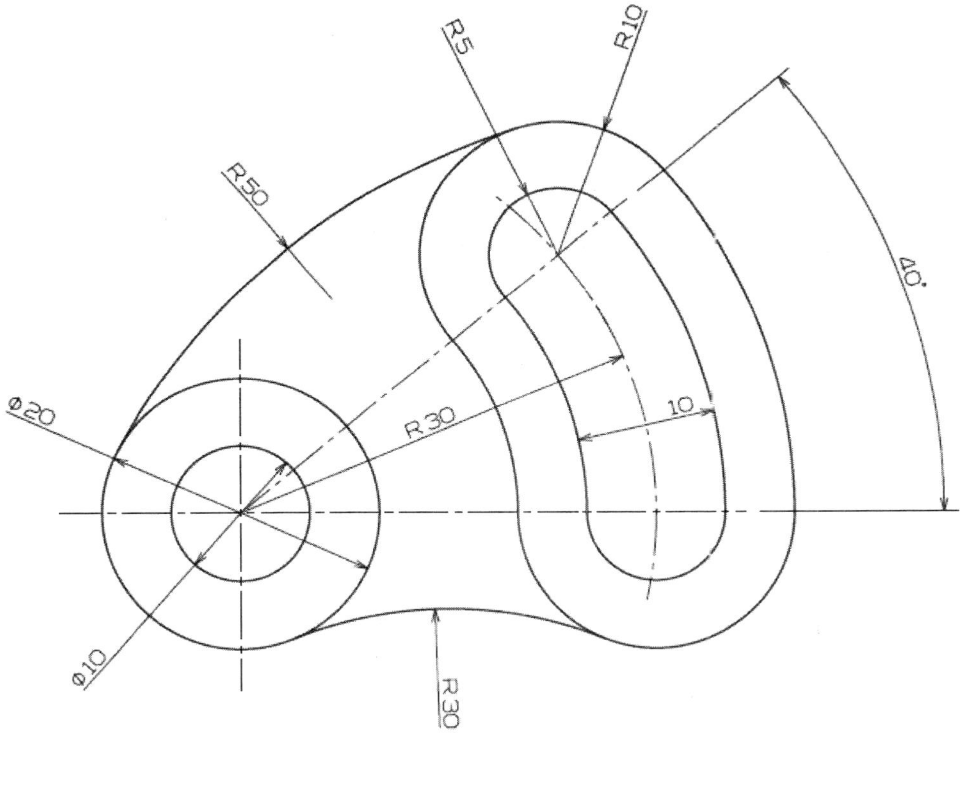
R5
R10
R50
40°
ϕ20
R30
10
ϕ10
R30

예제도면 19

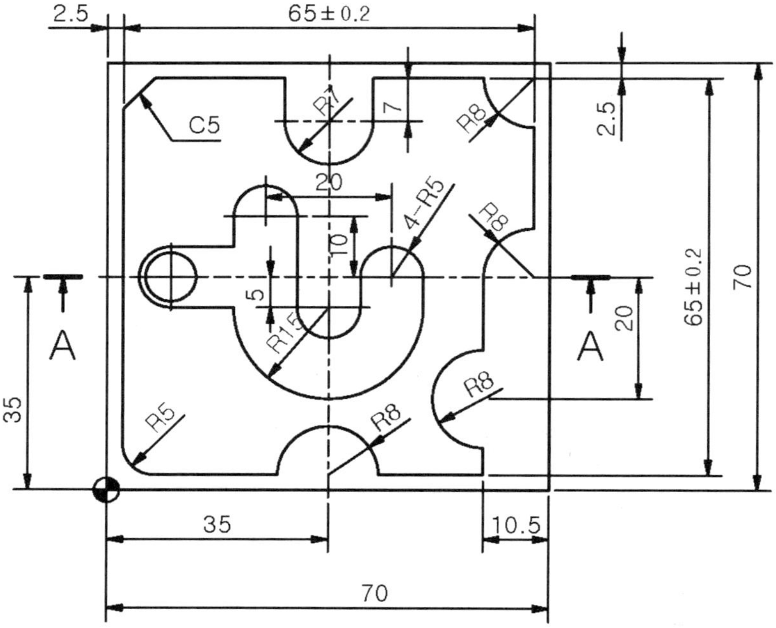

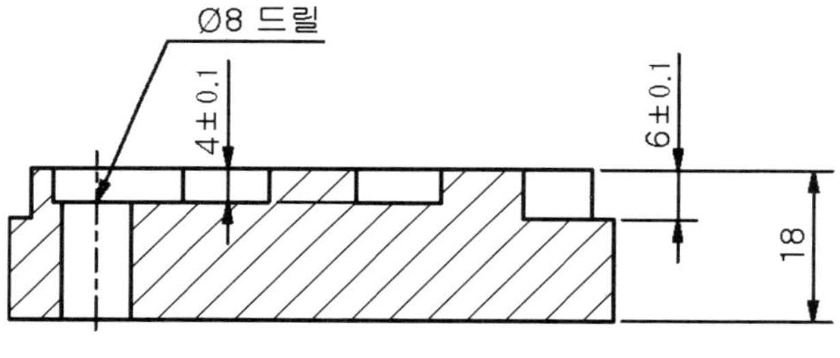

단면 A-A

1. 도시되고 지시없는 R은 R2
2. 도시되고 지시없는 C은 C3

예제도면 20

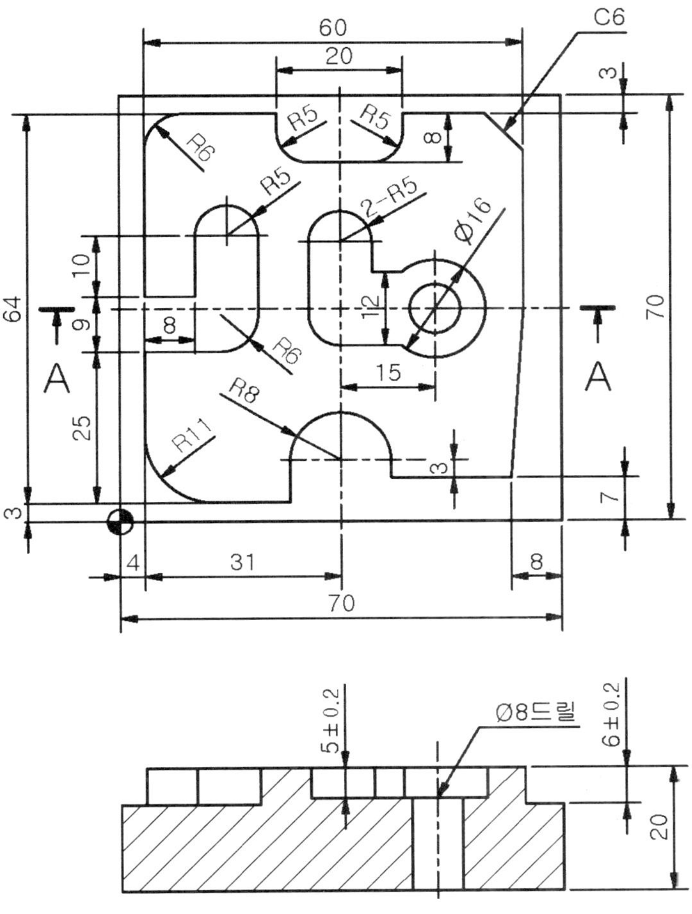

단면 A-A

1. 도시되고 지시없는 R은 R2
2. 도시되고 지시없는 C은 C3

예제도면 21

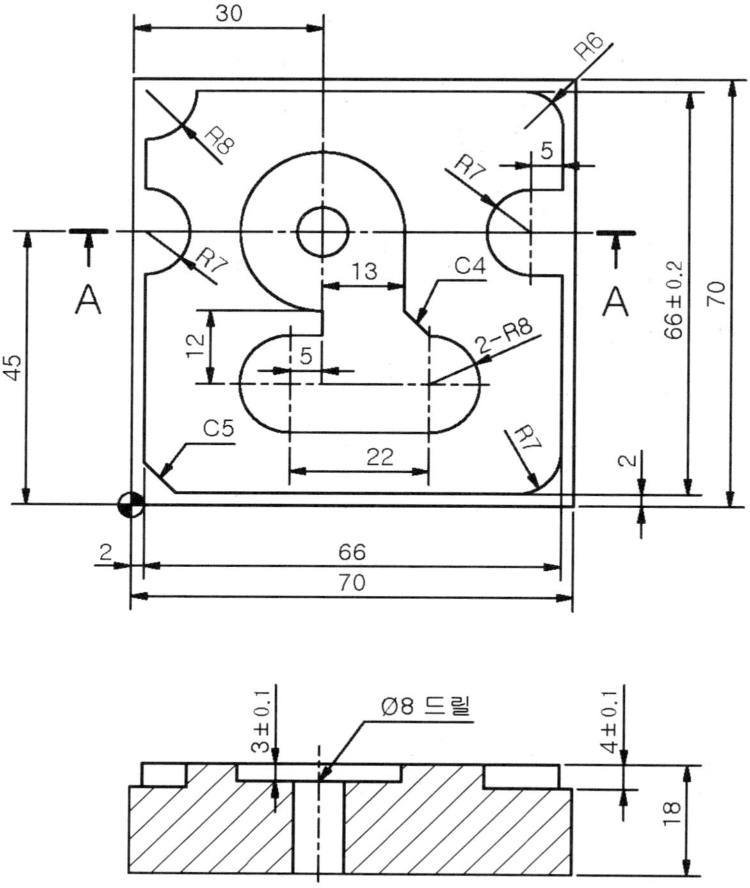

단면 A-A

1. 도시되고 지시없는 R은 R2
2. 도시되고 지시없는 C은 C3

예제도면 22

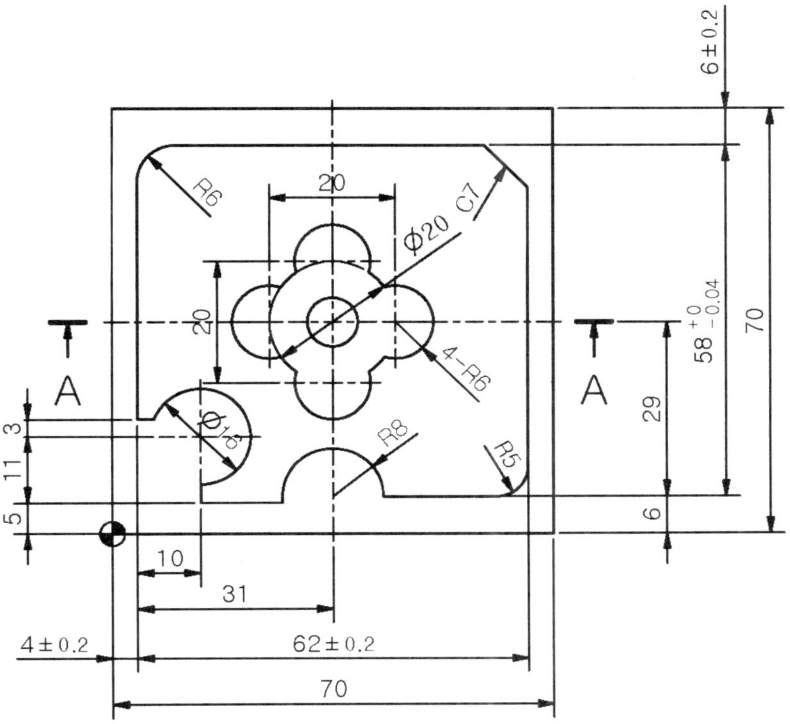

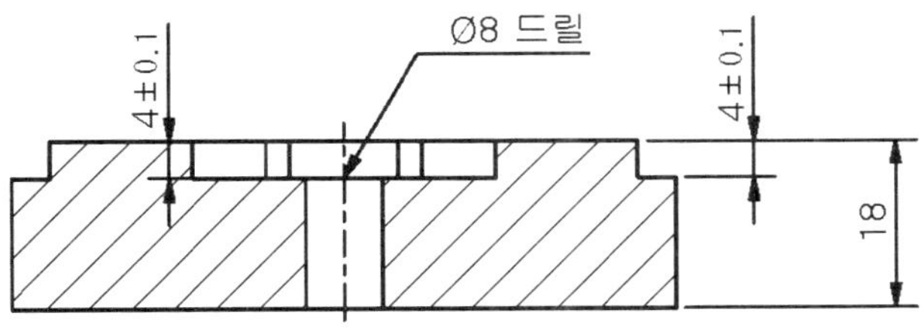

단면 A-A

1. 도시되고 지시없는 R은 R2
2. 도시되고 지시없는 C은 C3

예제도면 23

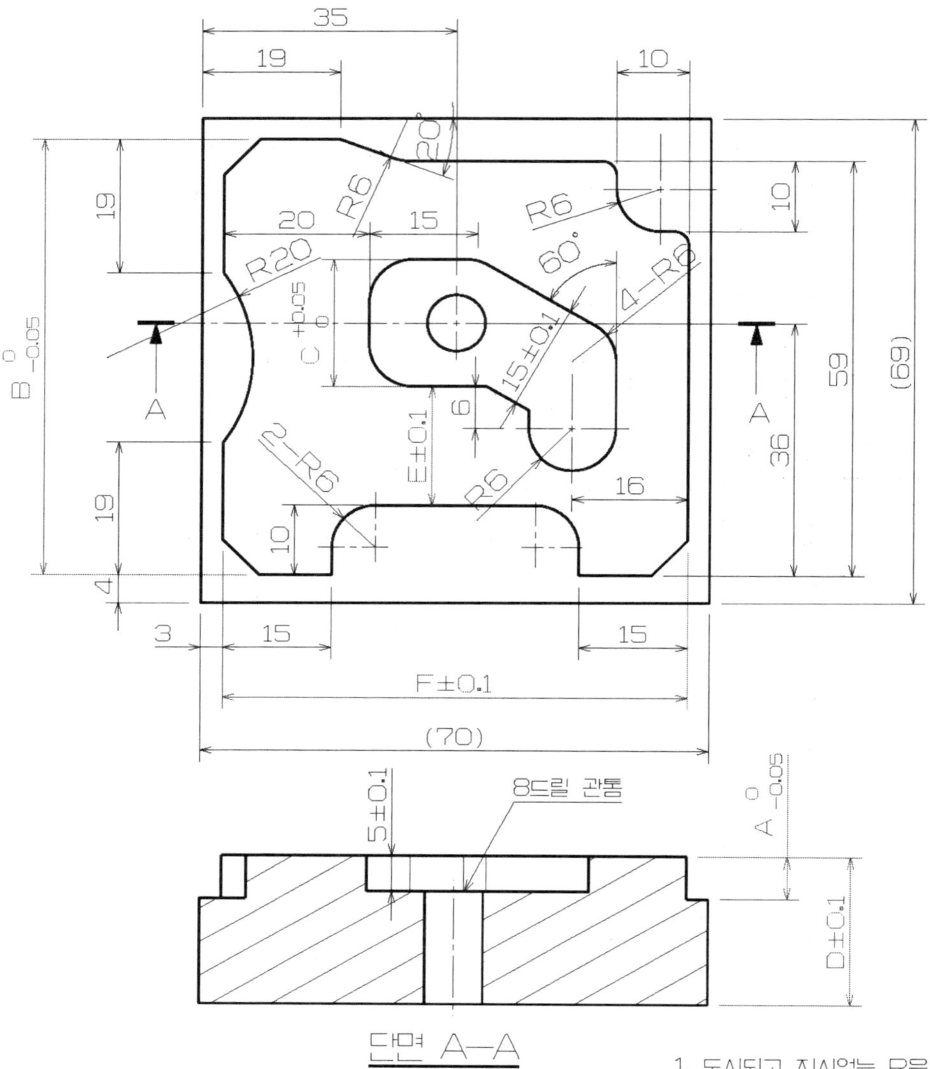

1. 도시되고 지시없는 R은 R2
2. 도시되고 지시없는 C는 C5

가공치수 변화표

비번호	구 분	A	B	C	D	E	F
1,4,7	A 형	6	62	18	21	17	64
2,5,8	B 형	4	61	20	22	16	62
3,6,9	C 형	5	63	19	23	16.5	63

예제도면 24

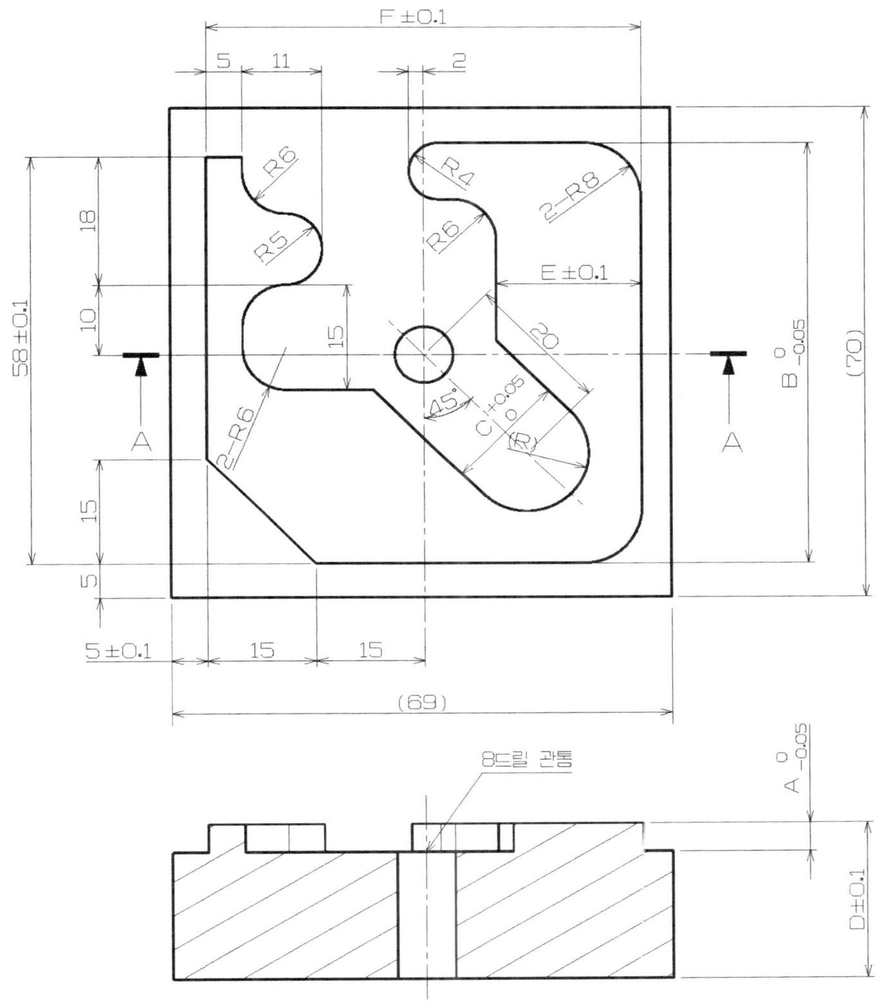

단면 A–A

가공치수 변화표

비번호	구 분	A	B	C	D	E	F
1,4,7	A 형	4	60	17	22	20	60
2,5,8	B 형	5	61	15	21	22	62
3,6,9	C 형	4	62	16	23	21	61

예제도면 25

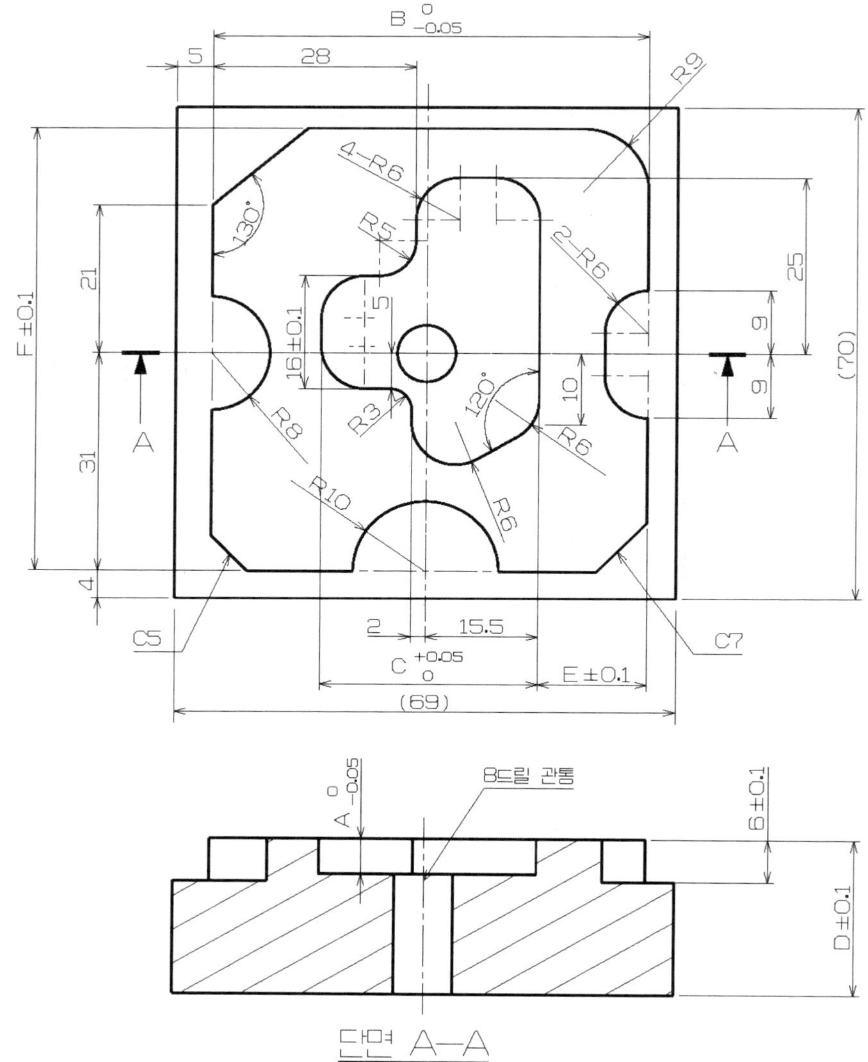

가공치수 변화표

비번호	구 분	A	B	C	D	E	F
1,4,7	A 형	5	60	30	22	15	63
2,5,8	B 형	4	61	29	21	16	64
3,6,9	C 형	5	59	31	23	14	62

예제도면 26

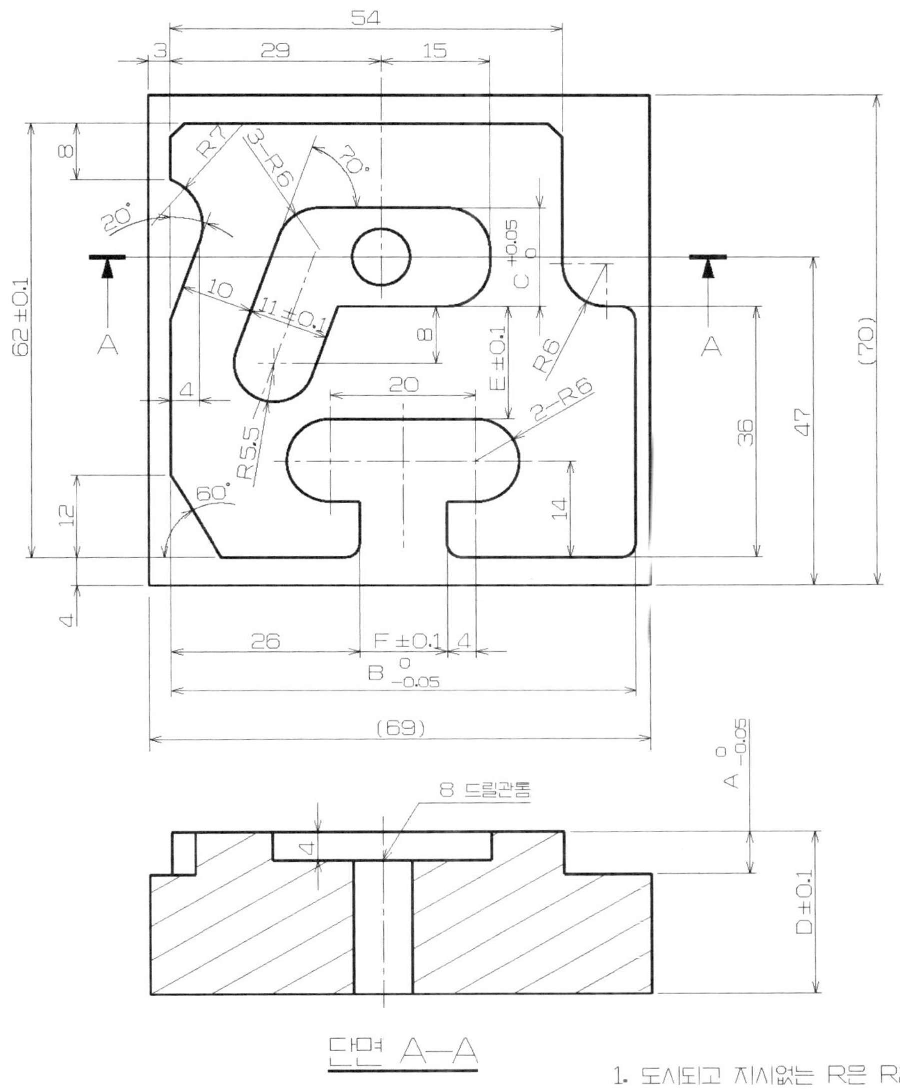

1. 도시되고 지시없는 R은 R2
2. 도시되고 지시없는 C는 C2

가공치수 변화표

비번호	구 분	A	B	C	D	E	F
1,4,7	A 형	6	64	14	23	16	12
2,5,8	B 형	5	62	13	22	16.5	13
3,6,9	C 형	4	63	12	21	17	11

예제도면 27

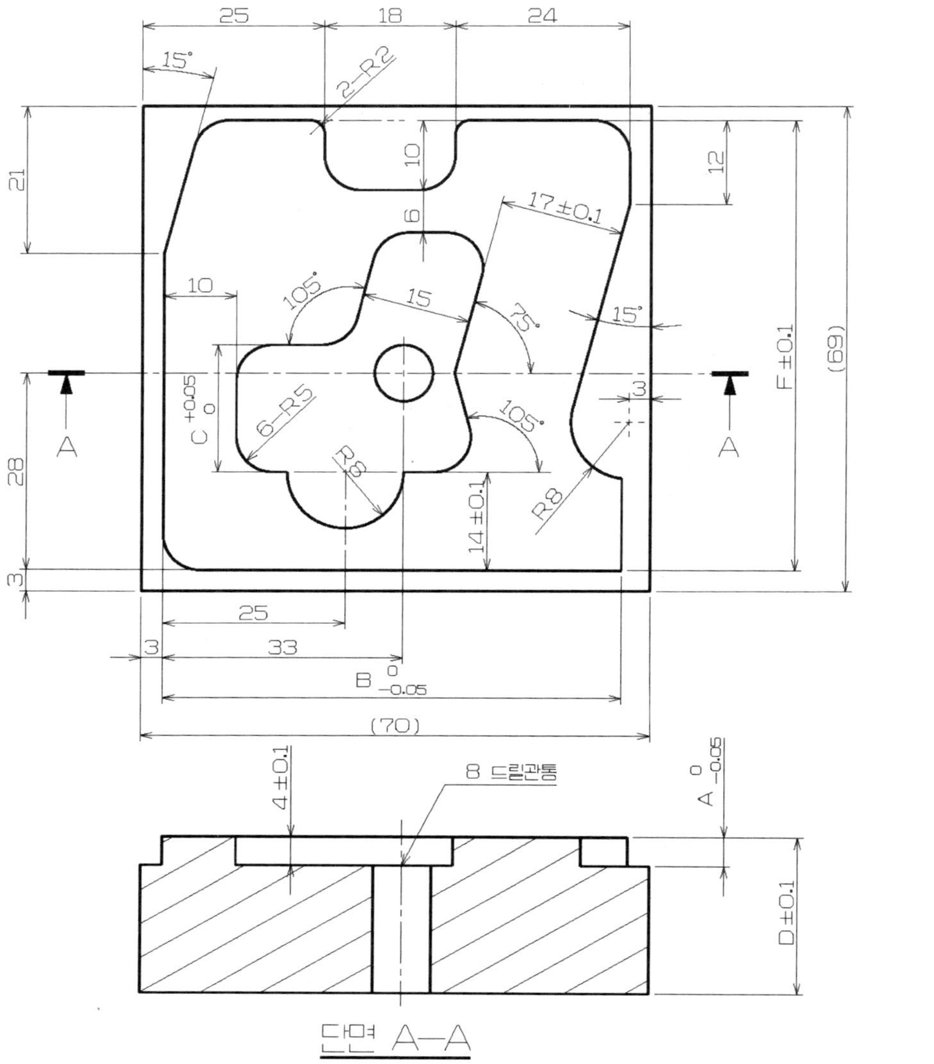

※ 도시되고 지시없는 R은 R5

가공치수 변화표

비번호	구 분	A	B	C	D	E	F
1,4,7	A 형	4	63	18	22	14	64
2,5,8	B 형	5	62	19	21	13	62
3,6,9	C 형	6	64	17	23	15	63

예제도면 28

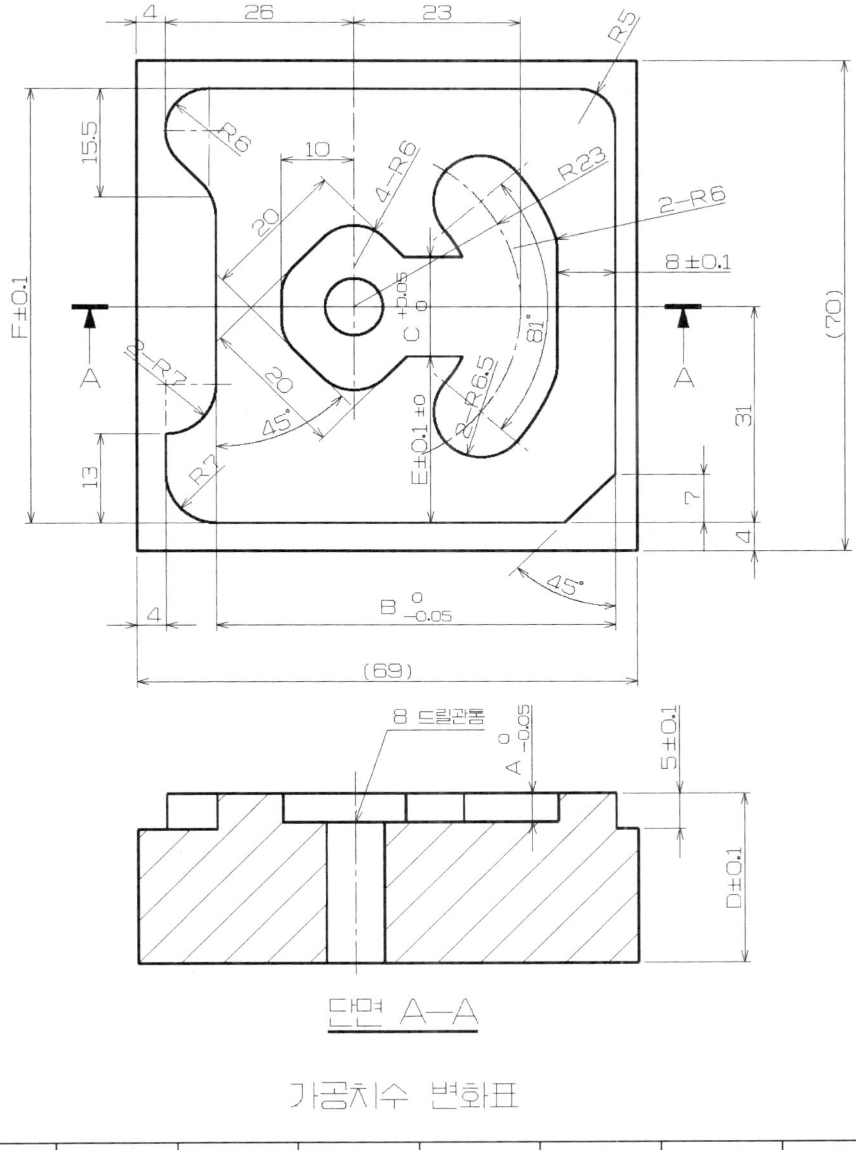

가공치수 변화표

비번호	구 분	A	B	C	D	E	F
1,4,7	A 형	4	55	14	23	24	62
2,5,8	B 형	5	54	13	22.5	24.5	63
3,6,9	C 형	4	56	12	23.5	25	61

예제도면 29

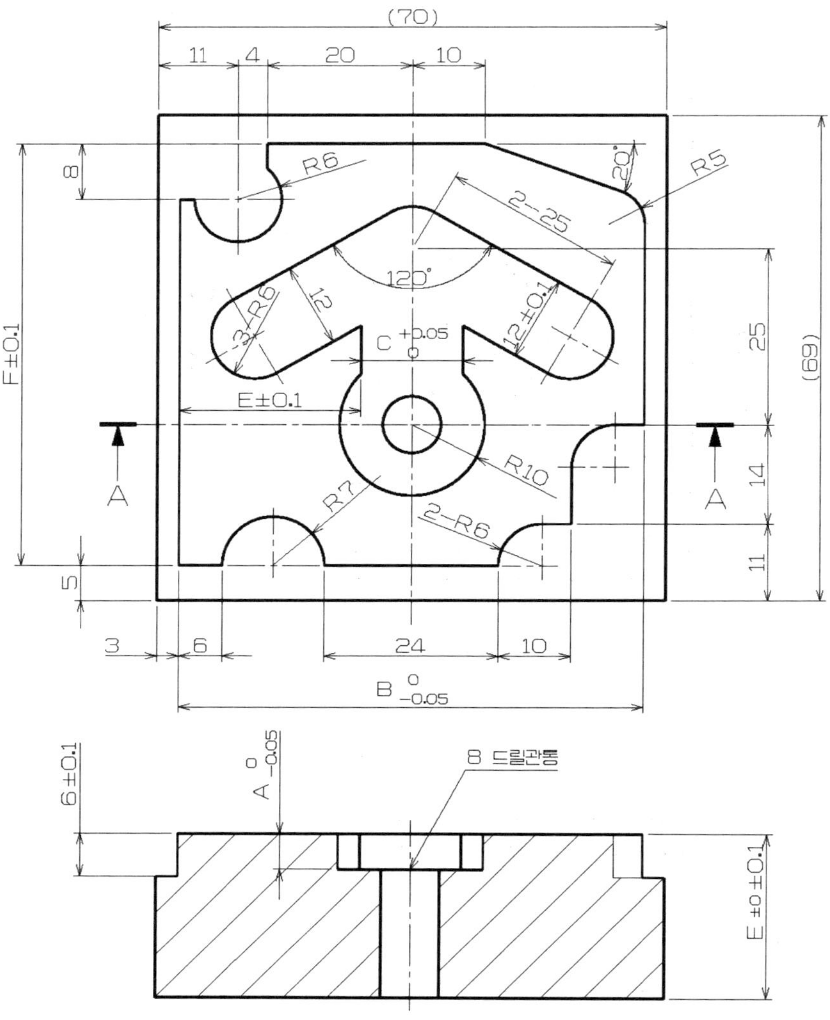

단면 A-A

가공치수 변화표

비번호	구 분	A	B	C	D	E	F
1,4,7	A 형	5	64	14	22	25	60
2,5,8	B 형	5	62	13	21	25.5	61
3,6,9	C 형	4	63	12	23	26	62

예제도면 30

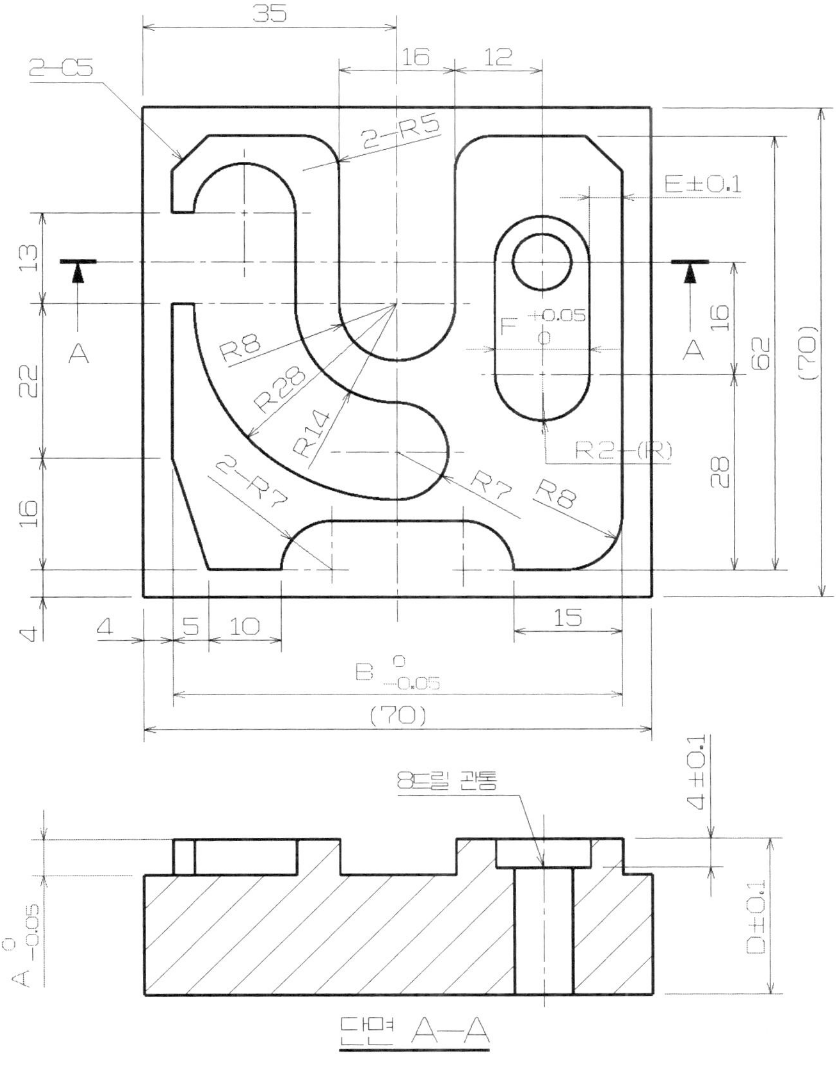

가공치수 변화표

비번호	구 분	A	B	C	D	E	F
1,4,7	A 형	5	62	62	22	4.5	13
2,5,8	B 형	4	63	61	21	4.5	15
3,6,9	C 형	4	62	63	23	4	14

저 자 소 개

장덕인	한국폴리텍대학 울산캠퍼스 교수
기우태	한국폴리텍대학 울산캠퍼스 교수
신순욱	엠에스메카텍 기술연구소 소장
이진택	한국폴리텍대학 울산캠퍼스 교수

저자와의 협의에 의해 인지 생략

CATIA V5 CAM 응용과 실무

2판 2쇄 2024년 9월 5일

저 자 장덕인/기우태/신순욱/이진택
발행인 송광헌
발행처 복두출판사
주 소 서울특별시 영등포구 경인로82길 3-4
센터플러스 807호 (우) 07371
전 화 02-2164-2580
FAX 02-2164-2584
등 록 1993. 11. 22. 제 10-902 호

정가 : 26,000원
ISBN : 979-11-6675-220-9 93550

한국과학기술출판협회 회원사